Les Classiques de l'Humanisme

Collection publiée
sous le patronage de l'Association Guillaume Budé
dirigée par
Pierre Laurens et Alain Michel

DE ORBE NOVO
DECADES

PIERRE MARTYR D'ANGHIERA

DE ORBE NOVO DECADES

I

OCEANA DECAS

DÉCADES DU NOUVEAU MONDE

I

LA DÉCADE OCÉANE

suivie du Quatrième Voyage
de Christophe Colomb

Édition, traduction et commentaire

de

Brigitte Gauvin

LES BELLES LETTRES

2003

Conformémént au règlement de la collection,
ce volume a été relu par A. Ph. Segonds

95, bd Raspail, 75006 Paris.
www.lesbelleslettres.com

ISBN : 2-251-34468-3

AVANT-PROPOS

Les célébrations du cinq centième anniversaire de la découverte de l'Amérique ont été accompagnées d'un nombre infini de publications sur Christophe Colomb et ses voyages, sur les conquistadores, sur les peuples et la conquête du Mexique et de l'Amérique Latine. Il est tentant, au milieu d'analyses si nombreuses et si diverses, de revenir à la source de l'information, aux récits originels ; or le *De Orbe Nouo* de Pierre Martyr d'Anghiera est incontestablement un récit fondateur, à travers lequel les habitants de l'Europe, des plus grands aux plus humbles, ont pris connaissance de la découverte de ce que Pierre Martyr, le premier, a appelé le Nouveau Monde. Par ailleurs c'est un rapport d'une grande qualité puisqu'il fut élaboré d'après les récits des acteurs et des témoins directs de l'aventure. Enfin ce texte permet de connaître quelles ont été les premières réactions des Européens face à cet événement exceptionnel, la découverte d'un monde totalement inconnu, et de cerner les premiers éléments de la naissance du mythe.

Il serait sans doute très intéressant, du fait de la légende noire qui les entoure, d'étudier la manière dont Pierre Martyr présente Cortés, Balboa ou Pedro Arias de Avila. Mais le *De Orbe Nouo* s'ouvre tout naturellement sur le récit des voyages de Christophe Colomb, qui reste pour nous le découvreur le plus mystérieux et le plus proche aussi, peut-être, de notre sensibilité moderne, dans la mesure où son nom est plus associé à la découverte qu'à la conquête ; par ailleurs seules ces pages permettent de connaître les tout premiers temps de la découverte ; enfin, si le personnage de Colomb n'apparaît que dans une dizaine de livres, leur rédaction s'étend sur plus de vingt ans. Cela permet de bénéficier à la fois d'un ensemble cohérent sur le plan thématique et de l'évolution de la vision du chroniqueur. Ce volume contient donc, dans son intégralité, la première décade du *De Orbe Nouo*, à laquelle j'ai ajouté le quatrième chapitre de la troisième décade puisqu'il rapporte, quelques années plus tard, le quatrième et dernier voyage de l'Amiral. Tous les livres de la première décade ne sont pas consacrés à Colomb : le huitième et le neuvième relatent les expéditions de deux Espagnols, Alonso Niño et Vicente Pinzon, sur les côtes d'Amérique du Sud. Mais ces deux hommes avaient accompagné Colomb lors des premiers voyages, c'est sur ses traces qu'ils partaient vers le Sud, et il eût été dommage de retrancher ces chapitres de la première décade qui forme, avec le bilan que constitue le dixième livre, un ensemble extrêmement cohérent.

Certains aspects du récit de Pierre Martyr surprendront peut-être le lecteur. Son latin est parfois obscur, difficile ; les constructions, quelquefois plus italiennes ou espagnoles que latines, l'utilisation de néologismes sont au premier abord déconcertantes. Les ellipses de la narration, l'absence, dans de nombreux cas, de repères spatio-temporels précis, les erreurs de chronologie ou d'itinéraires, dues tant à la méconnaissance des lieux qu'à l'imprécision des sources d'information, font que des erreurs jalonnent çà et là les récits des voyages ou des conflits sur l'île. Nous avons essayé, dans notre commentaire, d'apporter un éclairage sur tous les points qui posent problème.

Cependant, une fois ces difficultés surmontées, les pages consacrées par Pierre Martyr aux expéditions de Christophe Colomb se révèlent passionnantes à plus d'un titre. Au premier degré, tout d'abord, le *De Orbe Nouo* permet de découvrir la civilisation Taïno, qui disparut dans les cinquante ans qui suivirent l'arrivée de Colomb, civilisation aussi remarquable par ses productions artistiques que par ses mythes, rites et croyances comme ont pu le constater les visiteurs de l'exposition qui lui fut consacrée en 1994 à Paris. Par ailleurs, on découvre à travers certains motifs que le *De Orbe Nouo* recèle, au-delà du premier degré de lecture, la complexité d'une œuvre littéraire : la nature par exemple, outre sa fonction ornementale, possède une fonction symbolique qui permet de caractériser le climat des relations entre insulaires et Européens. Mais il est plus intéressant encore de découvrir comment, dans cette décade, Pierre Martyr fonde les grands mythes de la découverte de l'Amérique, celui de Christophe Colomb et celui, à double face, de l'indigène, bon sauvage ou cannibale selon les pages. Ces deux mythes sont l'objet d'une élaboration progressive qui marqua à jamais l'imaginaire de l'humanité. Enfin, la première décade du *De Orbe Nouo* permet de découvrir un homme et d'assister à l'évolution d'une conscience face à la découverte de l'Autre. Pierre Martyr apparaît en effet comme un esprit éclairé, cultivé, intelligent, un narrateur captivant, capable d'enthousiasme sans perdre pour autant ses remarquables capacités d'analyse, assez sûr de lui pour affirmer contre l'avis de Colomb lui-même, dès le deuxième livre, que les terres découvertes sont un Nouveau Monde. Mais il se révèle plus passionnant encore dans son évolution que dans ses analyses ou ses récits. Observateur objectif au départ, mais situé du côté des Espagnols par ses origines et sa culture, il plaque d'abord sur les hommes découverts des schémas européens, faisant d'eux des êtres de l'Eden ou de l'âge d'or ou des anthropophages terrifiants ; mais il va peu à peu prendre conscience de la valeur intrinsèque de la civilisation Taïno, et même des ressemblances fondamentales entre les Espagnols et les Taïnos, au point de pouvoir adopter le point de vue de ceux-ci et de dénoncer l'extinction qui guette leur civilisation. A tous ces titres et à bien d'autres, le *De Orbe Nouo* me semble donc posséder un intérêt manifeste, et dans une époque où intolérance et peur de l'autre influencent les destinées du monde, la leçon d'humanisme donnée par Pierre Martyr n'a rien perdu de sa valeur.

Le présent volume est la publication d'une thèse soutenue en 1995 à l'université de Caen. Les délais techniques ont fait que j'ai pris connaissance de la riche édition de G. Eatough au moment de la lecture des épreuves, et je n'ai donc pas pu en tenir compte.

Il me reste à remercier tous ceux qui m'ont aidée et tout particulièrement Louis Callebat, professeur à l'université de

Caen, pour m'avoir conseillée dans le choix de mon sujet et guidée dans l'accomplissement de mon étude. J'aimerais par ailleurs adresser tous mes remerciements à Bartolomé Benassar, professeur émérite à l'université de Toulouse-Le Mirail, Carmen Codoñer, professeur à l'université de Salamanque et Americo De Coster Ramalho, professeur à l'université de Coïmbra, qui m'ont suggéré lors de la soutenance maintes corrections qui m'ont permis d'améliorer mon travail. Toute ma gratitude va enfin à Pierre Laurens, professeur à l'université de Paris IV, et Alain Segonds, directeur général des éditions les Belles Lettres, dont la sollicitude et les précieux conseils ont permis à ce livre d'exister.

INTRODUCTION

La vie de Pierre Martyr d'Anghiera

Pierre Martyr (Pietro Martire d'Anghiera), naquit à Arona entre 1455 et 1459, probablement en 1457, le deux février. Il appartenait à l'une des plus grandes familles du Milanais et revendiquait comme ancêtres les comtes d'Anghiera, dynastie fabuleuse qui aurait longtemps dominé l'Italie du Nord. Mais les ressources de cette famille étaient précaires et elle était protégée et aidée par le comte Giovanni Borromeo. Pierre Martyr reçut l'éducation des jeunes nobles de cette époque, vraisemblablement à la cour d'un prince, et mêla les devoirs du page à l'entraînement guerrier tout en découvrant la complexité des intrigues de cour.

En 1477, aux environs donc de sa vingtième année, Pierre Martyr vint à Rome, autant parce que la ville le fascinait que pour s'éloigner des troubles qui ensanglantaient Milan, probablement recommandé par Giovanni Arcimboldo, évêque de Milan, et Ascanio Sforza : il était en effet l'intime de ces deux hommes et sans doute le secrétaire particulier d'Ascanio Sforza, qui avait à peu près le même âge que lui. La compagnie d'illustres lettrés lui révéla sa vocation et donna un sens à son ambition, et sous le pontificat d'Innocent VIII il devint le secrétaire de Francesco Negro, Milanais et gouverneur de Rome. Il ne cessa pas pour autant de fréquenter les cercles littéraires, devint membre de l'Académie Romaine et l'ami de son président, Pomponio Leto. Aussi acquit-il, dans ces années passées à Rome, une véritable érudition et deux prélats illustres, Alonso Carillo et Pedro Inghirami, se l'attachèrent comme guide littéraire. C'est à cette période qu'il découvrit la richesse des littératures latine et grecque, quoiqu'il ne fût pas helléniste, et s'imprégna de l'œuvre des auteurs dont le *De Orbe Nouo* atteste une connaissance approfondie : Virgile et Ovide pour la poésie, Tite Live pour l'histoire, Pline l'Ancien et Sénèque pour la géographie et l'étude de la nature, Aristote pour l'astronomie, la géographie et la physique.

Une nouvelle étape de la vie de Pierre Martyr commença en septembre 1486, avec l'arrivée à Rome du comte de Tendilla. Celui-ci, venu en Italie au nom des souverains espagnols prêter le serment d'obédience à Innocent VIII, fut vite charmé par l'esprit et l'érudition de Pierre Martyr et lui proposa de l'emmener en Espagne, conscient de l'intérêt que trouverait la cour des Rois Catholiques à s'attacher un lettré de cette valeur. Malgré les efforts de ses amis pour le retenir, Pierre Martyr quitta Rome en août 1487, mû par des causes diverses : l'espoir d'obtenir en Espagne une situation élevée que Rome tardait à lui donner, le désir de combattre au nom de la foi catholique les Infidèles qui tenaient alors une partie de l'Espagne, la curiosité, et, comme tant de savants de cette époque, le désir de quitter un pays en proie à de graves troubles. Le comte de Tendilla était un homme puissant à la cour d'Espagne, et plus puissant encore était un de ses cousins, le cardinal Mendoza : aussi Martyr fut-il immédiatement introduit auprès des souverains, et l'Espagne lui fit d'emblée une impression favorable. Ferdinand et Isabelle avaient pacifié et ramené à l'ordre le pays et s'efforçaient désormais de mobiliser toutes les forces vives du royaume dans un même but : achever la guerre contre les Infidèles et mettre ainsi fin à sept ans de croisades. Martyr se mêla à la vie des camps, plus en historiographe qu'en soldat, et vécut ainsi auprès des Rois Catholiques, et plus particulièrement d'Isabelle, le siège de Baza et la chute de Grenade.

La fin de la guerre plaça Pierre Martyr dans une situation délicate : quelle position occuper à la cour, alors même que son protecteur, Fernando de Talavera, évêque d'Avila et confesseur de la reine, la quittait pour devenir archevêque de

Grenade ? Il résolut d'entrer dans les ordres, à la fois parce que les lettrés n'avaient pas de statut propre et parce qu'il attendait de constater les effets sur la reine Isabelle de la nomination d'un nouveau directeur de conscience, le cardinal Ximénès. Appelé à la cour pour asssurer l'éducation des jeunes nobles, Pierre Martyr quitta Grenade pour Valladolid en juin 1492. De cette date à 1501 il se consacra à cette tâche, suivant la cour dans ses déplacements, à Saragosse, puis de nouveau à Valladolid, et ainsi de suite. La reine lui sut gré de son zèle : en 1492 il fut nommé *contino*, en quelque sorte gentilhomme de la chambre, fonction qui garantissait l'intimité avec les souverains ; puis il devint chapelain. Pierre Martyr et son collègue Lucio Marineo se trouvèrent vite à la tête d'une véritable école palatine. Vivant sans cesse au contact de leurs élèves, ils leur enseignaient à la fois les belles lettres, notamment le latin, et la grandeur morale. Pierre Martyr forma ainsi le cœur et l'esprit de ceux qui allaient prendre en main les destinées de l'Espagne. Son éducation et son influence devaient se poursuivre au-delà des années d'étude de ses illustres élèves grâce à l'échange de lettres qu'on retrouve dans l'*Opus Epistularum.* A la cour et au-delà son prestige grandissait et les plus grands seigneurs, comme l'infant Don Juan d'Espagne, désiraient entrer en correspondance avec lui, motivés tant par sa réputation personnelle que par la gloire intellectuelle que possédaient l'Italie et les lettrés italiens. Ces lettres, mélange de conseils d'ordre personnel et d'informations sur la vie et la politique de la cour d'Espagne, furent le début de l'*Opus Epistularum.* Enfin l'université de Salamanque offrit à Pierre Martyr une chaire, qu'il refusa, mais il accepta de donner une conférence. A cette période de son existence, Martyr avait atteint une partie de ses objectifs, mais il espérait mieux encore.

C'est en 1501 que Pierre Martyr obtint ce qu'il désirait : une mission diplomatique, plus en accord avec son ambition que ses fonctions de pédagogue. En 1497 Ferdinand lui avait préféré, pour négocier avec la France et l'Italie, des ambassadeurs plus expérimentés. En 1501 enfin Martyr fut chargé d'obtenir un accord avec le Sultan d'Egypte. Cette mission, destinée à s'assurer la protection du Sultan envers les chrétiens d'Egypte contre les Musulmans, n'était pas sans danger, et Pierre Martyr la raconta de manière assez détaillée dans la *Legatio Babylonica.* Lors des différentes entrevues avec le Sultan, où il risqua sa vie au moins une fois, Martyr semble avoir su se montrer tout ensemble habile et déterminé, et le résultat fut tout à fait conforme aux attentes des souverains. Cependant, enivré de son succès, il semble avoir fait preuve de trop d'assurance dans les conseils quelque peu autoritaires qu'il donna à propos des relations entre l'Espagne et l'Italie et dans son insistance à vouloir régler des problèmes qui ne lui étaient pas confiés. Toujours est-il que Ferdinand mit fin à la carrière diplomatique de son envoyé en Egypte, malgré l'indéniable succès de son ambassade.

A son retour, Pierre Martyr ne sentit pourtant point de défaveur royale : Isabelle le fit venir plusieurs fois auprès d'elle pour entendre le récit de son voyage et le fit nommer officiellement directeur de l'école palatine, poste qu'il occupait officieusement depuis longtemps, avec un traitement de trente mille maravédis. Mais la mort de la reine, survenue en 1504, faillit mettre fin à une si belle situation. Après avoir accompagné à Grenade la dépouille de la souveraine, il attendit qu'on le rappelât à la cour, ce qui fut rapidement fait. A partir de ce moment l'existence individuelle de Pierre Martyr disparaît derrière les faits qu'il relate. S'il ne reprend pas encore la correspondance sur le Nouveau Monde, c'est qu'en Espagne les événements se précipitent : survient tout d'abord le conflit de succession entre Ferdinand et son gendre, Philippe le Beau. Martyr écrit beaucoup, mais il accompagne aussi le roi et le conseille dans ce conflit. On le voit dans ses lettres désapprouver le projet d'alliance de Ferdinand avec le roi de France Louis XII et son remariage avec Germaine de Foix ; on le voit aussi aller préparer à La Corogne une entrevue entre Ferdinand et son gendre. Après la mort de ce dernier, au moment où l'Espagne se trouvait la proie des grands qui essayaient d'y imposer leur pouvoir, tandis que Ferdinand était en route pour l'Italie, on lit dans les lettres de Pierre Martyr au roi ou à son secrétaire des appels pressants à revenir occuper la place qui était la sienne, retour qui seul pouvait garantir la paix civile. Après cet épisode, Martyr reçut du roi la mission de veiller sur sa fille, Jeanne la Folle, et de nombreuses lettres furent consacrées à l'histoire et aux malheurs de cette souveraine. L'*Opus Epistularum* est l'un des textes qui permettent le mieux de connaître son existence, aussi longtemps du moins que sa vie fut publique, car Pierre Martyr s'arrête à ce point. On peut souvent dans ses lettres sentir une compassion sincère pour cette reine, et plus que jamais il y analyse les manœuvres politiques et les intrigues de la cour.

En 1516, Ferdinand mourut. Après une période de régence assurée par le Cardinal Ximénès, peu apprécié par Pierre Martyr, comme en témoignent ses lettres, Charles Quint, fils de Jeanne la Folle, usurpa le pouvoir qui revenait officiellement à sa mère et s'empara du trône d'Espagne. A cette date, Martyr avait repris de manière régulière la rédaction du *De Orbe Nouo,* mais sa contribution à l'*Opus Epistularum* ne cessa pas pour autant ; elle s'amplifia même au contraire tant les premières années du règne du nouveau souverain provoquèrent sa colère. L'Espagne, et notamment la Castille, ne paraissaient pas tant aux Flamands un royaume à diriger qu'une colonie à exploiter, ce qui fut fait méthodiquement : la Castille fut bientôt ruinée, et la direction des grandes cités comme Tolède ôtée aux Castillans pour être accaparée par les Flamands. Mais l'Aragon et la Catalogne résistèrent fermement aux tentatives des Flamands qui, profitant de la nomination de Charles à la tête de l'empire, s'apprêtèrent à partir pour l'Allemagne. Lorsqu'enfin Charles quitta l'Espagne, laissant comme régent un étranger, son ancien précepteur, le cardinal Adrien, devenu un ami de Pierre Martyr, l'insurrection éclata dans toute l'Espagne. Cet épisode occupe dans l'*Opus Epistularum* une grande place à la fois par son importance tragique et ses enjeux et parce que Martyr y fut intimement mêlé. De plus celui-ci venait d'obtenir la charge de chroniqueur, accompagnée d'un traitement de quatre-vingt mille maravédis, et la manière dont il rapporta les événements au chancelier, un mélange de précision, de franchise et de d'objectivité, montre son désir de se montrer digne de sa nouvelle fonction. Les cités révoltées essayèrent de former un gouvernement, la sainte Junte, mais ne purent s'accorder. Peu à peu le pouvoir tomba aux mains du peuple armé tandis que la noblesse, effrayée par la situation, se rangeait du côté du roi et fournit donc des troupes au régent. C'est alors que Pierre Martyr tenta d'intervenir en proposant une négociation, qui échoua. Bloqué à Valladolid, Martyr redoubla alors de zèle dans sa correspondance, d'autant plus que sa position modérée lui avait gagné la faveur de Charles et de son entourage, qui le choisirent parmi d'autres pour calmer les esprits des Espagnols. Ce fut donc bien un peu par son intermédiaire que se régla le conflit et que l'Espagne se résigna à accepter la domination de Charles Quint.

Pierre Martyr atteignit donc la vieillesse avec la satisfaction de voir réalisées ses ambitions. A défaut de la fortune il avait au moins acquis une indéniable aisance matérielle. Il avait une haute situation, l'estime des grands, la faveur du prince et même celle du pape puisque le nouveau souverain pontife n'était autre que l'ancien cardinal Adrien, précepteur de Charles Quint et ami du chroniqueur de la cour. Sollicité par Adrien, devenu pape sous le nom d'Adrien VI, il faillit en 1522 regagner l'Italie ; mais le manque de précision quant à la situation que le Vatican lui réservait fit qu'il préféra rester en Espagne, et ses efforts pour obtenir l'abbaye de Saint Gratien d'Arona n'aboutirent pas. C'est vers le Nouveau Monde, qu'il avait si bien contribué à faire connaître, qu'allait alors se tourner la carrière de Pierre Martyr. Depuis 1518 en effet Martyr appartenait à la commission chargée de l'administration des Indes Occidentales. Mais lors de la création en 1524 par Charles Quint du Conseil des Indes, organisation dotée d'un pouvoir de décision et d'action spécifique, le souverain nomma des fonctionnaires dont la mission exclusive était l'administration des Indes et Martyr reçut la charge de secrétaire. De plus, soutenu par la faveur dont il jouissait auprès du prince, il sollicita et obtint de Charles Quint le titre d'abbé de la Jamaïque. Enfin devenu ainsi un prince de l'Eglise, il passa les dernières années de son existence à suivre la cour dans ses déplacements et mourut à Grenade en octobre 1526.

Le *De Orbe Nouo*

Des deux ouvrages majeurs de Pierre Martyr, l'*Opus Epistularum* et le *De Orbe Nouo,* c'est sans aucun doute ce dernier qui contribua le plus à sa gloire. Les deux œuvres ne sont pas sans présenter de nombreuses ressemblances : toutes deux sont des recueils de lettres, toutes deux sont des ouvrages historiques et toutes deux ne prirent fin qu'en 1526 avec la vie de leur auteur, qui les complétait au gré des événements. Mais si l'*Opus Epistularum* est tourné vers le continent européen, notamment l'Espagne et l'Italie, le *De Orbe Nouo* est consacré à la découverte et la conquête du Nouveau Monde et cela lui confère une originalité et un attrait propres à séduire d'emblée un large public. Martyr fut aussi capable de pressentir, lors du premier retour de Colomb, que les terres découvertes n'étaient pas le continent asiatique. Aussi dès 1494 s'improvisa-t-il historien du fabuleux événement qu'il entrevoyait, et le succès de ses premières lettres ainsi que la pression de ses amis le poussèrent à poursuivre cette tâche, commencée pourtant sans régularité aucune. Par ailleurs, Martyr se savait à la meilleure place pour interroger, se documenter et être renseigné, et il pouvait prévoir, dès le début, quelle valeur posséderait son travail pour les hommes de son époque et quel prix il acquerrait pour les générations futures. Cet élément dut lui aussi être décisif pour l'encourager à continuer son œuvre malgré les difficultés qu'il rencontrait et qu'il signale de temps à autre, décès de correspondants ou problèmes de santé.

Le *De Orbe Nouo* est formé de lettres de longueur inégale regroupées en décades. A la mort de Pierre Martyr huit décades avaient ainsi été composées. Les lettres circulèrent d'abord sous leur forme manuscrite et leur succès fut tel que la première décade était déjà bien connue avant même d'avoir été imprimée ; le chroniqueur rappelle d'ailleurs souvent comment ses lettres passaient de main en main. Les préfaces et les dédicaces nous permettent de savoir à quels correspondants l'œuvre fut successivement adressée. Elle était originellement destinée à Ascanio Sforza, protecteur de Martyr à Milan, comme le montrent les deux premières lettres de la première décade. Mais les guerres d'Italie mirent fin aux relations amicales entre les deux hommes et Pierre Martyr connut une première interruption de six ans dans l'élaboration de son œuvre. Il ne consentit à reprendre la plume que vers 1500, à la demande du cardinal Louis d'Aragon qui avait eu connaissance des lettres adressées à Ascanio Sforza et éprouvait pour elles un vif intérêt, comme en témoigne la préface de la troisième lettre de la première décade. Aussi le cardinal Louis d'Aragon devint-il le destinataire des sept lettres qui suivirent celles qui avaient été adressées à Ascanio Sforza. Une lettre adressée au comte de Tendilla en 1510 vint compléter la première décade après une seconde interruption plus longue encore que la première. Par la suite, le rythme de composition devait se régulariser : d'une part, les progrès des explorations des Espagnols et des Portugais passionnaient l'Europe entière, les particuliers comme les princes, et avaient un extraordinaire retentissement à tous les niveaux de la société européenne ; d'autre part les destinataires devenaient des personnages plus importants et changeaient moins : en effet, les trois décades suivantes, ainsi que la *Legatio Babylonica*, furent adressées au pape Léon X. Celui-ci montra toujours un vif intérêt pour les événements que lui rapportait Pierre Martyr. Et il avait compris à quel point celui-ci était un auxiliaire précieux : il était à la source même de l'information, possédait des témoignages oraux ou écrits tous de première main, savait aller au-delà des apparences et dégager l'essentiel de l'accidentel malgré le peu de recul dont il disposait. On peut ajouter à cela le plaisir que procuraient au lecteur son style alerte et la diversité de ses récits. Aussi le pape Léon X ne ménagea-t-il jamais à Pierre Martyr ses compliments et ses encouragements, l'exhortant sans cesse à poursuivre comme l'avaient fait les destinataires précédents. Les successeurs du pape Léon X comprirent eux aussi l'intérêt qu'ils avaient à conserver un tel informateur et se l'attachèrent puisque Pierre Martyr n'envoya plus guère ses missives qu'aux papes : la cinquième décade fut adressée à Adrien VI, la sixième au nonce Ruffo, intime de Clément VII, la septième à Francesco II Maria Sforza, dernier duc de Milan, la huitième à Clément VII lui-même. Mis en confiance par l'intérêt que lui portaient les plus hautes puissances, sans cesse aiguillonné par les nonces qui suivaient les instructions papales, Pierre Martyr avait trouvé les destinataires qui pouvaient le mieux influencer l'élaboration de son œuvre.

L'examen du contenu des décades révèle l'ampleur de l'œuvre de Martyr : la première, sur laquelle nous reviendrons plus en détail ultérieurement, est principalement consacrée à Christophe Colomb et à ceux qui ont suivi ses traces dès 1499. La seconde, rédigée en 1514, évoque les multiples voyages entrepris vers l'Amérique du Sud : celui d'Hojeda et de Juan de la Cosa en Uraba et au Darien, celui de Balboa, suivi de sa conquête illégitime et violente du Darien et des guerres qu'il mena contre les caciques, les exploits malheureux de Nicuesa, et enfin, après l'évocation du troisième voyage de Vicente Pinzon à Paria, l'envoi par la cour d'Espagne au Darien de Pedro Arias d'Avila. La troisième décade, datée de 1516, poursuit tout d'abord la narration des exploits de Balboa : la fin de la conquête du Darien, accompagnée de nombreux et horribles massacres, celle de l'isthme, et enfin la découverte de l'Océan Pacifique, baptisé alors Océan Austral. Ensuite Pierre Martyr revient à Christophe Colomb, dont il relate le quatrième et terrible périple, puis il évoque le voyage et l'arrivée de Pedro Arias au Darien avant de revenir à une étude d'Hispaniola dont il déplore la dépopulation massive. Enfin, la décade s'achève sur l'annonce de nombreux voyages dont ceux de Juan Solis et d'Andreas Morales. La quatrième décade, rédigée vers 1520-1521, commence par rapporter les premiers temps de la conquête espagnole du Yucatan, alors considéré comme une île, avant d'aborder ceux, difficiles, de la conquête des Lucayes par Diego Velasquez. Apparaît ensuite dans le récit l'un des plus célèbres acteurs de la conquête espagnole et du *De Orbe Nouo*, Hernan Cortés, dont Martyr décrit le voyage, le débarquement au Yucatan, et l'arrivée aux confins du Mexique. Enfin, pour terminer la décade, il évoque le conflit survenu entre Balboa et Pedrarias, qui s'acheva par l'exécution de Balboa. Il ne rédigea la cinquième décade qu'en 1523 : il s'y attache essentiellement à la conquête du Mexique, relatant la résistance que rencontra Cortés face à certains peuples et la manière dont le conquistador écrasa ces tentatives, ses relations avec Moctezuma, les innombrables conflits avec les Aztèques, sans oublier de mentionner la splendeur et la magnificence de leur civilisation ou certaines particularités de la faune et de la flore du Mexique. Ensuite viennent l'évocation de l'expédition de Magellan, des nouvelles du Darien, où l'on enregistre des suicides collectifs d'indigènes toujours plus nombreux, et une nouvelle énumération admirative des beautés et richesses du Mexique et de la civilisation aztèque, sur laquelle se clôt la décade. La décade suivante, la sixième, possède deux caractéristiques qui la distinguent de l'ensemble : rédigée en 1524, elle est beaucoup plus courte que les autres et n'est pas adressée à un pape. Martyr y évoque l'exploration du reste du Mexique et l'appropriation du territoire par les Espagnols, accompagnée de constructions et de conversions. La septième décade, datée de 1525, revient sur la difficile conquête des Lucayes, finalement réalisée par Diego Velasquez malgré une résistance acharnée des habitants, puis rapporte l'envoi de nombreuses missions au sujet desquelles Martyr réprouve la dureté des Dominicains envers les indigènes. La relation du départ de Garay et de sa rivalité avec Cortés permet ensuite au chroniqueur d'exposer les nombreux conflits qui se déroulent entre les Espagnols au Nouveau Monde, soit entre missionnaires et conquistadores, soit entre les conquistadores eux-mêmes. Enfin Martyr revient sur toutes sortes de particularités qui caractérisent chacune des terres conquises par les Espagnols. Pour terminer la huitième et dernière décade, rédigée en 1526, poursuit ce bilan ; mais Pierre Martyr y expose aussi la rivalité entre Cortés et Garay, qui s'acheva par la mort de celui-ci ainsi que d'autres conflits autour de conquistadores comme Cristobal Olid ou Gil Gonzalès. Les dernières pages annoncent l'éventualité de la mort de Cortés et évoquent l'envoi d'Espagnols toujours plus nombreux au Nouveau Monde, qu'il s'agisse de missionnaires, de colons ou de soldats.

Reste à détailler la composition de la première décade, presque entièrement consacrée à Colomb lui-même et à ses successeurs immédiats. Le premier livre expose le premier voyage et l'émerveillement à la vue des terres nouvelles, les premiers contacts cordiaux avec les insulaires, le naufrage de la Santa Maria, la décision de laisser une quarantaine d'hommes sur l'île, le retour et les préparatifs du second voyage. Le second livre, lui aussi adressé à Ascanio Sforza, rapporte une partie du second voyage : la traversée de l'arc des Petites Antilles, la confrontation avec les Cannibales, l'arrivée à Hispaniola, la découverte de la destruction de Navidad et les premiers doutes sur la loyauté des insulaires, suivis de la fuite du cacique allié Guacanari. Le troisième livre, adressé comme les six suivants au cardinal Louis d'Aragon, présente dans une première partie la fondation d'Isabela, le début de l'exploration de l'île et celui de la quête de l'or, et dans une seconde la difficile exploration de la côte méridionale de Cuba, considérée par Colomb comme un continent. Les quatrième et cinquième livres rapportent les conflits surgis dans l'île entre insulaires et Espagnols, les oppositions entre Colomb et certains courtisans, le remplacement progressif, à la tête du gouvernement de l'île, de l'Amiral par son frère, l'adelantado Bartolomé, le retour de Christophe Colomb en Espagne, la résistance désespérée des Taïnos et l'arrestation de grands caciques comme Caunaboa. Dans le sixième livre, Pierre Martyr narre le troisième voyage de l'Amiral, l'exploration du golfe de Paria et le retour à Hispaniola. Le septième livre revient aux conflits sur l'île et à leur aggravation. Colomb vit une double guerre : avec certains Espagnols qui, menés par Roldan, refusant de se plier à son autorité, ont fait sécession et tentent de le discréditer auprès des Rois Catholiques, et avec les insulaires qui continuent à résister malgré les traitements dont ils sont victimes et l'arrestation d'un autre grand cacique, Guarionex. Les huitième et neuvième livres s'attachent à suivre les exploits de deux successeurs immédiats de Colomb : le huitième livre présente le voyage d'Alonso Niño ; le neuvième se trouve divisé en deux parties très différentes : dans la première on découvre le voyage de Vicente Pinzon qui longea la côte septentrionale du continent Sud-Américain du Brésil au Vénézuela ; dans la seconde Pierre Martyr rapporte l'essentiel du traité de Ramon Pané sur les croyances et les superstitions des insulaires. Enfin le dixième livre apparaît comme une sorte de bilan qui résume l'histoire de la découverte et de l'exploitation d'Hispaniola et des principales îles des Antilles. Martyr termine le récit des explorations de Colomb dans le livre IV de la troisième décade, destiné comme l'ensemble de celle-ci au pape Léon X, dans lequel il raconte le quatrième voyage de l'Amiral : cette expédition, très difficile, le mena du Honduras au Panama, puis à la Jamaïque où l'équipage dut rester presque un an sans ressources à attendre des secours, les navires étant inutilisables.

La première décade apparaît donc comme la plus hétérogène du *De Orbe Nouo* car elle est adressée à trois hommes différents et plus de seize ans séparent la composition du premier livre, daté de 1493 et celle du dernier, rédigé en 1510, tandis que la plupart des lettres a été écrite à une date intermédiaire, vers 1500. Mais cela ne se sent pas lors de la lecture : cette dispersion en effet est peu perceptible grâce à la cohésion que confèrent à la décade les deux axes centraux autour desquels elle est élaborée : l'histoire d'Hispaniola et celle de son découvreur, Christophe Colomb. On peut voir aussi à travers les hésitations et les interruptions qui caractérisent l'écriture de cette décade, qu'elle est pour Pierre Martyr une sorte de galop d'essai dans lequel il cherche plusieurs éléments : un destinataire convenant à l'œuvre, un rythme d'écriture, un style, et peut-être plus encore une motivation pour continuer, une confirmation de son intuition, quelque chose qui vienne l'assurer qu'il ne s'est pas trompé lorsqu'il a pressenti l'importance de la découverte de Colomb et qu'il a baptisé les terres reconnues par celui-ci de l'appellation Nouveau Monde. Or au début ce nouveau monde se limitait à des îles à la civilisation peu développée en apparence, et cela peut expliquer l'interruption qui survint après les deux premiers chapitres. Il paraît en effet significatif que Martyr ait repris l'écriture en 1500, c'est-à-dire après la découverte du continent Sud-Américain, considéré à cette date comme le quatrième continent, alors qu'il était désormais clair que Cuba n'était finalement qu'une île : Martyr comprit alors, notamment par les observations qu'on lui rapportait sur les fleuves, que la terre nouvelle correspondait cette fois à son attente, qu'elle était immense et que sa conquête serait à la mesure de l'œuvre qu'il voulait écrire. On trouve dès lors sept chapitres rédigés à la même époque et pour un même destinataire, et après une dernière interruption, qui correspond à un ralentissement dans la découverte, Pierre Martyr ne cessera plus de rapporter aux pontifes successifs les exploits des conquérants du Nouveau Monde.

Le problème des sources

La qualité des informations est un des éléments qui contribue à donner une grande valeur à l'œuvre de Pierre Martyr. De par sa situation en effet, que ce soit à la cour d'Espagne ou plus tard au conseil des Indes Occidentales, mais aussi grâce à sa curiosité, il a eu accès à des témoignages et des documents qui non seulement étaient de première main, mais qui de plus lui étaient fournis par les principaux acteurs de la découverte. Examinons donc quelles ont été précisément les sources de Martyr, comment il a utilisé ses informations, et quelles confusions, erreurs, ou omissions du *De Orbe Nouo* sont imputables à ces sources.

Plusieurs types de sources ont été utilisés ; mais si Martyr ne fait pas mystère des témoignages oraux qu'il a recueillis, ni des spécimens ramenés des Antilles qu'il a pu examiner pour se faire une opinion, il ne mentionne que très rarement les documents écrits dont il a pourtant tiré l'intégralité de certains livres.

Les témoignages oraux des hommes dont Martyr a sollicité les récits sont l'un des éléments fondateurs du *De Orbe Nouo.* Le chroniqueur n'omet jamais de signaler lorsqu'il a bénéficié de l'aide d'un informateur particulier et on trouve ainsi, tout au long de l'œuvre, de nombreux témoignages de marins et d'hommes qui ont participé à la conquête d'Hispaniola : les hommes qui ont acccompagné Antonio Torrès dans le livre II (*infra,* p. 35), les colons de retour d'Hispaniola au livre III, des marins qui avaient participé au troisième voyage de Christophe Colomb au livre VI (*infra,* p. 137) ; enfin, dans les livres VIII et IX, les témoins de Pierre Martyr sont respectivement des marins d'Alonso Niño et de Vincente Pinzon. Cependant si Pierre Martyr ne néglige pas ces témoignages, il sait qu'ils ne sont pas les mieux documentés, ni les plus précis. Aussi sa grande fierté est-elle de pouvoir mentionner l'appui de témoins plus illustres : celui des lieutenants de l'Amiral, par exemple, comme Antonio Torrès au début du livre II, ou Melchior Maldonado, qui apparaît comme un autre témoin privilégié de ce même livre. Mais le plus illustre informateur de Martyr est l'amiral Colomb en personne : à la fin du second livre, Martyr fait part à son destinataire de la promesse écrite faite par l'Amiral de l'informer sur ses découvertes ; au début du troisième livre, soit six ans plus tard, Martyr signale à son nouveau destinataire, le cardinal Louis d'Aragon, que son récit s'appuie sur les relations que lui a faites l'Amiral. Enfin, on trouve, dans le livre VI, à propos du troisième voyage, deux réponses faites par Colomb lui-même à des interrogations de Pierre Martyr (*infra,* p. 60, 62, 138, 150).

Toutefois, si Martyr sait écouter, il sait aussi regarder, et les spécimens qu'il a pu contempler, sentir, goûter ou toucher ont aussi constitué pour lui une importante source d'informations. Il semble avoir eu accès à une grande quantité d'échantillons et lui-même en a fait parvenir un certain nombre à ses destinataires, comme il le signale dans les deuxième et neuvième livres (*infra*, p. 61, 215). Il a pu sentir le parfum d'un bois hâtivement baptisé aloès, goûter les piments, le maïs, la prétendue cinnamome et la fausse cannelle et manier des pépites d'or particulièrement remarquables, un morceau d'électrum ou des perles d'une grande beauté qui avaient été apportées à son ami le duc de Médina Sidonia. Il a admiré les perroquets, l'opossum empaillé, les objets de bois sculpté et les statues des Zémis ramenés en Europe. Il signale même s'être déplacé jusqu'au marché de Medina del Campo pour voir des Cannibales déportés en Espagne. Martyr apparaît curieux, n'hésite pas à se servir de ses cinq sens pour se faire une opinion sur les échantillons des terres nouvellement découvertes et sa volonté de transmettre ses connaissances à son destinataire le pousse parfois à joindre à ses missives quelques graines ou morceaux d'écorce.

Enfin, Martyr a eu accès, pour écrire son œuvre, à un certain nombre de documents écrits de première importance : des lettres, adressées par Colomb et d'autres aux principaux personnages de la cour, et le journal de bord de l'Amiral. Il s'agit donc de documents officiels, que leurs auteurs savaient destinés à être lus. Concernant le journal de bord, celui-ci semble surtout avoir été utilisé pour le premier voyage ; mais étant donné que nous ne possédons, pour le premier voyage, que l'abrégé établi par Las Casas, et que nous n'avons aucun document de ce genre pour les autres voyages, il est impossible de déterminer dans quelle mesure Martyr a utilisé les journaux. Pour le premier livre, Martyr s'est donc servi du journal de bord et de la lettre adressée par Colomb à Luis de Santangel, intendant général à la cour et l'un de ses protecteurs, alors qu'à son retour de la première expédition il était bloqué par une tempête dans le port de Lisbonne. Cette missive, écrite dans l'enthousiasme de la découverte et dans l'urgence de la tempête, est une sorte de texte publicitaire destiné à faire connaître et surtout à promouvoir les terres conquises. Elle se répandit vite dans toute l'Europe. C'est de celle-ci que proviennent notamment les descriptions que l'on trouve dans le premier livre : la nature y devient édénique et les insulaires paraissent incarner le mythe du bon sauvage. Le deuxième livre s'inspire des trois documents qui nous sont parvenus : le *Mémoire pour Antonio Torrès,* rédigé par Colomb à l'intention des Rois Catholiques, une autre lettre adressée aux souverains, rédigée à Isabela en janvier et février 1494 et redécouverte en 1985, que Martyr suit avec zèle, et la *Lettre du docteur Chanca sur le second voyage.* Le troisième livre révèle l'utilisation de quatre documents : la *Lettre du docteur Chanca sur le second voyage,* déjà mentionnée, les *Instructions à M. P. Margarit,* datées du 4 avril 1494, et deux lettres aux Rois catholiques, retrouvées elles aussi en 1985, rédigée l'une pendant l'été 1494, l'autre le 26 février 1495. L'une des sources du livre IV est une autre lettre, inconnue elle aussi jusqu'en 1985, adressée aux souverains de Castille et datée du 15 octobre 1495. En revanche on ne trouve aucune trace de documents en notre possession dans le livre V. Le livre VI est presque intégralement recopié, pour sa partie narrative, d'une lettre de Colomb intitulée *Lettre aux Rois Catholiques sur le troisième voyage.* Pour rédiger le septième livre, Martyr s'est appuyé sur plusieurs documents : des lettres aux Rois Catholiques écrites entre 1498 et 1500 dont nous possédons des fragments ; un texte intitulé *Lettre et sauf-conduit à Francisco Roldan,* lieutenant de Colomb qui avait profité de son absence pour se rebeller contre l'autorité de Bartolomé Colomb, frère de l'Amiral et adelantado de l'île ; et la lettre adressée par Colomb à la nourrice du prince Don Juan de Castille, femme influente qui l'avait toujours soutenu. Cette lettre rédigée en mer, alors que Colomb revenait enchaîné vers l'Espagne sur ordre de Bobadilla, constitue un plaidoyer en faveur de son action à Hispaniola. On ne trouve pas de trace de documents écrits dans le livre VIII ni dans la première partie du livre IX, qui relate l'expédition dirigée par Vicente Pinzon sur les côtes d'Amérique du Sud. Cependant la seconde partie du livre IX, qui décrit les croyances des Taïnos, est le résumé fidèle d'un livre dont Pierre Martyr reconnaît s'être inspiré, *Relation de l'histoire ancienne des Indiens,* de Ramon Pané. La narration suit exactement l'ordre de ce petit traité. Le livre X est une synthèse des livres précédents et n'apporte que peu de nouvelles informations. Enfin le quatrième livre de la troisième décade, qui relate le quatrième et dernier voyage de Christophe Colomb, est partiellement recopié d'une lettre de Colomb aux Rois Catholiques appelée *Lettre Rarissime.* En revanche, la seconde partie du livre, qui consiste en une analyse géographique des terres nouvellement découvertes, est tout à fait personnelle.

Les sources de Pierre Martyr sont donc diversifiées. La plupart des livres bénéficie des trois types d'information, comme c'est le cas pour les livres I, II, III, IX, ou au moins de deux pour les livres VI, VII, et le quatrième de la troisième décade. Mais quel crédit accorde-t-il à ses sources ? Dans l'ensemble il se fie totalement à ses informateurs et se montre même fier des témoignages de certains d'entre eux, mais il sait aussi parfois faire preuve de prudence, voire signaler son désaccord. Généralement, la confiance de Martyr dans ses informateurs paraît importante : il affirme d'ailleurs explicitement préférer faire confiance à ceux qui le renseignent que se livrer à de longues vérifications (*infra*, p. 195) et reprend les informations à son compte avec une telle aisance que le lecteur oublie l'existence d'un intermédiaire et croit entendre un témoin direct. Cette confiance se mêle parfois d'une certaine fierté lorsque Martyr peut s'appuyer sur les rapports de témoins particulièrement dignes d'estime, c'est-à-dire Colomb lui-même, dont le nom est toujours accompagné de l'adjectif *ipse,* ou ses lieutenants. Cependant le prestige de ses informateurs et l'importance de la découverte n'ôtent pas à Martyr une certaine prudence : il rappelle qu'il travaille d'après des témoignages et se retranche derrière ses informateurs lorsque les faits rapportés lui paraissent suspects ou lorsqu'il se trouve face à un échantillon qui lui paraît mal identifié (*infra*, p. 35, 43, 61, 67...). D'autres cas pourraient illustrer la circonspection dont Martyr sait faire preuve lorsqu'il éprouve le moindre doute : il sait que la valeur de son ouvrage est à ce prix. Faute d'être lui-même témoin, il ne conteste jamais les faits ; mais il réfute des suppositions, souvent d'ordre géographique, que sa culture lui permet de juger extravagantes. Et c'est alors Colomb que Martyr contredit le plus souvent, en dépit de l'admiration qu'il éprouve pour lui, essentiellement lorsque Colomb confond géographie terrestre et géographie biblique, à propos de l'identification d'Hispaniola ou de Paria par exemple (*infra*, p. 21, 109, 145, 151). Ainsi apparaît toute la finesse de Martyr : il sait faire preuve de confiance, mais le désir d'authenticité qu'il montre, et dont dépend la valeur documentaire de son œuvre, lui permet de ne pas perdre son esprit critique.

Celui-ci cependant n'est pas une garantie absolue contre les erreurs : en effet, bon nombre de celles que l'on peut relever dans le *De Orbe Nouo* sont imputables aux sources dont bénéficie Pierre Martyr. Nous pouvons tout d'abord observer un certain nombre de confusions, dont les plus manifestes apparaissent lorsque les faits s'accumulent : il devient dès lors plus difficile d'avoir une vision d'ensemble exacte, surtout quand on ne prend connaissance des événements qu'à travers le récit d'un intermédiaire. Ce phénomène apparaît dans les récits des deux derniers voyages, relativement confus. On peut tout d'abord relever des incohérences dans le déroulement des périples, qui trouvent toujours leur source dans les incohérences du document auquel se fie Pierre Martyr : on le constate si l'on compare le livre VI et la *Lettre aux Rois Catholiques sur le troisième voyage*, ou si l'on met en parallèle le livre IV de la troisième décade et la *Lettre Rarissime.* Mais les confusions affectent aussi l'identification des lieux, et le parcours devient alors impossible à reconstituer. A la complexité des trajets s'ajoute pour le dernier voyage l'éloignement dans le temps puisque Pierre Martyr écrit treize ans après les événements… Il existe aussi un certain manque de clarté dans le récit des péripéties terrestres relatées dans le septième livre. A ce moment de la conquête les conflits sont à leur comble, entre insulaires et Espagnols, mais aussi entre différents clans insulaires et entre différentes factions d'Espagnols, et le chaos qui règne sur l'île semble contaminer le récit de Pierre Martyr. Toutes ces confusions peuvent être attribuées à l'insuffisance des informations dont disposait Martyr, aux contradictions des documents dont il s'inspirait ou au manque de vue d'ensemble de ses informateurs.

On trouve aussi, dans le *De Orbe Nouo,* quelques erreurs précises imputables aux sources dont s'est servi Pierre Martyr, mais elles sont rares et ponctuelles : on peut ainsi relever deux erreurs sur les dates et une autre plus étrange sur les circonstances de la nomination de Bartolomé Colomb comme gouverneur de l'île qui semble indiquer que Martyr n'était pas présent à la cour lors du premier retour de Colomb et qu'il a été mal renseigné. Par ailleurs, le tableau louangeur que fait Pierre Martyr du site d'Isabela lui a évidemment été rapporté ; or le site d'Isabela était particulièrement mal choisi, comme Martyr fut amené à le constater par la suite : on peut deviner derrière cette erreur le désir de l'Amiral de promouvoir ses découvertes et ses initiatives. Une observation sur les relations entre insulaires et Espagnols paraît elle aussi erronée : en effet, dans le livre IV, Pierre Martyr signale l'existence d'une ambassade de chefs insulaires auprès de Colomb pour lui demander de mettre fin aux exactions des Espagnols ; or à cette date les insulaires ne se trouvaient plus en présence de Colomb que si celui-ci les faisait arrêter et emprisonner et, renonçant à la négociation, ils avaient commencé à répondre aux violences espagnoles par des actions de guérilla. Cela semble donc indiquer que cette information vise à cacher la détérioration des relations sur l'île et qu'elle provient sans doute de Colomb lui-même.

Etudions enfin pour finir quelles omissions importantes peuvent avoir pour cause les sources utilisées par Pierre Martyr, bien qu'il semble, là aussi, que certains oublis aient d'autres raisons, comme nous le verrons ultérieurement. On peut par exemple noter que Pierre Martyr ne signale pas les difficultés des colons d'Hispaniola (famine, maladie, mortalité...) avant le livre V, alors qu'elles sont apparues beaucoup plus tôt : sans doute ses informateurs, à la tête desquels se trouvait l'Amiral, n'ont-ils pas jugé bon d'attirer l'attention du chroniqueur sur ce point. Mais avec la pluralité des témoignages qui s'instaura progressivement, puisque de nombreux déçus regagnèrent l'Europe, la vérité finit par être connue. De la même manière, on ne trouve aucune trace dans les écrits de Pierre Martyr de la réconciliation de Colomb avec Roldan, peut-être parce que l'Amiral la jugeait trop honteuse pour la mentionner où que ce fût. Enfin le récit du quatrième voyage de Colomb ajoute à la confusion de la narration un grand nombre d'omissions dont certaines proviennent de la source directe, la *Lettre Rarissime*, qui n'est pas seulement désordonnée mais aussi terriblement incomplète et elliptique : ainsi ne sont mentionnées ni les difficultés du voyage de retour ni la première intervention décisive de Diego Mendez, parce que ni les unes ni l'autre ne figurent dans la lettre de Colomb. Notons cependant que bien d'autres éléments sont omis dans ce livre à cause de la hâte de l'auteur.

Le *De Orbe Nouo* s'avère donc être un document remarquable par la nature de ses sources, toutes de première main, ainsi que par le mélange de confiance et de circonspection avec lequel Pierre Martyr sait en tirer parti. Cette finesse d'analyse permet au chroniqueur de ne commettre que peu d'erreurs et d'omissions dans la partie de son œuvre qui nous intéresse. Mais la qualité des informations ne saurait suffire à donner au *De Orbe Nouo* toute sa valeur et son originalité ; il fallait pour cela une vision originale et lucide de la conquête, et Pierre Martyr la possède indéniablement.

Martyr et le Nouveau Monde

Dans ses choix narratifs, Pierre Martyr conserve le même désir de rigueur et d'objectivité que dans l'analyse des documents dont il dispose : aussi son récit est-il essentiellement un récit d'action, reposant sur les faits qu'on lui a rapportés. Cependant malgré son souci d'exactitude Pierre Martyr évite la sécheresse et réussit à insuffler à son ouvrage sa personnalité. Au fur et à mesure que le récit progresse, que le nombre des informateurs se multiplie, il va sortir de la réserve absolue qui est la sienne au début pour prendre une part plus active à la narration et donner ainsi du relief au tableau qu'il dresse et dont il perçoit lui-même de mieux en mieux les différents aspects. Car Pierre Martyr transforme ce qui paraît au début un désavantage, l'éloignement, en atout : en effet, étranger aux intérêts qui sont en jeu et aux rivalités, il peut garder objectivité et lucidité ; par ailleurs, doté du recul et que lui confèrent la distance et le délai d'acheminement des informations, il peut à la fois réfléchir, comparer, analyser et considérer la conquête dans son ensemble au lieu d'être aveuglé par les détails et l'accidentel. Aussi la vision qui se dégage de son récit est-elle particulièrement intéressante, et ce d'autant plus qu'elle n'est pas uniforme : en effet, au fur et à mesure que la décade progresse, la manière dont Pierre Martyr envisage les choses et les êtres se transforme. Plusieurs sujets d'analyse apparaissent : la nature et l'importance de ce qui a été découvert, le portrait de Christophe Colomb, et enfin le Nouveau Monde et ses habitants.

a) L'identification des découvertes

Contrairement au découvreur lui-même, Pierre Martyr ne considère comme acquises ni la nature des terres découvertes, ni leur importance ; aussi, alors qu'à son retour Colomb, obsédé par l'exemple de Marco Polo et par ses propres prévisions et désirs, affirme à qui veut l'entendre qu'il a découvert des îles proches de l'Inde, d'une richesse inouïe, Pierre Martyr garde une grande réserve ; il se fera ensuite une opinion personnelle grâce à la réflexion et à l'examen des échantillons et sera sans doute le premier à pouvoir déterminer exactement ce que Colomb a découvert et quelle en est la valeur.

Tout d'abord, dans les deux lettres à Ascanio Sforza rapportant le succès de Christophe Colomb, Pierre Martyr se refuse à en dire plus qu'il n'en sait. Aussi s'en tient-il presque strictement aux faits qui lui ont été rapportés ; il refuse de céder au pittoresque et lorsque certains rapports lui paraissent peu dignes de foi, comme l'évocation des mœurs des femmes de Martinino, il ne prend pas l'information à son compte comme il le fait habituellement et précise : *haec dant, haec accipito.* Par ailleurs, lorsqu'il s'agit de déterminer si les terres découvertes peuvent être l'Asie, Pierre Martyr cite toutes les théories en présence, celle de Colomb en premier lieu : il rappelle tout d'abord que selon l'Amiral Hispaniola pourrait être Ophir ; il examine ensuite l'hypothèse de l'Inde, en la mettant en rapport avec les théories des anciens qui confirment cette opinion, comme celles d'Aristote ou de Sénèque. Cette prudence est sensible aussi dans l'emploi du terme *sapere,* qu'il préfère à *esse* (*infra,* p. 27). Il semble cependant avoir à cœur de n'omettre aucun avis, et bien que lui-même ne pense pas que les terres découvertes soient l'Asie, il mentionne la présence des perroquets qui semblent l'indiquer. Enfin, il se permet deux suggestions : au début du premier livre, il avance que les terres découvertes sont les Antilles, îles mythiques au XVe, mais moins mythique que ne l'est Ophir. A la fin du livre, après avoir confronté les diverses opinions, il avance une autre éventualité : les terres découvertes pourraient être un nouveau continent (*infra,* p. 21, 29). Ainsi, dès les premiers livres, on peut percevoir l'une des qualités qui confèrera une si grande importance au texte de Pierre Martyr : un mélange d'équité, de réflexion objective et d'intuition géniale.

Dans un second temps, Pierre Martyr va tenter de vérifier son intuition. Pour y parvenir il devait nécessairement réfuter les affirmations de Colomb sur deux points : la nature de la découverte, et les richesses réelles d'Hispaniola. Or dès les premières lignes du livre II, il utilise l'expression qu'il a créée, « Nouveau Monde » (*infra,* p. 35). Comment ce qui n'était qu'intuition au livre III est-il devenu pour lui, six ans plus tard, certitude ? Tout d'abord, sa culture scientifique lui a fait remarquer le problème de distances que posait l'opinion de Colomb et lui permet de tirer parti des renseignements sur les configurations astronomiques des terres nouvelles (*infra,* p. 59, 151). Par ailleurs sa rigueur dans l'examen détaillé des échantillons rapportés du Nouveau Monde a été déterminante. Parmi ces éléments les perroquets, les plantes qui pouvaient être confondues avec la cannelle, le gingembre, la cinnamome ou l'aloès, l'or ou l'électrum ne pouvaient être des indices décisifs. En revanche le maïs, totalement inconnu, les épices nouvelles, dont il précise qu'elles sont différentes de celles qu'on connaît déjà peuvent avoir attiré son attention. Et ce sont sans doute les éléments humains qui ont pesé le plus lourd : Pierre Martyr a sans doute compris, en voyant à Madrid les Cannibales, qu'ils ne pouvaient pas être d'origine indienne, et que les objets de leur fabrication n'avaient rien à voir avec les statues ou le mobilier importés d'Asie. Ainsi, dès le livre III, Martyr peut élaborer une théorie personnelle et signaler son désaccord : Hispaniola n'est ni Ophir ni l'Inde, Cuba n'est pas le Japon ni la pointe de l'Asie et il ajoutera au livre VI que Paria n'est pas le paradis terrestre : l'ensemble appartient à un nouveau continent, un Nouveau Monde. Enfin, il n'hésitera pas à mettre en cause les affirmations fantaisistes de l'Amiral sur la richesse d'Hispaniola : contrairement à Colomb, contraint de défendre sa découverte, Pierre Martyr possède un détachement qui lui permet de travailler en toute objectivité et jamais il ne force les faits, affichant au contraire une prudente réserve dès qu'il n'est pas entièrement convaincu. Là où le journal de bord de Colomb est dithyrambique, Pierre Martyr est objectif et dénonce les erreurs d'appréciation de l'Amiral. Et il en ira ainsi pour tout : il va tout d'abord remarquer que sur la totalité des échantillons rapportés, bien peu s'avèrent être les précieuses plantes qu'on voudrait qu'ils soient, puis il observe que l'île n'est pas si fertile qu'on l'a d'abord dit. Enfin, en ce qui concerne l'or, premier souci des Européens, Pierre Martyr gardera la même réserve : il a bien vu les pépites rapportées par Colomb, mais il n'a vu que cela, et se garde bien de faire d'Hispaniola un Eldorado avant d'en savoir davantage.

Pierre Martyr engage donc peu à peu son jugement, mais il ne le fait qu'en s'appuyant sur des éléments dans lesquels il a toute confiance et qui lui sont propres : ses connaissances et ses capacités d'analyse. Cette rigueur dont il ne se départit jamais lui permet de n'être pas victime des préjugés ou des fantasmes qui sont ceux des acteurs de la découverte ou ceux de son époque. Et c'est ainsi que, le premier, il détecte l'importance véritable de la découverte et sa triple valeur : commerciale, humaine et historique. Pierre Martyr ne nie pas que l'île va pouvoir être source de profit : mais il repère, au contraire de Colomb, les vraies richesses du Nouveau Monde et va s'intéresser à leur exploitation tout au long de son œuvre. Ainsi, on peut remarquer qu'après une remarque lapidaire sur les prétendues épices d'Hispaniola, au troisième livre, il abandonne définitivement le sujet (*infra*, p. 71). En revanche, il saisit très vite que le bois de brésil est une richesse réelle. Il s'intéresse aussi aux perles et aux pierres précieuses (*infra*, p. 101, 103, 115, 147, 183, 195, 199). Enfin il suit attentivement l'exploitation de l'or, de livre en livre, depuis le repérage, dans le premier livre, à l'exploitation industrielle, dans le livre X (*infra*, p. 21, 27, 51, 67-71, 101-103, 113, 117, 155, 227-229, 249-253). Ensuite, Pierre Martyr va sentir, peut-être le premier, que les habitants d'Hispaniola sont les dépositaires d'une civilisation plus riche que les Européens ont bien voulu le croire : cases et canoës, objets de bois sculptés sont admirés dès le début du récit (*infra*, p. 23, 37, 119, 129). Par ailleurs l'auteur montre vers la fin de la décade un grand intérêt pour les croyances insulaires, dont il sent qu'elles vont s'éteindre, sous peu, avec les Taïnos, comme le prouve le livre IX dont la moitié est consacrée aux rites et croyances des habitants d'Hispaniola. Enfin il a commencé à percevoir dès 1500 la signification historique de la découverte de Colomb, comme le révèlent plusieurs indices. Tout d'abord, on peut souligner qu'il est à deux reprises prêt à abandonner sa chronique, et qu'il renonce finalement à le faire. Par ailleurs, l'appellation « Nouveau Monde » dont il est le créateur révèle qu'il a compris quelle pouvait être l'ampleur des découvertes comme l'indiquent également le développement du lyrisme ou encore les métaphores qu'il utilise pour désigner son sujet, char de Phœbus ou collier d'or, qui témoignent d'un enthousiasme grandissant (*infra*, p. 63, 171).

b) Portrait de Colomb

Ainsi, peu à peu, Pierre Martyr parvient à imposer sa vision, à communiquer son enthousiasme et à convaincre. Mais si Martyr se passionne pour l'entreprise de Colomb, c'est aussi parce que les acteurs sont des êtres hors du commun, à commencer par le premier d'entre eux, celui que le chroniqueur désigne souvent par son seul titre d'amiral, Christophe Colomb lui-même. Il importe donc de voir quel portrait de Christophe Colomb se dessine à travers le récit. Colomb n'est pas seulement l'acteur principal de l'événement rapporté par Pierre Martyr, auquel celui-ci devait inévitablement accorder une grande attention ; c'est aussi l'un de ses informateurs privilégiés, et les deux hommes ont entretenu des relations personnelles. Et comme il l'a fait au sujet du Nouveau Monde, Pierre Martyr semble avoir pressenti quelle fortune la postérité réservait au découvreur. Aussi verrons-nous tout d'abord comment le chroniqueur exprime un intérêt et une estime grandissants pour Colomb, puis de quelle manière le portrait qu'il fait de celui-ci atteint peu à peu la dimension du mythe, sans que Pierre Martyr perde jamais son objectivité vis-à-vis de son sujet.

L'estime de Pierre Martyr pour Christophe Colomb ne se manifeste que progressivement, car il affiche à l'égard des êtres la même prudence qu'à l'égard des événements et des choses. Aussi le premier livre témoigne-t-il de sa réserve. On y trouve, au tout début, deux mentions du découvreur : *Christophorus Colonus, Ligur uir*, et *homine Ligure* (*infra*, p. 15, 19). Pierre Martyr, dans l'ignorance dans laquelle il se trouve de la personnalité de l'Amiral, retient ce que celui-ci possède de plus frappant à la fois pour lui-même, également Italien, mais aussi pour ceux qui entendent parler de lui. N'oublions pas que la xénophobie envers les Italiens était forte en Espagne à cette époque. D'ailleurs la seconde mention, *homine Ligure*, se trouve dans un passage au discours indirect qui rapporte les menaces de marins mutinés : l'appellation est ici ouvertement péjorative.

Cependant, dès la fin du premier livre, le ton se modifie légèrement. Pierre Martyr pressent-il déjà l'importance de la découverte, ou est-il seulement sensible à la reconnaissance générale dont Colomb est l'objet lors de son premier retour ? Toujours est-il que les mentions de la nationalité du découvreur disparaissent. En revanche, il utilise presque systématiquement l'un des deux titres de l'Amiral pour le désigner, *Almirantus* ou *Praefectus Marinus*, souvent abrégé en *Praefectus*. Ce choix, annoncé à la fin du livre I (*infra*, p. 31) et respecté sans défaillance, est présenté comme la conséquence d'un souci de clarté ; mais Martyr vise aussi à souligner le prestige de l'Amiral et commence à mentionner la fierté qu'il ressent à le compter parmi ses informateurs.

Enfin, Pierre Martyr commence dès le deuxième livre à tracer de Colomb un portrait stylisé qu'il poursuivra tout au long de l'œuvre, et qu'il fonde sur quelques qualités essentielles. L'une d'elles est sa foi, incontestable d'après tous les historiens, qui allait jusqu'au mysticisme. Certains pensent d'ailleurs que Colomb, après s'être séparé de sa deuxième épouse, était entré dans le tiers-ordre franciscain. Pierre Martyr s'attache donc à montrer l'Amiral faisant réciter des prières à son équipage à l'heure de l'angélus, nommant une île Guadalupe en hommage à un célèbre lieu de pélerinage espagnol, suite à un vœu, écoutant la messe sur les rivages qu'il découvre, ou tentant d'introduire au Nouveau Monde la religion catholique (*infra*, p. 23, 41, 61, 89...).

La curiosité pour les choses géographiques et humaines, l'instinct de la découverte sont aussi des qualités que Pierre Martyr s'attache à souligner chez Colomb. Il montre les différentes explorations, celle de l'arc des Antilles dans le livre II, celles de l'intérieur d'Hispaniola puis des côtes Sud de Cuba dans le livre III, celle de Paria au livre VI, celle des rivages d'Amérique Centrale dans le quatrième livre de la troisième décade. Lors de ces expéditions, on voit l'Amiral poursuivre l'exploration jusqu'à la limite de ses forces ou de ses moyens, habité par la volonté d'en découvrir toujours davantage (*infra*, p. 89). La répartition des rôles entre Colomb et son frère contribue à souligner le fait que pour Colomb c'est la découuverte qui prime, et non l'exploitation de celle-ci : en effet les livres dans lesquels Pierre Martyr évoque la colonisation de l'île et les conflits qui l'ont accompagnée sont tous des livres dont Christophe est absent, en expédition ou occupé en Espagne à en préparer une nouvelle, et dans lesquels le premier rôle est tenu par Bartolomé : c'est le cas des livres V et VII ; quant au livre IV l'Amiral y est légèrement en retrait par rapport aux vrais acteurs du drame, les caciques indigènes ou les chefs de guerre comme Hojeda. Enfin, la curiosité de Colomb s'applique aussi aux choses humaines, et l'Amiral est montré comme un ethnologue avant l'heure, soucieux d'établir un contact linguistique avec les insulaires, capable d'admirer la beauté et l'ingéniosité de leurs productions, désireux de connaître les coutumes et rites des peuples rencontrés, suffisamment conscient de l'existence d'une culture indigène pour charger le frère Ramon Pané de réunir par écrit les croyances des Taïnos (*infra*, p. 23, 29, 49, 147, 199).

A cette curiosité se rattache une troisième qualité qui caractérise le portrait de l'Amiral selon Pierre Martyr : sa bienveillance envers les insulaires, qui apparaît dans tout le récit, et au cours de tous les voyages, même si Pierre Martyr doit parfois choisir d'interpréter favorablement les faits (*infra*, p. 21, 41, 53, 57, 71, 79, 85, 89, 103, 143, 147, 167).

Enfin, la dernière qualité que Pierre Martyr souligne constamment est la fidélité de Colomb aux Rois Catholiques et son honnêteté en ce qui concerne la quête de l'or. Ces sentiments s'opposent à la cupidité que des historiens comme Salvador de Madariaga ont traditionnellement attribuée à l'Amiral. Dans le *De Orbe Nouo,* on voit Colomb défendre sans faillir les intérêts des Rois Catholiques, alors que cela déchaîne contre lui la haine des Espagnols présents sur l'île et ne lui vaudra de la part des souverains qu'une certaine méfiance, comme en témoignent les arrivées sur l'île d'Aguado puis de Bobadilla. Dès le deuxième livre, on voit Colomb interdire toute prospection sauvage, faire repérer à ses hommes des rivières aurifères, mais sans leur permettre de ramasser l'or. Et Martyr lui-même justifie l'honnêteté de Colomb en indiquant la quantité d'or amassée (*infra*, p. 59, 71, 103).

On peut donc remarquer que Pierre Martyr dresse un portrait de Colomb qui devient au fil des pages de plus en plus favorable, et qui, en même temps, a tendance à se styliser. La stylisation peut s'expliquer comme un choix narratif : l'être humain devient un personnage, la figure du découvreur est rendue plus cohérente et plus facilement identifiable. Comment expliquer maintenant le parti-pris favorable ? Est-il justifié, ou Pierre Martyr déforme-t-il la vérité pour établir un portrait flatteur ? Nous pouvons tenter d'apporter des éléments de réponse. D'une part, il ne faut pas oublier que Colomb est au nombre des informateurs de Martyr et que celui-ci va accorder une importance spéciale à ses témoignages. D'autre part il est certain que le chroniqueur gomme ou atténue certains aspects de la personnalité de l'Amiral, tandis qu'il exalte ceux qui sont plus favorables. Par exemple il omet de mentionner les propositions de trafic d'esclaves faites aux Rois Catholiques, n'insiste pas sur l'instauration du tribut ni sur la dureté de la répression contre les insulaires, la limitant à quelques arrestations, d'ailleurs exécutées par des hommes de main, jamais par Colomb lui-même ; en revanche il souligne sa bienveillance lors des explorations. De même il fait de la quête effrénée de l'or à laquelle s'est livré l'Amiral une preuve de son dévouement envers la cour d'Espagne. Disons que dans l'ensemble il regarde les faits sous l'éclairage le plus favorable à Colomb. Il ne faut cependant pas négliger certains éléments qui entrent en jeu. Tout d'abord, Pierre Martyr sait rester objectif par rapport à l'Amiral, et conserver une indépendance intellectuelle indéniable : comme nous l'avons vu en détail précédemment, il n'hésite pas à le contredire sur bien des points : ces contestations peuvent apparaître comme autant de garanties contre une importante déformation de la vérité. Par ailleurs nous avons pu juger de la clairvoyance de Martyr en matière de faits. Pourquoi ne pas lui accorder les mêmes capacités d'analyse en ce qui concerne les individus ? Connaissant personnellement l'Amiral et ses amis les plus proches, comme le duc de Medina Sidonia, ayant accès à bien des témoignages, Pierre Martyr était bien placé pour se faire de Colomb une idée juste, et possédait la lucidité nécessaire. On peut penser que le portrait qu'il dresse de l'Amiral, certes stylisé, a néanmoins su rendre l'essentiel de l'homme, comme l'ensemble de sa chronique a su dépasser la contradiction des faits et des témoignages pour capter la vérité sur les terres découvertes. La suite du récit nous conforte dans cette opinion.

Mais en fait Pierre Martyr semble quitter peu à peu l'histoire pour fonder un mythe. Pour ce faire, il va d'abord renforcer les qualités de l'Amiral grâce aux contrastes. En continuant à mentionner sa bienveillance envers les insulaires, il décrit en regard la cruauté des autres Espagnols : dans les livres IV, V et VII il insiste sur les vols, viols et crimes divers et sur la terreur que font régner les soldats, vite rebellés par ailleurs contre l'autorité de Colomb (*infra*, p. 97, 155). Martyr établit aussi un contraste entre l'honnêteté de Colomb à l'égard des souverains espagnols et la cupidité sans borne des hommes qui l'accompagnent, soit en signalant les vols répétés des Espagnols et les mesures prises en conséquence, soit en mentionnant les griefs des Espagnols contre Colomb, dont le plus important est qu'il leur défend l'accès aux mines, soit en dressant un vaste tableau de la manière dont sont organisées la prospection et le travail de l'or à Hispaniola. Enfin, la curiosité et l'instinct de découverte qui, tout au long de la décade, caractérisent l'Amiral, tant dans le domaine géographique que dans le domaine humain, et qui sont également sensibles dans la relation du très pénible quatrième voyage sont amplifiés par l'évocation antithétique d'Alonso Niño, qui ne se soucie que de son intérêt et recule devant les difficultés (*infra*, p. 179). Ainsi les contrastes font-ils ressortir le caractère exceptionnel de Colomb.

Par ailleurs, Pierre Martyr fait de Colomb un homme en butte à l'univers qui l'entoure, en dénonçant presque systématiquement les accusations et calomnies, les spoliations et les trahisons dont l'Amiral est victime. Les accusations, calomnieuses selon Pierre Martyr, viennent essentiellement des colons mécontents de voir leurs ambitions ou leur liberté d'action entravées par celui qu'il ne cesseront jamais de considérer comme un étranger : on trouve les premières dans le quatrième livre lorsque le frère Buyl et Pedro Margarit, profitant de l'absence de Colomb, parti explorer les côtes de Cuba, retournèrent en Espagne à son insu, et lorsqu'on commença à se demander où étaient passées les richesses tant vantées d'Hispaniola. Au livre V Martyr relate la naissance de la révolte de Roldan, qui croit Colomb mort, et au début du livre VII il rapporte les accusations portées contre l'Amiral par le rebelle et ses amis, qui l'accusent dans une lettre à la cour d'être cruel, sanguinaire, injuste, ambitieux, orgueilleux et cupide (*infra*, p. 95, 103, 131, 133, 155). Mais à chaque fois Martyr cite des éléments propres à disculper l'Amiral. Les spoliations ou usurpations dont Colomb, selon Pierre Martyr, a été victime concernent ses découvertes et sont mentionnées dans les livres VI et VIII. Selon le chroniqueur, Colomb s'est vu priver de l'avantage de la découverte du continent sud-américain, ce qui peut être une allusion à Vespucci ou à Alonso Niño. Par ailleurs le même Niño aurait récolté ses perles sur un territoire découvert par Colomb et qui lui était donc réservé. Pierre Martyr mentionne aussi les hommes qui refusent la théorie de Colomb sur Cuba en dénonçant leur jalousie. Dans les trois cas, l'envie dont Colomb est l'objet apparaît clairement ; et dans deux d'entre eux il est manifeste que Colomb a été spolié d'une gloire, d'un droit et d'une richesse qui lui revenaient (*infra*, p. 149, 153, 183). Cependant l'une au moins de ces usurpations nécessitait un appui important, et c'est le troisième et dernier argument de Pierre Martyr pour ériger l'Amiral en victime : Colomb ne fut pas seulement victime des jaloux ou de rivaux éventuels ; il fut aussi trahi par ceux qui l'avaient honoré au début, les souverains, et tout particulièrement le roi, Ferdinand le Catholique. Pour le chroniqueur l'envoi de Bobadilla, l'emprisonnement de Colomb, son rappel en Espagne pendant que Bobadilla recueillait les fruits des travaux de l'Amiral sur l'île peuvent apparaître comme autant de reniements. Il insiste sur les humiliations subies et précise à plusieurs reprises qu'on ne sait rien sur la culpabilité réelle de l'Amiral. Mais la critique se fait plus ouverte dans le livre VIII, lorsque Pierre Martyr évoque les circonstances du départ d'Alonso Niño, parti vraisemblablement avec une carte de Colomb qui lui aurait été illicitement confiée et dont le navire aurait été financé par la couronne (*infra*, p. 171). Ainsi, calomnié, spolié et trahi, Colomb apparaît de plus en plus seul au milieu de ceux qui l'entourent. Martyr va donc achever la construction du mythe en détachant totalement Colomb de l'univers humain.

En effet, pour donner à Colomb toute sa dimension mythique, il n'aurait pas suffi d'en faire un être différent des autres au point d'être leur victime, et l'ampleur de sa découverte, pour importante qu'elle soit, n'aurait pas été suffisante non plus. Il faut l'arracher au monde des hommes et aux bassesses qu'implique celui-ci. Deux moyens vont permettre d'atteindre cet effet : le dédoublement de la silhouette de l'Amiral et les distorsions de la chronologie ou de l'histoire. Il est intéressant de constater que ces deux éléments se trouvent dans le livre VII, c'est-à-dire le dernier de la décade où il sera question de l'Amiral, alors que Pierre Martyr pensait sans doute ne plus reparler de lui ultérieurement. On a vu comment, grâce aux figures antithétiques de Roldan, d'Hojeda ou de Niño, celle de l'Amiral gagnait en prestige et affirmait ses qualités. Un autre personnage va cependant être beaucoup plus déterminant dans l'élaboration du mythe : c'est Bartolomé Colomb, l'Adelantado, le frère de l'Amiral, qui va devenir progressivement son double et permettre ainsi au personnage de l'Amiral de se détacher des contingences terrestres. La figure de Bartolomé pose problème dès le début de la chronique puisqu'elle est l'objet d'une erreur de chronologie (*infra*, p. 31). Puis l'Adelantado apparaît pour jouer un rôle actif sur l'île à la fin du livre III (*infra*, p. 93) ; signalé dès son arrivée, il prend en charge Christophe, malade et épuisé, et ce fait prend un caractère symbolique puisque dès le livre IV c'est à lui que va revenir la tâche d'administrer l'île, c'est-à-dire, si l'on considère le moment auquel il intervient, de calmer ou réprimer à la fois les révoltes insulaires et les rébellions espagnoles, celles-ci exacerbant par ailleurs celles-là. Certes on peut constater à la lecture que Christophe n'a jamais beaucoup administré l'île, privilégiant avant tout l'exploration. Il n'exerce le pouvoir sur l'île que de novembre 1493 à mars 1494. Après l'arrivée de Bartolomé, qui coïncide avec le retour de Cuba et la fin du livre III, Christophe va en quelque sorte disparaître d'Hispaniola, se consacrant presque entièrement à l'exploration : dans le livre IV, il est encore présent, mais n'accomplit lui-même aucune action : on le voit surtout négocier avec les insulaires et déléguer les missions (*infra*, p. 97). Il est absent des livres V et VII, puisque son retour n'a lieu qu'à la fin de celui-ci, et le livre VI le montre, malgré ses inquiétudes pour la situation de l'île, descendant vers le sud et découvrant l'actuel Vénézuela. Ainsi s'installe une dichotomie presque parfaite : Christophe explore, c'est-à-dire qu'il reste loin des troubles et des répressions, et se détache des trivialités humaines pour se vouer à des buts qui engagent l'avenir de l'humanité, comme la découverte de nouveaux continents et de peuplades nouvelles avec lesquelles les rapports ne peuvent qu'être bons ; il incarne ainsi le mythe du découvreur. Pendant ce temps Bartolomé administre les terres découvertes : il arpente l'île pour collecter le tribut – on a vu plus haut comment l'instauration du tribut par Christophe avait été présentée comme le résultat bienveillant d'une négociation-, calme les hommes victimes de la famine et s'occupe de la répartition des malades, organise l'abandon d'Isabela, cité maudite créée par Christophe, et fonde la ville qui reste aujourd'hui la plus grande ville d'Haïti, Saint Domingue, déporte les prisonniers de guerre en Espagne, construit des forteresses dans toute l'île, combat et soumet les caciques, mais se mêle aussi à leur existence, commence à affronter Roldan, et annonce ainsi les conquistadores (*infra*, p. 117-127, 133-135, 157-163). Certains historiens le considèrent d'ailleurs comme le premier d'entre eux : c'est à lui qu'il revient de menacer les insulaires, de les combattre, de les punir ; c'est lui qui veille à ce qu'Hispaniola soit une source de gain effective, quel qu'en soit le prix pour les populations ; mais c'est lui aussi qui, contrairement à Christophe, affiche un goût prononcé pour les plaisirs sensuels de toute sorte, comme les spectacles, les femmes et les festins. De même que le personnage de Christophe, vu par Pierre Martyr, fonde le mythe du découvreur, humaniste, hostile aux contraintes de l'installation et en quête d'absolu, celui de Bartolomé fonde le mythe du conquistador, brutal, sensuel et matérialiste.

Cette dichotomie, qu'on retrouvera dans le quatrième livre de la troisième décade, est accentuée par des erreurs dans le récit du livre VII. Pierre Martyr omet tout d'abord de mentionner la rébellion menée par Adrian de Moxica et que l'Amiral, qui s'était réconcilié avec Roldan, punit avec une sévérité qui n'avait d'égale que son injustice. De plus, une erreur de chronologie place le retour de Christophe au moment précis où Bartolomé achève la soumission de certains caciques, alors qu'en réalité il n'est revenu que six mois plus tard : ce retour antéposé fait de Christophe un étrange *deus ex machina* qui, après être resté totalement étranger aux durs conflits qui se sont déroulés, intervient au dernier instant pour pacifier, pardonner et soulager tandis que Bartolomé menace les caciques, prépare les embuscades et brûle les villages. Ainsi est fondé le mythe colombien du découvreur : Colomb apparaît progressivement de plus en plus étranger aux turpitudes humaines, aux conflits d'intérêt qui accompagnent la découverte ; au contraire, au fur et à mesure que la situation exige plus de sévérité et de rigueur, on le voit se tourner vers l'exploration, et ses départs successifs ressemblent à des fuites vers l'infini, tandis que sa présence sur l'île est à la fois de plus en plus rare et de moins en moins active, toujours plus tournée vers la négociation et la paix.

Il faut cependant mentionner que même lorsqu'il fonde un mythe, Martyr garde une certaine objectivité par rapport à l'Amiral. Celle-ci s'oppose surtout au mysticisme de plus en plus prononcé de Colomb : dans le livre VI, Pierre Martyr réfute explicitement la théorie qui assimile Paria au paradis terrestre.

De même, parmi les nombreuses omissions qui caractérisent le livre IV de la troisième décade, Pierre Martyr ne signale pas l'apparition divine que Colomb prétendit avoir eue. De cette manière, si la chronique de Pierre Martyr peut, en ce qui concerne l'Amiral, s'apparenter à une mythification, jamais le chroniqueur ne cède à la tentation de l'hagiographie, malgré les possibilités qu'offrent la vie et le mysticisme de Colomb.

Au cours de cette décade, le personnage de Colomb grandit progressivement, ses qualités se dessinent grâce à la stylisation et aux contrastes, et Pierre Martyr élabore un mythe dont on ne peut nier l'importance, puisqu'il va fonder l'ensemble de la question colombienne et nourrir des siècles de débats. Plutôt que de se demander dans quelle mesure il était conscient de cette élaboration, il paraît préférable de s'interroger sur la valeur du mythe créé : on ne doit pas perdre de vue le fait qu'un mythe nécessite une part de reconstruction, de tri, de stylisation ; mais il semble bien qu'on puisse faire confiance au chroniqueur, qui ne cède jamais à une admiration dépourvue de lucidité, sait faire preuve de clairvoyance dans ses analyses et appréciations, et qui paraît avoir su dégager ce qu'il y avait d'essentiel, de vraiment exceptionnel aussi dans la personnalité de Colomb. Colomb n'était pas un administrateur ni un homme de la terre, mais, fondamentalement, un marin et un explorateur. Pierre Martyr l'a senti avant tout autre. Et il est significatif qu'après avoir fondé le mythe, Pierre Martyr se détourne de son personnage, si l'on excepte le quatrième livre de la troisième décade qui apparaît comme une dette, un scrupule d'historien : sans doute avait-il compris dès 1500 que l'essentiel concernant Colomb était déjà joué et que ce qui pouvait advenir désormais n'y ajouterait rien. Peut-être aussi pressentait-il que le lieu important n'était déjà plus Hispaniola mais l'Amérique du Sud, comme semblent l'annoncer les livres VIII et IX, et que l'histoire qui allait se faire ne serait pas le fait de découvreurs de la race de Colomb, ceux qui ouvrent à l'humanité les portes des nouveaux mondes, mais celui d'hommes de fer et de sang, comme les conquistadores qui marchaient désormais sur ses traces. Sans doute enfin avait-il conscience de la place qui reviendrait à Colomb dans l'histoire de l'humanité, place qu'il a lui-même fortement contribué à créer.

c) Le Nouveau Monde : nature et habitants

Reste à étudier comment Pierre Martyr décrit le Nouveau Monde, pour reprendre son expression, à travers la première décade du *De Orbe Nouo*. En effet Martyr, en tant que premier chroniqueur de la découverte était inévitablement destiné à jouer dans ce domaine aussi un double rôle déterminant : il lui revenait d'informer, bien sûr, mais il allait ainsi, par ses rapports, jeter dans l'imaginaire collectif européen les fondements d'un mythe qui était promis à un avenir aussi riche que celui de l'Amiral : celui du Nouveau Monde. Deux points essentiels retiennent l'attention de Pierre Martyr : la nature et les hommes qui la peuplent ; et sur l'un et l'autre sujet la vision de Martyr évolue.

La nature, quoiqu'elle ne soit pas omniprésente, tient une place capitale dans le *De Orbe Nouo*. Elle est ce qui frappe d'emblée un voyageur qui parvient dans une contrée inconnue et allait d'autant plus surprendre les Européens lors de l'arrivée aux Antilles qu'ils ne possédaient aucune référence à laquelle se rapporter pour l'apprécier. Ils ne pouvaient que s'émerveiller devant sa beauté complètement nouvelle. Pierre Martyr ne va cependant pas se contenter de la décrire, et s'il confère à la nature un rôle ornemental, c'est surtout la dimension symbolique de celle-ci qui éclate dans l'œuvre. L'île va en effet apparaître d'abord comme un lieu idéal, édénique, avant de perdre ce caractère au fur et à mesure que les conflits vont s'y développer. A partir de ce moment, la nature jouera en quelque sorte le rôle d'un baromètre, accueillante et belle si les hommes y sont en paix, dangereuse ou absente lorsqu'éclatent les dissensions.

Au début de l'œuvre, l'île est donc dépeinte comme une sorte de lieu enchanté, un Eden préservé, tant par son milieu naturel que par les êtres qui l'occupent. Ce caractère paradisiaque recouvre deux aspects très différents : une réminiscence du mythe de l'âge d'or et un idéal par rapport aux valeurs de l'économie européenne. Le mythe de l'âge d'or est sensible dans les tout premiers livres de l'œuvre : la nature y est belle, accueillante et généreuse et permet aux habitants des îles de se suffire à eux-mêmes. Sa beauté, qu'on trouve sans cesse mentionnée dans le journal de bord de Colomb, est rendue perceptible par l'utilisation de plusieurs sensations. La plus fréquente est bien sûr la vue, et les exemples sont trop nombreux pour les citer tous : rappelons les vives couleurs des perroquets, les tons changeants, au large de Cuba, des eaux de la mer, ou la beauté des champs cultivés, si attrayants que les Espagnols les prennent pour des jardins. Viennent s'ajouter les plaisirs de l'ouïe, puisque les Européens sont accueillis sur l'île par le chant d'un oiseau qu'ils supposent être le rossignol, du palais, puisque les fruits, les oiseaux, les poissons, les iguanes sont décrétés délicieux, ou de l'odorat, sollicité par les doux effluves qui entourent toutes les îles (*infra*, p. 19, 27, 37, 41, 57, 67, 79, 81, 83, 89, 137, 139). Cependant, les îles découvertes par Colomb ne se contentent pas d'être belles : elles se montrent à la fois généreuses et accueillantes pour ceux qui les occupent. Elles fournissent par exemple la nourriture aux insulaires : gibier, poissons, maïs, yucca et ignames. La nature pourvoit aussi au vêtement et au logement : elle fournit d'elle-même et en abondance le bois grâce auquel seront construits habitations, sièges, vaisselle et canoës ainsi que l'autre matière première de l'île, le gossapin, sorte de coton permettant de confectionner pagnes, hamacs et objets cultuels. Enfin, la nature protège les hommes qui vivent sur les îles en les accueillant en son sein lorsqu'ils sont poursuivis et en les dérobant à leurs poursuivants (*infra*, p. 39, 41, 57, 79). Aussi est-il difficile de lire ces premiers livres sans penser à Lucrèce ou à Ovide. Pierre Martyr lui-même, à deux reprises, établit explicitement la comparaison entre Hispaniola et le mythe de l'âge d'or (*infra*, p. 53, 93). Mais la nature n'offre pas une vision idyllique aux Espagnols par sa seule beauté et les mythes qu'elle rappelle : elle leur suggère aussi des possibilités d'exploitation et leur émerveillement provient tout autant de ce que donne la nature, dont se contentent les Taïnos, que de ce qu'ils pensent pouvoir tirer d'elle, de son sol comme de son sous-sol. Ils voient essentiellement trois manières de rentabiliser la nature antillaise : la première est de mettre à profit l'étonnante fertilité de l'île pour transformer celle-ci en un immense champ cultivé. Mais comme toujours les Européens imposent leurs propres valeurs aux êtres ou aux éléments qu'ils rencontrent et ils vont chercher à utiliser la fertilité de l'île pour développer des cultures européennes (*infra*, p. 31, 67, 69). Par ailleurs les Espagnols comptent aussi récolter sur Hispaniola toutes sortes de végétaux traditionnellement présents dans les contrées orientales et qu'ils croient avoir repérés : les bois précieux, les épices et les condiments, comme le poivre, la cinamome, ou la cannelle. Quant au gossapin, qu'ils découvrent, il pousse avec une abondance telle qu'il est tentant de le commercialiser. Enfin, les ressources du sous-sol contribuent très fortement à exalter l'enthousiasme des Espagnols pour la nature d'Hispaniola : ils apprennent dès le premier chapitre qu'il y a de l'or dans le sable des fleuves et dès lors le cherchent méthodiquement (*supra*, p. XXXVI). Ainsi la nature de l'île, outre ses qualités premières, promet d'allier l'utile à l'agréable si elle est intégralement exploitée. Ce n'est pas seulement pour les Européens un paradis naturel ; c'est aussi, en devenir, un paradis économique où exploitation des richesses végétales, agriculture et rentabilisation du sous-sol assureront, dans l'esprit des colons, d'immenses profits.

Cependant ce paradis ne tarde pas à perdre de son éclat : au fur et à mesure que la découverte progresse, parallèlement à la dégradations des relations entre Espagnols et insulaires, la nature semble moins belle, moins bienveillante, mais aussi décevante sur le plan économique. La beauté des lieux cesse progressivement d'être signalée, à l'exception de certains rares passages que nous étudierons ultérieurement. Au delà du troisième livre les descriptions ornementales disparaissent presque totalement, ainsi que les notations sensorielles. Par ailleurs, la douceur de l'île s'efface pour laisser la place à des phénomènes dangereux : hauts-fonds, ouragans, mascarets (*infra*, p. 87, 109, 143)… Enfin, la générosité de l'île semble soudain se tarir : la nourriture ne s'avère pas suffisamment riche pour les organismes européens et les carences entraînent maladies et décès ; la famine s'installe dans l'île suite à la grève de l'agriculture décidée par les Taïnos, et les Espagnols doivent se partager de petites quantités de galettes de maïs et rançonner les villages insulaires. Même les belles eaux claires et poissonneuses des fleuves ont disparu pour être remplacées par les eaux boueuses des marais (*infra*, p. 95, 113, 121, 125, 127, 165, 225). L'île toutefois ne se refuse pas seulement à donner ses productions aux Européens ; elle semble aussi renoncer à tenir les promesses qu'on lui avait extorquées. On s'aperçoit vite qu'Hispaniola n'abrite pas d'aloès, ni d'épices, et que le piment qui y pousse ne remplace pas les épices qu'on recherche. La fertilité de l'île n'est pas non plus ce qu'on avait espéré : le blé n'y pousse pas partout, les fruits et les épis sont beaux mais gonflés d'eau, et la viande des animaux qui paissent sur l'île est sans saveur (*infra*, p. 67, 225). Les lieux cachent parfois sous leur aspect avenant un climat malsain : c'est le cas d'Isabela qui s'avéra être un endroit insalubre, éloigné des sources d'eau potable, sans abri pour les navires et qu'il faut abandonner totalement dès 1496. Enfin la prospection de l'or est décevante : Cibao n'était pas une déformation de Cipango, comme on l'avait cru, c'est-à-dire du nom du Japon dont les rues, selon Marco Polo, étaient pavées d'or, mais une appellation insulaire signifiant « rocheux » ; il y a de l'or dans les rivières mais il sera vite épuisé et il faudra rechercher des mines, d'où l'on n'extraira l'or tant désiré qu'au prix d'un travail acharné et de la mise en esclavage de la population de l'île. Ainsi, rapidement, l'île va cesser d'être un paradis pour devenir un lieu de déceptions et de souffrances, voire un enfer pour les Européens mais surtout pour les habitants qui meurent de faim dans les plaines dont ils ont eux-mêmes arraché les cultures, et d'épuisement dans les mines qu'ils avaient fermées.

A partir de ce moment, Pierre Martyr utilise la nature comme un motif uniquement symbolique : lorsqu'elle est belle et généreuse, elle est le décor d'un nouveau départ, ou d'un retour à de meilleures relations avec les insulaires. Lorsqu'elle est absente, ou hostile, c'est qu'elle sert de toile de fond à des conflits ou des difficultés. Ainsi, après le début de la dégradation des relations avec les insulaires, c'est-à-dire dès la fin du deuxième livre, la nature est de moins en moins présente et on ne trouve que trois occurences d'une nature proche de celle qui avait été décrite au départ : la première encadre la découverte de Cuba, la seconde accompagne l'installation à Saint-Domingue et la troisième l'exploration de Paria. Il n'est pas question d'implantation ni d'exploitation à Cuba et à Paria, et le transfert à Saint-Domingue est vécu comme une renaissance. Alors reviennent les sensations agréables et la générosité d'une nature maternelle (*infra*, p. 79-89, 115, 139, 145, 147, 175). Au contraire, la nature disparaît ou prend un caractère maléfique lorsque la confiance et l'entente sont rompues. Elle est presque totalement absente des livres qui narrent les conflits sur l'île, comme les livres IV, V et VII, et lorsqu'elle est alors mentionnée, c'est pour refuser ses dons aux Européens. D'ailleurs le geste des insulaires est symbolique : arracher les cultures pour chasser les Espagnols, c'est manifester la colère de la nature et son refus de leur accorder dorénavant ce qu'elle donnait spontanément aux Taïnos. La nature ne protège même plus les insulaires eux-mêmes, comme le montre l'arrestation du cacique Guarionex. De plus, lorsqu'on signale sa présence, c'est souvent parce qu'elle se déchaîne, et on peut constater que c'est dans les derniers livres que les cataclysmes s'accumulent. On signale même l'apparition d'un monstre dans le livre X, alors que Martyr n'avait mentionné jusque là que des animaux inoffensifs (*infra*, p. 223). La nature joue ainsi un triple rôle, ornemental, pour embellir le récit et faire rêver le lecteur, promotionnel, puisqu'elle rend attirantes les terres découvertes, et symbolique, puisqu'elle reflète ce qui se passe sur l'île et les sentiments des hommes qui l'occupent. Grâce à ses descriptions de la nature et à l'utilisation qu'il en fait, notamment lorsqu'elle est belle et généreuse, Pierre Martyr crée le mythe de l'Eden exotique, des îles de rêve où la vie est belle et facile. Mais la description qu'il fait des populations va aussi contribuer à fonder ce mythe.

Les insulaires, qu'ils soient habitants d'Hispaniola ou de Cuba, sont indiscutablement au centre du récit, et constituent l'un des éléments les plus intéressants pour étudier la manière dont évolue la vision de Pierre Martyr : en effet les indigènes du livre VII n'ont plus guère à voir avec ceux du premier livre, et au fur et à mesure que se transforme la perception de Martyr c'est toute son appréhension de l'autre qui devient plus complexe et plus juste. Le chroniqueur présente tout d'abord, essentiellement dans les trois premiers livres, une vision dichotomique et schématique des habitants des Antilles : il distingue les bons sauvages, les Taïnos, des méchants, les Caraïbes ; progressivement cependant cette distinction va disparaître et on verra le double portrait des insulaires perdre ses caractéristiques spécifiques pour se rapprocher de celui des Espagnols ; c'est alors seulement que Pierre Martyr, libéré des modèles qu'il avait originellement plaqués sur les îliens, sera capable d'estimer la civilisation insulaire pour elle- même et de reconnaître l'Autre dans son identité et sa différence.

Pour définir les caractéristiques des êtres nouvellement découverts, Martyr va donc au début utiliser un système de références mythiques et d'oppositions. Il présente tout d'abord les Taïnos comme un peuple de l'âge d'or ou d'avant le péché, références familières aux Européens qui le lisent. Ce qui frappe d'emblée les arrivants, c'est la nudité totalement dénuée de culpabilité dans laquelle vivent les insulaires, mentionnée à de nombreuses reprises (*infra*, p. 21, 53, 89, 221). Or pour un Espagnol, la nudité rappelle inévitablement l'épisode où Dieu chasse Adam et Eve de l'Eden, et où ceux-ci, qui avaient toujours vécu nus, prennent soudain conscience de leur état et se cachent alors au moyen de feuillages. A Hispaniola les hommes semblent ignorer la culpabilité, et l'assimilation de cette île au paradis terrestre ou à l'âge d'or était inévitable. De plus les Européens remarquent vite que la nature de l'île est généreuse et que les insulaires s'en contentent, attitude qui rappelle également le mythe. Enfin, il existe à première vue une ressemblance morale entre insulaires et hommes de l'âge d'or. Ils apparaissent en effet ignorants, tels Adam et Eve avant d'avoir goûté le fruit de l'arbre de la connaissance : ils échangent l'or contre de la pacotille, ne possèdent ni livres, ni lois, ni juges, ignorent tout ou presque du territoire où ils vivent. et semblent n'avoir pas d'autre religion que l'adoration du soleil (*infra*, p. 21, 53, 81, 199). On peut par ailleurs remarquer qu'ils possèdent la bonté originelle. Celle-ci, explicitement signalée par Pierre Martyr, est perceptible dans l'accueil que reçoivent les Espagnols dans presque tous les lieux où ils passent, dans les nombreux présents qui leur sont offerts, et dans la solidarité dont les insulaires font preuve à plusieurs reprises. Aussi, même si Pierre Martyr n'a pas de références réelles auxquelles renvoyer ses lecteurs, une double référence mythique s'impose : les Taïnos sont un peuple de l'âge d'or, des êtres qui vivent la vie des hommes d'avant le péché, et ces deux mythes dominent les trois premiers livres tant en ce qui concerne la nature qu'en ce qui concerne les populations.

Une première antithèse va venir renforcer ce tableau : l'innocence originelle des insulaires se trouve en effet appuyée par le contraste qu'elle forme avec le peuple d'après le péché que sont les Espagnols. Ce phénomène est aisément perceptible car toutes les caractéristiques des insulaires énoncées ci-dessus possèdent un contraire exact dans l'attitude des Européens. Par exemple, la nudité s'oppose à l'habillement des Espagnols, qui donnent souvent des vêtements aux êtres qu'ils rencontrent, soulignant ainsi la différence et la gêne qu'elle peut parfois provoquer. L'ignorance des Taïnos, synonyme d'innocence, et leur absence apparente de croyances s'opposent à la religion chrétienne, omniprésente et ritualiste, ainsi qu'à la culture européenne, considérée à cette époque comme la seule digne de ce nom et comme le critère de la civilisation, et dont les symboles sont la maîtrise de l'écriture, le système des mesures ou celui des valeurs fondé sur l'or. L'innocence des Taïnos va par ailleurs s'opposer à la fourberie des Espagnols, notamment lors des transactions d'ordre commercial, ainsi que l'indiquent de nombreux exemples. On peut aussi noter l'antithèse entre ce qui paraît être à première vue la faiblesse des insulaires, ainsi que la crainte qui l'accompagne, et la force mêlée de courage des Espagnols. On voit en effet les insulaires pauvrement armés, nus, toujours prêts à la fuite devant les ennemis potentiels dont les plus redoutables sont les Cannibales, et tremblant devant eux (*infra*, p. 23, 25, 57, 77) alors que les Européens les affrontent, les font prisonniers, brisent leurs navires, les effraient et envisagent même une action d'envergure contre eux (*infra*, p. 39, 41, 45, 91, 93). Enfin, l'avidité des Espagnols, qui considèrent l'île comme une source de revenus à exploiter et non comme une mère nourricière à la manière des indigènes, s'oppose à la satisfaction immédiate de ces derniers. Ces quelques contrastes permettent à Pierre Martyr d'accentuer le caractère édénique des habitants d'Hispaniola.

Cependant, une autre antithèse va permettre à Pierre Martyr de compléter ce tableau : celle qu'il pose dès le premier livre entre les Taïnos et leurs voisins, les habitants des Petites Antilles, les Cannibales : si en effet les Taïnos incarnent la bonté, les Cannibales semblent à première vue, et selon les récits de Martyr, personnifier la cruauté. Martyr consigne avec force détails leurs pratiques anthropophagiques et les enlèvements auxquels ils se livrent afin d'alimenter leurs fermes humaines ; et après les avoir vus à Medina del Campo, il confirme que leur apparence est particulièrement effrayante. Selon lui un seul Caraïbe suffit à mettre en déroute dix Taïnos et il compare ceux-ci à des moutons face à des loups. De même, il oppose le caractère inoffensif des Taïnos à l'agressivité de leurs voisins qui sont de dangereux guerriers et affichent un grand courage face aux Taïnos comme aux Européens, même lorsqu'ils sont prisonniers ou déportés (*infra*, p. 23, 25, 39, 45, 91, 179-181). Ainsi, une fois de plus, Pierre Martyr fonde des mythes : celui du bon sauvage et celui du cannibale, aussi illustres qu'antithétiques.

Mais ces deux portraits sont appelés à se rejoindre, et curieusement, à ressembler progressivement à celui des Espagnols grâce à différents procédés. L'on peut d'abord constater que les comportements des deux peuples cessent peu à peu de différer :

après avoir renoncé à considérer les Espagnols comme des dieux, les Taïnos les éviteront puis entreront en guerre ouverte contre eux, prenant grâce aux peintures de guerre un aspect aussi redoutable que celui des Cannibales (*infra*, p. 47, 159). A partir de ce moment, toute aménité sincère disparaît entre Taïnos et Espagnols et leurs relations reposeront sur une succession d'embuscades, de batailles, de massacres. Ainsi sont abolis une première distance et un premier mythe : il n'y a plus de différence entre Cannibales et Taïnos, et les bons sauvages sont désormais dans l'esprit européen assimilés aux Caraïbes (*infra*, p. 49, 179). Pierre Martyr exprime également ce changement par son usage des métaphores : dans le deuxième livre, à deux reprises, les Cannibales sont comparés à des lions, et à la fin du troisième livre, à des loups, tandis que les Taïnos sont assimilés à des moutons ; or au cours du livre IV, on retrouve l'image du lion ; mais elle est cette fois appliquée à un cacique taïno, Caunaboa, et cette modification indique un premier changement de perception dans l'esprit des Européens (*infra*, p. 45, 93, 105). Ce fait est confirmé par une mise en rapport plus directe encore entre les deux peuples : en effet, au cours des premiers livres, Pierre Martyr insiste sur tout ce qui les sépare : leurs coutumes, leur lieu d'habitation et l'inimitié qu'ils ressentent les uns pour les autres. Or dans le cinquième livre, l'un de ceux où la guerre entre Espagnols et insulaires atteint son paroxysme, Pierre Martyr rapporte que les habitants de Ciguay, une des régions d'Hispaniola, descendent des Cannibales (*infra*, p. 131). Ainsi est établie une filiation directe entre Taïnos et Caraïbes. Tous sont dès lors ennemis des Espagnols ; tous peuvent et doivent donc être soumis, exterminés même s'ils s'opposent aux ambitions de leurs conquérants.

Par ailleurs, l'innocence édénique hâtivement attribuée aux Taïnos disparaît. Le contact prolongé et le travail des interprètes font tomber les masques : celui des Espagnols bien sûr dont les intentions sont désormais claires pour les habitants d'Hispaniola : ils veulent s'installer, ils ont entrepris la prospection systématique et intensive de l'or et abusent des populations, exploitant à la fois la gentillesse et la faiblesse de celles-ci et leur propre supériorité en force ; mais le masque des insulaires tombe aussi : les Européens vont découvrir en ceux-ci de nouveaux sentiments très proches des leurs et il faudra cette crise pour que les Espagnols comprennent que les insulaires, dans leurs sentiments comme dans leur organisation, ne sont guère différents d'eux-mêmes. Dans un premier temps, l'innocence et l'ignorance laissent place à l'hypocrisie et l'intérêt. L'hypocrisie, d'abord employée pour éviter les représailles, devient un mode de relation avec les Espagnols comme le montrent l'accueil de la cacique Anaccaona ou les revirements de Guarionex. L'intérêt s'ajoute vite à l'hypocrisie : les indigènes rencontrés, peut-être avertis par les autres, attendent des Espagnols des présents, grelots, clochettes ou verroterie, ou marchandent leurs renseignements (*infra*, p. 57, 59, 69). Ensuite l'apparence de la crainte et de la faiblesse qui paraissait caractériser les innocents insulaires s'évanouit et ceux-ci se révèlent être de redoutables adversaires pour les Espagnols, tout aussi doués de courage et de force que les Cannibales. Menacés dans leur liberté ils se montrent aussi implacables qu'ils s'étaient auparavant montrés généreux. Ce point les rend aux yeux de Pierre Martyr plus proches encore des Espagnols, auxquels ils répondent en utilisant le langage des armes et de la violence. Ainsi les Taïnos peuvent faire preuve, comme tous les êtres humains, d'hypocrisie, d'intérêt ou de violence, et leur portrait s'en trouve nettement modifié. Enfin apparaissent en eux des sentiments nouveaux qui n'ont rien à voir avec ceux des habitants de l'Eden : la colère et le désespoir. Ces sentiments, appartenant au registre négatif, font des habitants d'Hispaniola des êtres humains à part entière, semblables à tous les autres, y compris les Espagnols. Ils semblent ne plus « obéir naturellement au bien », mots par lesquels Pierre Martyr avait défini leur comportement. Leur colère s'oppose clairement à la bonté et la générosité évoquées dans les premiers livres. Elle repose sur un mélange de haine, d'hostilité et de rancune, sentiments qui apparaissent essentiellement dans les descriptions de combats et d'embuscades (*infra*, p. 97-99, 105-107, 157-165). Mais le ressentiment se teinte de désespoir, peut-être parce que les Taïnos sont conscients de la vanité de leur lutte. Ce sentiment-ci s'oppose à l'état de satisfaction et de bonheur immédiat que connaissaient les insulaires avant l'arrivée des chrétiens et se traduit notamment dans l'acharnement avec lequel ils arrachent leurs cultures, se condamnant eux-mêmes à mort, ou dans la manière dont progressivement ils tentent d'intégrer leur malheur dans leur vision du monde, le rendant ainsi inéluctable car annoncé par les dieux : dans le livre IX Martyr rapporte comment des oracles et des manifestations surnaturelles jusque là incompris se trouvent éclairés par la destruction du peuple taïno (*infra*, p. 109, 215).

Enfin, le fait que la société taïno soit pourvue de structures semblables à toutes les autres va achever de rapprocher insulaires et Espagnols. Les premiers contacts avec les insulaires n'avaient pas permis aux Européens de s'en apercevoir. Or dans le livre IV, du fait de contacts plus appronfondis, de l'existence d'un dialogue et d'une situation de crise, c'est soudain une société organisée qui se révèle aux Espagnols, tant sur le plan politique que sur les plans militaire et religieux. L'organisation de l'île par exemple s'avère semblable à celle des états européens : son territoire est partagé entre des caciques d'importance variable, auxquels obéissent fidèlement les populations. Ces caciques entretiennent des relations et à plusieurs reprises l'on peut constater qu'ils communiquent par un système assez efficace ; loin d'ignorer ce qui se passe ailleurs, comme l'avaient commodément cru les Espagnols, ils en sont dûment avertis par des messagers, des ambassadeurs, des signaux de fumée ou d'autres moyens. Comme en Europe, les relations entre caciques peuvent revêtir plusieurs aspects : certains s'allient politiquement et militairement pour faire face au danger, mais ils peuvent aussi se trouver en situation de rivalité ou de désaccord et entraîner ainsi leurs peuples dans la guerre, voire pactiser avec les Espagnols pour mieux se venger d'un autre groupe insulaire (*infra*, p. 97, 135, 157). De plus l'organisation politique se double d'une organisation militaire. Les Espagnols s'aperçoivent rapidement que les armes qu'ils ont tant raillées au départ sont en fait redoutables, que les caciques sont d'habiles stratèges (*infra*, p. 51, 97, 105, 107, 133, 159-163) et ils se mettent à édifier partout dans l'île des fortins où se réfugier. Enfin, la société des Taïnos est extrêmement hiérachisée, tant sur le plan politique que sur le plan religieux : les caciques, qui sont aussi des chefs judiciaires, sont immédiatement secondés par les behiques, chefs religieux, sorciers et médecins dont l'influence sur le peuple est considérable, et cette société possède des cérémonies, des croyances et des rites aussi nombreux que précis, comme Pierre Martyr l'expose longuement dans la seconde partie du livre IX.

L'on peut donc constater qu'au cours de la première décade, Pierre Martyr s'éloigne des images qu'il avait formées au départ pour aborder la réalité. A travers l'affrontement, les Taïnos vont acquérir à ses yeux une identité réelle, et, devenus ennemis, ils lui apparaissent comme les égaux des Espagnols, des hommes de chair et de sang, doués des défauts comme des qualités de la race humaine. Seule leur extermination a permis qu'ils soient jugés sur leur identité propre et non sur le mythe auquel on les avait d'abord identifiés. Notons cependant que si sa réflexion évolue, l'admiration que Martyr avait dès le début manifestée pour les Taïnos se maintient. Mais au lieu de porter sur des critères fictifs, elle concerne des éléments réels. C'est ainsi qu'au cours de cette première décade il va tout d'abord reconsidérer ses propres critères d'appréciation, admirer la civilisation et la culture du peuple taïno et enfin comprendre que la conquête d'Hispaniola s'est effectuée au prix d'un véritable génocide culturel et humain.

Premièrement Pierre Martyr est appelé à revoir des notions qui étaient jusque là pour lui des acquis et qui toutes sont liées au concept de civilisation. La première est l'habillement : pour lui, la nudité est avant tout le signe d'une société primitive (*infra*, p. 21, 91), tandis que le vêtement est l'indice d'un peuple évolué, à la fois parce qu'il semble masquer les instincts les plus primitifs et parce qu'il joue le rôle d'indicateur social. L'acharnement que met Colomb à faire rechercher des hommes habillés témoigne de l'enjeu contenu dans le vêtement : des hommes vêtus ne pourraient être que des hommes riches, cultivés, civilisés, découverte qui lui confèrerait gloire et prestige en Europe (*infra*, p. 85). Mais très vite la nudité prend une autre signification : elle symbolise toujours l'ignorance, mais sous son aspect le plus positif : l'innocence. Mentionnée dans les évocations paradisiaques de la vie sur l'île, elle cesse totalement d'apparaître à partir du moment où Espagnols et Taïnos sont en guerre, et où l'innocence de ceux-ci disparaît ; et lorsque les Taïnos préfèrent le vêtement à la nudité, comme Martyr le signale au livre X, ce choix est symbolique et révèle la disparition de la civilisation insulaire, de ses hommes et de ses valeurs, la victoire de l'Europe, la perte définitive de l'Eden (*infra*, p. 227). Ainsi, un premier critère d'appréciation change-t-il de sens : indice de civilisation et de culture au départ, le vêtement devient signe de corruption et d'innocence perdue tandis que la nudité, état infâmant, acquiert la valeur de l'innocence et n'empêche en rien d'être sage ou civilisé. Cependant, à la suite de ce premier renversement, c'est toute la notion de civilisation telle qu'on la conçoit au XVe siècle qui va se trouver mise en question dans l'œuvre de Pierre Martyr. Pour celui-ci, au début de l'œuvre, la civilisation se trouve succinctement résumée par tout ce que les Taïnos ne possèdent pas : poids et mesures, souci des richesses, instinct de propriété, lois, juges, livres, et vraie foi. Mais dans le récit de Pierre Martyr ces valeurs se pervertissent : poids, mesures, instinct de propriété, souci des richesses deviennent les outils par lesquels les Taïnos vont disparaître. La précision implacable des poids et mesures apparaît lors de l'instauration du tribut, de l'estimation du poids des pépites et des bilans successifs de la quête de l'or. La cupidité des Espagnols, déjà mentionnée, devient omniprésente et mortifère. Quant à l'instinct de propriété, c'est à cause de lui que les Espagnols n'ont eu de cesse d'éliminer les Taïnos de l'île pour en prendre totalement possession. Lois et juges, censés représenter le droit, n'auront jamais de présence effective sur l'île. Le comportement de Roldan, celui de Colomb lui-même envers les insulaires ne sont pas conformes à la justice. Les livres et l'écriture, eux aussi, apparaissent peu dans le récit, mais leur présence est loin de symboliser sagesse ou culture. Dans le premier livre Colomb veut établir un dictionnaire bilingue pour faciliter la quête de l'or ; dans le dernier on voit comment les fils des caciques, élevés en Europe et dotés d'une culture européenne, aident désormais les Espagnols à soumettre les insulaires. Là encore, une valeur de la civilisation a servi à l'asservissement des Taïnos (*infra*, p. 29, 227). Enfin la vraie foi sans laquelle, selon Pierre Martyr, les insulaires ne sauraient être heureux, est totalement absente du récit et de la vie à Hispaniola. On ne connaît par le *De Orbe Nouo* que deux religieux, l'un dont on ne voit que l'action d'ethnologue, Ramon Pané, l'autre dont les agissements et attitudes n'ont eu aucun rapport avec la religion, le frère Buyl. Et si l'Amiral donne l'image d'un homme pieux, les Espagnols dans leurs actes semblent très éloignés de la propagation et même du respect le plus élémentaire de leur religion. Les Européens, représentants de la civilisation, négligent donc ou pervertissent les valeurs de celle-ci. La notion de valeur morale disparaît au profit des valeurs matérielles qui régentent, tel un instinct débridé, le comportement individualiste de chacun. Aussi, même si elle n'est pas formulée, la condamnation du peuple civilisé est ici patente, et la notion de civilisation est remise en cause : où est la civilisation, si elle n'utilise ses acquis que pour l'exploitation de l'autre, si elle a oublié la valeur première qu'est le respect d'autrui ? En quoi est-elle digne d'estime ?

Pierre Martyr, tout en reconsidérant ses critères, va donc aussi progressivement choisir son camp, et c'est visible par l'admiration qu'il éprouve et exprime. Si en effet il ne se prononce que rarement sur le comportement des Européens, il ne cache pas son intérêt croissant pour la société des Taïnos, leurs ouvrages, leurs croyances, c'est-à-dire ce qu'on peut appeler leur civilisation. Ce sentiment s'attache tout d'abord aux productions matérielles des habitants d'Hispaniola. Conscient du fait que ce peuple est au stade de la pierre taillée, il comprend l'habileté extrême et l'ingéniosité que requiert la fabrication des cases, des canoës, des *duhos*, fauteuils d'apparat, et des objets quotidiens. Il mentionne aussi l'invention du hamac, objet que les Européens s'empressent d'adopter (*infra*, p. 23, 37, 39, 119). Dans un second temps, au fur et à mesure que la guerre s'étend, Pierre Martyr commence à admirer l'organisation de la société insulaire : il signale la capacité stratégique des chefs et la discipline des combattants, insoupçonnables chez un peuple qu'on croyait incapable de se défendre ; il découvre l'organisation fédérale de l'île et les relations diplomatiques qui la régissent ainsi que les consultations du peuple par le cacique qui le gouverne, qui s'opposent fortement aux querelles intestines des Espagnols (*infra*, p. 157). Pierre Martyr va également montrer une indéniable estime pour les qualités morales des Taïnos : ils possèdent naturellement la bonté, la générosité, la tolérance et le respect d'autrui. Mais ces qualités n'impliquent pas la passivité devant l'injustice, et Pierre Martyr explique par deux fois que si les indigènes savent accueillir en amis des hôtes de passage, ils ne peuvent tolérer qu'on investisse leur territoire de manière définitive (*infra*, p. 97, 253). Par ailleurs, il confère toujours aux caciques insulaires une grandeur qui n'appartient qu'à eux et dont les Européens sont tous démunis. Enfin, au terme de cette première décade, Martyr a su reconnaître chez les Taïnos une culture à part entière, orale certes, mais à ce point riche et intéressante qu'il reprend dans la seconde moitié du livre IX l'essentiel du livre consacré par Ramon Pané aux croyances insulaires. A la fin de la première décade, il semble que ce soit toute la sensibilité de Pierre Martyr qui se soit transformée. Les insulaires ne sont plus pour lui des sauvages, bons ou mauvais, découverts sur une île inconnue par un navigateur gênois. Ce sont des êtres dignes d'admiration et d'intérêt.

Sans doute est-ce cette évolution qui va permettre à Pierre Martyr de prendre conscience parmi les premiers du drame qui se joue au Nouveau Monde. Dès le début, Martyr rapporte parmi tous les événements qui se déroulent sur l'île les mauvais traitements dont sont victimes les insulaires, mais il ne les commente pas. Leur accumulation au fil des pages finit cependant à elle seule par imposer l'idée d'un génocide, et si Martyr ne le dénonce pas encore, du moins ne cache-t-il pas la vérité et ne diminue-t-il en rien l'ampleur des faits. Les exactions commises à l'encontre des insulaires sont principalement présentes dans les livres IV, V et VII. Dans le livre IV, Martyr signale que les populations sont victimes de vols, viols et meurtres perpétrés par les nouveaux colons qui agissent à leur guise (*infra*, p. 95, 157). Parallèlement, il indique que les insulaires doivent aussi faire face à la cupidité officielle, celle des représentants des souverains d'Espagne, l'Amiral lui-même et ses lieutenants : tortures, travaux forcés, tout est bon pour enrichir le trésor des Rois Catholiques (*infra*, p. 101-105). Dans les deux cas, la violence aboutit à la mort des populations indigènes : les gens du peuple arrachent leurs cultures et meurent de faim par milliers, tandis que les caciques périssent pendant qu'on les déporte en Espagne. On retrouve ce double aspect de la violence, légale et illégale, dans le livre V et plus encore dans le livre VII, où elle atteint son paroxysme : à l'évocation des crimes de plus en plus atroces qu'accomplissent les troupes déchaînées de Roldan (*infra*, p. 157) succède le récit de la soumission des habitants de Ciguay par Bartolomé Colomb avec son cortège d'embuscades et de combats, de menaces, d'incendies, d'arrestations (*infra*, p. 159-169). Dans ce livre, malgré l'absence de tout commentaire, on sent l'indignation dans le ton adopté par Pierre Martyr. Mais il faut encore attendre un peu pour voir le chroniqueur réellement s'engager, le temps pour lui de comprendre que ce ne sont pas seulement des individus qui disparaissent presque sous ses yeux mais aussi une culture, c'est-à-dire une civilisation entière. Cette prise de conscience s'amorce au livre IX. Pourquoi Pierre Martyr consacrerait-il la moitié d'un chapitre à résumer le livre de Ramon Pané s'il ne désirait ainsi attirer l'attention sur la richesse de la culture qu'on est en train de tuer et tenter d'en préserver au moins une partie ? Il connaît à cette époque le retentissement de ses écrits et sait que ce qu'il consigne est destiné à une large diffusion, voire à une relative postérité. La condamnation est plus claire encore dans le livre X, rédigé au moment de la publication, dans lequel Pierre Martyr élabore une sorte de bilan de la première décade. Elevés en Europe, les fils des caciques ont oublié les traditions ancestrales et ont été élevés dans la religion chrétienne et dans la culture européenne. On les renvoie alors à Hispaniola pour seconder les chrétiens dans leur entreprise de colonisation. Au fur et à mesure que les livres se succèdent, Pierre Martyr prend donc conscience du prix humain de la conquête, et l'intérêt qu'il ressent désormais pour les habitants d'Hispaniola lui permet de ne pas y être indifférent. Plus tard, en 1516, dans la troisième décade, puis en 1520, dans une lettre de la quatrième décade (livre X) adressée à Léon X, il reviendra sur l'histoire de la conquête d'Hispaniola pour constater qu'il ne reste presque plus de Taïnos. Et son ton sera alors proche de celui de Bartolomé de Las Casas lorsqu'il déplorera la « sinistre maladie de l'or » (*infra*, p. 299 : *auri mortifera fame*) et ses funestes conséquences.

L'étude du point de vue de Pierre Martyr est donc passionnante à tous égards. Qu'il s'agisse d'identifier la découverte de Colomb, de dépeindre l'Amiral ou de présenter le Nouveau Monde, il fait preuve malgré la distance, le temps et la confusion des témoignages d'une justesse d'appréciation tout à fait remarquable puisqu'il parvient à se détacher des préjugés, attitudes et schémas de son temps et de son milieu pour conserver une sorte de lucidité miraculeuse. Si Pierre Martyr est à l'origine des grands mythes liés à la découverte du Nouveau Monde, il est surtout un de ceux qui, les premiers, ont su progressivement reconnaître et admettre l'Autre en lui-même et pour lui-même. Il a également compris, bien avant les acteurs de la découverte, l'immense portée humaine de l'aventure qu'il relatait, tant pour l'ancien monde que pour les malheureuses populations du Nouveau. Le *De Orbe Nouo* possède ainsi plusieurs niveaux de lecture : on peut dans un premier temps se laisser charmer par la narration et les descriptions ou s'intéresser aux personnages et à l'évolution de la situation. Mais il est aussi possible de faire une lecture symbolique ou de suivre l'évolution du point de vue de Pierre Martyr sur les choses et les êtres. Enfin s'ajoute un intérêt particulier à la première décade puisqu'on assiste à la transformation d'un esprit : d'emblée critique et d'une rigueur extrême dans ses analyses, Martyr se passionne peu à peu pour sa tâche et l'objet de son œuvre au point d'acquérir une dimension humaniste. Aussi cette œuvre sait-elle à la fois nous charmer, nous intéresser et, peu à peu, nous toucher, sans jamais rien perdre de sa valeur historique.

Le style du *De Orbe Nouo*

Considérons maintenant le style de l'œuvre, élément qui joue également un rôle important dans l'intérêt que l'on peut prendre à la lecture du *De Orbe Nouo.* On y trouve le mélange de tradition et de nouveauté qui caractérise souvent l'œuvre de Pierre Martyr : si en effet celui-ci se montre attaché aux éléments traditionnels de la littérature latine, il innove radicalement dans le domaine de la langue.

Trois éléments caractéristiques de la littérature latine sont souvent présents dans le *De Orbe Nouo* : la *captatio beneuolentiae,* les *exempla* et les digressions. La *captatio* revient tout au long du *De Orbe Nouo,* de manière systématique à chaque fois que le destinataire change, et presque à chaque nouveau groupe de lettres. Pierre Martyr y exécute les tâches habituelles aux écrivains latins : il loue son interlocuteur ou ses protecteurs, indique les circonstances, prétendument défavorables et nuisibles à l'œuvre, dans lesquelles il a écrit, et finit par dénigrer son propre travail. La louange des protecteurs ou des destinataires est toujours présente : Martyr mentionne à plusieurs reprises le rôle déterminant des Rois Catholiques dans la découverte du Nouveau Monde (*infra,* p. 15, 63, 171). Quant aux destinataires, ils bénéficient de traitements très différents. Le respect éprouvé envers Ascanio Sforza est surtout sensible après la chute de celui-ci, dans l'insistance que Martyr met à mentionner le nom d'Ascanio dans toutes les *captationes* de la décade (*infra,* p. 63, 219). Le rapport établi avec le cardinal Louis d'Aragon à travers les *captationes* est beaucoup plus traditionnel. Martyr rappelle régulièrement la parenté de celui-ci avec les Rois Catholiques et avec Ascanio Sforza ; il insiste longuement sur l'importance de la famille de son destinataire et donc sur celle du cardinal lui-même, souligne subtilement le pouvoir de cet homme en se présentant comme inéluctablement contraint à écrire sous sa pression et fait remarquer que cet homme d'Etat est aussi un lettré (*infra*, p. 63, 165, 217). L'évocation des difficultés d'écriture, destinée à faire pardonner les erreurs, apparaît dans les *captationes* adressées au cardinal. Ces circonstances restent les mêmes de lettre en lettre. Tout d'abord Martyr se dit, dès la troisième lettre, contraint d'écrire, et il prend bien soin de souligner cette contrainte en rappelant à chaque fois le dégoût de l'écriture qui s'était emparé de lui à la chute d'Ascanio. Par ailleurs il assure être obligé de travailler dans la hâte à cause du départ prochain du cardinal Louis d'Aragon. Enfin il met en avant sa mauvaise santé, ce qui lui fournit aussi un moyen de mettre en valeur son courage. Ces excuses sont tout à fait traditionnelles et convenues (*infra*, p. 63, 199, 217). Enfin, l'autocritique permanente que l'on trouve dans les *captationes* et ailleurs est tout aussi conventionnelle. Pour déprécier selon la règle antique son ouvrage, Pierre Martyr a recours à des métaphores, reposant souvent sur un contraste, et à des comparaisons dépréciatives par lesquelles les découverts deviennent une pierre précieuse mal sertie ou des Néréides mal vêtues, tandis que Martyr s'attribue l'incompétence d'un Phaéton incapable de bien conduire le char magnifique qu'il possède. Ces regrets apparaissent plus encore dans les comparaisons qu'il établit avec les grands auteurs de l'antiquité, Tite-Live ou Cicéron. En réalité Martyr savait quel succès rencontraient ses lettres et quelle valeur possédait son témoignage et ne fait que suivre les règles traditionnelles de la *captatio*.

Les *exempla*, caractéristiques eux aussi de la littérature latine, classique ou médiévale, apparaissent dans le *De Orbe Nouo*. Pierre Martyr va utiliser de multiples références à l'antiquité, parmi lesquelles les *exempla*, de manière traditionnelle, pour rendre crédibles les faits les plus extraordinaires et conférer aux peuples nus et aux territoires sauvages des Antilles un peu de la grandeur antique. Les simples références à l'antiquité sont multiples et jalonnent la première décade : les femmes de la Martinique rappellent les Amazones, celles de la cour de Behechio ont la beauté des Nymphes et des Dryades, les Espagnols sont si arrogants qu'ils sont comparés à des édiles curules, les guerriers arborant leurs peintures de guerre sont plus terrifiants que les Agathyrses de Virgile ou que les lémures jaillissant des grottes du Tartare, Christophe Colomb et son équipage, échoués à la Jamaïque lors du quatrième voyage connaissent un sort comparable à celui d'Achéménide, compagnon d'Ulysse (*infra*, p. 43, 119, 157, 159, 253)... Quant aux *exempla*, on les trouve dans le livre II de la première décade c'est-à-dire au tout début de l'œuvre, à un moment où il faut encore forcer l'admiration du public pour la découverte de Colomb. Le premier est tiré de Virgile : Martyr met sur un même plan l'arrivée d'Enée dans le Latium et celle de Colomb sur l'île lors du second voyage (*infra*, p. 53) : ajouté dans l'édition de 1516, l'*exemplum* a pour but avoué de souligner la similitude des situations et de faire comprendre à quel point les rivalités entre caciques étaient importantes à Hispaniola. Quant au second, il est issu du *Ab Urbe Condita* de Tite-Live et rappelle l'exploit de Clélie qui traversa le Tibre à la nage pour échapper à Porsenna. Pierre Martyr l'utilise pour rapporter l'évasion de plusieurs jeunes femmes insulaires, otages de Colomb, qui profitèrent de la nuit pour quitter le navire et rejoindre à la nage le rivage proche (*infra*, p. 55). L'*exemplum* met en valeur le courage des jeunes insulaires, plus téméraires encore que Clélie puisque la distance à parcourir était plus longue et l'évasion plus dangereuse. A travers ces héroïnes, tout le peuple taïno se trouve auréolé d'une partie de la gloire de Rome : les *exempla* de Martyr remplissent donc bien le rôle traditionnel. Mais le chroniqueur peut les avoir choisis, de manière beaucoup plus personnelle, pour faire passer son opinion sur un fait, car les deux *exempla* mentionnés ci-dessus possédent des implications intéressantes, qu'elles aient été intentionnelles ou non. En comparant Colomb arrivant à Hispaniola à Enée abordant sur les côtes du Latium, Martyr faisait rejaillir sur l'Amiral toute la gloire du héros ; par ailleurs, on pouvait discerner un avertissement : il ne fallait pas mépriser les populations d'Hispaniola en s'appuyant sur leur caractère primitif : aux yeux du Troyen Enée, les peuples du Latium étaient certainement extrêmement rustiques, mais ils allaient bientôt dominer le monde entier. Enfin par cette comparaison, de manière prémonitoire, Pierre Martyr mettait en valeur les deux problèmes qui allaient déchirer l'île : le pouvoir, clairement contenu dans la comparaison, et les femmes, puisqu'Enée épousa celle qui était promise à Turnus et déclencha ainsi la guerre. Or la mainmise des Espagnols sur les femmes de l'île avait été la cause du meurtre des premiers colons, et contribuerait à engendrer d'autres hostilités entre indigènes et Espagnols. Ce phénomène de sous-entendu peut être également observé dans le second *exemplum*, celui de Clélie. Là encore, apparenter les jeunes filles indigènes à Clélie invitait le lecteur à ne pas mépriser un peuple qui pouvait paraître excessivement modeste mais qui possédait toutes les qualités grâce auxquelles Rome s'était élevée. Par ailleurs cette référence allait peut-être plus loin dans l'esprit de Martyr : plaçant Colomb, qui détenait les jeunes filles en otage, sur le même plan que Porsenna, il attirait l'attention sur le comportement identique des deux hommes, puisque l'un comme l'autre se montrèrent cléments envers le peuple auquel appartenait les otages, et soulignait ainsi de manière élogieuse le comportement de l'Amiral à l'égard des populations du Nouveau Monde. Faut-il poursuivre la comparaison et voir dans cet *exemplum* le conseil, prémonitoire là encore, de renoncer à asservir les insulaires ? La conquête et l'esclavage furent en tout cas déplorés plus d'une fois par la suite par Pierre Martyr.

Enfin les digressions, traditionnelles elles aussi dans la littérature latine, apparaissent dans le *De Orbe Nouo* comme la manifestation de l'ouverture d'esprit et de la curiosité polymorphe de Pierre Martyr. C'est aussi dans celles-ci que l'on retrouve la trace des influences qui ont marqué l'écrivain, notamment celle de Pline l'Ancien. A la manière des anciens, le chroniqueur ne néglige aucun domaine de connaissance, et loin de s'en tenir aux faits il intégre à son récit toutes sortes de digressions et de commentaires sur la faune et la flore des lieux où se déroule l'action, ou sur l'histoire, les arts, les comportements, les croyances des peuples qui apparaissent au fil de la narration. Ces digressions sont le plus souvent signalées dans le récit par quelque formule introductive soulignant leur intérêt et leur fin est indiquée également. Comme le veut la tradition, leur contenu est des plus variés, tour à tour historique, économique, ethnologique, gastronomique, géographique... Ceci permet au lecteur d'acquérir un panorama assez complet de la vie des peuples dont il découvre la conquête, d'éprouver lors de sa lecture un plaisir varié et de trouver dans un même ouvrage des aspects susceptibles d'intéresser les individus les plus différents. Mais l'étude des digressions permet elle aussi de percevoir comment Pierre Martyr passe de l'observation de la tradition à l'élaboration d'un style et d'un ton tout à fait personnels. On peut en effet remarquer que les digressions se font de plus en plus longues, et, par suite, changent de rôle et de nature. Courtes dans les premiers livres de la première décade puisqu'elles se réduisent à une vingtaine, voire une trentaine de lignes (*infra*, p. 17, 19, 37, 39, 81, 123-125, 181), elles vont progressivement s'allonger : celle qui rapporte les croyances des Taïnos occupe une quinzaine de pages, de sorte que Pierre Martyr pensait en faire un chapitre indépendant (*infra*, p. 199-217), et celle qui se situe dans le livre IV de la troisième décade compte une dizaine de pages (*infra*, p. 255-265). Parallèlement, on peut constater que Pierre Martyr les intègre davantage au récit : les lourdes formules d'introduction des premiers chapitres s'allègent et vont parfois jusqu'à disparaître. En fait, peu à peu, les digressions deviennent des éléments à part entière du récit, et la tendance va même s'inverser : à partir de la troisième décade, mais surtout dans les quatre dernières, c'est le contenu des digressions qui prime, et le récit devient complémentaire, sinon secondaire dans certaines décades : les faits de la conquête semblent alors moins intéresser Martyr, tandis que la nature des contrées inconnues, la beauté des ouvrages d'art, les coutumes et croyances des civilisations en voie d'exstinction le captivent. Ces observations viennent confirmer plusieurs hypothèses élaborées antérieurement à propos de Pierre Martyr : d'une part il possède une sorte d'intuition pour détecter quels sont les sujets importants, et, s'il accorde tant de place à la description du continent Sud-Américain et de ses civilisations, c'est parce qu'il sait qu'au-delà des exploits de la conquête, dont les acteurs et la gloire sont appelés à s'effacer, ce continent possède une grandeur qui perdurera. De plus il semble comprendre que des civilisations millénaires courent à une ruine imminente et qu'il ajoutera à la gloire d'avoir été l'historien de la conquête celle d'avoir témoigné de leur ultime grandeur. D'autre part, Pierre Martyr se sent habité par une liberté de plus en plus grande dans le choix et le traitement des sujets qu'il impose à son destinataire. Enfin, la place toujours plus importante accordée à la nature des terres découvertes et à leurs habitants témoigne de l'évolution morale et intellectuelle de Pierre Martyr : simple chroniqueur au début il se passionne de plus en plus pour son sujet, ces terres nouvelles qu'il a baptisées Nouveau Monde et dont il se sent en quelque sorte le parrain ; parallèlement il porte sur la conquête un regard de plus en plus humaniste ; et, conscient des massacres perpétrés de l'autre côté de l'Atlantique, il laisse s'exprimer sa compassion et son admiration pour un monde et des civilisations appelés à disparaître.

C'est cependant dans la langue elle-même que se situent les véritables innovations de Pierre Martyr. D'ailleurs la spontanéité de son style et les nombreux néologismes qui émaillent le *De Orbe Nouo* lui furent violemment reprochés par les lettrés de Rome, revenus par le biais de l'humanisme à un latin des plus classiques. Pierre Martyr connaissait ces critiques et en souffrait. Il en venait parfois à déprécier lui- même son style et à assurer qu'il ne voulait pas tant faire œuvre d'écrivain que sauver de l'oubli le plus grand nombre possible d'informations. Ainsi écrit-il dès la première décade au cardinal Louis d'Aragon :

cum eruditos amice, detractores inuide, mordaces rabide in nostras formosas Nereides Oceaneas spumantia tela detorquere praesenties, quam breui spatio inter rerum angustias et ualetudinarium hos me conscribere coegeris ingenue profiteberis (*infra*, p. 63) ; on retrouve le même ton dans les lignes suivantes, adressées au pape Léon X : *Si uera sunt quae de tua Sanctitate Galeacius ipse Butrigarius et Ioannes Ruffus in praesentiarum Cusentinus Archipraesul nuncii tuae sedis apostolicae retulerunt, placitura omnia non dubitauero, nec incultas uestes nostras quibus res mirandas teximus solum, non ornauimus, collegimus, non descripsimus abjecturam existimamus, satis rebus ipsis factum uideatur ut tua causa inuigilauarimus ne perirent* (« Si j'ajoute foi à ce que m'ont rapporté de Votre Sainteté Galeazzo Butrigario et Giovanni Ruffo, aujourd'hui archevêque de Cosenza, nonces de votre siège apostolique, je suis certain que ces détails vous plairont. Ce sont de modestes habits dont j'ai couvert, mais sans chercher à les orner, des choses admirables ; des indications et non des descriptions ; mais vous ne les rejetterez pas. Il me suffira d'avoir veillé, dans votre intérêt, à ce que le souvenir de ces découvertes ne se perdît pas « [*Troisième décade,* IX, traduction de Paul Gaffarel]). Enfin la dernière décade, adressée au pape Clément VII, s'ouvre sur ces mots qui témoignent que les critiques n'ont pas cessé : ... *ab obsequendi desiderio laude me dignum esse non inficiabor, ab inornato dicendi modo si non laudem, ueniam tamen promerebor. Ciceronianos optassent haec talia tantaque spiritus, uti saepe in priorum discursu protestatus sum, uulgaribus ego tegminibus, quod sericea uel auro intexta non assequar, uenustissimas amiciui Nereides, Oceani dico gemmatas insulas ab orbis initio* (« Mon désir de vous obéir est tel que sur ce point, je ne le nierai pas, je mérite des éloges. Mais mon insuffisance d'écrivain est si grande qu'il me faudra en cette matière solliciter non des éloges, mais mon pardon. La grandeur du sujet que je traite comportait une inspiration cicéronienne, je l'ai souvent affirmé dans mes précédents récits : comme je n'ai à ma disposition ni étoffes de soie ni brocards, je me suis contenté d'humbles vêtements pour couvrir mes gracieuses Néréides, je veux parler de ces îles de l'Océan, brillantes comme des perles, et qui depuis l'origine du monde étaient restées cachées » [*Huitième décade*, I, traduction de Paul Gaffarel]).

Certes le latin de Pierre Martyr n'est pas un très bon latin, et ne possède aucun caractère cicéronien. Certaines phrases ne sont pas terminées, d'autres sont incorrectes ou rendues obscures par leur brièveté ; les propositions semblent plus souvent se succéder en suivant la pensée de l'auteur qu'en vertu des règles de la syntaxe latine, et bien souvent on devine derrière le latin des constructions et des tournures italiennes ou espagnoles. Enfin les formes surcomposées abondent, et bien souvent l'emploi des prépositions et des conjonctions relève plus du latin vulgaire que du latin classique. Mais le plus grand reproche adressé à Pierre Martyr concerne son lexique et les nombreux néologismes qui émaillent le *De Orbe Nouo.* Lui-même en témoigne lorsqu'il écrit : *Dico gossipium id lanuginis genus quod alias bombycinum appellatione uulgari Itala dixi. A scripturi ne sint ignorantiae, an incuriae plaeraque similia Latinissimi uiri qui Adrianum incolunt aut Lygusticum, si ad eorum manus nostra deuenerint aliquando, uti primam Decadem uidimus nobis inconsultis impressorum prelis suppositam, neutro cruciari statuo ad summum, uoloque sciant me Insubrem esse, non Latium et longe a Latio natum, quia Mediolani, et longissime uitam egisse, quia in Hispania. Idem uelim dictum genuinis Adriaticis siue Lygusticis Latio propioribus de Bergantinis, de Carauellis et Almiranto Adelantoque uulgari appellatione Hispana. Me quippe non latet Graecissantes Architalassum, Latinissantes simul et Graecissantes Nauarchum hos, Pontarchum illos garrire dici debere magistratus eius principem. De ceteris huiusmodi idem, dummodo tuae Sanctitati satisfactum iri credam hac simplici mea de tantis inuentis narratione* (« je nomme coton cette sorte de duvet que j'ai appelé ailleurs, en me servant du mot vulgaire italien, bombyx. J'ai employé d'autres termes analogues que certains latinistes, qui habitent le golfe Adriatique ou le golfe de Gênes, attribueront à mon ignorance ou à ma négligence, quand mon travail leur tombera entre les mains. C'est ce qui m'est arrivé pour ma décade, qui a été mise sous presse sans mon autorisation. Comme je ne veux être crucifié ni par les uns, ni par les autres, qu'ils sachent bien que je suis Insubre et non Latin, que je suis né à Milan, bien loin du Latium, et que j'ai passé ma vie plus loin encore, puisque je réside en Espagne. Qu'ils se le tiennent également pour dit, ces puristes Vénitiens ou Génois, qui m'accusent d'impropriétés d'expression parce que j'ai écrit, comme on parle en Espagne, brigantins, caravelles, amiral et adelantado. Je n'ignore pas en effet que celui qui remplit ces fonctions se nomme pour les grécisants l'archithalassus, pour les grécisants et latinisants tantôt le navarque, tantôt le pentarque. Aussi bien, pour toutes les observations du même genre, pourvu que j'aie l'espérance de ne pas déplaire à Votre Sainteté, je me contenterai de raconter simplement ces grandes choses ». [*Deuxième décade*, VII, traduction de Paul Gaffarel]). En effet les termes étrangers latinisés ou d'origine étrangère abondent dans le *De Orbe Nouo.* On trouve par exemple des termes d'origine grecque, essentiellement dans les domaines zoologique et botanique : *gossipium,* le gossapin, *aconitum,* l'aconit, *cinnamoma,* la cinnamome, *cercopithecus,* terme servant généralement à désigner les sapajous ; on peut relever également des vocables orientaux comme *singiueris,* le gingembre ; mais cela n'est rien en comparaison de la latinisation de termes espagnols comme *Almirantus* (de l'espagnol *almirante,* amiral), *Adelantatus* (de l'espagnol *adelantado,* gouverneur colonial), *carauela* (caravelle) ; et les néologismes les plus nombreux sont des mots empruntés au langage des Taïnos ou des habitants d'Amérique du Sud : *canoa,* le canoë, *iuana,* l'iguane, *cacicus,* le cacique, *battata,* la patate, *iucca,* le manioc, *cazabi,* la cassave ou galette de manioc, *maizium,* le maïs, *furicana,* l'ouragan, C*anibalis,* le Cannibale.

Pierre Martyr était conscient de son audace dès la première lettre du *De Orbe Nouo* puisqu'il justifie déjà en ces termes ces emprunts à l'espagnol : *Almirantum igitur et Adelantatum ac nauigiorum praesentia nomina, cetera etiam huiuscemodi data opera, suis aliquando uulgaribus appellabo nominibus, quo apertius intelligar* (*infra*, p. 31). On peut constater qu'au début de la première décade, Martyr se contente souvent de présenter les termes sans les employer, ou qu'il ne les emploie pas seuls : ainsi le terme *utias* est toujours accompagné de la précision *id est cuniculos.* Les scrupules du chroniqueur sont aussi indiqués par l'emploi de périphrases, que Martyr utilise en alternance avec ses néologismes : *Praefectus Marinus* alterne avec *Almirantus, carauela* est souvent remplacé par *mercatoria nauis, canoa* par *linter unilignea* ou *prouincialis monoxylis, cazabi* est moins présent que la périphrase *panis radicalis* et *cacicus* apparaît moins souvent que *regulus.* Mais au fil de la première décade les néologismes s'imposent peu à peu comme des mots usuels, et dans les autres décades ils sont employés beaucoup plus fréquemment et sans aucun détour.

Si donc le style de Pierre Martyr n'est pas toujours conforme aux règles du latin classique, il n'en est pas moins parfaitement adapté à son projet : il est plein de vie, refuse une orthodoxie qui pourrait nuire au sujet traité, et s'il s'affranchit des contraintes de la littérature classique c'est pour mieux faire passer une curiosité, une sincérité, une émotion plus propres à conquérir le lecteur que le plus parfait des académismes. A une découverte totalement nouvelle, Pierre Martyr a adapté un style original, sincère, personnel et le succès de son œuvre lui a donné raison contre tous ses détracteurs.

Les éditions du *De Orbe Nouo*

Dans la préface de l'édition du *De Orbe Nouo* qu'il prépara en 1511, Antonio de Nebrija écrit que, sans les précautions prises par le comte de Tendilla (*nisi Tendillani Comitis prouidentia obstitisset, infra,* p. 9), l'œuvre aurait pu être perdue à jamais. Alors que la première lettre datait de 1493, comment expliquer qu'on ait attendu si longtemps pour publier une œuvre de cette importance et avoir ainsi couru ce risque ? Nebrija en impute la responsabilité à une trop grande modestie du chroniqueur (*infra,* p. 11) ; mais une autre réponse apparaît dès lors qu'on observe l'étrange manière dont fut composée la première décade (*supra,* p. XXIV). Il semble tout d'abord que Martyr lui-même n'avait pas encore conscience d'élaborer une œuvre, et qu'il n'était même pas sûr d'avoir un sujet. De 1493 à 1510, en effet, Pierre Martyr rédigea les dix lettres qui constituèrent la première décade, mais le projet d'une décade, et à plus forte raison celui d'un ensemble de décades, semble n'avoir été vraiment formé qu'au moment où il rédigea la dixième lettre, soit en 1501, seize ans après la rédaction de la première. En effet les deux premières lettres furent adressées à Ascanio Sforza, puis survint une interruption de six ans. Les sept suivantes furent adressées au Cardinal Louis d'Aragon (la première de la série étant adressée à la fois à celui-ci et au pape Jules II), mais après celles-ci se produisit une interruption de dix ans, et la seule allusion alors perceptible à un projet d'ensemble apparaît à la fin du livre IX de la première édition : Martyr annonce en effet qu'il va immédiatement ajouter au livre qu'il vient d'écrire, consacré à Vicente Pinzon, un autre livre pour achever la décade (*qui decadem impleat, infra*, p. 199) : c'est ainsi que le mot *decas* fait son apparition dans le corps du texte. Cependant en 1510, dans la lettre qu'il adresse au comte de Tendilla pour accompagner les dix livres déjà existants, Martyr annonce à nouveau que sa lettre va « clore la décade » (*ut decadem impleret, infra*, p. 221) : le projet avait mûri et devenait réalité. Par ailleurs le fait qu'il adresse au comte un exemplaire complet de ses lettres peut indiquer qu'il concevait désormais sa correspondance sur le Nouveau Monde comme une œuvre qui s'inspirait de la décade livienne et à laquelle il souhaitait donner une suite. Entre temps, il est vrai, l'Amérique du Sud avait été découverte, et il savait qu'il y avait là matière à une œuvre de grande envergure.

Pourtant, curieusement, personne ne se soucia de publier la première décade prête dès 1501. Martyr l'interdit-il ? De nombreux arguments plaidaient cependant en faveur d'une publication officielle rapide : la décade était prête et formait un tout cohérent ; les lettres avaient déjà rencontré un grand succès partout en Europe ; enfin, et surtout, ce succès avait poussé des éditeurs à imprimer certaines lettres sans consulter leur auteur : c'est ainsi que parut en 1504 la traduction italienne de ce qui était à l'époque la première décade, c'est-à-dire des neuf premiers livres. Martyr en avait adressé une copie manuscrite à Angelo Trivigiano, qui en avait à son tour envoyé une traduction italienne à Dominico Malipiero. Cette traduction fut imprimée à Venise par Albertino Vercellese da Lisona, en format in-4°, sous le titre *Libretto di tutta la navigazione del Re di Spagna delle isole e terreni nuovamente trovati.* Trois ans plus tard, en 1507, cette traduction était réimprimée à Vicence ; elle constituait le quatrième volume d'une collection de récits de voyages intitulée *Paesi novamente retrovati et Novo Mondo da Alberico Vespucci florentino intitolato* et imprimée par Fracanzio de Montalboddo ; en 1508 elle était traduite en allemand et publiée à Nuremberg par Jobst Ruchamer. La même année elle était traduite en latin pour figurer dans une autre collection de récits de voyages, publiée à Milan par Archangelo Marignano et intitulée *Itinerarium Portugalensium e Lusitania in Indiam et inde in occidentem et demum ad aquilonem.* Cette traduction latine devait connaître le succès puisque Simon Grynée, la baptisant *Nouus orbis regionum ac insularum ueteribus incognitarum,* en multiplia les éditions (in-folio), toujours augmentées de textes nouveaux : Paris (1532), Bâle (1532, 1537). Ces éditions seront réimprimées à Bale (1555) et Rotterdam (1616, cette dernière édition ne comportant que les parties consacrées à l'Amérique). On doit ajouter l'existence d'une traduction allemande datée de 1534 et publiée à Strasbourg, et de plusieurs éditions parisiennes (in-4°) d'une traduction française intitulée *S'ensuyt le nouveau monde et navigations faictes par Emeric de Vespuce florentin, des pays et isles nouvellement trouvez, auparavant à nous incogneuz, tant en l'Ethiopie que Arrabie, Calichut et aultres plusieurs régions estranges. Translaté de ytalien en langue françoyse par Mathurin du Redouer licencié ès loix.* L'une de ces éditions, non datée, a été imprimée par Jean Trepperel ; une autre, datée de 1516, par Galliot du Pré ; d'autres portent les noms de Jean Janot, de Denis Janot, de Philippe le Noir.

Devant la multiplication des éditions illicites les amis de Martyr décidèrent de prendre les choses en main. Le comte de Tendilla demanda à l'écrivain de lui fournir un exemplaire complet de sa décade. Martyr s'exécuta, en ajoutant un épilogue dédié au comte. Celui-ci confia à Antonio de Nebrija le soin de se charger de la publication. C'est ainsi que parut la première édition officielle de l'œuvre de Martyr. On perçoit dans la lettre au comte qui ouvre l'édition de 1511 quelques réticences de l'auteur, mais cette publication reçut son aveu, contrairement à ce qu'il affirma plus tard. L'ouvrage, un in-folio, fut imprimé à Séville, en avril 1511, par Jacob Cromberger, sous le titre *Petri Martyris Angli mediolanensis opera. Legatio Babylonica. Oceani Decas. Poemata. Epigrammata.* Cura Aelii Antonii Nebrissensis. Cum priuilegio. Impressum Hispali cum summa diligentia per Iacobum Corumberger Alemanum, anno millesimo quingentesimo XI, mense uero aprili. L'ouvrage s'ouvrait sur une lettre de Martyr adressée au comte de Tendilla ; venaient ensuite la préface de Nebrija qui s'achevait par un résumé de l'œuvre livre par livre, puis le privilège royal rédigé en espagnol. On trouvait alors, réunis sous le titre *Opera*, le rapport que Martyr avait fait de son ambassade en Egypte, la *Legatio Babylonica*, la première décade du futur *De Orbe Nouo*, appelée simplement *Oceani Decas*, une courte liste d'*errata* et des poèmes de l'auteur. Certains exemplaires contiennent la gravure d'une carte figurant les côtes de la « province océane », qui est la plus ancienne carte de l'Amérique que nous connaissions.

Cette expérience fit sans doute réfléchir Martyr : le succès remporté par son œuvre était désormais patent, et il avait repris à un rythme régulier la composition des décades puisqu'il acheva la deuxième en 1514 et la troisième en 1516, enthousiasmé par les exploits de Balboa, les conquêtes du Darien et de l'isthme et surtout la découverte de la mer Australe, c'est-à-dire l'océan Pacifique. C'est alors qu'il prit l'initiative de confier à Antonio de Nebrija, en qui il voyait aussi bien un illustre grammairien qu'un ami, la correction et la publication des trois décades existantes. Elles furent donc imprimées à Alcalá en novembre 1516 par Arnao Guillén de Brocar. L'ouvrage, un in-folio, s'ouvrait sur deux poèmes, l'un du nonce apostolique Giovanni Ruffo, l'autre de Martyr lui-même ; venaient ensuite une dédicace de l'auteur à l'empereur Charles Quint dans laquelle il niait toute responsabilité dans l'édition précédente (*me inconsulto*, *infra*, p. 7), puis la préface d'Antonio de Nebrija amputée du résumé de l'œuvre. On trouvait alors les trois décades, suivies, à la fin du volume d'un index des termes étrangers, noms communs, toponymes et patronymes utilisés dans les décades, qui s'intitule *Vocabula Barbara* ; quelques mots de l'auteur soulignent l'utilité, pour le lecteur, de ce relevé classé selon l'ordre alphabétique. Ensuite figurait une liste d'*errata*, précédée elle aussi de quelques lignes de l'auteur. Les fautes relevées sont pour la plupart des erreurs de graphie, oublis ou inversions de lettres, et se situent presque uniquement dans la première décade. Certains exemplaires contiennent également la *Legatio Babylonica*, ce qui est le cas de celui conservé à la Bibliothèque nationale de France. Cette édition, par les différences qu'elle présente avec celle de 1511, nous apporte quelques enseignements précieux. Il est peu important que la dédicace au pape Jules II qui ouvrait le troisième livre ait disparu entre les deux éditions : Léon X lui avait succédé en 1513 et la dédicace n'avait plus lieu d'être. De même, il est peu significatif que la dédicace au comte de Tendilla soit remplacée par une dédicace à Charles Quint ou que les livres IX et X de l'édition de 1511 soient fondus en un seul livre, le neuvième, tandis que l'épilogue devenait le dixième. En revanche certaines corrections indiquent que Martyr a obtenu des précisions sur son sujet : il ajoute ou rectifie plusieurs indications chiffrées, mentionne, quoique d'étrange manière, la nomination de Bartolomé comme *adelantado*, précise les circonstances de la découverte des Canaries, ajoute des patronymes comme ceux de Pedro Vera, Juan de Fonseca ou de la cacique Anacaona, et introduit quelques lignes sur les mœurs insulaires dans lesquelles apparaissent des vocables taïnos qu'il ignorait peut-être en 1511 : *iucca, mais, boios, guaicano, furacanes, caribes.* On peut aussi constater que les connaissances purement géographiques de Martyr ont progressé entre les deux éditions : si, malgré la correction qu'il apporte, il se trompe toujours entre le cap San Nicolás et le cap San Miguel, il indique désormais avec précision à quelle longitude se situe la ligne de démarcation entre les possessions espagnoles et portugaises fixée par le traité de Tordesillas, il assimile les Iles du Cap Vert aux Hespérides, comme la plupart de ses contemporains, et non plus aux Cassitérides, et il ne suit plus Colomb dans l'association hasardeuse que faisait celui-ci entre la Jamaïque et la Iana Maior des cosmographes médiévaux (transcrite Ioanna Maior dans l'édition de 1511). La comparaison entre les deux éditions permet aussi de constater à quel point Martyr, malgré ses allégations, était déjà soucieux de la qualité littéraire de son œuvre : de très nombreuses corrections purement grammaticales et lexicales interviennent par rapport au texte de 1511 : les diphtongues sont restituées ; Martyr se décide, par souci d'exactitude, à employer les vocables insulaires précédemment cités mais, pour revenir à un latin plus pur, il élimine le verbe *applicare* qui exprimait toutes les sortes de déplacement, substitue *gossipium* ou *gossampinus* à *bombix* et *bombicinus, sagittarius* à *ballestarius, adelantatus* à *antelatus, regio* à *prouincia, marinus* à *maritimus, incola* à *accola* ; il justifie à deux reprises son emploi des termes *decuria* et *centuria* ; les très nombreux passages qu'il supprime, souvent de quelques mots, sont, sinon erronés, du moins sans intérêt ; il ajoute en revanche la comparaison entre Hispaniola et le Latium qui ne peut que valoriser, aux yeux des lecteurs, la découverte de Colomb et son propre travail. Enfin, dans un autre registre, il est intéressant de constater que Martyr attend l'édition de 1516 pour mentionner la colère des marins lors du premier voyage, alors qu'il n'en dit rien dans l'édition de 1511. Sans doute voulait-il alors protéger l'image de l'Amiral. Dans le cadre de l'interminable procès qui opposa les descendants de Colomb à la couronne d'Espagne, comme le montre Juan Gil lorsqu'il présente les décades dans son livre *Cartas de Particulares a Colón y relaciones coetaneas* (p. 29-30), on revint longuement sur cet épisode ; en 1514 des marins survivants furent appelés à témoigner, et la divulgation de leurs récits rendait désormais inutile l'omission de Pierre Martyr.

Martyr acheva en 1521 la quatrième décade, adressée, comme les deux précédentes, au pape Léon X. Or en cette même année elle fut imprimée à Bâle sur les presses d'Henri Petri, sous le titre *De nuper sub D. Carolo repertis insulis simulque incolarum moribus R. Petri Martyris, Enchiridion, Dominae Margaritae, Diui Max.Caes. filiae dedicatum.* Basileae 1521. (in-4°). Il est possible que cette édition ait eu lieu sans l'aval de l'auteur, ce que semblent confirmer l'absence de division en livres et le manque de référence aux décades dans le titre. Le volume comprenait aussi les trois autres décades, précédées de la dédicace, de la préface de Nebrija, de l'index *uocabula barbara* et des vers de Giovanni Ruffo, mais non de ceux de Martyr. Si l'on excepte d'infimes différences, le texte des décades était celui de 1516.

Martyr mourut en 1526. Il laissait 816 lettres écrites entre 1488 et 1525 (une quarantaine d'entre elles concerne le Nouveau Monde, les autres ont plutôt trait à la politique intérieure et extérieure de l'Espagne), le *De Orbe Nouo,* constitué de huit décades complètes, la *Legatio Babylonica* et des poèmes. Nebrija était mort en 1522, et ce sont les amis de Martyr qui préparèrent alors la publication des œuvres du chroniqueur. Celle-ci eut de nouveau lieu à Alcalá en 1530 et l'impression fut confiée à Miguel d'Eguia. L'ouvrage (in-folio) reprend le texte de l'édition de 1516 pour les trois premières décades, à quelques différences près : la dédicace à Charles Quint et la préface de Nebrija figurent toujours en tête du volume, mais le poème de Giovanni Ruffo a disparu, tandis que le début de celui de Martyr a été modifié ; les fautes signalées à la fin de l'édition de 1516 ont été corrigées ; le terme *liber,* par lequel Martyr désignait chaque lettre dans l'édition de 1516, a été systématiquement remplacé par *caput* ; les en-têtes des lettres se trouvent souvent abrégés ; enfin, dans la première lettre, la description des Canaries est différente. Après les trois premières décades viennent les cinq suivantes et, pour finir, l'index de l'édition de 1516, non complété et toujours intitulé *Vocabula Barbara.* Au *De Orbe Nouo* est joint l'*Opus Epistularum.*

Le succès de l'œuvre de Martyr ne se démentit pas pendant le XVIe siècle, comme l'attestent les très nombreuses réimpressions et traductions des éditions de 1516, 1521 et 1530 : l'édition de 1516 fut réimprimée à Bâle (1533, in-folio), sur les presses de Johann Bebel, sous le titre *Petri Martyris ab Angleria*

Mediolanensis oratoris clarissimi, Fernandi et Helisabeth Hispaniarum quondam regum a consiliis, de rebus Oceanicis et orbe nouo decades tres : quibus quicquid de inuentis nuper terris traditum, nouarum rerum cupidum lectorem retinere possit, copiose, fideliter eruditeque docetur. Eiusdem praeterea Legationis Babylonicae libri tres [...], Basileae, apud Ioannem Bebelium, MDXXXIII. Cette édition comporte la dédicace à Charles Quint, la préface de Nebrija, un index très complet de dix-neuf feuillets concernant à la fois les décades et la *Legatio Babylonica,* le poème de Giovanni Ruffo (mais pas celui de Martyr), les trois premières décades accompagnées de petites notes marginales résumant le sujet des passages, la quatrième décade intitulée *Petrus Martyr, de insulis nuper inuentis, et de moribus incolarum earundem,* et, pour compléter le volume, la *Legatio Babylonica.* L'édition de 1516 fut également réimprimée à Cologne en 1574 par Damião a Goes chez Gerwin Calenius sous le titre suivant : *De Rebus oceanicis et nouo orbe decades tres Petri Martyris ab Angleria Mediolanensis. Item eiusdem de Babylonica legatione libri III, et item de rebus aethiopicis, indicis, lusitanicis et hispanicis opuscula quaedam historica doctissima, quae hodie non facile alibi reperiuntur,* Damiani a Goes equitis Lusitani, quae omnia sequens pagina latius demonstret, cum duplici locupletissimo indice, Coloniae, apud Geruinum Calenium et haeredes Quentelios, MDLXXIIII (in-8°). Le volume commence par un sommaire très complet auquel succède une dédicace de Damião a Goes à son protecteur ; puis viennent la dédicace de Martyr à Charles V, l'index déjà présent dans l'édition de 1533, le poème de Giovanni Ruffo, les trois premières décades, présentées sous le même titre que dans l'édition de 1533, et ensuite la quatrième décade, également sous le même titre ; les notes marginales de l'édition de 1533 ont été conservées, mais d'autres sont ajoutées ; on trouve ensuite la *Legatio Babylonica,* puis huit petits traités de Damião a Goes lui-même, accompagnés d'un index spécifique. L'édition de la quatrième décade datée de 1521, reprise dans les éditions de 1533 et 1574, comme nous venons de le voir, fut également réimprimée, sans autre œuvre de Martyr, avec d'autres récits consacrés à Cortés dans un ouvrage publié à Cologne en 1532 (in-folio) sous la direction de Peter Savorgnan, intitulé *De insulis nuper inuentis Fernandini Cortesii ad Carolum V Rom. Imperatorem Narrationes, cum alio quodam Petri Martyris ad Clementem VII Pontificem Maximum consimilis argumenti libello* [...] Venduntur in pingui gallina, anno MDXXXII. La quatrième décade (huit feuillets) porte dans cette édition le titre suivant : *De insulis nuper inuentis a Carolo V rom. Imperatore, ad Clementem VII Pontificem Maximum lucidissima Petri Martyris narratio.* Quant à l'édition de 1530, elle fut réimprimée à Paris (1536), Anvers et Bâle (1537).

Pour ce qui est des traductions de cette époque, un abrégé de la première décade, rédigé en italien, parut à Venise en 1534 sous le titre *Libro primo della historia de l'Indie occidentali (cavato da libri scritti da S. don Pietro Martire)*, ainsi qu'une traduction française intitulée *Extraict ou recueil des isles nouvellement trouvées en la grand mer océane au temps du roy d'Espaigne Fernand [...] faict premièrement en latin, par Pierre Martyr, [...] et depuis translaté en languaige françoys*, chez l'éditeur S. de Colines, à Paris en 1532. La deuxième partie du siècle voit se multiplier les traductions anglaises et allemandes, dont quelques-unes sont citées dans la bibliographie.

Enfin, signe plus certain encore du succès, les décades connurent encore une nouvelle édition, due à Richard Hakluyt, qui parut à Paris en 1587 ; le volume (in-8°) s'intitule *De Orbe Nouo Petri Martyris Anglerii Mediolanensis, protonotarij et Caroli quinti Senatoris decades octo, diligenti temporum obseruatione, et utilissimis annotationibus illustratae, suoque nitori restitutae. Labore et industria Richardi Hakluyt, oxoniensis Angli. Additus est in usum lectoris accuratus totius operis index.* Imprimé par Guillaume Auvray, il s'ouvre sur une lettre de dédicace de Richard Hakluyt à Sir Walter Raleigh ; viennent ensuite la dédicace de Martyr à Charles Quint et le poème de Martyr dans la version de l'édition de 1530. On trouve alors les huit décades, accompagnées d'annotations marginales, puis un index des huit décades, intitulé *Rerum memorabilium earumque praecipue quae ad geographiam spectant, in octo decades index, in quo etiam diligenter obseruati sunt gentium mores et instituta, neque quicquam omissum quod lectorem uel iuuare et delectare possit.* Pour établir son texte, Hakluyt suit parfois l'édition de 1530, comme l'indiquent le poème préliminaire et l'utilisation du terme *caput* de préférence à *liber*. Mais pour les trois premières décades, il a majoritairement suivi le texte de 1516, ce que montrent les en-têtes et le passage sur les Canaries.

Il faut attendre la fin du XIXe siècle pour voir historiens et surtout géographes s'intéresser de nouveau à l'œuvre de Martyr et tout particulièrement au *De Orbe Nouo*. En 1892 Joachim Torrès Asensio publie à Madrid une édition des huit décades accompagnées de notes et d'une traduction espagnole. A la même époque le Français Paul Gaffarel s'intéresse lui aussi à Martyr : il traduit d'abord les lettres de l'*Opus Epistularum* ayant trait au Nouveau Monde pour la *Revue de Géographie*, puis, pour cette même revue, il traduit successivement plusieurs décades ; en 1907 enfin il publie une traduction française complète du *De Orbe Nouo*. Suivront en 1912 une traduction anglaise due à Francis Mac Nutt, en 1930 une traduction italienne signée Temistocle Celotti, deux nouvelles traductions espagnoles, la première d'Agustin Millares Carlo parue en 1964, la deuxième, préfacée par Ramón Alba, parue en 1989, et une traduction allemande de Hans Klingelhöfer datée de 1972, pour ne parler que des traductions complètes.

Notons avant de conclure sur ce point que, comme on l'aura sans doute deviné à la lecture de ce qui précède, j'ai suivi le texte proposé par l'édition de 1516 de préférence aux éditions plus tardives qui n'en sont que des reprises, plus ou moins amendées ; par ailleurs, seule l'édition de 1516 propose, avec les trois décades, les deux poèmes, la totalité des préfaces et les en-têtes des livres ; enfin, et surtout, il me paraît important de s'appuyer sur la dernière édition corrigée par l'auteur. Concernant l'apparat critique, j'ai limité à trois le nombre des éditions retenues : 1511, 1516 et 1530. J'ai éliminé les éditions plus tardives car elles ne sont guère que des reprises de celles-ci et n'apportent rien concernant précisément les trois premières décades ; au contraire j'ai choisi de retenir celle de 1511, bien qu'elle soit antérieure à mon édition de référence, car sur le plan historique les différences qu'elle contient me paraissent pleines d'intérêt. J'ai désigné ces éditions par les sigles habituellement utilisés : H pour l'édition de 1511, C pour celle de 1516 et A pour 1530. Je n'ai pas voulu alourdir l'apparat en y mentionnant les différences de graphie lorsqu'elles n'étaient pas significatives (l'édition de 1511, qu'elle ait été ou non autorisée par Martyr, possède une orthographe beaucoup moins rigoureuse que les deux suivantes concernant par exemple les diphtongues ou les [h], à l'initiale ou à l'intérieur des mots). Enfin, dans le but de faciliter la lecture du texte, j'ai adopté une disposition en paragraphes, et, sur les conseils de l'éditeur, j'ai normalisé les graphies, fluctuantes, des termes suivants : *plerique* (pour *plaerique*), *ceteri* (pour *caeteri*), *litus* (pour *littus*), *litterae* (pour *literae*), *femina* (pour *foemina*), *caelum* (pour *coelum*), *pretium* (pour *precium*), *otium* (pour *ocium*), *spatium* (pour *spacium*).

A tous égards donc le *De Orbe Nouo* peut être considéré comme un document de premier ordre. Sur le plan de l'information, il constitue une source incomparable de renseignements sur la conquête du Nouveau Monde et ses acteurs : Colomb bien sûr, mais aussi Vicente Pinzon, Balboa, Pedro Arias de Avila, Nicuesa, Cortés... L'abondance et la précision des faits rapportés, la vivacité du style, la variété et l'intelligence du récit viennent mettre en valeur les informations et faire du *De Orbe Nouo* un ouvrage passionnant. Mais il est plus intéressant encore comme témoignage du cheminement d'un esprit libre et clairvoyant qui passe peu à peu du ton neutre de la chronique à celui du témoignage humaniste. En lisant le *De Orbe Nouo* nous ne lisons pas seulement le récit de la conquête : nous percevons son impact sur les esprits européens, les passions et les questions qu'elle suscite dans un esprit aussi conscient de l'importance de l'événement que de l'ampleur du drame qui se joue. Loin d'être neutres, les lettres de Pierre Martyr sont emplies d'émotions diverses, parfois contradictoires mais toujours sincères, et plus qu'un narrateur l'auteur devient un guide idéal dans l'approche de la conquête : curieux face à la nouveauté, dubitatif lorsque des assertions lui paraissent suspectes, admiratif quand les choses ou les êtres lui en donnent l'occasion, sensible quand il évoque la disparition des habitants du Nouveau Monde et de leurs civilisations, il entraîne le lecteur à sa suite dans l'une des plus grandes aventures que l'humanité ait connues, avec un enthousiasme qui suffirait à expliquer l'intérêt que des lecteurs du début du XXIe siècle peuvent encore trouver à la lecture du *De Orbe Nouo.*

BIBLIOGRAPHIE

ŒUVRES DE PIERRE MARTYR D'ANGHIERA

Editions anciennes, complètes ou partielles, du *De Orbe Nouo*

Petri Martyris Angli mediolanensis opera. Legatio Babylonica. Oceani Decas. Poemata. Epigrammata. Cura Aelii Antonii Nebrissensis. Cum priuilegio. Impressum Hispali cum summa diligentia per Iacobum Corumberger Alemanum, anno millesimo quingentesimo XI, mense uero aprili, in-folio.

[Ne contient que la première décade].

De Orbe Nouo Decades. Cura et diligentia uiri celebris Magistri Antonii Nebrissensis historici regii fuerunt hae tres protonotarii Petri Martyris decades impressae cum eiusdem Legatio Babylonica in contubernio Arnaldi Guillelmi in illustri oppido Carpetanae Prouinciae Compluti, quod uulgariter dicitur Alcala. Perfectum est nonis nouembris, an. 1516, in-folio.

[Il n'y a que trois décades ; elles ont été réimprimées à Paris (1532) et à Bâle (1533) dans le même format, puis à Cologne (1574, in-8°) ; l'édition de Bâle porte le titre *Petri Martyris ab Angleria Mediolanensis oratoris clarissimi, Fernandi et Elisabeth Hispaniarum quondam regum a consiliis, de rebus Oceanicis et orbe nouo decades tres : quibus quicquid de inuentis nuper terris traditum, nouarum rerum cupidum lectorem retinere possit, copiose, fideliter eruditeque docetur. Eiusdem praeterea Legationis Babylonicae libri tres* [...], Basileae, per Ioannem Bebelium, 1533, pridie calend. Septemb. L'édition de Cologne porte le titre suivant : *De Rebus oceanicis et nouo orbe decades tres Petri*

Martyris ab Angleria Mediolanensis. Item eiusdem de Babylonica legatione libri III, et item de rebus aethiopicis, indicis, lusitanicis et hispanicis opuscula quaedam historica doctissima, quae hodie non facile alibi reperiuntur, Damiani a Goes equitis Lusitani [...], cum duplici locupletissimo indice, Coloniae, apud Geruinum Calenium et haeredes Quentelios, 1574.]

De nuper sub D. Carolo repertis insulis, similque incolarum moribus R. Petri Martyris, Enchiridion, Dominae Margaritae, Diui Max. Caes. filiae dedicatum. Basileae (Henricus Petri), 1521, in-4°.
[Il s'agit de la quatrième décade].

De Orbe Nouo Petri Martyris ab Angleria mediolanensis protonotarii Cesaris senatoris Decades. Cum priuilegio imperiali. Compluti, apud Michaelem d'Eguia, anno 1530, in-folio. Réimprimé dans le même format à Paris (1536), Anvers (1537) et Bâle (1537). [Reprise complétée de l'édition de 1516 ; réimpr. par procédé photomécanique Graz, 1966]

De Orbe Nouo Petri Martyris Anglerii Mediolanensis protonotarij, Caroli quinti Senatoris Decades octo, diligenti temporum obseruatione et utilissimis annotationibus illustratae, suoque nitori restitutae. Labore et industria Richardi Hakluyti. Additus est in usum lectoris accuratus totius operis index. Parisiis, apud Guillemum Auvray, uia D. Ioannis Bellouacensis, sub insigni Bellerophontis coronati, 1587, in-8°.

Traductions et adaptations anciennes

En italien

Libretto de tutta la navigazione del Re de Spagna delle isole e terreni nuovamente trovati, Albertino Vercellese da Lisona, Vinegia, 1504 [reproduit ensuite dans la collection *Paesi novamente ritrovati et Novo mondo da Alberico Vespucci florentino intitolato* (t. 4),

Fracanzio de Montalboddo, Vicence, 1507 ; puis retraduit en latin avec toute la collection par Archangelo Madrignano sous le titre *Itinerarium Portugalensium e Lusitania in Indiam et inde in occidentem et demum ad aquilonem,* Milan (1508), réimpr. Bâle (1532), Paris (1532), Strasbourg (tr. allemande, 1534), Bâle (1537, 1555), Rotterdam (1616)].

Libro primo della historia de l'Indie occidentali (cavato da libri scritti da S. don Pietro Martire), [Stefano Nicolini da Sabbio ?], Vinegia, 1534.

En français

Extraict ou recueil des isles nouvellement trouvées en la grand mer océane au temps du roy d'Espagne Fernand [...] *faict premièrement en latin, par Pierre Martyr,* [...] *et depuis translaté en languaige françoys,* S. de Colines, Paris, 1532.

En anglais

The decades of the Newe Worlde or West India, London, 1555 [réimpr. photomécanique Ann Arbor, 1966].

The history of travayle in the West and East Indies, R. Jugge, London, 1577 [réimpr. photomécanique New York, 1992].

The historie of the West Indies, containing the actes and adventures of the Spaniards, which have conquered and peopled those countries, inriched with varietie of pleasant relation of the manners, ceremonies, lawes, governments and warres of the indians, A. Hebb, London, [1625?]

En allemand

Erste Theil Newenn Weldt und Indianischen Niedergängischen Königreich, New und Wahrhaffte History [...], *durch Hieronyum Benzon von Meylandt in Lateinisches Spraach erstlich beschrieben* [...] *Ander Theil, Der Newen Welt und Indianischen Niedergängischen Königreichs* [...] *Thaten und Geschichten* [...] *verzeichnet Erstlich durch Petrum Martyrem [d'Anghiera] in Lateinischer Sprache verzeichnet* [...] *Jetzt aus dem Latein in das Teutsch gebracht durch Nicolaum Höniger von Königshofen an der Tauber*, getruckt durch Sebastian Henricpetri, Basel, 1593.

Editions modernes

De Orbe Nouo Petri Martyris Anglerii, regio rerum indicarum senatu, Decades octo, quas scripsit ab anno 1493 ad 1526, praemissis quaecumque ex ipsius de re eadem epistolis excerpere licuit. Editio, paucorum quidem exemplarium, innumeris expurgata mendis, cura et studio D. Ioachim Torres Asensio, praelati domestici suae sanctitatis, et canoni theologici cathedralis Matritensis. Matritii, typis uiduae et filiae Gomez Fuentenebro, anno 1892, 4 vol. in-8°. [voir aussi traductions modernes]

Traductions modernes, complètes ou partielles

« Lettres de Pierre Martyr d'Anghiera relatives aux découvertes des Espagnols et des Portugais, traduction, introduction et notes de Paul Gaffarel et Fernand Louvot », *Revue de Géographie* 15 (1884), p. 459-466, 16 (1885), p. 209-214, 17 (1885), p. 63-70.

Decades del Nuevo Mundo, traduction espagnole, introduction et notes de Joaquin Torrès Asensio, Madrid, 1892 [accompagne l'édition de 1892, t. 3, 4 ; réédité avec une introduction de Luis A. Arocena, Buenos Aires, 1944.]

De Orbe Nouo, les huit décades, Paris, 1907, traduction et notes de Paul Gaffarel.

De Orbe Nouo, traduction anglaise, introduction et notes de Francis Mac Nutt, New York, 1912.

Mondo Nuovo, traduction italienne, introduction et notes de Temistocle Celotti, Milan, 1930.

Decadas del Nuevo Mundo, traduction espagnole d'Agustin Millares Carlo, analyse et notes de Edmundo O'Gorman, México, 1964.

De Orbe Nouo, traduction allemande et notes de Hans Klingelhöfer, Darmstadt, 1972.

Cartas de particulares a Colón y relaciones coetáneas, édition et traduction espagnole de Juan Gil et Consuelo Varela, Madrid, 1984 [ne contient que les livres du *De Orbe Nouo* consacrés à Colomb, soit les sept premiers livres de la première décade et le quatrième livre de la troisième]

Decadas del Nuevo Mondo, introduction de Ramón Alba, Madrid, 1989.

Cartas sobre el Nuevo Mundo / Pedro Martír de Anglería, traduction espagnole de Julio Bauzano, introduction de Ramón Alba, Madrid, 1990.

De Orbe Nouo, La conquista del Messico, V decade, 1520-1523, traduction italienne et notes de Maria Barbara Giacometti, Bergamo, 1991.

Le Nouveau Monde, récits de Christophe Colomb, Pierre Martyr d'Anghiera, Amerigo Vespucci, traduction de Jean-Yves Boriaud, Paris, 1992.

Repertorium Columbianum, t. 4, *Selections from Peter Martyr,* édition et traduction anglaise de Geoffrey Eatough, Turnhout, 1998

[comprend la première décade et le quatrième livre de la troisième décade]

TRAVAUX CONSACRÉS A PIERRE MARTYR D'ANGHIERA

Livres

Mariéjol, Henri, *Pierre Martyr d'Anghiera, sa vie et ses œuvres,* Paris, Hachette, 1887.

Nieves Olmedillas, Maria de las, *Pedro Mártir de Anglería y la mentalidad exoticista,* Madrid, 1974.

Ramos, Demetrio, *Variaciones ideologicas en torno al descubrimiento de America : Pedro Mártir de Anglería y su mentalidad,* Valladolid, 1982.

Riber Campins, Lorenzo, *El humanista Pedro Mártir de Anglería,* Barcelona, 1964.

Salas, Alberto Mario, *Tres Cronistas de Indias : Pedro Mártir de Anglería, Gonzalo Fernández de Oviedo, Fray Bartolomé de Las Casas,* Buenos Aires, 1959, (p. 15-60).

Articles

D'Avezac, Marie Pascal, « Les Décades de Pierre Martyr dans les collections de Venise, de Vicence, de Milan et de Bâle », *Bulletin de la société de géographie* 14 (1857), p. 306-314.

Lunardi, Ernesto, « Pietro Martire d'Anghiera, il primo americanista, nella storia e nella cultura del suo tempo », *Terra Ameriga* (1980), p. 9-20

Ocete, Antonio Marin, «Nebrija y Pedro Mártir de Anglería », *Emerita* 13 (1947), p. 161-174.

Perez-Embid, Florentino, « Pedro Mártir de Anglería, historiador del descubrimiento de America », *Anuario de Estudios Americanos* 32 (1975), p. 205-215.

Sanchez-Martinez, Julio, « Pedro Mártir de Anglería, cronista de Indias », *Cuadernos Americanos* 45 (1949), p. 186-219.

Valverde, Juan Fernandez, « Para una edición crítica de Las Decades de Orbe Novo de Pedro Mártir de Angleria » dans *Humanismo Latino y descubrimiento, edd.* J. Gil – M-M. Maestre, Sevilla, 1992, p. 67-80

ŒUVRES DE CHRISTOPHE COLOMB

Edition critique

Colón, Cristobal, *textos y documentos completos,* ed. Consuelo Varela, *Nuevas Cartas,* ed. J. Gil, Madrid, 1992.

Traductions

Œuvres de Christophe Colomb, éditées par Alexandre Cioranescu, Paris, 1961.

Colomb, Christophe, *La Découverte de l'Amérique* (3 volumes), journal, lettres et documents traduits par Soledad Estorach et Michel Lequenne, introductions et notes de Michel Lequenne, Paris, 1989, 1991.

Colomb, Christophe, *Œuvres complètes,* introduction et notes de Juan Gil et Consuelo Varela, traduction de J-P. Clément et J-M. Saint-Lu, Paris, 1992.

TRAVAUX CONSACRÉS A CHRISTOPHE COLOMB

Ouvrages anciens

Colomb, Fernando, *Christophe Colomb raconté par son fils*, traduction et notes d'Eugène Muller, Paris, 1987.

Oviedo, Gonzalo Fernández de, *Historia general y natural de las Indias*, edición y estudio preliminar de Juan Pérez de Tudela Bueso, Madrid, 1959.

Las Casas, Bartolomé de, *Historia de Las Indias* (3 volumes), edición de Agustin Millares Carlo y estudio preliminar de Lewis Hanke, México, 1951.

Ouvrages modernes

The Christopher Colombus Encyclopedia, ed. Silvio Bedini, New York, 1991.

Gamarra, Pierre, *Vie admirable de Cristobal Colón*, Paris, 1991.

Gil, Juan, *Mitos y utopias del Descubrimiento*, t. 1, Madrid, 1989.

— *Cartas de particulares a Colón y relaciones coetáneas*, Madrid, 1984 [en collaboration avec Consuelo Varela]

Harrisse, Henry, *Christophe Colomb, son origine, sa vie, ses voyages*, Paris, 1884.

Heers, Jacques, *Christophe Colomb*, Paris, 1981.

Madariaga, Salvador de, *Christophe Colomb*, traduit de l'anglais par René Guyonnet, Paris, 1952.

Mahn-Lot, Marianne, *Portrait historique de Christophe Colomb*, Paris, 1988.

Manzano Manzano, Juan, *Colón descubrió America del Sur en 1492*, Caracas, 1972.

Manzano Manzano, Juan, *Colón y su secreto : el predescubrimiento*, Madrid, 1989.

Morison, Samuel Eliot, *Admiral of the Ocean Sea : a life of Christopher Colombus*, New York, 1942.

Taviani, Paolo Emilio, *Christophe Colomb, genèse de la grande découverte* (2 volumes), traduction de Bianca Maria Festa et Annie et Paule Oliver, Paris, 1980.

Vignaud, Henri, *Histoire critique de la grande entreprise de Christophe Colomb* (2 volumes), Paris, 1911.

Articles

Gould Quincy, Alicia, « Nueva lista documentada de los tripulantes de Colón en 1492 », *Boletin Real Academia de la historia* 85 (1924), p. 145-149.

L'ESPAGNE ET LE MONDE EN 1492

C. Bec, Y. Cloulas, B. Jestaz, A. Tenenti, *L'Italie de la Renaissance*, Paris, 1990.

Benassar, Bartolomé, *Histoire des Espagnols* (2 volumes), Paris, 1985.

Benassar, Bartolomé et Lucile, *1492, un monde nouveau ?* Paris, 1991.

Benassar, Bartolomé et Vincent, Bernard, *Le temps de l'Espagne, XVIe – XVIIe siècles*, Paris, 1999.

Brice, Catherine, *Histoire de l'Italie*, Paris, 1992.

Cardini, Franco, *1492 : l'Europe au temps de la découverte de l'Amérique*, Paris, 1990.

L. Collison-Morley, *Histoire des Sforza*, traduction de G. Gidon, Paris, 1951.

Dumont, Jean, *L' «incomparable» Isabelle la Catholique*, Paris, 1992.

Martinière, Guy et Varela, Consuelo, *L'état du monde en 1492*, Paris, 1992.

Méchoulan, Henri, *La pureté de sang*, Paris, 1980.

— *Les Juifs d'Espagne, histoire d'une diaspora, 1492-1992,* Paris, 1992.
Perez, Joseph, *L'Espagne des Rois Catholiques,* Paris, 1971.
— *Isabelle et Ferdinand,* Paris, 1988.
— *Histoire de l'Espagne,* Paris, 1996.
— *L'Espagne de Philippe II,* Paris, 1999.

LA DECOUVERTE DE L'AMERIQUE ET LES SUCCESSEURS DE COLOMB

Ouvrages anciens

Las Casas, Bartolomé de, *Historia de Las Indias* (3 volumes), edición de Agustin Millares Carlo y estudio preliminar de Lewis Hanke, México, 1951.
— *Histoire des Indes* (3 vol.), traduit de l'espagnol par Jean-Pierre Clément et Jean-Marie Saint-Lu, Paris, 2002.
— *Très brève relation de la destruction des Indes,* introduction de Roberto Fernandez Retamar, traduction de Fanchita Gonzalez Battle, Paris, 1980.
Oviedo, Gonzalo Fernández de, *Historia general y natural de las Indias,* edición y estudio preliminar de Juan Pérez de Tudela Bueso, Madrid, 1959.
Pané, Ramon, *Relation de l'histoire ancienne des Indiens,* traduction, présentation et notes d'André Ughetto, Paris, 1992.

Ouvrages modernes

Les rendez-vous de Saint Domingue, les enjeux d'un anniversaire, 1492-1992, edd. I. Berten et R. Luneau, Paris, 1991.
Afgoustidis, Dmitri, *La Mer Océane de la Découverte,* Paris, 1992.
Bernand, Carmen et Gruzinski, Serge, *Histoire du Nouveau Monde, de la découverte à la conquête, une expérience européenne, 1492-1550,* Paris, 1995.

Charton, Edouard, *Voyageurs anciens et modernes*, t. 3, Paris, 1885.

Chaunu, Pierre, *L'Amérique et les Amériques de la préhistoire à nos jours*, Paris, 1964.

— *Conquête et exploitation des nouveaux mondes (XVIe siècle)*, Paris, 1991.

— *Séville et l'Amérique aux XVIe et XVIIe siècles*, Paris, 1977.

— *Histoire de l'Amérique Latine*, Paris, 1961.

— *Les Amériques : XVIe, XVIIe, XVIIIe siècles*, Paris, 1976.

Delumeau, Jean, *Une histoire du paradis*, Paris, 1992.

Dickinson, J-A et Mahn-Lot, Marianne, *1492-1992, Les Européens découvrent l'Amérique*, Lyon, 1991.

Dumont, Jean, *L'heure de Dieu sur le Nouveau Monde*, Paris, 1991.

Fraissé, Marie-Hélène, *Découvreurs d'Amérique*, Paris, 1991.

Gaffarel, Paul, *Histoire de la découverte de l'Amérique* (2 volumes), Paris, 1892.

Kirkpatrick, F.A, *Les Conquistadors espagnols*, Paris, 1935.

Godhiño, Vittorino Magalhaes, *Les découvertes, XVIe, XVIIe siècles : une évolution des mentalités*, Paris, 1991.

Heers, Jacques, *La découverte de l'Amérique*, Bruxelles-Paris, 1991.

Horgan, Paul, *Conquistadors in North American History*, New York, 1963.

Washington Irving, *Voyages and discoveries of the companions of Colombus*, New York, 1956.

Julien, C.-A, *Les voyages de découverte et les premiers établissements*, Paris, 1948.

Lafaye, Jacques, *Les conquistadores*, Paris, 1964.

Madariaga, Salvador de, *L'essor de l'empire espagnol d'Amérique*, Paris, 1953.

Magasich-Airola, Jorge et De Beer, Jean-Marc, *America Magica*, Paris, 1994.

Mahn-Lot, Marianne, *La découverte de l'Amérique*, Paris, 1970.

— *La conquête de l'Amérique espagnole*, Paris, 1974.

— *Bartolomé de Las Casas : une théologie pour un Nouveau Monde*, Paris, 1992.

Morison, Samuel Eliot, *The European discovery of America* (2 volumes), New York, 1971, 1974.

Nebenzahl, Kenneth, *Atlas de Christophe Colomb et des grandes découvertes*, Paris, 1991

Ramos, Demetrio, *La primera noticia de America*, Valladolid, 1986.

Todorov, Tzvetan, *La conquête de l'Amérique : la question de l'autre*, Paris, 1982.

Viola, H. J. et Margolis, Carolyn, *Seeds of change*, Washington D.C., 1991.

LES ANTILLES ET L'AMERIQUE DU SUD : GEOGRAPHIE, HABITANTS

Œuvres anciennes

Pané, Ramon *Relation de l'histoire ancienne des Indiens*, traduction, présentation et notes d'André Ughetto, Paris, 1992.

Sahagún, Bernardino de, *Historia de las cosas de Nueva España* (5 volumes), México, 1938.

Œuvres modernes

Histoire des religions, ed. Henri-Charles Puech (Encyclopédie de la Pléiade), Paris, 1976.

Amérique, continent imprévu, ed. Daniel Levine, Paris, 1992.

L'Art Taïno, ed. Jacques Kerchache, Paris, 1994.

The Cambridge History of the Native People of the Americas, volume 2, *Mesoamerica, edd.* Richard E. W. Adams and Murdo J. MacLeod, Cambridge, 2000.

Bangou, Henri, *La Guadeloupe* (3 volumes), Paris, 1987.

Deagan. Kathleen and Cruxent. José-Maria, *Colombus's Outpost among the Taïnos*, New Haven and London, 2002.

Devèze, Michel, *Antilles, Guyane et la mer des Caraïbes de 1492 à 1789*, Paris, 1977.

Gheerbrandt, Alain, *L'Amazone, un géant blessé*, Paris, 1988.

Huxley, Francis, *Aimables Sauvages*, Paris, 1960.

W. Krickberg, H.Trimborn, W. Müller, O. Zerries, *Les religions amérindiennes*, Paris, 1962.

Lestringant, Frank, *L'atelier du cosmographe ou l'image du monde à la Renaissance*, Paris, 1991

— *Le Cannibale, grandeur et décadence*, Paris, 1994.

Lévi-Strauss, Claude, *Tristes Tropiques*, Paris, 1955.

Métraux, Alfred, *Religions et magies indiennes d'Amérique du Sud*, Paris, 1967.

Montbrun, Christian, *Les Petites Antilles avant Christophe Colomb*, Paris, 1984.

Moreau, Jean-Pierre, *Les Petites Antilles de Christophe Colomb à Richelieu*, Paris, 1992.

Pouyllau, Michel,*Le Venezuela*, Paris, 1992.

Rouse, Irving, *The Tainos : rise and decline of the people who greeted Colombus*, New Haven, 1992.

CONSPECTVS SIGLORVM

ÉDITIONS

H : 1511 (cf. *supra*, p. LXXXV)
C : 1516 (cf. *supra*, p. LXXXV)
A : 1530 (cf. *supra*, p. LXXXVI)

ABRÉVIATIONS UTILISÉES DANS L'APPARAT CRITIQUE

add. : addidit / addiderunt
adscr. : adscripsit / adscripserunt
dist. : distinxi / distinxerunt
om. : omisit / omiserunt
transp. : transposuit / transposuerunt
transt. : transtulit / transtulerunt

PETRI MARTYRIS ANGLERII

DE ORBE NOVO DECADES[a]

Titulus : a. de orbe nouo decades *CA* : oceani decas *H*.

AU TRÈS ILLUSTRE PRINCE CHARLES, ROI CATHOLIQUE[1]

1. La divine providence, depuis qu'elle a décidé la création du monde, a réservé jusqu'à notre époque la découverte de l'immense territoire de l'Océan Occidental : c'est alors, très puissant roi, qu'eut lieu pour toi cette révélation, sous les heureux auspices de tes grands-parents maternels. La même providence, sous l'influence de je ne sais quel destin, semble m'avoir chassé de Milan, mon pays natal, et bientôt de Rome, où j'avais passé presque dix ans, vers l'Espagne, pour recueillir dans le détail ces faits nouveaux et merveilleux qui, sans cela, seraient restés inconnus, enfouis dans la gueule avide de l'oubli, puisque les historiens espagnols, aussi remarquables soient-ils, s'en tiennent à ce sujet à des généralités. Je n'ai cependant pas l'intention de revendiquer pour moi seul le mérite d'avoir entrepris cette tâche : l'initiative en revient à Ascanio Visconti, cardinal et vice-chancelier[2], qui dans un premier temps me dissuada de partir alors que je voulais déjà quitter Rome pour participer à la guerre de Grenade[3]. Bientôt, voyant que je tenais fermement à ce projet, il me pria ou plutôt m'ordonna courtoisement de lui faire connaître par lettres tout ce qui se produirait en Espagne, ou plutôt me le demanda expressément. Je partis pour l'Espagne dans le désir

2. Protecteur de Petrus Martyr, Ascanio Sforza, fils du duc Francesco II, naquit à Crémone le 23 mars 1455. Nommé cardinal en 1484, évêque de Pesaro, de Crémone et de Novare, il est considéré comme le chef du parti français dans le Sacré Collège jusqu'à l'arrivée au pouvoir de Louis XII, ennemi juré des Sforza. Trahi, emprisonné puis finalement libéré en 1503, il mourut en 1505, de la peste ou du poison. Pierre Martyr lui adressa les deux premiers livres du *De Orbe Nouo*, en hommage à la protection qu'il lui avait apportée lorsqu'il était en Italie. Cf. article *Sforza Ascanio*, in *Nouvelle Biographie Générale*, t. 43, publiée sous la direction du docteur Hoefer, Paris, 1864, p. 867-868.

CLARISSIMO PRINCIPI CAROLO REGI CATHOLICO

1. Seruauit diuina prouidentia, ex quo fabricare uniuersum constituit, immensae uastitatis occidentalis Oceani agnitionem ad nostra usque tempora, in quibus tibi, potentissime Rex, maternorum auorum felicibus auspiciis patefacta est. Eadem, nescio quo urgente fato, ex natali patria Mediolano, mox ex urbe Roma, ubi fere decennium egeram, ad Hispaniam me uidetur impulisse, ut haec ego miranda nouaque particulatim colligerem, quae forte alias in uoraces fauces obliuionis[a] demersa latuissent, historicis Hispanis, egregiis quippe uiris, de generalibus tantum harum rerum inuentis curam habentibus. Non tamen soli mihi huius sumpti laboris gratias uendicare intendo. Ascanio Vicecomiti Cardinali Vicecancellario prima debetur, qui me discedere iam uolentem ex Vrbe ut granatensi bello interessem dissuasit aduentum primo ; mox, uidens id mihi animo fixum sedere, hortatus est, immo et rogans imperauit ut quaecumque in Hispania emergerent ad eum conscriberem. [b]In Hispaniam concessi

Titulus. clarissimo principi carolo regi catholico *C* – prooemium clarissimo principi carolo regi catholico petrus martyr eius senator *A*.

1 a. in uoraces fauces obliuionis *C* : in uoraces obliuionis fauces *A* || b. b – b *C* : in hispaniam concessi quod iuueni mihi rerum nouarum cupido nil praeberet italia unde pascere ingenium quirem. granatensi bello armatus interfui, per epistolas diarias quae gerebantur ascanio mariae sfortiae uicecomiti cardinali uicecancellario roganti per litteras significabam. fortuna eius ex benigna matre mutata in nouercam cessi a scribendo *A*.

d'assister à la croisade entreprise contre les ennemis de notre foi, et je participai à la guerre puisque l'Italie, déchirée par les discordes entre ses princes[4], n'offrait au jeune homme avide de nouveauté que j'étais rien qui pût rassasier son esprit. Le cardinal Ascanio était informé des événements par les lettres que je lui envoyais quotidiennement. Lorsque la Fortune qui l'accompagnait se changea de mère en marâtre, j'arrêtai d'écrire.

2. Une fois l'Espagne purifiée, l'ennemi hors de combat, la mauvaise graine maure extirpée, je pensais regagner l'Italie pour ne pas perdre dans une lâche oisiveté les années qui passaient. La bienveillance exceptionnelle des Rois Catholiques, aujourd'hui défunts, à mon égard et en même temps les grandes promesses qu'ils me faisaient m'en empêchèrent, surtout après mon ambassade égyptienne[5]. Cependant je n'ai aucun regret de m'être installé dans ce pays, en partie parce que je comprenais que c'était là plus qu'ailleurs qu'à cette époque les événements importants se produisaient, mais surtout parce qu'à la suite des différends survenus entre les rois de la chrétienté, tout alla à l'abîme : dans presque toute l'Italie les campagnes furent ravagées et arrosées de sang humain, les villes furent pillées par l'ennemi, on emmena comme butin les vierges et les épouses avec les richesses des pères, de malheureux enfants innocents et leurs pères, même désarmés, furent assassinés dans leur propre maison, cruellement et sans motif ; je n'entendais pas seulement leurs cris de douleur, je les ressentais presque, car mes parents et amis ne sont pas sortis indemnes de ces violences bestiales. Tandis que je m'attardais ainsi, le cardinal d'Aragon[6], au nom de son oncle le roi Frédéric, me demanda d'écrire huit livres de lettres pour compléter la première décade, dont il connaissait les deux livres adressés à Ascanio. Et alors que je ne me souciais plus du tout des entreprises océanes, les nonces apostoliques, hommes de grand prestige, me tirèrent de mon sommeil au nom de notre Souverain Pontife le pape Léon X[7],

5. En 1501 les Rois Catholiques confièrent à Pierre Martyr une mission diplomatique en Egypte. Celle-ci fut un succès et Martyr en écrivit le compte-rendu, la *Legatio Babylonica*, qu'il adressa à Léon X. Cf. H. Mariéjol, *op. cit.*, p. 48-71.

6. Le cardinal Louis d'Aragon était le neveu de Frédéric III d'Aragon, roi de Naples et de Sicile de 1496 à 1501, le petit-neveu de Ferdinand Premier d'Aragon, roi de Naples et de Sicile de 1458 à 1494 et le petit-neveu de Ferdinand et d'Isabelle. C'est à la cour qu'il se lia d'amitié avec Pierre Martyr, qui lui adressa sept livres et non huit comme il l'écrit. Le livre X est adressé au comte de Tendilla. A. Chastel, *Louis d'Aragon, un voyageur princier de la Renaissance*, Paris, 1986.

expeditionis eius uisendae studio quae in hostes nostrae fidei sumpta esset, nihil ut mihi iuueni et rerum nouarum cupido praeberet Italia unde ingenium pascerem ob eius principes discordes bello interfui. Per epistolas diarias quae gerebantur a me Ascanius cardinalis habebat. Fortuna eius ex altrice mutata in nouercam, cessi a scribendo[b].

2. Purgata, stratis hostibus, Hispania, Mauroque malo gramine exstirpato, ne labentes annos otio indecenti contererem, in Italiam regredi meditabar. Amborum Regis et Reginae Catholicorum uita functorum singularis erga me benignitas et simul ampla pollicita, post reditum praecipue a legatione mea babylonica, me detinuerunt. Fixisse tamen pedem haudquaquam poenitet, tum quia nullibi terrarum hoc tempore aeque praeclaras res fieri uidebam[a], tum etiam quod ex Christianorum principum dissidiis ruere omnia in praeceps : depopulari agros in uniuersa fere Italia et humano sanguine impinguari, atque urbes hostiliter diripi, uirgines nuptasque cum bonis patriis in praedam trahi, miseros innocentes natos[b] ac genitores intra proprios lares, inermes etiam, et gratuito crudeliter trucidari ; querulis clamoribus non audiebam modo, sed paene sentiebam. Nec enim affinium et propinquorum meorum sanguis ab ea fera saeuitia immunis euasit[c]. Dum sic morarer Cardinalis Aragonius, Federici Regis patrui sui nomine, sequentes primae decadis octo libellos epistolares, uisis duobus Ascanianis, a me exegit. Vacuum omni cura demum de rebus Oceaneis Apostolici Nuncii uiri celeberrimi Nostri Summi Pontificis Leonis Decimi nomine,

2 a. uidebam *C* : intelligebam *A* || b. innocentes natos *A* : innocentes uiros *C* || c–c *C* : uacuum omni cura de rebus oceaneis apostolici nunctii summi pontificis leonis decimi nomine, uarii post eum principes, ut infra dicemus, dormitantem excitarunt *A*.

dont la sage bienveillance et l'autorité aideront, je l'espère, l'Italie à mettre fin, un jour, aux malheurs si nombreux qui l'accablent. Tel est notre souhait. J'ai ajouté deux décades, constituées de brefs recueils de lettres et dédiées à Sa Sainteté, à la première, confiée aux imprimeurs à mon insu, comme la suite de l'ouvrage le montrera clairement.

3. Maintenant, Prince Sérénissime, je reviens à toi, dont je me suis un peu éloigné. Que tes grands-parents maternels aient soumis pour toi toute l'Espagne, à l'exception d'un angle, qu'ils t'aient laissé, avec les îles fertiles de Notre Mer, la belle ville de Naples, tout cela certes est grand et nous l'avons noté dans nos annales. Mais avec tout le respect dû aux anciens je voudrais ajouter ceci : je trouve, personnellement, que tout ce qui a été fait et écrit depuis l'origine du monde est peu de choses, très puissant roi, si nous examinons en regard quelles terres inconnues, quelles mers nouvelles, quelles populations et langues diverses, quelles mines d'or, quelles pêcheries de perles tes aïeux t'ont léguées, sans parler des autres productions. Ces trois décades que nous avons composées te montreront quels sont ces dons, leur qualité et leur ampleur. Viens, viens donc, monarque élu des dieux, vers un apogée dont les hommes n'ont pas encore saisi la grandeur, viens et hâte-toi. Nous mettrons à ta disposition le cercle équinoxial[8], inexploré jusqu'à nos jours, et peu s'en faut toute la zone que les anciens croyaient inhospitalière et brûlée par l'ardeur du soleil, zone populeuse, agréable, fertile, bénie des dieux, et des milliers d'îles couronnées d'or et de perles opalescentes ; et nous t'offrons trois Europes en une seule terre, un continent, à ce qu'on croit. Viens embrasser ce nouveau monde, et ne nous laisse pas languir plus longtemps dans le désir de ta présence. De ces terres, clément et très illustre souverain, de ces terres viendront les moyens grâce auxquels le monde entier t'obéira. Puisse Ta Majesté se bien porter. Si nous comprenons que les fruits de nos cultures sont de ton goût, nous t'en offrirons, à pleins paniers, une quantité chaque jour plus grande. Qui je suis, les en-têtes des livres te le révèleront. De Mantua Carpetana, appelée couramment Madrid, la veille des calendes d'octobre 1516.[9]

8. Il s'agit de l'équateur.

cuius felici consilio et autoritate speramus aerumnosis tot calamitatibus Italiam aliquando finem imposituram, me dormientem excitarunt. Ad Suam Sanctitatem breuibus epistolaribus libellis compactas duas decades addidi primae quam me inconsulto prelis fuit impressorum exposita uti per sequentem pensationem constabit[c].

3. Nunc ad te uenio, Serenissime Rex, a quo parumper uagatus sum. Quod uniuersam tibi aui materni subdiderint Hispaniam, angulo excepto, quod pulchram tibi, cum feracibus Nostri Maris insulis, Parthenopem reliquerint, magnum quidem, et ea nos per annales annotauimus[a]. Sed pace maiorum dictum uelim, quicquid ab initio mundi gestum scriptumque reperio, meo iudicio, parum est, si pensitauerimus, quas tibi, Rex potentissime, nouas terras, quae noua maria, quas uarias nationes et linguas, quales aurifodinas, quae margaritarum uiuaria, prouentibus aliis omissis, tibi pararunt. Quae, qualia, quantaque sint, tres nostrae decades hae[b] patefacient. Veni ergo ueni, Rex electe a superis, ad nondum ab hominibus intellectum rerum aliquod culmen, ueni et propera. Aequinoctialem tibi circulum latentem hactenus, et furentem atque ardore solis adustam antiquorum opinione zonam, paucis exceptis, tibi paratam habemus, populis refertissimam, amoenam, uberem, fortunatissimam, auro et candentibus margaritis coronatas mille insulas, et uno putato continenti tres Europas offeremus. Veni nouum orbem amplexurus, nec tui nos desiderio ulterius macerato. Hinc, hinc, tenelle Rex clarissime, instrumenta quibus totus tibi pareat orbis comparabuntur. Valeat feliciter Tua Maiestas. Cuius gustui si sapidas fore culturae nostrae sationes intellexerimus, uberiorem in dies illarum copiam plenis canistris offeremus[c]. Qui sim, libellorum indices aperient. Ex Mantua Carpetana[d], uulgo Madrid, pridie Kalendas Octobris, Millesimo Quingentesimo Decimo Sexto.

3 a. per annales annotauimus *C* : per annales annotauimus in quibus per epistolaria epitomata uiuentium omnium principum nostrae tempestatis uniuersa gesta collegimus *A* || b. tres nostrae decades hae *C* : tres hae nostrae decades *A* || c. offeremus *C* : porrigemus *A* || d. carpetana *C* : carpentana *A*.

ELIO ANTONIO DE NEBRIJA[10], GRAMMAIRIEN ET RHÉTEUR, PUIS HISTORIEN DU ROY PRÉFACE À L'ŒUVRE DE PIERRE MARTYR D'ANGHIERA DE MILAN, PROTONOTAIRE ET CONSEILLER DU ROY.

1. Quelle raison avancer, honnête lecteur, au fait que, alors que tant de volumes sont publiés par les hommes de notre siècle, et qu'en tous lieux les ignorants comme les érudits écrivent des poèmes, ceux qui sont dignes d'êtres placés sous les yeux et dans les mains des hommes restent cachés dans l'obscurité profonde de la nuit, à la merci des blattes et des mites, tandis qu'au contraire de nombreux ouvrages sans valeur, écrits sans la moindre assistance d'Apollon et des Muses, sont lus, sont loués, et circulent dans les écoles, sous les portiques, dans les villages ? Serait-ce que la fortune, qui commande en cette affaire comme dans les autres domaines humains, ne change pas ses habitudes, puisqu'elle rabaisse ce qui est illustre et élève ce qui est obscur ? Serait-ce qu'un livre pour survivre doit avoir, comme dit le poète[11], son génie qui le défende contre l'outrage de l'oubli et contre la mort, qui le recommande aux lecteurs difficiles, qui lui confère toujours l'attrait de la nouveauté, qui, en somme, n'invite pas tant à la lecture qu'il n'y pousse, n'y exhorte pas tant qu'il n'y contraint ? De là vient, sans doute, que les œuvres des auteurs les plus prestigieux disparaissent tandis qu'au contraire on lit et on apprécie les livres des plus ineptes.

2. Si j'ai insisté si longuement, ami lecteur, c'est pour montrer que certaines œuvres de mon ami Martyr, composées avec beaucoup de soin et d'application, ont bien failli disparaître, ce qui serait arrivé sans la prévoyance du comte de Tendilla[12]. En effet, bien que Martyr soit assez talentueux pour composer facilement, dans tous les genres, des ouvrages remarquables, il ne se soucie guère de publier les fruits de son travail, soit qu'il fasse peu de cas de sa gloire, soit qu'il ne nous

AELII ANTONII NEBRISSENSIS EX GRAMMATICO ET RHETORE HISTORICI REGII[a] IN PROTONOTARII P. MARTYRIS ANGLI MEDIOLANENSIS REGII CONSILIARII OPERA PRAEFATIO

1. Quidnam esse causae dicam, candide lector, quod cum tot librorum uolumina ab hominibus saeculi nostri aedantur in uulgus, scribantque indocti doctique poemata passim, cur illi qui digni sunt ut inter ora et manus hominum uersentur lateant in media noctis caligine, blattis tineisque obnoxii, atque e diuerso complura opera male nata, Musisque et Apolline nullo scripta, legantur, laudentur, atque per scholas, per porticus, per uicos circumferantur ? An quod fortuna, quae ut aliis in rebus humanis ita et in hac dominatur, a moribus suis non recedit, quippe quae illustria premit, et obscura in sublime tollit ? An quod liber uicturus, ut ait poeta, debet habere genium, qui illum ab obliuionis iniuria interituque defendat, qui apud delicatos lectores illum commendabilem faciat, qui gratiam nouitatis illi semper inducat, qui denique ad ipsius lectionem non tam alliciat quam impellat, non tam hortetur[a] quam cogat ? Hinc prouenire putandum est, ut praeclarissimorum scriptorum opera interciderint, contra uero ineptissimi cuiusque autoris[b] libri legantur amenturque.

2. Haec sunt a me, lector amice, idcirco tam longe repetita, ut ostenderem non multum abfuisse quin Martyris mei quaedam opera multo studio multaque diligentia elaborata interirent, nisi Tendillani Comitis prouidentia obstitisset. Nam cum eo sit ingenio Martyr ut facile in quocumque scribendi genere possit egregium aliquid concinnare, non multum curat labore parta in uulgus

Titulus. a. ex grammatico et rhetore historici regii *C* : historii regii *A* grammatici *H*.
1. a. hortetur *H A* : horretur *C* || b. autoris *H C* : -res *A*.

juge pas dignes de recevoir en partage un si grand présent. Ainsi comme le comte de Tendilla s'était procuré, au prix de beaucoup d'insistance, voire de réclamations quotidiennes, certaines des œuvres de cet homme qui étaient ignorées jusqu'alors et le seraient peut-être restées éternellement, comprenant qu'elles seraient publiées pour le bénéfice de l'Etat comme pour celui de tout un chacun, il m'a confié la tâche suivante : veiller, après l'avoir corrigée et mise en ordre, à ce que l'œuvre soit publiée en de nombreux exemplaires par les imprimeurs. Et j'ai entrepris ce travail très volontiers, d'une part pour obéir aux ordres du plus éminent serviteur de l'Etat espagnol, de l'autre pour donner à lire aux hommes de notre temps les œuvres de mon ami Martyr, très plaisantes à lire, indispensables à connaître, et dont les lettres, chez nous, vont tirer un très grand profit. Et je n'ai pas voulu que fussent confiées aux vicissitudes de la Fortune les œuvres d'un homme si savant et si digne de l'éternité, alors qu'elles avaient failli disparaître de par leur rareté : c'est pourquoi, après les avoir corrigées et rendues à elles-mêmes, je les ai confiées aux presses des imprimeurs afin que, diffusées en nombreux exemplaires, elles fussent assez durables pour n'être pas détruites par le temps. J'ai fait cela pour le remercier des vers qu'il a publiés à ma louange, je l'ai fait pour notre amitié, renforcée par de nombreux services mutuels, je l'ai fait parce que chacun tirera bénéfice de la lecture de ces œuvres.

3. Tu trouveras d'abord les trois *Décades* consacrées aux découvertes océanes et au Nouveau Monde. Viendra en seconde place *L'Ambassade d'Egypte*[13]. Celle-ci comporte trois livres de lettres : le premier rapportera ce qui est arrivé à Pierre Martyr entre Grenade et Venise, lorsqu'il s'est rendu en ambassade auprès du Sultan d'Egypte, ainsi que de nombreuses informations sur les coutumes des Vénitiens et sur la ville elle-même, très plaisantes à lire ; le deuxième livre relate sa navigation de Venise vers Alexandrie en Egypte ; le troisième, son action en tant qu'ambassadeur du Sultan et ce qu'il a vu de mémorable concernant l'origine, la vie et les mœurs du Sultan et des Mamelouks ; et pour beaucoup d'usages dont chacun a entendu parler, il sera un guide des plus agréables[14].

aedere, siue quod gloriam suam negligit, siue quod non putat nos esse dignos quibus tantum munus communicetur. Comes namque Tendillanus cum multa efflagitatione ac propemodum conuicio cotidiano extorsisset quaedam eius opera, quae adhuc latebant, fortasseque aeternum latuissent, intellegens esse e republica atque communi omnium utilitate illa inuulgari, mihi hanc operam condixit, ut emendata redactaque in ordinem per impressores in numerosos codices propaganda curarem. Id quod libentissime suscepi, tum ut uiri optime de Hispana Republica meriti iussis obtemperarem, tum ut Martyris mei opuscula iucundissima lectu, necessaria cognitu atque ad nostrarum litterarum usus maxime conducibilia, nostris hominibus legenda traderem. Et quae propter exemplarium raritatem internitioni fuerant obnoxia, nolui in tam ancipitem fortunam doctissimi atque omni aeternitate dignissimi uiri committi ; quare emendata sibique ipsi[a] restituta impressorum typis excudenda tradidi, ut per numerosas cartas propagata sint diuturniora quam abolere possit uetustas. Dedi hoc uersibus, quos ille in meam laudem compositos aedidit, dedi amicitiae nostrae multis ultro citroque officiis confirmatae, dedi publicae utilitati, quae ex istorum operum lectione prouueniet[bc].

3. [a]Prima fronte tres[b] Decades de rebus oceanicis et Orbe Nouo reperies. Secundam sibi sedem Babylonica Legatio obtinebit : ea tribus constat libellis epistolaribus quorum primus quid Petro Martyri proficiscenti legato ad Soldanum babylonicum acciderit in itinere ex urbe Granata Venetias usque continebit[a] multaque de Venetorum institutis et urbe ipsa, lectu sapida, secundus nauigationem ipsius a Venetiis[c] in Alexandriam Aegypti[d], tertius quid apud Soldanum orator egerit, quae memoratu digna uiderit de Soldani ac Mamalucorum origine, uita et moribus, multisque cuique ingenio celeberrimis[e] iucundissimus[f] index erit[g].

2. a. ipsi *H C* : -sis *A* || b. proueniet *C A* : consequetur *H* || c. *post* proueniet *des. A.*

3. a. — a. *C* : quae tamen ea sin opera paucis accipe. prima fronte sub legationis babylonicae nomine tris libellos conspicies quorum ipsi ad soldanum babylonicum proficiscenti legato donec uenetiis mare conscenderit ex urbe granata in itinere continebit *H* || b. tres *ego* : tris *H C* || c. a uenetiis *C* : ab urbe uenetiarum *H* || d. aegypti *C* : egyptiam ennarrabit *H* || e. celeberrimis *C* : -mo *H* || f. iucundissimus *ego* : incundissimus *C* iucundissimis *H* || g. *post* erit *des. C.*

GIOVANNI RUFFO, DE FORLI, ARCHEVEQUE DE COSENZA, LEGAT DU PAPE, AU LECTEUR DU DE ORBE NOVO[15]

Reçois ces pages illustres consacrées à un monde ignoré,
Découvre aussi, lecteur, les grandes richesses de l'Océan.
Nous te devons, Typhis[16], une profonde reconnaissance,
toi qui ramènes
Du nouveau monde oiseaux et peuples inconnus.
Il faut aussi témoigner une grande reconnaissance à notre auteur
Qui fait connaître ces royaumes au monde entier.

L'AUTEUR

Arrête-toi, lecteur : lis ces récits,
Réunis en livres courts, dédiés à divers princes
Et au pape Léon X[17]. Tu verras ici des nouveautés nombreuses,
Les vastes terres de Océan, ses vastes mers,
Des langues inconnues ; et tu découvriras l'âge d'or,
des peuples nus qui ignorent la noire graine
de la monnaie mortifère, et la zone torride où abondent l'or
Et les pierres précieuses. Que la vénérable antiquité nous pardonne[18] !

15. Giovanni Ruffo, proche de Clément VII, était l'un des *nuncii apostolici, uiri celeberrimi,* auxquels Pierre Martyr fait allusion dans son avant-propos, qui l'encouragèrent au nom des différents papes à continuer la rédaction des décades. Les deux hommes étaient en relations épistolaires depuis 1493. Ruffo devint à la cour d'Espagne l'ami intime de Martyr qui lui dédia la sixième décade.

16. Typhis était le pilote des Argonautes. Que ce nom soit employé ici pour représenter symboliquement Colomb est intéressant car Colomb s'est toujours identifié à ce personnage, comme l'indique *le Livre des prophéties,* ouvrage de compilation qu'il rédigea dans sa vieillesse pour réunir tous les textes dans lesquels il voyait l'annonce de sa découverte. Il alla même, dans un passage de *Médée* de Sénèque, jusqu'à remplacer le nom *Thetis* par *Typhis.*

17. Cf. *supra,* note 7.

IOANNES RVFVS FOROLIVIENSIS ARCHIEPISCOPVS CONSENTINVS LEGATVS APOSTOLICVS AD LECTOREM DE ORBE NOVO.

Accipe non noti praeclara uolumina mundi
Oceani et magnas noscito, lector, opes.
Plurima debetur Typhis tibi gratia, gentes
Ignotas et aues qui uehis Orbe Nouo.
Magna quoque autori referenda est gratia nostro,
Qui facit haec cunctis regna uidenda locis.

[a]AVTOR

Siste pedem lector : breuibus compacta libellis
Haec lege, principibus uariis decimoque Leoni
Pontifici Summo inscripta. Hic noua multa uidebis,
Oceani magnas terras, uasta aequora, linguas
Hactenus ignotas atque aurea saecula nosces,
Et gentes nudas expertes seminis atri
Mortiferi nummi, gemmisque auroque feracem
Torrentem zonam. Parcat ueneranda uetustas![a]

4 a.-a. *C* : autor / accipito haec lector breuibus compacta libellis / principibus uariis scripta. hic noua multa uidebis / oceani ingentes terras uasta aequora linguas / hactenus ignotas atque aurea saecula nosces / et gentes nudas expertes seminis atri / mortiferi nummi populisque auroque feracem / torrentem zonam. parcat ueneranda uetustas. *A*.

PIERRE MARTYR D'ANGHIERA, DE MILAN, CONSEILLER DU ROY, PROTONOTAIRE APOSTOLIQUE, PREMIER LIVRE DE LA DÉCADE OCÉANE A ASCANIO SFORZA VISCONTI, CARDINAL ET VICE-CHANCELIER.

1. Les anciens, dans leur reconnaissance, avaient coutume de considérer comme des dieux ceux qui, grâce à leur esprit d'entreprise et à leur grand courage, découvraient des terres inconnues de leurs ancêtres. Mais nous, qui avons un Dieu unique que nous vénérons en trois personnes, si nous ne vénérons plus ces hommes, nous pouvons cependant continuer à les admirer. Rendons aussi hommage aux rois à l'instigation et sous les auspices desquels il a été permis à ces découvreurs de réaliser leurs projets ; célébrons les uns et les autres et rendons les illustres comme ils le méritent, dans la mesure de nos capacités.

2. Apprends donc ce qu'on rapporte à propos des îles, récemment découvertes, de la Mer Occidentale[1] et des auteurs de cet exploit. Puisque tu sembles dans tes lettres en éprouver le vif désir, j'ai l'intention de commencer au début même de l'aventure pour ne faire de tort à personne.

3. Christophe Colomb, un Ligure[2], proposa avec succès[3] aux Rois Catholiques Ferdinand et Isabelle de partir à la découverte des îles proches de l'Inde[4] par la route occidentale[5], à condition qu'ils lui fournissent des navires et le nécessaire à une expédition maritime ; grâce à la conquête de ces îles la religion chrétienne[6] augmenterait son emprise et il serait possible d'acquérir facilement et au-delà de toutes prévisions une abondante quantité de perles, d'épices et d'or[7]. Sur ses instances on lui accorda trois navires[8], payés sur le trésor royal : l'un était un vaisseau de transport ponté[9], les deux autres des vaisseaux de commerce légers non pontés que les Espagnols appellent caravelles[10]. Ayant

[a]PETRI MARTYRIS ANGLI MEDIOLANENSIS CONSILIARII REGII PROTONOTARII APOSTOLICI OCEANEAE DECADIS LIBER PRIMVS AD ASCANIVM SFORTIAM VICECOMITEM CARDINALEM VICECANCELLARIVM.[a]

1. [a]Solebat grata uetustas pro diis habere uiros quorum industria et animi magnitudine ignotae maioribus eorum terrae panderentur. Nobis autem qui deum habemus unicum sub triplici persona quem colamus, restat ut huiuscemodi genus hominum si non coluerimus, admiremur tamen. Reges uero obseruemus quorum ductu et auspiciis datum est illis cogitata perficere ; utrosque etiam extollamus et pro uiribus illustremus iuremerito.[a]

2. [a]Quare de insulis maris Occidui nuper repertis, et rei auctoribus quid referatur habeto. Hoc siquidem tuis litteris uehementer cupere uideris[b], ab ipsius ergo initio rei[c], ne sim cuiquam iniurius, exordiri est animus.[a]

3. [a]Christophorus Colonus quidam Ligur uir[a] [b]Fernando et Helisabethae, Regibus Catholicis[b] proposuit et suasit se ab occidente nostro finitimas Indiae insulas inuenturum, si nauigiis et rebus ad nauigationem attinentibus instruerent[c] ; a quibus augeri christiana religio, margaritarum, aromatum atque auri inopinata copia haberi facile posset. Instanti ex regio fisco destinata[d] sunt tria nauigia, unum onerarium caueatum[e], alia duo mercatoria leuia sine caueis[f], quae ab Hispanis carauelae uocantur. His

Titulus. a. — a. *H C* : petri martyris angli mediolanensis consiliarii regii prothono. apostolici oceanea decas prima ad ascanium sfortiam uicecomitem cardinalem uicecancellarium *A*.

1. a. — a. *C A* : de insulis in occiduo mari felicibus auspiciis ferdinandi et helysabeth hispaniarum et nostri maris insularum equa lance regum nuper inuentis quid perceperim accipito. hoc siquidem tuis litteris tantum cupere uideris ut tamen apertius omnia cognoscas a primordio rei ipsius exordiendum duxi *H*.

2. a. — a. *om. H* || b. uideris *C* : ostendis *A* || c. rei *om. C*.

3. a. — a. *C* : colonus quidam *transt. H* quidam *om. A* || b. — b. *C A* : regibus *H* || c. instruerent *C A* : illum armarent affirmans *H* || d. destinata *C A* : assignata *H* || e. caueatum *om. A* || f. sine caueis *om. A*.

pris possession de ces navires, Colomb quitta les rivages d'Espagne aux environs des calendes de septembre 1492 de notre ère[11] pour entreprendre le voyage projeté, accompagné de deux cent vingt Espagnols[12].

4. Les Iles Fortunées[13] – nombreux sont ceux qui les considèrent comme telles –, que les Espagnols appellent Canaries et qui ont été découvertes il y a longtemps, sont situées dans l'océan au large de Cadix, à mille deux cents milles[14] selon des calculs les marins : on dit en effet qu'elles sont à une distance de trois cents lieues, et les navigateurs expérimentés affirment qu'une lieue vaut quatre milles. Les anciens baptisèrent ces îles Fortunées en raison de la douceur de leur climat car les habitants n'ont à supporter ni rigueurs hivernales, ni brûlants étés. Certains estiment que les véritables îles Fortunées sont celles que les Portugais appellent îles du Cap-Vert, tandis que les Canaries ont été habitées jusqu'à nos jours d'hommes nus –, parce qu'elle sont situées au sud, hors du climat européen –, et vivant sans aucune religion. Colomb y aborda pour s'y approvisionner en eau et réparer les navires[15] avant de se lancer dans une aventure d'une telle difficulté.

5. Je pense qu'il ne te sera pas désagréable, puisque nous en venons à parler des Canaries, que nous racontions de quelle manière elles ont été découvertes et civilisées alors qu'elles étaient inconnues et sauvages : en effet de longs siècles avaient livré à l'oubli ces terres ignorées de tous. Ces sept îles, appelées Canaries, ont été découvertes par hasard aux environs de 1405 par un Français nommé Béthencourt et elles lui furent concédées par la reine Catalina, alors régente puisque son fils, le prince Juan, était encore tout enfant. Béthencourt s'y installa pendant quelques années, occupa et fit cultiver deux d'entre elles, Lanzarote et Fuerteventura. A sa mort, son héritier vendit les deux îles aux Espagnols. Puis Fernán Peraza et son

11. C'est-à-dire aux environs du premier septembre ; en fait, Colomb a quitté Palos le 3 août 1492, et après une escale aux Canaries il a pris le large le six septembre. Cf. C. Colomb, *op. cit.*, t. 1, 3 août et 6 septembre 1492.

habitis, ab Hispanis litoribus circiter Calendis Septembris anni secundi et nonagesimi supra quadringentesimum et millesimum a Nostra Salute[g] iter institutum cum uiris Hispanis circiter CCXX[h], Colonus cœpit.

4. A Gadibus, in alto Oceano Fortunatae, ut multi putant, insulae, quae ab Hispanis Canariae nuncupantur, iam pridem repertae[a], distant millia passuum mille et ducenta, secundum eorum rationem : dicunt enim distare tercentum leucas ; singulas autem leucas nauigationis periti quatuor millia passuum continere suis computationibus aiunt. Fortunatas insulas ob cœli temperiem appellauit antiquitas : neque enim grauis urget incolas[b] hiems, neque atrox aestas ; [c] sunt tamen qui eas uelint esse Fortunatas, quas Capitis Viridis insulas Portugalenses appellant, Canarias, ad haec usque tempora hominibus nudis, eo quod extra omne clima Europae ad meridiem, et sine ulla religione degentibus habitatas[c]. Colonus aquandi et reficiendarum nauium gratia, priusquam se tam duro labori crederet, adiuit.

5. Non insuaue futurum arbitror, quandoquidem in Canarias incidimus, si ex ignotis quomodo notae, si ex incultis quomodo cultae sint effectae narrauerimus : longa namque annorum curricula incognitas iam obliuioni tradiderant. Hae insulae septem[a], Canariae dictae, anno circiter millesimo CCCCV a Gallo[b] nomine Bethancor, ex concessione reginae Catherinae regis Ioannis filii sui dum infans esset tutricis[c], repertae forte fortuna fuerunt. Pedem ibi fixit per aliquot annos Bethancor, duasque ex illis occupauit ac redegit in cultum, Lancelotum et Fortem[d] Venturam. Eo mortuo, heres eius[e] Hispanis uiris pretio insulam utramque

3. g. a nostra salute *C A* : a salute mundi *H* || h. cum… ccxx *om. H.*

4. a. iam pridem repertae *C A* : nuper ab eis capte *H* || b. incolas *H C* : inaestas *A* || c. — c. *C* : has ad hec usque tempora hominibus nudis eo quod extra omne clima europe ad meridiem et sine ulla religione degentibus habitatas *H* eo quod extra omne clima europae ad meridiem sitae sint. sunt tamen qui eas uelint esse fortunatas quas capitis uiridis insulas portugalenses appellant. eas puto hesperidas esse medusaeas canarias ad haec usque tempora hominibus nudis et sine ulla religione degentibus habitatas *A.*

5. a. *post* septem *add.* quas alii nolunt esse sed eas quas caput uidide portugalenses appellant fortunatas *H* || b. *post* gallo *add.* errante tempestatibus acto reperte fortefortuna fuerunt nomine bethancor *H* || c. ex concessione… tutricis *om. H* || d. fortem *C A* : bonam *H* || e. eo … eius *C A* : patrie postmodum amore tactus *H.*

épouse s'emparèrent de Hierro et de Gomera, et à notre époque ce fut le tour des trois îles restantes : la Grande Canarie bien sûr, que conquirent Pedro de Vera, noble citoyen de Xerès, et Miguel de Moxica, et Palma et Tenerife dont Alfonso Lugo prit possession, mais aux frais des souverains. Gomera et Hierro furent soumises sans grand effort, tandis qu'Alfonso Lugo eut du mal à achever son entreprise : en effet le peuple nu de ces îles, qui habitait les forêts et utilisait pour combattre des pierres et des bâtons, mit un jour son armée en fuite et tua quatre cents hommes environ ; à la fin, il les vainquit. C'est ainsi que toutes les Canaries furent ajoutées à la puissance castillane.

6. Partant donc de ces îles, et suivant toujours le soleil couchant, bien qu'obliquant peu à peu vers le sud-ouest, Colomb navigua trente-trois jours consécutifs sans rien voir que le ciel et la mer. Ses compagnons espagnols commencèrent à murmurer, d'abord en secret. Bientôt ils l'accablèrent ouvertement de reproches et finalement envisageaient de le tuer ou de le jeter à la mer : ils avaient été trompés par le Ligure[16], entraînés dans un abîme d'où ils ne pourraient jamais revenir ! Après trente jours, emportés par la fureur, ils réclamaient à haute voix le retour, poussaient leur capitaine à ne pas aller plus avant ; mais lui, recourant tantôt à des paroles rassurantes, tantôt à l'évocation de magnifiques espérances, calmait les hommes en colère, gagnant chaque jour après l'autre. Il les menaçait aussi de les dénoncer, leur prédisait qu'ils seraient inévitablement punis pour trahison par leurs souverains si, dans leur hostilité, ils machinaient quelque chose contre lui et refusaient d'obéir[17]. Enfin ils ont la joie d'apercevoir au loin la forme espérée d'une terre[18].

7 . Lors de ce premier voyage Colomb ne découvrit que six îles, dont deux d'une grandeur inouïe : il appela l'une d'elles Hispaniola, l'autre Juana, mais ne put établir avec certitude que Juana fût une île[19]. Alors qu'ils longeaient le rivage de ces îles ils entendirent chanter le rossignol dans les taillis épais, bien qu'on fût en novembre. Colomb découvre d'immenses fleuves

16. Cette épithète contient l'origine de bien des problèmes que rencontra Colomb : certains Espagnols, notamment les nobles du second voyage, ne se soumirent jamais que de mauvaise grâce aux ordres de l'étranger qu'était le Gênois à leurs yeux.

praebuit. Fernandus dehinc Perazia[f] et uxor eius Ferream et Gomeram inuaserunt, nostris[g] temporibus tres reliquas, Canariam Magnam scilicet Petrus de Vera nobilis Xericii ciuis et Michael de Moxica[h], Palmam autem et Teneriphem Alfonsus Lugo, sed impensa regia. Gomeria deinde ac Ferrea non cum magno labore subditae sunt, [i]sed Alfonsus Lugo duriuscule rem perfecit[i] : gens enim illa nuda, siluestris, saxis et fustibus bella gerens, semel eius exercitum fugauit trucidauitque circiter quadringentos ; tandem eos[j] deuicit. Ita Canariae omnes ad Castellanam additae sunt potentiam.

6. Ab[a] his igitur insulis Colonus occidentem solem semper secutus, licet in leuam paulisper[b], tres et triginta continuos[c] dies [d]caelo tantum et aqua contentus nauigauit.[d] Hispani comites murmurare primum secreto[e] cœperunt. Apertis mox[f] conuiciis urgere, de perimendo cogitare demum uel in mare proiiciendo consulebatur : se deceptos fuisse ab homine Ligure, in praeceps trahi qua numquam redire licebit. Post trigesimum iam diem furore perciti proclamabant ut reducerentur, ne ulterius procederet stimulabant hominem ; ipse uero blandis modo uerbis, ampla spe modo, diem ex die protrahens, iratos mulcebat[g]. Deposcebat[h], proditione quoque, taxandos esse a regibus, si aduersi quicquam in eum molirentur, si parere recusarent praedicabat[d]. Optatum tandem[i] terrae prospectum laeti suscipiunt.

7. Patefecit[a] nauigatione hac prima sex tantum insulas, atque ex iis duas inauditae magnitudinis, quarum alteram Hispaniolam, Ioannam alteram uocauit[b], sed Ioannam esse insulam non pro certo habuit. Illarum quarundam litora cum abraderent[c], cantantem inter condensa nemora philomenam mense Nouembri audierunt. Dulcium aquarum ingentia flumina,

5. f. perazia *H* : peraria *C A* || g. *post* nostris *add.* uero *H* || h. petrus... moxica *om. H* || i. — i. *C A* : scilicet palmam et teneriphem alphonsus lugo licet duriuscule *H* || j. eos *om. H.*

6. a. ab *C A* : ex *H* || b. *post* paulisper *add.* ut ipse michi post reditum saepenumero haec auide scrutanti retulit *H* || c. *post* continuos *add.* cum suis noctibus *H* || d. — d. *om. H* || e. secreto *C* : tacite *A* || f. apertis mox *C* : *transp. A* || g. *post* mulcebat *distinxi* : *post* depascebat *dist. CA* || h. deposcebat *ego* : depascebat *C A* || i. *post* tandem *add.* ex altiori cauea *H.*

7. a. patefecit *C A* : detexit *H* || b. uocauit *A* : uocitauit *C* || c. abraderent *C A* : -ret *H* ||

d'eau douce et des ports naturels assez vastes pour accueillir des flottes nombreuses. Longeant les côtes de Juana du nord vers l'ouest, suivant un littoral rectiligne, il parcourt presque huit cents milles : on rapporte en effet qu'au bout de cent quatre-vingt lieues[20], estimant qu'il s'agissait d'un continent parce que n'apparaissaient sur l'île, ni cap, ni la moindre indication d'un cap aussi loin que portait la vue, il décida de faire marche arrière. De plus une mer agitée le contraignit à revenir, car les navires, soumis au mauvais temps, subissaient les rudes assauts du vent du nord – en effet les côtes de Joanna, extrêmement découpées, sont orientées au nord et ne s'incurvent que dans cette direction.

8. Tournant donc la proue de ses navires vers l'orient il trouva, à ce qu'il rapporte, l'île d'Ophir[21] ; mais après un examen attentif du tracé établi par les cosmographes, ces îles et celles qui les jouxtent s'avèrent être les Antilles[22]. Il appela l'île découverte Hispaniola et l'approchait par le nord, désirant examiner la nature des lieux, quand le plus grand des navires se brise et s'ouvre, puis s'immobilise sur une roche plate et dissimulée, recouverte par les eaux[23]. La surface plane du rocher immergé sauva nos hommes de la noyade ; on se hâte d'emmener tous les marins sains et saufs sur les deux navires restants[24].

9. Quand ils eurent débarqué en ce lieu ils virent pour la première fois des indigènes qui, après avoir regardé s'approcher ces hommes inconnus, se rassemblent et battent tous en retraite vers les taillis épais, fuyant comme des lièvres craintifs devant les lévriers. Nos hommes, lancés à la poursuite de cette foule, ne capturent qu'une femme ; quand ils l'eurent amenée aux navires, qu'ils lui eurent donné en abondance des mets de nos contrées et du vin, et qu'ils l'eurent parée de vêtements – dans ce pays en effet tous les habitants des deux sexes vivent totalement nus, satisfaits de la seule nature –, ils la libérèrent. La femme s'en alla aussitôt vers les siens car elle savait où leur fuite les avait menés, et quand elle leur eut montré que la parure des nôtres était aussi admirable que leur générosité, tous rivalisent de vitesse pour accourir au rivage : ils pensent que ces hommes sont venus du ciel. Ils nagent jusqu'aux navires et apportent de l'or, dont ils possédaient une petite quantité, et ils échangeaient cet or contre des tessons d'argile ou des fragments de coupes de verre. Si les nôtres présentaient une cuiller, un grelot, un morceau de miroir ou quelque

natiuos portus magnarum classium capaces adinuenit. Ioannae litora lambens ad occidentem a septentrione recto latere non multo minus octingentis millibus passuum percurrit : aiunt enim centum et octoginta leucas, continentem arbitratus, quod neque terminus[d] neque termini ullius signum in insula, quantum oculis prospectus inseruiebat, appareret, retrocedere instituit. Redire etiam illum pelagi tumores coegerunt, nam Ioannae litora per uarios inflexus tantum iam ad septentrionem se uertebant et curuabantur, quod Boreales flatus naues acrius infestarent, quoniam hiems uigebat[e].

8. Ad orientem igitur proras uertens Ophyram insulam sese reperisse refert, sed cosmographorum tractu diligenter considerato, Antiliae insulae sunt illae et adiacentes aliae. Hanc Hispaniolam appellauit ; in cuius septentrionali[a] latere, temptare locorum naturam cupiens, terræ appropinquabat, cum in planam quamdam et cæcam rupem aquis coopertam carina grandioris nauis incidens aperitur et perstat. Saxi latentis planicies fuit illis ne submergerentur adiumento ; cum reliquis igitur duabus properantes[b] uiros omnes incolumes educunt.

9. Ibi primum, ad terram egressi, homines indigenas uiderunt, qui uenientem[a] inauditam gentem conspicati facto agmine in condensa nemora omnes ueluti a canibus Gallicis timidi lepores sese fugientes recipiunt. Nostri multitudinem insecuti mulierem tantum capiunt ; hanc cum ad naues perduxissent, nostris cibis et uino bene saturatam atque ornatam uestibus, nam ea gens omnis utriusque sexus nuda penitus uitam ducit, natura contenta, solutam reliquerunt. Quom[b] primum ad suos mulier concessit- sciebat enim illa quo fugientes diuerterent- ostendissetque mirum esse nostrorum ornatum et liberalitatem, omnes ad litora certatim concurrunt. Gentem esse missam e caelo autumant. Aurum cuius erat apud illos aliqua copia ad naues natando portant pro frusto aut paropsidis[c] fictilis, aut uitrei crateris aurum commutabant[d]. Si ligulam, si tintinabulum, si speculi fragmentum, si quicquam aliud

7. d. terminus *C A* : -num *H* || e. uigebat *C A* : urgebat *H*.

8. a. septentrionali *H C* : -ale *A* || b. properantes *C A* : accurrentes *H*.

9. a. uenientem *C A* : applicantem *H* || b. quom *H C* : quam *A* || c. paropsidis *C A* : parapsidis *H* || d. commutabant *C A* : permutabant *H* ||

autre chose de ce genre, ces indigènes offraient autant d'or que nos hommes en demandaient ou autant que chacun en possédait. Quand l'affaire en fut déjà venue d'elle-même à un commerce familier et que nos hommes se furent informés des mœurs des populations, ils comprirent par des signes et des suppositions que ce peuple avait des princes.[25]

10. Lorsqu'ils débarquent, nos hommes sont reçus avec tous les honneurs par le prince et les autres indigènes. Ceux-ci les honoraient autant qu'ils pouvaient et savaient le faire. Au coucher du soleil, quand les nôtres, à l'heure de l'angélus, s'agenouillaient selon le rituel chrétien, ils faisaient de même. Ils vénéraient la Croix comme ils le voyaient faire aux chrétiens. C'est ainsi que ce peuple aida à sortir du navire, dont nous avons dit plus haut qu'il avait heurté un rocher, les hommes et tout ce qui était à bord pour les mener à terre, avec rapidité et bonne humeur, dans des barques qu'ils appellent canoës. Emus, ils accourent à l'aide avec la même sollicitude qu'auraient, chez nous, des voisins entre eux.

11. Quant à ces canoës, qui sont longs et étroits, les insulaires les fabriquent à partir d'une seule pièce de bois qu'ils creusent au moyen de pierres très tranchantes : c'est pourquoi nous les appellerons monoxyles. Nombreux sont ceux qui affirment, pour l'avoir vu, que certains canoës ont une capacité de quatre-vingts rameurs. Les insulaires ignorent tout de l'usage du fer. C'est pourquoi la manière dont ils construisent soit leurs maisons, dont nos hommes ont observé qu'elles étaient édifiées avec une remarquable ingéniosité, soit d'autres objets destinés à leur usage emplit les nôtres d'une extrême admiration ; on a constaté que certaines pierres très dures du fleuve, taillées en pointe, sont leurs seuls outils.

12. Les Espagnols apprirent que non loin de ces îles se trouvent celles de certains sauvages qui se nourrissent de chair humaine ; c'est pourquoi les insulaires avaient fui avec un tel effroi à l'arrivée des nôtres, comme ils l'avouèrent ensuite : ils les avaient pris pour des Cannibales[26]. C'est ainsi qu'ils appellent ces êtres redoutables, nommés aussi Caraïbes. Nos hommes ont dépassé les îles de ces êtres infâmes au milieu environ du parcours qu'ils effectuèrent vers le sud pour atteindre ces îles-ci. Les hommes doux qui les habitent se plaignent de ce que leurs terres soient attaquées sans cesse par les Cannibales qui viennent fréquemment y chercher leurs proies à la manière des chasseurs qui, dans les bois, traquent le gibier par la force et par la ruse. Les Cannibales s'emparent des enfants de cette île comme

simile nostri impartiebantur[e], tantum auri quantum petere libebat, aut unusquisque eorum assequebatur, exhibebant. Cum iam res ipsa ad familiare commercium deuenisset, et gentium mores nostri perquirerent, reges habere gentem illam per signa et coniecturas cognouerunt.

10. E nauibus descendentes nostri a Rege et reliquis indigenis honorifice recipiuntur. Nostris omnibus quibus poterant et sciebant modis assurgebant. Sole ad occasum uergente nostris, dato salutationis angelicae signo, genua Christiano ritu flectentibus, itidem illi faciebant. Crucem quocumque modo Christianos colere conspicerent adorabant. Ex naui quam saxo illisam diximus, nostros homines et quicquid in ea uehebatur ita celeriter atque animo laeto gens illa in terram suis linthribus quas canoas uocant eduxerunt. Quod affines affinibus apud nos nulli maiore misericordia tacti succurrant.

11. Canoas autem illas ex solo cauato acutissimis lapidibus ligno, longas sed angustas construunt, [a]monoxyla propterea esse dicemus[a]. Octoginta remigum capaces plerasque se uidisse multi affirmant. Vsus ferri apud eos nullus inuenitur. Propterea quomodo siue domos quas mira arte laboratas uidebant, siue alia quaecumque ad eorum usum pertinentia fabricarent, maxima nostros detinuit admiratio, sed ex fluuialibus quibusdam durissimis lapidibus praeacutis omnia apud illos diduci certum est.

12. Esse non longe ab illis insulis quorumdam ferorum hominum insulas, qui carnibus humanis uescantur, fama didicere ; [a]id esse causae quod ita trepidi aduentantes nostros confugerent, postea retulerunt, Canibales arbitrati. Sic truculentos illos siue Caribes uocant[a]. Horum obscœnorum insulas itinere fere in medio ad has insulas ad meridiem reliquere. Suas insulas ii mites a Canibalibus non aliter incursionibus crebris uexari[b] perpetuo ad praedam conqueruntur, atque per nemora uenatores per uim et per insidias feras[c] insectantur. Quos pueros capiunt ut nos pullos[d]

9. e. nostri impartiebantur *C A* : a nostris impartiebatur *H.*

11. a. — a. *om. H.*

12. a. — a. *C A* : canibales sic truculentos illos uocant arbitrati *H* || b. uexari *C A* : infestari *H* || c. *post* uenatores *transp.* feras *H* || d. pullos *C A* : paruulos *H.*

nous des petits poulets ou des porcs que nous voulons rendre plus gros et plus tendres pour les manger. Ils les châtrent et les dévorent quand ils sont devenus assez grands et gras. Mais quand tombent entre leurs mains des hommes déjà adultes, ils les coupent en morceaux après les avoir tués, mangent fraîches les entrailles et les extrémités des membres et gardent pour plus tard les membres conservés dans le sel, tout comme nous gardons les jambons. Il est interdit et infâme, chez ces hommes, de manger les femmes ; mais s'ils en attrapent de jeunes ils les élèvent et les gardent pour la reproduction, comme nous le faisons pour les poules, les brebis, les génisses et autres animaux ; quant aux femmes âgées, ils les gardent comme esclaves, pour effectuer des travaux. Lorsqu'ils apprennent l'arrivée des Cannibales, les hommes comme les femmes des îles que nous pouvons désormais appeler nôtres n'ont d'autre salut que la fuite. Bien qu'ils connaissent l'usage de flèches de roseau taillées en pointe, ils ont cependant compris qu'elles ne sont pas très utiles pour repousser les Cannibales, forts et violents : en effet, si dix de ceux-ci attaquent une centaine d'hommes d'un autre peuple, tous les indigènes reconnaissent que ces derniers seront vaincus sans difficulté.[27]

13. Des cultes pratiqués par l'un et l'autre peuple, à l'exception de celui du ciel et des astres, on n'a encore aucune connaissance certaine. Quant aux autres coutumes, la brièveté du séjour de nos hommes et le manque d'interprètes n'ont pas permis d'en être mieux informé.

14. Ces hommes doux se nourrissent de racines semblables à nos navets par leur taille et leur forme, et à la chataîgne par leur douce saveur. Ils les appellent ignames[28]. Il existe aussi une autre sorte de racine, appelée manioc[29], à partir de laquelle ils font même du pain. Ils consomment les ignames grillés ou bouillis plus qu'ils ne les utilisent pour la confection du pain. Quant au yucca, après l'avoir coupé en morceaux puis pressé, car c'est une plante pleine de suc, ils le pilent et le cuisent en galettes. Mais voici le plus étonnant : ils affirment que le suc du *manioc* est plus mortel que l'aconit ; celui qui en boit meurt aussitôt ; mais tous savent, par expérience, que le pain que l'on prépare avec la pulpe de cette plante est un aliment plein de qualités et bon pour la santé. Ils font aussi du pain avec une sorte de millet, assez semblable à celui qu'on trouve en abondance sur le territoire des Insubriens et des Espagnols de Grenade. L'épi de cette plante mesure plus d'une paume[30] et a une forme conique ; il est presque aussi épais qu'un bras. La nature

gallinaceos, aut porcos quos ad obsonia uolumus pinguiores et teneriores educare, castrant, grandiores et pingues effectos comedunt. Aetate autem iam matura[e] cum ad eorum manus perueniunt, peremptos partiuntur ; intestina et[f] extremas membrorum partes recentes epulantur, membra sale condita[g], ut nos pernas suillas[h] in tempora seruant. Mulieres comedere apud eos nefas est et obscœnum ; si uero quas assequuntur iuuenes ad sobolem procreandam, non aliter atque nos gallinas, oues, iuuencas et cetera[i] animalia, curant et custodiunt ; uetulas ad obsequia praestanda pro seruis habent. Insularum, quas nostras iam possumus appellare, tam uiri quam feminae, cum Canibales aduentare praesentiunt, aliam quam fuga salutem nullam[j] inueniunt. Sagittis arundineis præacutis licet utantur, ad Canibalium tamen uim et furores reprimendos parum prodesse comperere : decem enim Canibales centum ex aliis facile, si concurrant, superaturos omnes indigenae[k] fatentur.

13. Quid utraque gens praeter caelum atque eius lumina adoret, non satis exploratum habuerunt. De reliquis insularium moribus breuitas temporis atque interpretum inopia plura noscere non permiserunt.

14. Radicibus ii mites nostris napis et magnitudine et forma, sed gustu dulci, castaneae tenerae adhuc similibus ad cibum utuntur. Has ages uocant ipsi. [a]Est et aliud radicis genus, quam iuccam appellant ; ex hac et panem conficiunt. Agibus uero magis assis aut elixis utuntur quam ad usum conficiendi panis. Iuccam uero sectam et compressam – succosa namque est – pinsunt et in placentas coquunt. Sed mirum hoc : aconito lethaliorem esse aiunt iuccae succum ; qui epotus illico perimit ; panem autem ex eius massa sapidum et salubrem esse omnes experti sunt[a]. Panem et ex frumento quodam panico, cuius est apud Insubres et Granatenses Hispanos maxima copia non magno discrimine, conficiunt. Est huius panicula[b] longior spitama in acutum tendens, lacerti fere crassitudine ; grana miro

12. e. *post* matura *add.* statim *H* || f. et *om.* *H* || g. membra sale condita *C A* : partim sale conditos *H* || h. suillas *C A* : suinas *H* || i. cetera *C A* : -rea *H* || j. *ante* aliam *transp.* nullam *H* || k. indigenae *A* : indiginae *C* indigine *H.*
14. a. — a. *om.* *H* || b. panicula *C A* : mappa *H.*

en a assemblé les grains selon un ordre prodigieux ; ils rivalisent avec le pois par leur forme et leur chair ; ils sont blancs quand ils ne sont pas mûrs et deviennent très foncés quand ils mûrissent ; pilés, ils sont plus blancs que neige. On appelle maïs cette espèce de graminée.

15. On trouve aussi chez ces hommes de l'or, auquel ils accordent une certaine valeur car ils le portent, étiré en fines lamelles, aux lobes des oreilles et aux narines, qu'ils percent à cet effet. Cependant, comme aucun marchand ne vient chez eux faire du commerce, et puisqu'on savait qu'ils ne connaissent pas d'autres rivages que les leurs, nos hommes commencèrent à demander, par signes, d'où venait cet or ; et pour autant qu'ils purent le comprendre par signes, on le ramasse sans grand-peine dans le sable que les fleuves charrient du haut des montagnes. Avant de le façonner en petites perles ils l'étirent en fines lamelles ; mais on n'en trouvait pas dans la partie de l'île en possession du prince que nous avons mentionné, ce que montra la suite des événements. En effet, alors que les nôtres s'étaient éloignés de cet endroit et avaient gagné l'intérieur de l'île pour faire provision d'eau et pêcher, ils trouvèrent par hasard un fleuve dont le sable, à ce qu'ils purent voir, était mêlé d'une grande quantité d'or.

16. Nos hommes disent n'avoir vu aucun quadrupède à l'exception de trois espèces de lapins. Les îles abritent des serpents, mais ils sont peu dangereux. Les nôtres découvrirent des oies sauvages, des tourterelles, des canards plus grands que les nôtres, blancs comme des cygnes et à tête pourpre. Ils ramenèrent des perroquets dont les uns étaient verts, d'autres tout jaunes, d'autres encore semblables aux perroquets des Indes tels que les décrit Pline[31], avec un collier rouge vif, quarante en tout, mais de couleurs très vives et très gaies. Ils ont les ailes multicolores : certains les ont bleu sombre et pourpres, mêlées de plumes vertes et jaunes ; cette variété est plaisante à voir.

17. Si j'ai tenu à produire ces informations au sujet des perroquets, Prince Illustrissime, c'est parce que, bien que l'opinion de ce Christophe Colomb paraisse en contradiction avec la grandeur de la terre et avec l'avis des anciens sur la circumnavigation du monde[32], les perroquets ramenés de là-bas et de nombreux autres spécimens indiquent cependant que ces îles ont un milieu naturel semblable à celui de l'Inde, soit par proximité, soit par ressemblance. A cela s'ajoutent surtout l'opinion qu'Aristote exprima à la fin du livre qu'il consacra au ciel et au monde[33], celle de

ordine a natura confixa ; forma et corpore pisum legumen aemulantur ; albent acerba, ubi maturuerunt[c] nigerrima efficiuntur ; fracta candore niuem exuperant : maizium id frumenti genus appellant[d].

15. Et[a] est apud eos aurum, alicuius aestimationis nam auricularum torulis et naribus perforatis insertum in tenuissimas diductum laminas ferunt. Cum tamen neque ad eos commeare mercatores, nec ipsos alia litora noscere praeter sua nostri didicissent, quaerere ab eis per signa cœperunt, unde sibi id aurum compararent ; quantum signis colligere licuit, ex fluuiorum arenis ab altis montibus collabentibus id neque magno labore lectum. In pillulas priusquam diduceretur, in laminas astringebant, non tamen in ea insulae parte quam Rex ille tenebat, quod postea patuit experimento ; nam cum inde iam discessissent forte in flumen[b] inciderunt[c] cuius arenam multo auro mixtam esse cum in terram aquandi et piscandi gratia exilissent[d], perpenderunt.

16. Nullum animal quadrupes se uidisse dicunt, praeterquam tria genera cuniculorum[a]. Serpentes[b] insulæ nutriunt, sed minime noxios. Anseres siluestres, turtures, anates nostris grandiores et cigneo candore, capite purpureo repererunt. Psittacos quorum alii uirides erant, alii flaui toto corpore, alii similes Indicis torquati minio, uti Plinius ait, quadraginta tulerunt, sed coloribus uiuacissimis et laetis maximopere. Alas habent uersicolores : uiridibus enim et flauis pennis quasdam habent ceruleas et purpureas mixtas ; quae uarietas[c] parit delectationem.

17. Haec uolui de psittacis, Illustrissime Princeps, recitasse, quoniam quamuis huius Christophori Coloni opinio magnitudini spherae et opinioni ueterum de subnauigabili orbe uideatur aduersari, psittaci tamen inde asportati atque alia multa uel propinquitate, uel natura solum Indicum has insulas sapere indicant, cum praecipue Aristoteles[a] circa finem libri de caelo et mundo,

14. c. maturuerunt *C A* : matueurrunt *A* || d. maizium... appellant *om. H.*

15. a. et *om. H* || b. *post* flumen *add.* quoddam latitudinis immense *H* || c. inciderunt *H A* : iuciderunt *C* || d. exilissent *C A* exiliissent *H.*

16. a. cuniculorum *C A* : cuuiculorum *H* || b. *post* serpentes *add.* et magnitudine et numero admirabiles *H* || c. *post* uarietas *add.* maximam *H.*

17. a. aristoteles *C A* : -tiles *H.*

Sénèque[34] et celle d'autres encore, experts en cosmographie, qui affirment qu'en allant vers l'ouest les rivages des Indes ne sont pas, par mer, à une longue distance de l'Espagne.

18. Le mastic, l'aloès[35], le gossapin[36] et d'autres végétaux de ce genre, voilà ce que cette terre produit d'elle-même en grande quantité. C'est sur les arbres qu'on cueille la matière textile, comme chez les Sères[37]. Nos hommes ont rapporté des graines ridées[38], de couleur variée, plus épicées que le poivre du Caucase, des branches d'arbres coupées semblables par l'aspect à la cinnamome, mais par le goût et l'odorat à l'âcre gingembre, qu'il s'agisse de leur moëlle ou de leur écorce.

19. Satisfait donc de ces signes qui indiquaient la découverte d'une terre nouvelle et d'un continent dont on n'avait jamais entendu parler[39], décidant de rentrer en raison de l'approche du printemps européen, qui favorisait le voyage de retour par un souffle permanent des Zéphyrs, Colomb laissa auprès du prince dont nous avons parlé plus haut trente-huit hommes pour étudier les lieux et les saisons en attendant son retour. Ce prince était appelé Guacanari par les habitants, et, après avoir contracté avec lui un pacte d'amitié privé, Colomb s'occupa de la survie, du salut et de la protection de ceux qu'il laissait là, autant qu'il pouvait le faire. On vit le prince verser des larmes, plein de pitié pour les nôtres à l'idée qu'ils allaient être abandonnés sur des terres étrangères, et il promit tout son appui. Ainsi, après qu'ils se sont embrassés, Colomb ordonne de mettre à la voile pour revenir en Espagne. Il emmena avec lui dix hommes de là-bas grâce auxquels il était sûr que la langue de toutes ces îles pourrait être transcrite en lettres latines, sans qu'il y ait de difficulté : en effet ils nomment le ciel *turei*, la maison *boa*, l'or *cauni*, l'homme bon *tayno*[40], et « rien » se dit *mayani*. Quant aux autres mots, ils ne les prononcent pas moins distinctement que nous, nos termes latins. Tu as ici ce que j'ai jugé digne d'être rapporté au sujet de la première expédition maritime de Colomb.

20. Lorsqu'ils entendent ces récits, le roi et la reine dont toutes les pensées, même dans leur sommeil, se rapportent à l'extension de notre religion, commencent à espérer pouvoir attirer à la Loi du Christ les peuples simples de si nombreuses nations[41] et ils en sont bouleversés. A son arrivée ils comblent Colomb d'honneurs,

Seneca et alii non ignari cosmographiae ab Hispania Indica litora per occidentem non longo maris tractu distare attestentur.

18. Masticis, aloes[a], gossampii[b] atque aliarum huiuscemodi rerum copiam suapte natura tellus illa producit. Ex arboribus, uelut apud Seres, uellera colliguntur. Grana quaedam rugosa diuersorum colorum caucaseo pipere acutiora, ramalia etiam[c] ex concisis arboribus cynamomi forma, gustu autem et odore acrem singiuerim[d] et medulla et superiore libro imitantia tulerunt.

19. His igitur inuentae nouae telluris et inauditi alterius terrarum orbis signis contentus, prospero reditu, flantibus Zephyris iam[a] propter uer nostrum[b] propinquum, redire constituens[c], octo et triginta uiros apud eum[d] Regem de quo supra memorauimus reliquit[e], qui locorum et temporum naturam donec ipse reuerteretur inquirerent. Is Rex ab incolis dicebatur Guaccanarillus ; cum quo icto singularis amicitiae fœdere, de uita et salute ac tutela eorum quos ibi relinquebat, quibus potuit modis, egit. Misericordia contactus Rex erga nostros, quod alienis terris defererentur, lacrymas effudisse uisus est, atque omnem opem pollicitus. Sic alter alterum complexi ad Hispaniam Colonus rediturus uela dari imperat, secum decem uiros ex illis abducens[f] a quibus posse omnium illarum insularum linguam nostris litteris latinis sine ullo discrimine scribi compertum est. Vocant enim caelum turei, domum boa, aurum cauni, uirum bonum taino, nihil mayani. Reliquaue omnia uocabula non minus liquide proferunt atque nos latina nostra. Haec habes quae de prima eius nauigatione memoratu digna existimauerim.

20. Rex autem et regina quorum omnes cogitatus, uel dormientium, in religionis nostrae augmento sunt siti, sperantes ad Christi legem[a] tot nationes et simplices gentes facile trahi posse iis[b] auditis commouentur. Colonum aduenientem honorifice,

18. a. aloes *C A* : alois *H* || b. gossampii *C A* : bombicis *H ut semper* || c. etiam *C A* : et *H* || d. acrem singiuerim *C A* : acrum zinziber *H*.

19. a. iam *om. C* || b. nostrum *om. A* || c. constituens *H C* : constituit *A* || d. eum *H A* : cum *C* || e. reliquit *C A* : reliquid *H* || f. abducens *H C* abduxit *A*.

20. a. christi legem *C A* : christianum cultum *H* || b. *post* iis *add.* rebus non a colono solum sed a suismet accolis qui supra ducentos cum illo talem tamquam dubiam prouinciam fuerant aggressi *H*.

comme il le méritait pour des exploits si audacieux. Ils le firent asseoir en leur présence au vu de tous, ce qui est chez les rois d'Espagne la plus grande marque d'affection, de gratitude et de suprême respect. Puis ils le font nommer amiral[42] ; on l'appelle, en Espagne, *almirante* Colomb. Quant à son frère, Bartolomé Colomb, lui aussi habile navigateur, les souverains lui décernèrent le titre de gouverneur colonial d'Hispaniola[43]. On appelle couramment ce magistrat l'*adelantado* : aussi appellerai-je souvent de leurs noms courants, de propos délibéré, l'Amiral, l'Adelantado, les navires, pour lesquels j'utiliserai les noms actuels, et d'autres choses de ce genre, afin d'être mieux compris.

21. Revenons maintenant à notre sujet : on crut, comme le promettait au début Colomb lui-même, désormais amiral, que l'on tirerait de ces îles les très grands profits que nous, mortels, recherchons de toutes nos forces. Ainsi, doublement motivés, les deux très vénérables souverains, égaux dans le pouvoir, donnent l'ordre de préparer dix-sept navires pour la seconde expédition : trois grands vaisseaux de transport à cale ventrue, douze vaisseaux de la sorte qu'on appelle chez les Espagnols, comme je l'ai déjà expliqué, des caravelles, non pontés et deux autres de la même espèce, un peu plus grands et pourvus d'une cale, ce que permet la grandeur de leur mâts. Ils confient le soin de préparer cette flotte à Juan de Fonseca, homme de haute naissance, archidiacre de Séville et doué d'un grand cœur comme d'une grande intelligence. Ils commandent l'embarquement de plus de mille deux cents fantassins armés au nombre desquels ils font venir, contre salaire, des ouvriers mécaniciens de toute sorte et d'innombrables artisans. Ils ajoutent des cavaliers aux autres soldats. L'Amiral fait réunir, pour qu'elles se reproduisent, des juments, des brebis, des génisses et plusieurs autres animaux femelles avec les mâles de leur espèce, des légumes, du froment, de l'orge et d'autres plantes du même genre non seulement pour se nourrir mais aussi pour planter. Nos hommes emportent vers ce pays des plants de vigne et des boutures d'arbres de chez nous qui n'existent pas là-bas, car ils n'ont trouvé dans ces îles aucun arbre connu à l'exception du pin, de palmiers, d'arbres très hauts, étonnamment durs, élevés et droits, ce qui est dû au climat très

uti pro talibus ausis merebatur, tractant. Sedere illum coram se[c] publice – quod est maximum apud Reges Hispanos amoris et gratitudinis supremi obsequii signum – fecerunt. Praefectum Marinum[d] uocari deinceps Colonum imperant. Is Almirantus Colonus[e] apud Hispanos nuncupatur. Fratrem etiam ipsius, Bartholomeum Colonum, rei marinae et ipsum peritum, praefecturae insulae Hispaniolae titulo ornarunt. Hunc magistratum uulgo Adelantatum appellant. Almirantum igitur et Adelantatum ac nauigiorum praesentia nomina, cetera etiam huiuscemodi data opera, suis aliquando uulgaribus appellabo nominibus, quo apertius intelligar[f].

21. Nunc ad institutum redeamus[a]. Ex insulis[b] uti in initio Colonus ipse iam Praefectus Marinus pollicebatur, maxima eorum, quae mortales omnes totis uiribus sequimur commoda prouentura, creditum est. Duabus igitur his causis commoti sanctissimi hi duo consortes XVII ad secundam expeditionem nauigia parari iubent : tria oneraria caueata magna, XII id genus nauium quas dici apud Hispanos carauelas scripsimus sine caueis. Eiusdem generis[c] duas aliquanto grandiores atque ad sustinendas caueas propter malorum magnitudinem aptas[d]. Huius classis parandae curam Ioanni Fonsecae, uiro genere nobili, Decano Hispalensi, ingenio atque animo pollenti, tradunt[e]. Vltra ducentos et mille armatos pedites illi imperant conduci, inter quos omnium mecanicarum artium fabros et opifices innumeros stipendio accersiri iubent. Equites quosdam ceteris armatis immiscent. Ad fœtus procreandos equas, oues, iuuencas et plura alia cum sui generis masculis, legumina, triticum, hordeum et reliqua iis[f] similia non solum alimenti uerum etiam seminandi gratia Praefectus apparat. Vites et aliarum nostratium arborum plantaria quibus terra illa caret, ad eam important ; nullas enim apud eas insulas notas arbores inuenere praeter pinus, palmasque[g] et eas altissimas ac mirae duriciei et proceritatis ac rectitudinis propter soli

20. c. se *om. H* || d. marinum *C A* : maritimum *H ut semper* || e. almirantus colonus *C A* : admiratus *H* || f. fratrem... intelligar *om. H.*

21. a. nunc... redeamus *om. H* || b. *post* insulis *add.* praeterea *H* || c. generis *C A* : genus *H* || d. aptas *C A* : abiles *H* || e. huius... tradunt *om. H* || f. iis *H C* : sis *A* || g. palmasque *C A* : et palmas *H.*

ensoleillé, et de plusieurs autres arbres qui produisent des fruits inconnus. On dit que c'est la terre la plus féconde de toutes celles autour desquelles tournent les astres. C'est Colomb qui ordonne à chaque ouvrier de fabriquer tous les outils et tout le nécessaire pour fonder une cité nouvelle sur des terres étrangères. Parmi les fidèles courtisans du roi, plusieurs s'engagèrent de leur propre mouvement dans cette expédition maritime, poussés par l'attrait de la nouveauté et le prestige de l'Amiral[44].

22. Donc le septième jour avant les calendes d'octobre de l'année 1493 de notre ère[45], Colomb quitta Cadix avec des vents favorables. Ses hommes et lui atteignirent les Iles Fortunées aux calendes d'octobre[46], et débarquèrent sur la dernière d'entre elles, que les Espagnols appellent Hierro ; il n'y a pas d'autre liquide potable que la sève d'un arbre unique poussant au sommet de l'arête rocheuse de l'île, qui coule goutte à goutte dans une cavité creusée par la main humaine[47]. Quittant cette île, il commence à tendre ses voiles pour gagner le large le troisième jour avant les ides du même mois[48]. Ces informations nous ont été rapportées peu de jours après son départ ; tu apprendras tout ce qui suivra. Porte-toi bien. De la cour d'Espagne, le jour des ides de novembre 1493[49].

45. C'est-à-dire le 25 septembre 1492.

46. C'est-à-dire le premier octobre 1493.

47. L'arbre dont il est question est selon E. Charton l'arbre saint ou arbre qui pleure, qui pousse sur l'île de Fer, dans les Canaries. Cf. E. Charton, *Voyageurs anciens et modernes*, t. 3, Paris, 1855, p. 142.

48. C'est-à-dire le 13 octobre 1493.

49. C'est-à-dire le 13 novembre 1493.

ubertatem, atque etiam ignotos fructus alias plures procreantes. Terram aiunt esse terrarum omnium, quas ambiunt sidera, uberrimam[h]. Instrumenta omnia fabrilia ac demum alia cuncta quae ad nouam ciuitatem in alienis regionibus condendam faciunt, unicuique artifici imperat. Ex fidis regiis clientibus plures hanc nauigationem et rerum nouarum studio et Praefecti autoritate promoti[i] sua sponte aggressi sunt.

22. Secundis igitur uelis VII[a] Calendas Octobris anni III[b] et nonagesimi supra quadringentesimum et millesimum a Salute Nostra a Gadibus mouit. Fortunatas in Calendis Octobris tetigere ex Fortunatis ultima, dicitur ab Hispanis Ferrea, in qua nulla est alia potabilis aqua praeter quam ex rore de arbore unica in insulae supremo dorso stillante assidue et in lacunam manufactam cadente[c]. Ab hac insula[d] uela in altum Oceanum tertio Idus eiusdem cœpit protendere[e]. Haec nobis intra paucos dies ab eius discessu renuntiata fuerunt ; quicquid succedet, accipies. Vale felix. Ex Hispana curia, Idus Nouembris 1493[f].

21. h. uberrimam *C A* : fertilissimam *H* || i. promoti *C A* : permoti *H.*
22. a. vii *H C :* septimo *A* || b. iii *H C* : tertii *A* || c. cadente *H C* : cadene *A* || d. insula *om. H* || e. protendere *C A* : pertendere *H* || f. ex hispana … 1493 *om. H.*

PIERRE MARTYR D'ANGHIERA, DE MILAN, PROTONOTAIRE APOSTOLIQUE, CONSEILLER DU ROY, DEUXIÈME LIVRE DE LA DÉCADE OCÉANE A ASCANIO SFORZA VISCONTI, CARDINAL ET VICE-CHANCELIER

1. Tu réitères ton souhait de connaître les informations sur le Nouveau Monde qui parviennent en Espagne, Prince Illustrissime, et tu m'as fait savoir que ce que je t'ai déjà écrit sur la première navigation t'a plu. Apprends maintenant ce qui s'est produit depuis : il existe en Espagne une cité célèbre, Medina del Campo[1], qui se trouve dans cette partie du pays que vous appelez l'Hispanie Ultérieure[2] et qui se nomme Vieille Castille, à quatre cents milles[3] environ de Cadix. C'est là que séjournait la cour quand, neuf jours environ avant les calendes d'avril de l'année 1494[4], des messagers envoyés au roi et à la reine annoncèrent que douze navires étaient arrivés des îles. Ils avaient atteint Cadix au terme d'un heureux voyage de retour ; mais le commandant de la flotte[5] fit savoir qu'il ne voulait communiquer aucune information au roi et à la reine par l'intermédiaire de courriers, à l'exception de celle-ci : l'Amiral était demeuré à Hispaniola avec cinq navires et neuf cents hommes pour explorer l'île. Il écrit qu'il expliquera le reste de vive voix. La veille des nones d'avril[6] arriva donc le commandant de la flotte en personne, frère de la nourrice de l'aîné des enfants royaux, député par l'Amiral. Ce qui m'a été raconté par cet homme et par d'autres, également dignes de foi, quand je les ai interrogés tour à tour, je vais t'en rendre compte pour t'être agréable ; j'ai donc pris ce qu'ils m'ont donné : ces informations, découvre-les toi aussi.

2. Le troisième jour avant les ides d'octobre[7], partant de l'île de Hierro, la dernière des Iles Fortunées, Colomb et ses hommes s'éloignent des côtes d'Espagne pour gagner le large avec une flotte de dix-sept navires, et vingt et un jours s'écoulèrent calmement

[a]PETRI MARTYRIS ANGLI MEDIOLANENSIS PROTONOTARII APOSTOLICI CONSILIARII REGII OCEANEAE DECADIS LIBER SECVNDVS AD ASCANIVM SFORTIAM VICECOMITEM CARDINALEM VICECANCELLARIVM[a]

1. Repetis, Illustrissime Princeps, cupere te quae accidunt in Hispania de Orbe Nouo cognoscere, placuisseque tibi quae hactenus de prima nauigatione scripserim, insinuasti : accipe quae successerunt. Methymnacampi[a] celebre oppidum est in Hispania respectu uestri Vlteriore, et in ea parte quae Castella Vetus dicitur, a Gadibus circiter quadringenta[b] millia passuum distans. Ibi curia commorabatur cum circiter nono Calendas Aprilis huius anni nonagesimi quarti[c] cursores ad Regem et Reginam missi[d] adventasse duodecim ex insulis nauigia retulerunt. Gadesque prospero reditu appulsas esse[e], sed nihil aliud se uelle Regi et Reginae ductor ipsarum nauium per nuntios significare ostendit, praeterquam Praefectum Marinum cum quinque nauigiis et nongentis hominibus uestigandi causa in Hispaniola permansisse. Cetera se coram recitaturum scribit. Pridie igitur Nonas Aprilis[f] dux ipse classis, frater nutricis primogeniti regii, a Praefecto Marino legatus[g] aduenit[h] : ab eo ceterisque simul fide dignis hominibus quae mihi per ordinem interroganti[i] fuerunt enarrata[j], ut tibi gratum faciam recensebo ; accepi etenim ego quae dederunt : quae autem dederunt cognoscito[k].

2. Tertio Idus Octobris ex insula Ferrea Fortunatarum ultima ab Hispanis litoribus discedentes cum classe nauium septemdecim[a] in altum unum et uiginti aequos dies priusquam

Titulus. a. — a. *H C* : caput secundum *A*.

1. a. methymna *C A* methina *H* || b. quadringenta *C A* : quadraginta *H* || c. quarti *C A* : tertii *H* || d. missi *C A* : destinati *H* || e. appulsas esse *C A* : applicuisse *H* || f. pridie igitur nonas aprilis *C A* : quarto nonas aprilis igitur *H* || g. legatus *C A* : destinatus *H* || h. aduenit *C A* : accessit *H* || i. interroganti *C A* : -gati *H* || j. enarrata *post* faciam *transp.* *H* || k. cognoscito *C A* : -osctito *H*.

2. a. discedentes cum classe nauium septemdecim *C A* : actis nauibus *H*.

avant qu'ils n'atteignissent une terre. Suivant l'Aquilon[8], ils dirigèrent les proues des navires délibérément beaucoup plus vers le sud-ouest que lors du premier voyage[9] : c'est pourquoi ils arrivèrent aux îles des Cannibales, ou Caraïbes, qu'ils ne connaissaient que de réputation. Ils virent d'abord une île si boisée qu'on ne pouvait y distinguer une aune de terrain nu ou de rochers. Comme le hasard leur avait fait rencontrer cette île un dimanche, ils décidèrent de l'appeler Dominica[10]; ils ne s'y attardèrent pas car ils pressentirent qu'elle était déserte, et ils vont de l'avant. Ils jugèrent avoir parcouru huit cent vingt lieues[11] pendant ces vingt-et-un jours, tant étaient favorables les Aquilons qui les poussaient vent arrière.

3. Après avoir parcouru, par mer, une courte distance, ils rencontrèrent une île couverte d'arbres divers dont les frondaisons, le tronc, les racines et les feuilles exhalaient de suaves parfums, et ceux qui avaient débarqué pour explorer ce lieu rapportent n'y avoir vu ni êtres humains, ni animaux d'aucune sorte, excepté des lézards d'une grandeur inouïe. Ils appellent cette île Maria Galante[12]. Comme ils avaient vu, au loin, une montagne, du haut d'un promontoire de cette île, ils s'éloignèrent. Alors qu'ils étaient encore à trente milles[13] de cette montagne il leur sembla voir un fleuve qui en descendait, ce qui indiquait sa grande largeur. C'est la première terre habitée qu'ils trouvent depuis les Iles Fortunées, mais ils comprirent que c'était l'île des terribles Cannibales, qu'ils connaissaient déjà de réputation, et qu'ils découvraient désormais par eux-mêmes et grâce aux interprètes que l'Amiral avait ramenés en Espagne lors du premier voyage[14]. En parcourant l'île ils découvrent d'innombrables villages mais constitués chacun de vingt ou trente habitations[15]. Ils observent la disposition de la place publique, autour de laquelle elles sont construites, en cercle. Puisque nous en venons à parler des demeures de ces hommes on ne trouvera pas absurde, à mon avis, que je les décrive en m'appuyant sur les témoignages que j'ai recueillis. On dit qu'elles sont toutes en bois, et de forme ronde ; on construit d'abord le tour de la maison avec des pieux de bois très élevés fichés dans le sol. On ajoute ensuite d'autres poutres, tronquées, en partant de l'intérieur, pour soutenir les hauts pilotis extérieurs et les empêcher de tomber. On joint ensemble les sommets des pieux pour donner à la construction la forme d'une tente militaire, de manière à ce que toutes

insulam ullam attingerent consumpserunt[b]. Ad leuam multo magis quam itinere primo Aquilonem secuti data opera uertere proras : propterea in Canibalium siue Caribium[c] insulas, de quibus fama tantum apud nostros erat notitia, inciderunt. Insulam arboribus ita consitam, quod neque ulnam quidem aut nudi aut lapidei soli, conspicere licuerit, primum uiderunt. Hanc quoniam die dominico fors obtulerat, Dominicam placuit uocari : nulla ibi mora contracta, quod desertam esse praesenserunt, progrediuntur. His[d] uno et uiginti diebus octingentas et uiginti leucas sese arbitrati sunt percurrisse adeo prosperi illos uenti aquilones a puppi[e] secuti sunt.

3. Post breue spatium aequoris occurrerunt[a] insulae[b] diuersis arboribus, uimine, trunco, radicibus et foliis aromaticos et suaues odores emittentibus refertae, neque homines neque ulla se ibi animalia uidisse praeterquam inauditae magnitudinis lacertos[c] referunt, qui in terram scrutandi gratia descenderant ; Galanam hanc appellant. Ex eius insulae promontorio[d] quodam monte a longe uiso, discessere. A triginta milibus passuum ab hoc monte fluuium descendentem magni fluuii latitudinis signum prospexisse uisi sunt. Hanc primam a Fortunatis terram habitatam inueniunt : obscoenorum esse Canibalium de quibus fama prius acceperant, nunc experimento et his interpretibus, quos primo itinere ad Hispaniam Praefectus duxerat, cognouerunt. Insulam peragrantes innumeros sed XX tantum aut XXX domorum singulos uicos[e] inueniunt. Ordinem plateae, tuguriis[f] in gyrum circa plateam constructis, seruant. Quandoquidem de illorum domibus in sermonem incidimus, haud absurdum mihi fore uidebitur, si quales eas esse audiuerim enarrauero. Ligneas omnes et sphaerali forma fabricatas esse aiunt ; ex arboribus sublicibus altissimis terrae affixis circumferentiam primum domus construunt. Aliis postmodum ab interiore parte curtis trabibus appositis, quae exteriores altas ne labantur sustineant. Altarum cacumina in tentorii castrensis

2. b. *ante* consumpserunt *add.* nauigando *H* || c. siue caribium *om.* *H* || d. his *C A* : iis *H* || e. a puppi *H* appupi *A C*.

3. a. occurrerunt *post* refertae *transt.* *H* || b. insulae *post* emittentibus *transt.* *H* || c. lacertos *C A* : stelliones *H* || d. *post* promontorio *add.* sublimi *H* || e. innumeros… singulos uicos *C A* : -ras… -las uillas *H* || f. tuguriis *C A* : magalibus *H*.

ces maisons aient un faîte pointu. Ensuite on les couvre de feuilles de palmiers et autres arbres du même genre, agencées de manière à les protéger parfaitement de la pluie. Puis, après avoir tressé des cordes en gossapin ou autres racines semblables au sparte, on les tend entre les poutres courtes de l'intérieur[16], et on pose par-dessus des couvertures en gossapin. L'île en effet produit d'elle-même le gossapin : ainsi les habitants ont des lits suspendus faits de gossapin grossier – qu'on appelle usuellement *algodón* en espagnol et *bombasio* en italien – ou des paillasses jetées à même le sol. Les habitants de ces îles possèdent un lieu de réunion[17], qu'entourent les demeures ordinaires, dans lequel ils se retrouvent tous pour se distraire. Ils appellent *boios* ces habitations coniques.

4. A la vue de deux statues de bois, grossières cependant, qui s'ornaient toutes deux d'un serpent dressé, nos hommes jugèrent qu'il s'agissait d'effigies offertes à la vénération des îliens ; mais ils apprirent ensuite qu'elles n'étaient placées là que pour décorer. En effet, comme nous l'avons signalé plus haut, ils n'adorent rien d'autre, à ce qu'on croit, que la divinité du ciel, bien qu'ils façonnent des figurines de gossapin tissé à la ressemblance des revenants imaginaires qu'ils prétendent voir la nuit.

5. Mais revenons à notre point de départ : apercevant les nôtres qui arrivaient, les habitants s'enfuirent, les hommes comme les femmes, abandonnant leurs demeures. Une trentaine de prisonniers, femmes et enfants, que ces Cannibales avaient ramenés des autres îles comme captifs et qu'ils gardaient pour leur service ou pour les manger, se réfugient auprès des nôtres. Ceux-ci, entrant dans les habitations, trouvèrent des vases d'argile de toute sorte, des pots, des jarres, des canthares et d'autres objets du même genre, pas très différents de ceux que nous utilisons ; et, dans les cuisines de ces maisons, ils découvrirent des morceaux de chair humaine bouillis avec des chairs de perroquets et d'oies, et d'autres morceaux enfilés sur des broches pour être rôtis. En examinant minutieusement l'intérieur et les cachettes des habitations, on s'aperçut que tous les habitants conservaient très soigneusement chez eux les os des bras et des jambes humains pour en faire des pointes de flèches : en effet ils les fabriquent à partir d'ossements parce qu'ils n'ont pas de fer. Ils jettent les autres os lorsqu'ils ont dévoré la chair, et les nôtres ont même trouvé la tête d'un jeune homme tué récemment suspendue à une poutre, encore dégouttante de sang[18].

formam coniungunt, ita ut acuta culmina[g] domus illae omnes habeant. Tegunt deinde palmarum et quarundam aliarum similium arborum foliis contextis modo tutissimo a pluuia. A trabibus curtis postmodum ad trabes interius deductis funibus gossampinis[h] aut ex quibusdam radicibus sparto similibus contortis[i], lodices ex gossampino superimponunt. Gossipium namque nutrit insula suapte natura ; sic lectis pensilibus ex rudi gossipio, [j]quod Hispanum uulgus algodonum, Italum bombasium[k] appellant[j], uel stramine superiniecto utuntur. Atrium habent quod uulgares aliae domus circumeunt, in quod omnes lusuri conueniunt. Domos uocant boios media acuta[l].

4. Duas[a] ligneas statuas, rudes tamen, singulis anguibus ipsis inhaerentibus eleuatis conspicati simulacra quae colerent arbitrati sunt ; sed ad decorem ibi posita postmodum didicerunt[b], nam uti supra memorauimus[c], nihil adorare praeter caeli numen[d] creduntur, quamuis ex gossipio texto laruas, in pictorum lemurum quos se noctu uidere praedicant similitudinem, conficiant.

5. Sed unde digressi sumus redeundum est. Aduentare[a] nostros incolae sentientes domibus derelictis tam uiri quam feminae profugerunt. Ex pueris et mulieribus captiuis quos ex aliis insulis praedati fuerant uel obsequii uel epularum gratia seruatis ad nostros circiter XXX confugiunt. Domos ingressi habere uasa fictilia omnis generis, fidelias, orcas, cantharos et alia huiuscemodi a nostris non multum dissimilia[b] ; atque in eorum coquinis elixas cum psittacis et anserinis carnibus carnes humanas, et fixas uerubus alias assandas comperere. Penetralia et domorum latibula quaeritando tibiarum et brachiorum humanorum ossa accuratissime apud omnes[c] ad cuspides sagittarum conficiendas seruari cognitum est. Ex ossibus enim illas quod ferro careant, fabrefaciunt. Cetera ossa, exesis carnibus, proiiciunt. Inuenere etiam caput nuper occisi iuuenis trabi appensum, sanguine adhuc madidum.

3. g. acuta culmina *C A* : acutam superficiem *H* || h. gossampinis *C A* : bombicinis *H ut semper* || i. contortis *H C* : contoris *A* || j.— j. *om. H* || k. bombasium *C* : -sio *A* || l. domos… acuta *om. H.*

4. a. *post* duas *add.* in quodam loco *H* || b. didicerunt *C A* : aduerterunt *H* || c. memorauimus *C A* : momorauimus *H* || d. numen *H C* : numem *A.*

5. a. aduentare *C A* : aduentantes *H* || b. dissimilia *C A* : discrepantia *H* || c. omnes *C A* : unumquemque *H* .

6. En explorant longuement l'intérieur de l'île ils trouvèrent sept fleuves dont les rives sont vraiment superbes, sans compter celui qui descend à travers l'île et qui est, à ce qu'on dit, plus important que le Guadalquivir lorsqu'il traverse Cordoue et plus large que notre Tessin[19]. Ils appellent cette île Guadalupe à cause de sa ressemblance avec le mont Guadalupe où l'on vénère une admirable statue de la Vierge Immaculée ; les habitants l'appellent Carucueria[20] : c'est le principal territoire des Caraïbes. Nos hommes emportèrent de cette île sept perroquets plus grands que des faisans et très différents, par leur couleur, des autres perroquets : ils ont en effet tout le corps pourpre, ventre et dos, et de leurs épaules pend, sur de courtes plumes pourpres, un manteau de plumes plus longues comme en ont souvent, je l'ai moi-même remarqué, les chapons chez nos paysans. Mais les plumes de leurs ailes sont bigarrées : les unes en effet sont vertes, les autres pourpres mêlées de jaune. Les perroquets sont aussi nombreux dans toutes ces îles que le sont chez nous les moineaux ou autres oiseaux de nos contrées. De même que les habitants de nos régions élèvent des pies, des grives et d'autres oiseaux de ce genre pour l'agrément, ces hommes élèvent des perroquets, quoique leurs forêts en regorgent, mais les mangent ensuite.

7. Quant aux femmes dont il a été dit plus haut qu'elles avaient quitté le groupe des captifs pour courir vers nos hommes, l'Amiral leur ordonne par signes, après leur avoir offert de petits présents, d'aller chercher les Cannibales, car elles n'ignoraient pas où ils se cachaient. Elles passent la nuit auprès de ces hommes et, au matin, amènent au camp de nombreux Caraïbes poussés par l'espoir d'un cadeau. A la vue des nôtres, pris de terreur ou de remords à la pensée de leurs crimes, ceux-ci se regardent l'un l'autre après qu'un murmure s'est élevé parmi eux, et, se regroupant très rapidement en triangle, ils s'élancent à la surprise générale comme une volée d'oiseaux et regagnent à toutes jambes leurs vallées boisées. Nos hommes, qui avaient parcouru l'île en tous sens pendant quelques jours pour l'explorer[21], se rassemblent donc sans avoir trouvé un seul Cannibale et lèvent l'ancre pour quitter Guadalupe la veille des ides de novembre[22], non sans avoir brisé les navires monoxyles de ces hommes.

6. Quaeritando uero insulam interne[a] septem alia flumina, praeter id grandius quod esse Baeti[b] ubi Cordubam lambit, nostro autem Ticino latius aiunt descendere per insulam, mira riparum amoenitate inuenerunt : hanc uocant Guadalupeam insulam a montis Guadalupi similitudine, ubi Intemeratae Virginis mirabile colitur simulacrum ; Carucueriam[c] incolae appellant : est Caribium primaria[d] habitatio[e]. Tulerunt ab hac insula septem psittacos phasianis grandiores, qui ab aliis psittacis colore longissime absunt : habent enim totum corpus et uentre et tergo purpureum, ex longioribus plumis illis ab humeris lena dependet super purpureas breues, modo quo apud nostros ruricolas saepenumero capones habere ego ipse animaduerti ; alarum autem pennas uersicolores tenent ; sunt enim earum glaucae aliae, aliae purpureae[f] flauis immixtae. Psittacorum non minor est in omnibus insulis copia quam apud nos passerculorum, aut aliarum auium nostratium. Vti nostri picas, turdos, et alia huiuscemodi ad delicias nutriunt, ita illi, quamuis eorum nemora psittacis plena sunt, psittacos educant ; illos tamen deinde comedunt.

7. Mulieres quas ex captiuis ad nostros concessisse supradictum est, munusculis donatas ad Canibales adducendos ire per signa Praefectus imperat, nec enim illae ubi laterent ignorabant. Hae, apud uiros[a] illa nocte commoratae, mane sequenti Canibalium plurimos spe munerum commotos adducunt. Hi, nostris uisis, uel terrore uel scelerum conscientia permoti, inter sese exorto murmure, alter in alterum oculos flectentes, cuneo[b] facto ex insperato celerrime ut multitudo auium concitati ad nemorosas ualles pedem referunt. Nostris igitur, qui insulam inquirendi gratia aliquot dies pererrauerant, in unum collectis sine ullo Canibale, fractis eorum linthribus unuligneis, pridie Idus Nouembris[c] ex Guadalupea anchoras eleuant.

6. a. interne *C A* : interius *H* ‖ b. baeti *C A* : bethi *H* ‖ c. carucueriam *C A* : caracueriam *H* ‖ d. primaria *C* : prima *A* ‖ e. est… habitatio *om. H* ‖ f. purpureae *H C* : -urae *A*.

7. a. uiros *C A* : eos *H* ‖ b. cuneo *C A* : globo *H* ‖ c. nouembris *H A* : -mbtis *C*.

8. Poussé par le désir de voir ceux de ses compagnons qu'il avait laissés à Hispaniola l'année précédente, lors du premier voyage, pour explorer cette terre[23], l'Amiral dépassait chaque jour de nombreuses îles à babord et à tribord[24]. Une grande île apparut au nord, et les indigènes qui avaient été emmenés en Espagne lors du premier voyage, ainsi que ceux qui avaient été délivrés des mains des Cannibales affirmèrent que cette île, qui n'était habitée que par des femmes, était appelée par ses occupantes Madanino[25]. Le bruit qui courait sur cette île était parvenu aux oreilles des nôtres lors du premier voyage : on croit que les Cannibales ne viennent auprès des femmes qui l'habitent qu'à certaines époques de l'année, tout comme, d'après les anciens, les Thraces traversaient la mer pour se rendre auprès des Amazones de Lesbos[26], et que, de la même manière, elles envoient leurs fils, une fois sevrés, à leurs pères, tandis qu'elles gardent les filles auprès d'elles. On dit que ces femmes ont de grandes galeries souterraines où se réfugier si quelqu'un vient les voir à un autre moment qu'à l'époque fixée. Si leurs visiteurs osent tenter d'y pénétrer soit par la force, soit par la ruse, elles se protègent, croit-on, par des jets de flèches d'une grande précision. Voilà les informations qu'on donne à leur sujet : reçois-les.

9. Il ne fut pas possible d'accéder à cette île à cause du Borée qui en souffle en permanence, car nos hommes suivaient désormais le Vulturne[27]. En poursuivant la navigation, à quarante milles[28] de Madanino, ils longent, non loin d'une autre, une île dont les indigènes transportés à bord disaient qu'elle était très peuplée et possédait en abondance tout ce qui est nécessaire à la subsistance. Comme de hautes montagnes s'y dressent, on l'appelle Monserrate[29]. Parmi les autres informations qu'ils purent rassembler en communiquant, tantôt par gestes, tantôt par la parole, avec ceux qu'ils transportaient, ils apprirent que les Cannibales partaient souvent chasser, afin de se nourrir de chair humaine, à plus de mille milles[30] de leurs côtes.

10. Le lendemain ils voient une autre île à laquelle l'Amiral donna le nom de Santa Maria la Redonda[31], parce qu'elle était ronde. Afin de ne pas perdre de temps, l'Amiral passa de nouveau, le jour suivant, au large d'une autre île, qu'il décida d'appeler du nom de San Martín[32]. Puis, le troisième jour, ils en aperçurent de loin une autre dont la largeur, d'est en ouest, était selon leurs estimations de cent cinquante milles[33].

8. Visendorum comitum qui primo itinere in Hispaniola uestigandae telluris gratia superiore anno relicti fuerant desiderio Praefectus permotus a dextra leuaque plures insulas nauigando quotidie postergabat[a]. Apparuit a septentrione grandis quaedam insula ; et qui prima nauigatione in Hispaniam uecti fuerant, et qui a Canibalibus redempti, uocari insulam ab incolis Madanino[b] affirmarunt, quam solae mulieres inhabitant. Ad nostrorum aures primo itinere de hac insula fama deuenerat : ad eas haud secus Canibales certis anni temporibus concedere creditum est atque ad Amazonas Lesbicas transfretasse Thraces retulit antiquitas, et eodem modo filios ad genitores mittere ablactatos, feminas autem apud se retinere. Has mulieres subterraneos grandes cuniculos habere aiunt, ad quos, si alio quam constituto tempore quisquam ad eas proficiscatur, confugiant. Vnde si aut per uim aut per insidias temptare aditum sequentes audeant, sagittis[c] sese tueantur, quas certissimas iacere creduntur. Haec dant, haec accipito[d].

9. Ad hanc insulam propter Boream ab ea flantem non licuit peruenire[a]. Vulturnum enim iam sequebantur. Inter nauigandum a conspectu Madaninoe[b] ad quadraginta millia passuum non longe ab alia quam uecti indigenae populosissimam et rerum omnium uictu necessariarum copia pollentem esse aiebant, praeterlabuntur ; quoniam altis montibus instructa esset Montem Serratum illam uocant. Inter cetera quae ab iis quos uehebant tum uerbis, tum signis colligere inter loquendum potuerunt, isse Canibales plerumque uenatum uescendorum hominum gratia supra mille millia passuum a suis litoribus didicere.

10. Altero die quamdam aliam uident, cui, quod sphaerica esset, Sanctae Mariae Rotundae nomen indidit Praefectus. Ne moram traherent, aliam[a] iterum, sequenti ab isto die, quam Sancti Martini nomine placuit uocitari, praetermisit. In tertium inde diem aliam, cuius diametrale latus ab oriente in occidentem centum et quinquaginta millia[b] passuum esse iudicarunt,

8. a. postergabat *A* : post tergabat *H C* || b. madanino *C A* : matininam *H* || c. sagittis *C A* : -tas *H* || d. haec... accipito *om. H.*

9. a. peruenire *C A* : accedere *H* || b. madaninoe *C* : matinine *H* madanino *A.*

10. a. aliam *C A* : aliam atque aliam *H* || b. millia *C A* : millium *H.*

Ils constatent que toutes ces îles sont d'une beauté et d'une fertilité extraordinaires. Ils appelèrent Santa Maria la Antigua la dernière rencontrée[34]. A quarante milles[35] environ de celle-ci, après qu'ils ont laissé de côté plusieurs autres îles[36], leur apparaît une île plus grande que toutes les autres, que les indigènes appellent Ay Ay, et que les nôtres voulurent baptiser Santa Cruz[37] ; l'Amiral ordonne d'y jeter l'ancre afin d'y faire provision d'eau. Il commande à trente hommes de son propre navire de descendre à terre pour explorer les lieux. Ils découvrirent là des chiens[38]. Aussitôt quatre jeunes gens et autant de femmes accourent sur le rivage à la rencontre des nôtres, les bras tendus en avant à la manière de suppliants, en êtres qui demandent vivement à être aidés et libérés du pouvoir d'un peuple cruel, pensant qu'ils obtiendraient obligatoirement des Espagnols un sort bien meilleur que le leur. Les Cannibales, fuyant de la même manière qu'à Guadalupe, gagnèrent les forêts. Comme on s'était arrêté là pendant deux jours, tandis que trente de nos hommes restaient en embuscade, voici qu'on aperçut au loin, depuis les postes d'observation, un canoë qui approchait ; on remarque qu'il transportait huit hommes et autant de femmes et on l'attaque au signal. Hommes et femmes ensemble, avec une remarquable célérité, commencèrent à percer de flèches et de traits cruels les nôtres qui approchaient ; c'est ainsi qu'une des femmes tua l'un des nôtres, un Cantabre, avant qu'ils aient pu se couvrir de leurs boucliers ; et cette même femme transperça d'une seconde flèche un autre de nos hommes, lui causant une terrible blessure. Nos hommes remarquèrent que ces flèches étaient enduites d'une sorte de poison et que la pointe en était taillée pour empêcher le poison de se répandre. Il y avait parmi les indigènes une femme à laquelle les autres obéissaient, à ce qu'on pouvait deviner, et devant laquelle ils se conduisaient comme devant une reine. Son fils l'accompagnait, un jeune homme menaçant, robuste, au regard très hardi, au visage de lion. Les nôtres alors, afin de ne pas subir de plus grandes pertes en se faisant blesser de loin, et jugeant qu'il était bien préférable d'en venir aux mains, font avancer à force de rames le canot qui les transportait et, d'une poussée très violente, font chavirer le canoë. Celui-ci s'abîma par le fond et hommes et femmes, nageant vigoureusement sans s'arrêter et toujours groupés, dirigeaient leurs javelots contre les nôtres. Réfugiés sur un écueil ils sont enfin capturés malgré une vive résistance ; un homme mourut et le fils de la reine fut blessé en deux endroits.

extrinsecus conspexere. Esse has insulas omnes mirae pulchritudinis et fertilitatis[c] accipiunt. Hanc ultimam Beatam Virginem Antiquam dixerunt, a qua, pluribus aliis relictis, ad quadraginta millia passuum ceteris omnibus grandior alia quaedam occurrit, quam, Ay Ay ab indigenis uocitatam, Sanctae Crucis nomine appellari[d] uoluerunt ; anchoras e proris iacere Praefectus aquandi gratia in hac imperat. XXX ibi uiros in terram[e] descendere naui qua ipse uehebatur iubet, qui loca temptarent : ibi canes inuenere. Quattuor in litore iunenes ac feminae totidem[f] statim, protentis in supplicum modum lacertis, quasi auxilium et a manu gentis nefandae libertatem expetentes, obuii nostris efficiuntur ; multo meliorem sortem sese consecuturos quaecumque illa foret existimantes. Canibales autem eodem quo apud Guadalupeam modo se fugientes ad siluas receperunt. Biduum ibi commorati, et stantibus interea nostris XXX uiris in insidiis, ecce uenientem a longe canoam e caueis specularibus conspexere ; qua octo uiros cum totidem feminis uectari aduertentes, dato signo canoam nostri adoriuntur. Appropinquantes nostros uiri simul et mulieres sagittis mira celeritate et crudelibus ictibus transfigere coeperunt. Ita priusquam sese scutis contegere potuerint, unum ex nostris qui Cantaber erat quaedam ex mulieribus peremerit atque alium illa eadem alia sagitta acri uulnere transegerit. Venenatas sagittas medicamenti quodam genere illinitas esse aduerterunt, acie ipsarum circumcisa qua medicamen ne discurreret retineretur. Erat inter eos femina quaedam cui, uti per coniecturas percipere fas erat, ceteri obtemperabant, atque ueluti reginae assurgebant. Hanc filius iuuenis toruus, robustus, ferocissimi intuitus, leoninae faciei, commitabatur. Nostri ergo, ne grauius malum a longe uulnerati perferrent, multo satius esse manum conserere ducentes, remis agitata nostra nauicula, qua uehebantur, canoam impetu maximo inuertunt. Ea in profundum missa, neque pigrius neque rarius natando tam uiri quam feminae spicula in nostros dirigebant. Ad saxum quoddam aqua coopertum recepti strenue dimicantes tandem capiuntur, uno interempto et reginae filio duobus uulneribus confosso.

10. c. *post* fertilitatis *add.* ab iis quos uehebant *H* || d. appellari *C A* : insignitam fore *H* || e. in terram *om. H A* || f. totidem *C A* : quattuor *H.*

11. Amenés sur le navire de l'Amiral, ils gardaient leur expression cruelle et farouche tout comme les lions de Lybie lorsqu'ils se sentent pris[39]. Il n'est personne, parmi ceux qui les ont vus, qui n'avoue avoir eu le cœur traversé d'une sorte de frisson d'effoi, tant la nature et la férocité leur ont donné un aspect farouche et effrayant. Je l'affirme d'après ma propre expérience et le témoignage de ceux qui ont afflué à Medina en même temps que moi pour les voir.

12. Je reviens au voyage : progressant chaque jour davantage, ils avaient déjà parcouru plus de cinq cent cinq milles[40] en suivant d'abord l'Africus puis le Zéphyr et enfin un vent du nord-ouest lorsqu'ils pénétrèrent dans une vaste zone où la mer constituait une sorte d'immense réseau entre des îles innombrables[41], toutes étonnamment différentes, qui se déployaient de tous côtés. Ils voyaient en la traversant que certaines de ces îles étaient boisées, couvertes d'herbe et agréables, et d'autres désertiques, stériles et pierreuses, avec de hautes montagnes rocheuses ; parmi ces dernières, les unes montraient des rochers nus de couleur pourpre, d'autres d'une teinte violacée, d'autres encore d'un blanc éclatant. Nombreux sont ceux qui pensent que ces îles contiennent des métaux ou des pierres précieuses, mais l'agitation des flots empêcha les navires de s'attarder en ce lieu, ainsi que la crainte que causait aux marins le grand nombre d'îles : on redoutait que les plus grands des navires ne s'échouassent sur un rocher. Après avoir donc remis à un autre moment l'exploration de ces îles, qu'il a été impossible de compter à cause de leur multitude et de leur disposition confuse, nos hommes poursuivent leur chemin ; cependant quarante-six d'entre eux, sur les embarcations les plus légères qui n'avaient pas besoin, pour naviguer, d'une grande profondeur, coupèrent à travers les îles tandis que les navires les plus gros poursuivaient leur chemin au large par peur des écueils. On appela Archipel cet ensemble d'îles.

13. Alors qu'ils continuaient leur route et s'éloignaient de cette région ils trouvèrent à mi-parcours en allant vers Hispaniola une île appelée Burichena par les indigènes : l'Amiral la nomma San Juan[42]. Plusieurs insulaires délivrés des mains des Cannibales disaient qu'ils y étaient nés et que c'était une île très peuplée, cultivée, riche en ports et en bois, et dont les habitants avaient toujours éprouvé envers les Cannibales un sentiment très aigu de haine et d'inimitié. Eux-

11. In Praefecti nauim adducti, non magis feritatem ac uultus atrocitatem deponebant quam Lybici leones cum sese in uincula detrusos esse praesentiunt. Hos nullus est qui uideat quin scalpi sibi horrore quodam praecordia fateatur, adeo atrox tartareusque[a] est illis a natura et immanitate insitus prospectus. A me ipso et reliquis qui una mecum plerumque ad illos intuendos Methimne[b] confluxerunt coniecturam facio.

12. Ad[a] iter redeo : in dies magis atque magis procedentes, iam[b] ultra quinque et quingenta millia passuum ad Africum prius, deinde ad Fauonium, postea ad Argestem[c] protenderant cum pelagi quamdam uastitatem immensam in[d] insulis innumeris et miris modis inter se differentibus passim contextam intrarunt. Harum alias nemorosas atque herbidas et amoenas, alias siccas et steriles ac lapidosas altissimorum montium saxeorum transeundo uidebant. Quarum aliae purpureos in nudis saxis colores, aliae uiolaceos, aliae candidissimos ostendebant. Metallis et gemmis esse conditas non desunt qui existiment, sed ne illic[e] naues firmarent et obstitit maris intemperies et frequentiae[f] insularum metus, ne forte naues maiores saxo aliquo illiderentur. In aliud igitur tempus harum insularum uestigatione dilata, quas ob multitudinem et confusam intermixtionem numerare non licuit, iter suum prosequuntur, sex tamen et quadraginta cum leuioribus quibusdam nauigiis quibus non magno opus erat fundo intersecuerunt, maioribus nauibus ab alto scopulorum metu iter peragentibus. Archipelagus contexturam hanc insularum uocauere.

13. Ab hoc tractu procedentes itinere in medio iacet insula dicta ab indigenis Burichena[a] : hanc Sancti Ioannis insulam appellauit. Inde sese plures ex iis qui a Canibalibus liberati fuerant oriundos aiebant, populosissimam, cultam, portuosam, nemorosamque[b] esse insulam fatebantur, eiusque incolas summa cum Canibalibus odia atque inimitias semper exercuisse. Non

11. a. tartareusque *C A* : tartareus tamquam *H* || b. methimne *H C* : methimane *A*.

12. a. *ante* ad *add.* sed ne ab incepto discedamus *H* || b. *ante* iam *add.* ab hispanis littoribus *H* || c. argestem *C A* : argestum *H* || d. in *om. H C* || e. *post* illic *add.* anchoris *H* || f. frequentiae *C A* : spisitudinis *H*.

13. a. burichena *C A* : burichenia *H* || b. nemorosamque *H C* : -sam *A*.

mêmes n'ont pas de navires qui leur permettraient de traverser la mer depuis leur territoire jusqu'aux rivages des Cannibales ; si cependant ils terrassent ces derniers lorsque ceux-ci viennent sur leur terre faire du butin – cela arrive parfois, le dénouement d'une guerre étant toujours incertain –, ils leur rendent la pareille, coupent les uns en morceaux sous les yeux des autres, les font rôtir puis les déchirent à belles dents et les dévorent furieusement. Nos hommes apprenaient tout cela par l'intermédiaire des interprètes indigènes qu'ils avaient emmenés en Espagne lors du premier voyage.

14. Afin de ne pas prendre de retard, ils dépassèrent cette île. Cependant quelques hommes descendirent à terre dans la partie la plus occidentale de celle-ci, dans la seule intention de faire provision d'eau ; ils trouvèrent là une belle et grande habitation, construite selon l'usage de ce peuple, qu'entouraient douze autres demeures ordinaires, désertes. On n'a pas établi avec certitude si les habitants se transportaient, selon la période de l'année, tantôt dans les montagnes, à cause de la chaleur, tantôt dans les plaines, quand l'air fraîchit, ou s'ils avaient déserté leurs logis par crainte des Cannibales. Toute l'île possède un roi unique auquel les indigènes obéissent avec un respect admirable. La côte méridionale de l'île, que nos hommes avaient longée, s'étend sur environ deux cents milles[43].

15. Une nuit, se jetant à la mer, deux femmes et un jeune homme, de ceux qui avaient été délivrés des Cannibales, regagnèrent à la nage leur terre natale. Ensuite, avec les indigènes restants, nos hommes atteignent Hispaniola, située à cinq cents lieues[44] de la première île des Cannibales, en quelques jours. Mais le dénouement du voyage fut malheureux car ils ont découvert que tous les compagnons qu'ils avaient laissés là avaient été tués.

16. Il y a, à la pointe de l'île d'Hispaniola, un lieu appelé Xamana[45] par ses habitants ; c'est de là que l'Amiral, lors du premier voyage, avait mis à la voile pour regagner l'Espagne, avec les dix indigènes

43. 294 kilomètres environ. C'est une erreur, car Porto Rico mesure environ 180 kilomètres de longueur.

44. 2750 kilomètres environ ; il s'agit d'une erreur, car de la Dominique à Haïti il n'y a que 850 kilomètres.

45. C'est le cap Samana ou Xamana (cf. carte II), situé à l'extrémité orientale de la presqu'île portant le même nom, qui occupe l'est d'Hispaniola. Ce cap s'appelle toujours ainsi. Cf. C. Colomb, *op.cit*, t.1, 16 janvier 1493.

habent ipsi nauigia quibus a suis finibus ad litora Canibalium possint transfretare, sed si Canibales eorum terras praedae gratia incursionibus infestantes profligauerint[c], ut interdum contingit quod belli euentus sint incerti, uices reddunt easdem : alterum enim ante oculos alterius secant, assant et rabiosis dentibus lacerant et uorant. Haec omnia per interpretes indigenas uectos in Hispaniam primo itinere discebant.

14. Hanc insulam ne moram traherent praetermisere. Attamen in eius ultimo ad occidentem angulo aquandi solum gratia pauci in terram descendere, ubi more gentis eius domum inuenere magnam et conspicuam, quam uulgares aliae XII sed desertae circuibant. An quod pro anni temporibus[a] nunc ad montana, ratione caloris, nunc ad planicies quando frigescit aer transmigrent, an Canibalium timore domos penitus dereliquerint[b] non plane constitit. Regem habet unicum uniuersa insula[c], cui imperanti mira parent reuerentia. Circiter ducenta millia passuum huius insulae meridionale latus quod abraserant protenditur.

15. In mare noctu duae mulieres et unus adulescens ex liberatis a Canibalibus transilientes sese natando ad natale solum receperunt. Cum reliquis deinde[a] optatam[b] Hispaniolam a prima insula Canibalium quingentas leucas distantem intra paucos dies attingunt, sed infelici euentu, quod omnes socios ibi relictos interemptos repererint[c].

16. Est in huius insulae Hispaniolae initio regio Xamana ab incolis nuncupata. Ab ea ad Hispaniam prima nauigatione Praefectus rediturus, cum decem illis indigenis quos supra

13. c. profligauerint *C A* : profligauerunt *H ante* uices *transponens.*

14. a. pro anni temporibus *C A* : secundum anni tempora *H* || b. dereliquerint *C A* : reliquerint *H* || c. *post* insula *add.* quem uocant cacicum *H.*

15. a. *post* deinde *add.* aliam *H* || b. *ante* optatam *add.* iam *H* || c. *post* optatam *transp.* sed infelici … repererint *H.*

mentionnés plus haut. De ces indigènes seuls trois avaient survécu, les autres étant décédés par suite du changement de pays, d'air et d'alimentation, qui leur avait été fatal[46]. De ces trois insulaires, un seul est libéré sur ordre de l'Amiral, dès que l'on eût touché le rivage de Xamana qu'il avait baptisé Santéremo. Les deux autres se jettent à la mer une nuit en cachette et s'enfuient à la nage. L'Amiral, ignorant le meurtre misérable des trente-huit hommes[47] qu'il avait laissés là l'année précédente, non loin à l'intérieur de l'île, ne se formalisa guère de cet incident, pensant qu'il ne manquerait pas d'interprètes : c'est pour cette raison qu'il faisait grand cas de ces indigènes.

17. Tandis que nos hommes continuaient leur route, un long canoë à plusieurs rameurs vint à leur rencontre. A son bord était transporté, accompagné d'un seul homme, le frère de Guacanari[48], ce roi que l'Amiral, à son départ de l'île, avait quitté après se l'être attaché par un pacte qui les liait étroitement l'un à l'autre, et auquel il avait particulièrement recommandé les nôtres. Apportant à l'Amiral, pour les lui offrir de la part de son frère, deux masques d'or[49], il lui fit part, dans son langage, de la mort de nos hommes, comme on le sut plus tard au vu des événements. Cependant, comme ils n'avaient plus d'interprètes, les nôtres ne comprirent pas le sens de ses paroles. Mais quand ils furent parvenus au fort de bois et aux cases que nos hommes s'étaient construits, et qu'ils avaient entourés d'une levée de terre, ils découvrirent que tout était réduit en cendres et silencieux.

18. Cet événement affecta profondément l'Amiral et le reste des hommes ; cependant, dans la pensée que quelqu'un vivait peut-être encore, même s'ils se trompaient, ils déchargent en une fois toutes les machines de guerre et les balistes, pour que rivages et hautes montagnes soient ébranlés sur une vaste distance par les fortes détonations et que, par ce signal, tous ceux des nôtres qui vivaient parmi les insulaires ou d'aventure, terrorisés, dans des repaires de bêtes sauvages, sachent que nos hommes étaient arrivés. Ce fut en vain : il n'y avait pas de survivant.

19. Après ces tentatives, des ambassadeurs envoyés au roi Guacanari rapportèrent ces propos, dans la mesure où ils purent les comprendre : le souverain dit qu'il y avait dans l'île plusieurs rois, plus puissants que lui, car l'île était un très vaste territoire[50].

memorauimus, uela tetendit. E quibus tres tantummodo superstites erant, reliquis contraria terrarum aeris et ciborum mutatione defunctis. De tribus, cum primum Santheremus Xamanae latus ab eo sic appellatum attigit, unum solui iubet. Alii duo noctu sese in mare furtim deiiciunt[a] ; natando profugiunt. Id Praefectus, octo et triginta hominum quos superiore anno paulo interius in insula reliquerat miserandae necis ignarus, non multum aegre tulit, interpretes sibi non defuturos existimans ; quam ob causam hos magnifaciebat.

17. Vlterius aduectis nostris parumper, canoa oblonga multorum remigum occurrit. In ea frater Guaccanarilli eius Regis quem sibi astricto foedere discedens ab insula deuinctum amicitia Praefectus reliquerat, cui etiam[a] nostros maximopere[b] commendauerat, uno tantum comitatus uehebatur. Is ad Praefectum duas imagines aureas nomine fratris dono ferens, de nostrorum morte uti postea per rei euentum cognitum est, suo idiomate egit. Sed quoniam interpretes defuerant, eius colloquia non perpenderunt. Cum autem ad castellum ligneum et casas quas sibi aggere circumducto nostri construxerant peruenissent[c], omnia in cinerem uersa et silere omnia cognouerunt.

18. Ea res Praefectum Marinum ceterosque uiros graues deturbauit[a]. Viuere tamen aliquem, etsi male coniectarent, existimantes, tormenta et balistas igni supposito una omnes exonerant, ut grauibus tonitruis litoribus et altis montibus late concussis si qui inter[b] homines aut inter ferarum latebras forte metu perculsi[c] degant aduentasse nostros per haec signa persentirent. Id incassum : uiuebat enim nullus.

19. A Praefecto post haec missi ad Regem Guaccanarillum nuntii haec dicta, quantum potuere percipere, retulerunt : esse in ea insula maiores se reges, ut mirae sit[a] magnitudinis, plures ait[b].

16. a. deiiciunt *C A* : -cientes *H*.

17. a. cui etiam *C A* : cuique *H* || b. maximopere *C A* : maximo opere *H* || c. peruenissent *C A* : applicuisset *H*.

18. a. deturbauit *C A* : formidine compressit *H* || b. *ante* inter *add.* aut *H* || c. perculsi *C A* : perperculsi *H*.

19. a. sit *H C* : sint *A* || b. ait *om. H*.

Deux d'entre eux étaient arrivés avec des troupes très importantes, équipées à leur manière, poussés par l'attrait que représentait le nouveau peuple ; ils avaient tué les nôtres après les avoir vaincus au combat et avaient brûlé les barrières, les cases et en même temps le mobilier. Et, en montrant sa jambe entourée de bandelettes de gossapin, il raconta que lui-même, en essayant de venir en aide aux nôtres, avait été blessé par une flèche de ces hommes. C'est pour cette raison qu'il ne s'était pas rendu auprès de l'Amiral, bien qu'il en eût un très grand désir.

20. Nos hommes découvrent qu'il y a dans cette île différents rois, plus puissants les uns que les autres, de même que le légendaire Énée, avait trouvé, à ce que nous pouvons lire, le Latium partagé entre divers souverains, par exemple Latinus et Mézence, Turnus et Tarchon[51], voisins très proches, et les autres territoires répartis entre des tyrans. Mais à mon avis nos insulaires d'Hispaniola sont plus heureux que ces peuples-là, pour peu qu'ils s'imprègnent de religion, puisqu'ils vivent nus, sans poids ni mesures, sans non plus ces richesses qui causent la mort, connaissant un âge d'or sans lois, sans juges chicaneurs, sans livres, satisfaits de la nature, sans se soucier aucunement du futur. Cependant même ces hommes sont tourmentés par l'ambition qui les pousse à commander, et ils se battent entre eux ; mais nous pouvons penser que l'âge d'or n'était pas du tout protégé contre ce fléau. Bien au contraire, à cette époque aussi, le « cède – je ne céderai pas » a existé parmi les mortels.

21. Revenons à notre sujet, dont nous nous sommes éloignés. Le lendemain, envoyé par l'Amiral, un certain Melchior[52], citoyen de Séville, qui remplissait auprès du Souverain Pontife la fonction de représentant du roi et de la reine l'année où Malaga était passée sous leur domination, rapporta qu'il n'avait vu, alors que les bandages étaient enlevés, ni blessure ni cicatrice. Il trouva cependant Guacanari gisant sur un lit, donnant l'apparence d'un homme en mauvaise santé ; et attenant à sa couche se trouvaient les petits lits de sept concubines rivales : c'est à partir de ce moment qu'il commença à soupçonner que nos hommes avaient été tués sur ordre de cet indigène. Dissimulant toutefois ses doutes, Melchior demanda à Guacanari de se déplacer le lendemain jusqu'aux navires pour voir l'Amiral.

Horum duos maximis copiis, suo[c] more comparatis, fama nouae gentis commotos aduentasse, belloque uictos nostros omnes trucidasse, repagula casasque simul et eorum suppellectilia combussisse. Et se, quod nostris esse auxilio conatus fuerit, ab eisdem fuisse sagitta uulneratum, crus uitta gossampina ligatum ostendens, retulit : propterea non iuisse ad Praefectum, quod maximopere cupiebat.

20. [a]Varios ibi esse Reges, hosque illis atque illos his potentiores inueniunt, uti fabulosum legimus Aenean in uarios diuisum reperisse Latium, Latinum puta Mezentiumque ac Turnum et Tarchontem, qui angustis limitibus discriminabantur, et huiuscemodi reliqua per tyrannos dispartita. Sed Hispaniolos nostros insulares illis beatiores esse sentio, modo religionem imbuant, quia nudi sine ponderibus, sine mensura, sine mortifera denique pecunia, aurea aetate uiuentes, sine legibus, sine calumniosis iudicibus, sine libris, natura contenti uitam agunt, de futuro minime solliciti. Ambitione et isti tamen imperii causa torquentur et se inuicem bellis conficiunt ; qua peste auream aetatem haudquaquam credimus uixisse immunem. Quin et eo tempore « cede – non cedam » inter mortales pererrauerit[a].

21. Ad rem, a qua digressi sumus, redeamus[a] : altero die missus a Praefecto Melchiorus quidam Hispalensis uir, apud Pontificem Summum pro Rege et Regina functus oratoris officio, quo anno Malacca uenit in eorum potestatem, neque uulnus neque uulneris ullius cicatricem uitta sublata se uidisse retulit. Lecto illum tamen aduersa ualitudine simulata iacentem reperit, cuius cubiculo septem concubinarum pellicum lectuli adhaererent ; unde peremptos eius consilio nostros suspicari coepit. Re tamen dissimulata, cum Guacanarillo egit Melchiorus, ut postero die ad uisendum Praefectum sese ad naues conferret.

20. c. suo *C A* : sue *H.*
20. a. — a. *om. H.*
21. a. ad rem… redeamus *om. H.*

22. Quand Guacanari fut arrivé aux navires, comme il l'avait promis, qu'il eut salué nos hommes et remis de l'or aux plus importants d'entre eux, il se dirigea vers les femmes arrachées aux mains des Cannibales ; et après qu'on l'a vu diriger ses yeux mi-clos sur l'une d'elles que nos hommes appelaient Catherine, il lui parla doucement ; puis, demandant à l'Amiral, avec courtoisie et grâce, la permission de se retirer, il quitta le navire, plein d'admiration à la vue des chevaux et d'autres choses que ces hommes ne connaissent pas. Certains conseillèrent de retenir à bord Guacanari afin de le punir si l'on découvrait que c'était sur son ordre que les nôtres avaient été tués ; mais, pensant que ce n'était pas le moment d'irriter les esprits des indigènes, l'Amiral le renvoya[53].

23. Le lendemain le frère du roi, venant à bord du navire, corrompit les femmes ou en son nom propre, ou en celui de son frère[54] ; car au milieu de la nuit suivante Catherine, ou spontanément pour se libérer et pour libérer toutes celles qu'elle pouvait, ou achetée par les promesses du roi et de son frère, accomplit un exploit beaucoup plus remarquable que celui de la Romaine Clélie[55] qui, après avoir rompu ses chaînes, échappant au pouvoir de Porsenna, traversa le Tibre avec les autres vierges prises en otages. En effet si celle-ci avait passé un fleuve à cheval, celle-là franchit avec sept autres femmes, à la force des bras, et dans une mer qui n'était pas des plus calmes, environ trois milles[56] : c'est de l'avis de tous la distance qui séparait la flotte du rivage. Nos hommes, lancés à leur poursuite dans des embarcations légères, et guidés par la lumière qu'ils avaient aperçue sur le rivage, et sur laquelle les femmes s'orientaient aussi, attrapèrent trois d'entre elles. On pensa que Catherine et les quatre autres femmes s'étaient réfugiées auprès de Guacanari ; car quand il fit jour, des ambassadeurs envoyés par l'Amiral constatèrent que Guacanari et ses épouses s'étaient enfuis avec toutes leurs affaires. Cela confirma ce qu'on soupçonnait : nos hommes avaient été tués avec l'accord de cet homme.

24. C'est alors que Melchior, dont nous avons parlé précédemment, partit à sa recherche après qu'on lui a confié trois centuries d'hommes armés, – j'appelle centurie une troupe de cent hommes, bien que je sache qu'une centurie est constituée de cent vingt-huit hommes et une décurie de quinze[57] –, et il pénétra dans un défilé tortueux, encadré de part et d'autre par des montagnes élevées. Présumant que c'était l'embouchure de quelque large fleuve, il trouva là un port très commode et sûr : pour cette raison, ils jugèrent bon de l'appeler

22. Naues igitur, uti pactus fuerat, ingressus, nostris salutatis, atque auro donatis primoribus, ad mulieres a Canibalibus ereptas conuersus, in unam, quam Catherinam nostri uocabant, oculos semifractos coniicere uisus, eam blande allocutus est ; atque sic urbaniter ac lepide a Praefecto ueniam petens, aspectu equorum et aliarum rerum illis incognitarum admiratus, discessit. Fuere qui Praefecto consulerent Guaccanarillum detinendum fore uti, si eius consilio nostros peremptos fuisse comperirent, poenas daret. Sed irritandi animos indigenarum non esse tempus Praefectus ratus eum dimisit.

23. Postridie eius diei regis frater ad naues se conferens, uel suo, uel fratris nomine mulieres seduxit : nam sequenti nocte intempesta Catherina ipsa ut sese et quascumque posset in libertatem uendicaret, aut regis et fratris eius pollicitationibus subornata, multo maius facinus aggressa est quam Cloelia Romana, quae Tiberim, ruptis uinculis, Porsennae imperium fugiens, cum reliquis obsidibus uirginibus enatauit[a] : illa enim fluuium equo, haec cum septem aliis mulieribus suismet lacertis confisa circiter tria millia passuum, atque etiam maris non bene tranquilli traiecit : tantum enim a litore classis omnium opinione distabat. Illas insecuti cymbis leuioribus nostri eodem lumine, quo in litore uiso mulieres regebantur, duce, tres assecuti sunt. Catherinam cum quattuor reliquis ad Guaccanarillum euasisse creditum est. Nam ubi eluxit missi a Praefecto nuntii aufugisse cum omni suppellectile Guaccanarillum simul et feminas ipsas cognouerunt. Id non iniuria fuisse nostros eius consensu interemptos suspicionem adauxit.

24. Hunc deinde Melchiorius, de quo supra, tribus armatis centuriis acceptis, quaeritans, [a]centuriam centum uirorum numerum appello, licet me non lateat constare centuriam ex uiris centum uiginti octo, quindecimque decuriam[a], – in fauces quasdam retortas, utrimque collibus erectis munitas, incidit ; fluuii alicuius grande ostium arbitratus, portum ibi[b] ualde commodum ac tutum adinuenit[b]. Portum Regalem propterea

23. a. *post* enatauit *transp.* agressa est *H.*

24. a. — a. *om. H* || b. — b. *CA* : quo tutiorem aut commodiorem nullus umquam ut ipsi aiunt uiderit ingrediens adinuenit *H.*

Puerto Real. On rapporte que l'entrée de ce port est incurvée et forme une courbe si serrée que cela oblige les bateaux qui y pénètrent à tourner soit vers la droite soit vers la gauche : c'est pourquoi il n'est pas facile de discerner, avant que les navires soient revenus à l'entrée, par où ils se sont glissés, bien que trois nefs puissent y avancer de front. Les monts qui s'élèvent de part et d'autre coupent les vents et forment le rivage. Au milieu de la baie se dresse un promontoire boisé abritant des perroquets et de nombreuses espèces d'autres oiseaux qui y ont fait leur nid et chantent ensemble de la manière la plus agréable. Nos hommes découvrirent que deux fleuves de grande importance se jetaient dans ce port.

25. En explorant le territoire qui s'étend entre ces deux fleuves, ils aperçoivent au loin une habitation élevée. Pensant que Guacanari se cachait là, ils s'approchent ; un homme au front ridé, le sourcil levé, accompagné de cent autres, s'avance à la rencontre des nôtres qui arrivaient ; tous accourent, armés d'arcs, de flèches, de lances pointues, de pieux, avec un air menaçant. Ils crient qu'ils sont des *Taïnos*[58], c'est-à-dire des nobles, et non des Cannibales. Comme les nôtres avaient fait des signes pacifiques, ils déposèrent en même temps leurs armes et leur expression farouche, et après que chacun d'eux a reçu un grelot de fauconnerie ils se lièrent aux nôtres par une amitié si étroite qu'ils descendirent sans délai des hautes rives du fleuve dans les navires, se mettant à la merci de nos hommes, puis offrirent aux nôtres leurs présents. Pour ce qui est de l'habitation, ceux qui en ont pris les dimensions rapportent qu'elle mesure trente-deux grands pas[59] de diamètre : cette demeure était en effet de forme ronde. Elle est entourée de trente autres cases ordinaires couvertes de roseaux multicolores admirablement tressés. Interrogés sur les meilleurs moyens de s'emparer de Guacanari, ils répondirent qu'il n'exerçait pas de pouvoir sur cette région mais sur la contrée voisine[60] ; ils avouaient savoir que Guacanari avait quitté la côte pour se retirer sur les hauteurs. Après donc qu'un pacte de fraternité a été conclu avec ce cacique, c'est-à-dire ce prince, nos hommes retournèrent auprès de l'Amiral pour rapporter ce qu'ils avaient vu.

nominandum censuerunt[c]. Falcatum eius ingressum atque[d] adeo in arcum dispositum ferunt, quod siue in leuam siue in dextram introductas naues flectant, unde donec ad ostium reuertantur ingressi fuerint non facile dignosci possit, quamuis tribus simul paribus proris onerariae naues procedere ualeant. Hinc atque inde sublati colles litorum loco uenientes frangunt uentos. In eius medio sinu promontorium nemorosum psittacis atque aliarum uolucrum ibi nidificantium multis generibus suauissimeque concinentium erigitur. Duo in portum hunc flumina non mediocria defluere cognouerunt.

25. Dum inter utrumque terram explorant[a], altam a longe domum uident. Ibi latere Guaccanarillum rati accedunt. Adeuntibus[b] nostris uir quidam fronte rugosa et elato supercilio centum hominibus comitatus efficitur obuius ; arcu sagittis et lanceis praeacutis sudalibus omnes armati minantibus similes accurrunt. Se Tainos, idest nobiles, esse, non Canibales inclamitant. Signo pacis a nostris dato, arma simul et feritatem illam deposuere, et singulis accipitreis tintinnabulis acceptis, statim cum nostris adeo strictam amicitiam iniere, ut[c] in nostrorum potestatem sese sine ulla mora in naues ex altis[d] fluuii ripis demiserint et suis postea muneribus nostros donauerint. Domum illam qui eam dimensi sunt duorum et triginta magnorum passuum a circumferentia ad circumferentiam – erat[e] enim spherica – iacto diametro fuisse afferunt ; triginta aliis popularibus circumseptam[f], lacunaribus harundineis uersicoloribus superinductis, mira arte intertextis. Interrogati quibus modis melius dabatur de Guaccanarillo, responderunt non esse Guaccanarilli regionis[g] huius, sed eius qui aderat, imperium. Sensisse sese fatebantur, quod Guaccanarillus a litoribus ad montana secesserit. Icto igitur cum hoc Cacico, idest Rege, fraterno foedere, ad Praefectum quae uiderant renuntiaturi rediere.

24. c. censuerunt *C A* : existimarunt *H* || d. atque *C A* : adque *H*.

25. a. explorant *C A* : scrutantur *H* || b. adeuntibus *C A* : applicantibus *H* || c. ut *CA* : quod *H* || d. altis *C A* : -tes *H* || e. erat... sphaerica *C A* : erant... spherice *H* || f. circumseptam *C A* : cirmseptam *H* || g. regionis *C A* : prouintie *H ut semper.*

26. Celui-ci envoie plusieurs centurions accompagnés de leurs centuries pour explorer l'île plus profondément, et parmi eux Hojeda et Gorvalan[61], tous deux nobles et courageux. L'un des deux découvrit quatre fleuves, l'autre trois, qui descendaient des mêmes monts. Dans le sable de tous ces fleuves les indigènes recueillaient de l'or sous les yeux des nôtres de la façon suivante : ils creusaient de leurs mains, dans le sable, un trou profond comme le bras ; puis retirant du fond du trou leur main gauche pleine de sable, ils triaient l'or de leur main droite, et sans autre traitement, ils déposaient des pépites dans les mains des nôtres. Parmi ceux-ci, plusieurs avouent avoir vu de nombreuses pépites grosses comme un pois chiche. Moi-même j'en ai vu plus tard une de forme ronde, apportée par les eaux, à l'état brut, semblable à une pierre du fleuve, qui pesait neuf onces[62] et avait été trouvée par Hojeda en personne.

27. Satisfaits de ces indices, nos hommes rapportent la nouvelle à l'Amiral : celui-ci avait en effet ordonné, à ce qu'on m'a dit, sous peine d'un châtiment, de ne rien faire d'autre que repérer les lieux et les indices les signalant[63]. Le bruit se répandit aussi que les montagnes, d'où descendaient ces fleuves, avaient un roi appelé cacique Caunaboa, c'est-à-dire maître de la maison de l'or : en effet maison se dit *boa*, or *cauni* et roi « cacique », comme nous l'avons déjà signalé. Nulle part nos hommes ne purent trouver de poissons plus beaux, meilleurs et plus sains que ceux qu'ils pêchèrent là. Et on dit aussi que les eaux de ces fleuves sont des plus salubres.

28. Melchior m'a lui-même raconté que le jour, chez les Cannibales, était, au mois de décembre, aussi long que la nuit ; mais les dimensions de la terre contredisent cette information, bien que pendant ce mois certains oiseaux fassent leur nid, que les autres aient déjà dans les nids des petits éclos et qu'il règne une très forte chaleur. Il m'a dit explicitement, un jour où je l'interrogeais plus spécialement sur la hauteur du pôle au dessus de l'horizon[64], que chez les Cannibales le Chariot disparaissait totalement sous le pôle arctique et que les Gardes[65] se couchaient. Il n'est personne, parmi ceux qui sont revenus de ce voyage, à qui l'on puisse faire, à ce sujet, plus confiance qu'à cet homme. Si donc il avait été expert en astronomie, il aurait dit que le jour était presque égal à la nuit ; car il n'est aucun lieu, à l'époque des solstices, où la nuit soit égale au jour : or nos hommes n'ont jamais

26. Diuersos interea centuriones exploratum longius suis centuriis comitatos Praefectus emittit : inter quos Hoiedam et Gorualanum, nobiles iuuenes et animosos ambos. Horum alter quatuor flumina, alius alia parte tria ab iisdem montibus collabentia comperere ; in quorum omnium arenis aurum, nostris praesentibus, indigenae qui eos comitabantur hoc modo colligebant : arena manibus effossa ad scrobem usque lacerti profunditate[a], ex imo scrobis plenas arena sinistras dehinc extrahentes, dextera auro delecto sine ulteriore industria in manus nostrorum grana porrigebant. Quorum se uidisse multa ciceris crassitudine plures fatentur. Vidi ego ipse postea allatum rudem fluuiali petrae similem globum ponderis unciarum nouem ab ipso Hoieda repertum.

27. His signis contenti rem ad Praefectum referunt. Iusserat enim Praefectus, ut mihi relatum est, poena etiam praeposita, ne quid ulterius praeterquam de locis et locorum signis curarent[a]. Fama etiam increbuit esse quemdam regem montium, a quibus flumina illa decidunt, quem Cacicum Caunaboam uocant, idest dominum domus aurae : boam enim domum dicunt, cauni autem aurum et Cacicum regem, uti iam dictum est. Nullibi aquarum pisces inueniri posse illis praestantiores, saporosiores aut minus noxios ; et aquas illorum omnium fluminum[b] esse saluberrimas aiunt.

28. Diem esse apud Canibales mense decembri noctibus aequalem Melchiorius ipse mihi retulit ; sed id sphaerae ratio non patitur : quamuis eo mense auium aliae nidificarent, aliae filios iam natos in nidis haberent, et calor uigeret non mediocris. Abscondi totum Plaustrum sub Arctico polo atque occidere Custodes Canibalibus, mihi de altitudine poli ab horizonte diligentius scrutanti, enarrauit. Cui de iis maior sit fides quam huic adhibenda, nullus hoc itinere rediit. Si ergo fuisset astronomiae peritus diem fere noctibus aequalem dixisset : nullibi[a] enim terrarum aequa est uersus solstitia nox diei[b] ;

26. a. profunditate *H C* : -tem *A*.

27. a. *post* curarent *transp.* rem ad praefectum deferunt *H* || b. fluminum *H C* : fluuiuum *A*.

28. a. nullibi *CA* : -lubi *H* || b. *post* diei *add.* praeterquam equinoctialibus *H*.

atteint la ligne équinoxiale[66] puisqu'ils ont toujours eu pour guide l'étoile polaire[67], toujours haute, qui plus est, au-dessus de l'horizon. Les autres hommes de l'expédition n'ont en effet ni savoir livresque, ni savoir expérimental. Pour cette raison, apprends pour le moment en quelques mots et dans une lettre sans ordre les informations que j'ai pu réunir. Sous peu, je l'espère, tu recevras de moi d'autres nouveautés à découvrir : car l'Amiral, à qui je suis lié par une amitié personnelle, m'a de sa main écrit qu'il me révèlerait de manière très détaillée ce que le sort lui a dévoilé. Il a lui-même choisi un lieu élevé, près d'un port, pour y fonder une cité[68] et là, en quelques jours, dans la mesure où le permettait le peu de temps dont ils disposaient, nos hommes ont construit des maisons et une petite chapelle ; le jour où nous célébrons la fête solennelle des trois rois[69], fête sainte dans notre religion, la messe a été chantée par les treize prêtres[70] qui servent le culte dans un monde que l'on peut dire nouveau tant il est éloigné et étranger à toute civilisation comme à toute religion.

29. Comme approchait le moment où il avait promis de revenir auprès du roi et de la reine, et comme s'annonçait une navigation favorable, l'Amiral, sans vouloir tarder davantage, fit partir les douze caravelles dont nous avons mentionné l'arrivée[71]. Il restait très affligé par le massacre de nos hommes et c'est à cause de leur mort que beaucoup d'informations que nous devrions déjà posséder sur la nature de ces terres nous échappent. Pour que tu puisses apprendre des pharmaciens, des droguistes et des parfumeurs que tu as convoqués ce que ces régions produisent et quelle chaleur y règne, je t'envoie des graines de toute espèce, du bois et de la moëlle des arbres que l'on suppose être de la cannelle. Que tu veuilles goûter aux graines, aux petits pépins que tu en verras tomber ou au bois, Prince Illustrissime, effleure-les prudemment, du bout des lèvres : en effet, bien qu'ils ne soient pas dangereux, ils sont cependant redoutables, car leur âpreté extrême brûle la bouche, et ils piquent la langue s'ils sont trop longtemps en contact avec elle. Mais si par hasard tu te brûles la langue en les goûtant, cette sensation disparaît dès qu'on boit de l'eau. Le courrier t'apportera aussi des grains, des blancs et des noirs[72], du froment dont ils font le pain, offerts en mon nom à Ta Seigneurie ; il apporte le tronc d'un arbre, de l'aloès à ce qu'on dit : si tu ordonnes de le fendre, tu sentiras s'en dégager un doux parfum. Adieu. De la cour d'Espagne, le troisième jour avant les calendes de mai 1494[73].

ipsi uero aequinoctialem numquam tetigere, quandoquidem arcticum polum semper habuere ducem, et ab horizonte semper eleuatum. Sunt enim alii neque litterarum, aut rerum experientia periti : propterea breuibus nunc et incomposita epistola quae colligere potuerim accipito ; prope diem, uti spero, a me cetera quae detegentur habiturus. Scripsit enim ad me Praefectus ipse Marinus, cui sum intima familiaritate deuinctus, sese mihi latissime quaecumque fors ostenderit significaturum. Ipse propinquum portui cuidam editum locum ad ciuitatem condendam elegit, ibique intra paucos dies domibus, ut breuitas temporis passa est, et sacello erectis. Eo die quo trium regum sollemnia celebramus diuina nostro ritu, in alio potest dici orbe tam extero, tam ab omni cultu et religione alieno, sacra sunt decantata terdecim sacerdotibus ministrantibus.

29. Tempore, quo iam sese ad Regem et Reginam missurum fuerat pollicitus, appropinquante, et prospera nauigatione se offerente, non ultra cunctandum ratus Praefectus, duodecim has carauelas, quas aduentasse diximus[a], commeauit[b], non mediocri molestia, nostrorum internitione, confectus, quorum morte multa quae iam de illorum locorum natura cognosceremus adhuc nos latent. Vt pharmacopolis, syrophoenicibus et aromatariis accitis possis quid regiones illae ferant, quam calida sit earum superficies, dignoscere, ex granis omnis generis, ex libro atque[c] medulla earum arborum quas cynnami esse autumant[d], ad te mitto. Siue ex granis, siue ex animulis quibusdam quas ex ipsis granis decidisse conspicies, siue ex ligno gustare uolueris, Illustrissime Princeps, tenuiter admoto labello pertingito : sunt enim quamuis non noxia, ob nimiam tamen caliditatis acuitatem acria, et linguam, si in ea diu morentur, expungunt. Sed statim si forte eius degustatione lingua concoquatur, epota aqua asperitas illa tollitur. Ex frumento etiam quo panem conficiunt grana quaedam alba et nigra tabellarius meo nomine dignationi tuae dabit. Ligni quod aloes esse dicunt, truncum affert ; quod si iusseris scindi, suauem senties ex eo odorem emanare. [e]Vale ex hispana curia tertio Calendas maii 1494[e].

29. a. *post* diximus *add.* v nonas febr. mill. ccccxciii *H* || b. commeauit *C A* : destinauit *H* || c. atque *C A* : et *H* || d. autumant *H C* : autumnat *A* || e. — e. *C* : *om.* *H* uale *A*.

PIERRE MARTYR D'ANGHIERA, DE MILAN, PROTONOTAIRE APOSTOLIQUE ET CONSEILLER DU ROY, PRÉFACE AU TROISIÈME LIVRE DE LA DÉCADE OCÉANE AU CARDINAL LOUIS D'ARAGON[1]

1. Tu demandes une fois encore qu'un inepte Phæton conduise le char de Phœbus[2] ; tu soutiens que de la roche brute jaillissent d'agréables sources ; tu m'ordonnes, en me montrant des lettres à ce sujet du célèbre roi Frédéric, ton oncle[3], de te décrire ce Nouveau Monde[4], pour ainsi dire, situé à l'occident, qui était jusque là ignoré et fut découvert sous les auspices des Rois Catholiques, ton oncle Ferdinand et ta tante Isabelle. Vous recevrez tous deux ce joyau de grande valeur absurdement serti de plomb. Mais quand tu verras les érudits, amicalement, les détracteurs, par jalousie, les esprits caustiques, rageusement, diriger contre nos belles néréides, filles d'Océan, leurs traits écumants, tu leur avoueras franchement combien peu de temps tu m'as accordé, au milieu des difficultés et des problèmes de santé, pour rapporter en détail ces découvertes : ces quelques informations, que j'ai trouvées dans des documents personnels de l'amiral Colomb, tu sais que je les ai rassemblées aussi rapidement que ton secrétaire a pu les transcrire sous ma dictée. Car tu me harcelais quotidiennement, avançant que tu allais partir pour raccompagner dans sa patrie la reine de Naples[5], sœur de notre roi, ta grand-tante, que tu avais accompagnée ici. Pendant ce temps tu m'as contraint à composer chaque jour sans relâche une nouvelle lettre. Tu en trouveras deux adressées à un autre que toi car, tandis qu'on découvrait ces terres, j'avais commencé à correspondre avec le malheureux Ascanio Sforza, ton parent, cardinal et vice-chancelier ; mais

[a]PETRI MARTYRIS ANGLI MEDIOLANENSIS PROTONOTARII APOSTOLICI REGIIQUE CONSILIARII AD LVDOVICVM ARAGONIVM CARDINALEM IN OCEANEAE DECADIS LIBRVM TERTIVM PRAEFATIO INCIPITVR[a]

1. Petis iterum ut Phœbaeos currus ineptus Phaeton gubernet ; ex nudo silice suaues liquores exhaurire contendis ; Nouum, ut ita dixerim, terrarum orbem, Catholicorum Fernandi et Helisabeth Regum tibi patruorum ductu ab occidente, qui hactenus latitabat repertum ut ego describam, Federici Regis inclyti patrui tibi mihi litteras de hac re ostendens imperas. Pretiosum hunc lapillum plumbo inepte circumdatum ambo accipietis. Sed cum eruditos amice, detractores inuide, mordaces rabide in nostras formosas Nereides Oceaneas spumantia tela detorquere praesenties, quam breui spatio inter rerum angustias et ualetudinarium hos me conscribere coegeris ingenue profiteberis : scis namque me tanto celeriter ex Praefecti ipsius Marini Coloni archetypis pauca haec delegisse, quanto[a] tuus a manu famulus, qui me dictante scribebat, poterat exarare. Infestabas[b] namque me[c] quotidie, tuum discessum[d] obiiciens[e], ut nostri Regis sororem Parthenopaeam Reginam[f], tibi amitam, quam huc fueras comitatus, in patriam reduceres. Singulis interdum diebus singulos me libellos cudere adegisti[g]. Duos in prima fronte[h] alieno comperies nomine signatos, quod dum[i] ista quaerebantur, ad infelicem ego Ascanium Sfortiam tibi affinem Cardinalem Vicecancellarium[j] scriptitare incoeperam ; quo cadente

Titulus. a. — a. *C* : p. m. a. m. proto. aposto. regiique consiliarii ad ludouicum aragonium cardinalem in primae decadis caput tertium praefatio *A* p. m. a. m. protonotarii regii consiliarii ad iulium secundum pontificem maximum in decadis occeanee librum tertium praefatio *H*.

1. a. *post* quanto *add.* celeriter *H* || b. infestabas *C A* : instabas *H* || c. me *C A* : michi *H* || d. *post* discessum *add.* qui proximus erat *H* || e. *post* reduceres *transp.* obiiciens *H* || f. *post* reginam *add.* ueterem *H* || g. adegisti *C A* : coegisti *H* || h. *post* fronte *add.* libellos *H* || i. quod dum *C A* : dum namque *H* || j. *post* uicecancellarium *add.* dum fortuna fuit *H*.

lorsqu'il perdit le pouvoir je perdis, moi, l'envie d'écrire[6]. Désormais toutefois, ton intervention et les lettres écrites à mon intention par ton illustre oncle le roi Frédéric me l'ont redonnée. Appréciez les faits, non leur mise en valeur. Salut. De Grenade[7], le neuvième jour avant les calendes de mai[8].

2. Nous avons raconté, dans le livre précédent, que l'amiral Colomb avait parcouru les rivages des Cannibales et qu'il était arrivé à l'île d'Hispaniola avec sa flotte au complet quatre jours avant les nones de Février 1493[9]. Nous allons maintenant exposer en détail ce qu'il a découvert sur la nature de l'île au cours de ses recherches et ce qu'il trouva par la suite en parcourant l'île voisine, un continent à ce qu'il croit[10]. Cette île d'Hispaniola, qui est selon lui l'île d'Ophir, dont on parle dans le troisième livre des *Rois,* s'étend sur cinq degrés de latitude Sud[11], puisque sa côte septentrionale se trouve à vingt-sept degrés de latitude et sa côte méridionale, à ce qu'on rapporte, à vingt-deux degrés[12]. Elle mesure en longueur, d'est en ouest, sept cent quatre vingt milles[13]. Parmi les compagnons de l'amiral Colomb, nombreux sont ceux qui augmentent les dimensions de l'île à l'est et à l'ouest ; les uns annoncent que l'île est à quarante-neuf degrés de Cadix[14], les autres davantage, car on n'a encore établi aucune mesure sûre. L'île ressemble par sa forme à une feuille de châtaignier.

3. L'Amiral décida donc d'ériger une cité[15] sur une colline qui s'élève au nord de l'île, car, explique-t-il, près de cet endroit se dresse une haute montagne qui, grâce à ses carrières, permet à la fois de construire en pierre et de produire la chaux. En outre il y a au pied de cette montagne une vaste plaine, longue de soixante milles environ[16], mais dont la largeur est en certains endroits de douze milles[17], en d'autres, où elle est plus étroite, de six milles[18], en d'autres, où elle s'élargit, de vingt[19]. Plusieurs fleuves aux eaux salubres baignent cette plaine de part et d'autre, mais le plus grand d'entre eux, un fleuve navigable, se jette, à un demi-stade de là[20], dans le port situé au bas de la ville.

cecidit et mihi animus a scribendo. Quem tu nunc tuique inclyti patrui Regis Federici litterae ad me directae[k] excussistis. Rem, non picturam, degustate. Vale ex Granata IX Kl Maii[l].

2. Canibalium litora Colonum Praefectum Marinum percurrisse, ad Hispaniolamque insulam cum integra classe quarto[a] Nonas Februarii anni tertii et nonagesimi appulsum fuisse[b], superiore libro descripsimus. Nunc autem quid de insulae natura explorans repererit, quidue postea finitimam insulam continentem, uti credit, terram percurrens inuenerit, enarremus. Insula haec Hispaniola quam ipse Ophiram, de qua legitur Regum tertio, esse asseuerat, latitudinis est graduum australium quinque. Eleuatur enim a septentrione gradus septimus et uigesimus, a meridie uero, ut ipsi referunt, uigesimus secundus. Longitudo autem ab oriente in occidentem passuum millia octoginta super septingenta[c]. Ex ipsius Praefecti Coloni comitibus non desunt qui utramque insulae mensuram producant[d] ab oriente ad occidentem. Distare a Gadibus insulam[e] gradus[f] praedicant aliqui nouem et quadraginta, alii amplius, neque enim certam adhuc rationem reperere[f]. Insulae forma castaneae folium aemulatur.

3. Super edito igitur colle[a] a septentrione[b] ciuitatem erigere decreuit, quod huic loco mons eminens et saxi fodinis ad aedificandum et calcem concoquendam aptissimus[c] adiaceat. Inhaeret praeterea huius montis radicibus uasta planicies longitudinis millium passuum circiter sexaginta, latitudinis uero duodecim alicubi, alibi ubi angustior sit sex, ubi uero amplior uiginti. Planiciem salubrium aquarum flumina interluunt[d] plura, sed eorum maius et id nauigabile in portum, qui urbi subiacet, ad stadium dimidium cadit.

1. k. directae *C A* : missae *H* || l. ix kl maii *C*: ix kl maii mccccci *H* nono calendas maii mdxxiii *A*.

2. a. quarto *om. A* || b. appulsum fuisse *C A* : applicuisse *H* || c. septingenta *C A* : octingenta *H* || d. *post* producant *add.* longitudinem *H* || e. insulam *C A* : -la *H* || f. — f. *C A* : xlix *H.*

3. a. *post* colle *add.* in insule *H* || b. *post* septentrione *add.* latere *H* || c. *post* aptissimus *add.* quod sit ualde nemorosus *H* || d. interluunt *C A* : -lunt *H.*

4. Observe quelles sont la générosité du sol et la fertilité de cette vallée, d'après ceux qui y sont allés. Sur la rive de ce fleuve les nôtres ont délimité, pour les cultiver, des jardins où ils ont récolté, quinze jours après avoir semé, des légumes de toute sorte comme, par exemple, des radis noirs, des laitues, des choux, de la bourrache et d'autres du même genre ; nos hommes récoltèrent des melons, des courges, des concombres et d'autres fruits de ce genre après trente-cinq jours. Ils disaient cependant que nulle part ils n'en avaient mangé de meilleurs. Ils ont toute l'année des produits frais du jardin. Des racines de canne, de la sève desquelles on fait du sucre, produisirent même en quinze jours des cannes hautes d'une coudée ; mais leur sève ne durcit pas. Il en va de même, dit-on, pour les plantes obtenues par provins ou par sarments ; et la seconde année après avoir planté des vignes ils mangèrent, à ce qu'ils rapportent, des raisins sucrés ; mais comme ils sont très gros, il y en a peu. Par ailleurs un paysan sema un peu de blé aux environs des calendes de février[21] et, phénomène admirable, apporta à la cité, pour que tous le vissent, une gerbe d'épis mûrs trois jours avant les calendes d'avril[22], jour qui, cette année-là, était la veille de la Résurrection du Seigneur. Tous les légumes mûrissent deux fois par an. J'ai transcrit là ce qu'ils ont tous rapporté d'une seule voix, à leur retour, sur la fertilité de cette terre. Quelques uns cependant assurent qu'elle n'est pas féconde en blé sur toute son étendue.

5. Entre temps, pendant que se déroulaient ces événements, l'Amiral envoya trente hommes, dans des directions différentes, pour explorer la région de Cipango ou Cibao[23]. Or cette région est montagneuse et rocheuse, ainsi que l'arête médiane qui traverse l'île toute entière et elle est riche en or, à en croire les signes des habitants. Les hommes envoyés par l'Amiral reviennent en rapportant des récits extraordinaires sur les richesses de la région.

6. De ces montagnes descendent quatre fleuves immenses qui, accueillant tous les autres dans leur cours, partagent toute l'île en quatre parties presque égales, par un ouvrage naturel digne d'être mentionné. Ils se dirigent, en effet, l'un droit vers l'est – il est appelé Yunna par ceux qui en habitent les rives – un autre, qui lui tourne le dos, vers l'occident : on l'appelle Hatiboni. On appelle Yaque le troisième, qui coule vers le nord, et Naiba le dernier, qui part vers le sud[24].

21. C'est-à-dire aux environs du premier février 1494.
22. C'est-à-dire le 30 mars 1494.

4. Quanta sit eius uallis ubertas, quanta soli benignitas, eorum relatu aduerte. In huius fluminis ripa hortos[a] colendos limitibus concluserunt, ex quibus de omni holerum genere, ut puta raphanorum, lactucarum, caulium, boraginum, et aliorum huiuscemodi ; intra diem a iacto semine sextum decimum uulgo matura euulsa sunt ; melones, cucurbitas, cucumeres, et alia id genus in diem sextum et trigesimum carpserunt. Sed nusquam se meliores umquam comedisse aiebant. Haec hortensia toto anno habent recentia. Cannarum radices, ex quarum succo saccarum extorquetur, cubitales cannas sed non coagulatur succus intra quindecimum etiam diem emiserunt. De plantatis propaginibus aut sarmentis[b] itidem aiunt, et secundo a plantatione anno suaues ex eis uuas comedisse, ast ex nimia ubertate racemos edunt perpaucos. Rusticus praeterea quidam tritici parumper circiter Calendas Februarii seminauit, res miranda, in omnium conspectum maturum spicarum manipulum tertio Calendas Aprilis, qui eo anno erat uigilia Resurrectionis Dominicae, secum ad urbem tulit. Legumina quaeque quotannis maturescunt bis. Scripsi quae omnes uno ore inde redeuntes de eius terrae fetura retulerunt ; nonnulli tamen ferunt tritici non esse terram feracem in uniuerso.

5. Interea dum ista agerentur, triginta uiros qui Cipangi alias Cibaui regionem explorarent per diuersa dimisit Praefectus[a]. Est autem haec regio montosa[b] saxea, et medium totius insulae dorsum, in qua maximam esse auri copiam incolae signis ostendebant. Missi a Praefecto de regionis opibus mira referentes reuertuntur.

6. Ex illis[a] montibus quatuor ingentia flumina defluunt, quae totam insulam reliqua suis alueis suscipiendo[b], memoranda naturae industria, in quatuor fere partes aequales diuidunt. Tendunt enim unus recta ad orientem qui ab accolis Iunna uocatur, ad occidentem alius huic terga uertens qui Attibunicus, tertius ad septentrionem quem Iachem[c] appellant, ultimus ad meridiem, quem Naibam.

4. a. *post* hortos *add.* multi *H* || b. sarmentis *C A* : siccis pampinis *H*.
5. a. praefectus *om. H* || b. montosa *C A*: -tuosa *H*.
6. a. illis *C A* : eis *H* || b. reliqua suis alueis suspiciendo *om. H* || c. iachem *CA* iathem *H*.

7. Mais revenons à la ville qu'on allait fonder : après l'avoir entourée de fossés et de levées de terre, afin que ceux qui resteraient là pussent se protéger si, en l'absence de l'Amiral, les habitants de l'île essayaient de les attaquer[25], la veille des ides de mars[26] l'Amiral en personne se rend, avec tous les cavaliers et environ quatre cents fantassins, dans la région de l'or, droit au sud. Il passe un fleuve, traverse une plaine, franchit la montagne qui borde l'autre côté de la plaine. Il arrive dans une autre vallée, qu'arrosent un fleuve plus grand que le premier et de nombreux autres de moindre importance. Il fait traverser son armée ; après que cette vallée, aussi profonde que la première, a été franchie, il fraie la troisième montagne, qui jusqu'alors n'était pas praticable, et descend dans une autre vallée qui marque déjà le début de Cibao[27]. Dans celle-ci coulent des fleuves et de toutes les collines descendent des ruisseaux dont les sables, sans exception, contiennent de l'or.

8. Comme il avait déjà parcouru, dans la région de l'or, soixante-douze milles[28] depuis la cité, il décida de fonder un fort sur une colline, au bord d'un grand fleuve, afin d'explorer progressivement et en sécurité, à partir de là, l'intérieur de la région qui restait inconnu : il appela ce fort San Tomás[29]. Pendant qu'il le faisait construire des habitants de cette contrée, qui désiraient des grelots et d'autres objets européens, venaient chaque jour et entraînaient du retard ; mais l'Amiral leur fait comprendre qu'il leur donnerait très volontiers ce qu'ils demandaient pourvu qu'ils apportassent de l'or. Alors, faisant demi-tour en entendant cette promesse, ils couraient vers une rivière proche et revenaient au bout de peu de temps, les mains pleines d'or. Un habitant très âgé, qui ne demandait qu'un grelot, apporta deux pépites pesant presque une once[30] et, voyant l'étonnement admiratif des nôtres devant la grosseur des pépites, surpris de cet étonnement, il faisait comprendre qu'elles étaient petites et sans aucune valeur. Et, ayant pris dans sa main quatre pierres dont la plus petite était de la taille d'une noix, et la plus grosse de la taille d'une grosse pomme d'or, il disait que sur le territoire où il était né, à une demi-journée de là[31], on trouvait partout des pépites d'or aussi grosses que celles-là, et que dans les régions voisines on ne se souciait pas de ramasser l'or. On sait en effet que ces hommes ne font pas grand cas de l'or en tant que tel, mais l'apprécient lorsque l'artisan a appris à le façonner ou à le travailler pour lui donner la forme qui agrée

7. Sed redeamus ad condendam urbem. Fossis et aggeribus urbe circumuallata, ut si eo absente proelium incolae tentarent, sese qui relinquebantur tutari possint, pridie Idus Martii cum omnibus equitibus, peditibus autem circiter quadringentis ipsemet ad auriferam regionem recta ad meridiem proficiscitur. Fluuium praeterlabitur, transgreditur planiciem, montem qui aliud planiciei latus cingit superat. In aliam conuallem, quam flumen priore maius, aliaque multa mediocria interluebant, incidit ; exercitum traducit. Hac ualle, quae priore nulla parte inferior est, superata, tertium montem facit peruium, qui hactenus fuerat inuius, descenditque in aliam conuallem quae iam Cibaui est initium. Per hanc flumina et ex omni colle riui currunt, in quorum omnium arenis aurum reperiebatur.

8. Cum iam secundum et septuagesimum ab urbe lapidem intra regionem auriferam profectus fuisset, in magni cuiusdam fluminis ripa eminenti super colle condere arcem instituit, ut interioris regionis secreta inde tuto paulatim scrutarentur : hanc arcem Sancti Thomae nomine insigniuit. Dum interea arcem aedificaret, eius regionis incolae[a], tintinnabulorum et aliarum rerum nostratium cupidi, quotidie moram trahentes[b] adibant. Praefectus uero Marinus se illis quae peterent libentissime daturum, si aurum ferrent, insinuat. At illi dato tergo ad haec promissa ad ripam propinquiorem currentes, intra breue temporis spatium onustis auro manibus redibant. Grandaeuus incola duos auri calculos ponderis unius fere unciae tintinnabulum tantummodo petens attulit, qui, cum nostros calculorum magnitudinem admirari conspiceret, eorum admiratione admiratus, eos esse paruos ac nullius momenti calculos innuebat, captisque manu quatuor lapidibus, quorum minor nucem, maior autem grande aureum aequabat malum, adeo magnos auri globos in solo natali suo, quod ad dimidiam inde dietam distabat, passim reperiri aiebat, nec apud uicinos suos magnae curae esse aurum colligere. Cognitum enim est illos aurum, in quantum est aurum, non magnificare[c], sed tanti illud aestimare quanti artificis manus in formam cuique gratam diducere aut conflare

8. a. incolae *C A* : accole *H ut semper* || b. trahentes *ego* : -ntem *H C A* || c. magnificare *H C* : -ifare *A*

à chacun. Qui achèterait au prix fort du marbre brut ou de l'ivoire non travaillé ? Personne assurément. Mais si Phidias ou Praxitèle, par leur talent, en ont fait la statue d'une néréide aux longs cheveux ou d'une hamadryade merveilleusement sculptée, on trouvera partout des acheteurs.

9. À la suite de ce vieillard arrivèrent aussi plusieurs autres insulaires qui apportèrent des pépites de dix et douze drachmes[32], et ils osèrent affirmer que là où ils avaient ramassé cet or, on avait parfois trouvé des pépites atteignant la taille de la tête d'un enfant qu'ils montraient. Pendant qu'il s'attardait là quelques jours, l'Amiral envoya, pour explorer une partie de la région, un certain Luxan[33], jeune homme de noble naissance, avec quelques hommes armés. Celui-ci rapporta que les habitants lui avaient transmis des informations plus extraordinaires encore, mais il ne ramena rien. On pense que cela s'explique par un ordre de l'Amiral.

10. Les habitants de ces îles possèdent des forêts pleines d'aromates, mais non de ceux que nous utilisons, qu'ils récoltent de la même manière qu'ils ramassent l'or : c'est-à-dire que chacun en ramasse autant que nécessaire pour obtenir des habitants de l'île voisine, par un échange, quelque chose qui lui plaît : par exemple des plats longs, des sièges et des objets de ce genre, qu'on fabrique dans les autres îles à partir d'un bois noir[34] qui ne pousse pas à Hispaniola.

11. Revenant auprès de l'Amiral aux environs des ides de mars, Luxan trouva dans les forêts des raisins sauvages, mûrs, excellents selon ses dires. Mais les insulaires n'en font aucun cas. Bien que cette région soit rocheuse, puisqu'en leur langue elle s'appelle Cibao, ce qui signifie « rocheux », elle est cependant couverte d'arbres et d'herbe. Bien plus, nos hommes disent même que si l'on coupe l'herbe de ces montagnes, la seule plante qui y croisse, elle repousse en quatre jours plus haut que le blé. Ils rapportent que les pluies sont fréquentes en cette région, et que cela explique la présence de rivières et de fleuves si abondants. Et comme le sable de ces fleuves est partout mêlé d'or, on présume que cet or est charrié depuis les montagnes par les torrents.

12. Il est manifeste que ce peuple est paresseux, car parfois, pendant les rigueurs de l'hiver, ces hommes tremblent de froid dans les montagnes, et alors qu'ils possèdent des forêts de gossapin très abondantes, ils ne cherchent pas à se faire des vêtements. Dans les vallées ou les régions de plaines, on n'a cependant pas froid du tout.

didicerit. Quis rude marmor, aut ebur incultum comparat magno ? Nullus equidem. Sed si Phidiae aut Praxitelis dextra fabrefactum in comatam Nereidem, aut Hamadriadem pulchre formatam prodierit, nusquam emptores deerunt.

9. Praeter[a] hunc senem, accesserunt et alii plures, qui decem et duodecim drachmarum[b] calculos attulerunt, ausique sunt fateri, ubi aurum illud collegerant, auri globos pueri caput, quem ostendebant, aequantes fuisse aliquando repertos. Dum ibidem dies aliquot moraretur, Luxanum quemdam, iuuenem nobilem cum paucis armatis regionis partem exploratum misit. Hic etiam maiora sibi ab incolis fuisse dicta[c] retulit ; nihil tamen attulit. Ex Praefecti putant mandato ita fieri.

10. Aromatibus, sed non iisdem[a] quibus nos utimur, habent plena nemora, quae pari modo colligunt ut aurum, tantum scilicet unusquisque quantum permutando aliquid sibi gratum a finitimarum insularum incolis assequantur, ut puta paropsides[b], sedilia et huiuscemodi quae in aliis insulis ex nigro quodam ligno, quo ipsi carent, conficiuntur.

11. Rediens ad Praefectum Luxanus, circiter Idus Martii, labruscas in siluis maturas inuenit, optimi, ut ait, saporis. Sed nulla est insularibus de his cura. Est haec regio quamuis saxea, nam eorum lingua Cibauum[a], id quod saxosum sonat, arborifera tamen et herbida. Immo et aiunt herbam eorum montium, quae solum gramen est, si scindatur quatuor dierum intercapedine tritico altiorem crescere. Frequentes in ea pluuias cadere referunt : hinc esse riuos et flumina adeo crebra ; quorum cum sit arena ubique auro commixta[b], ex montibus illud aurum detrahi per torrentes autumant.

12. Gentem constat esse otiosam, nam interdum hieme urgente tremunt in montibus frigore, nec cum sint illis nemora gossipio refertissima, uestes sibi laborare student. In uallibus autem uel campestribus locis minime frigescunt.

9. a. praeter *C A* : post *H* || b. drachmarum *C A* : dragmarum *H* || c. dicta *C A* : insinuata *H* .

10. a. iisdem *C A* : hisdem *H* || b. paropsides *C A* : parapsides *H* .

11. a. cibauum *C A* : -anum *H* || b. commixta *C A* : inuoluta *H*.

13. Ainsi, après avoir fait avec soin ces recherches dans les premiers territoires de Cibao, on revint à Isabela – c'est le nom de la cité – aux calendes d'avril, la veille du jour de la Résurrection[35]. Ensuite, ayant laissé pour gouverner cette ville et l'île toute entière son frère et un certain Pedro Margarit, ancien courtisan[36], l'Amiral se prépare à parcourir[37] ce qu'il pensait être un continent, à seulement soixante-dix milles de là[38], se souvenant de l'ordre royal qui l'avait engagé à se hâter de visiter les nouveaux rivages, de peur qu'un autre roi ne cherchât à placer le premier ces terres sous sa domination. En effet le roi du Portugal annonçait publiquement que la découverte de ces territoires inconnus l'intéressait. Mais le Souverain Pontife Alexandre VI accorda au roi et à la reine d'Espagne, par des bulles plombées, un décret établissant qu'aucun autre prince ne devait oser étendre sa domination sur ces régions inconnues. Pour éviter tout litige on établit une ligne droite du nord au sud de la Terre, au delà du parallèle des îles qu'on appelle îles du Cap-Vert, de façon à ce que la démarcation soit à cent lieues de celles-ci, puis à trois cents, après qu'un accord a été conclu[39] ; nous pensons que ces îles sont les Hespérides. Ce territoire est la propriété du roi du Portugal, et c'est de là que ses marins, qui découvraient chaque année de nouveaux rivages, tournaient leurs proues vers l'orient, traversant les mers des Ethiopiens, laissant toujours l'Afrique à bâbord derrière eux. Et jamais, partant des Hespérides, les Portugais n'avaient encore navigué vers le sud ni vers l'occident.

14. S'éloignant donc avec trois navires vers la terre que, lors du dernier voyage, les nôtres avaient appelée Juana en croyant que c'était une île, l'Amiral y parvint en peu de temps et en appela l'extrémité Alpha Oméga, dans la pensée que là est la limite de notre orient, puisque le soleil s'y couche, et de l'occident puisqu'il s'y lève[40]. L'Amiral soutient en effet qu'à l'ouest de cette terre se situe le début de la partie de l'Inde située au-delà du Gange, et qu'à l'est s'en trouve l'extrême limite. Et cela n'a rien d'absurde

13. His ita in initio regionis Cibaui[a] diligenter perquisitis, Calendis Aprilis, quem diem Resurrectio sequebatur, ad Isabelam, id est urbis nomen, reuertitur. Vnde in eius et totius insulae gubernationem fratre suo et Petro quodam Margaritaeo, regio antiquo familiari, relictis, ad discurrendam quam arbitrabatur continentem terram, quae inde septuagesimum tantum lapidem distabat, sese accingit, regii imperii memor, qui illum admonuerant ut percurrere noua litora festinaret[b], ne Rex alius quisquam prius suae ditionis terras illas subdere studeret. Rex enim Portugaliae publice sua interesse latentia illa detegere aiebat. Summus uero Pontifex Alexander Sextus[c] Regi et Reginae Hispaniarum per plumbatas concessit bullas, ne quis princeps alius incognitas illas regiones pertingere auderet. A septentrione ad austrum linea recta extra[d] parallelum insularum[e] quae dicuntur Caput Viride[f] proiecta, ut dissidii causa tollatur leucas centum, ex composito demum tercentum ; credimus has insulas esse Hesperides[f]. Hae[g] sunt regis Portugaliae et inde sui nautae, noua litora quotannis detegentes, semper in leuam a tergo Africae, per Aethiopum maria, ad orientem uertebant proras, neque ab Hesperidibus[h] unquam ad meridiem, aut ad occidentem Portugalenses adhuc[i] nauigauerant[j].

14. Cum tribus igitur nauigiis discedens ad eam regionem quam, prima nauigatione, insulam existimans, Ioannam uocitarant, breui tempore peruenit[a], uocauitque eius initium Alpha Omega[b], eo quod ibi finem esse nostri orientis, cum in ea sol occidat, occidentis autem cum oriatur, arbitretur. Instat enim esse ab occidente principium Indiae ultra Gangem, ab oriente uero terminum ipsius ultimum. Neque enim absonum penitus est, cum Gangetidis Indiae terminos indiscretos

13. a. cibaui *C A* : -ani *H* || b. admonuerat ut percurrere noua littora festinaret *ego* : admonuerant ut percurrere noua littora festinaret *C* admonuerant percurrere noua littora festinaret *A* ut percurrere noua littora quotquot posset festinaret admonuerat *H* || c. alexander sextus *om. H* || d. extra *C A* : per *H* || e. *post* insularum *add.* cassiteridum *H* || f. — f. *om. H* || g. *ante* hae *add.* nam *H* || h. ab hesperidibus *C A* : a cassiteridibus *H* || i. adhuc *om. H* || j. nauigauerant *C A* : -runt *H.*

14. a. breui tempore peruenit *C A* : intra paucos dies applicuit *H* || b. alpha omega *ego* : alpha o. *H C A ut semper.*

puisque les cosmographes ont laissé indécises les limites de l'Inde au-delà du Gange, et que, pour de nombreux savants, les rivages de l'Inde ne sont pas à une longue distance des côtes espagnoles[41]. Les indigènes appellent cette région Cuba ; et en vue de celle-ci, à la pointe d'Hispaniola, l'Amiral trouva un port très pratique : l'île en ce lieu se replie naturellement sur elle-même en un large golfe. L'Amiral baptisa ce port San Nicolás[42] ; Cuba en est distante d'à peine vingt lieues[43].

15. L'Amiral fait donc la traversée et, choisissant de longer la côte sud de Cuba[44], il se dirige vers l'ouest. On commence l'exploration. Plus l'Amiral avançait, plus les côtes s'étendaient vers le large et s'incurvaient vers le sud. Sur le flanc de Cuba, au sud, l'Amiral trouve une première île que les habitants de là-bas appellent Jamaïque[45]. Il prétend que cette île est plus longue et plus large que la Sicile et qu'elle possède une montagne unique qui s'élève, depuis la mer, de toutes les régions de l'île jusqu'au centre. Cette montagne s'élève si doucement pour former une arête qu'en l'escaladant on s'aperçoit à peine qu'on monte. L'Amiral affirme que l'île est aussi fertile et peuplée sur les côtes que dans les régions de l'intérieur, et les habitants des îles voisines reconnaissent que ceux de cette île ont un esprit plus vif que les autres insulaires, sont plus habiles et plus belliqueux : en effet à plusieurs reprises ils marchèrent contre l'Amiral qui voulait aborder, nombreux et menaçants, et cherchèrent assez souvent l'affrontement. Mais vaincus, tous nouèrent à chaque fois des liens d'amitié avec lui.

16. Après avoir quitté la Jamaïque, l'Amiral navigua donc soixante-dix jours vers l'ouest, grâce au souffle favorable des vents, et il pense qu'en contournant la terre à une latitude plus basse que la nôtre il est parvenu pour la première fois de l'autre côté de la Perse, non loin de la Chersonèse d'or située à notre orient[46], car il croit qu'il ne lui reste à parcourir que deux heures de soleil sur les douze qui étaient inconnues de nous. En effet les anciens avaient laissée intouchée la moitié de la course du soleil, puisque seule la distance terrestre de Cadix au Gange ou à la Chersonèse d'or est

cosmographi reliquerint, nec desint qui ab Hispanis oris non longe Indica litora discedere sentiant. Cubam incolae hanc partem uocant, in cuius prospectu in Hispaniolae angulo extremo, portum reperit commodissimum ; sinum enim in se recipit latum[c] in ea parte ipsa insula. Hunc portum Sancti Nicolai[d] nomine insigniuit. A quo uix uiginti[e] leucas recedit Cuba.

15. Transfretat igitur et Cubae meridionale latus capiens, ad occidentem uergit. Incipiunt illi[a]. Quo ulterius procedebat, tanto magis litora in latum[b] protendi et ad meridiem curuari[c]. In Cubae latere ad meridiem primam reperit insulam quam incolae Iamaicam uocant[d]. Hanc insulam Sicilia longiorem latioremque praedicat, uno tantum monte contentam, qui ab omnibus sui partibus a mari incipiens paulatim usque ad insulae medium eleuatur, atque ita leniter sese in dorsum extendit ut ascendentes uix se ascendere sentiant. Tam in litore quam in internis feracissimam et populis plenam esse asseuerat, incolasque eius ceteris insularibus ingenio acutiores ac mechanicis artibus magis deditos, bellicosioresque finitimi[e] fatentur. Nam pluribus in locis uolenti Praefecto terram capere, armati ac minitantes occurrerunt, pugnasque saepius attentarunt, sed uicti semper amicitiam omnes cum Praefecto iniere.

16. Iamaica igitur relicta, ad occidentem, prospero uentorum flatu, septuaginta dies nauigauit, seque non longe ab Aurea Chersoneso nostri orientis, ultra Persidem initio[a] perrexisse, per inferiorem nobis Terrae ambitum arbitratur. Credit enim se duas tantum solis horas de duodecim, quae nobis erant incognitae, reliquisse[b]. Dimidium enim solis cursum ueteres intactum reliquerant, cum eam tantum Terrae superficiem, quae a Gadibus usque ad Gangem uel ad Auream usque Chersonesum, discussam

14. c. latum *C A* : amplissimum *H* || d. nicolai *C A* : michaelis *H* || e. uix uiginti *C A* : duas de uiginti *H.*

15. a. *post* illi *distinxi* || b. latum *A* : -tus *HC* || c. *post* curuari *add.* ita ut amplissima iam ex cuneali et acuta primum terra illi in dies fieret australioremque se magis reperiret *H* || d. uocant *C A* : cosmographi autem nostri ut ipse credit ioannam maiorem appellant. sed minime uerum quom ioannam ad mare rubrum mittant *H* || e. finitimi *C A* : -timini *H.*

16. a. initio perrexisse *C A* : -tium applicuisse *H* || b. *ante* reliquisse *add.* ignotas *H.*

calculée avec certitude[47]. Dans ce voyage il rencontrait chaque jour des flots agités comme des torrents, des tourbillons houleux laissant voir les hauts-fonds, d'étroits et innombrables bras de mer que formaient les îles, très nombreuses et très rapprochées les unes des autres.

17. Cependant, faisant peu de cas de tous ces dangers, il décida d'avancer jusqu'à savoir avec plus de certitude si Cuba était une île ou un continent. Longeant toujours les rivages de cette île vers l'ouest, il parcourut ainsi en mer plus de deux cent vingt-deux lieues, selon son rapport, c'est-à-dire mille trois cents milles environ[48]. Il baptisa à bâbord sept cents îles[49], à ce qu'il ose prétendre en personne, et en laissa plus de trois mille, éparpillées sur les flots. Mais revenons aux découvertes dignes de mémoire qu'il a faites pendant sa navigation : comme il étudiait désormais la nature des lieux en longeant le rivage de Cuba, il trouva, à une courte distance d'Alpha Oméga, c'est-à-dire l'extrémité de cette île, un port capable d'abriter de nombreux navires ; l'entrée en effet en est incurvée, entourée de promontoires qui arrêtent de part et d'autre les vagues qui arrivent. Mais à l'intérieur l'espace est vaste et la mer profonde[50]. En parcourant les rives de ce port il vit deux petites cases non loin du rivage et, en plusieurs endroits, un feu allumé ; des navires, il envoie des hommes armés jusqu'à ces petites cases. Ceux-ci débarquent, ne découvrent personne mais trouvèrent cependant cent livres environ de poisson cuisant sur des broches, et, parmi les poissons, deux serpents de huit pieds[51]. Ils regardent autour d'eux à la recherche d'habitants. Comme personne ne se présentait à leur vue, puisqu'à l'arrivée des nôtres les propriétaires des poissons avaient battu en retraite dans les montagnes, ils se mettent à table, et, joyeux, profitent des poissons pêchés par d'autres hommes. Ils laissent les serpents, dont ils affirment qu'ils ne diffèrent en rien des crocodiles égyptiens excepté par la grandeur : en effet, d'après Pline[52], on a trouvé des crocodiles de dix-huit coudées[53], alors que les plus grands des serpents de Cuba n'ont que huit pieds.[54]

18. Entrant dans un bois proche, après s'être rassasiés, ils trouvèrent plusieurs de ces serpents attachés aux arbres dont les uns avaient la gueule fermée par des cordes et les autres les dents arrachées. Comme

habeamus. Hoc itinere in currentia more torrentis maria, in uadosos gurgites, in angustias innumeras propter insularum adiacentium multitudinem, quotidie incidebat.

17. Omnia tamen haec pericula parui faciens tantum procedere instituit, donec an insula esset Cuba, an terra continens certior fieret. Nauigauit igitur eius semper litora abradens ad occidentem duas leucas et uiginti supra bis centum[a], ut ipse ait[b] ; hoc est millia passuum[c] circiter tercentum et mille. Septingentisque insulis nomen imposuit in laeuam, plusquam tribus millibus passim, ut ipse dicere audet, relictis. Sed ad ea quae memoratu digna inter nauigandum reperiebat reuertamur. Cum iam per Cubae latus locorum naturam adnauigans perquireret, ab Alpha Omega, idest ab eius initio, non magno tractu portum multarum nauium[d] capacem reperit. Falcatus enim est eius introitus, promontoriis utrimque uenientes undas recipientibus inclusus. Intus autem ingens spatium et immensa profunditas. Portus litora ambiens casulas[c] uidit non procul a litore culmeas duas[e], pluribusque in locis ignem accensum ; demittit e nauibus uiros quosdam armatos qui casulas adeant. Descendunt, neminem reperiunt, uerubus tamen ligneis appositas[f] ignibus piscium libras circiter centum, duosque octipedales serpentes cum piscibus ipsis inuenere. Admirati si quos incolas uideant, circumspiciunt ; cum nemo illis in toto prospectu sese offerret, uenientibus enim nostris sese ad montana piscium domini receperant, discumbunt et captis alieno labore piscibus laeti fruuntur. Serpentes relinquunt, quos nihilo penitus ab Aegyptiis crocodillis differre affirmant praeterquam magnitudine, nam crocodillorum ait Plinius aliquos fuisse repertos duo de uiginti[g] cubitorum, horum autem maiores octipedales.

18. Propinquum nemus, postmodum iam saturi, ingredientes ex iis serpentibus arboribus funiculis alligatos plures comperere, quorum ora alii funibus astricta, dentes alii[a] euulsos habebant.

17. a. bis centum *C A* : tercentum *H* || b. ut ipse ait *om. H* || c. passuum *A* : -im *H C* || d. multarum nauium *C A* : ab omni procella et tempestate tutissimum omniumque nauium quas maria sustinent *H* || e. *post* duas *add.* apud illasque *H* || f. appositas *C A* : -tis *H* || g. duo de uiginti *C A* : duorum et triginta *H*.

18. a. dentes alii *C A* : *transt. H.*

ils examinaient ensuite le voisinage du port ils virent, au sommet d'un rocher élevé, environ soixante-dix hommes, qui s'étaient enfuis à l'arrivée des nôtres pour découvrir depuis ce refuge ce que voulait ce nouveau peuple. Les nôtres s'efforçaient de les attirer à eux par des gestes, des signes et des flatteries ; un indigène s'avança, poussé par l'espoir d'obtenir les présents offerts de loin mais, effrayé, s'arrêta à un rocher proche. Alors l'Amiral, qu'accompagnait un certain Diego Colomb[55] élevé parmi les siens, jeune homme à qui il avait fait quitter une île voisine de Cuba, appelée Guanahaini, pour l'emmener avec lui lors de la première navigation, l'Amiral donc, avec pour interprète Diego, dont la langue natale était très proche de celle de ces hommes, s'adresse à l'îlien qui s'était avancé. Et sans plus de crainte l'indigène s'approche et persuade les autres de venir en toute confiance et sans peur. A cette parole soixante-dix hommes environ descendent des rochers jusqu'aux navires ; ils se lient d'amitié et l'Amiral leur offre des cadeaux ; il apprit qu'ils étaient des pêcheurs, envoyés à la pêche par leur roi qui préparait un festin solennel pour un autre souverain. Ils accueillirent avec calme et bonne humeur le fait que les hommes de l'Amiral aient mangé les poissons mis à cuire, puisqu'ils avaient laissé les serpents : il n'existe en effet aucun aliment dont ils font autant de cas que ces serpents. Les gens du peuple, chez eux, ont moins le droit d'en manger que, chez nous, des faisans ou des paons. Quant aux poissons, ils assurent qu'ils en pêcheront autant dans la nuit qui vient. Quand on leur demanda pourquoi ils se préparaient à cuire les poissons qu'ils allaient apporter à leur roi, ils répondirent que c'était afin de pouvoir les apporter au roi encore frais et sans qu'ils se fussent gâtés. Après s'être donné la main droite en signe d'amitié, les uns et les autres retournent à leurs tâches.

19. L'Amiral suit le soleil couchant comme il l'avait décidé. Entre l'extrémité de Cuba qui a été appelée, nous l'avons dit, Alpha Oméga par l'Amiral, et ce port, les rivages, bien que plantés d'arbres, étaient cependant escarpés et montagneux. Certains des arbres étaient fleuris et exhalaient jusqu'à la mer de doux parfums ; d'autres étaient chargés de fruits. Mais de l'autre côté du port la terre est plus fertile et plus peuplée, et les habitants de

Cum deinde portus uicina scrutarentur, circiter septuaginta homines in cuiusdam altae rupis culmine uiderunt, qui nostris adeuntibus[b] profugerant, ut inde quid sibi uellet haec noua gens perdiscerent. Nutibus et signis blanditiisque nostri illos adducere conabantur ; munerum oblatorum a longe spe motus accessit unus, sed in propinquam rupem tamen timenti similis. Almirantus[c] autem, qui secum habebat Didacum quemdam Colonum[d], inter suos educatum iuuenem, [e]prima nauigatione abductum ex insula Cubae uicina nomine Guanahaini[e], Didaco interprete, cuius lingua patria fere horum linguae quadrabat, insularem qui propius[f] uenerat[g] alloquitur ; metu deposito adit[h] incola, ceterisque ut tuto uenirent[i] nec uererentur persuadet. Nuntio habito, ex rupibus ad naues circiter septuaginta descendunt ; amicitiam ineunt[j], muneribus a Praefecto donantur. Esse piscatores a Rege suo, qui sollemne conuiuium alteri Regi parabat, piscatum missos Praefectus cognouit. Quod pisces ignibus appositos Praefecti gens comederit, aequo libentique animo passi sunt, quandoquidem serpentes[k] reliquere : neque enim quicquam est inter edulia quod tanti faciant quanti serpentes illos. Popularibus[l] eos comedere minus licet[m], quam apud nos phasianos aut pauones. De piscibus autem se totidem ea nocte capturos dicunt. Interrogati cur pisces quos Regi suo laturi erant coquere pararent, ut recentiores et incorruptos illos afferre possent responderunt. Ita dextris in amicitiam iunctis, ad sua quisque proficiscitur.

19. Sequitur Almirantus, ut instituerat, solem occidentem. A principio Cubae quod Alpha Omega uocatum ab Almiranto diximus, litora ad hunc portum, media quamuis arboribus consita, aspera tamen et montosa[a]. Ex arboribus floridae erant aliae et ad mare suaues ex se odores emittebant, aliae uero fructibus onustae. Vltra portum autem terra est feracior populosiorque,

18. b. nostris adeuntibus *C A* : ipsis applicantibus *H* || c. almirantus *C A* : praefectus *H ut semper* || d. *post* colonum *add.* a teneris annis *H* || e. — e. *C A* : iam insularium linguam callentem cuius idioma erat istorum linguae fere simile didaco interprete *H* || f. propius *H C* : proprius *A* || g. uenerat *C A* : accesserat *H* || h. adit *C A* : accessit *H* || i. uenirent *C A* : accederent *H* || j. ineunt *A* : iniunt *H C* || k. *post* serpentes *add.* intactos *H* || l. *ante* popularibus *add.* ita quod *H* || m. licet *C A* : liceat *H.*

19. a. montosa *C* : -tuosa *H A.*

cette région sont plus sociables et plus friands de nouveauté que les autres : tous en effet rivalisaient de vitesse pour gagner le rivage après avoir aperçu nos navires, offrant à nos hommes le pain qui constitue leur propre nourriture et des calebasses emplies d'eau, et ils les invitaient à descendre à terre. Les îles possèdent toutes un arbre qui produit des calebasses, aussi grand que les ormes : les insulaires s'en servent pour boire mais ne les mangent pas car, dit-on, la pulpe en est plus amère que le fiel ; l'écorce en est aussi dure que l'écaille de tortue.

20. Aux ides de mai[56], alors que depuis un poste élevé, les vigies regardaient au sud-ouest, elles virent des îles nombreuses et rapprochées. Elles remarquèrent qu'elles étaient couvertes d'herbe, verdoyantes, plantées d'arbres, fertiles, et habitées[57]. L'Amiral, sur une terre proche, rencontre un fleuve navigable dont les eaux étaient si chaudes que personne ne pouvait y tremper longtemps la main. Le lendemain, voyant au loin un canoë de pêcheurs, il ordonne de les surprendre en embarquant dans des esquifs silencieux, de peur qu'effrayés à la vue des nôtres les pêcheurs ne s'enfuissent. Mais ceux-ci attendent nos hommes sans peur. Découvre maintenant un genre de pêche inconnu : tout comme nous pourchassons les lièvres, à travers les étendues des plaines, avec des lévriers, ces pêcheurs prenaient les poissons grâce à un poisson chasseur. C'était un poisson de forme inconnue ; son corps est semblable à celui d'une assez grosse anguille, mais il a sur la tête une peau très épaisse formant comme une grande poche. Les pêcheurs le gardent prisonnier sous le bordage du navire grâce à un filin, mais celui-ci est assez long pour que le poisson puisse être attaché à la carène tout en étant dans l'eau ; en effet il ne supporte pas le contact de l'air. Mais quand on aperçoit un gros poisson ou une tortue – elles sont, là-bas, plus large, qu'un bouclier –, on libère le poisson : celui-ci, se sentant libre, se précipite sur le poisson ou la tortue, qui garde une partie d'elle-même hors de sa carapace, plus rapidement qu'une flèche ; et en jetant sur l'animal cette poche de peau, il agrippe sa proie si solidement qu'il n'y a aucun moyen de la libérer tant que le poisson est vivant, sauf si on le tire hors de l'eau en enroulant peu à peu la corde ; car lorsqu'il aperçoit l'éclat du ciel il l'abandonne aussitôt.

cuius incolae ceteris mitiores rerumque nouarum cupidiores, nam ad litora omnes, uisis nostris nauibus, certatim concurrebant ; panem quo ipsi uescuntur et cucurbitas aqua plenas nostris offerentes ut in terram descenderent inuitabant. [b]Habent hae insulae omnes arboris quoddam genus, ulmos aequans magnitudine, quae cucurbitas gignit pro fructu ; ad aquae usum illis utuntur, ad esum minime, medullam namque ipsius felle amariorem esse aiunt, sed cortice testudineam aequante duriciem[b].

20. Idibus Maii ex altiori cauea in laeuam ad austrum[a] speculatores prospicientes, densam insularum multitudinem uiderunt inter nauigandum ; herbidas, uirides, arboriferas, uberes et habitatas esse animaduerterunt. In continenti litore in fluuium incidit nauigabilem, aquarum adeo calidarum quod manum in ipsis ferre diu nemo posset. Altero uero die piscatorum[b] canoam a longe uidens, ne nostris uisis piscatores aufugerent ueritus, ut illos tacitis[c] cymbis intercipiant imperat. Illi autem intrepidi nostros exspectant. Audi nouum genus piscationis : non aliter ac nos canibus Gallicis per aequora campi lepores insectamur, illi uenatorio pisce pisces alios[d] capiebant. Piscis erat formae nobis ignotae[e], corpus eius anguillae grandiori[f] persimile, sed habens in occipite pellem tenacissimam in modum magnae crumenae. Hunc uinctum tenent in nauis sponda funiculo, sed tantum demisso quantum piscis intra aquam carinae queat inhaerere, neque enim patitur ullo pacto aeris aspectum. Viso autem aliquo pisce grandi aut testudine quae ibi sunt magno scuto grandiores, piscem soluunt. Ille cum se solutum sentit sagitta uelocius piscem aut testudinem, quae extra conchile partem aliquam eductam teneat, adoritur, pelleque illa crumenaria iniecta praedam raptam ita tenaciter apprehendit, quod exsoluere ipsam eo uiuo nulla uis sufficiat nisi extra aquae marginem paulatim glomerato funiculo extrahatur ; uiso enim aeris fulgore statim praedam deserit.

19. b. — b. *om. H*

20. a. austrum *H C* : astrum *A* || b. piscatorum *C A* : -riam *H* || c. tacitis *C A* : -ti *H* || d. pisces alios *C A* : *transt. H* || e. ignotae *C A* : incognite *H* || f. grandiori *H C* : paruae *A*.

La proie est alors tirée hors de l'eau de la manière suivante : des pêcheurs sautent à l'eau en assez grand nombre pour la soulever. Puis leurs compagnons se penchent hors des navires et s'en emparent. Elle est hissée à bord et on relâche suffisamment les cordes pour que le chasseur puisse retourner à l'eau, dans son domaine. Les pêcheurs lui jettent alors à l'eau par une autre corde des morceaux de la proie. Les indigènes appellent ce poisson *guaicano*, les nôtres *reueso*, car il chasse retourné[58].

21. Les pêcheurs offrent aux nôtres quatre tortues qu'ils avaient prises de cette manière et qui emplissaient presque leur petit navire, car là-bas cette nourriture est un présent de grande valeur. Et nos hommes les quittèrent, heureux d'avoir reçu en retour des dons qui leur plurent. Interrogés sur le pourtour de cette terre, les pêcheurs indiquèrent qu'elle n'avait pas de fin à l'ouest. Ils demandèrent avec insistance à l'Amiral soit de descendre en personne, soit d'envoyer en son nom un homme les rejoindre pour saluer leur cacique, c'est-à-dire leur roi, promettant que les nôtres recevraient de nombreux dons s'ils venaient. Mais l'Amiral, pour n'être pas détourné de son entreprise, refusa de se plier à leur désir. Les indigènes lui demandèrent cependant son nom et apprirent aux nôtres celui de leur cacique.

22. Continuant alors sa route, toujours vers l'occident, l'Amiral atteignit en quelques jours une très haute montagne, très peuplée à cause de sa fertilité. Les indigènes affluaient vers les navires, apportant du pain, du gossapin, des lapins et des oiseaux. Ils demandaient avec étonnement à l'interprète si ces hommes venaient du ciel. Leur roi et plusieurs indigènes qui l'accompagnaient, des hommes sérieux, affirmaient que cette terre n'était pas une île. Enfin, alors qu'ils étaient parvenus, plus tard, à une autre île, de celles qui jouxtaient cette terre à bâbord, il ne leur fut pas permis d'engager des relations avec quiconque, car hommes et femmes s'enfuirent tous à l'arrivée des nôtres. Ceux-ci trouvèrent sur cette île quatre chiens, mais muets et très laids, que les habitants mangent comme nous mangeons les chevreaux. Cette île abrite une quantité innombrable d'oies, de canards et de hérons. Entre les îles et le continent l'Amiral pénétra dans des passages si étroits que les navires pouvaient à peine y virer de bord, et si peu profonds qu'ils raclaient parfois le sable avec la coque. L'eau de ces hauts-fonds était, sur quarante milles[59], couleur de lait et épaisse comme si l'on avait répandu de la farine sur toute cette mer[60].

Praeda igitur iam circa aquae marginem euecta, in mare saltat piscatorum copia tanta, quanta ad praedam sufficiat sustinendam ; donec e naui comites eam apprehendant. Praeda in nauim tracta, funiculi tantum soluunt, quantum uenator possit ad locum suae sedis intra aquam redire. Ibique de praeda ipsa per alium funiculum escas illi demittunt. Piscem incolae guaicanum, nostri reuersum appellant quod uersus uenetur[g].

21. Quatuor testudines eo modo captas, quae nauiculam illis fere implebant, nostris dono dant ; cibus est enim apud eos non illautus. Nostri autem e conuerso gratis muneribus donatos alacres eos reliquere. Interrogati nautae de terrae illius ambitu, non habere finem ab occidente significauerunt. Institeruntque ut Almirantus aut descenderet, aut suo nomine salutatum suum Cacicum, idest Regem, cum eis mitteret, Cacicum nostris multa munera daturum si adirent pollicentes. Praefectus autem ne ab incepto detineretur morem illis gerere recusauit. Petiere tamen nomen eius, suique Cacici nomen nostris dederunt.

22. Vlterius inde procedens ad occidentem semper, intra paucos dies monti adhaesit altissimo[a] habitatoribus ob ubertatem referto. Ad naues panem, gossipium, cuniculos et uolucres[b] ferentes incolae confluebant. Ab interprete[c] an e coelo gens ista descenderet miro affectu sciscitabantur. Rex horum et alii plures qui illi astabant uiri graues non esse insulam terram illam innuebant. Aliam insulam postmodum, ex his quae in laeua huic terrae adhaerebant[d], ingressis, comprehendere quemque non licuit, fugere[e] enim omnes uiri feminaeque nostris adeuntibus[f]. Quatuor canes in ea, sed non latrabiles, aspectus[g] foedissimi, quos comedunt uti nos haedos, comperere. Anseres, anates, ardeas haec insula gignit innumeras. Gurgites demum inter insulas et continentem adeo angustos ingressus est quod uix uertere retro nauigia fas esset, adeoque uadosos quod arenam carina interdum uerrerent. Horum gurgitum per quadraginta miliaria erat aqua lactea, spissaque ac si farinam toto illo pelago sparsissent.

20. g. piscem... uenetur *om. H*.

22. a. *post* altissimo *add.* et *H* || b. uolucres *CA* : alias uolucres undecumque *H* || c. interprete *CA* : -teque *H* || d. adhaerebant *CA* : adiacebant *H* || e. fugere *CA* : fugiere *H* || f. adeuntibus *CA* : applicantibus *H* || g. aspectus *HC* : -tu *A*.

23. Quand enfin ils en furent sortis pour retrouver une eau profonde, une autre montagne, très haute, s'offrit à la vue de l'Amiral, à quatre-vingt milles[61]. Il se dirige vers elle pour faire provision d'eau et de bois. Parmi les palmiers et les pins très élevés, il trouve deux sources naturelles d'eau douce. Pendant que l'on scie du bois, que l'on emplit des jarres, l'un des archers part chasser dans la forêt. Là, un homme vêtu d'une tunique blanche se présente à lui de manière si soudaine qu'il crut d'abord que c'était le frère de l'ordre de Santa Maria de la Merced qui accompagnait l'Amiral en tant que prêtre. Mais aussitôt deux autres le suivent, venant du bois ; il voit ensuite, au loin, une colonne qui s'avance, formée d'une trentaine d'hommes vêtus. Tournant alors le dos et poussant des cris, il s'enfuit vers le navire en courant le plus vite possible, mais ces hommes habillés de tuniques frappent dans leurs mains et faisaient tout ce qu'ils pouvaient pour le persuader de ne pas avoir peur. Notre homme cependant s'enfuyait tout de même[62]. Quand ces faits furent rapportés à l'Amiral celui-ci, joyeux d'avoir découvert un peuple civilisé, envoya aussitôt à terre des hommes armés avec l'ordre de parcourir, si nécessaire, quarante milles[63] à l'intérieur de l'île, jusqu'à ce qu'ils retrouvassent ces hommes vêtus de tuniques ou d'autres habitants, et de consacrer toute leur énergie à cette tâche. Après avoir traversé un bois ils rencontrèrent une vaste prairie dans laquelle n'apparaissait nulle trace de sentier. Ils s'y engagèrent, faisant de tels efforts pour avancer à travers les herbes qu'ils accomplirent à peine un mille : l'herbe en effet était aussi haute que le sont, chez nous, les épis de blé. Ils reviennent donc épuisés, sans avoir trouvé de chemin. Le lendemain l'Amiral envoie vingt-cinq hommes auxquels il ordonne de chercher avec soin quel peuple habite cette terre. Comme ils avaient découvert, non loin du rivage, des traces récentes de grands animaux parmi lesquels, à ce qu'ils crurent, se trouvaient des lions, ils reviennent effrayés. En chemin ils trouvent une forêt pleine de vigne sauvage accrochée çà et là dans les grands arbres, et plusieurs autres arbres qui donnaient des fruits parfumés. Ils rapportèrent en Espagne des raisins lourds et juteux, mais ils n'ont ramené aucun des autres fruits cueillis là-bas, car ceux-ci ne pouvaient sécher à bord des navires : en effet

23. In amplum aequor cum tandem euasissent, ad octogesimum miliare, mons alius altissimus sese illi obtulit. Aquandi lignandique[a] gratia hunc adit. Inter palmeta pinetaque altissima fontes natiuos dulcium aquarum duos reperit. Interea dum ligna scinduntur, cadi implentur, ex nostris sagittariis[b] unus uenatum siluam ingreditur ; ibi uir quidam alba tunica amictus adeo improuisus sese illi offert, quod prima facie esse quemdam fratrem ordinis Sanctae Mariae Mercedis, quem secum Almirantus pro sacerdote habebat existimauerit. Sed hunc statim ex nemore alii duo sequuntur. Deinde a longe uidit agmen ueniens circiter triginta hominum uestibus contectorum. Tunc uero terga uertens et[c] proclamans, ad naues quam celerrimo[d] potest cursu profugit. Tunicati autem illi applaudere et ne uereretur persuadere omnibus modis nitebantur. Sed nihilominus noster[e] fugiebat. His Praefecto renuntiatis, alacer quod gentem cultam inuenerit, statim armatos in terram misit cum mandatis ut, si opus[f] fuerit, quadraginta miliaria[g] intra insulam pergerent[h], donec aut tunicatos eos aut alios incolas omni studio quaesitos inueniant. Nemus transgressi, uastam planiciem herbidam, in qua nec semitae uestigium umquam apparuit, offenderunt[i] ; per herbas proficisci conantes adeo sese implicuerunt quod uix miliare processerint : erat enim herba nostris segetibus spicatis nihilo minor. Fessi igitur reuertuntur, non reperta semita. Postero die quinque et uiginti armatos dimittit, quibus imperat ut quae gens terram incolat diligenter explorent. Hi cum non longe a litore magnorum animalium uestigia quaedam recentia comperissent, inter quae leones esse arbitrati sunt, metu perculsi redeunt. Inter ueniendum siluam reperiunt[j] serpentibus per altas arbores passim uitibus suapte natura productis arboribusque aliis plurimis aromaticos fructus parturientibus consitam[k] ; racemos tulere ponderosos ac succi plenos in Hispaniam. De fructibus autem aliis quos ferebant, cum in nauibus passari[l] non commode

23. a. lignandi *C A* : lignadi *H* || b. sagittariis *C A* : ballistariis *H* || c. et *C A* : ac *H* || d. celerrimo *C A* : celeri *H* || e. noster *C A* : ballistarius *H* || f. opus *C A* : operus *H* || g. miliaria C A : miliar *H* || h. pergerent *C A* : peragrent *H* || i. offenderunt *om. H* || j. reperiunt *H C* : repererunt *A* || k. reperiunt *post* consitam *transp. H* || l. passari *C A* : pansari *H.*

tous pourrirent et, gâtés, furent jetés à la mer. Ils rapportent avoir vu, dans les plaines que renferment ces bois, des vols de grues deux fois plus grandes que celles de nos contrées.

24. Pendant la navigation, comme il dirigeait ses navires vers d'autres montagnes, l'Amiral ne découvrit qu'un homme dans deux petites cases aperçues sur le rivage. Conduit aux navires, celui-ci indiquait, par des mouvements de tête, de doigts et par tous les autres moyens auxquels il put recourir que la terre située au-delà des montagnes était très peuplée. Tandis que l'Amiral mettait le cap sur ces rivages, de nombreux canoës viennent à sa rencontre. On s'interpella, très pacifiquement, par signes. Et ce Diego dont nous avons parlé, qui avait compris, à l'extrémité de Cuba, la langue des habitants, ne comprenait pas ceux-ci[64]. Nos hommes conclurent que les idiomes étaient différents dans les diverses régions de Cuba. Les insulaires indiquaient qu'un roi très puissant, qui portait des vêtements, habitait l'intérieur de la région. D'après l'Amiral toute cette terre était submergée et couverte d'eau et les rives bourbeuses étaient plantées d'arbres, comme nos marais. Cependant, comme il était descendu à terre en ce lieu pour faire des réserves d'eau, il vit de ces coquillages dans lesquels on trouve des perles. Il ne s'attarda pas longtemps en cet endroit et son intention était alors de parcourir autant de rivages qu'il le pourrait, conformément à l'ordre donné par les souverains.

25. Alors que nos hommes continuaient leur route, de la fumée s'élevait de tous les sommets jusqu'à une montagne qu'on voyait à quatre-vingt milles de là. Il n'y avait aucun poste d'observation, sur les rochers, d'où ne montait de la fumée. S'agissait-il de feux allumés par les habitants, préparés pour les besoins usuels ? Ou, comme cela se produit habituellement dans les périodes où l'on envisage la guerre, ces hommes signifiaient-ils à leurs voisins, par ces fumées, de se replier à l'abri, de se regrouper au cas où les nôtres tenteraient de préparer quelque chose contre eux ou, ce qui semble plus probable, d'accourir voir le prodige que constituait nos navires ? On ne le sait pas vraiment. Désormais, devant l'Amiral, les rivages étaient courbés tantôt vers l'Auster, tantôt vers l'Africus ou le Lybien[65] ; mais partout la mer s'insinuait parmi un réseau d'îles. C'est alors que les carènes endommagées, qui raclaient souvent le fond parce que la mer était peu profonde, les câbles, les voiles et l'aplustre déjà pourris[66], les aliments mouillés et moisis

possent, nullus allatus est. Putruerunt enim omnes et corrupti in mare proiecti sunt. In pratis eorum nemorum, gruum agmina nostratibus duplo grandiorum se uidisse retulerunt[m].

24. Inter nauigandum cum ad alios quosdam montes[a] uela dirigeret, in duabus casulis in litore uisis unum tantum reperit hominem. Hic ad naues ductus terram quae trans illos montes iacebat, esse populatissimam capite, digitis et quibus aliis poterat modis significabat. Applicanti se[b] ad ea litora Praefecto multae canoae obuiam prodeunt. Inuicem se placidissime per signa compellarunt neque Didacus[c] ille, qui in Cubae initio incolarum linguam intellexerat, hos intelligebat : uaria enim esse idiomata in uariis Cubae prouinciis perpenderunt. Incolereque regionis interna potentissimum regem qui se indueret ostendebant. Hunc tractum omnem summersum et aquis coopertum litoraque coenosa arboribus referta ut nostras paludes ait. Ibi tamen cum aquandi gratia in terram descendisset conchilia ex quibus uniones habentur[d] uidit. Nec eo magis moram traxit ; erat enim eius intentus non alius tunc ex praecepto regum quam quotquot posset maria discurrere.

25. Vlterius igitur procedentibus omnia litorum culmina usque ad alium montem qui se ad octoginta[a] millia passuum ostendebat fumigabant. Nulla erat specularis[b] rupes ex qua fumus non egrederetur. Nec an incolarum essent ignes bene constitit ad necessitatem parati, an uti suspectis bellorum temporibus fieri solet, per eos fumos signa uicinis darent ut se in tutum reciperent, aut in unum conuenirent, si quid nostri contra eos moliri tentarent, aut forte, quod magis consonum uidetur, ut tamquam ad rem mirandam nostra nauigia inspecturi concurrerent[c]. Litora iam Praefecto modo ad Austrum, modo ad Africum siue Libym curuabantur. Mare uero ubique insulis implicitum[d]. Hinc igitur carinae quae terram saepius propter uadosa maria uerrerant quassatae, rudentes, uela et reliquum aplustre[e] iam putrida,

23. m. retulerunt *H C* : tulerunt *A*.

24. a. *post* montes *add.* qui illi in triginta milliarium prospectu apparuerunt *H* || b. se *om. H* || c. didacus *C A* : insularis *H* || d. habentur *C A* : abraduntur *H*.

25. a. octoginta *C A* : octuaginta *H* || b. specularis *C A* : -ria *H* || c. *post* concurrerent *transp.* bene constitit *H* || d. implicitum *C A* : coagulatum *H* || e. reliquum aplustre *ego* : reliquum amplustre *C A* reliqua amplustria *H*.

à cause des fissures des navires mal calfatés, surtout les biscuits, contraignirent l'Amiral à faire demi-tour[67]. Il appela Evangelista la dernière contrée atteinte de ce qu'il pensait être un continent[68].

26. Sur le chemin du retour il rencontra, parmi d'autres îles moins proches du continent, une mer si pleine de tortues que les navires se trouvaient parfois ralentis, et il pénétra ensuite dans une zone d'eaux blanches tourbillonnantes, semblable à celle qu'il avait déjà trouvée, comme nous l'avons raconté ci-dessus. Il retourna finalement vers la côte de ce qu'il croyait être un continent, qu'il avait longée à l'aller, par crainte des hauts-fonds entre les îles. Comme à l'aller il n'avait maltraité personne, les habitants des deux sexes, souriants et sans plus de crainte, lui apportaient en présent les uns des perroquets, les autres du pain, de l'eau, des lapins, mais surtout des palombes plus grosses que les nôtres dont l'Amiral dit qu'elles sont plus goûtues et plus savoureuses que nos perdrix. Aussi ordonna-t-il quand il eut compris, en mangeant, que c'était un parfum aromatique qui émanait d'elles, d'ouvrir la gorge de quelques unes d'entre elles qu'on venait de tuer. Il trouva dans leur gosier un grand nombre de fleurs parfumées. De là, a-t-on conclu, venait ce goût original des palombes. Il est juste en effet de penser que la chair des animaux absorbe le goût de leurs aliments.

27. Pendant que l'Amiral écoutait la messe sur le rivage arrive un vieillard de premier rang, octogénaire, grave mais néanmoins nu, accompagné de nombreux autres insulaires[69]. Il demeura immobile jusqu'à ce que fussent achevées les cérémonies sacrées, admiratif, le visage et les yeux marquant l'attention. Puis il donna à l'Amiral une corbeille emplie de fruits de son pays, qu'il tenait dans ses mains, et s'asseyant près de lui, prononça un discours de ce genre, que traduisit l'interprète Diego qui comprenait cette langue, puisqu'on se rapprochait d'Hispaniola : « On nous a annoncé que tu avais parcouru, avec une troupe puissante, toutes ces terres jusqu'alors inconnues de toi, et que tu as causé aux peuples qui les habitent une très grande peur. C'est pourquoi je t'exhorte et t'avertis : sache que les âmes, lorsqu'elles quittent le

alimentaque, per rimas male stipatarum nauium madefacta, sed praecipue panis biscoctus[f], corrupta, uertere retro proras Praefectum coegerunt. Hanc ultimam existimati continentis oram quam ipse attigit uocauit Euangelistam.

26. Retro uela uertens, inter alias insulas continenti non ita finitimas, in pelagus incidit testudinibus magnis adeo condensum, quod naues aliquando detarderent[a] ; gurgitemque postea ingressus est albidarum[b] aquarum uti alium reperisse supra scripsimus. Ad crediti continentis tandem litora, qua uenerat, reuersus est, insularum uada pertimescens. Ad eumque, cum neminem ueniens molestia affecisset, hilari uultu, posito omni timore, utriusque sexus incolae dona ferebant, psittacos alii, alii panem, aquam, cuniculos sed praecipue palumbes nostris grandiores, quas[c] sapore et gustu perdicibus nostris meliores fuisse Praefectus ait. Quare cum sensisset inter comedendum spirare ex[d] eis aromaticum quemdam odorem, iussit de recenter interemptis quibusdam iugulos aperire. Plena illis odoratis floribus reperit guttura : inde gustum eum in palumbibus nouum emanare arguerunt ; nutrimenti enim naturam sorbere carnes animalium aequum est credere.

27. Dum in litore rem diuinam Praefectus audiret, ecce primarium quemdam octogenarium, uirum grauem, nec eo minus nudum, multis illum comitantibus[a]. Hic, donec sacra peragerentur, admiratus ore oculisque intentus assistit. Dehinc Praefecto canistrum, quem manu gerebat plenum patriae fructibus, dono dedit, sedensque apud eum per interpretem Didacum Colonum, qui[b] idioma cum propius accessissent[c] intelligebat, orationem habuit huiuscemodi : « terras[d] omnes istas hactenus tibi ignotas manu potenti te percurrisse renuntiatum nobis fuit, populisque incolis metum non mediocrem intulisse. Quare te hortor moneoque ut itinera[e]

25. f. panis biscoctus *C A* : *transt. H.*

26. a. detarderent *C* : -darent *H A* || b. *post* albidarum *add.* ac spissarum *H* || c. quas *H* : quos *C A* || d. ex *om. A.*

27. a. comitantibus *C A* : -tatibus *H* || b. *post* qui *add.* id *H* || c. accessissent *H A* : -sset *C* || d. terras *C A* : prouintias *H* || e. *post* itinera *add.* sibi *H.*

corps, ont deux chemins. L'un est obscur et effrayant, destiné à ceux qui nuisent à leurs semblables et leur font du mal ; l'autre est agréable et plaisant, réservé à ceux qui, de leur vivant, ont aimé la paix et le repos des peuples. Si tu te souviens donc que tu es mortel et qu'à chacun est attribué le futur qu'il mérite en considération des actions que nous accomplissons maintenant, tu ne feras de mal à personne ».

28. Quand l'interprète insulaire eut rapporté ces paroles et bien d'autres à l'Amiral, qui s'émerveillait de trouver un tel jugement chez un homme nu, il répondit : tout ce que le vieillard avait dit au sujet des différents chemins que suivent les âmes lorsqu'elles sortent du corps et des récompenses était parfaitement connu de lui. De plus il avait cru que ces mystères étaient restés ignorés jusqu'alors de cet homme et des autres habitants de la région parce qu'ils vivaient en se satisfaisant de la nature. Mais, répondit-il, il avait été envoyé vers des contrées nouvelles par le roi et la reine des Espagnols afin de pacifier toutes ces régions encore inconnues, de combattre les Cannibales et les autres indigènes criminels, et de leur faire subir les supplices qu'ils méritaient. Mais il protègerait et honorerait les hommes innocents comme le méritait leur vertu. C'est pourquoi ni lui ni un autre, puisqu'ils n'avaient pas l'intention de faire de mal, ne devaient être craints. Bien au contraire, il demandait que le vieillard révélât toutes les injustices commises par ses voisins à ses dépens, ou à ceux d'autres hommes de bien.

29. Les paroles de l'Amiral plurent tant au vieillard qu'il serait très volontiers parti avec lui, malgré son grand âge ; et cela se serait fait si son épouse et ses fils ne s'y étaient opposés. Il s'étonna cependant très vivement de ce que l'Amiral fût sous le pouvoir d'un autre homme ; mais il fut encore plus stupéfait quand on lui raconta par le biais de l'interprète quels étaient la pompe, la puissance, l'apparat, le déploiement guerrier des Rois Catholiques, quelle était l'importance des villes et des places fortes. Profondément attristé, le vieillard resta donc vénéré par son épouse et ses fils qui se prosternaient à ses pieds et versaient des larmes, tandis qu'il demandait sans cesse si le lieu qui donnait le jour à des hommes si remarquables et en si grand nombre était le ciel.

duo, cum e corpore prosiliunt, animas habere[f] scias, tenebrosum unum ac taetrum, his paratum qui generi humano molesti infensique sunt, iucundum aliud et delectabile, illis statutum qui pacem et quietem gentium uiuentes amarunt. Si igitur te mortalem esse et unicuique pro praesentibus operibus[g] futura merita obsignata memineris, neminem infestabis. »

28. His et aliis pluribus per interpretem insularem Praefecto admiranti tale hominis nudi iudicium relatis, respondit. Compertissima sibi esse quaecumque dixerit de animarum e corpore exeuntium uariis itineribus ac praemiis. Immo et existimasse hactenus illa ipsi et reliquis earum regionum incolis fuisse ignota, cum ita uiuant natura contenti. Ad cetera uero se a Rege et Regina Hispaniarum, ut eas omnes orbis oras hactenus incognitas pacaret, missum respondit, ut scilicet Canibales et reliquos scelestos homines indigenas debellaret[a] debitisque suppliciis afficeret. Innoxios autem ob eorum uirtutes tutaretur et honoraret, quare ne ipse aut alius quisquam cui non sit animus nocendi uereantur[b]. Immo si quid forte a uicinis iniusti sibi aut aliis bonis illatum fuerit, aperiat.

29. Seni Praefecti dicta adeo placuerunt ut se iturum, quamuis aetate iam grauescentem, cum Praefecto libentissime praedicaret, confectumque id fuisset, nisi uxor et filii obstitissent. Attamen quod alterius imperio hic subiaceret summo opere admiratus est, sed tunc multo magis quando relatum illi fuit per interpretem qualis et quanta essent regum pompa, potentia, ornatus, bellorum[a] apparatus, quantae urbes, qualia oppida obstupuit. Subtristis igitur, prostratis ante pedes eius obortis lachrymis uxore[b] et filiis honoratus, senex permansit, iterum atque iterum an caelum esset ea terra[c] quae tales tantosque uiros gigneret interrogans.

27. f. *post* habere *transp.* duo *H* || g. pro praesentibus operibus *C A* : iuxta opera praesentia *H.*

28. a. debellaret *C A* : comprimeret *H* || b. *post* uereantur *add.* hortatur *H.*

29. a. bellorum *CA* : ludorum *H* || b. uxore *CA* : uoxore *H* || c. terra *CA* : patria *H.*

30. Il est établi chez eux que la terre est la propriété de tous, comme le soleil et l'eau, et ils ne connaissent ni le mien ni le tien, germes de tous les maux. En effet ils se contentent de si peu que sur ce vaste territoire on trouve toujours plus de champs à cultiver qu'on n'en a besoin. Ils possèdent l'âge d'or et n'entourent pas leurs propriétés de fossés, de murailles ou de clôtures. Ils vivent dans des jardins ouverts et vénèrent naturellement le bien, sans lois, livres ou juges, et ils considèrent comme mauvais et criminel celui qui se plaît à commettre l'injustice. Ils cultivent le maïs, le manioc et les ignames commme on le fait, nous l'avons indiqué ci-dessus, à Hispaniola[70].

31. Alors qu'il quittait donc ces rivages pour rentrer, il arriva de nouveau à la Jamaïque dont il longe la côte sud d'ouest en est. Comme il apercevait, de l'extrémité orientale de l'île, vers le nord, à bâbord, de hautes montagnes, il sut que c'était enfin la côte sud d'Hispaniola, qu'il n'avait pas encore parcourue. Voici pourquoi, arrivé sur l'île au port San Miguel aux calendes de septembre[71], il réparait ses navires avec tant d'énergie : c'était pour dévaster de nouveau les îles des Cannibales et réduire en cendres tous leurs canoës, afin que ces loups voleurs ne pussent pas nuire plus longtemps aux moutons que sont leurs voisins. Mais son mauvais état de santé, aggravé encore par les veilles excessives, l'empêcha de mener à bien cette entreprise. Ainsi, ramené à demi-mort à Isabela par les marins, il recouvra finalement la santé[72] entouré de ses deux frères[73] qui étaient là et d'autres intimes. Et il ne lui fut plus possible ensuite de s'attaquer aux Cannibales à cause des séditions qui s'étaient élevées entre les Espagnols restés à Hispaniola. Nous parlerons de cela plus tard. Salut.

70. La description de l'âge d'or est tout aussi conventionnelle que celle du chapitre précédent, mais son rôle est différent : il s'agit de mettre en valeur par contraste l'âge de fer des Espagnols que va retrouver Colomb sitôt rentré à Hispaniola.

71. C'est le premier septembre.

72. Agé de quarante-trois ans lors de ce voyage, Colomb était un homme épuisé : les attentes, les angoisses, les veilles (Colomb ne dormait que trois à quatre heures par semaine lors des expéditions), l'humidité et la malnutrition l'avaient prématurément vieilli. Souffrant d'une maladie infectieuse qui, selon Fernando Colomb, « le rendit comme aveugle, lui enleva la mémoire et le priva de ses sens », sans doute une ophtalmie, et en outre d'une violente arthrite, arrivé à la limite de ses forces, l'Amiral resta malade cinq mois. Cf. C. Colón, *op. cit.*, p. 312-313.

30. Compertum est apud eos uelut solem et aquam terram esse communem, neque meum aut tuum, malorum omnium semina, cadere inter ipsos : sunt enim adeo paruo contenti quod in ea ampla[a] tellure magis agri supersint quam quicquam desit. Aetas est illis aurea, neque fossis, neque parietibus aut sepibus praedia sepiunt. Apertis uiuunt hortis ; sine legibus, sine libris, sine iudicibus suapte natura rectum colunt ; malum ac scelestum eum iudicant qui inferre cuiquam iniuriam delectatur. Maizium tamen et iuccam agesque illi colunt uti diximus in Hispaniola fieri[b].

31. Inde igitur rediturus discedens, in Iamaicam iterum[a] ab ipsius latere meridionali incidit ; ab occidenteque ad orientem totam percurrit. Ex cuius ab oriente ultimo angulo, cum a septentrione montes altos ad leuam sibi conspiceret, nouit tandem esse meridionale latus Hispaniolae insulae, quod nondum percurrerat. Quare, portum eius insulae in Calendas Septembris qui Sancti Michaelis[b] dicitur ingressus, nauigia reparabat[c] hoc animo, ut iterum Canibalium insulas deuastaret canoasque eorum omnes combureret, ne nocere ulterius lupi rapaces finitimis ouibus possint. Sed obstitit ne id exsequeretur aduersa ualetudo, quae illum prae nimia uigilia oppresserat. Semianimis igitur a nautis ad Isabelicam ciuitatem ductus, inter fratres quos ibi duos habebat et reliquos familiares pristinam tandem ualetudinem recuperauit. Nec eo magis Canibales infestare, ob exortas inter Hispanos, quos in Hispaniola reliquerat, seditiones, licuit. De quibus infra dicemus[d]. Vale.

30. a. ampla *C A* : uasta *H* || b. maizium… fieri *om. H.*

31. a. *post* iterum *add.* quam ipsum credere diximus ioannam maiorem *H* || b. michaelis *H* : nicolai *C A* || c. reparabat *C A* : reparat *H* || d. infra dicemus *C A* : pauca narrare quod non erit absurdum audire decreui sed alio tempore alioque libro coligenda satius duco *H.*

PIERRE MARTYR D'ANGHIERA, DE MILAN, PROTONOTAIRE APOSTOLIQUE ET CONSEILLER DU ROY, QUATRIÈME LIVRE DE LA DÉCADE OCÉANE AU CARDINAL LOUIS D'ARAGON, NEVEU DE NOTRE SOUVERAIN.

1. Revenant de ce qu'il croit être le continent indien[1], l'amiral Colomb découvrit que le frère Buyl[2], Pedro Margarit, homme noble et vieil ami du roi, et plusieurs autres de ceux qu'il avait laissés pour gouverner la région étaient repartis vers l'Espagne, pleins de mauvaises intentions[3]. Suite à cela, afin de se disculper auprès des souverains, au cas où le rapport de ces hommes leur aurait fait concevoir une mauvaise opinion de lui, de recruter d'autres colons pour remplacer ceux qui étaient partis et enfin de prévenir la pénurie de vivres, par exemple celle du froment, du vin, de l'huile et d'autres aliments de ce genre dont se nourrissent quotidiennement les Espagnols, puisqu'ils n'arrivaient pas à s'accoutumer aux nourritures des îliens, il décida de revenir à la cour[4], qui résidait alors dans la célèbre ville de Burgos en Vieille Castille. Mais je raconterai d'abord brièvement ce qu'il a fait auparavant.

2. Les princes indigènes qui, jusque là, avaient vécu tranquillement dans la paix, satisfaits du peu qu'ils possédaient, étaient très affectés de voir nos hommes s'établir sur leur sol natal ; ils ne désiraient rien tant que les expulser définitivement, les chasser jusqu'au dernier et abolir tout souvenir d'eux. En effet comme les volontaires qui avaient accompagné l'Amiral dans sa navigation étaient pour la plupart des êtres indisciplinés, des vagabonds sans aucun scrupule, occupés de la seule recherche de leur liberté de quelque manière que ce fût, ils ne pouvaient se retenir de commettre des crimes.

1. Cette terre est Cuba. Tout ce livre est tiré d'une lettre de Colomb datée du 14 octobre 1495, découverte elle aussi en 1985, que Martyr suit très fidèlement. Cf. C. Colón, *op. cit.*, p. 316-330.

[a]PETRI MARTYRIS ANGLI. MEDIOLANENSIS PROTONOTARII APOSTOLICI CONSILIARII REGII OCEANEAE DECADIS LIBER QVARTVS AD CARDINALEM LUDOVICVM ARAGONIVM NOSTRI REGIS NEPOTEM[a]

1. Ex continenti, ut ipse arbitratur[a], Indico, Colonus Praefectus Marinus rediens fratrem Boilum et[b] Petrum Margaritem ueterem regis familiarem[c] uirum nobilem atque alios plures ex iis[d] quos ad regionis gubernationem reliquerat, ad Hispaniam corrupto[e] animo discessisse comperit. Quapropter ut apud Reges, si quid[f] horum relatu male sentirent, se expurgaret, nec non ut uiros peteret alios eorum loco qui[g] redierant sufficiendos[h], tum etiam ut prouideret alimentorum penuriae, ut puta tritici, uini, olei et aliorum huiuscemodi quibus Hispani uesci solent, cum insularibus cibis non facile assuefieri possent[i], redire ad curiam, quae tunc Burgis urbe celebri in Castella Veteri morabatur, constituit. Sed quae prius confecerit breuiter enarrabo.

2. Insulares Reguli, qui hactenus suo paruoque contenti tranquille quieteque uitam duxerant, cum nostros in eorum solo natali pedem figere conspicerent, grauiter id ferebant ; nihil magis quam funditus eos inde detrudere aut euertere penitus et omnem eorum memoriam[a] abolere cupiebant. Nam ea gens, quae Praefectum in ea nauigatione secuta fuerat, maiori ex parte[b] indomita, uaga, cui nihil pensi esset, libertatem sibi quoquo modo posset quaeritans, ab iniuriis minime se abstinere poterat.

Titulus. a. — a. *H C* : caput quartum *A*.

1. a. *post* arbitratur *add.* praedicatque *H* || b. et *om.* *H* || c. familiarem *C A* : famliarem *H* || d. iis *C A* : hiis *H* || e. *post* corrupto *add.* in se *H* || f. *post* quid *add.* de se *H* || g. qui *post* alios *transp.* *H* || h. sufficiendos *C A* : -icerentur *H* || i. *post* possent *transp.* prouideret *H.*

2. a. memoriam *C A* : -ian *H* || b. maiori ex parte *C A* : fere omnis *H.*

Violant les femmes des insulaires sous les yeux de leurs parents, de leurs frères et de leurs époux, adonnés au stupre et au vol, ils avaient jeté un profond désarroi dans l'esprit de tous les habitants. C'est pour cette raison qu'en plusieurs occasions les habitants de l'île avaient égorgé, rageusement et comme en sacrifice à un dieu, ceux des nôtres qu'ils avaient surpris, quel que fût leur nombre[5]. Pensant donc qu'il fallait calmer cette agitation et que les meurtriers des nôtres devaient être punis avant qu'il ne s'éloignât, l'Amiral convoque à une entrevue le prince de ces territoires qui se trouvaient au pied des monts Ciguay, comme nous l'avons dit dans le livre précédent[6]. Ce chef s'appelait Guarionex et jugea bon, afin de se concilier plus étroitement l'amitié de l'Amiral, de donner sa sœur en mariage à Diego Colomb, un insulaire élevé depuis son enfance auprès de celui-ci, qui avait servi d'interprète pendant l'expédition à Cuba. Puis l'Amiral envoie Hojeda lui-même comme parlementaire auprès de Caunaboa, un prince des monts Ciguay dont le nom signifie « maison de l'or ». Ce sont les sujets de ce prince qui avaient tenu assiégé pendant trente jours Hojeda et cinquante hommes armés dans la citadelle de San Tomás, et qui n'avaient levé le siège qu'en apprenant l'arrivée de l'Amiral en personne, à la tête d'une troupe nombreuse.

3. Alors qu'Hojeda s'attarde chez Caunaboa, des légats sont envoyés par différents princes de la région pour encourager ce cacique à ne pas tolérer que les Chrétiens s'installent sur l'île, à moins qu'il ne préfère servir que commander[7] ; en effet, si les Chrétiens n'étaient pas chassés de l'île jusqu'au dernier, tous les insulaires deviendraient leurs esclaves. D'un autre côté, Hojeda engageait Caunaboa à se rendre en personne auprès de l'Amiral et à établir avec lui un pacte d'alliance. Les légats des princes offraient leurs services ainsi que tout leur concours pour rester maîtres de cette région ; Hojeda menaçait Caunaboa de la perte et du meurtre de tous les siens s'il préférait la guerre à la paix avec les Chrétiens. Dans ce contexte, malmené de part et d'autre comme un rocher en pleine mer est battu en tous sens par les flots, troublé aussi par la conscience de ses crimes, car il avait tué par la ruse vingt de nos hommes qui n'étaient pas sur leurs gardes, Caunaboa craignait de se rendre auprès de l'Amiral, bien que ce dernier semblât désirer la paix. Enfin, après avoir longuement médité sa trahison, il se rend auprès de lui avec toute sa famille et de nombreux

Insularum feminas ante parentum, fratrum et uirorum oculos raptans, stupris rapinisque intenta, animos omnium incolarum perturbarat. Quamobrem pluribus in locis quotquot imparatos e nostris[c] incolae reperiebant, rabide et tanquam sacra offerentes deo[d] trucidauerant. Pacandos igitur pertubatorum animos eosque qui nostros interfecerant puniendos esse priusquam inde discederet ratus, eius conuallis regem, quam esse in radicibus montium Ciguauorum superiore libro[e] descripsimus, in colloquium adducit. Hic uocabatur Guarionexius, cui ut Praefecti amicitiam arctius sibi conciliaret, placuit Didaco Colono, homini apud Praefectum a teneris educato, quo interprete in Cubae discursu usus fuerat, sororem dare in uxorem. Ad Caunaboam deinde, Cibauorum montium, idest aureae regionis, dominum cuius ditionarii[f] Hoiedam cum quinquaginta armatis intra arcem Sancti Thomae obsessum triginta dies tenuerant, nec obsidionem unquam soluerant donec aduentare Praefectum ipsum cum magna manu persenserint, Hoiedam ipsum oratorem mittit.

3. Hoieda apud Caunaboam moram trahente, a diuersis regionis Regulis legati mittuntur[a], qui Caunaboae persuadere nitantur ne figere pedem in insula Christianos patiatur, seruire[b] nisi malit quam imperare. Fore enim ut nisi Christicolae ab insula penitus eliminentur, insulares omnes serui sint illorum futuri. Alia parte Hoieda cum Caunaboa agebat ut ad Praefectum ipsemet proficisceretur, cum eoque foedus et amicitiam iniret. Regulorum legati ad eam regionem capessendam se suaque omnia offerebant. Hoieda caedem perniciemque suorum, si bella quam pacem cum Christianis mallet, minitabatur. Caunaboa igitur, hinc atque inde tanquam scopulus diuersis fluctibus in medio mari conflictatus, etiam conscientia scelerum agitatus, quod uiginti ex nostris hominibus per dolum incautos obtruncasset, quamuis pacem cupere uideretur, adire tamen Praefectum uerebatur. Tandem, fraude pensitata, Praefectum et reliquos sub pacis specie, si[c] fors, offerret perempturus, cum omni familia sua pluribusque aliis

2. c. imparatos e nostris *C A* : pallantes *H* || d. offerentes deo *C A* : diis offerentes *H* || e. libro *C A* : capite *H* || f. ditionarii *C A* : accole *H*.

3. a. mittuntur *C A* : destinantur *H* || b. seruire *C A* : inseruire *H* || c. *post* si *add.* sese *H*.

sujets, armés à leur manière, déterminé à tuer Colomb et d'autres si l'occasion s'en présentait, tout en donnant l'impression de vouloir la paix. Interrogé sur la raison pour laquelle il emmenait avec lui un tel équipage, il répondit seulement qu'il n'était pas convenable qu'un roi tel que lui prît la route et sortît de son pays sans escorte. Mais ce qui arriva fut bien différent de ce qu'il avait prévu, car il tomba dans le piège qu'il avait préparé. En effet, Hojeda use de flatteries et de promesses pour l'amener enfin à l'Amiral, atterré d'avoir mesuré en chemin l'erreur qu'il avait commise en s'éloignant de chez lui. Il est fait prisonnier, jeté dans les fers, et les âmes sans corps des nôtres ne reposèrent pas longtemps sans vengeance.[8]

4. Après la capture de Caunaboa et de toute sa famille, l'Amiral décida de parcourir l'île[9], mais on lui apprit que les habitants étaient tourmentés par une famine telle que plus de cinquante mille d'entre eux[10] avaient déjà péri et qu'ils tombaient chaque jour un peu partout comme les bêtes d'un troupeau malade. On sut que c'était là le fruit de leur obstination : comme ils voyaient, en effet, que les nôtres voulaient s'établir sur l'île, ils crurent qu'ils pourraient les en chasser si les vivres produits par l'île venaient à manquer et décidèrent non seulement de ne plus semer ni planter, mais aussi de détruire les deux espèces de plantes à pain que nous avons mentionnées dans le premier livre[11], et chacun dans sa région commença à arracher les plants ; mais le phénomène fut particulièrement important dans les montagnes de Cibao ou Cipango puisqu'on savait que l'or, que cette province produisait en abondance, était avant toute autre la raison qui retenait les Espagnols sur l'île[12].

5. Pendant ce temps, l'Amiral envoya un décurion à la tête d'une troupe d'hommes armés pour reconnaître la côte méridionale de l'île. Celui-ci prétendit que toutes les régions qu'il avait parcourues souffraient tant de la pénurie de pain qu'en seize jours ils n'avaient jamais rien mangé d'autre que des racines d'herbes et de palmes ou des fruits sauvages cueillis sur les arbres des montagnes. Guarionex, dont le royaume n'était pas aussi touché que les autres, distribua à nos hommes des vivres. Afin que les étapes fussent plus brèves ou que les nôtres eussent des refuges moins éloignés les uns des autres et plus nombreux, au cas où surviendrait à l'avenir une révolte indigène, l'Amiral fit élever en quelques jours une autre citadelle qu'il appela Concepción. Elle se dresse sur le chemin qui mène d'Isabela à la citadelle de San Tomás, à l'intérieur des frontières du roi Guarionex et dans la région de

suo more armatis ad Praefectum mouet. Interrogatus cur adeo magnas hominum cateruas secum duceret, respondit tantum regem quantus ipse sit pergere iter domoque incomitatum exire non decere. Sed aliter longe quam cogitauerat euenit ; decidit namque in laqueos quos parauerat. Blanditiis enim et pollicitationibus, sui erroris inter eundum quod domo discessisset pertaesum, Hoieda tandem ad Praefectum illum ducit. Capitur, in uincula coniicitur, nec nostrorum animae diu inultae sine corporibus quieuerunt.

4. Caunaboa cum omni familia eius capto, insulam percurrere Praefectus instituit ; sed significatum ei fuit tanta fame insulares urgeri ut [a]quinquaginta milia hominum amplius[a] iam perierint cadantque quotidie passim tamquam morbosi gregis pecudes. Quod illis sua peruicacia accidisse scitum est. Cum enim uidebant nostros in insula uelle sibi sedem eligere, existimantes posse eos inde propellere, si insulares commeatus[b] deessent, non modo non seminare plantareque ulterius statuerunt[c], sed etiam utrumque panis genus, de quo primo libro[d] mentionem fecimus seminatum perdere euellereque in sua quisque regione coepit, sed inter Cibauos siue Cipangos montes praecipue, cum aurum quo ea regio abundabat[e] causam esse potissimam quae nostros in insula detineret, cognoscerent.

5. Decurionem interea cum armatorum turba qui latus meridionale insulae exploraret dimisit. Tunc omnes regiones quas percurrerat panis penuria adeo laborare fassus[a] est quod nihil unquam sexdecim dierum spatio comederint aliud quam herbarum palmularumque radices aut arborum natiuos montanos fructus. Guarionexius cuius regnum non aeque ac reliqua premebatur nostris edenda[b] quaedam impartitus est. Intra paucos dies ut breuiora essent itinerum spatia utue crebriores ac plures nostri receptus haberent si qua uis insularium aliquando ingrueret, ab Isabela urbe ad arcem Sancti Thomae in finibus regni huius Guarionexii intra Cibaui

4. a. — a. *C A* : plus quam quinquaginta milia hominum *H* || b. insulares commeatus *C A* : insularia alimenta *H* || c. statuerunt *C A* : -rum *H* || d. libro *H C* : capite *A* || e. abundabat *C A* : habandabat *H*.

5. a. fassus *H C* : falsus *A* || b. edenda *C A* : alimenta *H*.

Cibao, sur une colline où coulent en abondance des eaux douces et salubres. Mais comme les insulaires voyaient de nombreux bâtiments sortir de terre quotidiennement tandis que, dans le port, nos navires étaient déjà pourris et en partie détruits, ils commencèrent à perdre tout espoir de liberté et, pleins de tristesse, se demandaient si les chrétiens quitteraient les îles un jour.

6. C'est en explorant l'intérieur des montagnes de Cibao à partir de la citadelle de Concepción que nos hommes entrèrent en possession d'une pépite d'or non dégrossie, ressemblant à du tuf à l'état brut, arrondie, plus grosse que le poing, pesant vingt onces[13], trouvée par un prince non sur la rive du fleuve mais sur un tertre aride. Je l'ai vue moi-même sur un marché de Medina del Campo, cité de Vieille Castille où la cour passait alors l'hiver ; et après l'avoir prise dans mes mains je l'ai soupesée et maniée avec admiration. J'ai vu aussi un morceau d'électrum pur[14] dont on peut faire des cloches, des mortiers de pharmacien et d'autres objets de ce genre aussi bien qu'avec le bronze de Corinthe, si lourd que non seulement je ne pouvais le soulever de terre à deux mains, mais que j'avais bien de la peine à le faire osciller à droite ou à gauche ; on disait qu'il pesait plus de trois cents livres octonciales[15]. On avait trouvé ce fragment dans la salle de réunion d'un prince, où il avait été placé par ses ancêtres. Les indigènes savaient pourtant, eux, où était la mine d'électrum, quoiqu'il n'y eût plus d'extraction de leur vivant ; mais on eut bien du mal à leur extorquer ce secret, tant leur haine des nôtres était à son comble. Ils le révélèrent enfin, mais la mine était détruite et obstruée par les pierres et la terre qu'on avait jetées sur l'entrée ; cependant ces mines sont moins profondes que celles où on extrait le fer : on pense que si les ouvriers et les mineurs capables d'accomplir ce genre de tâche y venaient, cette mine d'électrum pourrait être remise en état.

7. Non loin de cette citadelle de Concepción, dans les mêmes montagnes, nos hommes trouvèrent de l'ambre jaune en grande quantité et ailleurs, coulant goutte à goutte dans des cavernes, cette teinture bleu-vert peu commune qu'utilisent les peintres[16].

13. 324 grammes.

14. Aussi nommé or argental, l'electrum désigne ici un minerai d'or jaune clair contenant au moins 2% d'argent. L'impureté de l'or d'Hispaniola est souvent mentionnée.

15. 64,8 kilogrammes.

16. Cette teinture est extraite de minerais de cuivre ou de malachite.

terminos super cliuo salubrium aquarum scaturientium celebri[c], arcem aliam erexit quam Conceptionem appellauit. Tum uero cum noua in dies insulares aedificia surgere, cum in portu nostras naues iam putridas ac semifractas conspicerent, ab omni spe libertatis decidere coeperunt, subtristes[d] an essent ex insulis Christiani discessuri sciscitabantur[e].

6. Ex arce demum Conceptionis Cibauorum montium interna uestigantes, auri rudem massam, in tofi natiui similitudinem, concauam, pugillo grandiorem, ponderis uiginti unciarum, a quodam regulo non in amnis illius ripa sed in sicco tumulo repertam habuerunt. Hanc ego ipse in emporio Castellae Veteris Methymna Campi, ubi tunc curia hiemabat, uidi, manibusque captam admirans libraui attrectauique. Vidi et electri puri quo campanae pharmacopolarumque[a] mortaria possunt et alia huiuscemodi[b] ueluti ex aere corinthiaco[c] conflari, frustum adeo magni ponderis, ut illud uix non modo non eleuare ambabus manibus e terra, sed aut leuorsum aut dextrorsum[d] mouere sufficerem. Librarum[e] octuncialium tricentarum pondus superasse massam aiebant. Eam in cuiusdam reguli atrio[f] a maioribus relictam repererant. Sciebant tamen ipsi, quamuis nullius insularis uiuentis aetate electri quicquam eductum[g] fuisset, ubi electri fodina esset. Sed ab eis locus eius uix potuit extorqueri, adeo iam stomacho pleni in nostros uiuebant. Ostenderunt tandem, sed dirutam et lapidibus ac terra superiniecta obcaecatam, tametsi leuius quam in ferri fodinis ferrum fodiatur. Eam electri fodinam, si opifices fossoresque ad id ministerium apti adeant, reduci posse arbitrantur.

7. Non longe ab eadem arce Conceptionis in eisdem[a] montibus succini copiam non paruam, alibique stillare in speluncis glaucum colorem quo pictores utuntur non uulgarem[b], inuenerunt. Nemora

5. c. celebri *C A* : ornato *H* || d. *post* subtristes *add.* tamen quotidie *H* || e. sciscitabantur *A* : sciscitabatur *C* siscitabantur *H*.

6. a. pharmacopolarumque *C A* : -pularumque *H* || b. huiuscemodi *H C* : huiusmodi *A* || c. corinthiaco *H C* : corianthiaco *A* || d. dextrorsum *HC* : dextorsum *A* || e. librarum *C A* : -rium *H* || f. atrio *C A* : tugurio *H* || g. eductum *C A* : euulsum *H*.

7. a. eisdem *C A* : isdem *H* || b. uulgarem *C A* : mediocrem *H*.

Traversant les forêts, ils découvrirent d'immenses bosquets d'arbres de bois de braise[17] ; ce bois est appelé *verzino* par nos marchands italiens et *brazil* par les Espagnols. Ici, Prince Illustrissime, hésitant, tu réfléchiras et tu te diras : si nos hommes ont envoyé vers Séville des navires chargés de bois de teinture écarlate, s'ils ont envoyé un peu d'or, une petite quantité de gossapin, un peu d'ambre jaune, quelques aromates, pourquoi n'ont-ils pas ramené l'or et les autres richesses que cette île, comme tu le déclares, semble promettre en abondance ? Je répondrai à cette question par les explications qu'ils ont fournies. L'amiral Colomb lui-même, interrogé à ce sujet, avançait que les Espagnols qu'il a emmenés avec lui avaient préféré au travail le repos et le loisir, et qu'ils étaient plus intéressés par la sédition et la révolte que par la paix et le calme : aussi la plupart d'entre eux se sépara-t-elle de lui[18]. En outre, rapporte-t-il, il lui avait fallu tout ce temps pour vaincre les insulaires, les soumettre et briser leurs forces afin de prendre librement le commandement de l'île. Les Espagnols affirmèrent mensongèrement qu'ils n'avaient pas pu supporter le commandement cruel et injuste de Colomb, et proférèrent de nombreuses autres accusations contre lui[19] ; c'était à cause de leur opposition, tenta d'expliquer Colomb, que le bénéfice, jusque là, n'égalait qu'à peine la dépense. Cependant, en cette année 1501, date à laquelle j'écris sous tes ordres, nos hommes en deux mois ont réuni environ mille deux cents livres octonciales d'or[20] en deux mois. Mais revenons à notre affaire. En effet les sujets que nous effleurons dans cette digression seront développés plus longuement en leur temps tout au long de l'ouvrage.

8. Comme l'Amiral voyait donc que les habitants étaient inquiets et perturbés, et qu'il ne pouvait empêcher les nôtres de voler et de violer tant qu'ils se trouveraient parmi ces populations, il convoqua plusieurs chefs des régions voisines. Ceux-ci se rendirent auprès de lui dans l'espoir qu'il cesserait de permettre à ses hommes des expéditions dans l'île[21] : car sous prétexte de chercher l'or et les autres richesses que produisait cette terre, ils souillaient et détruisaient tout. En échange, les insulaires promettent spontanément à l'Amiral que tout habitant âgé de quatorze à soixante-dix ans lui livrerait le tribut qu'il désirerait, chacun en produits de sa région, et qu'ils obéiraient à ses décisions. Ce traité fut établi en ces termes :

praetergradientes, siluas immensas, quae arbores nullas nutriebant alias praeterquam coccineas, quarum lignum uestri mercatores Itali uerzinum, Hispani brasilum[c] appellant, reperere. Hic forte, Princeps Illustrissime, tecum ipse anceps contemplaberis, dicesque tecum : ueluti ex coccineis arboribus naues quasdam onustas Hispalim aduexerunt, ueluti ex auro parum, ex gossipio modicum, ex succino aliquid, ex aromatibus pauca, cur non auri ceterarumque rerum eam copiam, quam, uti tu praedicas, polliceri tellus illa uidetur, attulerunt ? Ad haec quae dederunt respondebo. Praefectus ipse Colonus, super his interrogatus, Hispanos quos secum duxit somno ocioque magis fuisse quam laboribus deditos, seditionumque ac nouarum rerum studiosiores quam pacis aut quietis aiebat. Ab eo enim pars maior defecit. Praeterea non potuisse prius[d] insulares uinci, aut domari refert, eorumque uires frangi ad imperium insulae libere capessendum[e]. Hispani se imperia eius saeua iniustaque ferre nequiuisse[f], multaque in eum commenti sunt ; propter quos obiices hactenus uix impensae lucrum respondisse uoluit. Hoc tamen anno primo et quingentesimo quo haec tuo iussu scribo, intra duorum mensium spatium circiter ducentas supra mille octunciales libras auri collegerunt. Sed ad inceptum redeamus. Haec enim quae per digressionem leuiter tetigimus suo loco diffusius aperientur.

8. Cum anxios igitur perturbatisque animis incolas Praefectus uideret, nec a ui et rapinis donec inter eos uersarentur prohibere nostros posset, pluribus ex finitimarum regionum primoribus conuocatis conuenerunt, ut Praefectus uagari per insulam suos non sinat : sub praetextu enim auri et aliarum insularium rerum quaerendarum, nihil intactum aut impollutum relinquebant. Ipsi uero incolae[a] Praefecto[b] se daturos uiritim a quarto decimo anno usque ad septuagesimum de suae quisque[c] regionis prouentibus tributum quod uellet, seruaturosque quod[d] ille statueret[e] omnes pollicentur. Id foedus

7. c. hispani brasilum *om. H* || d. prius *C A* : citius *H* || e. *post* capessendum *transp.* refert *H* || f. *post* nequiuisse *add.* aiunt *H.*

8. a. incolae *om. H* || b. *post* praefecto *add.* ex pacto *H* || c. quisque *om. H* || d. quod *C A* : quem *H* || e. statueret *C A* : iniurgeret *H.*

les habitants de Cibao devraient envoyer à la cité, tous les trois mois – qu'ils appellent lunes d'après la lunaison – une certaine quantité d'or qu'ils ont acceptée ; mais le traité stipulait que ceux qui habitaient dans une région où poussent naturellement les aromates ou le gossapin devraient en livrer une certaine quantité par personne. Ce traité convint aux deux parties, et aurait été appliqué comme chacune l'avait promis ; mais une cruelle famine remit en cause toutes ces dispositions car les îliens avaient à peine assez de forces pour chercher leur subsistance à travers les bois, ayant dû depuis longtemps se contenter des racines, des plantes, et des fruits des forêts ; cependant, pendant cette douloureuse période de famine, de nombreux princes, accompagnés de leurs serviteurs, apportèrent une partie du tribut promis, priant l'Amiral d'avoir pitié de leur malheur et de leur pardonner jusqu'à ce que l'île ait retrouvé son état antérieur : ils rendraient alors au double ce qui manquait. Peu d'habitants de Cibao respectèrent le traité, car ils souffraient de la faim plus durement que les autres. On dit qu'en ce qui concerne les mœurs et le langage, ceux-ci diffèrent des habitants des plaines autant que, dans les autres pays, les montagnards diffèrent de ceux qui vivent à la cour. Bien que les insulaires aient tous la même manière d'être, c'est-à-dire frustre, simple et rustique, il existe cependant une différence entre les uns et les autres.

9. Revenons à Caunaboa, désormais prisonnier : voyant qu'on l'avait jeté dans les fers, il grinçait des dents comme un lion de Lybie et se demandait jour et nuit comment il sortirait de là. Il commença à persuader peu à peu l'Amiral d'envoyer des troupes chrétiennes pour protéger la région de Cipango de ses vieux ennemis frontaliers, puisqu'elle était passée sous la domination de Colomb. On lui avait fait savoir en effet, affirmait-il, qu'elle était en proie à de continuels pillages, que tous les biens des siens étaient emportés comme butin. Mais il avait machiné la ruse que voici : il calcula que son frère, qui était dans la région avec d'autres alliés, capturerait par la force ou la ruse un nombre suffisant des nôtres pour que cela suffise à le racheter, à la faveur d'un échange. L'Amiral cependant, qui avait deviné la ruse, envoie Hojeda, mais à la

ita ictum est, Cibauorum montium incolae ut singulis tribus mensibus, quos illi a luna lunas denominant, mensuram quandam illis obsignatam plenam auro ad ciuitatem mittant ; qui uero terras[f] incolunt ubi aromata aut gossipium suapte natura oriantur, quantitatem quamdam per capita tribuant. Placuit foedus confectumque esset ut pars utraque promissa seruasset, sed fames improba haec omnia rescidit. Vix enim illis satis corpora ad uictum per nemora quaeritandum sufficiebant, herbarum radicibus et siluestrium arborum fructibus longo tempore contenti. Plerique tamen cum ditionariis[g] suis reguli inter eas egestatis angustias promissi uectigalis partem attulerunt, petentes a Praefecto supplices ut aerumnae eorum misereretur ignosceretque donec insula ad statum pristinum restitueretur ; fore ut quae nunc deficerent, reintegrentur in duplum. Ex Cibauensibus pauci foedera seruarunt : laborabant enim acriore fame quam ceteri. Hos moribus et lingua non aliter ab incolentibus plana differre aiunt, ac in ceteris regionibus ruricolae montani sunt a curialibus diuersi ; [h]licet eodem genio uiuant omnes, rudi scilicet ac simplici aggrestique, aliquod tamen est inter eos discrimen[h].

9. Ad Caunaboam captum[a] redeamus. Ille cum se coniectum in uincula uideret, tamquam leo Libycus dentibus frendens, die noctuque quomodo[b] se inde liberaret[c] animo uersans, suadere Praefecto coepit ut quandoquidem Cipangi regionem sibi assumpsit in ditionem, praesidia Christiana quae ab incursibus ueterum hostium suorum finitimorum eam tueantur mitteret. Significatum enim sibi fuisse ferebat, eam quoto die grassationibus[d] infestari, in praedamque bona suorum cuncta trahi. Sed hoc excogitato dolo, existimauit fore ut frater eius qui erat in regione cum ceteris propinquis aut per uim, aut per insidias tot ex nostris caperent quot ad se redimendum permutatione suppeterent[e]. Praefectus autem, intellecta fraude, Hoiedam mittit, sed cum ea

8. f. terras *C A* : prouintias *H* || g. ditionariis *C A* : accolis *H* || h. — h. *om. H.*
9. a. *post* captum *add.* nunc aliquantisper *H* || b. quomodo *H C* : quum *A* || c. liberaret *C A* : eximeret *H* || d. grassationibus *ego* : -nis *C A* : insultibus *H* || e. suppeterent *C A* : sufficerent *H.*

tête d'une troupe de soldats capable de l'emporter sur les armes des habitants de Cibao, en admettant qu'ils connussent les armes. A peine les nôtres étaient-ils arrivés dans la région que le frère de Caunaboa[22], qui avait réuni environ cinq mille hommes armés à leur manière, c'est-à-dire nus et munis de flèches sans pointes de fer, d'épieux et des sortes de clous avec lesquels ils se battent, les bloqua dans une petite construction et les assiégea. Ce natif de Cibao, en homme de guerre expérimenté, divisa son armée en cinq fronts, lorsqu'il fut parvenu à un stade de cette construction, et les plaça en cercle à égale distance les uns des autres. Quant à son propre bataillon, il l'installe directement en face des nôtres. Puis, quand il eut tout organisé, il fait donner à tous les hommes de son bataillon le signal d'avancer ensemble au même pas, lentement, de venir de partout au combat, s'accompagnant de leur voix, et d'attaquer d'un même mouvement. Il avait ordonné à tous ses soldats de ne laisser échapper aucun des nôtres, ainsi cernés. Mais nos hommes, pensant qu'il était préférable d'affronter un seul bataillon que d'attendre un assaut, s'élancent contre la troupe nombreuse qui arrivait à travers la plaine ouverte, car ce lieu leur permettait de lancer à leur avantage une attaque à cheval. Les cavaliers se précipitent donc sur les insulaires, les renversent sous le poitrail des chevaux et les abattent facilement. Tous ceux qui sont restés sur place sont tués ; les autres, frappés de terreur, prennent la fuite et, abandonnant leurs maisons, se réfugient dans les montagnes rocheuses et accidentées. Ils suppliaient alors qu'on leur pardonnât, jurant qu'ils accepteraient volontiers tout ce que nos hommes leur commanderaient s'ils les laissaient vivre parmi ceux de leur pays. Quand le frère de Caunaboa eut enfin été fait prisonnier, les nôtres renvoyèrent chacun chez soi[23]. Après ces événements la région fut pacifiée ; on appelle Magon la vallée qu'habitait Caunaboa au centre de ces montagnes ; elle est très favorisée par ses fleuves aurifères et ses sources, et remarquablement fertile.

armatorum copia quae Cibauensium arma, si arma nouerint[f], superare posset. Vix intra regionem nostri uenerant[g] cum Caunaboae frater[h], conuocatis circiter quinque millibus suo more armatorum, nudi enim sagittis sine ferreis cuspidibus sudibusque et clauis quibusdam bella gerunt, intra quamdam domunculam eos circumsepsit obseditque. Hic Cibauus tamquam uir disciplinae bellicae non ignarus[i] ad unius stadii distantiam exercitum in quinque acies diuidit, cuique[j] in gyrum per aequos tractus locum statuens. Suam autem aciem e regione nostris opponit[k]. Inde cum diligenter omnia instituisset, ex acie sua ut omnes aequis passibus una gradiantur paulatim signa dari iubet, pedetentimque ut una omnes uocibus sublatis pugnam undique ineant manusque conferant. Imperatum omnibus ordinibus reliquerat ne nostrorum quisquam ita circumuallatus posset[l] euadere. Sed nostri, cum una acie[m] confligere satius esse rati quam eum impetum exspectare, in aciem grandiorem per apertos agros uenientem irruunt, eo quod equestri proelio committendo ea pars commodior esset. In eos igitur sese equites praecipitant, equorum pectoribus eos prosternebant, leuiter profligantur. Perimuntur quicumque exspectarunt[n]. Ceteri metu perculsi in fugam conuertuntur, ad montanasque rupes asperas relictis domibus se recipiunt. Indeque ut eis ignosceretur praecabantur, se quodcumque imperatum libenter subituros si intra natales suos eos uiuere patiantur attestantes. Caunaboae fratre tandem capto popularium quemque in sua remiserunt. His actis regio illa pacata est ; inter eos montes uallis quam Caunaboa incolebat Magona uocatur, amnibus auriferis et fontibus fortunatissima fertilisque maiorem in modum.

9. f. nouerint *C A* : mouerint *H* || g. uenerant *C A* : appulerant *H* || h. frater *C A* : fratrer *H* || i. *post* ignarus *add.* applicans *H* || j. cuique *C A* : unicuique *H* || k. opponit *C A* : apponit *H* || l. circumuallatus posset *C A* : circumuallati possent *H* || m. *post* acie *add.* quos omnes eo ordine appropinquare conspicerent *H* || n. expectarunt *C A* expetarunt *H*.

10. Cette année-là, au mois de juin, l'Eurus[24] souleva une tornade, sans précédent à ce qu'on dit, qui arrachait avec leurs racines tous les arbres qu'elle touchait, même les plus hauts, et des trombes s'élevèrent jusqu'aux astres. Arrivé au port de la ville ce typhon envoya par le fond trois navires ancrés, les seuls présents, après avoir brisé leurs amarres et les avoir retournés trois ou quatre fois alors que la mer était calme ; et on rapporte que cette année-là la mer pénétra à l'intérieur des terres plus loin que d'habitude et que son niveau monta de plus d'une coudée. Les îliens murmuraient que le peuple nouveau avait bouleversé les éléments et provoqué ces catastrophes. De même que les Grecs appellent ces trombes des typhons, ces hommes les nomment *furacanes*. Ils disent que les *furacanes* se produisent fréquemment dans cette île, mais qu'ils ne sont jamais si violents ni si dévastateurs ; et jamais, ni à leur époque, ni à celle de leurs aïeux, l'île n'avait été victime d'une telle tempête, qui arrachait même les plus grands arbres[25] ; et il est certain que ni la mer ni les espaces qu'elle découvre quand elle se retire n'avaient jamais été bouleversés de la sorte : partout en effet où les côtes jouxtent une plaine on trouve, près de celles-ci, des prés fleuris.

11. Revenons à Caunaboa : alors que ce prince et son frère[26] étaient amenés aux souverains d'Espagne, ils meurent en chemin, accablés de douleur.

12. Se voyant bloqué sur l'île par le naufrage des navires causé par la terrible tornade, l'Amiral donna aussitôt l'ordre de construire deux caravelles, car il avait avec lui des maîtres de tous les métiers. Pendant l'accomplissement de cette tâche il charge Bartolomé Colomb, son frère et adelantado de l'île à la mode espagnole, d'aller examiner, avec des ouvriers mineurs et une troupe armée, les mines d'or découvertes sous la conduite des insulaires à soixante lieues d'Isabela, avant Cipango. Ils y trouvent des puits profonds, creusés en des temps anciens.

10. Eo anno, mense Iunio, inauditum ab Euro turbinem eleuatis usque ad sidera rapidis uorticibus exortum fuisse[a] praedicant, qui quascumque maximas arbores offendebat radicitus euerteret[b]. Is tipho[c] cum ad ciuitatis portum iam peruenisset[d] tres naues quae solae in anchoris stabant, ruptis rudentibus, sine ulla maris procella aut fluctu circumactas ter aut quater in profundum mersit, creuisseque eo anno praeter solitum intra terram et extendisse se mare plusquam cubiti[e] mensuram ferunt[f]. [g]Gentem hanc perturbasse elementa atque portenta haec tulisse immurmurabant insulares. Has aeris procellas, uti Graeci tiphones, furacanes isti appellant. Crebro namque surgere in ea insula inquiunt, sed furacanes nunquam aeque uiolentos aut furibundos[g] ; neque enim uiuentis ullius aetate aut memoria maiorum extabat similem umquam turbinem qui et grandiores arbores euelleret ad eam insulam ruisse[h], neque mare ibi tempestatem ullam fuisse unquam perpessum constat, immo neque maris aestuaria pati[i] ; ubicumque enim litora planiciem aliquam attingunt, prata florida litoribus proxima reperiuntur.

11. Caunaboam repetamus[a]. Caunaboa rex et frater eius cum ad Reges in Hispaniam ducebantur, dolore animi confecti, in itinere moriuntur.

12. Praefectus autem, summersis fero turbine nauigiis, se interceptum uidens, duas statim carauelas iussit fabrefieri ; omnium enim artium magistros secum habebat. Interea dum haec fierent, fratrem suum Bartholomaeum Colonum, ipsius insulae more Hispano Adelantatum[a], cum metallariis quibusdam armata manu ad[b] auri fodinas quas ad leucas ab Isabela sexaginta ante Cipangas ductu insularium repertas[c] ire tentatum iubet. In eis effossos ueterum tempestate profundos puteos inueniunt.

10. a. fuisse *om.* *H* || b. *post* euerteret *transp.* praedicant *H* || c. tipho *CA* : turbo *H* || d. peruenisset *CA* : applicuisset *H* || e. cubiti *CA* : lacerti *H* || f. ferunt *CA* : fatentur *H* || g. — g. *CA* : insularibus haec stupentibus murmurantibus intra se gentem hanc flagitiosam facinorosam uiolentam quae auream eorum quietem otiumque placidissimum sua auaritia et cupiditate perturbarat haec portenta tulisse *H* || h. ruisse *CA* : ab aerea plaga demissum hactenus fuisse *H* || i. immo... pati *om.* *H.*

11. a. caunaboam repetamus *CA* : ad caunaboam redeamus *H.*

12. a. adelantatum *CA* : antelatum *H ut semper* || b. ad *CA* : eas *H* || c. repertas *CA* : repererat *H.*

L'Amiral pense alors que ces immenses trésors sont ceux que Salomon, roi de Jérusalem, a découverts dans le Golfe Persique, comme le raconte l'Ancien Testament[27]. Ce n'est pas à moi de décider si c'est vrai ou non, mais je n'en crois pas un mot. Les ouvriers mineurs, tamisant en différents lieux la terre sèche des mines d'or en sa surface, sur une étendue de six milles[28] environ, estimèrent qu'il y avait là, enfouie, une si grande quantité d'or qu'un mineur affecté à cette tâche pourrait chaque jour extraire facilement trois drachmes d'or. Après ces découvertes l'Adelantado et les ouvriers mineurs transmettent ensemble, par lettres, l'information à l'Amiral. Et en possession de ces renseignements, cinq jours avant les ides de mars[29] 1495, celui-ci se hâte d'embarquer sur les navires désormais achevés pour revenir rapidement auprès des souverains, non sans avoir confié les pleins pouvoirs pour commander la province à son frère Bartolomé Colomb, l'Adelantado[30].

27. Cf. I, *Rois,* 9, 28 ; *ibid,* 10, 14-25.
28. 9 kilomètres environ.
29. C'est-à-dire le 11 mars 1495 ; il y a donc une erreur d'un an.

Praefectus inde ingentes thesauros sibi illos de quibus Veteri Testamento agitur Salomonem Solymorum regem per sinum Persicum[d] comparasse contendit. Sit an non, non est meum diiudicare, sed longe abest meo iudicio[e]. Metallarii diuersis in locis superficialem terram auri fodinarum circiter sex millia passuum durantium cribrantes[f] in sicco, tantam ibi auri copiam iacere demersam censuerunt, ut mercenarius quisque fossor ad id conductus tres auri drachmas[g] singulis diebus facile queat effodere. His[h] ita indagatis Adelantatus simul et metallarii Praefecto rem per litteras significant. Quibus habitis, quinto Idus Martii anni quinti et nonagesimi, naues quae iam peractae erant statim ad Reges uenturus[i] alacer conscendit, prouinciae gubernandae fratri[j] Bartholomaeo Colono Adelantato omni potestate relicta.

12. d. per sinum persicum *HC* : persinum per siccum *A* || e. sed… iudicio *om.* *H* || f. cribrantes *C A* : cribantes *H* || g. drachmas *C A* : pondo *H* || h. his *A* : is *H C* || i. *post* uenturus *add.* ut antea constituerat *H* || j. fratri *H* : frarri *CA*.

PIERRE MARTYR D'ANGHIERA, DE MILAN, PROTONOTAIRE APOSTOLIQUE, CONSEILLER DU ROY, CINQUIÈME LIVRE DE LA DÉCADE OCÉANE AU CARDINAL LOUIS D'ARAGON, NEVEU DE NOTRE SOUVERAIN.

1. L'adelantado Bartolomé en personne, suivant la volonté exprimée par son frère au moment de son départ, fait ériger une citadelle sur le lieu des mines d'or ; il l'appelle *Torre Dorada*[1] car dans la terre qu'on amenait pour bâtir les murs et qu'ils broyaient, les ouvriers et les maçons recueillaient de l'or. Il passa trois mois à faire confectionner les instruments grâce auxquels on pourrait laver et ramasser l'or. Mais, chassé par la faim[2], il laissa cette entreprise inachevée. Il revint en arrière[3], sur le chemin qu'il avait suivi avec ses hommes, jusqu'à soixante milles de là[4] et il obtint des indigènes une partie de leur pain en l'échangeant contre certains de nos biens. Il ne put cependant s'attarder là plus longtemps : après avoir donc confié la garde de cette citadelle à dix hommes, auxquels il laissa la petite provision de pain indigène qui restait et un chien de chasse pour prendre ce type d'animal qui vit chez ces peuples, ressemble au lapin et possède le nom d'*utias*, comme nous l'avons expliqué précédemment, l'Adelantado revient à Concepción[5]. En outre, c'était le mois où le roi Guarionex et un de ses voisins, nommé Manicautex, devaient apporter le tribut. Passant là tout le mois de juin, l'Adelantado exigea des deux rois la totalité du tribut ainsi que le nécessaire à sa propre subsistance et à celle des hommes qu'il conduisait, qui étaient alors quatre cents.

2. Aux environs des calendes de juillet[6] arrivèrent trois caravelles[7] chargées de vivres, de froment, d'huile, de vin, de viande salée de porc et de bœuf. Ces vivres sont répartis individuellement selon les dispositions légales venues d'Espagne, bien qu'on déplorât

[a]PETRI MARTYRIS ANGLI. MEDIOLANENSIS PROTONOTARII APOSTOLICI CONSILIARII REGII OCEANEAE DECADIS LIBER QVINTVS AD CARDINALEM LUDOVICVM ARAGONIVM NOSTRI REGIS NEPOTEM[a]

1. Adelantatus autem ipse Bartholomaeus, ex sui fratris discedentis consilio, arcem in auri fodinis erigit ; hanc arcem Auream appellat, quoniam ex terra, quae ad muros construendos ferebatur[a], calones et muratores[b] inter pinsendum aurum deligebant. Tres menses ad instrumenta quibus aurum lauari et colligi posset conficienda consumpsit. Sed rem imperfectam fame compulsus reliquit. Ad sexagesimum inde miliare quo ipse cum armatis pluribus concessit, panis insularis portionem quandam a prouincialibus habuit permutatione[c] rerum nostrarum. Attamen morari diutius illic nequiuit. Relictis igitur ad eius arcis praesidium decem hominibus cum ea panis insularis portiuncula quae supererat, relictoque illis uenatorio cane ad capiendum genus id animalis quod apud eos esse supradiximus cuniculo nostro simile nomine utias, ad Conceptionem reuertitur. Erat praeterea[d] is mensis quo Guarionexius rex et alius illi finitimus Manicautexius nomine tributa erant ei laturi. Ibi totum Iunium immoratus uectigalia in integrum ab his duobus regibus et uictui necessaria sibi et iis[e] quos ductabat, qui erant forte quadringenti, exegit.

2. Circiter Calendas Iulii tres cum escariis rebus[a] tritico, oleo, uino, suillis[b] uacinisque carnibus salsis carauelae aduenerunt[c]. Ea uiritim pro constitutione ex Hispania lata diuiduntur[d],

Titulus. a. — a. *H C* : caput quintum *A*.

1. a. *post* ferebatur *add.* fiunt enim in hispania muri fere omnes ex materie terrea calce tamen admixta *H* || b. *post* muratores *add.* ipsius *H* || c. permutatione *C A* : per permutationem *H* || d. praeterea *C A* : propterea *H* || e. iis *C A* : his *H*.

2. a. escariis rebus *C A* : alimentis *H* || b. suillis *C A* : suinis *H* || c. aduenerunt *C A* : applicuerunt *H* || d. pro... diuiduntur *C A* : iuxta ex hispania constitutionem latam diuiduntur *H*.

amèrement que certaines denrées, gâtées par l'humidité, eussent pourri au cours du transport. Par ces navires Bartolomé, le gouverneur, reçut parmi les instructions des souverains et de l'Amiral son frère, qui avait auparavant longuement entretenu de cette affaire le roi et la reine, l'ordre de transférer le lieu de résidence sur la côte méridionale de l'île, car cette région est plus proche des mines d'or. Il lui fut aussi ordonné d'envoyer en Espagne, captifs, les princes dont on découvrirait qu'ils avaient tué des chrétiens, avec ceux de leurs sujets qui auraient participé à ce méfait[8] : il envoie trois cents insulaires prisonniers et leurs princes. Il entreprend le déménagement après avoir examiné très attentivement les rivages méridionaux. Là, il fonda une citadelle sur une colline élevée, près d'un port bien protégé ; il appela cette citadelle Santo Domingo car il était arrivé là un dimanche. Un fleuve aux eaux salubres et qui abonde en excellents poissons de toutes sortes se jette dans le port entre deux rives agréables. On rapporte que les dons faits par ce fleuve à la nature sont admirables : partout où il coule, en effet, tout est joyeux, tout est fertile ; les palmeraies, les fourrés exotiques de toute sorte inclinaient ici et là leurs rameaux chargés de fleurs et de fruits sur la tête des Espagnols. On vante la fertilité du sol, égale, voire supérieure, à celle d'Isabela[9].

3. L'Adelantado ne laissa à Isabela que les malades et quelques constructeurs de navires pour achever les deux caravelles dont ils avaient commencé la construction. Il emmène les autres colons au sud, à Santo Domingo. Quand la citadelle fut bâtie, il y laissa une troupe de vingt hommes ; et avec les autres il se prépare à aller explorer en personne les régions occidentales de l'intérieur de l'île[10], qu'on ne connaissait alors que de nom. A trente lieues de là, c'est-à-dire à quatre vingt-dix milles[11], il parvient au fleuve Naïba[12], dont nous avons expliqué[13] qu'il descendait des monts de Cibao vers le sud, en passant droit par le centre de l'île. Après avoir franchi ce fleuve, il envoie par des chemins différents deux décurions, accompagnés chacun de vingt-cinq hommes armés, vers les terres des princes qui possèdent des forêts de bois de braise.

quamuis ex his aliqua madida corruptaque uecta esse[e] conquererentur. Per has naues a Regibus et fratre Praefecto, qui iam multa antea de hac re apud Reges egerat, ut ad meridionale insulae latus habitationem traducat in mandatis Bartholomaeus gubernator habuit : erat enim ea pars aurifodinis propinquior. Imperatumque etiam illi est ut Regulos eos, qui Christianos peremisse reperirentur, cum suis ditionariis[f] errati participibus, uinctos in Hispaniam mitteret : tercentum insulares cum suis regulis captos mittit. Post[g] explorata diligentius meridionalia litora, transportat habitationem[h] arcemque ibi super edito colle apud portum bene tutum condidit ; quam arcem Sancti Dominici, quoniam die dominico eo appulsus est[i], uocitauit. Amnis salubrium aquarum, et uariis piscium generibus optimis refertissimus[j], in portum amoenis[k] utrimque ripis defluit. Miras esse fluminis naturae dotes referunt. Quacumque enim fluat, omnia iucunda, utilia omnia, palmeta frutetaque insularia omnis generis nauigantibus ramos floribus fructibusque onustos[l] in caput interdum declinabant[m], aequamque soli eius uel beatiorem Isabelica ubertatem praedicant.

3. In Isabela[a] ualetudinarios tantum nauiumque magistros quosdam, qui duas quas inceperant carauelas perficerent, reliquit. Ceteros ad Sanctum Dominicum ad meridiem traducit. Post arcem conditam, relicto in ea uiginti hominum praesidio, cum reliquis ipse occidentales insulae partes internas, hactenus nomine tantum notas, exploraturus sese accingit. Ad triginta inde leucas, idest miliaria nongenta[b], in fluuium Naibam, quem a Cibauis montibus ad meridiem recta per insulae medium descendere memorauimus, incidit. Hoc amne superato, cum singulis armatorum hominum quinque et uiginti turmis decuriones duos ad regulorum terras[c] quorum nemora[d] ex coccineis arboribus constant, per diuersa dimittit.

2. e. uecta esse *C A* : applicuisse *H* || f. ditionariis *C A* : accolis *H* || g. *ante* post *add.* habitacula uero *H* || h. habitationem *om.* *H* || i. appulsus est *C A* : applicuit *H* || j. *post* refertissimus *add.* per cuius decursum sexdecim millia passuum ad duodecimum usque lapidem ad arcem auream nauigia possunt *H* || k. amoenis *C A* : amenissimis *H* || l. *post* onustos *add.* usque *H* || m. declinabant *H C* : diclinabant *A*.

3. a. isabela *C A* : -lam *H* || b. nongenta *C A* : uiginti supra centum *H* || c. terras *C A* : prouintias *H* || d. *post* nemora *add.* meridionali ad occidentis angulum insule lateri adiacentia *H*.

4. Les uns se dirigent vers la gauche, trouvent les forêts, y pénètrent, scient les troncs : de hauts arbres précieux, intouchés jusqu'alors, s'abattent. Chaque décurion fait emplir de troncs de bois de braise les cases indigènes, où on les garde en attendant qu'arrivent les navires pour les emmener. Mais l'Adelantado partit à droite et trouva, non loin du fleuve Naïba, un roi puissant nommé Beechio Acauchan, qui avait pris les armes contre d'autres habitants des abords du Naïba et installé un camp afin de soumettre à sa domination ces princes ainsi que plusieurs autres. Le royaume de ce puissant souverain, situé vers la pointe occidentale de l'île, à trente lieues[14] du fleuve Naïba, est montagneux et escarpé ; il s'appelle Xaragua ; mais tous les princes qui dirigent les territoires situés entre ces deux régions sont soumis au pouvoir de ce roi. Toute la province qui s'étend du fleuve Naïba à l'extrémité occidentale de l'île est dépourvue d'or.

5. Après que les armes ont été déposées et que le signe de la paix a été fait, ce roi accueillit nos hommes très courtoisement – on ne sait si c'est par crainte ou par amabilité – et leur demanda ce qu'ils voulaient. L'Adelantado répondit : « Je veux que tu verses un impôt à l'Amiral, mon frère, représentant des souverains d'Espagne, comme les autres princes de cette île. » Le roi lui rétorqua : « Comment pouvez-vous exiger cela de moi alors qu'aucun des nombreux territoires sur lesquels je règne ne produit d'or ? » Il avait entendu dire en effet qu'un peuple étranger, qui cherchait de l'or avec avidité, était arrivé sur l'île ; mais il ne savait pas du tout ce qu'il désirait d'autre. Alors l'Adelantado : « Loin de nous l'intention d'imposer à quiconque des tributs qui ne pourraient être facilement payés, ou que sa région ne pourrait fournir. Nous savons avec certitude que cette terre produit en abondance le gossapin, le chanvre et d'autres plantes de ce genre, et nous t'en demandons une partie[15]. » Et le roi, après avoir écouté ces paroles, promet en souriant aimablement qu'il donnera aux Espagnols autant de ces produits qu'ils le désireront. Ainsi, après avoir renvoyé l'armée et dépêché en avant des messagers, il accompagna lui-même l'Adelantado jusqu'à l'endroit où il avait sa cour[16], à trente lieues de là comme nous l'avons dit. Durant tout le trajet ils cheminèrent sans cesse à travers les domaines des princes soumis à ce roi. Ordonnant aux uns de verser un tribut en chanvre, qu'on dit n'être pas de plus mauvaise qualité que notre lin pour tisser les

4. Leuorsum isti tendunt ; siluas inueniunt, ingrediuntur, scindunt : cadunt altae intactaeque hactenus preciosae arbores. Singulas insulares casas decuriones singuli coccineis implent truncis, ubi donec nauigia ducantur quae illos abducant seruentur. Adelantatus autem dextrorsum iter capiens, non longe a ripa fluminis Naibae, potentem quemdam nomine Beuchium Anacauchoam Regem, castris positis, contra Naibenses incolas in armis esse reperit, ut illos suae ditioni ueluti plures alios insulares Regulos subiiceret. Huius potentis regia[a], occidentalem uersus insulae calcem sita, Xaragua uocatur, a flumine Naiba triginta leucas distans, montosa[b], aspera ; sed quicumque Reguli medium tenent huius imperio parent. Omnis ea regio a Naiba ad ultimam occidentis oram auri expers est.

5. Nostros, depositis armis datoque pacis signo, placidissime, incertum metu an humanitate, suscipiens, quidnam sibi uellent interrogauit. Adelantatus[a] inquit : « ut quemadmodum et reliqui huius insulae principes Praefecto Marino fratri meo, Hispanorum Regum nomine, uectigalia praestes. » Cui ille : « quomodo id a me potestis exigere, cuius nulla regio de multis quae mihi imperanti auscultant, aurum gignit ? » Audierat enim gentem exteram, quae aurum auide quaeritaret, ad insulam aduentasse, sed quod aliud quam aurum cuperet minime arbitrabatur. Tunc Adelantatus : « absit ut cuiquam tributa iniungamus, quae persolui facile non possint[b], quibusue regiones careant. Gossampii, canabi et aliarum huiuscemodi rerum copiam regionem producere compertum habemus ; ex quibus prouentibus ut nobis aliquid impartiaris petimus ». At ille, his auditis, hilari fronte, sereno uultu se quantum uoluerint accipere de his daturum pollicetur, dimissoque exercitu ipsemet praemissis nuntiis Adelantatum usque ad locum ubi ipse regiam habebat, ad leucas uti diximus XXX, comitatus est. Totoque eo tractu per regulorum ei subditorum dioeceses iter semper fecerunt. Aliis canabi quod non peius nostro lino[c] ad nauium

4. a. *post* regia *add.* insulae calcem occidentalem uersus sita Xaragua uocitatur *H* || b. montosa *H C* : montuosa *A*.

5. a. *post* antelatus *add.* autem *H* || b. possint *H C* : possit *A* || c. lino *H* : ligno *C A*.

gréements[17] des navires, à d'autres un impôt en pain, à d'autres encore un impôt en gossapin, suivant la nature du sol, ils parviennent enfin au royaume de Xaragua.

6. Avant qu'ils n'y pénètrent, tous les habitants accourent au-devant de leur roi Beechio Acauchan et des nôtres pour les recevoir avec toutes les marques d'honneur qu'ils connaissent. Découvre deux spectacles, parmi d'autres, dignes d'être rapportés, que donnèrent aux nôtres ces populations nues et incultes. Tout d'abord s'avancent à leur rencontre, tandis qu'ils s'approchaient, trente femmes, toutes épouses du roi, qui tenaient à la main des branches de palmier et exécutaient sur l'ordre du roi des danses et des chants en marquant le rythme, entièrement nues à l'exception de leur sexe qu'elles couvrent, lorsqu'elles ont perdu leur virginité, de sortes de pagnes de gossapin[18] ; en effet les vierges ne couvrent aucune partie de leur corps ; leurs cheveux tombent sur les épaules mais sont cependant attachés sur le front par des bandelettes. Nos hommes disent que leur visage, leur poitrine, leurs seins, leurs mains et toutes les autres parties de leurs corps, de couleur brun clair, sont superbes[19]. Ils crurent voir les très belles dryades ou les nymphes qui naissent des sources et sur lesquelles l'antiquité invente des légendes. Tour à tour toutes ces femmes se mettent à genoux pour offrir à l'Adelantado les branches de palme qu'elles agitaient de la main droite pendant les chants et la danse. Ensuite, quand ils entrent dans la demeure du roi, les Espagnols trouvent un repas somptueusement préparé à la manière insulaire. Ils se restaurent et, à la tombée de la nuit, ils sont conduits par les serviteurs du roi vers les chambres des hôtes, suivant le rang de chacun. Là, dans des lits suspendus fabriqués selon leur coutume, que nous avons décrits en une autre occasion[20], ils se reposèrent.

7. Le lendemain, on conduit nos hommes à cette construction que les îliens se bâtissent en guise de théâtre : là, après plusieurs chœurs différents et des danses, deux immenses troupes d'hommes en armes font irruption tout à coup sur la vaste esplanade. Le roi leur avait ordonné de paraître pour le jeu et le plaisir, de même que chez les Espagnols on organise souvent le jeu troyen, c'est-à-dire des tournois. S'approchant l'un de l'autre, semblables à des ennemis qui, après avoir réuni les étendards, sont prêts à se battre pour leurs richesses, leurs foyers, leurs enfants, le pouvoir et enfin leur vie elle-

aplustre[d] contexendum esse dicunt, panis aliis, aliis[e] gossampii pro telluris uariae natura[f] tributa imperantes, ad regiam tandem Xaraguensem ueniunt[g].

6. Hanc priusquam ingrediantur, incolae omnes Regem suum Beechium Anachaucoam ac nostros honorifice suo more recepturi occurrunt. Inter cetera spectacula, audi duo inter nudas et incultas gentes memoratu digna[a] : appropinquantibus[b] primum triginta feminae, Regis uxores omnes, ramos palmarum manibus ferentes tripudiis cantibusque ac sonis, ex regis praecepto, nudae toto corpore praeter pudibunda, quae foemoralibus quibusdam gossampinis corruptae contegunt, obuiam prodeunt. Virgines enim capillis per humeros sparsis, frontibus tamen uitta ligatis, nullam sui corporis partem cooperiunt. Faciem, pectora, mammas, manus ceteraque subalbido colore praedicant fuisse pulcherrima. Dryades formosissimas aut natiuas fontium nymphas de quibus fabulatur antiquitas, se uidisse arbitrati sunt. Palmarum manipulos quos dextris gestabant, chorizantes psallentesque, inuicem poplitibus flexis, Adelantato omnes dono dant. Domum deinde Regis ingressi, eorum more laute paratam cenam inueniunt ; uires reficiunt[c]. Nocte uero superueniente pro cuiusque statu[d] ad hospitia obsignata per Regis ministros ducuntur. Vbi in paratis pro eorum consuetudine[e] lectis pensilibus, quos alias descripsimus, quieuerunt.

7. Altero die, ad eam domum quam sibi loco theatri construunt nostri ducuntur. Ibi post multas uariasque choreas et saltationes, in latam planiciem duae ex insperato ingentes armatorum acies descendunt, quas ludi et delectationis gratia, ut apud Hispanos ludus troicus, idest harundineus[a], saepius instruitur, Rex apparari iusserat. Comminus accedentes, ac si hostes, collatis signis, pro opibus, pro focis, pro natis, pro imperio, pro uita

5. d. aplustre contexendum *ego* : amplustre contexendum *C A* amplustria contexenda *H* || e. aliis aliis *A* : alii alii *H C* || f. pro… natura *C A* : secundum… naturam *H* || g. ueniunt *C A* : applicant *H.*

6. a. *post* digna *add.* acta fuisse *H* || b. *post* appropinquantibus *add.* rege et antelato *H* || c. inueniunt uires reficiunt *C A* : inuenientes longo itinere et uigiliis uires perditas reuocant *H* || d. pro… statu *C A* : secundum… statum *H* || e. pro… consuetudine *C A* : iuxta… consuetudinem *H.*

7. a. harundineus *H C* : harundienus *A.*

même, les deux groupes en viennent aux mains. En peu de temps quatre hommes tombèrent sous les javelots, les traits et les flèches, et plusieurs furent blessés. On aurait combattu plus vivement encore si, à la demande des nôtres, le roi n'avait fait signe de mettre fin à la bataille.

8. Le troisième jour, après qu'on a donné au roi l'ordre de planter à l'avenir plus de gossapin sur les rives du fleuve, afin que le tribut imposé à chaque famille fût plus facilement acquitté, l'Adelantado se rend à Isabela pour voir les malades et les navires qu'il avait laissés en cours de fabrication. Il découvre que trois cents hommes environ étaient morts de maladies diverses[21] ; comme cela l'inquiétait et qu'il ignorait de plus quelle décision prendre, puisque manquait presque tout le nécessaire non seulement pour soigner, mais aussi pour survivre, aucun bateau n'arrivant d'Espagne[22], il décida, en proie à l'incertitude, de répartir les malades dans les différentes régions, et de les établir dans les redoutes qui y avaient été érigées.

9. En effet nos hommes ont érigé des redoutes sur le chemin qui va droit d'Isabela à Santo Domingo, c'est-à-dire qui traverse l'île du nord au sud. A trente-six milles d'Isabela, l'Amiral a fondé la citadelle d'Esperanza ; à vingt-quatre milles d'Esperanza, celle de Santa Catalina ; à vingt milles de Santa Catalina, celle de Santiago. A vingt milles, à nouveau, de Santiago il fit édifier une autre citadelle appelée Concepción, mieux fortifiée, munie de tours, parce qu'elle est située au pied des monts Cibao et dans une très vaste plaine, fertile et peuplée. Ensuite il en fonda une autre, à mi-route entre Concepción et Santo Domingo, mieux défendue encore que Concepción car située sur le territoire d'un prince auquel obéissaient plus de cinq mille sujets. Les habitants de cette région appellent Bonao le village qui constitue la capitale du royaume : c'est pourquoi l'Amiral a voulu que cette citadelle s'appelât aussi Bonao[23].

10. Après donc que les malades ont été répartis dans ces redoutes et, aux environs de celles-ci, dans les demeures de certains insulaires, l'Adelantado lui-même marche vers Santo Domingo, réclamant en chemin aux rois des provinces traversées des tributs qu'il imposait. Alors qu'il résidait à Santo Domingo depuis quelques jours, le bruit lui parvient que tous les princes des provinces voisines de Concepción, en proie au désespoir et à la haine des nôtres,

denique ipsa certaturi concurrerent, ita duae illae acies utrimque manus conferunt. Missilibus, telis et sagittis intra breue horae momentum quatuor cecidere, pluresque uulnerati fuerunt. Acrius[b] pugnatum fuisset, nisi rogatu nostrorum rex dato signo pugnam diremisset.

8. In tertium inde diem, consilio Regi praebito ut gossampii plus deinceps in ripis aquarum, quo impositum per focos tributum facilius persolueretur, sererent, ad Isabelam ualetudinarios et nauigia quae incepta reliquerat uisurus tendit. Variis morbis circiter trecentos reperit cecidisse ; quare anxius et quid consilii caperet erat[a] ignarus, cum non modo ad ualetudinemrefarciendam, sed uictui necessaria fere cuncta deessent – neque enim ex Hispania nauis ulla aduentabat- sic haesitans ualetudinarios per regiones et castella in ipsis erecta dispartiri constituit.

9. Castella enim ab Isabela recto itinere ad Sanctum Dominicum, idest a septentrione ad meridiem, per insulam haec erexerunt. Ab Isabela ad lapidem sextum et trigesimum Sperantiam arcem condidit ; a Sperantia uero ad lapidem quartum et uigesimum, Diuam Catherinam ; a Catherina ad uigesimum, Sanctum Iacobum arcem ; a Diuo Iacobo ad alia uiginti miliaria turritam condidit munitiorem quam Conceptionem appellauit, quod in radice Cibauorum montium quodque in planicie uastissima ubere et populosa. Aliam deinde mediam inter Conceptionem et Sanctum Dominicum condidit, Conceptione munitiorem, quoniam intra terminos Reguli cui supra quinque incolarum milia parebant ; Bonauum nomine uocant insulares eius regionis uicum qui caput est regni : propterea Bonauum etiam uoluit arcem Praefectus appellari.

10. Per haec igitur castella castellorumque uicina in insularium domibus infirmis dispartitis, ad Sanctum ipse Dominicum proficiscitur, a Regulis qui medium tenebant imposita exigens inter eundum uectigalia. Vbi cum aliquot dies moraretur, rumor exoritur Regulos omnes finium[a] Conceptionis desperatis in

7. b. acrius *C A* : acriusque *H.*
8. a. erat *om. H.*
10. a. finium *C A* : prouintie *H.*

projetaient de faire défection[24]. A l'annonce de ces nouvelles l'Adelantado se dirige donc à marches forcées vers ces peuples. Comme il s'approchait, le bruit grandit que Guarionex, séduit et vivement pressé, avait été choisi par tous comme dirigeant suprême pour commander la province, mais qu'il l'avait été en partie malgré lui, poussé par les autres, car il craignait beaucoup les ruses et les armes de nos hommes dont il avait déjà tâté en d'autres occasions.

11. Les chefs insulaires avaient décidé de tenter de nouveau le hasard de la guerre à une date fixée, avec quinze mille hommes armés selon leur coutume. L'Adelantado décide alors, après avoir tenu conseil avec le commandant de la citadelle et les soldats qui restaient sous ses ordres, qu'il faut attaquer ces princes pendant qu'ils ne se méfient pas et qu'ils sont dispersés chacun chez soi, sans avoir encore réuni d'armée. On envoie donc chez chaque prince un centurion qui attaque par surprise les villages endormis – que n'entourent, chez les îliens, ni murailles, ni fossés, ni levées de terre – avant qu'il ne soit possible aux populations éparses de se rassembler ; chacun capture, enchaîne et ramène le cacique qui lui avait été assigné, conformément aux ordres. C'est chez Guarionex que s'était rendu l'Adelantado, car c'était le chef le plus puissant, et il s'empara de lui à l'heure prévue, comme les autres. Quatorze princes furent amenés cette nuit-là à Concepción, et peu de temps après on supplicia deux des caciques, qui avaient séduit et suborné Guarionex ainsi que d'autres chefs plutôt enclins à la révolte ; l'Adelantado renvoya alors Guarionex et les princes qui restaient de peur que, désespérés par la perte de leurs souverains, les habitants ne désertassent les champs, ce qui aurait pu être pour nos hommes infiniment dommageable à cause des semailles. Près de cinq mille insulaires soumis affluèrent, sans armes, pour réclamer la libération de leurs rois. L'air gronda, la terre trembla sous l'effet de la clameur que ces hommes poussèrent jusqu'aux astres.

12. L'Adelantado, mêlant promesses, dons et menaces, conseille à Guarionex et aux autres de se garder, à l'avenir, de comploter. Guarionex tint au peuple un discours sur la puissance des nôtres, leur indulgence envers les criminels, leur générosité envers les hommes loyaux afin qu'il se calmât, qu'il ne tramât plus de ruses ni

nostros animis[b] uiuere studereque defectioni. Ad eos igitur ubi haec nuntiata sunt longis mouet itineribus. Cum propius accederet, Guarionexium prouinciae huius capessendae imperatorem ab omnibus fuisse delectum fama increbruit seductumque et sollicitatum semiinuitum tamen ab aliis fuisse, cum nostrorum astus et arma iam alias expertus pertimesceret.

11. Conuenerant certo die cum[a] quindecim millibus hominum suo more armatorum fortunam belli iterum tentare. Ibi Adelantatus consilio habito cum arcis praefecto reliquisue militibus quos ductitabat, adoriendos esse incautos et palantes Regulos in propriis laribus, priusquam exercitum comparent, constituunt. Ad singulos igitur Regulos singuli centuriones mittuntur[b], qui ex insperato dormientes priusquam sparsis populis liceat conuenire, uicos eorum congressi, quos non moenibus, non fossis, non aggeribus circumseptos habent impetunt. Captant, uinciunt, ducunt quisque suum uti fuerat imperatum. Ad Guarionexium Adelantatus ipse tamquam ad potentiorem perrexerat cepitque, sicut et alii eadem hora constituta suos. Quatuordecim ea nocte ex eis ad Conceptionem tracti sunt ; paulo post duobus ex iis, qui Guarionexium reliquosue rerum nouarum studiosiores seduxerant ac subornauerant, supplicio affectis, ne suorum Regum dolore confecti incolae agros desererent, quod summum incommodum propter sementes nostris afferre potuisset, Guarionexium et reliquos[c] dimisit. [d]Ditionarii ad quinque millium numerum confluxerunt pro suorum regum liberatione inermes[d]. Intonuit aer, contremuit terra prae clamore illorum usque ad sidera eleuato.

12. Adelantatus Guarionexium atque alios pollicendo, donando, minando, ut in posterum cauerent ne quid[a] molirentur, admonet. Guarionexius apud populum orationem habuit[b] de nostrorum potentia, indulgentia[c] in delinquentes, liberalitate in fidos, ut sedent animos nec quicquam ulterius astruant cogitentque

10. b. *post* animis *add.* propter eorum uim et rapinas *H.*

11. a. cum *om. H* || b. mittuntur *C A* : destinantur *H* || c. guarionexium et reliquos *C A* : reliquos simul et guarionexium *H* || d. — d. *C A* : aderat uti arbitrantur quinque millium hominum multitudo quod supplices omnes pro suorum regum liberationem inermes confluxerant *H.*

12. a. *post* quid *add.* tale *H* || b. *post* habuit *add.* copiosissimam *H* || c. indulgentia *C A* : misericordia *H.*

de machinations contre les chrétiens et afin au contraire qu'il leur obéît, qu'il cédât à leur volonté et les servît, à moins qu'ils ne voulussent tomber dans des malheurs chaque jour plus grands[25]. Quand il eut fini son discours, les hommes se saisissent de lui, le hissent sur leurs épaules et le portent jusqu'au village où était sa cour : c'est ainsi qu'en quelques jours la région fut pacifiée[26].

13. Inquiets et tristes cependant, abandonnés dans des contrées étrangères, car cela faisait déjà quinze mois que l'Amiral était parti[27], nos hommes avançaient, découragés parce que manquait tout ce qu'ils avaient l'habitude d'utiliser pour se vêtir et se nourrir. L'Adelantado les réconfortait du mieux qu'il pouvait, les rassurait en faisant miroiter un vain espoir. Pendant que se produisaient ces événements, Beechio Acauchan – c'est ainsi en effet que s'appelait le roi de la partie occidentale de Xaragua que nous avons mentionné précédemment – envoie à l'Adelantado des messagers pour lui signifier que le gossapin et les autres tributs qui lui avaient été imposés, ainsi qu'à son peuple, étaient prêts. L'Adelantado se prépare au voyage, parvient à destination, et est accueilli avec tous les honneurs par le roi et la sœur de celui-ci qui avait été l'épouse de Caunaboa, le roi de Cibao, et n'avait pas, dans le gouvernement du royaume de son frère, moins de poids ni moins de crédit que celui-ci. On dit en effet qu'elle est spirituelle, enjouée et très avisée, et elle avait conseillé à son frère, instruit par l'exemple de son mari, d'approuver continuellement les chrétiens, de les flatter et de leur obéir. Cette femme s'appelle Anaccaona[28].

14. L'Adelantado trouve réunis là, à la cour de Beechio Acauchan, trente-deux rois qui l'attendaient, munis de leurs tributs, et qui tous, en plus des impôts ordonnés, ont apporté pour conquérir la bienveillance des nôtres d'immenses dons de pain des deux sortes, du pain de racines et du pain de grains, des *utias*, c'est-à-dire des lapins de ces îles, en quantité innombrable, ainsi que des poissons, mais grillés afin qu'ils ne pourrissent ni ne se gâtassent. Ils apportèrent en outre quelques serpents, dont nous avons dit plus haut qu'ils étaient les aliments préférés des insulaires et qu'ils ressemblaient tout à fait à des crocodiles. On appelle là-bas ces serpents iguanes. On apprit, tardivement, qu'ils vivent dans cette île, et nos hommes n'avaient pas encore osé goûter, à cause de leur aspect repoussant, à ces animaux qui semblaient provoquer non seulement la nausée mais le dégoût. Peu à peu l'Adelantado, enjôlé par les plaisanteries de la sœur du roi, décida

contra Christianos, sed ut illis obtemperent, obsequantur, seruiant, nisi se in maiores in dies calamitates trudi cupiant. Oratione habita, pensilem illum humeris captant pensilemque usque ad suae regiae pagum humeris portant : ita per aliquot dies regio pacata est.

13. Solliciti tamen et tristes nostri in exteris regionibus deserti, quod quintus decimus[a] iam mensis a Praefecti discessu[b] ageretur, quia cuncta quibus indui uescique solebant deficerent, demisso uultu incedebant. Adelantatus eos quam melius poterat inani spe depascendo solabatur. Dum haec agerentur, Beechiusan Acauchea, – sic enim Xaraguae occidentalis partis[c], quam supra memorauimus, Rex uocabatur–, ad Adelantatum nuntios mittit qui gossampium ceteraque uectigalia quae sibi suisque incolis imperauerat, parata esse significarent. Ad iter se accingit Adelantatus, pergit[d], honorifice a Rege recipitur et eius sorore quae, quondam Caunaboae Regis Cibaui uxor, non minoris erat in fraterni regni gubernatione momenti et consilii quam frater. Aiunt enim eam esse urbanam, facetam ac prudentissimam fratrique ut Christianis assentetur, blandiatur, obtemperet exemplo mariti eius edoctus, persuaserat ; haec femina Anaccaona nuncupatur[e].

14. Duos et triginta ibi Regulos in Beechii Aunachauchoe regia congregatos cum tributis exspectantes reperit, qui omnes praeter imperata uectigalia, ad beneuolentiam cum nostris captandam, munera tulerunt ingentia ex utroque pane, radicali scilicet ac paniceo, utias, idest cuniculos insulares, innumeros piscesque, sed ne putrescerent aut corrumperentur[a] assos ; tulerunt et de[b] serpentibus quos inter[c] edulia[d] principatum obtinere crocodillisque simillimos esse supra descripsimus : iuannas serpentes uocant. Has in insula nasci sero didicerunt, neque ex eis nostri ob foeditatem quae horrorem[e] non modo nauseam inducere uidebantur gustare hactenus ausi fuerant. Praemordere paulatim Adelantatus iuannam Regis sororis pellectus facetiis statuit[f], sed

13. a. quintus decimus *H C* : xv *A* || b. discessu *C A* : digressu *H* || c. partis *C A* : prouintie *H* || d. *post* pergit *add.* applicat *H* || e. haec... nuncupatur *om. H.*

14. a. corrumperentur *C A* : -poretur *H* || b. de *om. H* || c. *post* inter *add.* eorum *H* || d. edulia *C A* : -iam *H* || e. *post* horrorem *add.* quendam *H* || f. statuit *om. H.*

de planter les dents dans un morceau d'iguane ; mais lorsque la saveur de cette chair commença à caresser son palais et son gosier, on le vit alors dévorer à belles dents. Et par la suite les Espagnols ne se contentaient plus de goûter ces serpents prudemment ni du bout des lèvres, mais, en parfaits gloutons qu'ils étaient devenus, ils ne parlaient plus de rien d'autre que de la douce saveur des serpents, et disaient que les festins de serpents étaient plus dignes de louanges que ceux de paons, de faisans ou de perdrix que l'on fait chez nous. Mais si les iguanes sont accommodés autrement ils perdent leur saveur, comme les paons ou les faisans si on ne les fait pas rôtir bardés de lard : après les avoir vidés en les ouvrant de haut en bas, lavés et nettoyés soigneusement puis enroulés à la manière d'un serpent qui dort lové sur lui-même, les insulaires les enferment dans un pot juste à leur taille et l'on ajoute un peu d'eau et du poivre des îles, tout en plaçant la préparation sur un petit feu de bois odorant qui brûle tout doucement. Compressé de la sorte, le corps de ces serpents distille un nectar, si on les en croit, et ils rapportent aussi qu'aucun mets n'est aussi savoureux que les œufs de ces serpents, lorsqu'ils sont cuisinés seuls et à feux doux. Quand ils sont apprêtés de cette manière et qu'ils sont frais, ils ont une saveur très douce, et quand on les conserve quelques jours ils sont délicieux. Mais en voilà assez sur les mets ; venons-en à d'autres sujets.

15. Quand l'Adelantado eut empli une case avec le tribut en gossapin, les princes lui assurent qu'ils partageraient volontiers avec lui autant de leur pain qu'il en voudrait. Acceptant leurs offrandes, il les remercie. Entre temps donc, pendant qu'on fabriquait du pain dans toutes les régions et qu'on l'apportait à la cour de Beechio Acauchan, roi de Xaragua, l'Adelantado envoie à Isabela des messagers pour ordonner en son nom que l'on fît venir celle des deux caravelles en construction qui était prête. Il annonça en effet qu'il la renverrait quand elle aurait été chargée de pain : pleins d'allégresse, les marins s'empressent de diriger leur navire vers le rivage de Xaragua et contournent l'île. Quand Anaccaona, sœur du roi, spirituelle, avisée, femme d'une grande intelligence, veuve de Caunaboa, apprit que notre navire se dirigeait vers le rivage de ses aïeux, elle persuade son frère d'aller le voir avec elle. Il n'y avait que six milles[29]

ubi demulcere carnium earum sapor palatum et guttur coepit, plenis deinde faucibus eas expetere uidebatur ; non mordicus deinde neque uix uncto labello illas delibabant, sed heluones[g] omnes effecti, de re nulla iam praeterquam de serpentium suauitate sermocinabantur, lautioresque esse dapes illarum quam aut pauonis, aut phasiani, aut[h] perdicis apud nos. Sed si aliter quam uno[i] condiantur modo, uti pauones et phasiani nisi lardo inuoluti uerubus assentur, saporem perdunt. Euisceratas a iugulo ad inguina[j] lotasque ac detersas diligenter et in gyrum postea in modum anguis dormientis in se recepti insinuatas, in ollam sui tantum capacem paulisper aquae cum pipere insulari superiniecto comprimunt, tenuiter igne ex quodam ligno odorato minime fumoso supposito. Ex abdomine sic stillato ius efficitur ut aiunt nectareum, nullumque esse epularum genus ouis ipsarum serpentium[k] par ferunt, quae per se et lenius[l] coquuntur. Sic coctae et recentes suauissimae, et seruatae per aliquot dies iucundissimae sunt. De eduliis satis, ad alia ueniamus.

15. Cum uectigali gossipio insularem quandam casam Adelantatus impleuisset, panis sui quantumcumque uellet se libenter impartituros reguli pollicentur. Is, oblata eorum acceptans, gratias agit. Interea igitur dum per regiones panis conficeretur, ad regiamque Beuchii Anacaucheae Xaraguensis Regis portaretur[a], ad Isabelam nuntios mittit[b], qui adduci[c] peractam carauelam de duabus, quas inceptas reliquerat[d], suo nomine imperent. Pane namque se[e] onustam ad eos illam remissurum renuntiauit. Laeti nautae nauim ad Xaraguense litus insulam circumeuntes[f] plenis uelis tendunt. Beuchii Anacaucheae Regis soror illa faceta, prudens et magni ingenii mulier, Anaccaona[g], uxor quondam Caunaboae[h], ubi nauim nostram ad patrium litus suum applicatam[i] cognouit, fratri persuadet ut ambo[j] ad illam

14. g. heluones *A* : eluones *C* ganeones *H* || h. aut *C A* : uel *H* || i. uno *om. A* || j. ad inguina *C A* : usque ad uterum et inguina *H* || k. ouis ipsarum serpentium *H C* : ipsarum serpentiuum *A* || l. lenius *C A* : leuius *H*.

15. a. *post* portaretur *add.* uolantes *H* || b. mittit *C A* : destinat *H* || c. *post* adduci *add.* procul habita omni mora *H* || d. reliquerat *C A* : iam diu fuisse supra memorauimus *H* || e. se *H C* : ad se *A* || f. circumeuntes *A* : circueuntes *H C* || g. anaccaona *om. H* || h. *post* caunaboae *add.* de qua supra memorauimus *H* || i. applicatam *C A* : applicuisse *H* || j. *post* ambo *add.* cum antelato *H*.

de la cour au rivage ; mais ils passèrent la nuit à mi-chemin, dans un village qui abrite le trésor personnel de la sœur du roi. Cependant ce trésor n'est pas constitué d'or, ni d'argent, ni de pierres précieuses mais seulement d'instruments et d'objets destinés à l'usage des hommes, comme par exemple des sièges, des plats longs, des écuelles, des bassins, des patelles d'un bois noir, lisse, luisant, que ton ami Juan Bautista Elisio[30], savant remarquable en art et en médecine, affirme être de l'ébène[31]. Ces objets sont confectionnés et travaillés avec un art remarquable : car chacun exerce sur eux tout ce que la nature lui a donné de génie. On les fabrique pour cette femme dans l'île de Guanabba[32], qui lui appartient et que tu trouveras, si tu regardes une carte, à l'extrémité occidentale d'Hispaniola. Les îliens gravent sur ces objets les figures vivantes des lémures qu'ils prétendent voir la nuit, celles des serpents, des hommes et de toutes les autres choses qu'il leur arrive de voir. Que penses-tu qu'ils seraient capables de représenter, Prince Illustrissime, s'ils acquéraient l'usage du fer et de l'acier[33] ? Car ils évident le bois et le fendent, après l'avoir attendri en profondeur par le feu, en utilisant des pierres des fleuves. Anaccaona donna à l'Adelantado quatorze sièges et soixante ustensiles de table et de cuisine faits d'argile. En outre elle lui offrit quatre pelotes de gossapin tissé, d'un poids considérable.

16. Alors donc qu'ils étaient parvenus, le lendemain, au rivage, où se trouvait un autre village royal, l'Adelantado ordonna que l'on amenât une chaloupe équipée. Mais le roi fait apprêter deux canoës peints à la manière de son pays, l'un pour le transporter lui-même ainsi que ses proches, l'autre pour sa sœur Anaccaona et ses servantes. Anaccaona cependant voulut être transportée dans la chaloupe, avec l'Adelantado. Alors qu'ils approchaient déjà du navire, les nôtres, à bord, mettent à feu les machines de guerre comme convenu ; la mer s'emplit d'un fracas retentissant, et l'air d'une fumée de poudre. Les insulaires tremblent, sont frappés de terreur, croient que cette secousse a brisé la machine terrestre ; mais quand ils voient l'Adelantado rire en les regardant, ils se calment. Alors qu'ils se

uidendam proficiscantur[k], sex tantum passuum millia litus a regia distabat. Itinere autem medio in uico quod est ipsius regiae sororis gazophylacium pernoctatum est. Illius uero thesauri, non aurum, non argentum, non gemmae, sed utensilia tantum resque ad humanum usum attinentia, ut puta sedilia, paropsides[l], lances, pelues, patellae ex ligno nigerrimo, lubrico, lucido, quod hebenum[m], eximius artium et medicinae doctor tuus Ioannis Baptista Elisius esse contendit, confectae et arte mira laboratae. In his enim[n], quicquid est incolis ingenii a natura tributum exercent. Sed haec illi feminae in insula sua Guanabba, quam in faucibus occidentalibus Hispaniolae[o] insulae si pictam uideris iacere conspicies, fabrefiunt. In eis lemurum quos noctu uidere se praedicant, serpentium, hominum et aliarum rerum quascumque semel intuentur, uiuos uultus caelant. Quid facturos illos, Illustrissime Princeps, putares, si ferrum et chalybem assequerentur ? Illa enim omnia igni prius interius mollefacta lapillis postmodum fluuialibus quibusdam cauant et diducunt. De sedibus Adelantato quatuordecim, de utensilibus autem mensariis et coquinariis fictilibus sexaginta dono dedit. Quatuor praeterea neti[p] gossampi glomos[q] ponderis immensi tribuit.

16. Ad litus igitur postero die cum peruenissent[a], ubi pagus erat alter regius, seruitoriam iussit Adelantatus cymbam instructam aduehi. Rex autem canoas suo more depictas suas, unam qua ipse cum familiaribus suis, alteram qua soror Anaccaona[b] et eius ancillae[c] ueherentur, apparat. Sed in seruitoriam cymbam uoluit Anaccaona cum Adelantato uehi[d]. Cum naui[e] iam appropinquarent, ex composito ignem tormentis suffigunt ; mare tonitruis, aer[f] puluereo fumo implentur[g] : tremunt, terrentur, mundi machinam laborare ea concussione arbitrati sunt. Verum enim ubi Adelantatum ridere in faciem eorum uersum uident,

15. k. *post* proficiscantur *add.* antelato diu renuente et ne laborem illum summant persuadente pergunt tamen *H* || l. paropsides *C A* : parapsides *H* || m. hebenum *C A* : hebanum *H* || n. *post* enim *add.* in plerisque insulis *H* || o. hispaniolae *C A* : hispane *H* || p. necti *A* : neti *H C* || q. glomos *C A* : globos *H.*

16. a. peruenissent *C A* : applicuissent *H* || b. anaccaona *om. H* || c. eius ancillae *transt. H* || d. anaccaona cum adelantato uehi *C A* : mulier cum antelato proficisci *H* || e. naui *C A* : ad nauim H || f. aer *C A* : aera *H* || g. implentur *H C* : -etur *A.*

rapprochaient encore les nôtres, ayant formé des chœurs, font retentir les flûtes de pan, les chalumeaux et les tympans. Les îliens, conquis par la douceur de cette musique, sont saisis d'étonnement et d'admiration. Quand, montés à bord, ils parcoururent soigneusement la proue, la poupe, le château-arrière, les étages, la carène, les cabines, le frère se tournait vers la sœur, la sœur vers le frère, et ils restaient muets de stupeur ; et ils ne trouvaient rien à se dire tant leur surprise était grande. Pendant qu'ils parcouraient le navire en tous sens, l'esprit occupé de tout cela, l'Adelantado ordonne de lever l'ancre sur le champ, de déplier les voiles carguées sur les antennes et de les tendre, puis de se diriger vers le large. Le frère et la sœur étaient plus étonnés encore de voir un bâtiment si important voler si vite sur les flots sans rames et sans recours à la force humaine, car le vent souhaité pour cette démonstration soufflait de terre ; mais ils le furent bien davantage encore quand ils virent que quoique ce fût toujours le même vent qui dominât, le bateau tantôt allait, tantôt revenait, tournait tantôt à tribord, tantôt à bâbord, à sa guise. Après cela, quand le navire eut été empli de pain de racines et des autres présents qui avaient été offerts aux nôtres, et quand nos hommes eurent aussi offert des cadeaux, l'Adelantado renvoya, pleins de gaieté et de stupeur, non seulement le roi Beechio Acauchan et sa sœur mais aussi les serviteurs et les servantes de l'un et de l'autre. Lui, cependant, regagna Isabela avec ses soldats par une route terrestre.

17. Là, on lui apprit qu'un certain Roldán Jimenèz[34] défiait son autorité : c'était un criminel, un ancien serviteur de l'Amiral élevé par son maître à la condition de chef des mineurs et des valets, puis à celle de dignitaire chargé de la justice. Il apprit de plus que le roi Guarionex n'avait pu endurer plus longtemps les excès et les rapines[35] de ce Roldán et des autres hommes laissés à Isabela, et qu'il s'était réfugié, désespéré, avec ses proches et plusieurs de ses sujets, vers les montagnes qui ne se trouvent qu'à dix lieues[36] d'Isabela, vers l'ouest, sur la côte septentrionale. On désigne ces montagnes et leurs habitants par un même nom : Ciguaia. On appelle Maïobanex le plus important souverain des princes montagnards, et Cabrón sa cour. Des montagnes escarpées, hautes, inaccessibles, naturellement en forme de croissant étendent deux cornes vers la mer. Entre les deux cornes de ce massif s'étend une belle plaine ; elle est baignée par plusieurs fleuves qui descendent des montagnes pour aller se jeter dans la mer. Le peuple qui l'habite est un peuple cruel, belliqueux, qui, à ce que l'on croit, descend des Cannibales : car quand

sedant animos. Cum autem proprius irent[h], fistulae, tibiae, timpanaque instructis choreis pulsantur. Illi sonitus dulcore allecti stupent, admirantur. Ingressi nauim ubi proram, puppim, castella, tabulata, carinam, cubicula diligenter percurrerunt, frater in sororem, soror in fratrem oculos uertentes obmutescebant. Neque quid prae nimia admiratione inuicem loquerentur inueniebant. Dum his intenti per nauim uagarentur, eleuari anchoras ex temporeque uela ex antenis deuolui et protendi in altumque dirigi iubet. Tum uero stupidiores[i] cum sine remis, sine hominum robore molem ita grandem adeo celeriter per[j] aequor uolitare conspicerent, – flabat enim e terra optatus ad id uentus –, sed tunc multo magis cum eodem uento duce, ire modo, modo redire, modo in dextram, in leuam modo[k], uti libebat, uertere nauim cernerent, admirabantur. His ita peractis, naui[l] pane radicali ceterisque muneribus repleta, nostris etiam muneribus donatis, non modo Beechium Anacaucheam regem sororemque eius, sed ministros ancillasque utriusque alacres stuporeque plenos dimisit. Ipse uero terrestre iter aggressus cum militibus ad Isabelam concessit.

17. Ibi Roldanum quemdam Ximenum facinorosum, quem fossorum et calonum ductorem ex famulo suo, deinde iustitiae praesidem, Praefectus erexerat, malo uiuere in Adelantatum animo significatum est. Comperit insuper Guarionexium regem huius Roldani et aliorum relictorum insolentias et rapinas pati ulterius nequiuisse, cum familiaribusque suis et ditionariis[a] pluribus, desperato animo, ad montes quosdam qui ab Isabela decem tantum leucas occidentem uersus in litore septentrionali distant, secessisse. Montes montiumque incolas uno nomine Ciguaios uocant. Regem Regulorum monticolarum principem Maiobanexium appellant ; eius regia Capronus dicitur. Montes asperi, alti, inaccessi, in arcum a natura dispositi ad mare cornua porrigunt. Inter utrumque montis eius cornu pulchra planicies, per quam in mare plura flumina a montibus ipsis delabuntur. Gens fera, bellicosa, quae a Canibalibus originem

16. h. irent *C A* : accederent *H* || i. stupidiores *om. H* || j. per *om. H* || k. in leuam modo *C A* : *transt.H* || l. *post* naui *add.* insulari *H.*
17. a. ditionariis *A* : dictionariis *C* accolis *H.*

ils quittent les montagnes pour attaquer leurs voisins dans la plaine, ils mangent les hommes qu'ils tuent[37]. Donc Guarionex, se réfugiant auprès du roi de ces montagnes, lui offrit en grandes quantités, à son habitude, de nombreux cadeaux princiers que les montagnards ne possèdent pas, rapporta qu'il avait été traité par nos hommes de manière cruelle, criminelle et violente et se plaint de ce que rien, ni l'humilité, ni l'orgueil, ne lui avait été auprès des nôtres de quelque secours ; que c'était la raison pour laquelle il venait vers lui en position de suppliant, le priant de le protéger et de le défendre contre les injustices de ces hommes chargés de crimes. Et Maïobanex lui promet tous ses moyens, toute sa protection, tout son secours contre les Chrétiens.

18. L'Adelantado se rend donc à Concepción ; il fait venir Roldán Jimenèz qui habitait, avec ceux qui l'accompagnaient, dans des villages insulaires, à douze milles[38] d'Isabela, et lui demande ce que signifie cette agitation. Cet homme, s'armant d'audace, répond : « nous voyons que ton frère l'Amiral est mort, et que nos souverains ne se soucient guère de notre sort ; nous mourons de faim à te suivre. Nous sommes contraints de chercher dans l'île une triste nourriture. En outre, l'Amiral m'a laissé pour gouverner l'île avec toi : c'est pourquoi nous n'avons pas l'intention d'obéir plus longtemps à ton pouvoir. » Voilà ce que dit Roldán, entre autres choses. Mais l'Adelantado, quoiqu'il le désirât, ne put mettre la main sur lui, car il s'échappa et soixante-dix hommes le suivirent, en compagnie desquels il se rendit dans la région de Xaragua, à l'ouest ; et là, comme l'Amiral et son frère en témoignent maintenant, ils commencèrent, n'ayant plus de frein, à commettre des viols, des vols et des meurtres.

19. Entre temps, pendant que se déroulaient ces événements dans l'île, les souverains accordent enfin huit navires à l'Amiral[39] : il en envoie d'abord deux, chargés de vivres, à son frère l'Adelantado, depuis Cadix consacrée à Hercule. Le hasard fit qu'ils furent d'abord poussés vers la partie occidentale de l'île où sévissaient Roldán Jimenèz et ses compères. Roldán en séduit l'équipage[40], en leur promettant des seins de jeunes filles à caresser à la place du travail, le plaisir à la place de la peine, l'abondance à la place de la faim, le repos à la place de la fatigue et des veilles.

traxisse creditur ; cum enim e montibus ad planiciem bellum finitimis illaturi descendunt, si quos perimant, comedunt. Guarionexius igitur ad hunc regem monticolam confugiens, dona illi regia multa suo more quibus monticolae carent impartitus est, retulitque sese nefarie, foede, uiolenter a nostris tractatum, nec humilitatem nec superbiam quicquam sibi apud nostros profuisse conqueritur. Propterea se supplicem ad eum uenire, ut illum tutetur defendatque[b] ab iniuriis facinorosorum hominum precatur. Maiobanexius autem omnem illi opem, tutelam, praesidium contra Christianos pollicetur.

18. Ad Conceptionem igitur Adelantatus proficiscitur. Roldanum Ximenum qui in insularium pagis ad miliare duodecimum[a], cum iis qui eum sequebantur, hospitabatur, accersiri facit ; quid sibi uellent hi motus interrogat. Ille perfricata fronte respondet : « Almirantum fratrem tuum interisse, Regibusque nostris paruae curae res nostras esse uidemus ; fame dum te sequimur perimus ; cogimur infelicem uictum per insulam quaeritare. Praeterea me una tecum insulae gubernatorem Praefectus reliquit : quare mens nobis est nolle ulterius tuo imperio parere ». Haec et alia Roldanus. Adelantatus autem manum in eum iniicere cupiens nequiuit : euasit enim secutique illum sunt septuaginta homines quibus comitatus ad occidentem in Xaraguam regionem se contulit, ibique, uti Almirantus nunc et frater eius testantur, solutis habenis stuprari, praedari, trucidare coeperunt.

19. Interea dum haec fierent in insula, a Regibus tandem nauigia Almiranto obsignantur octo, de quibus primum duo ex Gadibus Herculeis recta cum alimentis mittit ad Adelantatum fratrem. Haec duo nauigia ad eam insulae partem occidentalem, in qua Roldanus Ximenes cum consortibus agebat, casu primum appulsa sunt[a]. Seducit illos Roldanus, pro ligone puellarum papillas tractandas, pro labore uoluptatem, pro fame affluentiam, pro lassitudine et uigiliis quietem promittens.

17. b. defendatque *C A* : defendat *H.*
18. a. duodecimum *H C*: duodecim *A.*
19. a. appulsa sunt *C A* : appulerunt *H.*

20. Pendant ce temps Guarionex, qui avait recruté une troupe parmi ses partisans, descendait souvent dans les plaines, massacrait les insulaires fidèles aux nôtres et tous les chrétiens qu'il capturait, dévastait les champs en ennemi, mettait en fuite ceux qui y travaillaient, ravageait les villages. Bien que Roldán et ses compagnons eussent connaissance de l'arrivée prochaine de l'Amiral, ils n'avaient aucune crainte puisqu'ils avaient déjà attiré dans leur camp les nouveaux arrivants et leurs deux navires. Pendant que le pauvre Adelantado était ballotté sur ces flots en attendant chaque jour le retour de son frère, celui-ci, l'Amiral, s'éloigne des côtes espagnoles avec le reste des navires, mais il ne gagna pas Hispaniola par le chemin direct : il se dirigea vers le sud[41]. Ce qu'il a fait pendant cette navigation, quelles mers et quels territoires il a parcourus, quelles nouvelles terres il a découvertes et mises au jour, voilà ce que nous raconterons en premier lieu ; car nous ne rapporterons l'issue de ces séditions et de ces troubles, en détail, qu'à la fin du prochain livre. Adieu.

20. Guarionexius interea, comparata manu amicorum ad plana saepenumero descendens insulares nostrorum amicos Christianosque quoscumque assequebatur, trucidabat, agros hostiliter uastabat, sementes diripiebat, pagos depopulabatur. Roldanus comitesque, quamuis Almirantum propediem uenturum sensissent, quandoquidem nouos homines cum duobus nauigiis praemissis uectos subornauerant, minime perterrebantur. Dum inter hos fluctus miser Adelantatus fratrem in dies exspectans uersaretur, Praefectus frater ex Hispanis litoribus cum reliquis nauigiis discedit, sed non itinere recto ad Hispaniolam : uertit enim se ad meridiem. Qua nauigatione quid sit operatus, quas maris ac terrarum oras peragrauerit, quid nouos tractus detegens inuenerit, prius enarremus. Harum enim seditionum et tumultuum euentum in sequentis libri[a] calce late referemus. Vale.

20. a. libri *H C* : capituli *A*.

PIERRE MARTYR D'ANGHIERA, DE MILAN, PROTONOTAIRE APOSTOLIQUE ET CONSEILLER DU ROY, SIXIÈME LIVRE DE LA DÉCADE OCÉANE AU CARDINAL LOUIS D'ARAGON, NEVEU DE NOTRE SOUVERAIN.

1. Le troisième jour avant les calendes de juin 1498[1], Colomb quitte la cité de Barrameda[2], port situé à l'embouchure du Guadalquivir, non loin de Cadix, avec huit navires chargés[3], et il ne suit pas sa route habituelle par les Iles Fortunées car des pirates français s'étaient cachés pour l'attaquer sur la route directe[4]. Au sept cent vingtième mille[5], sur bâbord lorsqu'on navigue vers les Iles Fortunées, apparaît l'île de Madère qui est située à quatre degrés plus au sud que Séville : en effet, d'après les marins, le pôle arctique est à une hauteur de trente-six degrés au-dessus de cette ville[6], et à trente-deux degrés au-dessus de cette île.

2. Colomb gagna donc tout d'abord Madère[7]. Ensuite, après avoir envoyé à Hispaniola, par la route directe, une partie des navires, chargés de ravitaillement, il se dirigea vers le sud, avec une nef et deux caravelles de commerce, pour atteindre la ligne équinoxiale et ensuite explorer les lieux qu'il découvrirait en la suivant vers l'ouest, laissant Hispaniola au nord sur tribord. A mi-route se trouvent les Hespérides, treize îles portugaises inhabitées sauf une, qu'on appelle Iles du Cap-Vert. Elles sont proches de l'Ethiopie Intérieure[8] puisqu'en partant de ce pays on les atteint en seulement deux jours de navigation vers l'ouest. Les Portugais appellent une de ces îles Boavista : grâce aux tortues qui y vivent, de nombreux lépreux sont chaque année guéris de leur mal.

[a]PETRI MARTYRIS ANGLI MERIDIOLANENSIS PROTONOTARII CONSILIARII[b] REGII OCEANEAE DECADIS LIBER SEXTVS AD CARDINALEM LVDOVICVM NOSTRI REGIS NEPOTEM[a]

1. Ex oppido Barrameda, Baetis[a] ostio a Gadibus parum distanti, cum octo nauibus onustis, tertio Calendas Iunii, anni octaui et nonagesimi, Colonus dat uela assuetumque iter suum per Fortunatas ob piratas quosdam Gallos qui, ut illum adorirentur, in itinere recto operiebantur detorsit. Ad Fortunatas ituris ad miliare uigesimum et septingentesimum leuorsum Madera occurrit insula, quae australior Hispali est quatuor gradibus : eleuatur enim Hispali polus Arcticus gradus sex et triginta, huic autem insulae, uti nautae referunt, duo et triginta.

2. Maderam igitur[a] primum adnauigauit. Inde missis ad Hispaniolam itinere recto nauibus reliquis[b] commeatus[c] uehentibus, cum una naui caueata et duabus mercatoriis carauelis australis plagae iter aggressus est, lineam petiturus aequinoctialem, deinde ut eius occidentem sequens, locorum quae reperiret naturam, Hispaniola ad septentrionem dextrorsum relicta, uestigaret. Iacent in eo discursu mediae[d] Hesperides[e], Portugalensium insulae terdecim, praeter unam inhabitatae, quae Caput Viride appellantur. Hae sunt Interiori Aethiopiae e regione ad occidentem duorum tantum dierum nauigatione uicinae. Ex his uocant Portugalenses unam Bonauistam, cuius testudinibus multi quotannis leprosi sua labe[f] mundantur.

Titulus. a. — a. *H C* : caput sextum *A* || b. consiliarii *om. H.*

1. a. baetis *C A* : bethis *H.*

2. a. *post* igitur *add.* prefectus *H* || b. *post* reliquis *add.* quom prius duas misisset *H* || c. commeatus *C A* : alimenta *H* || d. *post* mediae *add.* de quibus alias *H* || e. hesperides *C A* : cassiterides *H* || f. labe *C A* : elephantia *H.*

3. Puis, comme l'air était malsain en cet endroit, Colomb s'en éloigna immédiatement et parcourut sur mer quatre cent quatre-vingt milles[9] en suivant l'Africus, qui se situe entre l'Auster et le Zéphyr[10]. Là, comme c'était le mois de juin, il souffrit à tel point de la bonace et de l'ardeur du soleil[11] que ses navires manquèrent prendre feu ; les cercles de fer des tonneaux craquaient et se rompaient, l'eau se répandait, les hommes ne pouvaient supporter ces températures : en effet là où ils se trouvaient, à ce que rapporta Colomb lui-même, le pôle n'était qu'à cinq degrés au dessus de l'horizon[12]. Des huit jours où il connut ces conditions le premier fut serein, les autres nuageux et pluvieux mais tout aussi brûlants : c'est pourquoi il regretta amèrement, à plusieurs reprises, d'être venu là.

4. Après huit jours passés dans cette situation difficile et dans ces affres, le Vulturne[13] se lève, amenant des souffles favorables. En se laissant mener par ce vent droit vers l'occident, l'Amiral dit avoir trouvé, à l'ouest de ce parallèle, un paysage stellaire différent et un climat plus doux[14]. Et tous disent qu'au bout de deux jours, la température était devenue très agréable : Colomb avait établi en effet qu'en s'éloignant de la bonace et de la chaleur brûlante ils s'étaient sans cesse élevés sur le dos de la mer, de même qu'en escaladant une haute montagne, on monte vers le ciel ; et cependant il n'avait encore aperçu aucune terre. De la hune du plus grand navire, enfin, la veille des calendes de juillet[15], la vigie, avec des clameurs de joie qui s'élevèrent jusqu'au ciel, crie qu'elle aperçoit trois montagnes très élevées[16].

5. L'Amiral exhorte ses hommes à ne pas se laisser abattre : ils étaient en effet profondément découragés, tantôt parce que le soleil les brûlait, tantôt parce que l'eau leur manquait, puisque les tonneaux, brisés par l'extrême chaleur, avaient laissé l'eau se répandre par les fentes. C'est donc avec joie qu'ils mettent le cap sur cette terre. Mais ils ne purent aborder sitôt qu'ils l'atteignirent, bien qu'ils eussent vu de loin un port assez accueillant, car en cet endroit la mer était parsemée d'écueils. Ils comprirent que la région était habitée et bien cultivée car depuis les navires ils voient des jardins très bien entretenus et d'agréables bosquets ; sous l'effet de la rosée matinale les doux effluves des plantes et des arbres leur parvenaient.

3. Inde[a] cum esset ibi aer contagiosus, subito discedens ad Africum qui medius est inter Austrum et Fauonium, milia passuum CCCCLXXX nauigauit. Ibi malachiis et ardoribus, nam erat is Iunius mensis, adeo ut ait oppressus fuit ut[b] fere nauigia illi incenderentur, cadorum circuli crepebant et rumpebantur, aqua dispergebatur, homines eos aestus sufferre nequibant : eleuabatur enim eis, ut ipse retulit[c], ab horizonte Polus gradus quinque tantum. Octo dierum quibus ea perpessus est, primus fuit serenus, reliqui nubili ac pluuiosi, nec eo minus feruidi, quare saepius adisse non mediocriter paenituit.

4. Actis in eo discrimine et angustia his octo diebus, Vulturnus illis flatu secundo exoritur ; quem uentum secutus recta ad occidentem eius paralleli aliam stellarum faciem aliamque aeris gratiam ait Praefectus se reperisse. Nam in tertium inde diem temperiem se amoenissimam sensisse inquiunt omnes. Asseuerat enim Praefectus se a malachiis et ardoribus[a] semper ascendisse per maris dorsum ueluti per altum montem caelum uersus ascenditur, nec tamen adhuc in omni prospectu terram ullam uiderat. E cauea tandem grandioris nauis pridie Calendas Iulii, nauta quidam speculator tres montes altissimos, sublatis prae laetitia ad caelum uocibus, se conspicere proclamat.

5. Ne frangantur animo hortatur : maesti enim erant, tum adusti solis ardoribus, tum quoniam aqua illis deficiebat, cum cadi qui prae nimio calore concrepuerant aquam per scissuras euomuissent. Laeti ergo adeunt[a]. Attamen ubi primum terram attigerunt[b], eo quod ibi esset mare uadosum, quamuis portum a longe uiderint alias satis commodum, non potuerunt terram capere. Habitatam esse regionem et bene cultam perpenderunt, e nauibus namque cultissimos hortos et amoena uiridaria uident ex quorum herbis et arboribus matutini rores ad eos suaues efflabant odores.

3. a. *post* inde *add.* igitur *H* || b. ut *C A* : quod *H* || c. retulit *C A* : rectulit *H*.
4. a. ardoribus *C A* : torroribus *H*.
5. a. adeunt *C A* : accedunt *H* || b. terram attigerunt *C A* : ad terram accesserunt *H*.

6. A vingt milles de là[17] l'Amiral découvre un port qui pouvait parfaitement abriter les navires, mais aucun fleuve ne venait s'y jeter. Continuant donc il trouva enfin un port où l'on pouvait à la fois réparer les navires et trouver de l'eau et du bois : il appelle cette terre *punta del Arena*[18]. Les nôtres ne découvrent aucune habitation près du port mais d'innombrables empreintes d'animaux semblables à des traces de chèvres ; ils virent le cadavre d'un de ces animaux qui ressemblait, selon eux, à une chèvre.

7. Le lendemain ils aperçoivent au loin un canoë qui venait à leur rencontre, à bord duquel se trouvaient vingt-quatre hommes, tous jeunes, distingués et de haute stature. Ils avaient des arcs et des flèches, mais aussi des boucliers, ce qui est un ajout à la coutume des autres indigènes, portaient les cheveux longs, lissés et séparés sur le front à la manière espagnole, et couvraient leurs parties génitales d'une ceinture multicolore de gossapin tissé : ils laissaient nu le reste de leur corps. Colomb crut alors que ce territoire était plus proche du ciel que les autres régions de ce parallèle[19], et plus éloigné qu'elles des épaisses vapeurs des vallées encaissées et des marais, autant que les sommets les plus élevés des hautes montagnes sont éloignés des profondes vallées. En effet, puisque l'Amiral affirme avec force qu'il n'a jamais quitté les parallèles de l'Ethiopie pendant toute cette navigation, et puisque la différence de nature entre les habitants des deux terres, ceux du continent éthiopien et ceux des îles, est si grande – les Ethiopiens en effet sont noirs, crépus, ils ont les cheveux comme de la laine mais courts, et ces hommes-ci au contraire sont blancs, ont les cheveux longs, pendants et blonds –, je ne vois pas d'où pourrait venir une telle différence. C'est la position sur la Terre, non le climat, qui doit produire cette variété[20]. Nous savons que les neiges tombent et durent sur les montagnes de la zone torride ; nous savons aussi que même dans des régions très éloignées de celle dont nous parlons, vers le nord, les habitants sont accablés par une très grande chaleur.

8. Pour attirer les jeunes gens qui venaient au-devant de lui, l'Amiral ordonne de leur montrer des miroirs, des vases de bronze astiqués et brillants, des clochettes et d'autres objets de ce genre qu'ils ne connaissent pas. Mais plus on les appelait, plus ils reculaient, craignant qu'il n'y eût dans ces manœuvres une ruse ou une machination. Ils continuaient certes à regarder les nôtres, leurs objets et leurs navires avec une attention soutenue et la plus grande admiration, mais sans cesser de ramer. Voyant qu'on ne pouvait

6. Ad uigesimum inde lapidem in portum incidit recipiendis nauibus satis aptum, sed nullus in eum amnis decurrebat. Procedens igitur reperit tandem portum reparandis nauibus aptum et aqua et lignis sumendis accommodatum : Arenalis puntam[a] hanc terram uocat. Vicina portui domicilia[b] nulla reperere, sed innumera quorumdam animalium uestigia ueluti caprina inuenerunt[c], de quorum genere unum uidere mortuum, ut aiunt, quasi capreae simile.

7. Altero die canoam a longe[a] uenientem prospiciunt, qua uiginti quatuor homines uehebantur, iuuenes omnes elegantes et procerae staturae. Scutis praeter arcus et sagittas ultra morem aliorum armati, capillis oblongis planis et quasi more Hispano scisis in fronte, pudibunda uitta gossampina uariis coloribus intexta tegebant, ceterum nudi. Tunc uero terram illam reliquis eius paralleli regionibus caelo proximiorem esse et a crassis conuallium ac paludum uaporibus remotiorem credidit, quanto altorum montium a profundis uallibus suprema culmina recedunt. Quoniam se ab Aethiopiae parallelis numquam exiisse[b] in tota ea nauigatione[c] pertinaciter Almirantus affirmat, tantaque sit in utriusque terrae incolis, continentis scilicet Aethiopiae et insularum, naturae uarietas : Aethiopes enim nigri, crispi, lanati, non autem capillati ; hi uero albi, capillis oblongis, protentis, flauis, unde discrimen hoc tantum oriri possit alias non uideo. [d]Terrae igitur dispositio non caelorum flatus eam causantur uarietatem. Scimus in torridae zonae montibus niues cadere durareque ; scimus et in ualde distantibus ab ea ad septentrionem urgeri magno calore habitatores[d].

8. Iuuenes obuios[a] ut alliceret Praefectus specula, uasa aenea tersa, lucida, tintinabula aliaque eiuscemodi ignota illis ostendi iussit. Illi autem quo magis uocabantur, tanto magis fraudem inesse et strui timentes retrocedebant, cum summa tamen admiratione nostros et eorum res ac nauigia fixis oculis intuentes,

6. a. puntam *A* : putam *C* puntant *H* || b. domicilia *C A* : habitacula *H* || c. inuenerunt *C A* : aduerterunt *H*.

7. a. *post* longe *add.* ab euro *H* || b. exiisse *C A* : exisse *H* || c. *post* nauigatione *add.* et malachiis *H* || d. — d. *om.H*.

8. a. obuios *om. H*.

les attirer par des présents l'Amiral ordonna qu'on fît retentir, du château de poupe[21] du plus grand des navires, les tambourins et les flûtes, et, plus bas, qu'on formât des rondes de danseurs et qu'on chantât, dans la pensée que ces hommes pourraient être conquis par la douceur du chant et de cette musique nouvelle. Mais les jeunes gens, croyant que les nôtres chantaient sur le château de poupe pour annoncer le combat, abandonnèrent les rames en un clin d'oeil, fixèrent les flèches à leur arc et les boucliers à leur bras et, tenant leurs traits dirigés contre les nôtres, prêts à se battre, ils attendaient de comprendre la signification de ces chants. Nos hommes, après avoir à leur tour préparé leurs flèches, s'approchent d'eux peu à peu. Mais ceux-ci, s'éloignant du navire de l'Amiral, confiants dans leur habileté à manier les rames, s'approchent d'un bateau plus petit et se collèrent contre lui au point qu'il fut possible au capitaine du navire, depuis la poupe, de tendre au premier des indigènes son sayon, au second son bonnet. Ils s'accordent par signes, après avoir engagé leur parole, sur le fait que le capitaine de ce navire allait descendre à terre pour que les deux peuples pussent, là, se parler plus commodément. Mais quand les indigènes virent le capitaine du navire s'approcher du bateau de l'Amiral afin de demander l'autorisation d'aller leur parler, ils sautent aussitôt dans leur canoë par crainte d'un piège et filèrent plus vite que le vent.

9. L'Amiral affirme avoir découvert, non loin de cette île, toujours en allant vers l'occident, un courant furieux qui coule d'est en ouest, aussi impétueux et puissant qu'un large torrent qui descendrait des hautes montagnes. Il avoue que depuis qu'il a commencé à naviguer, dans son jeune âge, il n'a jamais eu aussi peur[22]. Continuant un peu plus loin dans cette passe dangereuse il découvrit un goulet de huit milles[23] de largeur, semblable à l'entrée d'un gigantesque port, dans lequel s'engouffrait ce courant. Il l'appelle Boca del Dragón[24], et nomme Margarita[25] l'île située en face. Mais de ce goulet jaillissait, à l'encontre des courants salés, un courant d'eau douce tout aussi puissant qui s'efforçait de sortir ; les deux flots se livraient donc là un terrible combat.

10. Après avoir enfin pénétré dans le golfe[26], l'Amiral découvre que les eaux étaient potables et douces ; et lui-même et certains de ses compagnons de navigation qui sont dignes de foi m'ont

at remis semper innixi. Videns Praefectus muneribus illos adduci non posse, iussit e cauea grandioris nauis tympana tibiasque pulsari, cantarique inferius ac instrui choreas, cantus et insoliti sonitus dulcedine illos posse uinci existimans. Iuuenes autem ad certamen[b] canere nostros e caueis arbitrati, citius ictu oculi relictis remis, sagittas arcubus, scuta brachiis aptarunt, cuspidibusque in nostros directis, quid sibi uellent hi sonitus parati operiebantur. Nostri e conuerso paratis sagittis[c] ad illos paulatim mouent. Illi uero a naui praetoria discedentes dexteritate remorum freti unam ex minoribus adeunt, adeoque illi adhaeserunt[d] ut nauis gubernatori sagulum cuidam primario pileumque alteri e puppi porrigere licuerit. Per signa ut eius nauis gubernator in litus descendat, ibi inuicem collocuturi ut aptius poterunt data fide conueniunt. Sed cum ipsum nauis gubernatorem ad praetoriam nauim ueniam colloquii petitum[e] accedere conspexerunt, insidias ueriti, statim in canoam prosiliunt, auraque uelocius aduolarunt[f].

9. Non longo ab ea insula spatio semper ad occidentem Praefectus se fluxum aquae rabidum ab oriente in occidentem atque adeo impetuosum reperisse ait, ut nihilo torrenti uasto ex altis montibus decidenti[a] cederet. Ibi se ex quo nauigare a teneris coepit, nusquam tantum formidasse fatetur. Vlterius aliquantulum per id discrimen procedens fauces reperit quasdam octo miliarium ueluti alicuius maximi portus introitum, ad quas aquarum ille defluxus ruebat[b]. Os Draconis fauces appellauit et insulam ori oppositam Margaritam[c]. Ex faucibus autem non minor impetus aquarum dulcium, uenientibus salsis occurrens, egredi conabatur, ita quod ibi esset inter utrasque undas non leue certamen.

10. Sinum ipsum ingressus tandem potabiles ac suaues aquas esse cognoscit, atque aliud maius ipse Praefectus et reliqui nauigationis eius comites fide digni mihi diligentius omnia percunctanti

8. b. certamen *C A* : ceteramen *H* || c. paratis sagittis *C A* : ballistis armatis *H* || d. adhaeserunt *C A* : applicuerunt *H* || e. petitum *C A* : peticum *H* || f. aduolarunt *C A* : ad uollarunt *H*.

9. a. *post* decidenti *add.* quom arbores secum et ingentia saxa rotando trahit *H* || b. ruebat *C A* : accedebat *H* || c. os... margaritam *om. H.*

rapporté très précisément, quand je les ai interrogés sur tout ce qu'ils avaient vu, quelque chose de plus extraordinaire encore : ils m'ont dit qu'ils avaient apparemment parcouru vingt-six lieues, c'est-à-dire cent quatre milles[27], dans des eaux toujours douces ; selon les dires de l'Amiral plus il avançait, surtout vers l'ouest, plus les eaux étaient douces.

11. Il rencontra ensuite une très haute montagne qui, du côté où ils arrivaient, c'est-à-dire à l'est, n'était habitée que par une multitude de cercopithèques[28]. Ce versant est abrupt, et c'est pourquoi les hommes ne l'occupent pas. Cependant des marins envoyés sur le rivage, à terre, pour explorer les lieux, rapportèrent avoir trouvé presque tout le pays cultivé et ensemencé mais ni population ni cases : de même nos paysans eux aussi s'en vont souvent assez loin des fermes ou des places qu'ils habitent pour ensemencer. Ils découvrent un large plateau sur le versant occidental de cette montagne, et, joyeux, ils s'y rendent : ils jettent l'ancre dans le large fleuve. Dès que les indigènes s'aperçoivent que des inconnus sont parvenus jusqu'à leurs rivages, ils se précipitent à l'envi vers eux, dans le désir de les voir, sans aucune crainte ; les nôtres apprirent d'eux, par signes, que cette terre, qui est immense, s'appelle Paria, et que plus on va vers l'ouest, plus elle est peuplée. Ayant donc pris avec lui, à bord de son navire, quatre habitants de ce territoire, Colomb poursuit vers l'ouest. Au vu de la douceur du climat, de la beauté de la région, de l'importance des peuples qu'ils rencontraient au cours de la navigation, chaque jour plus nombreux, tous pensent que cette terre constituait quelque grande découverte et ils ne se trompaient pas, comme nous le verrons le moment venu[29].

12. Un jour, alors que le soleil n'était pas encore levé mais allait paraître, séduits par la douceur de l'endroit – en effet ils sentaient de très agréables parfums leur parvenir, par bouffées, du rivage verdoyant – ils abordent une terre. Ils estimèrent qu'il y avait là un plus grand nombre d'habitants que dans les autres lieux abordés jusqu'alors. A l'approche des nôtres, le cacique de ce territoire envoie aussitôt des ambassadeurs à l'Amiral et ceux-ci, mettant à la disposition de Colomb, par des gestes et des signes de tête, leur propre personne et tous leurs biens, en souriant, lui demandent de descendre à terre sans crainte. Comme

retulerunt, se uidelicet leucas sex et uiginti hoc est millia passuum quatuor supra centum per semper dulces aquas adnauigasse, quantoque ulterius ad occidentem praecipue procederet, tanto asseuerat dulciores.

11. Occurrit deinde monti altissimo quem cercopithecorum ab ea parte orientali multitudo tantum incolebat. Id latus asperum, propterea hominibus inhabitatum. Apud litus tamen in terram exploratum missi, cultos plaerosque satosque agros reperisse retulerunt, gentem autem aut casas nullas[a], ut[b] ruricolae nostri saepius etiam a uillis aut stationibus quas incolunt seminatum longius forte[c] proficiscuntur. In montis eius occidentali latere latam agnoscunt iacere planitiem, hanc laeti adeunt ; iaciunt anchoras in lato flumine. Cum primum indigenae gentem ad eorum litora nouam appulsam esse[d] cognoscunt, certatim uisendi studio sine ullo metu ad nostros festinant a quibus per signa Pariam uocari terram[e] illam quae maxima esset, et quanto ulterius ad occidentem tanto populosiorem collegerunt. Quatuor igitur hominibus ex eius terrae incolis in nauem suam sumptis occidentale latus prosequitur. Ex aeris temperie, ex amoenitate terrae, ex populorum amplitudine quibus in dies magis et magis inter nauigandum occurrebant, ut regio illa magni aliquid portenderet[f] omnes recensent, neque illos sua fefellit opinio, uti suo loco uidebimus.

12. Sole nondum exorto, surgere[a] tamen iam uolente, quodam die locorum suauitate allecti – sentiebant enim ex terrae uiretis gratissimos odores[b] afflari – terram captant. Ibi numerosiorem quam alibi usquam incolarum multitudinem esse perpenderunt. Statimque nostris propius se applicantibus[c] eius terrae[d] Cacici nomine nuntii ad Praefectum mittuntur, se suaque omnia hilari fronte per signa et nutus offerendo[e], a Praefecto ut in terram descenderet nec quicquam uereretur petunt.

11. a. *post* nullas *add.* id illi quod nostris nos accidere sepenumero coniectati sunt nam *H* || b. ut *om.* *H* || c. forte *om.* *H* || d. appulsam esse *CA* : appulisse *H* || e. terram *CA* : patriam *H* || f. portenderet *CA* : portendere polliceretur *H*.

12. a. surgere *CA* : assurgere *H* || b. *post* odores *add.* quibus nostrorum animi recreabantur *H* || c. se applicantibus *CA* : accedentibus *H* || d. terrae *CA* : prouintie *H* || e. offerendo *CA* : -rentes *H*.

l'Amiral refusait, voici que d'innombrables indigènes affluent en barque jusqu'aux navires pour voir nos hommes ; ils portaient pour la plupart, au cou et aux bras, des colliers et des bracelets d'or et de perles indiennes, aussi couramment que les femmes, chez nous, portent des colliers de perles de verre – et leurs colliers de perles sont tout aussi longs. Quand on leur demandait d'où provenaient leurs bijoux, ils montraient du doigt le rivage proche et semblaient signifier, d'un mouvement de la main et d'une moue des lèvres, que les perles chez eux n'avaient guère de valeur. Ayant saisi des corbeilles, ils paraissaient en revanche indiquer que les nôtres pouvaient en ramasser de pleins paniers en ce lieu s'ils voulaient venir avec eux. Mais comme le blé qu'il emmenait à Hispaniola était déjà en partie gâté par la mer, l'Amiral décida de remettre ce commerce à une époque plus opportune. Il envoya cependant à terre deux des chaloupes, chargées d'hommes, pour se procurer de longs colliers de perles[30] au moyen du troc et faire toutes les observations possibles sur les lieux et les hommes.

13. Les indigènes accueillent nos hommes avec joie, le sourire aux lèvres, et ceux qui affluaient vers les nôtres étaient incroyablement nombreux, comme s'ils allaient voir un miracle. Et deux personnages importants, que suivait la foule des autres, s'avancent et se portent les premiers à la rencontre des nôtres. L'un était très âgé, l'autre plus jeune ; nos hommes pensèrent qu'ils s'agissait du père et de son fils, destiné à lui succéder. Après qu'on a longuement salué de part et d'autre on mène nos hommes dans une case ronde que jouxte la place publique ; on apporte de nombreux sièges de bois noir, admirablement travaillés. Quand les nôtres et les chefs de ce peuple se sont assis, voici qu'arrivent les serviteurs, les uns portant les mets, les autres le vin ; ce peuple ne se nourrit que de fruits, mais d'espèces variées et totalement ignorées des nôtres ; et le vin, tant le vin blanc que le vin rouge, obtenu en pressant non des raisins mais différents fruits, n'était cependant pas désagréable. Après que nos hommes ont pris leur repas auprès du plus âgé, le plus jeune les conduit dans sa propre case. Plusieurs hommes et femmes étaient présents mais partout les hommes étaient séparés des femmes. Les indigènes des deux sexes, blancs comme nos hommes si l'on excepte ceux qui se trouvent au soleil, doux, hospitaliers, couvrent leurs parties génitales d'un vêtement multicolore de gossapin tissé ; le reste de leur corps est nu. Ils portaient tous sans exception qui un collier, qui un bracelet de perles et d'or. Beaucoup avaient l'un et l'autre,

Renuente Praefecto, ecce uisendi studio cum eorum cymbis innumeri ad naues confluunt. Colla lacertosque maiori ex parte auro et unionibus Indicis torquati armillatique atque id adeo populariter gestabant ut ex uitro non maiora[f] calculorum serta feminae nostrates ferant. Vbi nam illa quae gerebant legerentur interrogati, proprium litus digito monstrabant, manuumque ac labiorum torsione et motu uniones apud se non magnifieri significare uidebantur. Immo et canistris manu captis posse ibi si apud eos uersari uellent canistratim colligi insinuare uidebantur. Sed quoniam frumenta quae uehebat ad Hispaniolam fere iam salo corrumperentur, differre id commercium in accommodatius[g] tempus statuit. Duas tamen ex seruitoriis cymbis ad terram hominibus onustas misit, qui de unionibus aliqua serta per rerum nostrarum permutationem referrent et de locorum ac hominum natura quaecumque possent scrutarentur.

13. Illi nostros adeuntes[a] hilares et animo laeto suscipiunt ; mirus ad nostros tamquam ad portentum aliquod erat numerus confluentium. Duoque uiri graues nostris primum obuii quos reliqua turba sequebatur, prodeunt, grandaeuus alter, alter iunior, patrem et filium successurum autumant fuisse. Salutationibus utrimque peractis in domum quamdam sphericam, cui magna platea adiacet, nostros adducunt ; ex ligno nigerrimo arte mira laborato sedilia feruntur multa. Postquam nostri et eorum primates assederunt, ecce ueniunt ministri, dapibus alii, alii uino onusti, sed eorum cibi fructus tantum, uarii tamen generis nostris penitus ignoti, uina uero tam alba quam rubentia, non ex uuis[b] sed ex diuersis fructibus compressa non iniucunda tamen. Sumptis apud seniorem cibis, iunior illos ducit in tabernaculum suum. Viri feminaeque astabant plures, sed ubique uiri semper a feminis separati. Vtriusque sexus indigenae albi ueluti nostrates, praeter eos qui sub sole uersantur, mites, hospitales, pudenda gossampino uelamine uariis coloribus intexto contegunt, ceteri[d] nudi. Nemo aderat qui non esset unionibus et auro aut torquatus aut armillatus, multi

12. f. *post* maiora *add.* sibi *H* || g. *post* accomodatius *add.* ut aiebat *H.*
13. a. adeuntes *C A* : adentes *H* || b. *post* uuis *add.* neque enim uites habent *H* || c. ceteri *C A* : -rum *H.*

mais comme les paysans chez nous portent des perles de verre. Quand on leur demandait où ils trouvaient l'or qu'ils arboraient, ils montraient du doigt un lieu situé hors de leur territoire, dans les montagnes. Mais ils semblaient dissuader nos hommes de s'y rendre et leur donner une sorte d'avertissement car, signifièrent-ils par des gestes et des mouvements des mains, les humains, là-bas, se faisaient dévorer. Les nôtres cependant ne saisirent pas clairement s'ils parlaient de Cannibales ou de bêtes sauvages des forêts. Ces indigènes étaient profondément ennuyés de ne pouvoir ni comprendre les nôtres, ni être compris d'eux.

14. Quand les émissaires regagnent les navires, à trois heures de l'après-midi, avec de longs colliers de perles, on lève l'ancre et l'Amiral ne s'attarda pas plus longtemps, comme il le dit lui-même, à cause du froment qu'il transportait[31]. Mais il avait l'intention de revenir sous peu, après avoir rétabli la situation à Hispaniola. Un autre cependant lui déroba le bénéfice de cette si grande découverte[32]. La faible profondeur de cette mer et les violents courants qui attaquaient sans relâche le plus grand des navires, si quelque vent fort se levait, pressaient eux aussi l'Amiral. Pour éviter les dangers des hauts-fonds, il envoyait toujours en tête, en éclaireur, la plus légère des caravelles[33], qui pouvait naviguer dans peu d'eau, pour sonder le fond à l'aide de cordes plombées et déterminer la profondeur ; les autres la suivaient. Les habitants appelaient Cumana et Manacapana ces deux petits territoires de la vaste région de Paria, situés dans un espace de deux cent trente milles[34] ; une autre région, appelée Curiana, se trouve à soixante lieues[35] de ceux-ci. Mais alors que l'Amiral avait ainsi parcouru une longue distance en mer, croyant toujours qu'il longeait une île, et craignait, en continuant vers l'ouest, de ne pouvoir trouver un passage vers le nord pour reprendre la route d'Hispaniola, il rencontra un fleuve profond de trente coudées[36] mais d'une largeur inouïe, vingt-huit lieues[37] en effet à ce qu'il dit. Et un peu plus loin, toujours en poursuivant vers l'ouest, mais en descendant cependant un peu vers le sud, comme l'exigeait le tracé des rives qui s'incurvait, il pénétra dans une mer envahie d'herbes ; les graines des herbes qui flottaient à la surface ressemblaient aux baies du lentisque[38] : et par conséquent la densité des végétaux empêchait les navires de bien avancer.

utrumque sed uti uitreos nostri rurales calculos ferunt. Interrogati ubinam aurum illud quod gestabant gigneretur, digito signabant e regione in quibusdam montibus, sed nostris tamquam minitantes accessum dissuadere uidebantur ; comedi enim illic homines gestu manibusque innuebant, sed an Canibalibus dicerent an a feris siluestribus non bene perceperunt, quod nostros intelligere a nostrisque intelligi nequirent ingenti molestia afficiebantur.

14. His qui missi fuerant hora tertia post meridiem cum quibusdam unionum sertis ad naues redeuntibus, anchoras eleuant, neque propter frumenta, uti ipse ait, quae uehebat, diutius moratus est, animo tamen, compositis rebus Hispaniolae, intra paucos dies redeundi, sed tanti praemium inuenti[a] surripuit alter. Institit et eius pelagi profunditas[b] modica, aquarumue cursus praecipites qui assiduis conflictibus grandiorem nauem, si[c] uis uentorum aliqua surgebat, conquassabant[d]. Ad euitanda uadorum discrimina leuiorem ex carauelis, quae breui fundo contenta erat, tamquam exploratricem plumbatis fundi altitudinem tentantem semper praemittebat ; sequebantur aliae. [e]Cumana et Manacapana in uasta Pariae prouincia dicebantur ab incolis illae regiunculae in spacio miliarium ducentorum triginta, a quibus altera regio distat leucas sexaginta nomine Curiana[e]. Cum autem longum ita maris tractum percurrisset, putans assidue insulam esse dubitansque posse per occidentem se ad septentrionem, ut ad Hispaniolam iter caperet, exoluere, in fluuium incidit profunditatis triginta cubitorum, latitudinis uero inauditae : ait enim octo et uiginti[f] leucarum fuisse. Paulo autem ulterius ad occidentem tamen semper, sed meridionalius aliquantisper cum ita litorum se flectentium ratio exigeret, mare herbidum[g] ingressus est : supernatans herbarum semen lentisci bactras[h] aemulabatur ; quare herbarum densitas ne bene fluerent nauigia impediebat[i].

14. a. *post* inuenti *add.* uti alias referemus *H* || b. profunditas *C A* : altitudo *H* || c. si *C A* : quom *H* || d. conquassabant *A* : -bat *H C* || e — e. *om. H* || f. octo et uiginti *A* : xviii et xx *H* xviii et uiginti *C* || g. *post* herbidum *add.* quamuis in defluentis amnis similitudinem aqua decurreret *H* || h. bactras *C A* : semen ut aiunt *H* || i. impediebat *A* : -bant *H C*.

15. L'Amiral rapporte qu'en cet endroit aucun jour de l'année n'est beaucoup plus long ni plus court qu'un autre. Il expose longuement qu'en ce point du monde le pôle arctique n'est élevé que de cinq degrés au-dessus de l'horizon, comme à Paria ; et tous ces rivages se situent sous ce parallèle. Il rapporte aussi, sur les particularités du ciel, certaines informations que j'aborderai sans m'engager puisqu'elles me semblent aller à l'encontre de l'avis de tous les astronomes. C'est une chose sûre, Prince Illustrissime, que l'étoile polaire, que nos marins nomment Tramontane, n'est pas le point exact du ciel où passe l'axe du monde ; on le voit facilement si on regarde l'astre lui-même, lorsqu'apparaissent au ciel les premières étoiles, à travers une ouverture étroite et si on regarde la même étoile à la dernière veille, lorsque l'aurore met en fuite les astres, par la même ouverture : on découvrira alors que l'étoile a changé de place[39]. Mais comment peut-il arriver que dans cette région, au mois de juin, cette étoile ne soit qu'à cinq degrés de hauteur au début du crépuscule, et qu'elle se trouve, pour le même observateur, à quinze degrés lorsque les rayons du soleil paraissent et font disparaître les étoiles ? Je ne le comprends pas, et les explications fournies par l'Amiral ne me satisfont en rien[40]. Il dit en effet avoir conjecturé que la Terre n'était pas une sphère mais qu'elle est comme un tumulus qu'on a élevé, lorsqu'on l'a fabriqué, sur une base arrondie, de sorte qu'elle n'aurait pas la forme d'une balle ou d'une pomme, comme certains le croient, mais d'une poire qui pend à l'arbre. Et il ajoute que Paria est la région qui possède cette éminence très élevée et plus proche du ciel. C'est ainsi qu'il affirme, de façon catégorique, que le paradis terrestre se trouve au sommet des trois monts que le guetteur avait vus au loin, de la hune, comme nous l'avons mentionné, et que la puissance des eaux douces à l'intérieur du goulet et de l'embouchure dont nous avons parlé précédemment, lorsqu'elles tentent de sortir en luttant contre le flot de la mer qui s'engouffre en sens inverse, est celle d'eaux qui descendent directement du sommet de ces monts.

39. En effet le point où passe l'axe du monde devait être, selon la théorie antique, tout à fait immobile puisque l'univers tourne autour de lui. L'étoile polaire est située près du pôle et aide à le repérer, mais n'en est pas l'emplacement exact. Cf. G.Aujac, *op.cit.*, p. 44-45.

15. Ibi Praefectus refert diem esse nullum toto anno multo longiorem aut breuiorem altero. Arcticum polum in ea regione quinque tantum gradus sicuti Pariae disputat eleuari ; in cuius tractu haec omnia litora iacent. De Poli etiam uarietate quaedam refert, quae, quoniam contra omnium astronomorum sententiam prolata mihi uidentur, sicco pertingam pede. Compertum est, Illustrissime Princeps, Polarem illam stellam quam nautae nostri Tramontanam uocant non esse Arctici poli punctum super quo caelorum axis uertatur : quod facile dignoscitur si, stellis primum apparentibus, per angustum aliquod foramen stellam ipsam conspexeris, eamdemque si ultima uigilia, aurora illas fugante, per idem foramen conspicies : locum mutasse comperies. Sed quomodo fieri possit[a], ut primo noctis crepusculo in ea regione quinque tantum gradus tempore Iunii eleuetur, stellis autem discedentibus obuenientes solares radios sumpto eodem quadrante quindecim, non intelligo ; nec rationes quas ipse adducit mihi plane nec ulla ex parte satisfaciunt. Inquit enim se orbem terrarum non esse sphericum coniectasse sed in sui rotunditate tumulum quemdam eductum cum crearetur fuisse, ita quod[b] non pilae aut pomi, ut alii sentiunt, sed piri arbori appensi formam sumpserit, Pariamque esse regionem quae supereminentiam illam caelo uiciniorem possideat. Vnde in trium illorum culmine montium quos e cauea speculatorem nautam a longe uidisse memorauimus[c], paradisum esse terrestrem asseueranter contendit, rabiemque illam aquarum dulcium de sinu et faucibus praedictis exire obuiam maris fluxui uenienti conantem, esse aquarum ex ipsis montium culminibus in praeceps descendentium.

15. a. possit *CA* : -set *H* || b. ita quod *CA* : itaque *H* || c. culmine montium… memorauimus *CA* : montium… memorauimus culmine *H*.

16. Mais assez là-dessus puisque cela me paraît tout à fait fantaisiste ; revenons à l'histoire, dont nous nous sommes éloignés. Comme l'Amiral comprenait qu'il était arrêté dans un golfe extrêmement vaste, contrairement à toute attente, et qu'il n'avait plus désormais aucun espoir de trouver vers le nord une issue par laquelle il pourrait se diriger vers Hispaniola, il suit pour revenir le même chemin qu'à l'aller ; et il prend la direction du nord pour rejoindre Hispaniola, partant de l'est de cette terre. Ceux qui ensuite explorèrent ce territoire en détail pour en tirer profit prétendent qu'il s'agit du continent indien[41] : celui-ci ne serait donc pas Cuba comme le pensait l'Amiral. Nombreux aussi sont ceux qui affirment avoir fait le tour de Cuba[42] : je ne décide pas si c'est vrai ou si, jaloux d'une si grande découverte, ces individus cherchent des occasions de contredire Colomb : le temps, en qui veille un juge véridique, le dira. Mais l'Amiral n'affirme pas que Paria est un continent, ni qu'elle n'en est pas un : il pense, personnellement, qu'elle en est un[43] ; mais il rapporte seulement qu'elle est à huit cent quatre vingt-deux milles[44] au sud d'Hispaniola.

17. Enfin, très désireux de revoir les soldats qu'il avait laissés là-bas avec ses frères[45], il atteignit Hispaniola trois jours avant les calendes de septembre 1498[46]. Mais comme c'est le plus souvent le cas parmi les mortels, la fortune jeta un grain d'absinthe au milieu de faveurs, de douceurs et de bonheurs si nombreux, et tous les plaisirs qu'elle avait accordés furent gâtés par la zizanie.

41. Pour Colomb cette terre était le sud ou le sud-est de la province de Mangi (la Chine) qu'il avait déjà assimilée à Cuba, ou peut-être une île située au sud-est de la Chine, ce qui expliquerait que Marco Polo ait pu passer entre la Chine et elle pour rejoindre l'Océan Indien. N'oublions pas que Colomb prenait toujours Cuba pour le continent asiatique, qu'il pensait avoir atteint par l'Ouest. Le quatrième voyage devait retrouver le chemin suivi par Marco Polo. Une carte de Bartolomé Colomb réalisée en 1506 illustre cette conception du monde. Cf. *infra* p. 370 et S.E.Morison, *op.cit.*, p. 553-554.

42. Le premier navigateur à faire le tour de Cuba de manière officielle fut Sebastian Ocampo en 1508. Mais la carte réalisée par Juan de le Cosa en 1501 présente déjà Cuba comme une île et révèle soit une intuition exacte, soit une tentative clandestine et réussie. Cf. C.Colomb, *op.cit.*, t. 2, p. 22.

43. Colomb, malade et pressé tant par sa propre fatigue que par celle des marins, angoissé par ailleurs à la pensée des difficultés qu'il pressentait, avait bien compris que la «Terre de Grâce» était un continent, notamment grâce à ses observations sur l'importance des fleuves. Mais faute d'avoir pu mieux l'examiner il resta très prudent à ce sujet.

44. 1323 kilomètres environ.

45. Le pluriel est une erreur. Diego était rentré en Espagne en1495, et il ne restait qu'un frère de l'Amiral à Hispaniola : l'Adelantado, Bartolomé.

16. De his satis cum fabulosa mihi uideantur ; ad historiam a qua digressi sumus reuertamur. Cum se praeter optatum tam uasto sinu implicitum cerneret, nec iam reperiendi ad Septentrionem exitum, quo ad Hispaniolam uertere proras posset, spem ullam haberet, eadem qua profectus fuerat regreditur, iterque suum per septentrionem eius terrae ab oriente ad Hispaniolam capit. Hanc qui postmodum[a] accuratius utilitatis causa inuestigarunt[b], continentem esse Indicum uolunt, non autem Cubam uti Praefectus. Neque enim desunt qui se circuisse Cubam[c] audeant dicere. An haec ita sint, an inuidia tanti inuenti occasiones quaerant in hunc uirum non diiudico ; tempus loquetur, in quo uerus iudex inuigilat. Sed quod Paria sit uel non sit continens, Praefectus non contendit ; continentem ipse arbitratur. Pariam autem esse Hispaniola octingentis octoginta duobus millibus passuum australiorem Praefectus refert.

17. Ad Hispaniolam tandem, uisendorum militum quos[a] ibi cum fratribus reliquerat, III Cal. Septembris octaui et nonagesimi, cupidissimus, tetendit[a]. Sed uti pleraque mortalium solent, inter tot secunda, dulcia, laeta, absinthii semen fortuna in medium proiecit, zizaniaque omnia eius suauia commaculauit.

16. a. *post* postmodum *add.* leuam ipsam *H* || b. *post* inuestigarunt *add.* permensi sunt *H* || c. cubam *C A* : cumbam *H*.

17. a. uisendorum militum quos *C A* : uisendarum gentium quas *H* || b. tetendit *C A* : applicuit *H*.

DÉCADE OCÉANE
SEPTIÈME LIVRE

1. Lorsque l'Amiral parvint à l'île[1], il découvrit que le chaos y était général et que la situation s'était dégradée au-delà de tout ce qu'il avait craint. En effet Roldán qui, en l'absence de l'Amiral, s'était rebellé contre le frère de celui-ci[2], prit non seulement la décision de ne pas revenir auprès de lui, son maître d'autrefois qui l'avait promu, confiant dans le grand nombre d'hommes qui l'avait suivi, mais commença à le diffamer et à envoyer aux souverains des rapports abominables sur les deux frères[3]. Cependant l'Amiral envoie lui aussi aux souverains des messagers pour les informer de la défection de ces hommes, et en même temps il les presse de lui faire parvenir des soldats avec lesquels il pourrait briser leurs forces et punir chacun comme le méritaient ses crimes. Les rebelles, de leur côté, formulant de graves griefs à l'encontre des deux frères, les accusaient d'être des hommes injustes, impies, ennemis du sang espagnol et prodigues verseurs de celui-ci parce qu'il leur plaisait, pour des causes légères, de supplicier, d'égorger, d'exécuter, de tuer de toutes les manières[4]. Ils déclaraient que les deux frères étaient des tyrans ambitieux, orgueilleux, envieux, insupportables, et prétendaient pour cette raison s'être éloignés d'eux comme on s'éloigne de bêtes sauvages qui aiment le sang et d'ennemis du trône. Ils affirmaient en effet avoir compris que le seul but et la seule intention des deux frères était d'usurper le gouvernement des îles, et ils prouvaient la justesse de leurs appréciations par mille circonstances, mais surtout par le fait que les frères Colomb ne souffraient pas que quiconque, à l'exception de leurs intimes, allât aux mines d'or pour amasser le métal précieux[5].

1. Parti à ce qu'il croyait pour quelques mois à un moment où la situation était déjà tendue, Colomb n'était revenu que vingt-huit mois plus tard, en août 1498. Les rivalités, le manque de nourriture, le sentiment d'abandon et la mort annoncée de l'Amiral n'avaient fait qu'aggraver les problèmes. Colomb dresse la liste de ces difficultés et exprime son désarroi et son besoin d'aide dans des lettres qu'il adressa peu après son arrivée aux Rois Catholiques et dont nous possédons d'importants extraits. Cf. C. Colón, *op.cit*, p. 409-412 ; S.E.Morison, *op.cit.*, ch.37 et 41.

[a]OCEANEAE DECADIS LIBER SEPTIMVS[a]

1.Veniens ad insulam Praefectus ultra spem omnem perturbata omnia in praecepsque iam labentia cuncta inuenit. Roldanus enim qui eo absente a fratre discesserat, multitudine quae eum sequebatur fretus, ad Praefectum quondam dominum, qui eum euexerat, non modo non uenire instituit, sed conuiciis illum lacerare scribereque ad Reges de utroque fratre nefanda incepit. Praefectus autem ad Reges nuntios mittit, qui de eorum defectione certiores faciant instatque simul ut militares homines ad se mittantur, quibus uires eorum infringere punireque pro commissis quemque ualeat[a]. Illi de utroque fratre grauiter conquesti, iniustos, impios, Hispani sanguinis hostes et profusores uocabant, quod leuibus de causis torquere, iugulare, obtruncare, quoquo modo perimere delectarentur. Ambitiosos, superbos, inuidos, intolerabiles, tyrannos esse proclamabant ; propterea se ab eis tanquam a feris sanguine gaudentibus et Regum inimicis discessisse. Perspexisse enim se aiebant nil aliud ipsos moliri aut animo uersare[b] quam de usurpando insularum imperio, idque mille coniecturis perpendisse argumentabantur, sed praecipue quod adire auri fodinas aurum collectum neminem praeter familiares suos patiebantur[c].

Titulus. a. — a. *H C* : caput septimum *A*.

1. a. pro commissis quemque ualeat *C A* : unumquemque secundum commissa queat *H* || b. uersare *ego* : uesare *C A* uoluere *H* || c. patiebantur *C A* : -batur *H*.

2. Voici cependant ce qu'affirmait l'Amiral de son côté, lorsqu'il demandait avec insistance aux souverains les troupes de secours qui lui permettraient de châtier ces individus comme ils le méritaient : les hommes, disait-il, qui proféraient contre lui-même de telles accusations étaient tous des scélérats, des criminels, des vauriens, des voleurs, des débauchés, des pillards, des vagabonds sans scrupules, à qui la raison était chose étrangère, des parjures, des menteurs qu'on avait traînés, enchaînés, devant les tribunaux ou qui, craignant le châtiment de la justice du fait de leurs crimes, s'étaient soustraits au jugement[6]. Et là, violant, volant, livrés à l'oisiveté, à la goinfrerie, au sommeil et au plaisir, ils n'épargnaient personne ; et même ceux qui avaient été amenés pour être mineurs ou valets n'accomplissaient plus désormais un stade à pied hors de chez eux car ils se faisaient porter par les malheureux indigènes à travers l'île entière, comme des édiles curules[7]. De plus, pour s'amuser, afin que leur main ne perde pas l'habitude de verser le sang[8] et pour éprouver la force de leur bras, ils tirent l'épée : c'est alors à qui décapitera d'un seul coup des êtres innocents ; et celui qui était le plus habile à faire choir, d'un coup, la tête d'un malheureux, était considéré comme le plus brave et le plus digne d'estime d'entre eux. Voilà les accusations que les révoltés portaient contre l'Amiral et celles que l'Amiral portait contre eux, ainsi que de nombreuses autres.

3. Pendant ce temps, l'Amiral envoie son frère l'Adelantado avec seulement quatre vingt-dix fantassins et quelques cavaliers pour aller arrêter les populations de Ciguana, dont nous avons dit plus haut qu'elles avaient causé tant de mal sous la conduite de Guarionex[9]. Il était cependant accompagné de trois mille insulaires qui avaient été vivement tourmentés en d'autres occasions par les habitants de Ciguana et éprouvaient pour eux une haine fatale. Alors que l'Adelantado avait donc mené son armée vers la rive d'un grand fleuve qui coulait à travers la plaine située entre les pointes de la chaîne de Ciguay et la mer, comme nous l'avons déjà expliqué, il trouva deux espions ennemis cachés dans les buissons : l'un d'eux, se jetant à la mer dans l'embouchure du fleuve, s'échappa et rejoignit les siens de l'autre côté du cours d'eau ; l'autre, fait prisonnier, rapportait que six mille habitants de Ciguay se cachaient dans le bois, de l'autre côté du fleuve, pour attaquer

2. Praefectus autem e contrario[a], cum a Regibus auxilia, quibus debitis illos poenis posset afficere, poscebat : homines eos esse qui talia in se commentarentur[b] omnes flagitiosos[c], facinorosos, lenones, fures, stupratores[d], raptores, uagos quibus nihil pensi, nulla ratio inesset, periuros, falsos conuictos in praetoriis, aut pro commissis minas iudicum timentes, sese de medio sustulisse. Ibique uiolando, rapiendo, otio, uentri, somno, libidinibus deditos, nemini parcere, et qui ut foderent officioque calonum fungerentur adducti fuerant nunc neque stadium domo egrediuntur pedibus : ab insularibus namque miseris pensiles per totam insulam[e] tamquam aediles curules feruntur. Ioci etiam gratia, ne manus ab effundendo sanguine desuescat, ut lacertorum uires experiantur, eductis ensibus inter se certant super obtruncandis innocentum capitibus uno ictu, et qui agilius ictu suo caput miseri deiiciebat in terram, ille fortior honoratiorque inter ipsos censebatur. Illi in Praefectum ea, Praefectus in eos haec et alia multa.

3. Dum haec ita geruntur, ut Ciguauis populis, de quibus supra, Guarionexio duce multa damna inferentibus obuiaretur, Adelantatum fratrem cum nonaginta tantum peditibus, equitibus uero paucis mittit, tribus tamen millibus insularium qui a Ciguauis alias acriter stimulati inimitias cum eis capitales exercebant sequentibus illum. Cum igitur Adelantatus ad cuiusdam magni fluminis ripam per eam planiciem, quam supra inter Ciguaiorum montium cornua et mare iacere memorauimus, defluentis exercitum duxisset, exploratores hostium[a] in dumis quibusdam latentes comperit duos, quorum alter in mare se praecipitans per fluminis fauces trans fluuium ad suos euasit, alter autem captus in nemore trans fluuium delitescere[b] dicebat sex Ciguauorum armatorum millia, ut nostros transeuntes[c] incautos adoriantur[d].

2. a. e contrario *C A* : e contra *H* || b. commentarentur *C A* : commetarentur *H* || c. flagitiosos *C A* : flagitosos *H* || d. stupratores *C A* : strupatores *H* || e. insulam *C A* : prouintiam *H*.

3. a. hostium *om.* *H* || b. delitescere *C A* : exspectare *H* || c. transeuntes C A : traseuntes H || d. *post* adoriantur *add.* fassus est delitescere *H*.

les nôtres alors qu'ils traverseraient sans se méfier. C'est pour cette raison que l'Adelantado, cherchant un gué pour traverser, monta sur l'autre rive. Alors que nos hommes avaient enfin trouvé un gué dans la large plaine, les habitants de Ciguay, après avoir poussé d'une seule voix de redoutables clameurs, jaillissent en troupes des forêts, horribles, terrifiants, pour attaquer les nôtres qui s'apprêtaient à traverser : c'est ainsi que marchent au combat les Agathyrses[10] de Virgile, tous peints et couverts de taches. Ces hommes en effet se peignent du front aux genoux en noir et pourpre à l'aide de teintures extraites de certains fruits semblables à des poires[11], qu'ils cultivent pour cela dans leurs jardins avec le plus grand soin. Quant à leurs cheveux, qu'ils coiffent de mille manières, ils les font pousser noirs et longs en usant d'artifices si la nature ne suffit pas. Ils semblaient des Lémures jaillissant des grottes du Tartare[12].

4. Alors que les nôtres s'efforçaient de passer le fleuve, ces hommes s'avancent contre eux, les empêchant de traverser par un jet de flèches et de bâtons pointus. L'abondance des traits était telle qu'elle leur cachait presque le soleil[13] ; et s'ils n'avaient pas été protégés par leurs boucliers quand ils reçurent ces traits, le dénouement aurait été fâcheux. L'Adelantado traversa enfin, après que beaucoup d'hommes ont été blessés de part et d'autre dans ce combat. Les ennemis fuient, les nôtres les poursuivent mais n'en tuent qu'un petit nombre car les insulaires ont, dans l'ensemble, des jambes puissantes. Ils se réfugient aussitôt dans les forêts d'où, en toute sécurité, ils tuaient grâce à leurs arcs les nôtres qui avançaient : ces hommes nus, en effet, se glissent à travers les épines, les buissons et les arbustes sans que rien ne leur fasse obstacle, comme les sangliers, accoutumés qu'ils sont aux forêts ; tandis que les boucliers, les vêtements, les longues lances et la méconnaissance des lieux gênent les nôtres pour se faufiler entre les buissons. Après avoir passé la nuit là en vain, et s'être aperçu le lendemain que personne ne bougeait dans les forêts, l'Adelantado se dirige donc vers les montagnes dans lesquelles le roi Maïobanex avait sa cour, le bourg de Cabrón, sur le conseil et sous la conduite des insulaires qui poursuivaient d'une vieille haine les habitants de Ciguay.

5. A douze milles[14] de cette cour, il campa dans celle d'un autre prince que tous ses habitants avaient déserté sous l'effet de la crainte. Nos hommes en surprirent deux qui les informèrent que dix princes avaient rejoint Maïobanex, à la cour de Cabrón,

[e]Quamobrem Adelantatus aduersa ripa uadum quo traiiceret quaeritans ascendit[e]. Vado tandem reperto in lata planicie, intraiicere uolentes nostros emissis uno spiritu horrendis clamoribus e siluis Ciguaui facto agmine, aspectu foedo ac formidoloso prosiliunt ; prodeunt ita[f] Maroniani Agathyrsi, picti omnes et aspersi maculis[g]. Nigro enim coccineoque coloribus quos ex quibusdam fructibus piro similibus ex hortis ad id summo studio enutritis legunt, sese a fronte ad genua usque[h] depingunt, crinibus mille modis compactis quos nigros longosque arte, si natura negat, nutriunt. Lemures e tartareis speluncis prosilire uidebantur.

4. Nostris fluuium superare adnitentibus, sagittarum ac missilium sudium iactu transitum[a] prohibentes obuiam prodeunt. Tanta erat telorum multitudo quod solem fere illis demeret, et nisi scutati in se ictus recepissent, male actum fuisset. Adelantatus, uulneratis utrimque in eo certamine non paucis, traiecit tandem ; fugiunt hostes, insequuntur nostri[b], perimunt paucos tamen. Valent enim pedibus maiorem in modum, ad siluas se illico recipiunt, ex quibus tuto nostros accedentes arcubus conficiebant. Ipsi enim nudi per uepres et dumos et arbusta uti apri sine ullo obiice siluis assueti praelabuntur ; nostris autem scuta, uestes, longae hastae, locorum imperitia, intra dumos officiunt. Quare cum frustra ibi pernoctasset, posteroque die neminem in siluis moueri[c] sentiret, insularium qui Ciguauos ueteri odio prosequebantur consilio et ductu ad montes in quibus Maiobanexius Rex Capronum uicum regiam habebat proficiscitur.

5. Ad miliareque duodecimum, in alterius reguli uico, incolis omnibus prae metu uicum deserentibus, castrametatus est. Duos[a] assequuntur, a quibus esse apud Maiobanexium decem Regulos

3. e. — e. *C A* : antelatus igitur monitus quo iuxta loci et temporis exigentiam acies suas instruxisset per fluminis profluentis ripas uadum quo traiiceret quaeritans ascendit. eum autem apertiorem latioremque fluminis alueum comperisset locumque ob sparsos per planiciem fluminis aquas uadosum *H* || f. ita *C A* : enim omnes ueluti *H* || g. *post* maculis *add.* ueluti panthere *H* || h. ad genua usque *C A* : *transt. H.*
4. a. transitum *C A* : trasitum *H* || b. nostri *om. H* || c. moueri *C A* : bullire *H.*
5. a. *post* duos *add.* quom fugerent *H.*

avec huit mille habitants de Ciguana. Les deux peuples s'affrontent au cours de deux escarmouches sans importance, et l'Adelantado n'osa pas avancer avant d'avoir exploré plus soigneusement la région. Au cours de la nuit suivante on envoie des éclaireurs sous la conduite d'insulaires qui connaissaient le territoire. Des habitants de Ciguay les aperçurent du haut des montagnes : ils se préparent au combat après avoir poussé, comme à leur habitude, des hurlements ; mais ils n'osent cependant pas sortir des forêts, car ils croient que l'Adelantado est à la tête de toute son armée. Le lendemain ils tentèrent deux fois les hasards de la guerre, tandis que l'Adelantado marchait vers eux, et sortent des forêts pour attaquer : ils se jettent sur les nôtres dans un immense assaut ; ils blessent de nombreux hommes avant que ceux-ci n'aient pu se couvrir de leurs boucliers. Les nôtres s'élancent à leur poursuite, les pourchassent, les tuent, en capturent un grand nombre, et les indigènes regagnent les forêts, décidés à n'en plus sortir à l'avenir.

6. L'Adelantado envoie à Maïobonex un des prisonniers, accompagné d'un insulaire allié et chargé d'un message de ce genre : « ce n'est pas pour porter la guerre contre toi, ô Maïobanex, ou contre les habitants de ton royaume que l'Adelantado a amené son armée, car il désire ton amitié ; mais il demande avec insistance que Guarionex, qui se réfugie auprès de toi et t'a persuadé de prendre les armes pour le plus grand malheur des tiens, lui soit livré et subisse le châtiment qu'il a mérité pour ses crimes : c'est pourquoi il t'exhorte à livrer Guarionex et te somme de le faire. Si tu le livres, l'Amiral, frère de l'Adelantado, fera de toi son allié, préservera et protègera toute l'étendue de tes royaumes. Mais si tu refuses il s'emploiera à te faire regretter ton choix ; car tout ton royaume sera détruit par le fer et par le feu ; tout sera saccagé[15]. » Mais voici en quels termes Maïobanex répondit lorsqu'il eut compris la proposition : personne n'ignorait que Guarionex était un homme bon, qui possédait toutes les vertus : c'est pourquoi lui, Maïobanex, jugeait qu'il était digne de recevoir aide et protection, tandis que nos hommes étaient des êtres violents et mauvais, qui consacraient tous leurs efforts à s'emparer du bien d'autrui et désiraient toujours faire couler le sang des innocents ; lui-même ne voulait pas entrer en relation ni conclure d'alliance avec des criminels.

in Caprono eius regia cum octo millibus Ciguauorum congregatos cognouerunt. Leuibus incursionibus sese inuicem duabus lacessunt, nec procedere Adelantatus ausus est, donec regionem[b] diligentius exploraret. Nocte sequenti intempesta exploratores mittuntur ductu insularium qui terram nouerant. Ciguaui e montibus nostros senserunt. Ad pugnam se uti solent sublatis clamoribus accingunt, neque tamen e siluis egredi audent, Adelantatum cum omni exercitu adesse existimantes. Altero die Adelantato exercitum ad eos ducente bis fortunam belli e siluis pugnando prosilientes tentarunt. Impetu maximo in nostros ruunt. Vulnerant plerosque priusquam scutis se tegere licuerit. Profligant illos, insequuntur, perimunt, capiunt multos ; ad siluas non ulterius egressuri reuertuntur.

6. Ex captis unum cum altero insulari ex amicis ad Maiobanexium cum mandatis huiuscemodi mittit[a] : « non ut tibi, o Maiobanexi, aut incolis tuis bellum inferret exercitum duxit Adelantatus : amicitiam enim tuam exoptat ; sed efflagitat[b] ut Guarionexius, qui ad te confugit tibique ut arma in maximum tuorum incommodum sumeres persuasit, commissorum poenas deprehensus luat ; propterea hortatur monetque[c] ut Guarionexium tradas. Id si feceris te Praefectus Marinus frater eius in amicitiam admittet, et tuorum regnorum amplitudinem integram seruabit ac tutabitur. Sin facere recusaueris, dabitur opera ut te facti paeniteat. Regni enim quicquid tibi est ferro ignique uastabitur, omnia diripientur. » Maiobanexius autem, propositione intellecta, illis respondit : Guarionexium uirum bonum esse omnique uirtute praeditum neminem latet ; propterea auxilio praesidioque dignum illum esse se iudicare[d], ipsos autem uiolentos et malos homines qui aliena tanto opere expetant, qui sanguinem innocentum semper exoptent ; nolle se cum sceleratis hominibus commercia aut amicitiam inire.

5. b. regionem *C A* : terrae naturam *H.*

6. a. mittit *C A* : destinat *H* || b. efflagitat *post* luat *transp. H* || c. -que *om. H* || d. se iudicare *A* : iudico *H C.*

7. Quand il entendit ces paroles, l'Adelantado ordonna que le village où il campait fût brûlé ainsi que plusieurs autres villages voisins. Quand il se fut rapproché de Maïobanex, il envoya de nouveau des messagers lui ordonner d'envoyer en ambassade un de ses proches, afin de pouvoir, avec cet homme, conclure un traité de paix. Le roi ordonne à un personnage important qui lui était très cher de se rendre à l'entrevue en compagnie de deux autres insulaires. L'Adelantado montre à cet homme que Maïobanex ne devait pas souffrir la mise à sac de son florissant royaume pour défendre Guarionex ; il le met en garde et le persuade. Il exhorte Maïobanex à livrer Guarionex, à moins qu'il ne préfère sa propre perte, celle de tous ses biens et la déportation de tous les habitants de son royaume comme prisonniers de guerre. Au retour du messager, Maïobanex réunit le peuple et lui expose ce qui s'était passé[16]. Mais celui-ci clame qu'il faut livrer Guarionex et commence à maudire et exécrer le jour où il était venu troubler leur tranquillité. Maïobanex cependant répondit que Guarionex était un homme bon, qu'il s'était bien comporté en lui offrant, quand il était arrivé auprès de lui, des présents de roi, qu'il lui avait appris, ainsi qu'à son épouse, des chants et des danses, ce qui n'était pas sans valeur à ses yeux, et qu'il veillait personnellement sur cet homme. Puisque Guarionex s'était réfugié auprès de lui, et qu'il avait donné sa parole de le protéger, il ne l'abandonnerait à aucun prix. Il préférait supporter avec son allié toutes les extrémités plutôt que d'offrir à ses ennemis la possibilité de l'accuser du crime d'avoir livré un hôte.

8. Après avoir ainsi renvoyé le peuple, malgré ses plaintes, il appelle à lui Guarionex, lui promet qu'il l'aidera de tout son pouvoir, affirme qu'il veut tenter avec lui la fortune, quelle qu'elle doive être, aussi longtemps qu'il vivra, et décide de ne pas rapporter de réponse à l'Adelantado ; bien au contraire, sur le chemin où passaient habituellement, pour venir le voir, les messagers de l'Adelantado, il poste l'homme qu'il avait envoyé la première fois avec une troupe digne de confiance, en lui ordonnant de tuer ceux qui arriveraient et de n'accepter aucun entretien. Deux hommes sont envoyés par l'Adelantado ; l'un était un prisonnier originaire de Ciguay, l'autre un des insulaires alliés des Espagnols : tous deux sont tués. L'Adelantado les suit avec seulement dix fantassins et quatre cavaliers : il trouve sur le chemin ses envoyés morts. Furieux, il ordonna de terribles représailles

7. His auditis, Adelantatus uicum ubi castra metabatur aliosque uicinos complures cremari iussit. Maiobanexioque propior[a] factus iterum nuntios mittit, qui cum eo agant ut ex familiaribus intimis aliquem ad se uenire iubeat quocum[b] possit de pace tractare. Carissimum quemdam ex primoribus, duobus aliis illum comitantibus rex ire imperat[c]. Huic Adelantatus proponit suadetque ac monet ne floridum eius regnum[d] Maiobanexius diripi pro Guarionexio patiatur. Vt tradat illum hortatur, nisi perditum iri se suaque omnia simul et incolas in praedam abduci[e] mallet. Nuntio redeunte populum Maiobanexius conuocat[f] ; quae acta sint praeponit. Populus autem tradi debere Guarionexium proclamat, detestarique et execrari diem quo Guarionexius turbatum eorum quietem uenerat incipiunt. Maiobanexius autem Guarionexium uirum esse bonum et de se benemeritum quod regia illi dona, cum ad eum ueniret[g], multa praebuisset, uxoremque suam et ipsum chorizare tripudiareque[h] docuisset, quod non paruifaciebat, sibique curae esse respondit. Propterea se nullo pacto eum quandoquidem ad se confugerat et ipse tutandi fidem dederat deserturum. Malleque se extrema omnia cum eo perpeti quam obloquendi causam quod hospitem tradiderit detractoribus praebere.

8. Ita populo suspiriis anhelante[a] dimisso, Guarionexium ad se uocat ; omnem opem denuo pollicetur, uelle se fortunam omnem quoad[b] uixerit cum eo exspectare, neque ad Adelantatum quicquam referendum censet ; immo et eum qui primus[c] ab eo missus fuerat in itinere quo Adelantati nuntii uenire ad se soliti erant cum fida[d] custodia locat, imperans ut uenientes interimat nec cuiusquam sermones admittat. Mittuntur ab Adelantate duo, unus ex captiuis Ciguaiensibus, ex amicis insularibus alter : obtruncantur ambo. Sequitur illos Adelantatus cum decem tantum peditibus, equitibus quattuor ; mortuos reperit in itinere nuntios. Quare iratus saeuire acrius

7. a. propior *C A* : propinquior *H* || b. ad se uenire iubeat quocum *C A* : mittat quocumque *H* || c. ire imperat *C A* : destinat *H* || d. *post* regnum *add.* seque tandem *H* || e. abduci *C A* : adduci *H* || f. conuocat C A : conuacat H || g. ueniret *C A* : accederet *H* || h. tripudiareque *C A* : trepudiareque *H.*

8. a. anhelante *C A* : anhelanti *H* || b. quoad *H A* : quoat *C* || c. primus *C A* : primas *H* || d. fida *C A* : ingenti *H.*

contre Maïobanex : après avoir disposé son armée pour la bataille, il se dirige vers la cour de Cabrón. Les princes s'enfuient par différents chemins ; ils abandonnent leur chef Maïobanex. Celui-ci se sauva avec toute sa famille en direction des montagnes escarpées, tandis que des hommes de Ciguay cherchèrent Guarionex d'un autre côté pour le tuer, car ils voyaient en lui le responsable de la catastrophe. Mais celui-ci eut la vie sauve grâce à ses jambes et resta caché, presque seul, dans les rochers des montagnes désertes.

9. Comme les soldats de l'Adelantado étaient épuisés par une guerre déjà longue, les veilles, les travaux et la faim – cela faisait en effet trois mois que le conflit était commencé – beaucoup demandent grâce et sollicitent la permission de revenir à Concepción, où ils avaient pour la plupart des terres admirablement cultivées à la manière insulaire. On leur donne leur congé et beaucoup repartent ; l'Adelantado ne garde avec lui que trente de ses compagnons. Ils vécurent ces trois mois de guerre dans une grande misère : en effet, pendant ces trois mois, ils n'eurent d'autre nourriture que le *cazabi*, c'est-à-dire le pain de racines des indigènes, et il y en avait rarement assez pour être rassasié. Ils mangèrent aussi des *utias*, c'est-à-dire des lapins de là-bas, lorsqu'ils pouvaient en attraper en chassant avec leurs chiens. Ils ne buvaient que de l'eau, parfois pure, parfois boueuse et puisée dans les marais. Dans cette vie de délices[17] ils étaient presque toujours dehors, et sans cesse en marche, comme l'exigeait la guerre.

10. C'est donc avec cette poignée d'hommes que l'Adelantado décida d'explorer les montagnes et d'en examiner les cachettes pour voir s'ils trouveraient des traces de la présence de Guarionex ou de Maïobanex. Par hasard des chasseurs de la troupe de l'Adelantado poussés par la faim à chasser des *utias*, puisqu'il n'y avait rien d'autre, découvrent deux proches de Maïobanex chargés d'aller chercher, dans des villages de son royaume, du pain donné par les habitants. On force ces hommes à révéler où leur maître se cache et, sous leur conduite, Maïobanex, son épouse et ses fils sont faits prisonniers par douze de nos hommes peints, par ruse, à la manière des hommes de Ciguay. On les amène à l'Amiral, à Concepción. Quelques jours après, la faim

17. Il s'agit d'une antiphrase, figure rarissime chez Pierre Martyr, révélatrice de l'aisance grandissante de l'auteur qui utilise l'ironie comme un moyen de dénonciation supplémentaire.

in Maiobanexium constituit. Vadit[e] instructo exercitu ad Capronum regiam. Fugiunt Reguli per diuersa. Imperatorem Maiobanexium deserunt. Ad montes asperos Maiobanexius cum omni familia profugit, alia uero Guarionexium, quod tanti mali causa fuisset, Ciguaui[f] ut eum perimerent quaesierunt. Sed pedibus uitam seruauit, intra rupesque desertorum montium fere solus delituit.

9. Cum iam longo bello, uigiliisque ac laboribus et fame Adelantati milites fatigarentur, – agebat[a] enim iam tertius mensis quo inceptum fuerat –, ueniam multi petunt[b] et ut redire ad Conceptionem liceat, ubi plurimi ex eis praedia insulari more habebant cultissima. Datur commeatus[c], recedunt multi ; triginta tantum cum Adelantato comites permanent. Id trimestre bellum satis aerumnose egerunt, neque enim trimestri toto cibos ullos sunt assecuti praeter cazabi, idest radicalem eorum panem, atque ex eo raro ad saturitatem, et de utiis, idest eorum cuniculis, si quos ipsimet cum suis canibus uenando capiebant, potusque eorum suaues interdum, interdum coenosae et palustres aquae. Inter has delicias sub dio fere semper ac in perpetuo motu : sic enim belli natura exigebat.

10. Cum his igitur paucis Adelantatus montana scrutari et latibula quaeritare, si[a] qua Maiobanexii aut Guarionexii uestigia reperiat, constituit. Forte fortuna uenatores quidam ipsius Adelantati[b] quos fames, ubinam utias uenando captare possent, indagare coegerat, cum cetera[c] deessent, in duos Maiobanexii familiares incidunt, qui ad pagos quosdam ipsius missi panem ferebant ab incolis datum. Hi[d] ubinam dominus delitesceret propalare coguntur, quibus ducibus Ciguaio more duodecim ex nostris depictis per dolum Maiobanexius cum uxore et filiis capitur. Ad Conceptionem[e] ad Praefectum ducuntur. Paucos post dies

8. e. uadit *C A* : accedit *H* || f. ciguaui *C A* : ciguani *H.*

9. a. agebat *C A* : -batur *H* || b. petunt *post* cultissima *transp. H* || c. datur commeatus *C A* : indulgetur *H.*

10. a. *ante* si *add.* ut *H* || b. adelantati *om. H* || c. *post* cetera *add.* omnia *H* || d. hi *C A* : hii *H* || e. conceptionem *C A* : -nemque *H.*

contraignit Guarionex à sortir des cavernes. Des insulaires, par peur de l'Amiral, le dénoncèrent à des chasseurs : Colomb sait alors avec certitude où il se trouve. Il envoie une troupe de fantassins qui, jaillissant d'une embuscade, se jettent sur lui alors qu'il voulait quitter la plaine pour regagner les montagnes. Ces hommes partent, le capturent, le ramènent : voilà comment tous ces parages furent ramenés au calme et à la paix[18].

11. Une cousine de Maïobanex, épouse d'un autre prince dont le royaume était resté jusque là intact, l'accompagna dans l'adversité. De toutes les femmes auxquelles la nature avait donné le jour dans cette île elle était, aux dires de tous, la plus belle. Comme son époux, ainsi que le méritait la beauté de sa femme, brûlait pour elle, fou et sans plus de raison parce qu'elle avait été faite prisonnière, il errait dans des lieux déserts sans savoir quelle décision prendre. Enfin il vint trouver l'Amiral, promettant qu'il livrerait sa personne et tous ses biens sans restriction aucune pourvu que son épouse lui fût rendue : elle lui est alors restituée, et plusieurs citoyens de premier rang, sous la loi du serment, s'engagent à obéir à ce qu'on leur ordonnerait. Ce prince vint spontanément, avec cinq mille hommes sans armes, seulement munis d'instruments agricoles. Il laissa à l'Amiral d'immenses semailles, faites à ses frais sur les terres de la plus grande vallée. Remercié par des présents de celui-ci, il s'en revint joyeux.

12. Cette nouvelle, rapportée aux habitants de Ciguay, incita les princes à espérer la clémence. Ils viennent donc d'eux-mêmes, puis donnent leur parole de faire ce qui leur serait ordonné et supplient l'Amiral en faveur de leur prince et de toute sa famille. L'épouse de celui-ci et toute sa maison sont libérées à la demande des princes[19] ; on laisse le roi en prison[20].

13. Tout cela était réglé dans l'île par l'Amiral, qui ignorait ce que ses adversaires ourdissaient contre lui auprès des souverains d'Espagne. Comme ceux-ci étaient assaillis de toutes parts par des plaintes innombrables[21], et comme, surtout, n'arrivait en Espagne qu'une bien petite partie de l'immense quantité promise d'or et d'autres richesses, du fait des discordes des colons et des séditions, ils nomment un nouveau gouverneur pour enquêter soigneusement sur tout cela et châtier les responsables, quand il les aurait découverts, ou les envoyer à la cour[22]. Je ne sais pas exactement ce qu'on a découvert contre l'Amiral et son frère ou contre leurs ennemis[23]. Je ne sais qu'une chose,

Guarionexium de speluncis exire fames compulit, quem insulares Praefectum ueriti uenatoribus quibusdam prodiderunt. Praefectus ubinam uersetur certior fit. Peditum turmam mittit, qui ex insidiis de plano ad montana redire uolentem adoriantur. Eunt, capiunt, ducunt. Ita illius regionis conuicina pacata sedataque[f] sunt omnia.

11. Maiobanexium, cognata quaedam alterius Reguli, cuius regnum intactum adhuc erat, uxor, in his aduersis comitabatur. Eam[a] feminarum omnium quas natura in ea insula[b] creauit, formosissimam omnes praedicant. Hanc cum uir ipsius[c], ut eius forma merebatur, arderet insanus et mentis inops, uxore capta, per deserta, quid consilii caperet ignarus, uagabatur. Ad Praefectum tandem se suaque omnia ditioni eius sine ullo obiice subditurum si uxorem redderet, promittens uenit. Vxor redditur et ex incolis primarii plures[d] iureiurando astringuntur se imperata facturos. Sponte sua regulus hic idem incolarum quinque milia inermium, cum agricultoriis instrumentis solum, ducens adiit[e]. Maximamque Praefecto sementem in conuallis eius amplissimae fundis sua impensa cultam reliquit. A Praefecto[f] donatus, laetus reuertitur.

12. Haec fama ad Ciguaios delata Regulorum animos ad clementiae[a] spem mouit. Vltro igitur ueniunt, se deinceps imperata facturos fidem praestant, pro Rege suo et omni familia supplicant. Vxor et tota domus eius Regulorum rogatu liberantur. Rex uinctus[b] detinetur.

13. Haec in insula a Praefecto, quid contra se apud Reges aduersarii molirentur inscio, gerebantur. Cum Reges tot querelis undique conflictati, et maxime quod[a] ex tanta auri et aliarum rerum amplitudine parum ob eorum discordias et seditiones afferretur, gubernatorem instituunt nouum, qui diligenter inquirat haec omnia sontesque deprehensos corrigat, aut ad se mittat. Quid in Praefectum et eius fratrem, quidue in illos qui eis aduersati sunt fuerit perquisitum, non bene percipio. Hoc unum scio,

10. f. sedataque *C A* : sedata *H.*

11. a. eam *C A* : quam *H* || b. in ea insula *om. H* || c. ipsius *C A* : eius *H* || d. plures iureiurando astringuntur *H* : *post* plures *dist. C A* || e. adiit *C A* : accedit *H* || f. *ante* a praefecto *add.* ad suaque *H.*

12. a. clementiae *C A* : misericordiae *H* || b. uinctus *C A* : uictus *H.*

c'est que les deux frères ont été emprisonnés. Enchaînés, privés de tous leurs biens, on les emmène en prison comme tu le sais, Prince Illustrissime[24]. Cependant, dès que les souverains apprirent qu'on les avait ramenés à Cadix dans les fers, ils envoient, par des courriers rapides, l'ordre de libérer aussitôt les deux frères, permettent à leurs enfants d'aller les voir, et montrent qu'ils condamnent l'injustice faite aux deux hommes[25]. On dit que ce nouveau gouverneur a envoyé aux souverains des lettres de la main de l'Amiral en caractères chiffrés, dans lesquelles il engageait et exhortait son frère l'Adelantado, alors absent, à venir en hâte avec une troupe armée afin de se défendre contre l'injustice, au cas où le gouverneur se serait préparé à employer la force[26]. C'est pourquoi le gouverneur avait arrêté les deux frères, qui n'étaient pas sur leurs gardes, avant que n'arrivât la troupe profitant de ce que l'Adelantado avait précédé les soldats. Le temps, arbitre suprême des événements, montrera ce qui arrivera. Salut.

23. Au moment où Bobadilla arrive à Hispaniola, en juillet 1500, après un an d'hésitation des souverains, Colomb avait enfin réussi à faire la paix avec Roldan. Bobadilla, fort de ses pouvoirs, agit dès son arrivée: Christophe, Bartolomé et Diego Colomb furent mis aux fers. Les trois frères, toujours enchaînés, furent embarqués pour l'Espagne en août. A bord Colomb, avec un certain sens de la mise en scène, refusa qu'on lui ôtât ses fers comme le proposait le capitaine; il les garda toujours par la suite aux murs de sa chambre et demanda à ce qu'ils fussent placés dans son cercueil. Cf. C. Colón, *op. cit.*, p. 430-438 ; F. Colomb, *op.cit.*, ch.78 ; J. Heers, *op. cit.*, ch.16 ; S. E. Morison, *op. cit.*, ch. 41, p. 570-572.

25. Les Rois Catholiques ne firent libérer les frères Colomb que six semaines après leur arrivée mais assurèrent qu'ils avaient été emprisonnés à l'encontre de leurs ordres. Ils leur firent rendre tous leurs biens. Cf. C.Colomb, *op. cit.*, t. 2, *Lettre à la nourrice du prince Don Juan de Castille*, p. 175-178 ; F. Colomb, *op. cit.*, ch. 79.

26. Il semble que l'Amiral ait au contraire ordonné à son frère de se rendre sans résistance alors que celui-ci, parti dans l'île à la tête d'une troupe nombreuse, aurait pu intervenir contre Bobadilla. Cf. F.Colomb, *op. cit.*, ch. 78 ; S. E. Morison, *op. cit.*, ch. 41, p. 571-572.

capitur uterque frater. In uincula omnibus bonis spoliatus[b] coniectus ducitur, uti uides, Illustrissime Princeps. Cum primum tamen Reges Gades uinctos[c] adductos esse[d] didicerunt, utrumque statim per celeres tabellarios solui iubent, utque liberi[e] adeant permittunt, moleste se tulisse eam ipsorum iniuriam ostendentes. Nouus ille gubernator ad Reges Praefecti dextera exaratas ignotis caracteribus scriptas litteras misisse dicitur, quibus Adelantatum fratrem absentem armata manu, ut se, si uim gubernator inferre pararet[f], ab eius iniuria[g] tutaretur[h], uenire propere hortabatur monebatque. Propterea cum Adelantatus praecessisset armatos, incautos ambos priusquam multitudo conueniret gubernator apprehendit. Quid futurum sit tempus, rerum omnium iudex prudentissimus, aperiet. Vale.

13. a. quod *C A* : quom *H.*

13. b. spoliatus *A* : spolitatus *H C* || c. uinctos *C A* : uictos *H* || d. adductos esse *C A* : applicuisse *H* || e. *post* liberi *add.* se *H* || f. pararet *H A* : pareret *C* || g. ab eius iniuria *C A* : ab eo *H* || h. tutaretur *H C* : -rentur *A.*

DÉCADE OCÉANE, HUITIÈME LIVRE AU MÊME CARDINAL D'ARAGON

1. Le splendide océan, caché jusqu'à nos jours, qui fut découvert par l'amiral Colomb sous les auspices de nos souverains, je l'ai offert à ta gloire, Prince Illustrissime, comme un collier d'or, même si la maladresse de l'artiste n'a pas permis que ce fût un bel ouvrage. Mais reçois maintenant un bijou orné de pierres précieuses, fait pour être porté accroché au collier comme un pendentif[1].

2. Parmi les capitaines des vaisseaux de l'Amiral qui avaient noté soigneusement les routes des vents, la plupart obtint des rois la permission de pousser davantage les explorations à ses propres frais et se rendit dans cette partie du monde[2]. Ces hommes devaient toutefois donner aux souverains la part des richesses découvertes qui leur revenait, c'est-à-dire un cinquième[3]. Mais puisqu'un certain Pedro Alonso Niño a connu un sort particulièrement favorable dans sa navigation vers le Sud, il m'a paru bon de commencer par lui[4].

3. Pour ne rien dire du reste du voyage, cet homme n'avait équipé qu'un seul navire, à ses frais, bien qu'il ne manque pas de gens pour dire autre chose[5]. Un édit royal avait été publié qui interdisait de jeter l'ancre à moins de cinquante lieues d'un point que l'Amiral avait atteint[6]. Niño arrive à Paria[7] où, nous l'avons rapporté[8], l'Amiral avait trouvé des hommes et des femmes parés de colliers et de bracelets de perles ; et, continuant sa route, conformément à l'édit royal, en suivant le même rivage, après avoir laissé derrière lui les régions de Cumana et de Manacapana, il arriva à une région appelée selon lui Curiana par ses habitants. Il déclare y avoir découvert un port tout à fait semblable au port de Cadix. En y pénétrant, il voit sur le rivage quelques cases, se dirigea vers elles et trouva un bourg qui n'était constitué que de huit habitations. Mais d'un autre bourg peuplé, situé à seulement trois milles[9], accoururent en hâte cinquante hommes nus sous la conduite d'un habitant plus important ;

[a]OCEANEAE DECADIS LIBER OCTAVVS AD EVMDEM CARDINALEM ARAGONIVM[a]

1. Opimum Oceanum[a] hactenus latitantem a Christophoro Colono Praefecto Marino, nostrorum Regum auspiciis, repertum, tamquam aureum torquem, etsi male ob ineptas artificis manus fabrefactum tuo splendori Illustrissime Princeps condonaui. Nunc autem gemmatum accipito monile, quod torqui appensum perpendiculi uicem gerat.

2. Ex ipsius Praefecti nauium gubernatoribus, qui uentorum ductus diligenter annotauerant, plerique a Regibus impetrata uenia scrutandi ulterius propriis impensis, Regibus tamen partem daturi illis contingentem, quae est quinta, prouinciam aggressi sunt. Sed quoniam secundiore fortuna Petrus Alfonsus quidam cognomento Nignus ad meridiem nauigauit, ab eo incipiendum merito existimaui.

3. Hic ut reliquum iter omittamus, una tantum naui suamet impensa instructa, licet non desint qui aliena dicant[a], edicto regio sumpto ne anchoras deiiceret ad leucas quinquaginta ab ullo loco quem Praefectus tetigerit, Pariam ubi unionibus torquatos armillatosque tam uiros quam feminas Praefectum reperisse supra memorauimus proficiscitur, procedensque ex regio edicto[b] per idem litus tamen, Cumana et Manacapana regionibus postergatis[c], in regionem incidit quam Curianam uocari ab incolis ipse refert. In qua portum se reperisse ait Gaditano portui simillimum. Quem ingrediens casas quasdam in litore uidet, adiuit[d], octo tantum domorum pagum reperit. Attamen ex populoso quodam alio uico tria tantum miliaria distanti nudi homines quinquaginta duce[e]

Titulus. a. — a. *C* : occeanee decadis liber octauus *H* caput octauum *A*.

1. a. opimum oceanum *C A* : terrarum orbem *H*.

3. a. licet… dicant *om. H* || b. ex regio edicto *C A* : iuxta regium edictum leucas quinquaginta *H* || c. cumana… postergatis *om. H* || d. adiuit *C A* : quas cum nauigans adiisset *H* || e. *post* duce *add.* quodam *H*.

ils demandent à Alonso Niño de venir jusqu'à leur rivage. Niño, descendant lui-même à terre, avait emporté avec lui des clochettes, des aiguillettes, des épingles, des bracelets, de longs colliers de perles de verre, des anneaux et d'autres objets de ce genre, marchandise des colporteurs contre lesquelles il obtient de ces hommes, en l'espace d'une heure, quinze onces[10] de perles qu'ils portaient au cou et aux bras. Les indigènes, étreignant amicalement Niño, l'incitaient, en le suppliant tant et plus, à poursuivre sa navigation jusqu'à leur village ; ils indiquent par gestes que les nôtres obtiendraient alors autant de perles qu'ils en pouvaient désirer.

4. Le lendemain, lorsque paraît l'aurore, nos hommes se mettent en route vers le village de ces hommes, parcourent le chemin, jettent l'ancre. Tout le peuple, accourant, les suppliait de descendre vers eux. Mais Niño, voyant à terre une foule innombrable et, n'étant lui-même accompagné que de trente-trois marins, n'osa pas faire confiance aux indigènes mais leur demanda, par des signes de tête et des gestes, de venir le voir sur leurs embarcations. Celles-ci étaient faites d'une seule pièce de bois comme celles des autres indigènes, mais elles étaient plus grossières et plus rudimentaires que celles des Cannibales ou des insulaires d'Hispaniola : ces hommes les appellent *gallitas*[11]. Comme ils désiraient tous très ardemment les marchandises européennes, ils rivalisaient donc d'ardeur pour apporter des colliers de perles, qu'ils appellent *tenoras*. Nos hommes découvrirent, pendant les vingt jours qu'ils passèrent chez eux, qu'ils sont doux, simples, innocents et hospitaliers[12].

5. Les Espagnols commencent à les accompagner dans leurs habitations. Celles-ci sont faites de bois et couvertes de feuilles de palmier. L'alimentation de ce peuple est principalement constituée des coquillages dans lesquels ils trouvent les perles et qu'on ramasse en grande quantité sur leurs rivages ; ils se nourrissent aussi d'animaux des forêts. Cette terre abrite des cerfs, des sangliers, des lapins semblables à des lièvres par leur pelage, leur couleur et leur grande taille, des palombes, des tourterelles. Les femmes élèvent à la maison des oies et des canards comme les femmes de chez nous. Des paons vivent dans les bois – mais ils ne sont pas ornés ni multicolores car le mâle diffère peu de la femelle – et des faisans volaient çà et là dans les buissons des marécages.

primario propere cucurrerunt, petuntque ab Alfonso Nigno ut ad eorum[f] litus proficiscatur. Nignus ipse descendens tintinnabula, aciculas, spintheres, armillas, uitrea calculorum serta, anulosque et alias huiuscemodi institorum merces secum portauerat, quibus cum eis, in horae momento, unionum quos collo et brachiis appensos[g] gestabant uncias quindecim permutat. Tum magis ac magis illi ut ad suos nauigaret Nignum amice amplectentes institerunt ; habituros se ibi de unionibus copiam quamcumque optarent innuunt[h].

4. Altero die, aurora surgente, ad eos mouent, adeunt, anchoras iaciunt. Vt ad se[a] descenderet omnis populus concurrens supplex orabat. Nignus autem, cum innumeram eorum esse multitudinem cerneret, ipse uero tres et triginta tantum homines secum haberet, non est ausus sese illis credere, sed per nutus et signa ut cum suis linthribus ad se nauigarent significauit. Eorum linthres uniligneae sicuti aliorum, sed rudiores ineptioresque quam Canibalicae aut insulares Hispanicae ; has gallitas uocant. Certatim igitur unionum serta nostrarum mercium cupidissimi cuncti ferebant. Vniones appellant tenoras[b]. Mites, simplices, innocentes et hospitales esse, XX dierum commercio cognouerunt.

5. Cum[a] eis intra eorum domos uersari incipiunt. Domus eorum ligneae palmarum foliis tectae. Cibi maiori ex parte conchilium ex quibus uniones adipiscuntur[b], quibus habent plena litora, et siluestribus animalibus uescuntur. Ceruos, apros, cuniculos uillo et colore ac magnitudine leporibus similes, palumbes, turtures uulgo tellus illa parit. Anseres, anatesque in domibus feminae sicuti nostrates nutriunt. Pauonesque per nemora sed non picti aut uersicolores – discrepat enim a femina parum masculus –, et per paludum arbusta phasiani passim uolitabant.

3. f. eorum *C A* : suum *H* || g. *post* appensos *add.* uti pauperes femine nostrates uitreos calculos *H* || h. innuunt *C A* : innuentes *H.*

4. a. *post* se *add.* si quid uellent *H* || b. *post* tenoras *add.* ibi sex et nonaginta octunciales unionum libras per rerum mutationem ualoris forte quinque solidorum priusquam descenderent habuerunt. postea uero quam adeo *H.*

5. a. *ante* cum *add.* ad eos descendunt *H* || b. adipiscuntur *C A* : eruunt *H.*

6. Les habitants de Curiana sont d'habiles chasseurs et, de leurs flèches précises, ils tuent facilement n'importe quel quadrupède ou oiseau. Nos hommes passèrent là quelques jours dans l'abondance : en effet on remettait quatre aiguilles ou épingles à celui qui ramenait un paon ; on en offrait deux à qui rapportait un faisan ; si c'était une tourterelle ou une palombe on n'en donnait qu'une et si c'était une oie la même chose ou de la verroterie. Cet échange se déroule au milieu des réparties, des discussions et des dissensions, exactement comme cela se passe pour les femmes de chez nous quand elles s'engagent dans une négociation avec les marchands. Comme ils étaient nus ils se demandaient à quoi pouvaient leur servir les aiguilles ; mais les nôtres leur donnèrent satisfaction par une réponse assez habile : en effet ils leur firent comprendre par signes qu'elles étaient parfaites pour ôter les épines qui se fichaient souvent dans leur chair et pour se nettoyer les dents. Les indigènes commencèrent alors à leur accorder une grande valeur, mais comme ils étaient attirés par la couleur et le son de la clochette, ils apportaient beaucoup de gibier pour obtenir cet objet. Dans les forêts, que l'ont dit extrêmement denses et constituées d'arbres immenses de différentes espèces, ils entendaient, la nuit, depuis les maisons des habitants, les cris effrayants d'animaux assez gros mais peu dangereux[13] : en effet les habitants vont toujours chasser nus, sans peur, avec leurs arcs et leurs flèches, et on ne se souvient pas que quelqu'un ait jamais été tué par une bête sauvage. Ils abattaient de leurs flèches et rapportaient autant de cerfs et de sangliers que les nôtres leur ordonnaient d'en prendre.

7. Ils n'ont ni bœufs, ni chèvres, ni ovins. Ils mangent du pain de racines et du pain de grains comme les insulaires d'Hispaniola. Ce peuple a les cheveux noirs, épais et à demi-crépus mais cependant longs. Ils noircissent leurs dents[14] en mâchant presque toute la journée une herbe qui produit cet effet. Mais quand ils la jettent ils se lavent la bouche. Les femmes s'occupent plus que les hommes des choses de la maison et de l'agriculture tandis que les hommes se consacrent plutôt à la chasse, à la guerre, à la danse et aux jeux. Ils possèdent des jarres, des canthares, des pots et d'autres ustensiles d'argile de

13. Il peut s'agir du cri des tapirs, encore inconnus des Européens.

6. Sunt Curianenses callidi uenatores, certisque ictibus sagittarum quodcumque quadrupes siue uolucrem facile interficiunt. Lautos ibi dies aliquot[a] nostri egerunt[b]. Pauonem enim ferenti quatuor dabantur aciculae, spintheres ; si phasianum quis ferret, duas praebebant ; si palumbem aut turturem, unam, si anserem, totidem uel uitreum calculum tribuebant. Haud aliter inter eos replicando[c], arguendo, differendo agebatur in ea permutatione quam nostratibus accidit mulieribus, cum sese cum institoribus implicant. Cum nudi ipsi essent, quid illis aciculae prodesse possent sciscitabantur ; nostri autem callido illis responso satisfecerunt. Per signa enim ad spinas quae saepenumero[d] eorum carnibus figuntur euellendas, dentesque purgandos esse accommodatissimas significarunt. Tunc illas magnifacere coeperunt, sed tintinnabuli colore ac sonitu allecti, magna tribuebant ut tintinnabulum assequerentur. In siluis quas ex uariis altissimisque arboribus densissimas esse aiunt, animalium grandiorum horrendos mugitus ex incolarum domibus noctu sentiebant, sed minime noxiorum : libere enim incolae nudi cum arcubus et sagittis per illas uenatum continue uagantur, nec peremptum umquam ab ulla fera quemquam meminerunt. Quotquot ceruos, quotquot apros nostri illos capere iubebant, tot sagittis peremptos ad eos afferebant.

7. Bouibus[a], capris, ouibus carent. Pane radicali paniceoque[b] uti insulares Hispanici utuntur. Capillos habet haec gens nigros, crassos, semicrispos, longos tamen ; dentes albidos reddunt : herbam quandam ad id aptam toto fere die inter labia ferunt. Cum autem illam eiiciunt, os lauant. Mulieres rebus familiaribus et agriculturae magis intendunt quam uiri ; uiri autem uenatu magis ac rebus bellicis et ducendis choreis et ludis inuigilant. Hydrias, cantharos, ollas, ceteraque utensilia uarii generis

6. a. dies aliquot *C A* : *transt.* *H* || b. egerunt *C A* : ductitarunt *H* || c. replicando *C A* : -camdo *H* || d. *post* saepenumero *add.* cum nudis pedibus ambulent *H.*

7. a. bouibus *H C* : bobus *A* || b. paniceoque *C A* : -cioque *H.*

toutes sortes qu'ils se procurent ailleurs, car ils tiennent entre eux des marchés : tous les habitants des contrées voisines y apportent, pour obtenir les productions d'une autre région, des produits de chez eux ; mais ils ne viennent que du voisinage immédiat. Tout le monde en effet aime se procurer quelque nouveauté dont manque sa propre région, puisque la nature a donné à tous les hommes d'aimer et d'apprécier la nouveauté. Ces hommes mêlent à des perles des petits oiseaux d'or et de nombreux autres animaux joliment travaillés, mais cet or n'est pas pur ; ces bijoux leur parviennent d'ailleurs par le biais d'échanges. Cet or est comme l'or germanique dont on fait les florins.

8. Dans cette région les hommes couvrent leurs parties génitales et leur membre viril d'une coloquinte ou d'une coquille, fendues comme la partie antérieure de nos hauts-de-chausses. La coloquinte est tenue par un lien passé autour des reins ; pour le reste ils sont nus. En d'autres lieux, dans cette région, ils protègent leur membre viril en le glissant dans un étui et tiennent le prépuce attaché par un lien[15].

9. Les animaux dont nous avons fait mention ci-dessus et de nombreux autres qu'on ne trouve sur aucune île prouvent que cette terre est un continent. Mais voici la plus importante des preuves sur lesquelles s'appuient ces explorateurs : ils ont parcouru, disent-ils, trois mille milles[16] en bateau en longeant les côtes de Paria vers l'ouest, et ils n'ont trouvé aucun signe indiquant l'extrémité d'une terre.

10. Interrogés sur la provenance de leur or, les habitants de Curiana indiquaient par signes qu'il venait d'une région nommée Cauchieta[17], située à six soleils de là, c'est-à-dire six jours de route en suivant le rivage droit vers l'ouest, et qu'il était travaillé ainsi précisément par les artisans de cette terre. Les nôtres se dirigent vers ce lieu, découvrent la région et jettent l'ancre près du rivage de Cauchieta aux calendes de novembre 1500[18]. Les habitants arrivent sans crainte et apportent de l'or, qui était une des richesses de leur sol. Eux aussi portaient des perles au cou, mais elles venaient de Curiana et avaient été échangées contre de l'or. Aucun de ces hommes ne voulut échanger quelque chose qui venait d'ailleurs : par exemple les habitants de Curiana refusent d'échanger leur or, ceux de Cauchieta refusent d'échanger leurs perles ; on découvrit cependant qu'il n'y a pas beaucoup d'or chez les habitants de Cauchieta.

fictilia habent aliunde comparata. Nundinas enim inter se celebrant, ad quas uicinus quisque incola, ut peregrinum aliquid assequatur, de suae regionis prouentibus portant, sed e proximo[c]. Nullus enim est qui[d] parare sibi noui aliquid, quo sua tellus careat, non delectetur, cum hominibus cunctis sit a natura tributum, ut nouis rebus studeant et alliciantur. Auiculas aliaque animalia multa pulchre formata, ex auro non puro tamen, unionibus annectebant[e], sed ad eos aliunde per permutationem feruntur. Est enim aurum illud ueluti Germanicum quo floreni cuduntur.

8. Ibi homines cucurbitula quadam in anterioris braculae caligarum nostrarum similitudinem scissae uel testa marina[a] mentulam et genitalia includunt. Funiculo ad lumbos alligato cucurbitula sustinetur[b] ; de cetero nudi. Alibi in eo tractu intra uaginam mentularem neruum[c] reducunt, funiculoque praeputium alligant.

9. Animalia de quibus supra mentionem fecimus et multa alia quae in nulla insularum reperiuntur continentem terram esse testantur. Sed praecipua id ita esse coniectura arguunt, quod per eius telluris litora a Paria ad occidentem circiter tria[a] milia miliarum adnauigauerint, neque ullum finis signum repererint[b].

10. Curianenses unde aurum illud assequerentur interrogati, ex quadam regione nomine Cauchieta quae a se ad occidentem recto litore sex soles, idest sex dierum[a] iter distabat, afferri, in easque formas ab ipsius terrae opificibus conflari innuebant. Eo tendunt nostri, regionem reperiunt, in Calendis[b] Nouembris anni millesimi quingentesimi anchoras in Cauchieto iaciunt litore. Incolae adueniunt intrepidi, ferunt de auro quod natiuum illis erat. Vniones et isti collo gestabant, sed ex Curiana per auri mutationem ad eos ferebantur. Nullus ex eis[c] uoluit quicquam quod aliunde assequeretur permutare, ut puta neque Curianenses aurum, neque Cauchietenses uniones ; auri tamen parum apud Cauchietenses lectum reperere.

7. c. sed e. proximo *om.* *H* || d. qui *CA* : quem *H* || e. annectebant *CA* : annetebant *H*.
8. a. uel testa marina *om.* *H* || b. *post* sustinetur *add.* neque inde nisi aut mictus aut coitus necessitas adigat exoluunt *H* || c. neruum *CA* : illas partes *H*.
9. a. tria *CA* : quattuor *H* || b. repererint *HC* : reperirent *A*.
10. a. dierum *CA* : dietas *H* || b. calendis *CA* : -das *H* || c. *post* eis *add.* umquam *H*.

11. Les nôtres rapportèrent de cette région de très beaux cercopithèques et plusieurs perroquets de toutes les couleurs. Au mois de novembre la température là-bas est très douce ; il ne fait pas froid. Les Gardes de l'étoile polaire se couchent dans chacun des deux territoires tant ceux-ci sont proches de l'Equateur. Les marins ne peuvent fournir aucune autre information sur les degrés polaires. Presque toute la nuit des hommes pleins de bon sens et confiants s'avançaient en barque, comme l'avaient fait les habitants de Curiana, et montaient à bord des navires sans aucune crainte. Ils appellent les perles *corixas.* Ils sont jaloux car si un étranger vient chez eux ils placent les femmes derrière eux afin qu'elles regardent elles aussi ces nouveautés comme des prodiges. Chez les hommes de Cauchieta le gossapin pousse partout naturellement comme chez vous croissent les arbres des forêts : c'est pourquoi ils portent dans la plupart des régions des pagnes dont ils couvrent leur sexe.

12. Ensuite, comme nos hommes s'étaient avancés plus loin en suivant le même rivage, voici que deux mille indigènes environ, armés suivant leur coutume, les empêchent de descendre à terre. Ces hommes se montrent si farouches, si sauvages, qu'ils ne souffrirent d'entamer aucun commerce ni aucune relation personnelle avec les nôtres. Ceux-ci, se contentant de leurs perles, reviennent donc par le chemin qu'ils avaient pris et restèrent vingt autres jours parmi les habitants de Curiana à se gaver d'une remarquable nourriture[19].

13. Il ne me paraît ni utile ni hors-sujet d'introduire dans ce récit ce qui est arrivé à ces hommes alors qu'ils avaient déjà en vue, en arrivant, le rivage de Paria : ils tombèrent sur une flotte de dix-huit canoës pleins de Cannibales, venus chasser l'homme près de Boca del Dragón et des détroits du golfe de Paria que nous avons mentionnés plus haut[20]. Les Cannibales avancèrent sans crainte vers le navire de nos hommes quand ils l'eurent vu, l'encerclent et de toutes parts criblent les nôtres de flèches et de traits. Mais nos hommes leur causèrent une telle frayeur avec leurs machines de guerre qu'ils prirent aussitôt la fuite. Les nôtres se lancèrent à leur poursuite dans une chaloupe et atteignirent un de leurs canoës ; ils ne capturèrent cependant qu'un seul Cannibale et un prisonnier, car les autres s'enfuirent à la nage. Celui qu'ils gardaient enchaîné

11. Cercopithecos tulerunt inde pulcherrimos, uariorumque colorum psittacos plures. Mense Nouembri temperies illic suauissima, frigus nullum. Custodes Arctici Poli[a] utrisque populis occidebant, adeo proximi erant aequinoctio[b]. De gradibus polaribus nesciunt aliam reddere rationem. Bonae mentis homines et minime suspiciosi[c] tota fere nocte cum suis cymbis[d] uti Curianenses ad nostros proficiscebantur nauimque securi intrabant. Vniones isti uocant corixas. Sunt zelotypi nam si quis illos peregrinus adierit, mulieres semper a tergo locant ut et ipsae noua haec tamquam prodigia inspectent. Gossipium apud Cauchietenses uulgo et suapte natura nascitur, ut apud uos[e] arbusta siluestria producuntur. Propterea fiunt apud eos femoralia, quibus in plerisque regionibus pudenda contegunt.

12. Cum ulterius postmodum per idem litus processissent, ecce circiter duo milia hominum suo more armatorum ad litus ne descendant prohibituri[ab]. Qui adeo agrestes, adeo efferos sese ostendunt, ut nullum umquam commercium aut consuetudinem cum nostris inire passi sint. Qua uenerant igitur nostri suis unionibus contenti reuertuntur, apud Curianenses uentres lautis cibis replendo uiginti dies alios demorati sunt.

13. Haud absurdum alienumque ab historia fore mihi uidetur si quid[a] illis acciderit cum Pariae litus uenientes iam cernerent immiscuero. In Canibalium qui uenatum homines proficiscebantur octodecim[b] canoarum classem apud os[c] Draconis et fauces sinus Pariensis, de quo supra mentionem fecimus inciderunt. Canibales, nostris uisis, intrepidi nauim nostram adoriuntur et circumsepiunt. Vndique sagittis et missilibus nostros infestant[d]. Nostri autem tormentis[e] illos adeo deterruerunt ut in fugam statim uersi sint. Insequentes illos servitoria cymba unam ex eorum canois assecuti unum tantum Canibalem ceteris natando fugientibus alterumque hominem

11. a. *post* poli *add.* non modo totum plaustrum equatori adeo proximi erant *H* || b. adeo… aequinoctio *C A* : equatori adeo proximi erant *H* || c. suspiciosi *C A* : suspecti *H* || d. *post* cymbis *add.* quas gallitas uocant *H* || e. uos *C A* : nos *H.*

12. a. prohibituri *H C* : prohituri *A* || b. *post* prohibituri *add.* occurrunt *H.*

13. a. quid *C A* : quod *H* || b. octodecim *A* : octodecem *H C* || c. os *H* : eos *C A* || d. infestant *C A* : -tantes *H* || e. *ante* tormentis *add.* balistis et *H.*

indiqua, par les larmes qu'il versa, par des mouvements d'yeux, de mains et de tête, que six de ses compagnons avaient été misérablement vidés de leurs entrailles et cruellement coupés en morceaux, que ce peuple criminel les avait mangés et qu'ils en auraient fait autant de lui le lendemain. Nos hommes lui livrèrent donc le Cannibale ; grinçant des dents, il commença à lui asséner des coup de pied, de poing et de bâton, et il estimait que la mort de ses compagnons ne serait vraiment vengée que lorsqu'il verrait le Cannibale sans connaissance et couvert d'ecchymoses dues au bâton et aux pierres. Interrogé sur le comportement et les mœurs adoptés par les Cannibales lorsqu'ils viennent ainsi dans des terres étrangères, il répondit qu'ils emportent, où qu'ils aillent, une palissade de pieux qu'ils fichent dans la terre lorsqu'ils descendent de navire, et qu'ils s'enferment à l'intérieur, après avoir dressé le camp, afin de pouvoir passer la nuit en sécurité. A Curiana nos hommes trouvèrent la tête d'un Cannibale fixée aux portes d'un des hommes importants de la région, à la manière d'un étendard ou d'un casque arraché aux ennemis, conservée comme un trophée prestigieux.

14. A cette extrémité de Paria se trouve une région remarquable par ses salines d'un nouveau genre, nommée Haraia. En ce lieu en effet la mer, soulevée par la force des vents, roule sur une large plaine adjacente ses eaux qui cristallisent, lorsque vient le soleil et que la mer s'est calmée, et forment des cristaux d'un excellent sel, très blanc, dont les indigènes pourraient charger autant de navires que la mer peut en porter s'ils se hâtaient avant la pluie. Car lorsque les pluies tombent ce sel fond, l'eau mêlée de sel est absorbée par le sable et, passant par la terre, le sel revient à son lieu d'origine d'où il avait été expulsé. D'autres disent que la plaine s'emplit d'une eau provenant non pas de la mer mais de sources qui jaillissent là, plus salées que l'eau de mer, et qui rejettent ces eaux lors des fortes tempêtes. Les habitants font grand cas de ces salines ; ils utilisent ce sel pour eux-mêmes mais le vendent aussi en lingots aux peuples voisins en échange d'autres biens.

uinctum deprehenderunt. Ille quem uinctum servabant, obortis lacrymis, manuum, oculorum et capitis gestibus sex eius comites misere euisceratos et in frusta crudeliter sectos[f], gentem illam nefandam comedisse identidemque de se sequenti die futurum significauit. De Canibale igitur homini[g] potestatem fecere. Ille autem in Canibalem fustibus manibus pedibus frendens saeuire coepit, nec adhuc satis ultam suorum comitum necem existimabat, cum exanimem totumque fustibus et calcibus commaculatum cerneret. De natura et moribus Canibalium cum eo modo per terras[h] peregrinas grassentur[i] interrogatus, dixit Canibales ex fustibus aggerem secum quocumque eant ferre, quos descendentes e nauibus terrae infigunt[j], seque positis castris intra illos saepiunt, ut tuti possint pernoctari. In Curiana caput Canibalis cuiusdam primarii foribus affixum, quod tamquam uexillum aut galeam ab hostibus ereptam pro summa laude seruatum, repererunt.

14. [a]In ea Pariae ora regio est nouo genere salinarum insignis nomine Haraia, ui namque uentorum agitatum ibi mare aquas impellit in adiacentem latam planiciem quae, sole superueniente pacato aequore congelantur in candidissimum sal optimum, quo si priusquam pluat propere aderint, onerari quirent quotquot nauigia mare sustinet. Illico namque cadentibus imbribus, liquescit[b] et sorbetur arena liquor, reditque per terrae meatus ad suam originem unde fuerat impulsus. Dicunt alii non e mari planiciem repleri, sed e quibusdam fontibus salientibus aqua marina amarioribus qui reuoment illas aquas tempestate uigente. Salinas eas magnificaciunt incolae qui sale non ad usum modo patrium fruuntur, sed in laterum formam redactum peregrinis permutatione rerum alienarum uenundatur[a].

13. f. sectos *C A* : secatos *H* || g. *post* homini *add.* illi *H* || h. terras *C A* : prouintias *H* || i. grassentur *A* : crassentur *H C* || j. e nauibus terrae infigunt *C A* : i nauibus in terram figunt *H*.

14. a. — a. *C A* : in ea prouintia salinas esse maximas didicerent *H* || b. liquescit *ego* : liquesit *C A*.

15. Dans ce pays, on étend les dépouilles mortelles des personnages importants sur des claies sous lesquelles on attise lentement le feu afin que les os, enfermés dans la peau, se conservent lorsque les chairs sont sèches ; les habitants vénèrent ensuite ces os et les gardent comme pénates. Les marins se rappellent avoir vu ici un homme, là une femme, installés et conservés de cette manière[21].

16. Quand ils s'éloignèrent de Curiana pour retourner auprès des souverains, le huitième jour avant les ides de février[22], ils s'aperçurent qu'ils avaient amassé quatre-vingt-seize livres octonciales de perles[23], chaque livre valant cinq ducats[24]. Leur voyage de retour dura soixante et un jours, quoique la distance fût moins longue que lorsqu'on part d'Hispaniola, à cause des courants marins d'est en ouest qui non seulement retardaient les navires mais les entraînaient même parfois en arrière[25]. Les marins arrivent enfin, chargés de perles comme s'il s'agissait de paille. Mais le capitaine du navire en personne, Pedro Alonso Niño, accusé par les marins d'avoir dérobé une grande quantité des précieuses perles et d'avoir volé les souverains sur la part qui leur revenait, c'est-à-dire un cinquième, est emprisonné[26] par Fernando de Vega, savant, homme d'État et gouverneur de Galice, terre où les marins avaient été poussés par les vents. Après une longue détention on le libère enfin. Mais il dit qu'il n'a pas encore reçu la part de perles qui lui revient.

17. Nombreux sont ceux qui pensent que ces perles, grosses comme des noisettes, sont semblables aux perles d'Orient ; mais comme elles sont mal percées, elles n'ont pas une aussi grande valeur. Alors que je dînais à Séville chez l'illustre duc de Medina Sidonia qui m'avait invité, on lui apporta en ma présence, pour la lui vendre, une perle qui pesait plus de cent onces[27] ; et cette perle me plut par sa beauté et son éclat. Certains rapportent que Niño n'a pas trouvé ces perles à Curiana, qui est à plus de cent vingt lieues[28] de Boca del Dragón, mais dans les petites régions de Cumana et de Manacapa, voisines de Boca del Dragón et de l'île de Margarita ; ils disent que Curiana ne produit pas de perles[29]. L'affaire est encore devant le juge ; quant à nous, passons à d'autres sujets. Tu vois dans ces pages quel profit on peut attendre, au fil des ans, de ces terres nouvelles, de

27. 2,7 kilogrammes environ.

28. 660 kilomètres environ.

29. Dans ce cas, Niño serait en infraction pour avoir abordé une terre légalement réservée à Colomb.

15. Primatum ibi cadauera super cratibus[a] igni lento[b] supposito distendunt, ut paulatim consumptis[c] carnibus ossa pelle[d] inclusa[e] desiccata detineantur[f], quae postmodum in honore habent, seruantque tamquam penates. Virum se uidisse ibi atque alibi feminam hoc pacto[g] impositos et seruatos memorant.

16. Cum uero ex Curiana octauo Idus Februarii ad Reges redituri discederent, sex et nonaginta se libras unionum octunciales pretio forte quinque[a] solidorum comparasse cognouerunt. Discedentes igitur unum et sexaginta dies in itinere, licet breuius quam ex Hispaniola consumpserunt, propter maris decurrentes ad occidentem fluctus continuos qui nauim non modo remorabantur, uerumetiam interdum retrahebant. Accedunt[b] tandem nautae unionibus uti[c] paleis onusti. Ast magister ipse nauis, Petrus Alfonsus cognomento Nignus, quod pretiosorum unionum copiam non mediocrem suffuratus fuisset, regiosque redditus qui sunt pars quinta defraudasset, a comitibus accusatus, a Fernando de Vega uiro litteris et rerum experientia pollenti gubernatore Galleciae, quo appulsi erant[d], capitur. In uinclisque diu detentus[e] soluitur tandem. Sed habuisse partem unionum sibi contingentem adhuc negat.

17. Vnionum auellanas multi aequant orientalibus similes, sed quoniam male perforati non tanti pretii sunt. Me praesente cum apud illustrem Methynae[a] Sidoniae ducem inuitatus   pranderem Hispali, unam supra centum uncias uenum ad eum tulerunt. Sua[b] profecto pulchritudine ac nitore me delectarunt. [c]Sunt qui Nignum ferant non in Curiana, quae centumuiginti amplius leucas distat ab ore Draconis, sed in Cumana et Manacapana, regiunculis ori et Margaritae[d] insulae uicinis, uniones habuisse negantque Curianam feracem margaritis. Adhuc sub iudice lis est ; nos ad alia tendamus[c]. En habes quid

15. a. cratibus *C A* : carectis *H* || b. *post* lento *add.* tamen *H* || c. consumptis *C A* : distillatis *H* || d. pelle *C A* : -li *H* || e. inclusa *C A* : reclusa *H* || f. detineantur *C A* : permaneant *H* || g. *post* pacto *add.* carectis *H.*

16. a. quinque *C A* : quindecim *H* || b. accedunt *C A* : applicant *H* || c. uti *C A* : quasi *H* || d. appulsi erant *C A* : appulerant *H* || e. detentus *C A* : detinetur *H.*

17. a. methymnae *C A* : methinne *H* || b. *ante* sua *add.* has quom mihi dux ostendisset *H* || c. — c. *om.* *H* || d. margaritae *A* : -ta *C.*

ces rivages occidentaux puisqu'ils donnent, dès ce premier abord, de tels signes de leur opulence.

ex his nuper terris, ex his occidentalibus oris possit utilitatis exspectari per annorum curricula, quandoquidem hac prima fronte talia de se argumenta opulentiae ostendant.

NEUVIÈME LIVRE
DE LA DÉCADE OCÉANE

1. Vicente Yañez Pinzon[1], et Arias Pinzon[2], son neveu, qui avaient accompagné l'amiral Colomb lors de la première navigation en tant que capitaines[3], désignés par l'Amiral, de ces deux navires plus petits dont nous avons dit ci-dessus qu'on les appelle caravelles, Vicente et Aries Pinzon donc, attirés par l'immensité des nouvelles régions et des nouvelles terres, font construire à leurs frais quatre caravelles, dans un port de leur pays natal que les Espagnols appellent Palos et qui se trouve sur l'océan occidental. Et après avoir obtenu l'autorisation des souverains ils quittent le port aux environs des calendes de décembre 1499[4]. Ce port de Palos est situé à soixante-douze milles[5] de Cadix, et à soixante-quatre milles[6] de Séville, marché de l'Andalousie. Tous les habitants de ce port, sans exception, sont des marins et consacrent leur vie entière à la navigation.

2. Les Pinzon, quant à eux, se dirigent d'abord vers les Iles Fortunées. Puis, passant par les Hespérides, c'est-à-dire les îles dites du Cap-Vert, que d'autres appellent les Gorgodes Méduséennes[7], ils filent droit vers le sud. Alors qu'ils s'éloignent de l'île des Hespérides nommée São Tiago par les Portugais, qui en sont possesseurs, aux ides de janvier[8], ils sont poussés vent debout par l'Africus, qu'ils appellent *Sudeste* et qui se trouve entre l'Auster et le Zéphyr[9]. Ils disent avoir perdu de vue le pôle arctique après avoir parcouru trois cents lieues[10] en suivant ce vent. Lorsque le pôle disparut à leur vue[11] une terrible tempête se leva, accompagnée de bourrasques, de tourbillons et de courants continuels. Quoiqu'ils fussent en très grand péril, ils continuèrent cependant sur plus de deux cent quarante lieues[12], suivant toujours le même vent, sans plus désormais voir le pôle. C'est pourquoi ils sont en désaccord avec les poètes, les philosophes et les cosmographes d'autrefois au sujet de la ligne

[a]OCEANEAE DECADIS LIBER NONVS[a]

1. Vincenti Agnes cognomento Pinzonus Ariesque Pinzonus, illius ex fratre nepos, qui Colonum Praefectum Marinum prima nauigatione fuerant comitati duarumque minorum nauium illarum, quas supra diximus carauelas uocitari, domini a Praefecto conducti, nouorum tractuum nouarumque terrarum amplitudine pellecti, quatuor impensa propria carauelas in portu ipsorum natali solo, qui dicitur ab Hispanis Palos, in Occiduo oceano sito construunt et a Regibus habita uenia, circiter Calendas decembris anni noni et nonagesimi a quadringentesimo supra millesimum e portu[a] soluunt. Est autem is portus Palensis a Gadibus milia passuum duo et septuaginta, ab Hispali uero Baeticae[b] emporio miliaria quatuor et sexaginta. Sunt oppidani omnes, nullo excepto, rebus marinis dediti continuisque nauigationibus intenti.

2. Ad Fortunatas et ipsi primum tendunt. Per Hesperides[a], id est per insulas Caput Viride dictas, quas alii dicunt[b] Gorgodes[c] Medusaeas[d], ad meridiem recta proficiscuntur. Ab ea Hesperidum[e] quae Sancti Iacobi a Portugalensibus possessoribus appellatur, Idibus Ianuarii discedentes Africum quem Suduestum appellant, qui medius inter Austrum est ac Zephyrum capiunt in proram[f]. Cum leucas se tercentum[g] nauigasse uentum illum secuti arbitrarentur, poli Arctici aiunt se aspectum amisisse. Quo illis occidente, uentorum uorticumque atque aestuum fera tempestas continuo oborta est. Vlterius tamen, licet cum summo discrimine, quadraginta super ducentas leucas uentum semper eumdem per Polum iam amissum sequentes processerunt. Vnde

Titulus. a. — a. *H C* : caput nonum *A*.
1. a. portu *C A* : -tum *H* || b. baeticae *C A* : bethice *H*.
2. a. hesperides *C A* : cassiterides *H* || b. dicunt *C A* : putant *H* || c. gorgodes *H C* : -ones *A* || d. meduseas *H C* : -seaeas *A* || e. hesperidum *C A* : cassiteridum *H* || f. capiunt in proram *C A* : secuntur *H* || g. se tercentum *C* : setecentum *A* se tricenas *H*.

équinoxiale[13] : est-elle habitable ou inaccessible ? Ceux-là prétendent en effet qu'elle est abondamment peuplée, tandis que ceux-ci écrivent qu'elle est inhabitable parce que le soleil la frappe perpendiculairement. Parmi les anciens, de nombreux auteurs cependant ont cherché à prouver qu'elle est habitable.

3. Quand je demande à ces marins s'ils ont aperçu le pôle antarctique, ils répondent qu'ils n'ont vu aucune étoile semblable à l'étoile polaire que nous avons ici et qu'on peut voir tourner autour d'un point[14]. Ils disent cependant avoir vu un paysage stellaire différent et, à l'horizon, un épais brouillard de chaleur qui arrêtait presque la vue[15]. Ils affirment que la Terre s'élève en sa région équatoriale, ce qui empêche de voir le pôle antarctique, jusqu'au moment où l'on franchit cette zone de part en part. Mais ils croient avoir remarqué que les constellations sont tout à fait différentes de celles que nous voyons dans notre hémisphère. Voilà les informations qu'ils ont fournies : reçois-les ; mais elles viennent de Davus, non d'Œdipe[16].

4. Enfin, le septième jour avant les calendes de février[17], ils aperçoivent au loin une terre[18] ; et ayant constaté que l'eau de la mer était trouble ils découvrent, après avoir jeté la corde plombée, que la profondeur était de seize aunes[19], ou brasses, comme on dit communément. Ils se rendent sur cette terre, débarquent, et après avoir séjourné là deux jours, ne voyant personne, quoiqu'ils aient trouvé sur le rivage des empreintes humaines, ils s'éloignèrent après avoir gravé, sur les arbres et les rochers proches du rivage, les noms des souverains et les leurs propres pour signaler leur venue. En se guidant sur les feux allumés la nuit ils découvrent, non loin de cet endroit, des hommes qui veillaient en plein air, comme on le fait dans les camps. On décida de ne pas les déranger avant le jour. Mais quand le soleil fut levé, quarante des nôtres, armés, se dirigent vers eux. Trente-deux hommes viennent à leur rencontre, armés d'arcs et de traits, prêts au combat. D'autres suivaient, équipés de la même manière. Nos hommes disent que ces habitants sont plus grands que les Germains ou les Pannoniens[20] ; ils observaient les nôtres, le regard farouche, l'air menaçant. Ceux-ci décidèrent qu'il ne fallait pas utiliser les armes : je ne sais pas exactement si c'était par crainte ou afin que les indigènes ne s'enfuissent pas. Nos hommes s'efforcent de les attirer par une attitude aimable et en présentant des cadeaux. Mais

an habitabilis sit an inaccessa linea aequinoctialis isti et prisci tam philosophi quam poetae et cosmographi discutiant[i]. Hi namque frequentibus habitatam populis contendunt, illi uero inhabitabilem ob solis perpendiculum scribunt. Non defuere tamen apud antiquos qui habitabilem esse probare niterentur.

3. Interrogati a me nautae ii, an Antarcticum uiderint polum[a], stellam se nullam huic Arcticae similem quae discerni circa punctum possit cognouisse inquiunt. Stellarum tamen aliam aiunt[b] se prospexisse faciem densamque quamdam ab horizonte uaporosam caliginem quae oculos fere obtenebraret. Tumulum attolli in Terrae medio contendunt[c], qui ne Antarcticus uideatur obstet[d], donec illum penitus traiecerint. At stellarum imagines ab hemisphaerii nostri stellis ualde diuersas se uidisse credunt. Haec dederunt, haec accipito ; Daui sunt, non Oedipi.

4. Septimo Calendas Februarii tandem a longe terram prospiciunt et cum turbidam esse maris aquam uiderent, iacto funiculo plumbato sexdecim ulnarum – aiunt[a] uulgo brazatas – altitudinem reperiunt. Adeunt[b], descendunt ; biduo ibidem commorati, quia nullum ibi hominem eo tempore uiderint, licet uestigia in litore humana compererint, sculptis arboribus et saxis litori uicinis regiis suisque nominibus de aduentu suo[c] discesserunt. Non longe ab ea statione nocturnos ignes secuti, castrensi more gentem reperiunt pernoctantem[d] sub dio. Hanc donec elucescat nolle perturbare fuit consilium. Sole autem exorto armati e nostris quadraginta tendunt[e] ad illos. Ad nostros duo et triginta[f] ueniunt obuiam, arcubus ac missilibus telis onusti, parati ad certamen, ceteri sequebantur eodem modo instructi ; Germanis aut Pannonibus proceriores aiunt eos esse incolas. Vultu toruo ac minitantibus similes nostros inspectabant. Non armis esse agendum nostri censuerunt, siue id metu, siue ne aufugerent illi, non habeo compertum. Blanditiis atque

2. h. linea… et *C A* : que de linea equinoctiali feruntur aut isti aut *H* || i. discutiant *C A* : mentiuntur *H.*

3. a. *post* polum *add.* id est *H* || b. aiunt *post* obtenebraret *transp. H* || c. contendunt *post* traiicerint *transp. H* || d. *ante* contendunt *transp.* obstet *H.*

4. a. *ante* aiunt *add.* ut *A* || b. adeunt *C A* : applicant *H* || c. aduentu suo *C A* : accessu ipsorum *H* || d. pernoctantem *C A* : pernotantem *H* || e. tendunt *C A* : prodeunt *H* || f. *post* triginta *add.* numero *H.*

les indigènes, qui avaient décidé de n'établir aucune relation avec les nôtres, refusent tout échange, et ils observaient paroles et gestes en restant sur la défensive. Ainsi chacun repart de son côté. Mais en pleine nuit les indigènes s'enfuient et abandonnent les lieux qu'ils avaient occupés. On pense que c'était un peuple errant, comme les Scythes[21], qui cherche les fruits de la terre, sans domicile fixe, avec épouses et enfants. Ceux qui ont mesuré les empreintes de pieds dans le sable rapportent sous serment que la pointure d'un de nos hommes, multipliée par deux, égalerait à peine celle d'un de ces hommes de taille moyenne.

5. Poursuivant leur navigation, nos hommes découvrent un autre fleuve mais trop peu profond pour que les caravelles puissent s'y engager. Ils envoient donc à terre, pour explorer les lieux, quatre chaloupes chargées d'hommes armés. Ceux-ci aperçoivent, sur une colline élevée proche du rivage, un groupe d'indigènes. Ils les invitent à établir une relation par l'intermédiaire d'un fantassin envoyé en ambassadeur. Mais les indigènes parurent vouloir capturer et emmener l'un des nôtres : en effet, alors qu'un de nos hommes avait lancé une clochette pour attirer les indigènes, ceux-ci lui lancèrent, de loin, un pieu long d'une coudée, plaqué or. Comme notre homme se penchait en avant pour saisir le pieu doré tombé à terre, les habitants l'entourent en moins de temps qu'il n'en faut pour le dire, pour s'emparer de lui. Protégé par son bouclier et son épée, dont il s'était armé en venant, il se défend contre ces hommes jusqu'à ce que ses camarades de la barque viennent lui porter secours. Pour abréger, puisque tu me rappelles ton départ avec tant d'insistance, les insulaires tuèrent huit de nos hommes avec leurs flèches, leurs traits et leurs pieux et ils en blessèrent la plupart. Ils entourent les chaloupes dans le fleuve, combattent sans peur, saisissent, de la rive, la coque des esquifs et ils sont tués comme des moutons par les lances et les épées, car ils étaient nus. Ils ne reculent pas pour autant : ils prirent à nos hommes une des barques, vide de passagers, dont le capitaine avait été tué d'une flèche qui l'avait transpercé, et les autres embarcations s'échappèrent. C'est ainsi que nos hommes laissèrent ce peuple belliqueux.

21. Les Scythes occupèrent des régions très variées, essentiellement situées en Asie centrale, autour de la mer Caspienne ou de la mer Noire, mais atteignirent la Médie, l'Egypte et l'Inde. Ils étaient divisés en peuplades nombreuses, pour la plupart nomades.

oblatione munerum illos allicere nostri conantur. Illi autem ut qui commercium inire cum nostris nullum statuerant, omnem sermonem reiiciunt ; parati semper ad pugnam, colloquia et nutus suscipiebant ; ita quisque regreditur. Nocte autem intempesta illi aufugiunt, uacua relinquunt quae occupauerant loca. Gentem esse uagam, ueluti Scythas eos qui terrae fructus sine certis domibus cum uxoribus et filiis sequantur, existimant. Iureiurando asserunt qui pedum illorum in arena dimensi sunt uestigia nostrorum pedum mediocris hominis fere quantitatem in duplum aequare.

5. Vlterius adnauigantes flumen aliud reperiunt, sed non ita profundum ut carauelis percurri quiret. Seruitorios igitur lembos quatuor armatis onustos ad terram[a] uestigatum mittunt. Super eminenti colle litori uicino incolarum cateruam conspiciunt. Nostri ad commercium per unum peditem praemissum inuitant. Illi ex nostris apprehendere aliquem abducereque uelle uisi sunt ; ad nostrum namque paxillum[b] cubitalem auratum a longe proiiciunt, quia noster prius adiecerat tintinnabulum, ut eos alliceret. Cum pronus iactum paxillum auratum uellet noster sumere, dicto citius illum incolae circumeunt ut apprehendant. Is scuto enseque tectus, quibus armatus ueniebat, se ab eis tuetur, donec cymbis[c] auxilium socii attulerunt. Vt breuibus absoluam, quandoquidem discessum tuum ante oculos mihi tam anxie praeponis, sagittis et missilibus sudibus e nostris octo peremerunt, plerosque[d] uulnerarunt. Intra fluuium lembos[e] sepiunt, ad manus usque temere ueniunt[f], apprehendunt ex ripa cymbarum spondas, lanceis ensibusque ueluti oues, quia nudi, trucidantur. Nec eo magis cedunt[g], unam e cymbis e nostrorum potestate rapuerunt, uacuam tamen hominibus, et illius Praefecto sagitta transuerberato ac perempto, reliquae euaserunt. Ita bellaces illos deseruere.

5. a. *post* terram *add.* loca *H* || b. paxillum *C A* : papillum *H ut semper* || c. *ante* cymbis *add.* e. *H* || d. plerosque *C A* : pluresque *H* || e. lembos *C A* : limbos *H* || f. ueniunt *C A* : accedunt *H* || g. magis cedunt *C A* : minus a proelio desistunt *H*.

6. Suivant le même rivage ils prennent la direction du nord-ouest, profondément attristés par la mort de leurs camarades. Après avoir parcouru environ quarante lieues[22] ils arrivent dans une mer aux eaux si douces qu'ils purent, en cet endroit, emplir d'eau fraîche leurs tonneaux. En cherchant la cause de ce phénomène, ils découvrent que des fleuves qui descendaient impétueusement de hautes montagnes se rejoignaient là[23]. Ils disent qu'on rencontre dans ces parages plusieurs îles, favorisées par un soleil généreux et abondamment peuplées. Les habitants de cette région à ce qu'ils rapportent sont doux et sociables mais peu utiles car ils ne possèdent ni l'or, ni les pierres précieuses que cherchent les Européens. Pour cette raison, ils emmenèrent avec eux trente-six prisonniers[24]. Les indigènes appellent cette région Mariatambal ; mais le territoire situé à l'est du fleuve qui la traverse est nommé Camomore, et celui qui se trouve à l'ouest, Paricora. Les habitants indiquaient par signes qu'à l'intérieur de ces terres se trouve une quantité d'or non négligeable.

7. Se dirigeant droit au nord après ce fleuve, comme l'exigeait le tracé du rivage, ils retrouvèrent le pôle arctique[25]. Tout ce rivage est celui de Paria, région riche en perles, explorée pour la première fois par Colomb lui-même, à qui revient l'honneur de cette remarquable découverte, comme nous l'avons raconté[26]. Selon les marins ce rivage est contigu à Boca del Dragón, dont j'ai parlé ailleurs, et aux autres rivages comme Cumana, Manacapana, Curiana, Cauchieta et Cauchibacoa[27] ; on pense qu'il s'agit d'un continent, l'Inde du Gange, car ces côtes sont trop étendues pour être celles d'une île – quoiqu'on puisse dire que toutes les terres du globe, au sens large, constituent une île.

8. Depuis l'extrémité de la région où le pôle arctique devient invisible, ces hommes assurent avoir parcouru environ trois cents lieues[28] sans s'arrêter vers l'Ouest, en direction de Paria, et avoir trouvé, à mi-route environ, un fleuve nommé Marañon, si large que je les soupçonne d'exagération. Quand je leur ai demandé ensuite si ce n'était pas une mer qui sépare deux continents, ils répondirent que l'eau puisée dans ce fleuve était douce ; ils précisent par ailleurs que plus on remonte le courant, plus elle est douce, et que ce cours d'eau foisonne d'îles et de poissons. Ils osent affirmer qu'il mesure plus de trente lieues[29]

6. Ad occidentem septentrionalem per idem litus moesti ob interfectos tendunt. Leucas circiter XL percurrerant, quando in pelagus incidunt aquarum adeo dulcium ut implere ibi cados aqua recenti licuerit[a]. Vestigantes eius rei causam defluere magno impetu e uastis montibus rapidos fluminum concursus reperiunt. Intra id aequor iacere plures insulas et fortunatas soli ubertate et populis refertas aiunt. Huius tractus incolas mites sociabilesque esse referunt, ast ipsis parum utiles, quia nullos optabiles nostris prouentus assequantur auri utpote aut lapillorum. Sex propterea[b] ac triginta inde captiuos abduxerunt[c]. Regionem appellant indigenae Mariatambal ; regio autem ab eius fluminis oriente Camomorus dicitur, ab occidente Paricora. In huius orae internis[d] non negligendam auri copiam iacere innuebant incolae.

7. Huius namque fluminis septentrionem recta captantes, sic exigente litorum inflexu, Arcticum recuperarunt polum. Id litus uniuersum Pariae[a] est, quam Colonum ipsum, huius tanti inuenti auctorem, reperisse diximus, unionibus ornatam ; contiguum esse aiunt litus id idemque cum ore Drachonis, de quo alibi, et reliquis oris ut Cumana, Manacapana[b], Curiana, Cauchieto, Cauchibacoa ; propterea Gangetidis Indiae continentem putant. Nec enim is uastus ambitus, ut insula sit, pati uidetur, licet uniuersum terrae orbem large sumptum insulam dicere fas sit.

8. [a]Ab ea terrae cuspide quae polum amittit Arcticum, leucas circiter tercentum continuo tractu uenientes ad occidentem Pariam uersus, spatio fere medio in fluuium se inquiunt incidisse, nomine Maragnonum, adeo latum ut fabulatos suspicer. Interrogati a me postmodum, mare ne esset terras dirimens, responderunt esse dulces eius gurgitis haustus, quoque altius tenditur aduerso flumine eo dulciores ferunt esse, insulisque refertum et piscibus. Leucas dicere audent triginta amplius latum,

6. a. licuerit *CA* : libuerit *H* || b. propterea *CA* : preterea *H* || c. *post* abduxerunt *add.* ex eis *H* || d. orae internis *CA* : prouintie interioribus *H.*
7. a. *post* pariae *add.* prouintie *H* || b. cumana manacapana *om. H.*
8. a. — a. *om. H.*

de largeur et qu'il se jette, arrachant tout sur son passage, dans la mer qui cède à son impétuosité. Si nous examinons cependant combien mesurent, à ce qu'on rapporte, les embouchures septentrionale et méridionale du Danube, et sur quelle distance les eaux de ce fleuve pénètrent celles de la mer et offrent aux marins leur douce saveur, nous cesserons de nous étonner, bien que ce fleuve-ci, à ce qu'il paraît, soit plus grand encore. Qui refusera à la nature la capacité de donner naissance à un fleuve plus grand que le Danube, et, même, que celui-ci ? Je pense que c'est le fleuve que l'amiral Colomb a signalé lorsqu'il a parcouru ces rivages[30]. Nous saurons cela plus précisément un jour.

9. Revenons maintenant aux productions de cette terre : nos hommes découvrirent, sur la plupart des îles de Paria, des forêts de bois de braise ; ils en rapportèrent trois mille livres[31]. Les marchands italiens l'appellent *verzino,* les Espagnols *brazil.* On dit que le bois de braise d'Hispaniola est bien meilleur que celui-ci pour teindre la laine. Suivant ensuite l'Aquilon[32], que les marins espagnols appellent *Nordeste* et les Italiens *Greco,* ils parcourent un entrelacement d'îles rendues désertes par la cruauté des Cannibales[33], mais cependant fertiles. De fait, ils débarquèrent en plusieurs endroits et entrèrent dans de nombreux villages en ruine. Ils virent néanmoins des hommes en un lieu mais ceux-ci, terrifiés à la vue d'un navire étranger, errant désormais sans domicile à cause des attaques des Cannibales, s'enfuient vers les montagnes rocheuses et les bois difficiles à pénétrer. Nos hommes trouvèrent un peu partout de très grands arbres qui produisaient de la cannelle[34], des « tuyaux » comme on dit couramment. On dit qu'elle n'a pas moins de vertus que celle que les victimes de la fièvre demandent aux pharmaciens, mais qu'elle n'était pas encore arrivée à maturité au moment où ils faisaient ce voyage. Je préfère faire confiance aux rapports de ces hommes et à ceux des autres explorateurs plutôt que de les examiner trop scrupuleusement.

10. Ces marins prétendent que les arbres là-bas sont si gros que seize hommes qui forment un cercle en se tenant la main ne peuvent en entourer la plupart qu'avec peine[35]. C'est parmi ces arbres qu'on découvrit ce monstrueux animal au museau de renard, à la queue de cercopithèque, aux oreilles de chauve-souris,

rapacique cursu defluere in pelagus cedens eius furori. Si tamen pensitauerimus quanta esse ferantur Boriostomea Spireostomeaque histriora, quantoque spatio uiolent maris aquas et nauigantibus praebeant dulces potus, mirari desinemus, licet hoc flumen maius esse praedicetur. Quis naturae auferet quin hoc illo grandius atque illo hoc flumen potis sit generare ? Flumen de quo Almirantus Colonus eas oras percurrens mentionem fecit hoc esse arbitror. Apertius ista intellegemus aliquando[a].

9. [a]Nunc ad terrae prouentus redeamus[a]. Coccineas in plerisque de Pariensibus insulis siluas reperere ; librarum milia allata sunt tria. Verzinum mercatores Itali, Hispani brasillum appellant. Aiunt coccineas Hispaniolae arbores esse his longe meliores ad colorem lanis praebendum[b]. Aquilonem deinde, quem Hispani nautae Nordestum, Itali Graecum appellant, secuti, multas intertexunt Canibalium saeuitia desertas insulas, ast feraces. Descenderunt namque pluribus in locis et uicorum dirutorum[c] multa uestigia[d] ingressi sunt. Viderunt tamen alicubi homines, sed trepidos aspectu peregrinae cuiusque nauis aufugientes ad montanas rupes et abstrusa nemora, sine certis iam domibus uagantes ob Canibalium insidias. Arbores inuenere maximas, quae casiam fistulam, ut uulgo dicitur, passim et suapte natura producunt. Non ineptiorem[e] esse aiunt hanc illa quam a pharmacopolis febri laborantes petunt[f], at nondum maturuerat cum iam iter facerent. Malo illis aliisque haec referentibus credere, quam ea laboriosius scrutari.

10. Arbores ibi esse adeo proceras balbutiunt, ut pleraeque sexdecim hominum manu iunctorum in gyrum uix lacertis concludi quirent. Inter eas arbores monstrosum[a] illud animal uulpino rostro, cercopithecea cauda, uespertilioneis auribus,

9. a. — a. *om. H* || b. praebendum *C A* : imbibendum *H* || c. dirutorum *om. H* || d. *post* uestigia *add.* quorundam habitatorum *H* || e. ineptiorem *C A* : inferiorem *H* || f. petunt *C A* : assecuntur *H*.

10. a. monstrosum *H C* : -ruosum *A*.

aux mains humaines, aux pieds semblables à ceux des singes, et qui porte ses petits déjà nés partout où il va dans une matrice extérieure semblable à une grande poche. Tu as vu toi-même en ma compagnie cet animal, quoiqu'il fût mort, tu l'as mesuré et tu as admiré cette poche, seconde matrice, nouveau remède de la nature grâce à laquelle l'animal protège ses petits des chasseurs ou, dans d'autres circonstances, des bêtes féroces ou des rapaces, en les emmenant avec lui. On dit qu'il a été établi, par l'observation, que cet animal porte toujours ses petits avec lui dans cette matrice en forme de poche, et qu'il ne les en fait jamais sortir sauf quand il les allaite ou leur fait prendre l'air, jusqu'à ce qu'ils aient appris à chercher eux-mêmes leur nourriture. Nos hommes avaient capturé cet animal avec ses petits. Mais à bord les petits moururent bientôt ; la mère survécut toutefois quelques mois à sa progéniture, mais elle non plus, finalement, ne put supporter un changement de climat et de nourriture si radical. En voilà maintenant assez sur cet animal[36] ; revenons aux auteurs de l'exploit.

11. Ces deux Pinzon, l'oncle et le neveu, vécurent pendant cette navigation des expériences terrifiantes. Ils avaient déjà parcouru six cents lieues[37] en longeant le rivage de Paria, et ils pensaient avoir dépassé la ville de Cathay[38] et suivre la côte indienne au-delà du Gange quand sur ces rivages, au mois de juillet, se leva une tempête soudaine et si violente[39] qu'elle coula sous leurs yeux deux des quatre caravelles, emporta hors de vue la troisième après l'avoir arrachée par sa force à son ancre, et secoua la quatrième sur ses amarres au point d'en briser toute la mâture. C'est pourquoi ils la quittèrent pour descendre à terre, ayant perdu tout espoir la concernant. Ils se réunirent donc pour délibérer : comme ils pensaient désormais à se faire des habitations dans ces régions, ils envisageaient de tuer tous les habitants du voisinage, de peur qu'après avoir appelé en renfort les peuples frontaliers, ils ne vinssent un jour les tuer ; mais la situation s'arrangea. La tempête cessa, la caravelle que le mauvais temps avait emportée revint avec dix-huit hommes à bord, et celle qui était restée attachée à l'ancre fut sauvée. C'est donc sur ces deux navires qu'ils prennent la route de l'Espagne. Ils regagnent leur terre natale de Palos pour retrouver leurs épouses et leurs fils la veille des calendes d'octobre[40], ballottés par les flots et en deuil de nombreux marins. Ils rapportèrent

manibus humanis, pedibus simiam aemulans, quod natos iam filios alio gestat quocumque proficiscatur utero exteriore in modum magnae crumenae, repertum est. Id animal licet mortuum tu ipse mecum uidisti, conuoluisti, crumenamque illam nouum uterum, nouum naturae remedium, quo a uenatoribus aut alias a ceteris uiolentis[b] et rapacibus animalibus natos liberet, illos secum asportando, admiratus es. Experimento esse compertum aiunt, eo semper utero crumenali animal filios secum portare, nec illos inde umquam emittere, nisi aut recreandi aut lactandi gratia, donec sibi uictum per se quaeritare didicerint. Cum filiis animal ipsum deprehenderant, ast in nauibus catuli propediem perierunt ; mater autem filiis per aliquot menses superstitit, sed et ipsa tandem tantam aeris et ciborum mutationem ferre nequiuit. De hoc animali iam satis multa, redeamus ad rei auctores.

11. Hi duo Pinzoni, patruus et nepos, horrenda per nauigationem hanc passi sunt. Per Pariense litus sexcentas iam leucas, atque ut ipsi putant ultra urbem Cataii et litus Indicum ultra Gangen percurrerant quando in eis oris, mense Iulio, insperata illis exorta est tempestas adeo fera ut e quatuor quas ducebant carauelas duas ante illorum oculos summerserit, illico tertiam ui ex anchoris[a] raptam ab eorum aspectu asportauerit, quartam in anchoris concusserit, ut omnis compago iam solueretur. Vnde ad terram tamen ipsi ex hac ultima descenderunt, de naui penitus omni spe amissa. Quare inito consilio, [b]cum de parandis iam sibi domiciliis in regionibus illis agerent[b], de perimendis omnibus incolis uicinis cogitabant, ne finitimis[c] reliquis aliquando conuocatis ad se trucidandum conueniant, ast melius. Cessit tempestas, rediit quam raptauerat hiems carauela ; ea[d] octodecim uiri uehebantur, et quae in anchoris in eorum prospectu steterat seruata est. His igitur duabus ad Hispaniam iter capiunt. Palos natale solum ad uxores et filios, concussi fluctibus et hominibus amissis[e] non paucis, pridie Calendas Octobris reuertuntur. Hi ex

10. b. uiolentis *C A* : -tibus *H.*

11. a. *post* anchoris *add.* ita *H* || b. — b. *C* : agerent *om. A* ut in eis regionibus uitam agerent *H* || c. finitimis *C A* : prouintialibus *H* || d. ea *C A* : qua *H* || e. amissis *H* amicis *C A.*

plusieurs morceaux d'arbres qu'on pense être de la cinnamome et du gingembre[41] mais sans utilité car non confits, à ce qu'ils disent pour s'excuser du fait qu'ils n'ont rien trouvé d'autre qui soit précieux. Cependant Bautista Elisio[42], ton ami, remarquable philosophe et médecin tout aussi remarquable, m'a raconté, ainsi qu'à toi, je pense, qu'il avait vu dans leurs mains des pierres précieuses, ramassées sur les côtes de ces régions et rapportées de là-bas, qu'il assure être de véritables topazes.

12. D'autres aussi, après eux, pour égaler leurs compatriotes, accomplirent de très lointains voyages vers le sud, mais sur les traces des autres et de l'amiral Colomb, suivant par exemple le rivage de Paria. Ils trouvèrent eux aussi de la cannelle et cette plante précieuse pour ôter la migraine par des fumigations ; les Espagnols appellent cette plante le blanc de l'âme[43]. Je n'ai obtenu de ces hommes aucun nouveau renseignement digne de ton esprit. C'est pourquoi je vais clore ce livre, puisque tu me tourmentes de nouveau avec ton départ. Reçois cependant un autre livre, sur les superstitions d'Hispaniola, pour compléter la décade. Si ce n'est pas une décade livienne, c'est sache-le, parce que l'auteur, ton cher Martyr, n'a pas reçu l'inspiration de Tite-Live, alors que cela aurait dû être le cas d'après la théorie de Pythagore. Si ces montagnes en gestation mettent quelque chose au monde, tu le sauras.

13. Découvre maintenant les superstitions des insulaires, d'autant supérieures aux *Histoires Vraies* de Lucien[44] qu'elles sont, quoique puériles, à l'usage des hommes, tandis que ces dernières n'ont été écrites que pour amuser ou faire rire de ceux qui les croient.

14. Les nôtres ont longtemps vécu dans l'île d'Hispaniola avant d'apprendre si les indigènes vénéraient autre chose que les divinités célestes et pratiquaient une religion. En effet nous avons assez souvent signalé plus haut qu'ils n'adoraient rien d'autre que les astres visibles[45]. Comme la plupart de nos hommes en était venue à vivre familièrement avec eux, ils comprirent, après que les deux langues se furent rapprochées, que les insulaires possédaient des cérémonies et des rites variés. Parmi les écrits d'un certain frère Ramon, un ermite[46], qui a écrit en espagnol, sur ordre de Colomb,

arboribus pleraque frusta tulerunt, quae cynamomi et singiueris[f] esse putant, ast non utilis quia non conditi, ut aiunt in sui excusationem, quod nihil pretiosum alias repererint. Lapillos tamen se uidisse in eorum manibus inde allatos ex maritimis illarum orarum litoribus collectos Baptista tuus Elysius, philosophus eximius, et medicus non inferior, quos ueros esse topazios praedicat mihi tibique ut arbitror enarrauit.

12. Post hos et alii uicinorum aemulatione ad meridiem longissimos tractus percurrere, sed per aliorum inuenta Colonique Praefecti Marini uestigia per litus ut puta Pariense. Casiam et hi fistulam pretiosumque illud ad capitis grauedinem suo suffumigio tollendam, quod Hispani animae album uocant, reperere. De his nil noui aliud quod tuo sit dignum ingenio percepi : finem propterea libello huic, quia me iterum de tuo discessu fatigas, imponam. Ast qui Decadem impleat de uanis insulae Hispaniolae superstitionibus alium libellum accipito. Si non fuerit Liuiana Decas, id esse causae cognoscito, quod tuus hic Martyr Liuiano haudquaquam fuerit pro Pythagorae intellectu afflatus spiritu[a]. Si quid ultra montes[b] isti praegnantes parient, habebis.

13. Nunc insulares illusiones accipito, Veris Luciani Narrationibus tanto superiores quanto haec in usu hominum sunt[a], licet infantilia, illa uero conficta ioci tantum gratia uel ea credentium irrisui condonata[b].

14. In Hispaniola[a] insula nostri priusquam indigenas quicquam aliud quam caeli numina colere aut religionem ullam exercere didicissent, diu[b] uersati sunt. Saepius enim supra memorauimus nihil eos colere praeter uisibilia caeli lumina. Cum tandem familiarius apud eos contubernium, permixtis utrimque linguis, plerique ex nostris agerent, uarias apud eos cerimonias uariosque ritus obseruari compererunt. Ex cuiusdam Heremitarum studio fratris Ramoni scriptis[c], qui ex Coloni mandato

11. f. singiueris *C A* : gingiberis *H.*

12. a. pro… spiritu *C A* : iuxta pithagore intellectum afflatus spiritum *H* || b. *ante* montes *add.* atlantici *H.*

13. a. sunt *om. H* || b. *post* condonata *incipit liber decimus in H.*

14. a. *ante* in hispaniola *adscr.* occeanee decadis liber decimus *H* || b. diu *om. H* || c. scriptis *om. H.*

un livre sur les rites des insulaires, après avoir longtemps fréquenté les princes pour leur apprendre la religion chrétienne, j'ai voulu retenir ces quelques informations en négligeant les moins importantes : découvre-les donc.

15. On sait avec certitude, grâce à des idoles que les insulaires vénèrent ouvertement, que des fantômes leur apparaissent la nuit et qu'il les amènent à des méprises extravagantes. Ils confectionnent en effet des figurines assises faites de gossapin tissé et, à l'intérieur, de gossapin bourré qui ressemblent aux fantômes nocturnes tels que les peintres de nos contrées les représentent sur des fresques. Comme tu as, de tes yeux, vu quatre de ces figurines que je t'ai fait envoyer, tu pourras expliquer en présence de ton oncle, son Altesse Sérénissime le roi Frédéric, ce qu'elles sont et à quel point elles sont semblables à des représentations de revenants, mieux que je ne saurais l'expliquer. Les indigènes appellent ces figurines des Zèmes[47]. Quand ils doivent affronter leurs ennemis ils portent au front les plus petites d'entre elles, qui représentent les dieux encore enfants : c'est pour cette raison que les figurines sont attachées aux cordons que tu as vus. Les indigènes pensent que c'est grâce aux Zèmes qu'ils obtiennent la pluie quand elle leur fait défaut, le soleil quand c'est lui qui manque : ils croient en effet que les Zèmes sont les intermédiaires de celui qu'ils disent être unique, sans fin, tout-puissant et invisible. Chaque prince possède son Zème, qu'il vénère. Les ancêtres des insulaires ont attribué à la divinité céleste et éternelle ces deux noms : Yocanna, Guamaonocon. Ils rapportent que la divinité céleste elle-même a une mère qu'on appelle des cinq noms suivants : Attaberia, Mamona, Guacarapita, Yella, Guimazoa[48].

16. Mais observe quelles bêtises ces hommes inventent pour expliquer l'origine de l'humanité sur la terre : il y a, sur l'île, une région appelée Caunana. Les insulaires prétendent que la race humaine est issue de deux grottes d'une certaine montagne ; ils assurent que la plus grande partie de l'humanité est sortie de l'entrée la plus large de la grotte, et qu'une partie moins nombreuse est sortie de l'entrée la plus étroite. Ils appellent Cauta le rocher où s'ouvrent les grottes, Cazibaxagua le plus grand des deux antres, Amaiauna le plus petit. Avant qu'il ne fût permis aux hommes d'en sortir, disent-ils ingénument, les entrées de la grotte étaient gardées chaque nuit par un homme nommé Machochael. Alors que ce Machochael s'était

apud insulares regulos[d], ut eos christiane erudiret, diu uersatus de insularium[e] ritibus libellum composuit Hispano idiomate, pauca haec, leuioribus omissis, colligere fuit animus ; illa igitur accipito.

15. Nocturna insularibus apparere phantasmata, quae[a] in fatuos errores eos[b] inducant, ex simulachris[c] quae palam colunt aperte cognoscitur. Ex gossampio namque intexto, stipato interius, sedentes imagines formant quae nocturnos, quo pacto parietibus illos nostri pictores infigunt, aemulantur lemures. Cum ex simulachris opera mea ad te missis quatuor tu ipse uideris, qualia sint quamue depictis lemuribus similia, poteris Regi Serenissimo tibi patruo melius coram significare, quam ego illa scribere. Haec simulacra Zemes appellant indigenae, quorum[d] minora infantulos daemones referentia cum[e] hostibus manus collaturi, frontibus alligant : propterea funiculis quos uidisti complexa sunt. Ab his pluuias si pluuiae desint, soles si sole indigeant, se impetrare arbitrantur. Eius enim quem unicum, fine carentem, omnipotentem inuisibilemque esse fatentur internuntios[f] esse Zemes putant. Quisque Regulus suum habet Zemen, quem colat. Caelesti numini aeterno duo haec nomina Iocauna, Guamaonocon maiores eorum indiderunt. Numen[g] ipsum habere genitricem quinque his nominibus appellatam ferunt, Attabeiram, scilicet Mamonam, Guacarapitam, Iellam, Guimazoam.

16. In terris autem quid puerascant de hominis origine aduertito[a]. Est in insula regio nomine Caunana. Ex duobus montis cuiusdam specubus prodiisse genus hominum garriunt ; maiorem hominum partem ex amplioribus faucibus antri, minorem ex arctioribus exiliisse praedicant. Rupem ex qua specus aperiuntur Cautam appellant. Maius antrum Cazibaxagua, minus Amaiauna nominant. Priusquam hominibus inde egredi licuerit, simpliciter inquiunt per hominem nomine Machochael singulis noctibus antri fauces custodiri solitas. Is Machochael cum longius

14. d. regulos *post* erudiret *transp.* *H* || e. insularium *C A* : -arum *H.*

15. a. *post* quae *add.* illos *H* || b. eos *om.* *H* || c. *ante* simulachris *add.* illis *H* || d. quorum *C A* : quarum *H* || e. *post* cum *add.* sint cum *H* || f. internuntios *C A* : -osque *H* || g. numen *C A* : -mem *H.*

16. a. aduertito *C A* : auscultato *H.*

éloigné, par curiosité, assez loin de la grotte, surpris par le soleil dont il ne pouvait supporter la vue, il fut, dit-on, changé en pierre. Les insulaires racontent le même genre d'histoire à plusieurs autres sujets : alors que des hommes étaient sortis de la grotte, une nuit, juste pour pêcher, et qu'ils n'avaient pu rentrer avant le lever du soleil, qu'ils n'avaient pas le droit de voir, ils ont été transformés en mirobolans, arbres que cette terre produit naturellement en grande quantité. Par ailleurs ils racontent que Vagoniona, un chef, avait fait sortir de la grotte où il gardait enfermés ses proches un de ses serviteurs, pour l'envoyer à la pêche. Cet homme fut ensuite, à ce qu'on dit, changé en rossignol pour la même raison que les autres : le soleil s'était levé avant qu'il ne fût rentré. On pense que chaque année, au moment où il a été transformé en oiseau, il se plaint de son sort par son chant, la nuit, et qu'il implore l'aide de son maître Vagoniona : de là vient que le rossignol chante la nuit. Mais Vagoniona, regrettant son serviteur, qu'il aimait ardemment, fit sortir de la grotte les femmes et les petits qu'elles allaitaient, laissant les hommes dans l'antre. Il abandonna, dit-on, les premières dans une île de la région appelée Matinino, mais il emporta les seconds qui furent changés en grenouilles sur la rive d'un fleuve tandis que, malheureux et morts de faim, ils criaient : *toa, toa !*, c'est-à-dire « maman, maman ! ». De là vient, dit-on, que les grenouilles au printemps ont depuis fait entendre ce cri. Les insulaires racontent qu'ainsi, dans ces cavernes d'où l'humanité est sortie pour se répandre sur Hispaniola, les hommes étaient restés seuls, sans femmes. Ils ajoutent que Vagoniona lui-même, errant çà et là et jamais métamorphosé en raison d'une grâce particulière, s'était rendu auprès d'une très belle femme qu'il avait vue au fond de la mer, et qu'il avait obtenu d'elle les pierres de marbre qu'on nomme *cibas* et des pépites jaunes, en orichalque, qu'on appelle *guaninos*[49]. Ces pierres, assemblées en colliers, sont encore maintenant tenues pour sacrées par les princes.

17. Mais ces hommes, dont nous avons dit qu'ils avaient été laissés sans femmes dans les grottes, sortaient la nuit, à ce qu'on raconte, pour se rendre à des bassins pleins d'eau de pluie afin de se laver ; et ils virent, une nuit, de loin, des êtres animés qui ressemblaient à des femmes marcher lentement entre les mirobolans, comme des colonnes de fourmis. Ils courent vers ces animaux-femmes, les

ab antro uisendi studio perrexisset, a sole deprehensus cuius aspectum minime pati posse dabatur, in lapidem mutatus dicitur. De pluribus idem aliis blacterant[b], quod cum piscandi cupiditate noctu ab antro tantum processerint, ut redire ante solis ortum nequiuerint, quem non licebat intueri, in arbores mirobolanos[c], quarum sua sponte copiam terra illa producit, fuisse transformatos[d]. Aiunt praeterea Vagonionam primarium quemdam ex antro clausis familiaribus piscatum emisisse unum[e], quem inde in philomenam eadem causa, quod sol superuenerit priusquam se reciperet, mutatum inquiunt[f]. Quotannis[g] quo tempore uersus est in auiculam noctu suo cantu et sortem conqueri et domini Vagonionae auxilium implorare, hinc noctu cantare lusciniam[h] putant. Vagoniona uero familiaris sui desiderio, quem ardenter[i] amabat, uiris in antro relictis, feminas tantum cum paruulis quos lactabant eduxit ; e quibus feminas in una insularum eius tractus quam appellant Mathinino reliquisse fertur, infantulos autem secum asportasse, qui miselli fame[j] oppressi, [k]in cuiusdam fluminis ripa, « toa, toa », idest « mamma, mamma » clamitantes[k], in ranas conuersi feruntur : inde uocem illam ranis uerno tempore dicunt insedisse. Ita in antris illis e quibus per Hispaniolam sparsi sunt homines, uiros tantum sine feminis permansisse balbutiunt. Referunt insuper Vagonionam ipsum per diuersa uagantem nec umquam ex speciali gratia mutatum, ad mulierem quam in fundo maris formosam uiderit descendisse, ab eaque marmoreos calculos et quos cibas uocant et tabellas[l] quasdam flauas ex auricalco, quas guaninos appellant, habuisse dicunt. Haec monilia pro sacris apud Reges habentur in hunc usque diem.

17. Viros autem illos, quos sine feminis in antris relictos diximus, lotum se ad pluuidarum aquarum receptacula noctu referunt[a] exiisse, atque una noctium inanimalia quaedam feminas - aemulantia ueluti formicarum agmina reptare per arbores myrobolanos a longe uidisse. Ad feminea illa animalia procurrunt,

16. b. blacterant *C A* : -rat *H* || c. myrobolanos *C A* : -balanos *H ut semper* || d. transformatos *A* : trasformatos *H C* || e. unum *om. H* || f. inquiunt *om. H* || g. *ante* quotannis *add.* inde inquiunt illum *H* || h. *post* lusciniam *add.* quom cetere taceant aues *H* || i. ardenter *C A* : uehementer *H* || j. *post* fame *add.* post tantillum tempus *H* || k. — k. *C A* : cum ad cuiusdam fluminis ripam applicuissent *H* || l. tabellas *H* : tebellas *C A*.

17. a. *post* referunt *add.* uti mos est eorum *H*.

attrapent, mais elles leur glissent entre les mains comme des anguilles. Ils se réunissent en conseil : suivant l'avis d'un ancien ils rassemblent tous les galeux et les lépreux qui se trouvaient parmi eux et qui pourraient, de leurs mains rugueuses et calleuses, retenir plus facilement leurs proies. Les indigènes appellent ces hommes *caracaracoles*. Ils partent à la chasse et ne retiennent que quatre des nombreuses femmes qu'ils avaient attrapées. Alors qu'ils s'efforcent d'user d'elles comme de femmes, ils constatent qu'elles n'ont pas d'organes sexuels. Ils consultent à nouveau les anciens, après les avoir convoqués, pour savoir que faire : ils décidèrent alors de mettre à l'œuvre le pivert, afin qu'il perçât de son bec un orifice dans l'entrejambe de ces créatures féminines, pendant que les *caracaracoles* maintiendraient les femmes jambes écartées grâce à leurs mains calleuses. Quelle judicieuse utilisation du pivert ! Il creuse le sexe des femmes : c'est ainsi que l'île obtint avec la plus grande facilité les femmes désirées, et que naquit la postérité. Allons, cesse donc de t'étonner puisque la Grèce, digne de foi, a consacré tant de volumes à la naissance des Myrmidons, et à la manière dont les Myrmidons ont été engendrés par les fourmis[50] !

18. Les plus savants des insulaires[51], sur des tribunes et des estrades, racontent au peuple crédule et plein d'admiration ces histoires et de nombreuses autres de ce genre, avec un visage paisible et serein, et ils les profèrent comme des textes sacrés. Mais au sujet de l'origine de la mer, la légende est plus grave. On raconte à ce propos qu'il y eut autrefois dans une île un homme puissant, nommé Yaia, qui ensevelit son fils unique, quand il mourut, dans une coloquinte qui tint lieu de tombeau. Comme ce Yaia ne pouvait supporter la mort de son fils, il revint à la coloquinte quelques mois plus tard, et quand il l'eut ouverte de gigantesques baleines et de grands cétacés en sortirent : c'est pourquoi il annonça à certains de ses proches que la mer était enclose dans cette coloquinte. Excités par cette nouvelle quatre jeunes gens, frères nés d'un même enfantement mais dont la mère était morte en les mettant au monde, vont chercher la coloquinte pour avoir des poissons et s'en emparent. Comme Yaia, qui venait souvent contempler les os enfermés de son fils, arriva sur ces entrefaites, les jeunes gens s'effrayèrent du sacrilège qu'ils avaient commis et des soupçons de vol qui porteraient sur eux ; surpris tandis qu'ils guettaient Yaia, ils laissèrent tomber la coloquinte pour fuir au plus vite et celle-ci, qui pesait trop lourd, se brise. La mer jaillit

capiunt, ueluti anguillae de manibus eorum labuntur. Consilium ineunt. Ex senioris consilio, scabiosos leprososque[b], si qui sint inter eos, conquirunt, qui manus asperas callosasque habeant, ut apprehensa facilius queant retinere. Hos homines ipsi caracaracoles appellant. Venatum proficiscuntur ; ex multis quas capiebant quatuor tantum retinent. Pro feminis illis uti adnituntur : carere[c] feminea natura comperiunt. Iterum accitis senioribus quid faciendum consulunt, ut picus auis admittatur, qui acuto rostro intra ipsorum inguina foramen effodiat, constituerunt, ipsismet caracaracolibus hominibus callosis feminas apertis cruribus tenentibus. Quam pulchre picus adducitur ! Picus feminis sexum aperit. Hinc bellissime habuit insula quas cupiebat feminas, hinc procreata soboles. Eia mirari iam definito, quod de Myrmidonibus Graecia uerax tot uoluminibus descripserit e formicis utpote Myrmidones procreatos.

18. Haec et alia huiusmodi multa pacato serenoque uultu sapientiores e podiis suggestiolisque turbae simplici mirabundae suadent, recitantque pro sacro. Ast de maris origine seuerius ; qua in re fuisse quondam in insula potentem uirum nomine Iaiam qui filium unicum hominem exuentem intra cucurbitam sepulchri loco condiderit. Is Iaia, paucis exactis mensibus, impatiens morte filii, rediit ad cucurbitam ; eam cum aperuisset balenae ingentes et grandia cete prodierunt ; quare inclusum in ea cucurbita mare conuicinis quibusdam praedicauit. Ea permoti fama quatuor fratres iuuenes eodem partu geniti, ast partu matre perempta, cucurbitam spe habendorum piscium adeunt, manu capiunt. Iaia superueniente qui crebro nati ossa inclusa reuisebat, perterriti sunt iuuenes sacrilegio furtique suspicione ; deprehensi ueluti qui[a] Iaiam obseruabant, ut celerius fugerent cucurbitam e manu soluerunt ; ea pondere nimio pressa frangitur. Per eius rimas effunditur mare,

17. b. scabiosos leprososque *H C* : scabiososque leprosos *A* || c. *post* carere *add.* illas *H.*

18. a. *post* qui *add.* iam *A.*

de ses fissures ; les vallées sont emplies, la vaste plaine qui, à sec, occupait tout l'univers insulaire est submergée, et seules les montagnes, grâce à leur hauteur, échappèrent à cette inondation : ce sont elles qui maintenant constituent les îles qu'on peut apercevoir. Voilà, Prince Illustrissime, une origine de la mer digne de louanges, et ne va pas imaginer qu'ils fassent peu de cas de celui qui leur a transmis cette légende. On dit qu'ensuite ces frères errèrent si longtemps çà et là, par crainte de Yaia, qu'ils manquèrent mourir de faim parce qu'ils n'osaient s'arrêter nulle part. Puis comme ils y étaient vivement contraints, ils frappèrent à la porte d'un boulanger pour demander du *cazabi*, c'est-à-dire du pain. Mais le boulanger, à ce qu'on rapporte, cracha si violemment sur le premier qui entra qu'à l'endroit du crachat se forma sous la peau une très grosse ulcération dont il faillit mourir. Sur le conseil de ses frères, cependant, il l'incisa avec une pierre tranchante et de l'ulcère jaillit une femme qui, dit-on, servit d'épouse aux quatre frères qui se la prêtaient, et elle donna le jour à des fils et à des filles.

19. Ecoute attentivement un autre récit, plus fantaisiste encore, Prince Illustrissime : il existe une grotte appelée Yovanaboina, propriété d'un prince qu'on appelait Machinnech. Les indigènes la vénèrent et l'adorent plus pieusement que les Grecs ne vénéraient et n'adoraient les antres de Corinthe, de Cirrha ou de Nysa[52]; elle est ornée de mille peintures variées. Aux portes de cet antre se trouvent deux Zèmes sculptés dont l'un s'appelle Birthaitelle, l'autre Marohus. Quand on demande aux indigènes pourquoi ils vénèrent cette caverne avec une telle piété, ils répondent sérieusement et sensément que c'est parce que le Soleil et la Lune sortent de là pour offrir leur lumière au monde. Ils viennent en foule vers ces antres comme nous nous pressons à Rome ou au Vatican, capitale de notre religion, ou à Compostelle, ou à Jérusalem, au Saint Sépulcre.

20. Ils sont aussi soumis à un autre genre de superstition : ils pensent que les morts errent la nuit, se nourissent de guannaba, un fruit que nous ne connaissons pas, semblable au coing[53], se glissent dans les lits, entre les vivants, et abusent les femmes. En effet, après avoir pris l'apparence d'un homme ils feignent de vouloir s'accoupler ; mais quand on en vient à l'acte, ils disparaissent. Si cependant on soupçonne, parfois, qu'un mort est couché près de soi parce qu'on a senti quelque chose d'étranger dans le lit, on s'en délivre à coup sûr si on lui touche le ventre. Ils disent en effet que les morts peuvent prendre toutes les parties du corps humain sauf le nombril : si

ualles implentur[b], ea uasta planicies, quae uniuersum illum insularem orbem sicca occupabat summergitur, montesque tantum ob altitudinem ab ea inundatione euaserunt, qui nunc eas continent insulas quas licet aspicere. En, Illustrissime Princeps, omni praeconio dignam maris originem nec ab eis parui eum fieri putes, qui haec[c] recitare didicerit. Aiunt deinde fratres hos Iaiae metu tam diu per diuersa fuisse uagatos, ut fere iam fame perirent, quia nullubi sistere pedem audebant. Hinc quoniam acrius urgerentur, pistoris[d] domum pulsare coeperunt, cazabi, idest panem, petentes. Pistor[e] autem in primo ingredientem conspuisse ita acriter fertur, ut illi ex ictu sputi exortum sit turgidissimum intercus, quo fere interierit. Ast fratrum consilio accepto lapide acuto apertum est ; ex cuius ulcere natam aiunt feminam, qua mutuo fratres[f] illi omnes usi sunt, atque ab ea ferunt filios filiasque genuisse.

19. Iucundius aliud aduertito, Princeps Illustrissime. Antrum extat[a] Iouanaboina nomine in cuiusdam Reguli dioecesi, qui Machinnech uocatur. Id religiosius quam Corinthium quondam aut Cyrrham Nisamque Graeci colunt ac uenerantur, mille uariis ornatum picturis. In[b] huius antri foribus duos habent sculptos Zemes, quorum unum Birthaitellem, Marohum alterum uocant. Cur tanta specum colerent pietate interrogati, quia sol inde lunaque lumen orbi praebituri prodierunt grauiter sensateque respondent. Concursationibus antra ueluti nos Vrbem et Vaticanum[c] nostrae religionis caput, aut Compostellam et Ierusalem Domini sepulchrum frequentant.

20. Subiacent et alteri superstitionum generi, mortuos putant noctu uagari, ac uesci guannaba, fructu nobis incognito, cotono simili, lectisque inter uiuos uersari aiunt, ac decipere mulieres. Sumpta namque uirili forma coire uelle uidentur, ast cum ad opus peruenitur, euanescunt. Si quis autem apud se iacere mortuum aliquando suspicatur, cum quid noui senserit in lecto, uteri attrectatione se dubio solui balbutit. Cuncta namque aiunt mortuos posse humana membra suscipere praeter umbilicum ; si umbilico

18. b. *post* implentur *add.* eoque *H* || c. *post* haec *add.* illis *H* || d. pistoris *C A* : ad pinsoris *H* || e. pistor *C A* : pinsor *H* || f. *ante* fratres *add.* post *H.*

19. a. *post* extat *add.* aliud *H* || b. in *om. A* || c. uaticanum *C A* : baticanum *H.*

donc on reconnaît, à l'absence de nombril, qu'il s'agit d'un mort, on le touche et il disparaît aussitôt. Les indigènes croient que les morts viennent à la rencontre des vivants la nuit et le plus souvent sur les chemins, surtout sur les voies publiques. Si le promeneur leur fait face sans peur, le fantôme disparaît. Mais si le promeneur a peur, le fantôme le terrorise à tel point par ses attaques que très souvent, de nombreux indigènes se trouvent paralysés et hébétés de peur. Quand les nôtres interrogent les insulaires pour savoir où ils ont attrapé ces rites stupides, comme on attrape une maladie, ils répondent qu'ils les ont hérités de leurs ancêtres ; ils expliquent que ces rites sont mêlés à des rythmes depuis des temps immémoriaux et qu'il n'est permis de les enseigner à personne sauf aux fils des princes. Ils confient ces croyances à la mémoire : en effet les insulaires n'ont pas l'écriture, et, les jours de fête, les princes les font entendre au peuple en les chantant comme des hymnes sacrés[54]. Ils possèdent un instrument de musique unique, creux, en bois, qui ne fait que résonner, et qu'on frappe à la manière d'un tambourin.

21. Leurs augures, qu'ils appellent behiques[55], les abreuvent de ces superstitions. Ces mêmes hommes, qui sont aussi médecins, trompent de mille façons la foule ignorante. Comme ces augures possèdent sur le peuple un pouvoir remarquable, ils le persuadent que les Zèmes leur parlent et leur révèlent l'avenir. Et si un malade vient à guérir, ils lui font croire qu'il s'agit d'une grâce du Zème. Les behiques s'obligent au jeûne et à la purification chaque fois qu'ils soignent un homme important ; ils absorbent une plante qui provoque l'ivresse[56] et quand ils l'ont ingérée, après l'avoir réduite en poudre, ils balbutient, transportés comme des Ménades, qu'ils ont reçu des Zèmes de nombreuses révélations. Ils vont trouver le malade, avec dans la bouche un os, une petite pierre ou un morceau de viande ; ils chassent tout le monde de la case sauf un ou deux témoins que le malade choisit lui-même. Le behique tourne trois ou quatre fois autour du haut personnage, triture par des gestes effrayants son visage, ses lèvres, ses narines ; il souffle sur son front, sur ses tempes, sur son cou ; respirant l'haleine du malade, il déclare alors qu'il a fait sortir la maladie de ses veines. Ensuite, frictionnant les épaules, les cuisses, les jambes du patient, il détache des pieds

igitur mortuum esse dignoscit, tactus illico resoluitur. Noctu et saepissime in itineribus praecipue uiisque publicis mortuos occurrere uiuis credunt[a] ; contra quos si uiator intrepidus steterit, dissoluitur phantasma. Si uero pertimescat illum, ita adoriendo perterret ut saepius ea formidine multi debilitentur[b] ac stupeant. Interrogati a nostris insulares, unde sibi eos ritus inanes tamquam contagionem comparauerint, a maioribus haereditarios respondent, rhythmisque aiunt ultra hominum memoriam ista contexta, quae neminem licet praeter Regulorum filios edoceri. Memoriae illa commendant. Neque enim litteras umquam habuere, diebusque festis[c] populo canentes ueluti sollemnia sacra praeponunt. Instrumentum habent unicum, ligneum concauum, reboans tantum, quod concutitur tympani[d] more.

21. His illos imbuunt superstitionibus eorum augures quos[a] Boitios[b] uocant. Sunt et iidem medici qui plebeculae rerum insciae mille astruunt fraudes. Credere cogunt plebem hi augures, quia sunt apud eam auctoritatis egregiae[c], quod Zemes ipsos alloquantur futuraque praedicent. Et si quis aduersa laborans ualetudine conualuerit, se dono Zemis id assecutum persuadent. Ieiunio et purgationi se obligant Boitii, quando curam de primario sumunt aliquo, herbamque uorant[d] inebriantem ; quam cum pulueream sorpserint, ueluti Maenades in furorem uersi, multa se a Zemibus audisse immurmurant. Valetudinarium adeunt, osse uel lapillo in os sumpto aut frustulo carnis, ex hemicyclo eiiciunt[e] omnes praeter unum aut duos quos ipsemet inualidus[f] elegerit. Circuit primarium Boitius ter aut quater, faciem, labia, naresque extorquens foedis gestibus, in frontem, in tempora, in collum sufflat ; aegroti absorbens aerem, post haec se morbum ex laborantis uenis exhaurire dicit. Per humeros deinde ac foemora et crura aegrotum fricans, connexas a pedibus manus deducit atque sic manibus complexis

20. a. credunt *C A* : -ntur *H* || b. debilitentur *H C* : -irentur *A* || c. *post* festis *add.* alio pulsante *H* || d. tympani *C A* : impanit *H*.

21. a. quos *om.* *A* || b. boitios *C A* : bouijtas *H ut semper* || c. egregiae *C A* : eximiae *H* || d. uorant *C A* : sumunt *H* || e. eiiciunt *C A* : cijciunt *H* || f. inualidus *om. H.*

ses mains jointes et, les gardant ainsi fermées, il court vers la porte ouverte ; là, il les ouvre et les secoue ; il persuade le malade qu'il a mis en fuite la maladie et lui promet une guérison rapide. Ensuite le saisissant par derrière il sort de sa bouche, comme un escamoteur, le petit morceau de viande ; il s'exclame et dit au malade : « voici ce que tu avais mangé en trop ; tu vas aller mieux maintenant, puisque je l'ai retiré ! » Mais s'il s'aperçoit que le mal s'aggrave, il convainc son patient que son Zème est très en colère parce qu'il ne lui a pas construit de demeure, qu'il l'a vénéré avec une foi insuffisante, ou qu'il ne lui a pas consacré d'offrande. S'il arrive que le malade meure, ses parents contraignent le mort à révéler, par des sortilèges, s'il est mort par faute du destin ou par la négligence du behique, parce que celui-ci n'a pas jeûné correctement ou parce qu'il n'a pas présenté au malade le remède qui convenait. Si on met en lumière la faute du behique médecin, les parents décident son châtiment. Quant aux cailloux et aux os que le behique garde dans sa bouche, à ce qu'on croit, les femmes conservent très précieusement, dans un tissu, ceux qu'elles peuvent obtenir. En effet on croit qu'ils facilitent grandement les accouchements, et les femmes considèrent ces cailloux comme leurs Zèmes.

22. Les insulaires vénèrent différents Zèmes, chacun le sien ; certains façonnent des Zèmes de bois, parce qu'ils ont reçu l'avertissement des dieux au milieu des arbres, par l'intermédiaire d'ombres nocturnes ; d'autres les sculptent dans le marbre, s'ils ont entendu une réponse parmi les rochers. D'autres Zèmes sont faits de racines s'ils se sont révélés dans les *ignames*, c'est-à-dire l'espèce de tubercule comestible dont nous avons parlé précédemment. Les insulaires pensent que ces derniers Zèmes veillent à ce que leur pain cuise bien, comme les anciens pensaient que les Dryades, les Hamadryades, les Satyres et les Pans ou les Néréides veillaient sur les sources, les forêts et la mer et assignaient à chaque chose un dieu, afin que chaque dieu protège le genre de chose qui lui était dévolu. Ainsi les insulaires affirment aussi que leurs Zèmes, quand ils les invoquent, exaucent leurs vœux. Pour cette raison, quand les rois consultent les Zèmes au sujet de l'issue d'une guerre, du ravitaillement, du salut, ils pénètrent dans la demeure consacrée au Zème et là, après avoir respiré la chohobba – c'est le nom qu'ils donnent à une plante qui provoque l'ivresse, grâce à laquelle les behiques aussi entrent aussitôt en transes – ils disent qu'ils voient immédiatement la maison

ad ostium procurrit apertum, ac manus excutit patentes[g], seque morbum effugasse, futurumque propediem incolumem persuadet. Ast a tergo illum adoriens carnis frustulum uti praestigiator ex ore attollit, aegrotoque inclamitat dicens : « en quod[h] ultra necessitatem comederas, ualebis quoniam illud tibi detraxerim ». Si uero aegrotum fallere grauius intendit, Zemen esse suum iratum suadet, quod uel ei domum non construxerit, aut minus illum religiose coluerit, quod praedium non dicauerit. Si aegrotum perire contigerit, affines eius ueneficiis cogunt mortuum fateri, fatone an Boitii incuria, quod non integre ieiunauerit, aut consonum aegroto pharmacum non praebuerit. Si[i] medici Boitii culpa diem obierit, de Boitio uindictam sumunt. De lapillis aut ossibus quos ore gestasse Boitius aliquis putatur, si feminae aliquem assequuntur panniculis religiosissime inuolutum seruant. Puerperiis enim prodesse plurimum posse credunt habentque feminae lapillos eos loco Zemium.

22. Zemes autem uarios uarii colunt insulares. Ligneos quidam construunt, nocturnis inter arbores umbris moniti[a], alii si responsa intra rupes habuerint, marmoreos insculpunt. In radicibus alii coluntur[b] reperti inter ages[c], id est genus edulii[d], de quo supra. Hos[e] Zemes curam habere ut panis ille coalescat arbitrantur[f], ueluti antiquitas Dryades, Hamadryades ac Satyros et Panes aut Nereides fontium, siluarum, et pelagi curam habere putabat, suosque rei cuique deos assignauit, ut suum quisque genus tueretur ; ita et insulares hi suos Zemes inuocatos eorum optatis auscultare autumant. Quare cum de belli euentu, de annona, de incolumitate Zemes Reguli consulunt, domum Zemi dicatam ingrediuntur, ibique absorpta per nares chohobba, – sic herbam uocant inebriantem –, qua et Boitii in furore[g] statim uertuntur, domum illico tectis ad fundamenta

21. g. patentes *C A* : apertas *H* || h. quod *A* : quid *H C* || i. *post* si *add.* uero *H.*
22. a. umbris moniti *C A* : moniti uisionibus *H* || b. coluntur *om. H* || c. ages *A* : aies *H C* || d. edulii *C A* : panis *H* || e. hos *C A* : quos *H* || f. arbitrantur *C A* : arbritrantur *H* || g. furore *C A* : -rem *H.*

renversée avec le sol au plafond et les hommes qui marchent la tête en bas. La puissance de cette poudre de chohobba est telle qu'elle ôte instantanément la raison à celui qui l'absorbe. Dès que sa folie cesse, le prince, rentrant la tête, entoure ses genoux de ses bras et dans cette posture, frappé de stupeur, il redresse la tête après un moment, comme quelqu'un qui se réveille ; puis levant les yeux vers le ciel, il se murmure d'abord à lui-même des paroles obscures. A ce moment les insulaires de premier rang qui se tiennent auprès de lui – car aucun homme du peuple n'est admis à ces cérémonies sacrées – le remercient à voix haute d'avoir quitté la compagnie du Zème pour revenir vers eux, et ils lui demandent ce qu'il a vu. Alors celui-ci, ouvrant la bouche, dit dans son délire qu'il a parlé au Zème et annonce, comme un illuminé, que le Zème lui a prédit la victoire ou le désastre, en cas de bataille contre l'ennemi, la famine ou l'abondance, la maladie ou la santé, et tout ce qui lui vient aux lèvres[57]. Eh bien, Prince Illustrissime, pourquoi t'étonner après cela de ce que l'esprit d'Apollon emplissait ses sybilles d'une immense fureur ? Pensais-tu que cette antiquité superstitieuse était morte ?

23. Puisque nous avons donné sur les Zèmes tant d'informations générales, je ne pense pas qu'il faille passer sous silence quelques cas particuliers que l'on rapporte. Guamareto, un prince, avait, dit-on, un Zème nommé Corochotto. On raconte que celui-ci descendait souvent, après avoir brisé ses chaînes, du toit de la maison où Guamareto le tenait entravé, afin de se livrer à l'amour, de se nourrir ou de se cacher, et qu'il resta parfois dissimulé plusieurs jours, furieux parce que le roi Guamareto avait négligé son culte et les cérémonies sacrées. On rapporte que naissent parfois, dans le village où réside Guamareto, des enfants parés de deux couronnes : les insulaires croient naïvement que ce sont les fils du Zème Corochotto. Ils racontent aussi que Guamareto fut vaincu lors d'une bataille par ses ennemis, et que son village et son palais furent entièrement détruits par le fer et le feu. Mais Corochotto avait brisé ses chaînes et fui la maison en flammes et on l'avait retrouvé à un stade de là. Il existe un autre Zème, appelé Epileguanita, en bois, auquel on avait donné l'aspect d'un quadrupède, dont on raconte qu'il s'était souvent enfui du lieu où on le vénérait pour gagner les forêts. Chaque fois que les insulaires constataient qu'il était parti, ils se rangeaient en

uersus[h] moueri, homines uersis uestigiis ambulare, se uidere garriunt. Tanta est pulueris illius contusi uis ex chohobba, ut sensum omnem illico sumenti eum tollat. Vt primum cessit insania brachiis, demisso capite,[i] genua complectitur, quo in statu attonitus paulisper immoratus caput ueluti somnolentus eleuat atque oculos in caelum attollens intra se primum confusa quaedam obloquitur ; cui tunc primarii aulici astantes – neque enim de populo quisquam ad ea sacra admittitur – sublatis uocibus gratias agunt, quod iam a Zemis colloquio ad eos redierit et quid uiderit percunctantur. Ille autem os aperiens Zemen eo tempore se allocutum fuisse delirat, ipsique aut uictoriam aut perniciem si cum hostibus manus conseruerint, aut famem uel ubertatem, pestem aut incolumitatem, et quicquid uenit in buccam praedixisse illi Zemen ueluti lymphaticus praedicat. Eia, Illustrissime Princeps, quid miraberis post haec de Apollineo[j] spiritu suas ingenti rabie Sybillas concutienti[k] ? Putabas superstitiosam illam antiquitatem deperisse ?

23. Quandoquidem generalia de Zemibus tot enarrauimus, quid de particularibus quibusdam referatur, silentio praetereundum minime censeo. Regulus quidam Guamaretus[a] habuisse Zemen dicitur nomine Corochottum. Hunc e[b] supremo domus culmine[c] ubi uinctum Guamaretus adseruabat saepenumero aiunt, uel coïtus aut cibi gratia, uel ut sese absconderet ruptis uinculis descendisse, per aliquotque[d] interdum dies latuisse iratum, eo quod in ipsius cultu et sacris Guarametus Rex defecerit. In Guamareti regio uico nasci aliquando infantes coronas habentes duas referunt : hos Corochotti Zemi[e] filios esse puerascunt. Ferunt et ab hostibus uictum fuisse in acie Guamaretum uicumque ipsius ac regiam ferro ignique uniuersam uastatam. Corochottum autem incensa domo exiliisse uinculis[f] ad stadium usque fuisse deinde repertum. Zemen habet alium Epileguanitam nomine, ligneum quadrupedem, qui saepe ad siluas e loco ubi colebatur fertur profugisse. Hunc quoties discessisse sentiebant, piis facto

22. h. uersus *CA* : -sis *H* || i. demisso capite *post* genua *transp. H* || j. *post* apollineo *add.* quondam *H* || k. concutienti *CA* : excutienti *H.*

23. a. guamaretus *CA* : -rectus *H ut semper* || b. e *om. H* || c. culmine *om. H* || d. aliquotque *CA* : -otue *H* || e. zemi *CA* : -mis *H* || f. *ante* uinculis *add.* e *H.*

procession et, avec de pieuses supplications, le recherchaient avec soin. Quand ils l'avaient retrouvé ils le ramenaient respectueusement, sur leurs épaules, au sanctuaire qui lui était consacré. Mais les indigènes se plaignent de ce qu'il ait fui lors de l'arrivée des chrétiens dans l'île et de ce qu'on ne l'ait retrouvé nulle part, voyant dans ce phénomène l'annonce de la ruine de leur patrie : ce sont les vieillards qui ont rapporté ces traditions[58].

24. Les insulaires vénéraient un autre Zème, de marbre, avec les attributs du sexe féminin, assisté de deux Zèmes mâles qui exerçaient la fonction de prêtre : l'un d'eux, sur ordre du Zème féminin, emplissait l'office de crieur public pour prévenir les autres Zèmes d'aider à exciter les vents, les pluies et les nuages. Mais l'autre, dit-on, réunit sur ordre du Zème féminin, dans les vallées, les eaux qui descendent des hautes montagnes, de sorte que par l'élan produit elles dévastent les champs, coulant en liberté à la manière d'un torrent, si les indigènes n'ont pas offert à la statue les honneurs qui lui sont dûs et qu'elle désire.

25. Reçois cette dernière anecdote digne de mémoire qui va clore l'ouvrage, Prince Illustrissime et qui est très célèbre chez les insulaires : les nôtres ont découvert que deux princes d'autrefois dont l'un était le père de Guarionex, que nous avons souvent mentionné précédemment, s'abstinrent pendant cinq jours consécutifs de boire et de manger afin de recevoir des Zèmes une révélation de l'avenir. En récompense de ce jeûne, ils racontèrent avoir obtenu des Zèmes la réponse suivante : peu d'années après viendraient dans l'île des hommes vêtus qui détruiraient tous les rites et les cérémonies des insulaires et qui tueraient ou priveraient de leur liberté tous leurs enfants. Leurs descendants supposant qu'il s'agissait des Cannibales, il avait été décidé qu'ils prendraient la fuite quand ils les verraient arriver, et jamais ils ne les affrontèrent[59]. Mais quand ils virent les Espagnols aborder l'île, confrontant leurs hypothèses à ce sujet, ils pressentirent que ces hommes étaient ceux qui étaient annoncés et leur intuition ne les trompa pas. Ils ont désormais, sans exception, été soumis aux chrétiens ; tous ceux qui résistaient sont morts, et il ne reste plus de souvenir des Zèmes car tous ont été emmenés en Espagne afin que nous connaissions leur absurdité et les fourberies des démons. Tu as pu, Prince Illustrissime, en voir plusieurs exemples par mon entremise.

agmine supplicationibus sollicite quaeritabant. Inuentum religiose ad dicatum ei sacellum humeris reportabant. Ast Christianis ad insulam euntibus[g] auffugisse illum, nusquamque fuisse ultra repertum, patriae perniciem ob id[h] augurantes, conqueruntur : haec a senioribus audita sunt.

24. Marmoreum colebant Zemen alium sub femineo sexu, cui duo masculi pro ministris astabant. Horum alter, feminae iussu, praeconis officio fungebatur ad reliquos Zemes, qui auxilio adsint[a] feminae imperio ad uentos pluuiasque ac nubes concitandas. Alius autem dicitur ex feminae mandato aquas in uallibus[b] ex altis montibus collabentes congregare, ut inde facto impetu more torrentis solutae uastent agros si simulachro debitos optatosque honores indigenae non praestiterint.

25. Dignum memoratu hoc unum accipito, Princeps Illustrissime, quod opus iam claudat[a], tritissimum apud insulares. Nostri reperere duos fuisse quondam Regulos, e quibus unus Guarionexii, de quo supra mentionem saepe fecimus, fuit genitor, qui a cibo potuque dies quinque continuos abstinuerint, ut de futuris aliquid a Zemibus acciperent. Eo ieiunio grati Zemibus, se habuisse in responsis retulerunt, uenturam non multos post annos ad eam insulam gentem coopertam uestibus, quae ritus ac ceremonias omnes insulares esset uastatura filiosque omnes ipsorum aut peremptura aut priuatura libertate. De Canibalibus apud[b] iuniores coniecturam facientes sese[c], ubi aduentare Canibales sentiebant, fuga sibi consulere statutum erat, neque umquam manus ultra cum Canibalibus conseruerunt. Cum uero Hispanos insulam ingressos uiderunt[d], collectis de hac re coniecturis[e], inter se hanc esse gentem illam augurati sunt, nec illos fefellit opinio : submissi Christianis iam sunt omnes, peruiuacibus omnibus interfectis, nec ultra de Zemibus extat memoria. Ad Hispaniam namque sunt omnes asportati, ut eorum ludibria et demonum fallacias nosceremus ; e quibus tu plures me tractante, Princeps Illustrissime, conspexisti.

23. g. euntibus *C A* : applicantibus *H* || h. ob id *C A* : obit *H*.
24. a. adsint *A* : assint *H C* || b. uallibus *C A* : ballibus *H*.
25. a. *post* insulares *distinxi* : *post* claudat *dist. H C A* || b. apud *om. H* || c. sese *om. H* || d. *post* uiderunt *add.* maiorum *H* || e. coniecturis *C A* : sermocinationibus *H*.

26. Je laisse de côté bien des informations puisque tu m'as prévenu que tu allais retourner dans ta patrie, demain sans doute, pour reconduire la reine, ta grand-tante, que tu as accompagnée ici sur ordre de ton oncle, le roi Frédéric. Te voici coiffé de ton chapeau, et moi je suis épuisé. Salut donc ; souviens-toi de Martyr, ton ami, que tu as contraint, au nom de ton oncle Frédéric, à choisir parmi un grand nombre d'informations les quelques unes que tu trouveras ici.

26. Multa praetereo quia te cras proculdubio in patriam discessurum, ut Reginam tibi maiorem amitam, quam huc es comitatus ex Federici Regis patrui tui mandato, reducas, monuisti. Tu petasatus[a], ego autem lassus[b]. Ergo uale, memor tui[c] Martyris quem de grandi rerum aceruo pauca haec sub nomine Federici patrui tui deligere coegisti.

26. a. petasatus *C A* : -seatus *H* || b. lassus *C A* : laussus *H* || c. tui *om. H.*

DIXIÈME LIVRE
SUPPLÉMENT FINAL À LA DÉCADE OCÉANE
À INIGO LOPEZ MENDOZA,
COMTE DE TENDILLA, VICE ROY DE GRENADE

1. Depuis le tout début de la découverte, et depuis que Colomb a commencé, récemment, à conquérir la province océane, j'étais encouragé, par des lettres que m'envoyaient de Rome mes amis et des princes, à consigner par écrit ce qui se passait : ils étaient en effet pleins d'admiration pour la découverte de ces nouvelles terres et de ces nouveaux peuples qui vivent nus, satisfaits de la nature ; et ils étaient extrêmement désireux de connaître tout cela. Après que son frère Ludovico a été chassé de Milan par les Français, le sort précipita Ascanio à l'abîme, lui dont l'autorité ne me permettait ni de m'engourdir, ni de poser la plume un instant. Je lui avais adressé, outre de nombreuses autres lettres encore inédites que tu verras un jour, les deux premiers livres de cette décade. D'un même coup, le sort a chassé Ascanio du pouvoir et détourné mon esprit de l'écriture. Ballotté par la tourmente, Ascanio a cessé de me conseiller et la ferveur de la recherche a elle aussi cessé de me tenir jusqu'à l'année 1500, année où la cour séjournait à Grenade, dont tu es vice-roi. C'est alors que le cardinal Louis d'Aragon, neveu du roi Frédéric, qui se trouvait à Grenade avec la reine de Naples, sœur de notre Roi Catholique, m'a envoyé des lettres de la main même du roi Frédéric, qui m'étaient adressées et par lesquelles il m'exhortait à rédiger l'histoire des événements survenus après ceux que j'avais rapportés dans les deux livres envoyés à Ascanio. Car l'un et l'autre avouaient avoir eu entre les mains ces rapports que j'avais rédigés pour le cardinal

[a]OCEANEAE DECADIS PERPENDICVLARIS AEPILOGVS AD INACVM LOPEZ MENDOCIVM TENDILLAE COMITEM GRANATAE PROREGEM LIBER DECIMVS[a]

1. Ab origine prima et recenti consilio sumendae a Colono[a] huius prouinciae Oceaneae ab urbe Roma litteris amicorum et principum stimulabar, ut ea conscriberem quae acciderent, admiratione quippe summa musitabant[b], cum repertas esse nouas terras nouasque gentes quae nudae, natura contentae, uitam agerent, desiderioque ardenti cognoscendi haec tenebantur. Detrusit in praeceps Ascanium fortuna, fratre Ludouico a Gallis Mediolano eiecto, cuius auctoritas torpescere me non sinebat, quin assidue calamum in dextra haberem. Ad eum, praeter alia multa quae ex meis latentibus adhuc commentariis aliquando uidebis, libellos huius Decadis praeeuntes direxeram duos. Haud secus mihi fortuna detorsit ingenium a scribendo, atque Ascanium deturbauit a potentia. Cessit a suadendo ille[c] procellis agitatus, cessit et mihi feruor ista perquirendi, donec anno quingentesimo supra millesimum cum Granatae curia moraretur ubi tu prorex[d]. Ludouicus Aragonius Cardinalis, Federici Regis ex fratre nepos, qui Granatae[e] erat cum Regina Parthenopaea[f], nostri Regis Catholici[g] sorore, Federici Regis ipsius[h] litteras ad me directas porrexit, quibus me[i] hortabatur ut cetera[j] colligerem quae Ascanianos epistolares duos[k] libellos sequebantur. [l]Ambo namque fatebantur se ad manus habuisse quae ad Cardinalem Ascanium

Titulus. a. — a. *C* : oceaneea … proregem caput decimum *A* petri martyris angli mediolanensis occeanee decadis epilogus perpendicularis ad inachum lopec mendocium tendille comitem *H*.

1. a. a colono *om. H* || b. musitabant *post* agerent *transp. H* || c. ille *om. H* || d. *post* prorex *distinxi* : *post* moraretur *et* prorex *dist. C post* moraretur *dist. A* || e. granatae erat *C A* : agebat granate *H* || f. parthenopaea *C A* : -peia *H* || g. catholici *om. H* || h. regis ipsius *C A* : *transt. H* || i. me *om. H* || j. cetera *C A* : reliqua *H* || k. epistolares duos *om. H* || l. — l. *C A* : fatebatur namque uterque se que ad ascanium scriptitabam legisse *H*.

Ascanio. J'étais alors, tu le sais, en mauvaise santé ; cependant j'ai pris le fardeau et j'ai fait appel à tout mon courage pour écrire. J'ai choisi les quelques faits qui précèdent parmi un grand nombre d'informations dignes de mémoire que m'ont fournies, dans leurs récits, les découvreurs de ces terres. Mais maintenant, puisque tu as tout fait pour m'extorquer un exemplaire complet de mon travail afin de placer mon œuvre parmi les innombrables volumes de ta bibliothèque, j'ai décidé d'ajouter au reste de l'ouvrage, brièvement, les événements qui se sont déroulés entre cette année 1500 et l'année 1510 ; un beau jour, si Dieu me prête vie, je les exposerai dans leur intégralité[1].

2. J'avais écrit un livre indépendant sur les superstitions des insulaires afin de compléter la décade[2] ; mais j'ai décidé de donner maintenant le titre de dixième livre à ce supplément-ci que je t'adresse, comme une escorte de cette troupe et un chef de l'arrière-garde, et de rassembler en un seul l'ancien dixième livre et le neuvième ; ce livre-ci, le dixième, conserve ainsi sa place initiale à l'extrémité de la décade, ce qui me dispense de faire transcrire toute l'œuvre à nouveau ou d'envoyer un ouvrage raturé. Pour cette raison ne va pas t'étonner si en lisant le neuvième livre tu constates que la promesse que j'y fais est vaine. Il ne faut pas toujours tenir ses promesses.

3. Venons-en au fait : chacun de son côté les marins ont parcouru, durant ces dix ans, des rivages divers, en suivant cependant les traces de Colomb[3]. De fait, longeant toujours le rivage de Paria, qu'ils croient être le continent indien, ils ont touché, les uns à l'orient, les autres à l'occident, plusieurs nouvelles régions, productrices d'encens[4] et d'or ; ils ont en effet ramené de ces contrées, pour la plupart, des bijoux d'or ou une grande quantité d'encens, qu'ils se sont procurés soit en les échangeant contre des biens de nos contrées, soit par le meurtre, au cours de violents combats. En d'autres lieux les indigènes, quoiqu'ils soient nus, ont cependant tué certains de nos hommes et massacré des rangs entiers d'Européens. Ils sont cruels et se battent au moyen de pieux effilés et de traits effilés durcis au feu[5].

scriptitaueram[l]. Laborabam tunc ego uti nosti aduersa ualetudine ; sumpsi tamen onus et animum impuli ad scribendum. [m]Pauca haec ex magno cumulo rerum quae relatu auctorum illas conquirentium accepi memoratu dignarum delegi[m]. Nunc uero quandoquidem tu[n] exemplar integrum meorum operum[o] extorquere a me[p] fueris conatus, [q]quo tuae bibliothecae uoluminibus, quae habes innumera, nostra commisceres[q], fuit consilium addere paucis[r], quae post eum annum[s] M. D ad hunc usque qui est decimus ab illo, [t]patefacta sunt ; late aliquando scribentur si uixerimus[t].

2. [a]De superstitionibus insularium solutum per se libellum[b] scripseram, ut Decadem impleret ; nunc placuit perpendiculum ad te directum decimi libelli[c] titulo munire, tamquam huius turmae substitem et tergi ductorem prioremque decimum nono connectere, non sublata de ducatu decimi praepositione, ne toties cogerer totum opus transcribere aut mittere lituratum. Propterea non miraberis si nonum legens promissum reperies irritum ; non semper oportet stare pollicitis[a].

3. Ad rem ueniamus[a] : uaria diuersi nautae hoc decennio litora[b] percurrerunt, [c]secuti tamen Coloni inuenta[c]. Pariae namque litus [d]tractu continuo lambentes[d] quod Indicum esse continens credunt[e], [f]in plures orientales ii, occidentales illi regiones nouas inciderunt auriferas thuriferasque[f] ; inde namque aurea plerique monilia [g]thurisque copiam ab incolis partim nostrarum rerum permutatione, partim acri bello stratis tulerunt[g]. Alibi nostros licet nudi sint incolae[h] strauerunt tamen et acies integras trucidauerunt. [i]Feroces quidem sunt, sagittis certant uenenatis et adustis praeacutis sudibus[i].

1. m. — m. *CA* : ex magno rerum que ad manus mihi deuenerunt cumulo queue relatu auctorum illa conquirentium accepi pauca hec quia memoratu digna certaque delegi *H* || n. quandoquidem tu *CA* : cum tu mihi *H* || o. meorum operum *CA* : horum operum meorum *H* || p. a me *om. H* || q. — q. *om. H* || r. addere paucis *CA* : ea paucis addere *H* || s. annum *CA* : amimum *H* || t. — t. *om. H.*

2. a. — a. *om. H* || b. libellum *C* : caput *A* || c. libelli *C* : capitis *A* .

3. a. ad rem ueniamus *om. H* || b. uaria… littora *CA* : uarias… terras *H* || c. — c. *CA* : ast quia secuti sunt aliorum inuenta minore laude dignos adiudico *H* || d. — d. *CA* : sequentes tractu continuo *H* || e. credunt *CA* : uolunt *H* || f. — f. *CA* : in duas inciderunt regiones nouas beragua et uraua quas auriferas thuriferasque esse reperiunt *H* || g. — g. *CA* : ac thuris quasdam uegetes ab incolis dono datas sed prius acri bello stratis tulerunt *H* || h. sint incolae *om. H.*

3. i. — i. *CA* : ferociores namque reliquis sunt sagittis agunt uenenatis et subdalibus fustibus praeacutis *H.*

4. J'affirme que les nôtres ont trouvé des animaux, reptiles, insectes, quadrupèdes aussi, différents des nôtres ; ils sont variés, divers et innombrables, peu dangereux cependant si l'on excepte les lions, les tigres et les crocodiles[6] des différentes régions de la vaste terre qu'est Paria. Dans les îles ils n'ont pas trouvé un seul animal qui fût dangereux ; toutes les créatures des îles sont douces sauf les hommes qui sont pour la plupart, comme nous l'avons déjà dit, des mangeurs de chair humaine ; on les appelle Caraïbes ou Cannibales. Il y a aussi des oiseaux de différentes espèces. En de nombreux endroits des chauves-souris aussi grosses que des tourterelles, furieuses et agressives, volaient vers nos hommes à la tombée de la nuit, et par leur morsure vénéneuse leur transmettaient la rage, si bien qu'ils étaient contraints de fuir comme devant des Harpies. Ailleurs, alors que quelques hommes dormaient sur le sable d'une grève, une nuit, un monstre sorti de la mer attrapa à la dérobée l'un des hommes par le milieu du corps et l'emporta avec lui sous les yeux de ses amis ; ceux-ci ne purent porter secours au malheureux, qui criait, avant que la bête ne s'éloignât dans la mer avec sa proie[7].

5. L'intention du roi est de se fixer dans ces contrées et d'y fonder des villes ; nombreux sont ceux qui désirent soumettre et pacifier cette terre et ils supplient le roi de leur confier une province. Ce sont de grandes étendues, de vastes territoires. On dit que ces régions, continent et îles, sont trois fois plus grandes que l'Europe, sans compter celles que les Portugais ont découvertes vers le sud, qui sont les plus importantes[8]. L'Espagne est digne de grandes louanges, en cette époque où nous vivons, pour avoir fait connaître aux populations d'Europe des terres si nombreuses, situées aux antipodes et inconnues jusqu'à aujourd'hui, et pour avoir offert aux grands écrivains un si vaste sujet d'inspiration. Moi je leur ai ouvert la voie en réunissant les informations que voici sans ornements, comme tu le vois, d'une part parce que je ne sais pas les habiller plus élégamment, de l'autre parce que je n'ai pas pris la plume pour faire œuvre d'historien mais pour satisfaire, par des lettres écrites à la hâte, ceux dont les ordres ne me permettaient aucun relâchement.

4. [a]Animalia, reptilia, insecta, quadrupedia etiam a nostris dissimilia reperere[a], multiformia, uaria innumeraque, noxia tamen minime praeter leones, tigrides, crocodillos in uariis magnae illius telluris Pariensis regionibus dico. In insulis haudquaquam neque unum quidem, mitia sunt omnia insularia, praeter homines in plerisque, uti iam diximus, qui humanarum sunt carnium heluones, Caribes siue Canibales dictos. Diuersi quoque generis uolucres. Plerisque in locis uespertiliones turturibus non minores ad eos acri furore primo noctis crepusculo uolitabant, et uenenato morsu ad rabiem usque laesos trahebant, ita ut aufugere inde ueluti ab Harpiis fuerint coacti. Alibi, cum in terra noctu quidam in arena dormirent, e mari monstrum exiens furtim unum arripuit medium[b] asportauitque in conspectu sociorum, nec misero clamanti opem ferre potuerunt donec in mare belua cum praeda prosilierit.

5. In his terris figere pedem arcesque ibi condere est animus regi, nec desunt qui terrae illius subdendae pacandaeque onus sumere desiderent, et regi supplicant ut ipsis prouincia demandetur. Magni sunt tractus, uasta terrarum amplitudo. Europam aiunt uniuersam sui magnitudine has regiones, tum continentes, tum insulares triplo[a] superare, praeter eas quas Portugalenses ad meridiem repererunt, quae maximae sunt. Magna laude digna est hac nostra tempestate Hispania, quae latentes hactenus tot antipodum myriadas nostris gentibus cognitas effecerit, ingenioque pollentibus amplam adeo scribendi materiam praebuerit. Quibus ego iter aperui, cum ista nude uti uides collegerim, tum quia elegantioribus nequeo uestibus quicquam ornare, tum etiam quoniam calamum ut historice scriberem numquam sumpsi, sed ut, per epistolas raptim scriptas, his a quorum mandatis referre pedem non licebat satisfacerem.

4. a. — a *C A* : animalia etiam uolucresque a nostris uarias reperere *H* || b. unum arripuit medium *C A* : unum per medium arripuit *H*.

5. a. triplo *om. H*.

6. Mais assez de digressions ; revenons à Hispaniola. On reconnaît que le pain des insulaires n'est pas assez nourrissant pour des hommes habitués à notre pain de froment ; c'est pour cette raison que nos hommes sont sans force. En conséquence, le roi a récemment ordonné de semer du blé dans différents lieux, à diverses époques de l'année, car les semences ne donnaient que des pailles semblables à des roseaux, avec des épis rares, mais gonflés et bien fournis. On comprend que l'herbe manque pareillement de vigueur ; elle est aussi haute que les moissons. Le bétail engraisse remarquablement mais donne une viande sans goût et même, dit-on, sans muscles ; ou alors, s'il y en a, ils sont comme de l'eau[9]. On rapporte que les porcs, au contraire, sont sains et savoureux grâce à certains fruits des forêts dont ils se nourrissent goulûment. Sur les marchés les indigènes ne vendent pas d'autre viande. Le nombre des porcs a crû et ceux qui ont échappé à la surveillance des porchers sont devenus sauvages. Les insulaires n'ont pas besoin qu'on leur amène d'ailleurs, par surcroît, d'autres espèces de quadrupèdes ou d'oiseaux. Les petits de tous les animaux sont plus grands que leurs parents à cause de l'exubérance de l'herbe, bien que les animaux ne mangent que cela, sans orge ni autre grain.

7. En voilà assez sur Hispaniola. Présentons maintenant les terres qui l'entourent. On sait que la terre de Cuba, qu'on a longtemps prise pour un continent à cause de sa longueur, est une île. Et on ne doit pas s'étonner des déclarations des habitants qui disaient, lorsque les nôtres parcouraient cette terre, qu'elle n'avait pas de fin : en effet ce peuple nu, qui se satisfait de peu et se contente de ses frontières natales, se souciait peu de ce que faisaient ses voisins. Ils ignoraient totalement qu'il y eût autre chose sous le ciel, et ne connaissaient que le sol qu'ils foulaient. Et si Cuba, d'est en ouest, est beaucoup plus longue qu'Hispaniola, en largeur, du nord au sud, elle est beaucoup plus étroite, contrairement à ce qu'on avait d'abord pensé ; elle est très étroite en comparaison de sa longueur. C'est une terre fertile dans sa majeure partie, et agréable.

8. A l'est, non loin d'Hispaniola, se trouve une île au moins deux fois plus petite que celle-ci, que les nôtres ont appelée San Juan, de forme presque carrée[10]. Nos hommes y trouvent des mines d'or très

6. Iam satis digressus sum, ad Hispaniolam redeamus[a] : panem agnoscunt insularem parui esse roboris nostro triticeo pani assuetis : hebetantur ob eam causam uires hominum. Propterea nuper Rex imperauit ut diuersis in locis uarioque[b] anni tempore seratur, in harundineas namque paleas inanes cum raris, sed illis crassis et praegnantibus spicis prodibant. Sentiunt eamdem esse in herbis mollitiem ; crescunt ad segetum mensuram. Armenta mirum in modum impinguant, sed[c] carnes reddunt insipidas immo et aiunt sine medullis, aut, si insint, aquosis. De porcis e conuerso salubres sapidosque, ob insulares quosdam siluestres fructus quibus auide uescuntur, esse ferunt. In macellis nil secant aliud. Creuit porcorum multitudo et siluestres effecti sunt qui e subulcorum cura euaserunt. Non egent ultra ut aliunde genus ullum quadrupedum aut altilium ad eos inuehatur. Animalium omnium pulli propter herbae luxuriem patribus grandiores euadunt, licet solo gramine sine ordeo aut ullo grano nutriantur.

7. De Hispaniola satis ; nunc eius uiciniam[a] complectamur. Cubam tellurem illam, quam diu ob eius longitudinem continentem putauerunt, insulam esse reperiunt. Neque mirum uideatur, quod ipsius incolae dum percurreretur a nostris fine carere dicerent, quia gens haec nuda, paruo et[b] finibus suis natalibus contenta, quid uicini facerent minime erat sollicita. Esset ne aliud quicquam sub caelo necne praeter id quod pedibus terebant, haudquaquam sciebant[c]. Est uero Cuba ab oriente in occidentem multo longior[d] Hispaniola, lata uero a septentrione in meridiem contra eorum priorem opinionem multo minus. Est angustissima si longitudinem respexeris, terra ferax maiori ex parte atque amoena[e].

8. Ab oriente non longe ab Hispaniola iacet insula dimidio[a] amplius minor Hispaniola, Sancti Ioannis nomine a nostris dicta[b], quadrata fere. In hac auri fodinas esse ditissimas reperiunt, sed

6. a. ad hispaniolam redeamus *om.* *H* || b. uarioque *C A* : quottoque *H* || c. sed *C A* : ast *H.*

7. a. eius uiciniam *C A* : hispaniole uicina *H* || b. et *C A* : satura *H* || c. sciebant *C A* : -bat *H* || d. multo longior *C A* : non breuior *H* || e. *post* amoena *add.* sed auro non abundabat *H.*

8. a. *post* dimidio *add.* et *H* || b. dicta *C A* : insignata *H.*

riches ; mais comme leur attention est actuellement tout entière tournée vers les mines d'Hispaniola, ils n'y ont pas encore envoyé d'ouvriers ; cependant ils commencent peu à peu à y songer. Quant aux autres productions d'Hispaniola elles sont toutes reléguées au second plan[11]. La découverte de l'or a été l'objet de tous les soins et voici comment se déroule cette activité : à chaque Espagnol doué d'initiative et de quelque importance sont attachés un ou plusieurs caciques, c'est-à-dire des princes, avec leurs sujets. À certaines périodes de l'année, déterminées au préalable, le cacique, accompagné de plusieurs de ses sujets, se rend à la mine de l'homme à qui on l'a attribué. Là, on confie aux indigènes des outils de mineurs. Il a été décidé qu'on donnerait au cacique et aux habitants de l'île un salaire déterminé pour leur travail en plus de la nourriture[12] ; en effet, lorsqu'ils quittent les mines pour faire des semailles, sur lesquelles ils veillent lorsque l'époque le réclame pour que les vivres ne viennent pas à manquer, ils remportent avec eux l'un un pourpoint, l'autre une chemise de toile tissée, un troisième un sayon ou un bonnet, car désormais ces objets leur plaisent et ils ne vont plus nus[13] ; de cette manière, en leur imposant le travail de l'or en plus de celui des champs, les Espagnols accroissent le travail des habitants au point d'en faire leurs esclaves. Les insulaires supportent le joug de mauvaise grâce, mais ils le supportent. Ils appellent *naborias*[14] ces mercenaires ; mais le roi ne tolère pas qu'ils soient considérés comme des esclaves et ils sont accordés ou enlevés selon sa volonté[15].

9. Lorsqu'ils sont convoqués par les caciques, leurs princes, comme les soldats et les valets d'armée par les centurions, nombreux sont les habitants qui s'échappent, s'ils le peuvent, vers les bois et les montagnes. Ils se contentent alors des nourritures de la forêt, et restent cachés pour n'être plus soumis à ce travail. Mais ils sont dociles au point d'avoir totalement oublié leurs anciens rites, ils croient pieusement en Dieu et récitent ce qu'on leur a appris de notre religion. Les grands seigneurs espagnols font instruire chez eux les fils des princes, et les enfants s'imprègnent facilement de notre culture et de nos manières. Quand ils sont grands on les renvoie parmi les leurs, surtout si leurs pères sont morts, pour gouverner les habitants du pays de leurs aïeux. Ils possèdent alors une grande foi dans le Christ et dans nos hommes, ils maintiennent leurs concitoyens et les nôtres dans la fraternité et par de douces paroles ils mènent gaiement leurs sujets aux mines qui se trouvent dans deux régions de l'île.[16]

intenti nunc auri fodinis Hispaniolae, nondum opifices in eam insulam miserunt[c] ; parare tamen paulatim sese ad id incipiunt. Hispaniolae uero prouentus reliqui[d] posthabentur omnes, omnisque ad aurum legendum cura est directa ; cui opificio ordo est datus huiuscemodi. Cuique uiro industrio qui alicuius momenti sit, unus aut plures Cacici, idest Reguli, cum suis quisque subditis assignantur. Cacicus certis anni temporibus ex foedere cum incolarum turma uenit ad eius, cui addictus est, auri fodinam. Ibi instrumenta illis fossoria assignantur. Statutumque est Cacico et incolis praemium laboris certum, praeter alimoniam[e]. Discedentibus namque ex auri fodinis ad sementes, quibus suis temporibus inuigilant ne desint alimoniae[f], reportant thoracem unus, interiorem textam alius, alius sagulum aut pileum. His namque iam delectantur nec ultra nudi incedunt ; ita et auro et agriculturae incolarum haud aliter ac seruorum opera intendunt. Ferunt iniquo animo iugum, ast ferunt. Anabonas uocant hos mercenarios insulares ; non tamen Rex patitur ut pro seruis habeantur : dantur et tolluntur ad Regis arbitrium[g].

9. Tempore quo accersuntur a Cacicis, eorum Regulis, ueluti a centurionibus milites aut calones, incolae si queunt ad siluas et montes euadunt multi, contenti eo tempore siluestribus cibis, latitantes ne laborem illum subeant. Dociles uero sunt, priscorum rituum penitus obliti ; pie credunt et recitant quae de nostra fide edocentur. Regulorum filios erudiunt domi primarii ex nostris, litterasque ast uulgares et urbanos mores facile pueri ebibunt. Grandaeuos ad natales[a] mittunt, si praecipue patres interierint, gubernatum auitos incolas. Hi iam fide ualent in Christum, et nostros incolasque suos in amore retinent, ac blandis suasionibus hilares ducunt ad auri fodinas, quae duabus in regionibus insulae iacent.

8. c. miserunt *C A* : destinarunt *H* || d. reliqui *C A* : relinqui *H* || e. praeter alimoniam *C A* : ultra alimenta *H* || f. alimoniae *C A* : alimenta *H* || g. anabonas... arbitrium *om. H.*

9. a. natales *C A* : -lis *H.*

10. L'une d'elles, appelée San Cristobál, se trouve à trente milles environ[17] de la ville de Santo Domingo. Mais à quatre-vingt dix milles environ[18] s'en trouve une autre qu'on appelle Cibao, là où se situe Puerto Reál : ces régions sont de vastes territoires. Là, en plusieurs lieux, on trouve, soit sur le sol, soit dans les rochers, des pépites ou des lamelles d'or, parfois petites mais dans la plupart des cas d'un bon poids, parfois de plus de trois cents livres[19]. Cependant on en a trouvé une, d'or, qui pesait trois mille trois cent dix livres[20]. Et, comme vous l'avez entendu dire alors, elle était rapportée, entière, aux souverains sur le navire qui ramenait en Espagne le gouverneur Bobadilla et qui disparut par le fond avec tous ses passagers parce qu'il était trop chargé d'hommes et d'or[21]. Plus de mille hommes ont vu cette pépite et l'ont touchée. Mais je veux qu'on comprenne que ce que j'appelle une livre ne pèse pas une livre mais le poids d'un ducat d'or plus un tiers de ducat. On le nomme *peso* et vous, les Espagnols, vous l'appelez castillan d'or[22].

11. On transporte tout l'or qu'on extrait dans les montagnes de Cibao et à Puerto Reál à la place forte appelée Concepción ; là des ateliers équipés reçoivent l'or et en font des barres ; et on y donne à chacun la part qui lui revient pour son travail, après avoir mis de côté la part du roi qui est d'un cinquième. Mais l'or recueilli dans la région de San Cristobál revient aux ateliers de la place forte de Buenaventura. Plus de trois cent mille livres[23] sont fondues chaque année dans les deux ateliers.

12. Si quelqu'un a fraudé en empêchant que l'or trouvé fût remis aux magistrats du roi, le propriétaire de l'or est condamné par la loi. Des litiges surviennent souvent entre tous les Espagnols de l'île, et si le magistrat d'Hispaniola ne peut les régler le procès est confié, en appel, au conseil royal[24]. Les sentences de cette cour sont souveraines dans tous les royaumes qui dépendent de la Castille. Mais à notre époque les sénateurs sont des hommes remarquables, tous nobles, de sang pur[25], et j'ai décidé de les

10. Ad miliare circiter trigesimum ab urbe Dominica Sancti Christophori dicta una. Ad miliare uero circiter nonagesimum altera quae dicitur Cibaua, ubi Portus Regalis ; magni tractus sunt hae regiones. Vbi passim superficialiter interdum, alicubi inter saxa globi aut laminae reperiuntur aureae, minutae interdum, plerisque in locis magni ponderis, tricentorum pondo globi interdum amplius. Ast unus repertus fuit trium millium tricentorum decem auri pondo. Qui, uti aliquando audisti, integer ad Reges ferebatur in ea naui qua Bobadilla[a] gubernator in Hispaniam redibat et prae nimio gentium et auri pondere summersa interiit, cum iis qui inerant omnibus. Globum eum mille amplius homines[b] uiderunt atque attrectauerunt[c]. Pondus autem hoc a me sic appellatum non libram intelligi uolo aequare [d]sed ducati aurei et trientis ; summam uocant ipsi pesum[d], summamque ponderis eius castellanum aureum appellatis Hispani.

11. Quicquid auri effoditur in montibus Cibauis[a] et Portu Regali ad Conceptionem, oppidum ita appellatum, fertur ; ibi officinae paratae aurum suscipiunt[b] et conflant in uectes. Dantque accepta parte regia, quae est quinta, cuique portionem quam attulit ex suo labore. Id uero auri quod in regione Sancti Christophori legitur ad officinas oppidi Bonauenturae affertur. Supra tercentum millia auri pondo quotannis in duabus officinis conflatur.

12. Si quis fraudasset[a] detinendo quin magistratibus regiis adsignetur quicquid auri reperitur, lege multatur auri dominus[b]. Incidunt inter eos saepe contentiones, quas nisi potis sit insularis magistratus sedare, per appellationem ad curiae senatum lis defertur. A cuius sententia non licet in omnibus Castellae regnis retrocedere aut diuertere. Sunt autem nostra tempestate[c] Senatores insignes uiri nobiles omnes ex sanguine nitido. Quos

10. a. bobadilla *A* : boadilla *H C* || b. homines *C A* : -num *H* || c. attrectauerunt *C A* : -tarunt *H* || d. — d. *C A* : pondo autem ducati aurei et trientis summam librat et *H*.

11. a. cibauis *C A* : -anis *H* || b. suscipiunt *C A* : soluunt *H*.

12. a. fraudasset *A* : -asse *H C* || b. auri dominus *om.* *H* || c. tempestate *C A* : -etate *H*.

présenter ici selon l'ordre dans lequel ils siègent au conseil pour juger les causes difficiles. La première place est occupée par Antonio Roias, archevêque de Grenade, ton parent, homme de tout premier rang, un vrai Caton, qui a appris à ne pardonner ni à lui-même, ni à ses parents s'ils ont commis un délit, homme d'une parfaite intégrité et d'une grande culture. Cet homme est le premier du conseil ; vous dites, vous, le président. Les autres siègent à ses côtés par ordre de nomination, le plus anciennement nommé étant le premier. Tous sont docteurs, désignés ou décorés. La langue espagnole appelle « désignés » les licenciés en droit ; tous sont nommés par les Rois. Auprès du président est assis le doyen, Pedro Oropesa. Ensuite vient Ludovico Zapato. Ensuite vient Fernando Telles. Le quatrième siège c'est Garcias Moxica qui l'occupe. A la cinquième place siège Lorenzo Carvajal ; à côté se tient Toribio Santiago. Suit Juan Lopez Palacios Rubios et après celui-ci Ludovico Polanco. Après lui c'est Francisco Vargas qui occupe un siège, et il est aussi en même temps trésorier royal. Quant aux deux dernières places, ce sont deux initiés aux sacrements qui les occupent, Sosa et Cabrero, experts en droit canon. Bien que ces hommes n'aient pas le droit de se prononcer dans les affaires criminelles, tout ce qui est procès civil ou litige repose sur leurs épaules.

13. Revenons maintenant à ces nouveaux territoires, dont nous nous sommes éloignés. Ils sont innombrables, variés, riches. Les Espagnols de notre époque ne sont inférieurs ni à Saturne ni à Hercule, ni à aucun des anciens qui cherchèrent et cultivèrent des terres nouvelles . Ah ! Comme la religion chrétienne que verront nos descendants sera étendue, et comme les hommes pourront voyager loin ! Ce que je pense de ces découvertes, je ne peux l'exprimer d'aucune manière, ni oralement, ni par écrit[26]. Je clos donc l'épilogue ajouté à la décade avec l'intention cependant d'étudier et de rassembler une à une toutes les informations à venir, afin de pouvoir les confier à des lettres chaque fois que j'aurai le loisir de le faire. Car le même amiral Colomb, avec quatre navires et cent soixante-dix hommes placés sous ses ordres par les

est consilium eo ordine hic nominatim inserere, quo de rebus dubiis iudicaturi sedent in senatu : primam sedem sibi legit Antonius Roies, Archiepiscopus Granatensis[d], tibi affinis, ingenio primas uir Catoniano, qui neque sibi ipsi aut affinibus[e], si delinquerent, didicit ignoscere, uita integerrimus, litterarum et ipse cultor. Princeps hic senatus est, uos praesidentem dicitis. Ceteri huic astant ordine quem tempus instituit : qui namque prior ad senatum accitus fuit, hic prior sedet. Doctores omnes aut designati aut insignibus decorati, – designatos autem uocat Hispanum idioma licentiatos ex iure –, consultis regnorum delecti omnes. Praesidenti assidet ueteranus nomine Petrus cognomento Oropesa ; sequitur hunc Ludouicus nomine Zapata ; ab hoc habet locum Fernandus cognomento Tellus ; quartam sibi sedem habet Garsias cognomento Moxica ; quinto sedet loco Laurentius cognomento Caruaial[f] ; astat huius lateri Toribius cognomento Santiago ; sequitur Ioannes Lopez Palacios Rubios ; dehinc Ludouicus cognomento Polanco[g] ; ab hoc sedem tenet Franciscus cognomento Vargas, qui una est et regius thesaurarius ; ultimas occupant stationes duo sacris initiati, Sosa et Cabrero, iuris Pontificii periti. His non licet in criminali ulla causa suffragari, horum omnium humeris quicquid litis aut contentionis exoritur, incumbit.

13. Ad nouas iam terras, a quibus digressi sumus, redeamus. Innumerae sunt, uariae, fortunatae. Non Saturno, non Herculi, non cuique ueterum qui nouas oras quaeritauerint ad cultumque redegerint, nostri iuniores cedent Hispani. Proh quam distentam posteri Christianam uidebunt religionem, quam late iam peruagari hominibus licebit ! Quid de hisce rebus sentiam nequeo lingua uel calamo ullo pacto promere. Claudo igitur Decadis perpendicularem epilogum, [a]animo tamen explorandi colligendique cuncta particulatim, ut mandare litteris illa queam quando per otium licuerit. Colonus namque idem Almirantus cum quatuor nauigiis et hominibus centum septuaginta a regibus praebitis

12. d. antonius ... granatensis *C A* : ioannes a silua comes cifonteus regius magnus uexillifer *H* || e. affinibus *C A* : filiis *H* || f. caruaial *A* : carauaial *C H* || g. polanco *H C* : -cos *A*.

13. a. — a. *om. H.*

souverains, a reconnu en l'an 1502 un territoire qui se trouve en face de la pointe occidentale de Cuba[27], à environ cent trente lieues[28]. Entre ces deux terres se trouve une île très riche en blé et en arbres fruitiers, appelée Guanaja. Il s'est ensuite dirigé vers l'orient en suivant cette côte, espérant ainsi revenir à Paria par l'autre côté, mais il n'a pas réussi. On rapporte aussi que Vicente Yañez[29], dont nous avons parlé ci-dessus, un certain Juan Diaz de Solis[30], originaire de Lebrija, et de nombreux autres navigateurs ont pris la direction des rivages situés à l'occident, mais je ne suis pas encore bien informé de leurs aventures. Pour peu que je vive encore, il sera permis de les connaître. Maintenant adieu !

percurrit anno 1502 terram quae occidentem Cubae ultimum spectat angulum ad leucas centum triginta circiter ; quo medio spatio iacet insula frugibus et fructibus arboreis fortunatissima nomine Guanassa, uertitque se inde ad orientem per eius litoris oras, uersis uestigiis putans se litus Pariae reperturum, sed minime cessit. Procurrisse quoque feruntur ea litora occidentalia Vincentius Agnes de quo supra et Ioannes quidam Diaz Solisius Nebrissensis multique alii, quorum res nondum bene didici. Modo uiuam aliquando illa uidere licebit[a]. Nunc uale.

TROISIÈME DÉCADE
QUATRIÈME LIVRE

1. J'avais décidé, très Saint Père[1], d'arrêter là mon ouvrage, mais une sorte de feu intérieur m'aiguillonne et m'exhorte à prolonger un peu mon récit. J'ai dit que le Veragua[2] avait été découvert par Colomb. J'aurais l'impression de faire tort à cet homme et de commettre un crime impardonnable si je passais sous silence les peines qu'il a endurées, les soucis permanents qui furent les siens et enfin les difficultés qu'il a affrontées lors de sa navigation[3].

2. En l'an 1502 de notre ère, six jours avant les ides de mai[4], Colomb leva l'ancre[5] et quitta Cadix avec une escadre de quatre navires de cinquante et soixante tonneaux[6] et cent soixante-dix hommes[7], et il atteignit les Canaries en cinq jours au terme d'une heureuse navigation[8]. De là, il fut poussé vers la Dominique, qui est la patrie des Caraïbes, en seize jours, et de cette île il gagna Hispaniola en cinq jours. C'est donc en vingt-six jours qu'il traversa l'océan d'est en ouest, grâce aux vents et aux courants favorables, et qu'il navigua de l'Espagne à Hispaniola[9]. Les marins ont rapporté que ce fut une traversée de mille deux cents lieues[10]. On s'attarde peu à Hispaniola, soit volontairement, soit sur ordre du vice-roi[11].

3. Colomb écrit qu'après s'être dirigé droit vers l'occident et avoir laissé à tribord, au nord, les îles de Cuba et de la Jamaïque, il a abordé une île au sud de celle-ci, appelée Guanassa par ses habitants, entièrement couverte de végétation et plus fertile que tout ce qu'on pourrait imaginer. Parcourant les rivages de cette île il rencontra deux monoxyles du pays, dont nous avons suffisamment parlé dans ce qui précède. Attachés au cou, des esclaves nus les tiraient par des cordes, comme c'est généralement le cas quand on remonte les fleuves. Et dans ces monoxyles se faisaient transporter un personnage important, son épouse et ses enfants, tous nus. Sur ordre de leur maître, les esclaves faisaient orgueilleusement signe aux nôtres, qui étaient descendus à terre, d'obéir à ceux qui s'en venaient. Devant leur refus ils les menaçaient, et leur simplicité

TERTIAE DECADIS
LIBER QVARTVS

1. Hic sistere, Pater Beatissime, statueram, sed igniculus quidam tortor animi producere parumper sermonem hortatur. Beraguam dixi primo repertam a Colono. Defraudare uirum et[a] admittere scelus mihi uiderer inexpiabile, si labores toleratos, si curas eius perpessas, si denique discrimina quae subiuit ea nauigatione silentio praeterirem.

2. Is a Salute Nostra MDII sexto Idus Maii cum classicula nauium quatuor cuparum in singulas quinquaginta et sexaginta cumque hominibus centum septuaginta soluit e Gadibus, et felici cursu Canarias praehendit in diem quintum. Inde appulsus est ad Insulam Dominicam, quae Caribium est patria, die sexto decimo ; captauit e Dominica Hispaniolam die quinto. Sexto igitur et uigesimo die, uentis lapsuque Oceani ab oriente in occidentem fluentis adiuuantibus, ab Hispania nauigauit ad Hispaniolam ; qui cursus mille ac ducentarum leucarum a nautis esse perhibetur. In Hispaniola siue libens siue monente Prorege parum moratur.

3. Occidentem recta secutus, Cuba Iamaicaque insulis a Septentrione in dextram relictis, in insulam se incidisse meridionaliorem Iamaica scribit, nomine incolarum Guanassa, uirentem uniuersam uberemque supraque credibile cuique sit. Eius insulae litora percurrens duobus occurrit prouincialibus monoxylis de quibus satis late diximus in superioribus. Restibus iugata mancipia nuda trahebant, uti aduersis fluminibus solet fieri. Monoxylis primarius insularis uehebatur cum uxore ac liberis nudis omnibus. Nostris qui descenderant in terram superbe mancipia innuebant ex heri mandato, ut cederent uenientibus. Minabantur recusantibus ; tanta est eorum simplicitas

Titulus. tertiae decadis liber quartus *C* : tertiae decadis caput quartum *A* || **1** a. et *C* : et *om. A.*

est si grande qu'ils n'ont craint ni les navires, ni la puissance ni le nombre des nôtres, et ne s'en sont pas étonnés. Ils pensaient que nos hommes témoigneraient à leur maître autant de respect qu'eux-mêmes. On comprit que c'était un marchand qui revenait de territoires étrangers. Les habitants de ces contrées ont des marchés ; c'est à cet effet que cet homme transportait des marchandises : des clochettes de laiton, des rasoirs, des couteaux et des lames de pierre jaune, brillante et translucide[12], emmanchées sur un morceau de bois dur pour faire des haches. Il transportait aussi des ustensiles, des plats de cuisine et de la vaisselle admirablement ouvragée, soit de bois, soit de la même pierre que les haches, mais surtout des couvertures et des étoffes de gossapin tissé, de différentes couleurs. Nos hommes s'emparèrent du maître, de sa famille au complet et de toutes leurs affaires. L'Amiral ordonna cependant bientôt de les laisser libres et commanda qu'on leur rendît la plus grande partie de leur fourniment afin de se les concilier.

4. Colomb reçut des informations sur la nature de la terre qui s'étendait au-delà vers l'ouest. Il choisit de faire route droit dans cette direction. A un peu plus de dix milles[13] il trouva une vaste région appelée Quiriquetana par ses habitants ; lui cependant la baptisa Ciamba[14]. Il fit célébrer un office sur le rivage et découvrit que ce territoire était peuplé d'un grand nombre d'habitants qui allaient nus. Ces hommes doux et simples, une fois leur crainte envolée, affluaient vers les nôtres comme vers un prodige, chargés de mets du pays et d'eau fraîche. Ils reculaient respectueusement après avoir offert leurs présents, revenant sur leurs pas tête baissée. Colomb fit donner, en échange des offrandes apportées par ces hommes, des cadeaux pris parmi les biens de notre pays, par exemple des colliers de perles de verre et des miroirs, des aiguilles, des épingles, et d'autres marchandises de ce genre, inconnues de ces hommes.

5. Dans ce vaste territoire se trouvent deux régions : l'une s'appelle Taïa, l'autre Maïa[15]. Colomb écrit que toute cette terre est très salubre, agréable par la douceur de son climat et extrêmement favorisée. Il rapporte qu'il n'y a pas de lieu plus fertile que celui-ci, qu'il possède un climat admirablement tempéré et qu'il est en partie montagneux, en partie orné d'une vaste plaine ; il ajoute cependant qu'il est partout planté d'arbres et d'herbe, et qu'il jouit d'un automne et d'un printemps perpétuels,

ut nec ueriti sint neque admirati nostrorum uel nauigia uel potentiam[a] aut multitudinem. Putabant nostros ea qua ipsi reuerentia colebant herum assurrecturos. Ab alienis terris mercatorem esse redeuntem intellexerunt. Nundinas exercent ; nundinarias merces ille ferebat, aurichalcea tintinabula, nouaculas cultellosque ac secures e lapide flauo diaphono lucido generi cuidam ligni tenaci manubriato. Vtensilia etiam, coquinariaque uasa et fictilia arte mira e ligno partim, partim ex eodem marmore laborata, sed lodices praecipue supellectiliaque gossampina uariis intexta[b] coloribus uehebat. Dominum et uniuersam eius familiam remque omnem praehenderunt. Solui tamen mox Praefectus illos iussit, et rerum partem maiorem restitui quo beneuolos redderet imperauit.

4. De natura terrae ulterioris ad occidentem didicit. Recta carpit iter ad occidentem. Ad milliaria decem paulo amplius tellurem reperit uastam nomine incolarum Quiriquetanam ; ipse uero Ciambam nuncupauit. Rem diuinam in littore iussit celebrari. Habitatoribus nudis plenam reperit. Hi mites ac simplices, posito timore, ad nostros, ut ad rem mirandam, prouincialibus cibis et aqua recenti onusti confluebant. Oblato munere uersis uestigiis capite obstippo reuerenter retrocedebant. Pensauit munera illorum muneribus rerum nostrarum, calculorum puta uitreorum sertis et speculis quibusdam, acubusque ac spintheribus et huiuscemodi mercibus illis peregrinis.

5. In magno illo tractu[a] regiones sunt duae, Taia haec, Maia illa appellatae. Vniuersam scribit terram illam esse salubrem, amoenam clementia caeli, fortunatam optime. Nulli terrarum ubertate agrorum postferendam, temperie mira praeditam et montanam refert partim, partim lata planitie nobilem, arboriferam ubique herbidamque ac perpetuo uere autumnoque

3. a. potentiam *C* : pontentiam *A* || b. intexta *A* : intesta *C.*
5. a. tractu *ego* : tractatu *C A.*

puisque les arbres sont toute l'année couverts à la fois de feuilles et de fruits. Il affirme aussi que cet endroit possède un grand nombre de pins, des chênes, et sept espèces de palmiers dont les uns portent des dattes tandis que les autres sont stériles. La terre produit d'elle-même, parmi les arbres, des sarments d'où pendent des grappes mûres, mais ce sont des raisins sauvages. L'Amiral rapporte que chez ces hommes les autres fruits du pays, savoureux et nourrissants, poussent en si grand nombre qu'on ne se soucie nullement de cultiver la vigne. Les peuples de ces contrées fabriquent avec le bois de certains palmiers des hampes de javelots et des *machanas*, c'est-à-dire de larges épées de bois. Cette terre produit des arbres à gossapin en tous lieux et aussi des mirobolans de plusieurs sortes, par exemple des embliques et des chebules, selon leur appellation médicinale. Elle donne aussi du maïs et du manioc, des ignames et des patates comme les autres régions de ce territoire. Ce lieu abrite aussi des lions, des tigres, des cerfs, des chevreuils et des animaux de ce genre[16], ainsi que des oiseaux variés parmi lesquels ils élèvent, en guise de volailles, ceux qui ressemblent à des paonnes par la couleur, la taille, le goût et la saveur comme nous l'avons dit plusieurs fois.

6. On dit que les habitants des deux sexes sont grands et bien découplés et qu'ils couvrent leurs parties génitales d'étoffes de gossapin tissé aux multiples couleurs. Pour être élégants, ils se peignent eux-mêmes en rouge et en noir avec le jus de certains fruits qu'ils cultivent à cet effet dans des jardins, comme le faisaient les Agathyrses[17]. Les uns teignent tout leur corps, les autres des parties seulement, mais la plupart d'entre eux dessine avec minutie des fleurs, des roses ou des entrelacs compliqués, suivant le goût de chacun. Leur langage est tout à fait différent de celui des habitants des îles voisines.

7. Les eaux coulaient vers l'ouest à la manière d'un torrent ; Colomb décida cependant de chercher à gagner l'orient de cette terre, espérant rejoindre Paria, Boca del Dragón et les autres rivages découverts à l'est que nous avons déjà mentionnés, car il pensait qu'ils étaient contigus à la terre où il se trouvait, ce qui était le cas[18]. Le treizième jour avant les calendes de septembre il leva donc l'ancre et quitta le vaste territoire de Quiriquetana[19]. A trente lieues il découvrit un fleuve à l'embouchure duquel il puisa de l'eau douce[20] quoiqu'il fût encore en mer. Il n'y avait sur les rives ni rochers ni cailloux, et partout le fond permettait de jeter l'ancre.

gaudentem, arboribus toto anno frondentibus et pomiferis. Illicetis[a] pinetisque ait esse refertam, ac palmarum generibus septem[b] quarum aliae dactiliferae, steriles aliae sunt ; pelgoras, uuis pendentibus maturis sed labruschis, terra gignit suapte natura inter arbores. Tantam refert esse apud hos suauium utiliumque fructuum natiuorum copiam aliorum, ut de uuis colendis nulla sit cura. Ex palmarum quodam genere machanas, idest enses ligneos latos, et iaculares hastas construunt. Gossampinas arbores nutrit ea tellus uulgo, myrabolanos etiam diuersarum specierum emblicos puta et checubos medicorum appellatione. Maizium et haec terra generat ac iuccam, ages et batatas, uti ceterae regiones illae ; eadem et leones nutrit ac tigres, ceruos, capreolosque et huiuscemodi animalia, uolucres etiam diuersas inter quas pro altilibus habent eas quas pauonibus feminis colore ac magnitudine similes esse, gustu etiam et sapore diximus aliquando.

6. Proceros esse aiunt ac pulchre formatos incolas utriusque sexus. Quos ait pudenda tegere gossampinis uelaminibus intextis diuersis coloribus. Ad elegantiam se ipsos depingunt quorumdam pomorum succo ad id in hortis nutritorum, nigris ac rubentibus, uti Agatirsos legimus. Totum inficiunt alii corpus, partes alii, plerique autem tractim flores aut rosas effigiant, aut implicitos laqueos prout cuique sedet appetitu. Idiomata sunt penitus alia ab insularibus conuicinis.

7. More torrentis aquae defluebant ad occidentem ; statuit tamen orientem eius terrae quaerere, animo uertens Pariam osque Draconis et alias quas iam descripsimus ab oriente repertas oras, contiguas esse uti erant existimans. Ex ampla igitur Quiriquetana decimo tertio Calendas Septembris soluit. Ad leucas triginta fluuium reperit, extra cuius ostium dulces haustus sumpsit in mari. Litus erat scopulis et rupibus purgatum, fundo ad iaciendas anchoras ubique apto. Tantam

5 a. illicetis *C* : illignetis *A* || b. septam *A* : septem *C*.

Colomb écrit que le courant marin[21] contre lequel il luttait était si fort qu'en quarante jours on put à peine parcourir soixante-dix lieues[22]. Il avançait en louvoyant sans cesse et en faisant faire à son escadre des détours au large ; et il découvrait parfois qu'il avait été repoussé et ramené en arrière par le courant violent lorsqu'il voulait, le soir, regagner la terre ferme, craignant de faire naufrage sur des côtes inconnues dans l'obscurité de la nuit. L'Amiral écrit avoir découvert, sur une distance de huit lieues[23], trois immenses fleuves d'eau limpide sur les rives desquels croissaient des roseaux plus gros qu'une cuisse[24]. On trouvait aussi en très grand nombre des poissons et de grosses tortues ainsi que, dans la plupart des lieux une multitude de crocodiles[25] qui paressaient au soleil sur le sable, la gueule grande ouverte, et divers animaux dont l'Amiral n'a pas donné les noms. Colomb rapporte que ce territoire présente des aspects variés : il est en certains points pierreux et bordé de promontoires rocheux et de roches rongées ; en d'autres il ne le cède à aucune terre en ce qui concerne la qualité du sol.

8. L'Amiral signale par ailleurs que le nom donné aux rois et aux premiers citoyens varie selon les contrées : les uns nomment le prince « cacique », comme nous avons vu que le faisaient d'autres peuples ; d'autres, ailleurs, le nomment *quebi* et en un troisième lieu on l'appelle *tiba.* Ils appellent un homme de premier rang ici *sacco,* là *iura.* On appelle *capra* celui qui s'est courageusement conduit dans un combat contre l'ennemi et qui présente un visage marqué de cicatrices, et on le considère comme un héros. En général on appelle l'homme *chynis* et parfois *home.* Si on veut dire : « homme, prends ceci » on dira : « *hoppa home* ».

9. L'Amiral rencontra ensuite un autre fleuve où les grands bateaux pouvaient naviguer, devant l'embouchure duquel se trouvaient quatre petites îles couvertes de fleurs et d'arbres, qui formaient un port. Il appela ces îles Quatros Tiempos[26]. A treize lieues[27] de celles-ci en continuant toujours vers l'Orient, luttant contre la force des eaux[28], il rencontra douze petites îles et les appela Limones[29] parce qu'elles produisaient un genre de fruit semblable à nos limons. Poursuivant dans la même direction, à douze lieues de là[30], il découvrit un grand port qui s'incurvait dans le rivage, profond de trois lieues[31] et un peu moins large, dans lequel se jetait un fleuve immense. C'est là que bientôt se perdit Nicuesa[32] tandis qu'il cherchait le Veragua, comme nous l'avons raconté plus haut. De là vient que des hommes venus plus récemment ont appelé ce fleuve Fleuve des Perdus.

scribit fuisse uim oppositi torrentis Oceani ut diebus quadraginta leucas uix potuerit septuaginta percurrere. Claudicando semper et gyris per altum agendo classiculam procedebat ; interdumque se repulsum et retro raptum reperiebat impetu aquarum, terram captare uolens ad uesperum ne per noctis tenebras in ignotis litoribus naufragarentur. Intercapedine leucarum octo, tria se ingentia flumina nitidarum aquarum scribit reperisse, in quorum marginibus cannae crassiores humano foemore gignebantur, pisciumque ac magnarum testudinum copiam ingentem, et plerisque in locis crocodillorum multitudinem in arena uasto hiatu solem captantium, uaria etiam animalia quibus nomen non dedit. Variamque refert eius telluris faciem esse, saxeam alicubi et promontoriis fultam[a] squalidis ac rupibus ambesis, alibi benignitate soli nulli terrae cedentem.

8. Varia etiam in uariis oris regum et primariorum nomina. Vocant Regulum Cacicum ut alias diximus, alibi Quebi, Tiba uero alicubi. Primarium autem, alicubi saccum, alibi iura. Eum qui strenue se gessit in pugna hostili et signatam cicatribus faciem ostentat cupram[a] appellant, habentque pro heroe. Vulgum nuncupant chynis hominem, alicubi dicunt home. « Accipe homo » si quis dicere uoluerit, hoppa home dicet.

9. Alius deinde fluuius grandibus nauigiis aptus occurrit, ante cuius fauces quatuor insulae paruae floridae atque arboriferae iacebant, quae portum efficiebant. Has Quatuor Tempora uocitauit. Ab his, ad leucas terdecim ad orientem semper contra uim aquarum tendens, duodecim paruas praehendit insulas : has quia praeditas nouo genere fructuum limones nostros aemulantium Limonares appellauit. Eadem uia pererrans ad leucas duodecim magnum reperit portum leucarum trium spatio sese in terram insinuantem pauloque minus latum, in quem fluuius ingens cadebat. Ibi amissus est postmodum Nicuesa, Beraguam quaeritans uti supra diximus ; unde Perditorum fluuium recentiores nuncuparunt.

7 a. fultam *A* : fultum *C* || **8** a. cupram *C* : capram *A*.

10. Luttant sans cesse contre la violence des courants[33], l'amiral Colomb découvrait des montagnes variées, des vallées diverses, des fleuves et des ports. Il rapporte que les effluves qui naissaient de toute chose étaient doux et vivifiants et qu'aucun de ses compagnons ne tomba malade avant d'atteindre la région appelée Quicuri par ses habitants, qui forme un cap[34] et où se trouve le port de Cariai[35] : celui-ci fut appelé Mirobolan par l'Amiral lui-même parce que cet arbre y pousse. Dans ce port de Cariai deux cents habitants viennent à la rencontre de nos hommes ; chacun tient à la main trois ou quatre javelots ; ils paraissent doux et hospitaliers mais attendent de savoir ce que veut ce peuple inconnu, prêts à toute éventualité. Ils demandent une entrevue. Après qu'on leur a adressé des signes de paix ils viennent vers les nôtres à la nage et entrent en relation. Ils demandent à échanger des biens : pour conquérir leur bienveillance l'Amiral ordonne qu'on leur distribue certains de nos objets mais sans rien prendre en échange ; par des signes, puisque les nôtres ne comprenaient aucun mot de leur langue, ces hommes refusent notre offre, soupçonnant quelque ruse dans les dons qui leur étaient faits. Puisque nos hommes avaient refusé de recevoir leurs présents ils laissèrent à leur tour sur le rivage tout ce qui leur avait été offert. La politesse des habitants de Cariai est telle, et leur gentillesse est si grande, qu'ils préféraient donner que recevoir. Ils envoyèrent à nos hommes deux vierges d'une grande beauté et indiquaient qu'on pouvait les emmener. Celles-ci, comme les autres femmes, couvraient leur sexe d'étoffes de gossapin : c'est en effet la coutume des femmes de Cariai, mais les hommes vivent nus. De même les femmes séparent leurs cheveux tandis que les hommes les laissent pousser sur l'arrière du crâne et les rasent sur le front. Ils les attachent aussi avec des bandelettes blanches et les enroulent autour de la tête, comme nous le voyons faire aux filles de nos contrées. L'Amiral renvoya les jeunes filles vêtues et munies de beaux présents, avec un petit bonnet de laine rouge pour offrir à leur père. Mais de nouveau tous ces présents furent déposés sur le rivage parce que les nôtres avaient refusé les dons de ces indigènes. Cependant l'Amiral emmena avec lui deux des leurs, des volontaires, afin qu'ils apprissent notre langue ou que nos hommes apprissent la leur.

10. Continuo cursu tendens contra pelagi furorem Almirantus Colonus uarios reperiebat montes, ualles uarias, fluminaque ac portus. Spiritus rerum omnium suaues fuisse atque recreantes naturam refert, neque incidisse in aduersam ualetudinem e sociis quemque ad regionem usque, incolarum appellatione Quicuri, ultima acuta, in qua portus est Cariai. Ab ipso Almiranto Myrobolanus appellatus, quia natiua sit ibi arbor illa. In hoc portu Cariai sese obiiciunt circiter ducentum incolae, manu gestantes terna quaternaque iacula, mites tamen et hospitales, sed quid sibi gens haec noua quaereret parati exspectantes. Colloquia petunt. Dato signo pacis, natando nostros adeunt, commercia ineunt. Permutationem rerum postulant. Dari e nostratibus rebus ad eorum beneuolentiam captandam Almirantus sed gratuito imperat. Per signa gratiam recusant- neque enim ullum ex horum idiomate uocabulum perceperunt-, fraudem aliquam inesse nostris donis suspicati ; ut ipsorum oblata nostri recipere renuissent, quicquid fuerat impartitum in litore liquerunt. Tanta pollent Cariairenses urbanitate atque animi benignitate ut magis dare quam recipere studerent. Puellas ad nostros uirgines formae elegantis misere duas, quas ut abducere liceret insinuabant. Hae ut ceterae feminae pube tenus fascia tegebantur gossampina. Is enim est feminarum Cariairensium mos, uirorum autem nude agere. Scindunt et crines feminae, uiri nutriunt occipite, a fronte radunt. Colliguntque uittis candentibus et in orbem circumducunt capiti, uti nostrates uidemus puellas. Almirantus indutas ac bene donatas cum rubro laneo pileolo genitori earum praebendo remisit. Sed cuncta iterum in litore locata sunt, quia ipsorum dona recusassent nostri. Duos tamen uiros et eos non inuitos secum aduexit, quo uel illi nostram, uel nostri Cariairensem perdiscerent linguam.

11. Colomb découvrit que la marée était peu sensible dans ces parages en voyant des arbres plantés sur le rivage de la même manière que sur les rives des fleuves. D'autres disent aussi de même, expliquant que ces rivages connaissent un flux et un reflux de peu d'amplitude, et que seule une partie du rivage se couvre d'eau sur le continent et même dans les îles. L'Amiral affirme qu'en face de ce rivage poussent en pleine mer des arbres qui courbent leur branches après qu'elles se sont élevées au- dessus de l'eau ; des rejetons s'y appliquent, de la même manière que les boutures des vignes enfoncées dans le sol s'enracinent, et ces branches font des racines et deviennent des arbres de la même espèce qui restent toujours verts[36]. Pline mentionne des arbres de ce genre dans le douzième livre de son *Histoire Naturelle*, mais ils poussent en sol aride et non dans la mer[37].

12. Les rivages de Cariai abritent des animaux identiques à ceux que nous avons signalés ailleurs, mais nos hommes ont trouvé un animal très différent : il est semblable à un grand cercopithèque, avec une queue plus longue et puissante ; suspendu par cette queue il prend son élan en se balançant trois ou quatre fois, passe de branche en branche et saute d'arbre en arbre comme s'il volait[38]. Un de nos archers toucha d'une flèche un de ces animaux : blessé, le cercopithèque tombe et attaque rageusement l'ennemi qui l'a atteint. Le chasseur avance contre la bête l'épée à la main ; il lui coupe le bras et soumet l'animal estropié qui résistait sauvagement. Conduit aux navires, celui-ci s'apprivoisa peu à peu parmi les hommes qui le gardaient enchaîné. D'autres chasseurs amènent un sanglier[39] trouvé dans les marais du rivage : en effet le désir de s'approvisionner en viande contraignait les hommes à parcourir les fourrés. On met en présence le cercopithèque et le sanglier, lui aussi sauvage. Chacun des deux arrache à l'autre des touffes de poils ; le cercopithèque, enragé, bondit sur le sanglier, l'entoure de sa queue ; le saisissant à la gorge avec le bras qui lui avait été laissé par le chasseur qui l'avait vaincu, le cercopithèque étouffa le sanglier qui se débattait : voilà les bêtes féroces qu'abrite cette terre, ainsi que d'autres de ce genre.

13. Les habitants de Cariai conservent eux aussi le corps de leurs parents et des personnalités importantes après les avoir fait dessécher sur des claies, entourés de feuilles d'arbres. Le peuple quant à lui utilise comme tombeaux les bois et les forêts.

11. Maris aestu parum quati tractus illos cognouit, quod haud secus litori ac fluuiorum ripis arbores inhaererent. Idem aiunt et ceteri oras illas tractantes exiguo fluxu ac refluxu omnium illarum terrarum insularum etiam litora madefieri. In huius terrae prospectu inquit in mari ipso gigni arbores quae ramos incuruent postquam altius emerserint ad profundum, quo applicatae cuspides uti propagines uitium solo demersae radices creant, et in sui generis arbores perpetuo uirentes prodeunt. De huiuscemodi arboribus Plinius in duodecimo Naturalis Historiae, sed in arido solo, non autem in mari.

12. Animalia nutriri in ora Cariai eadem quae alibi diximus, sed unum reperere naturae longe dissonae : id est grandi cercopiteco par, cauda longiore procerioreque ; cauda suspensus et uim terque quaterque sese deuoluens capiendo, ex ramo transilit in ramum et ex arbore sese proiicit in arborem ac si uolitaret. Arcuarius e nostris unum sagitta confixit. Vulneratus se deiicit cercopitecus, hostem uulneratorem rabidus adoritur. Stricto ense agit in pecus uenator. Lacertum cercopiteco abscidit, cepitque mancum ferociter renitentem. Ad classem perductus mansueuit inter homines parumper, dum sic ferreis uinctum catenis seruarent. E litoribus trahunt paludibus aprum uenatores alii : cogebat namque carnium desiderium nemora perlustrare. Cercopiteco aper et ipse ferox ostenditur. Setas excutit uterque, in aprum cercopitecus furibundus salit, cauda circumligat aprum. Cum seruato a uenatore uictore suo lacerto guttur apro praehendit, reluctantem aprum suffocauit cercopitecus. Haec et huiuscemodi monstra nutrit alia tellus illa.

13. Seruant et Cariairenses dessicata cratibus procerum et parentum cadauera foliis arborum inuoluta ; populo nemora siluaeque sunt addicta sepulchris.

14. S'éloignant de Cariai, à vingt lieues environ[40], les nôtres découvrirent une baie si large qu'elle mesure, croit-on, dix lieues de circonférence[41]. Quatre petites îles fertiles, situées à une faible distance les unes des autres, à l'entrée de l'anse, en font un port sûr : c'est celui qui forme un cap et dont nous avons dit plus haut qu'il est appelé par ses habitants Cerabaro ; mais nos hommes apprirent qu'en réalité une seule partie de cette côte est appelée ainsi : c'est la rive située à tribord en entrant dans ce port ; la rive à bâbord est nommée Aburema. On dit que tout ce port est très peuplé grâce à ses îles fertiles, nombreuses et plantées d'arbres, qu'il possède partout un fond clair où on peut jeter l'ancre, et une merveilleuse abondance de poissons. Les deux terres qui le touchent ne le cèdent à aucun territoire, d'après les Espagnols, pour ce qui est de la fertilité du sol. Nos hommes prirent avec eux deux habitants du pays.

15. Les habitants de ces contrées parent leur cou de colliers d'or qu'ils appellent *guanines*, habilement façonnés en forme d'aigle, de lion ou d'animaux de ce genre ; mais on s'aperçut que cet or n'était pas pur[42]. Nos hommes apprirent, par les deux habitants de Cariai qu'ils avaient emmenés avec eux comme nous l'avons dit, que les régions de Cerabaro et Aburema sont riches en or[43], et que les indigènes de Cariai y avaient acquis, par le troc, tout l'or dont ils étaient parés. Ils apprirent à nos hommes qu'il y a, dans les régions de Cerabaro et d'Aburema, cinq bourgs célèbres par l'or qu'on y trouve, situés à l'intérieur des terres, non loin de la côte : en effet les deux peuples ont toujours entretenu des relations commerciales depuis l'époque de leurs ancêtres. Voici les noms de ces villages : Chirara, Puren, Chitaza, Jureche, Atamea. Tous les hommes de la province de Cerabaro vont entièrement nus, mais ils sont peints de différentes manières ; ils s'amusent à tisser des guirlandes de fleurs et des colliers de griffes de tigre ou de lion[44]. Les femmes ne couvrent que leur sexe, au moyen d'une étroite bande de gossapin.

16. Lorsqu'ils furent enfin sortis de ce port[45], en suivant le même rivage, sur la rive d'un fleuve découvert à dix-huit lieues de là[46], ils rencontrent trois cents hommes nus venus à leur rencontre, menaçants, qui poussaient des cris et jetaient à nos hommes de l'eau dont ils avaient rempli leur bouche, ou des herbes du rivage. En lançant des traits, en dardant des piques

14. Procedentes ex Cariai ad leucas uiginti circiter, sinum reperere amplum adeo ut in gyrum putent leucas continere decem. Quatuor insulae paruae feraces exiguo discretae interuallo sinus faucibus obiectae tutum efficiunt portum. Is est portus quem alias diximus appellari ab incolis Cerabaro, ultima acuta ; sed unum eius litoris latus tantum ita uocitatum nunc didicere, atque id dextrum ingrediendo ; laeuum autem Aburema nuncupatur. Insulis inquiunt uniuersum feracibus et frequentibus celebrem esse atque arboriferis, fundo ad anchoras iaciendas ubique apto nitidoque, ac mira piscium copia pollentem. Vtraque terra adiacens ubertate soli nulli terrarum eorum iudicio cedit. Duos incolas ad manus habuere.

15. Colla incolae monilibus quae appellant guanines aureis, in aquilas aut leones uel animalia huiuscemodi affabre effigiatis ornant, sed aurum id minime purum esse cognouerunt. A duobus illis Cariairensibus quos abductos diximus nostri didicerunt Cerabaroam et Arubemam regiones auro dites esse Cariairensesque rerum suarum permutatione uniuersum aurum quo ornantur ab his adeptos fuisse. Quinque pagos auro legendo egregios inesse Cerabarois et Aburemanis regionibus, a litore in internis distantibus non longo tractu Cariairenses nostris aperuerunt, commercia namque a maioribus eorum utraeque nationes frequentarunt semper. Pagorum nomina haec esse perhibentur : Chirara, Puren, Chitaza, Iureche, Atamea. Viri omnes Cerabaroae prouinciae nudi sunt penitus, sed uariis depicti modis. Sertis floridis et coronis ex leonum et tigrium unguibus contextis oblectantur. Feminae angusta gossampina uitta pudenda tantum contegunt.

16. Hinc iam tandem egressi, per idem litus ad leucas octodecim, in fluminis reperti ripa occurrunt uiri nudi tercentum sublatis clamoribus minitabundi, expuentes[a] in nostros, aqua sumpta in os aut litoralibus herbis. Iaculando missilia, uibrandoque hastas

16 a. expuentes *A* : espuentes *C.*

et des *machanas* – épées de bois, avons-nous dit –, ils essayaient de repousser nos hommes loin de la rive. Ils étaient peints de plusieurs manières, les uns sur tout le corps à l'exception du visage, les autres seulement sur une partie. Ils faisaient comprendre qu'ils ne voulaient conclure avec les nôtres ni paix ni relation commerciale d'aucune sorte. Colomb ordonne de tirer contre eux quelques coups de canon, mais depuis la haute mer afin de ne tuer personne : il s'est en effet toujours tenu à l'avis d'agir pacifiquement envers les peuples nouvellement découverts. Très effrayés par le fracas d'un boulet lancé par la bombarde, tous se prosternent ; ils choisissent la paix. Ils établissent un commerce en échangeant des *guanines* d'or contre des perles de verre et des biens de ce genre. Ces hommes possèdent des tambourins et des conques marines, qu'ils utilisent dans les guerres pour enflammer l'ardeur des soldats au moment de la bataille. Les fleuves de cette région sont Acateba, Quareba, Zobroba, Aiaguit'in, Urida, Durubba, Veragua, et on peut dans tous recueillir de l'or. Les hommes se protègent de la pluie et de l'ardeur du soleil au moyen de longues feuilles d'arbres qu'ils utilisent comme capuches.

17. Ensuite l'Amiral parcourut les rivages d'Ebetere et d'Embigar[47] ; dans ces parages coulent des fleuves d'eau douce extrêmement poissonneux : le Zahoran et le Cubigar[48]. Là cesse la richesse aurifère, au bout d'une cinquantaine de lieues[49]. Il n'y a que trois lieues[50] de là à la roche que nos hommes ont appelée Peñon, comme nous l'avons raconté dans le récit consacré au malheureux Nicuesa. Les habitants appellent la région Vibba ; et dans ces parages se trouve, à six lieues[51] seulement environ, le port nommé Puerto Bello par Colomb, comme nous l'avons dit ; la région de ce port est appelée Xaguaguara[52] par ses habitants. Toute cette terre possède un peuple nombreux mais nu[53]. Au Xaguaguara le cacique se teint de noir, le peuple de rouge. Le roi et les sept premiers personnages portaient dans les narines une lamelle d'or qui pendait jusqu'aux lèvres. Ils s'imaginent qu'il n'y a pas de plus bel ornement. Les hommes protègent leurs parties sexuelles à l'aide d'une coquille marine, les femmes les couvrent d'étoffes de gossapin. Ce peuple fait pousser dans les jardins un fruit semblable à la pomme de pin, dont nous avons dit ailleurs qu'il croissait sur un arbrisseau comme l'artichaut, mais qui est tendre et digne d'un festin royal. Ils ont aussi des coloquintes pour contenir la boisson : mais nous avons assez parlé de cela ailleurs.

et machanas, enses diximus esse ligneos, a littore arcere nostros conabantur. Depicti uariis modis erant, alii praeter faciem corpus uniuersum, tractim alii. Pacem nolle se aut commercium ullum cum nostris insinuabant. Solui tormenta quaedam in illos, sed ab alto ne perimerent quemque imperat ; hoc enim semper sedit Coloni animo ut pacato ageret cum nouis gentibus. Fragore discussae balistae bombardae perterriti, sternuntur omnes. Pacem optant. Commerciantur inuicem, guaninorum aureorum ex aduerso calculorum uitreorum atque huiuscemodi rerum permutatione. Tympana hi habent et marina conchilia quibus ad excitandos animos pugnae tempore utuntur in bellis. In eo tractu flumina sunt Acateba, Quareba, Zobroba, Aiaguitin, Vrida, Durubba, Beragua ; in omnibus aurum colligere licebat. Foliis arborum latis ab aestu pluuiaque penullarum loco se tuentur.

17. Oras inde perlustrauit Ebetere et Embigar. In his flumina labuntur dulcium aquarum et piscium copia egregia, Zahoran et Cubigar. Hic sistit auri ubertas, quinquaginta circiter leucarum tractu. Distat inde leucas tantum tres ea rupes quam in infausto Nicuessae discursu diximus appellari Pegnonem a nostris. Incolarum autem appellatione regio dicitur Vibba ; in quo etiam tractu est portus ad leucas tantum sex quem Bellum diximus a Colono uocitatum, cuius regio Xaguaguara dicitur ab incolis. Populis est ea tellus uniuersa frequens sed nudis. In Xaguaguara regulus nigro, populus rubro coloribus fucantur. Regi et primariis septem e naribus pendebat aurea lamina labiorum tenus. In hoc ornatu summum putant esse decorem. Testa marina uiri pudenda includunt, feminae gossampina teguntur uitta. In hortis hi pineae nuci fructum similem nutriunt quem diximus alias e frutice nasci ueluti carduo sed mollem et regia dignum esca, cucurbiteas quoque arbores ad potus ferendi usum. De his late alias.

Ils appellent l'arbre *hibuero*[54]. Nos hommes rencontraient ici et là des crocodiles qui, lorsqu'ils s'enfuyaient ou plongeaient, laissaient derrière eux une odeur plus suave que le musc et le castoreum. Des hommes qui habitent les rives du Nil m'ont rapporté la même information à propos de la femelle du crocodile dont le ventre surtout exhale des fragrances aussi délicieuses que certains parfums de l'Arabie.

18. Parvenu en ce lieu, l'Amiral est revenu en arrière avec son escadre[55], d'une part parce qu'il ne pouvait plus lutter contre la force du courant et surtout, d'autre part, parce que les navires pourrissaient davantage chaque jour et étaient percés par les pointes de vers[56] que la tiédeur de l'eau faisait naître dans tous ces parages, situés presque sous l'équateur. Le marchand vénitien les appelle *bissa.* Ils se développent aussi dans les deux ports d'Alexandrie en Egypte[57] et ces animaux ruinent les navires qui restent longtemps à l'ancre. Ils sont longs d'une coudée[58] et parfois davantage, mais jamais plus gros que le petit doigt. Le marin espagnol appelle ce fléau *broma.* Craignant donc le *broma,* et épuisé par la lutte contre l'océan, l'amiral Colomb revient vers l'ouest, porté par les flots. Il choisit le fleuve Hiebra, à deux lieues du fleuve Veragua parce qu'il est, dit-on, plus navigable pour les grands navires. Mais c'est du Veragua, pourtant plus petit, que la région tire son nom, parce que le maître des deux fleuves habite près du Veragua[59]. Racontons les bonheurs et les malheurs qu'ils ont connus en ces lieux.

19. S'établissant donc à l'embouchure du fleuve Hiebra[60], Colomb envoie son frère Bartolomé Colomb, adelantado d'Hispaniola, vers le fleuve Veragua avec des chaloupes et soixante-huit hommes[61]. Un prince de la région, peint selon la coutume de son pays, nu et accompagné d'une escorte immense mais sans armes, descend le fleuve à la rencontre de l'Adelantado à bord de monoxyles du pays. Dès le commencement de l'entrevue certains proches du roi, soucieux du repos de leur chef et désireux qu'on n'oubliât pas la majesté royale, lavent un rocher pris tout près de la rive, le frottent avec soin et après l'avoir respectueusement apporté ils y font asseoir leur roi afin qu'il ne reste pas debout pour parlementer. Une fois assis, le roi parut signifier par gestes qu'il permettait à nos hommes de parcourir les fleuves de son territoire. Le sixième jour avant les ides de février[62], l'Adelantado laisse les barques et remonte, à pied, le fleuve Veragua . Il rencontre le fleuve Durabba[63] et rapporte qu'il

Vocant arborem hibuero. Crocodillis alicubi occurrebant, qui cum aufugerent aut mergerentur odorem a tergo musco uel castoreo suauiorem relinquebant. Nili accolae de crocodillo femina idem mihi retulerunt, de abdomine praesertim quod Arabicos aequet odores quosque.

18. Regressus hinc est Almirantus cum sua classicula, tum quia nequibat aduersum aquarum cursum sustinere, tum etiam quia magis ac magis in dies nauigia putrescebant atque terebrabantur uermium aculeis, qui ex aquarum tepore in uniuersis tractibus illis, aequinoctio fere suppositis, gignuntur. Bissas uermes illos mercator Venetus appellat ; hos et Alexandrini duo portus Aegyptii generant, nauesque labefactant si diu in anchoris morentur. Cubitales sunt et interdum longiores, digitulo numquam crassiores. Hispanus nauta pestem hanc bromam uocat. Bromam igitur ueritus Colonus Almirantus et renitente pelago uexatus, secundo oceano ad occidentem regreditur. Hiebram fluuium a Beragua fluuio duas distantem leucas quia sit maioribus nauigiis suscipiendis aptior, captat. A Beragua minore regio nomen tenet quia utriusque fluminis possessor regulus Beraguam inhabitat. Quid dextrum quidue sinistrum hic acciderit dicamus.

19. Stans in Hiebra Colonus fratrem suum Bartholomeum Hispaniolae Adelantatum cum cymbis seruitoriis et hominibus octo et sexaginta mittit ad fluuium Beraguam. Obuius fit Adelantado cum patriis monoxylis secundo flumine regionis regulus more patrio depictus, nudus cum ingenti comitatu, sed inermis. Cum primum ad colloquium deuentum est, Reguli familiares quidam, de quiete sui heri anxii et maiestatis regiae memores, ne stans Regulus negocietur, saxum e proximo sumptum in ripa lauant confricantque decenter, et reuerenter allatum regulo supponunt. Sedens Regulus per signa uisus est annuere ut nostris liceat ditionis eius flumina percurrere. Sexto idus Februarii pedes Adelantatus aduersa tendit Beraguae fluuii ripa cymbis relictis. In Durabam fluuium incidit : hunc

est plus riche en or que ne le sont le Hiebra et le Veragua : en effet on trouve de l'or dans tous les fleuves de cette contrée. Entre les racines des arbres plantés sur les rives et parmi les rochers ou les cailloux laissés par les torrents, et partout où nos hommes creusaient des trous profonds de six paumes environ[64], ils trouvaient et extrayaient une terre mêlée d'or et pour cette raison on décida de s'installer là[65] ; mais les indigènes, présageant leur perte future, s'y opposèrent[66]. Constitués en troupe armée, ils se ruent avec un cri terrifiant contre les nôtres, qui avaient déjà commencé à construire des habitations. Ceux-ci ne soutinrent les premiers assauts qu'avec peine. Ces barbares nus combattirent d'abord de loin, avec une pluie de missiles, et bientôt, enragés, ils décidèrent de se battre de près, sortant ces épées de bois dont nous avons dit qu'elles s'appellent *machanas.* Fait étonnant, ils étaient alors dans une colère telle qu'ils n'étaient effrayés ni par les arcs, ni par les scorpions, ni, ce qui est plus surprenant encore, par le fracas des bombardes mises à feu sur les navires. Ils n'abandonnèrent le combat qu'une fois ; mais après avoir doublé le nombre de leurs combattants ils reviennent plus furieux encore. On pense qu'ils préféraient la mort à l'occupation de leur patrie par des étrangers. Ils avaient accueilli avec bienveillance les hôtes, ils refusent les colons. Plus les nôtres résistaient, plus les frontaliers arrivaient en nombre. Ces hommes attaquaient les nôtres jour et nuit, tantôt de face, tantôt sur les flancs. Par derrière, sur le rivage, la flotte les protégeait. Les nôtres quittèrent donc cette terre et reviennent par où ils étaient arrivés.

20. Ils eurent beaucoup de mal à gagner l'île de la Jamaïque[67], proche d'Hispaniola et de Cuba, au sud de celles-ci, sur leurs navires percés comme un crible par le *broma,* pour utiliser le mot espagnol. Ils faillirent mourir en chemin. Ils n'eurent la vie sauve qu'en écopant, de toute la force de leurs bras, les eaux de la mer qui pénétraient la coque par d'immenses fissures et furent poussés, plus morts que vifs, vers la Jamaïque. C'est là qu'ils s'arrêtèrent, tous leurs navires ayant sombré[68] ; ils vécurent pendant dix mois[69] une vie plus dure que celle d'Achéménide dans l'œuvre de Virgile[70], au pouvoir de barbares nus[71], contraints de se satisfaire des produits de cette terre quand toutefois il plaisait aux barbares de les partager[72]. La haine mutuelle

Hiebra et Beragua inquit esse ditius auro. In omnibus quippe terrae illius fluminibus aurum gignitur. Inter arborum radices ripis inhaerentes interque saxa et lapillos a torrentibus relictos et ubicumque scrobes ad sexquipalmum effodiebant, egestam reperiebant terram auro mixtam : propterea figere ibi pedem fuit consilium. Sed incolae futuram perniciem olfacientes uetuerunt. Facto agmine cum horrendo clamore ruunt in nostros, qui domos aedificare iam coeperant. Primos impetus uix sustinuere nostri. Certarunt eminus crebris missilibus primo barbari nudi, mox cominus strictis ensibus ligneis quos diximus nuncupari machanas rabidi pugnare cogitarunt. Dictu mirandum, tanta erat concepta in eis iam ira, ut neque arcubus aut scorpionibus et, quod maius est, neque bombardarum e nauibus iactarum fragore terrerentur. Cesserunt loco semel ; iterato maiore numero comparato redeunt ferociores. Satius emori fore iudicant quam perpeti patriam occupatum iri a peregrinis. Hospites benigne susceperant, habitatores recusant. Quo magis instabant nostri, eo maior finitimorum multitudo confluebat. Nocte dieque, a fronte modo, modo a lateribus urgebantur nostri. A tergo stans in litore classis tutos reddebat. Deseruere igitur terram hanc, et qua uenerant regrediuntur.

20. Iamaicam insulam Hispaniolae Cubaeque collateralem a meridie, nauigiis in cribrorum modum pertusatis a broma, ut hispano utar uocabulo, uix praehendere potuerunt. Fere ex itinere perierunt. Vi[a] lacertorum exhaurientium maris aquas per amplas rimas ingredientes uitae discrimen euaserunt tandem et ad Iamaicam semianimes appulsi sunt. Obrutis ibi nauigiis omnibus intercepti, uitam egere mensibus decem Vergiliani Achemenidis uita in nudorum barbarorum potestate calamitosiorem, eius terrae cibis contenti, si quando barbaris placebat impartiri. Profuit nostris odium capitale quo sese inuicem

20 a. ui *ego* : ubi *C A*.

de ces princes barbares servit les nôtres : en effet pour les avoir comme alliés, toutes les fois qu'ils entraient en guerre contre des ennemis frontaliers, ils soutenaient les affamés avec du pain de leur pays. Mais, très Saint Père, que ta Sainteté considère combien il est misérable et pénible de gagner son pain en le mendiant, surtout quand tout manque comme par exemple le vin, les viandes ou les fromages de toute sorte, nourritures auxquelles sont habitués, dès l'enfance, les estomacs des Européens. La nécessité poussa à tenter le sort[73]. L'Amiral décida de voir ce que Dieu lui réservait par le biais de son intendant Diego Mendez[74], qui emmenait cependant comme guides deux Jamaïcains qui connaissaient ces côtes. Ils mettent à la mer, déjà agitée, un canoë. Ballotté par les ondes de rocher en rocher, d'écueil en écueil, à cause de la petite taille de l'embarcation et de sa forme, Diego Mendez fut enfin poussé vers l'extrême pointe d'Hispaniola, à quarante lieues[75] de la Jamaïque. Les Jamaïcains reviennent joyeux, dans l'espoir des récompenses promises par l'amiral Colomb[76]. Mendez, quant à lui, se dirige à pied vers Santo Domingo, capitale de l'île ; il fait préparer deux de nos navires et revient auprès de son maître[77]. Tous nos hommes, sans force et épuisés par le manque de vivres, arrivent à Hispaniola. Je n'ai pas su ce qu'il était advenu d'eux depuis[78].

21. Mais revenons aux généralités : Colomb décrit lui-même tous les lieux qu'il a parcourus, comme nous l'avons raconté, et tous ses compagnons de voyage apportent le même témoignage : les feuilles y poussent toute l'année ; ils sont verdoyants, agréables et, ce qui est plus important, salubres ; aucun des membres d'équipage n'y est tombé malade, et sur une distance de cinquante lieues[79] on ne ressent ni froid qui fasse frissonner, ni chaleur ardente. L'Amiral fait savoir qu'il a été souffrant depuis le port de Cerabaro jusqu'à Hiebra et Veragua.

22. Les peuples de Cerabaro et ceux qui vivent entre Hiebra et Veragua ne veulent chercher l'or qu'à des périodes précises de l'année. Il existe des artisans spécialisés dans cette opération comme chez nous les mineurs qui extraient l'argent ou le fer. Ils savent parfaitement, grâce à une longue expérience, quels lieux sont riches en or à l'aspect de la course d'un torrent, à la couleur de la terre ou à d'autres indices de ce genre. Ces hommes croient,

barbari reguli prosequuntur : ut enim nostros fautores haberent, si quando cum finitimis hostibus bella ingruerent, pane aliquando patrio famelicos recreabant. Sed quam miserum et aerumnosum, Pater Beatissime, sit mendicato pane adipisci, coniectetur Tua Sanctitas, ubi praesertim cetera desint, uinum puta carnesque, uel omne pressi lactis genus quibus Europeorum hominum stomachi a cuna solent enutriri ! Fortunam tentare necessitas coegit. Per oeconomum suum Diecum Mendez, ducibus tamen Iamaicensibus duobus eorum litorum peritis, quid de se Deus cogitet statuit experiri. Canoam conscendunt mare iam undosum ; e scopulo in scopulum, e rupe in rupem quassatus undis, ob nauigioli breuitatem et formam, appulsus est iam tandem Diecus Mendez ad ultimum Hispaniolae angulum e Iamaica distantem leucas quadraginta. Spe munerum ab Almiranto Colono promissorum Iamaicenses laeti reuertuntur. Ipse pedes ad Sanctum Dominicum urbem primariam metropolitanam proficiscitur. Duo nostratia comparat nauigia ; dominum adit. Inualidi omnes et egestate rerum extenuati ueniunt ad Hispaniolam. Quid inde illis successerit, non intellexi.

21. Ad generalia redeamus : uniuersos tractus illos, quos percurrisse Colonum diximus, ipse scribit, idemque fatentur omnes laborum socii, toto anno esse frondosos, uirentes, amoenos et quod maius est, salubres ; in quibus ex uniuerso comitatu nullus umquam aegrotauerit, neque horrenti frigore umquam aut aestu feruido quinquaginta leucarum intercapedine. A Cerabaroo magno portu ad usque Hiebram et Beraguam uexatum se fuisse iactat.

22. Cerabaroi populi quique iacent medii ad Hiebram usque Beraguam non nisi certis anni temporibus auro intendunt quaeritando. Suntque negotiationis eius opifices exerciti, uti apud nos argenti ferrique fodinatores. Quae loca magis auro fortunentur, a specie defluxi torrentis, a terrae colore aut huiuscemodi argumentis, longo hi callent experimento. Credunt inesse

d'après la tradition de leurs ancêtres, qu'il y a dans l'or un principe divin puisque ceux qui ne se sont pas purifiés ne s'occupent pas de cette industrie ; par ailleurs ils s'abstiennent de l'union charnelle et de tout divertissement et ne consomment que très peu de nourriture et de boisson tout le temps de la recherche de l'or. Ces populations pensent qu'il n'est donné à l'homme, comme aux autres êtres vivants, que de vivre et de mourir : pour cette raison, ils n'ont aucun autre culte que celui du soleil et l'accueillent avec vénération lorsqu'il se lève au-dessus de l'horizon.

23. Parlons maintenant des montagnes et de la situation de cette terre[80] : de toutes les côtes de ces régions on voit s'élever au sud de hautes montagnes qui s'étendent d'est en ouest en une chaîne continue[81]. C'est pourquoi à notre avis les deux grandes mers, dont nous avons longuement parlé ailleurs[82], sont séparées par ces hauteurs, qui les empêchent de se rencontrer, tout comme l'Italie sépare les mers Tyrrhénienne et Adriatique. En effet, quel que soit le lieu où l'on se trouve entre le cap São Agustin, qui appartient aux Portugais et regarde l'Atlas, et les ports d'Uraba[83] et Cerabaro ainsi que les dernières terres découvertes vers l'ouest à ce jour, ces montagnes présentent, de près ou de loin, une ligne continue aux navigateurs. Elles ont un relief tantôt doux, tantôt élevé, elles sont tantôt escarpées et pierreuses, tantôt couvertes d'arbres et d'herbe et cultivables, comme cela se produit fréquemment aussi dans le Taurus et sur les flancs de notre Appenin, qui présentent plusieurs aspects, et dans d'autres vastes massifs semblables. Les sommets de ces montagnes, comme en d'autre lieux, sont séparés par de splendides vallées. A ce qu'on croit, la partie de ces montagnes qui sert de frontière au Veragua a des cîmes qui dépassent les nuages, et on dit qu'on les aperçoit très rarement à cause de nuées et de brumes denses et presque permanentes. L'Amiral, qui les a découvertes le premier, assure personnellement que les sommets du Veragua dépassent cinquante milles[84] ; il ajoute en outre que dans la même région, au pied des montagnes, se trouve un passage vers la mer Australe[85] et il compare cette situation à celle de Venise par rapport à Gênes ou plutôt à Janua, comme l'appellent ses habitants qui racontent qu'elle a été fondée par Janus. Il

auro numen, quandoquidem ad id negotii minime tendunt inexpiati ex priscorum religione, puta qui a coitu et omni oblectamento abstinent, cibique ac potu parcissime utantur, uniuerso legendi auri tempore. Viuere tantum ac mori datum hominibus, ut ceteris animantibus, arbitrantur : propterea nil colunt aliud, solem tamen uenerantur, et surgentem ab horizonte reuerenter excipiunt.

23. De montibus et terrae situ sermo trahatur : ex uniuersis illarum regionum litoribus, uastos attolli montes a meridie, sed protentos ab oriente in occidentem continuo tractu prospicitur. Quare ita disterminari duo illa magna maria, de quibus alias late fecimus mentionem, his aggeribus ne inuicem collidantur, existimamus, ueluti Tyrrhenum Italia dirimit ab Adriatico. Quacumque enim proficiscantur, ab ea cuspide Sancti Augustini, quae ad Portugalenses attinet, ad Atlantem spectante, Vrabam usque ac Cerabaroum portum atque ultimas ad occidentem terras alias ad hunc usque diem repertas, perpetuo tractu eminus cominusque sese montes nauigantibus offerunt, nunc lenes, elati nunc, modo asperi et petrosi, arboriferi herbidique atque apti culturae modo, uti accedere solet in[a] Tauro nostrique Apenini costis uarii[b], reliquis etiam huiuscemodi uastis montibus. Vallibus quoque egregiis horum uti aliorum montium intersecantur iuga. Ea pars montium quae Beraguae fines recipit superare suis uerticibus nubes creditur, raroque cerni eius culmina dicunt ob nubium et nebularum fere continuam densitatem. Quinquaginta amplius attolli milliaria Beraguensia cacumina contendit Almirantus ipse, qui ea primus explorauit ; in eadem praeterea regione inquit ad montium radices iter esse apertum ad Australe pelagus, et Venetias comparat cum Genua, siue mauis Ianua, uti eius ciues iactitant, qui a Iano conditam fabulantur. Protendique

23 a. in tauro *C* : i tauri *A* || b. uariis *C* : uarii *A*.

pense que cette terre s'étend vers l'occident et que c'est là que commence son vaste corps, de même que nous voyons, partant de la cuisse étroite de l'Italie, s'étendre à partir des Alpes les amples territoires de Gaule, de Germanie et de Pannonie[86] vers les pays variés des Sarmates et des Scythes[87] jusqu'aux Monts Riphées[88] et à la mer Glaciale, tout en embrassant dans une étreinte continue le pays des Thraces et la Grèce entière ainsi que toutes les terres comprises entre le cap Malée[89] et l'Hellespont au sud, et le Pont-Euxin et le Palus Méotide[90] au nord. L'Amiral prétend donc que, si on la suit vers la gauche, cette terre s'étend vers l'occident jusqu' à la frontière de l'Inde du Gange, mais qu'en la prenant par la droite et dans la direction du nord elle se prolonge jusqu'à l'océan Glacial, au- delà des Hyperboréens et du pôle arctique, si bien que l'une et l'autre de ces mers, je veux dire la mer Australe et notre océan, se rapprochent aux angles de ce continent[91]. Cependant, selon l'Amiral, les eaux n'entoureraient pas cette terre comme l'Europe est entourée par l'Hellespont, le Tanaïs, les océans Glacial d'une part, Espagnol de l'autre et enfin par Notre Mer. A mon avis, la violence des courants de l'Océan, dans la direction de l'ouest, interdit de concevoir ce continent comme isolé et je crois, comme je l'ai dit plus haut, qu'il est relié aux terres septentrionales.

24. Mais cessons de nous étendre sur la longitude, très Saint Père ; examinons ce que l'Amiral pense de la latitude. Nous avons déjà dit que la mer Australe et notre Océan Atlantique sont séparés par une étroite bande de terre ; et c'est un fait avéré par l'expérience puisque Vasco Nuñez[92] et ses compagnons se sont ouvert le passage. Mais de même qu'en Europe nos Alpes, tour à tour, ici se resserrent et là s'élargissent avec ampleur, par une même décision de la nature cette terre-ci tantôt se déroule et s'étend largement, tantôt se trouve comprimée par les golfes que la mer creuse de part et d'autre et se resserre en formant des isthmes. Là où nous avons dit que se trouvent les régions d'Uraba et de Veragua, il n'y a que d'étroits territoires entre les deux océans ; mais il faut croire que la région que baigne le fleuve Marañon[93] s'étend largement, si nous admettons que le Marañon est un fleuve et non une mer : admettons-le cependant car l'eau douce qu'on y puise nous en persuade. De plus, des torrents assez importants pour alimenter un si grand fleuve ne peuvent naître dans d'étroites bandes de terre. Il en va de même pour le grand fleuve Dabaïba[94] qui, comme nous l'avons dit, se jette dans la mer au fond du golfe d'Uraba : sa

uult terram ad occidentem et capere hinc initium lati corporis, uti ab Alpibus nostris ex angusto Italiae foemore uidemus amplas eas Galliarum terras Germaniarumque ac Pannoniarum distendi ad Sarmatas Scythasque uarios ad usque Ripheas rupes et Glaciale pelagus, complecti etiam nexu continuo Thraces et Graeciam omnem, et quicquid Malea promontorio et Hellesponto a meridie, a septentrione uero Euxino et Meotide concluditur. Vult ergo Almirantus iste a laeua tendentibus ad occidentem terram hanc India recipi Gangetide, a septentrione uero in dextram ad Glacialem Oceanum ultra Hyperboreos et Arcticum polum distendi, ita ut utrumque mare Australe illud scilicet et nostrum Oceanum in eius telluris angulis sese insinuet. Non autem sepiant aquae terram ipsam ueluti Europa Hellesponto Tanaique et oceano tum Glaciali, tum Hispano ac Nostro mari circumambitur. Sed furor delabentis Oceani ad occidentem uetat meo iudicio clausam esse coniugique septentrionalibus oris terram illam, uti supra disputauimus.

24. Sit satis de longitudine tractatum, Beatissime Pater. Quid de latitudine sentiatur intelligamus. Diximus aliquando angustis limitibus dirimi Australe pelagus et hoc Nostrum oceanum, atque ita constitit experimento, quandoquidem Vasco Nunnez et commilitonibus eius iter patuit. Sed ut uarie nostrae Alpes in Europa exangustantur hic alibique late patescunt, eodem naturae consilio tellus haec modo protenditur et uagatur late, modo ab utroque mari repertis uallium additibus perstringitur, et breuibus contenta est interuallis. Vbi Vrabam et Beraguam diximus iacere regiones, parua discluduntur intercapedine maria ; eam autem quam Maragnonus amnis interluit late patere regionem credere oportet si flumen non mare Maragnonum esse fatebimur ; fateamur uero : suadent aquarum eius dulces haustus. Nequeunt enim in angustiis terrae specubus uoragines adeo uastae considere quae aquarum eam amplitudinem queant enutrire. Idem de flumine magno Dabaibae quem diximus ex angulo sinus Vrabae ulnarum

profondeur est de quarante ou cinquante aunes[95] selon les endroits, et il mesure trois milles de large[96]. Il est nécessaire de supposer là une vaste terre d'où part le fleuve, en haut des monts Dabaïba, non au sud mais à l'est. On dit que ce fleuve est formé de quatre autres qui descendent des monts Dabaïba. Les nôtres l'appellent Fleuve San Juan et rapportent qu'il se jette dans le golfe, comme le Nil, par sept embouchures. Il y a quelque part, dans la même région d'Uraba, des points où la terre se resserre de façon étonnante : ils mesurent à peine quinze lieues[97] mais on ne peut les traverser à cause de marais que l'on trouve sans cesse en travers de son chemin, et de fréquentes fondrières[98] : c'est ce que les Espagnols appellent *tremelales, trampoles* ou bien encore *cenegales, sumideros* ou *zahondaderos.*

25. Avant de continuer il vaudra la peine de raconter d'où ces montagnes tirent leur nom. On rapporte que Dabaïba était une femme intelligente et prévoyante qui vivait parmi les ancêtres des habitants actuels et que les hommes d'autrefois respectaient déjà de son vivant. On dit qu'après sa mort, elle fut vénérée scrupuleusement par tous les indigènes de ces régions. C'est d'elle, à ce qu'on dit, que ces parages tirent leur nom, et ils subissent la foudre, le tonnerre et la destruction des récoltes quand elle est en colère : les habitants de ces contrées s'imaginent en effet que Dabaïba s'irrite si on observe négligemment son culte. Des hommes malhonnêtes imprègnent ces malheureux de cette superstition au nom de la religion afin que ceux-ci apportent au sanctuaire de Dabaïba des dons nombreux dont ils profitent eux-mêmes. Mais assez sur ce sujet.

26. On assure que les marais de cette partie étroite du continent abritent des crocodiles, des dragons[99], des chauves-souris et des moustiques très dangereux. Pour cette raison, quand on décide d'aller vers le sud, on se dirige vers les montagnes et on fuit les parages de ces marais. Certains pensent qu'une vallée unique scinde ces montagnes au sud, près de Cerabaro, et qu'elle est traversée par ce fleuve que les nôtres appellent Fleuve des Perdus, à cause du malheur des compagnons de Nicuesa. Mais comme les eaux de ce fleuve sont douces, il semble que ceux qui lancent de telles affirmations sont des menteurs.

quadraginta quinquagintaque alibi profunditate, latitudine autem milliarium trium in mare defluere. Latam ibi terram dare necesse est, quae ab altis Dabaibae montibus non ab austro sed ab oriente fluuium demittit. Hunc aiunt constare fluminibus quatuor a Dabaibae montibus collabentibus. Sancti Ioannis flumen nostri appellant, inde in sinum uti Nilum per septem cadere ostia ferunt. In eadem regione Vrabae angustias esse alicubi miras, quae uix leucas colligunt quindecim, at inuias ob perpetuas paludes medias frequentesque lammas aiunt, quas Hispani tremedales appellant, alias trampales, cenegales etiam et sumideros ac zahondaderos.

25. Priusquam ultra progrediamur, operae pretium erit unde illi montes nuncupentur enarrare. Dabaibam ferunt fuisse feminam apud maiores eorum magni animi et prouidentiae, quam uiuentem antiquitas obseruabat ; mortuam inquiunt reuerenter coli ab uniuersis regionum illarum incolis. Ab ea regiones nomen sumpsisse aiunt et mitti fulgura, tonitruaque ac segetum stragem si quando irascatur- irasci namque balbutiunt Dabaibam, si negligenter sacris eius intendatur. Eam miseris imbibere superstitionem genus hominum fallax sub nomine religionis, quo frequentia dona portent ad Dabaibae sacra quibus ipsi fruantur. De hoc satis.

26. Paludes illas angustae telluris crocodillorum draconumque ac uespertilionum et culicum ualde noxiorum altrices esse dicunt. Ad montes propterea diuertitur, quando ad austrum carpere iter consilium est, et paludum illarum uicina fugiuntur. Sunt qui putent uallem unam qua fluuius labitur Perditorum a nostris dictus, ob Nicuesae sociorumque infortunium, a Cerabaroo non multum distantem, findere montes illos ad austrum. Sed cum potabiles sint[a] eius aquae, fabulatos esse eos putant qui talibus argumentis innituntur.

26 a. sint *C* : sin *A*.

27. Achevons l'ouvrage par cet appendice : à gauche et à droite du Darien coulent, dit-on, vingt fleuves pleins d'or. Ces informations sont celles qu'on nous donne, et tous nos hommes rapportent cela. Mais quand on leur demande pourquoi ils n'ont rapporté que peu d'or de ces contrées ils disent que c'est une tâche de mineurs : or ceux qui se sont rendus sur ces terres n'avaient que très peu l'habitude de ces travaux. C'est pour cette raison, disent-ils, qu'ils ont ramené moins d'or que ne le promet la générosité de cette terre. On voit aussi qu'elle annonce d'étincelantes pierres précieuses. Sans revenir sur ce que j'ai déjà rapporté au sujet de Cariai et des environs de Santa Marta[100], en voici une preuve nouvelle : un certain Andreas Morales[101], pilote de ces mers, ami et compagnon de Juan de la Cosa tant que celui-ci était vivant, eut en sa possession un diamant qui lui fut donné à Cumana par un jeune homme nu de Paria, diamant remarquablement précieux, long comme deux phalanges du doigt de l'infamie[102] mais aussi gros que la première phalange du pouce ou du majeur, pointu aux deux extrémités et dont les huit faces étaient régulières. On dit qu'on l'avait frappé sur une enclume, mais qu'il avait usé les barres et les limes et était resté intact. Ce jeune homme de Cumana portait le diamant au cou en pendentif et il le vendit à Andreas Morales en personne au prix de cinq perles de verre, vertes et bleu-vert, charmé qu'il était par la variété des couleurs de celles-ci. Nos hommes découvrirent aussi des topazes sur ce rivage. Mais quand la vision de l'or les obsède, ils ne font aucun cas des pierres précieuses. C'est à l'or qu'ils pensent, c'est l'or qu'ils cherchent. En outre les Espagnols, en général, méprisent les hommes qui portent des bagues ou des pierres précieuses et trouvent déshonorant de porter des pierres précieuses, surtout parmi le peuple. Mais si l'on célèbre des mariages, ou des fêtes royales auxquelles la foule se presse, les nobles aiment porter des colliers d'or sertis de pierres précieuses et font coudre sur leurs vêtements des perles mêlées de joyaux. En d'autres circonstances ils ne les apprécient pas du tout et pensent que ceux qui portent ces ornements sont des efféminés, comme ceux qui exhalent sans cesse les effluves des parfums d'Arabie. S'ils rencontrent des hommes sentant le musc ou le castoreum, ils pensent que ceux-ci s'adonnent à de coupables passions.

27. Hoc perpendiculo perficiamus opus : a dextra laeuaque Darienis praedicant uiginti flumina decurrere auro feracia. Quae dant accipimus, nemo est qui non id ferat. Sed interrogati cur paruam auri copiam inde asportent, fossoribus opus esse inquiunt ; qui autem eas adiere terras minime sunt assueti laboribus. Propterea dicunt minorem auri copiam inde uehi quam tellus ipsa sua benignitate polliceatur. Videtur et nitidas promittere gemmas. In cuius rei argumentum est quod, praeter ea quae dixi in Cariai et Sanctae Marthae uicinia reperta, Andreas quidam Morales nauclerus per ea maria, Ioannis Cossae amicus et socius dum Cossa uiueret, ad manus habuit adamantem a iuuene Pariensi in Cumana nudo, mire pretiosum, longum uti signant duos infamis digiti articulos, magni aut pollicis primum articulum aequantem crassitudine, acutum utrobique, et costis octo pulcre formatis constantem. Eo inquiunt infixisse incudibus uibices uectesque ac limas corrosisse adamante illaeso. Collo gestabat pendulum adamantem iuuenis ille Cumananus et Andreae ipsi Morali pretio quinque calculorum uitreorum nostratium uiridium et glaucorum, uarietate colorum delectatus, uendidit. Offenderunt et topatios in litore. Sed cum auri faciem animo gestent, nulla est his de gemmis cura. Auro tantum inuigilant, aurum sectantur. Maior praeterea Hispanorum pars annullatos aut gemmatos derident et probro ascribunt gemmarum gestamina, populares praecipue. Nobiles autem si quando nuptiales uel alias regiae parentur pompae celebres, torquibus aureis gemmis consutis gaudent et uestibus margaritas gemmis admixtas intertexunt, alias minime ; effeminatorum esse huiuscemodi ornatus atque arabicorum odorum spiritus et suffumigationes continuas diiudicant. Obscoena uenere obuolutum putant si cui castoreum uel muscum olenti occurrant.

28. A un seul fruit cueilli sur un arbre nous comprendrons que c'est un arbre fruitier ; à un seul poisson pêché dans un fleuve nous saurons que ce fleuve contient des poissons ; donc à un peu d'or ou à une seule pierre précieuse, nous pensons inévitablement que cette terre renferme de l'or ou des gemmes. Nous avons dit, en temps opportun, ce que les compagnons de Pedro Arias[103] et quelques fonctionnaires royaux ont découvert aussi dans le port de Santa Marta, dans la région de Cariai, lorsque toute la flotte y naviguait sous ses ordres. Chaque jour des fruits plus gros que les précédents se multiplient, germent, croissent, arrivent à maturité et sont cueillis. Tout ce que l'antiquité a appris de Saturne, d'Hercule ou d'autres héros de ce genre perd de son éclat. Si les efforts incessants des Espagnols révèlent quelque nouveauté, nous y prêterons attention. Puisse Ta Sainteté se bien porter et me faire part rapidement de ce qu'Elle pense de ces accroissements de son domaine apostolique, afin de m'aider à entreprendre la tâche des récits à venir.

103. Pedro Arias (Pedrarias) de Avila, surnommé *Furor Domini*, était le protégé du président du Conseil Général des Indes, Juan de Fonseca, qui le fit nommer gouverneur du Darien. Arrivé dans cette région en 1514 à l'âge de soixante-dix ans pour s'illustrer et s'enrichir, cet homme aussi courageux que sans scrupules massacra les indiens par milliers pour leur extorquer leurs richesses et fit condamner à mort Balboa en 1519 au terme d'une longue rivalité. Il agit de même avec tous ses rivaux potentiels et mourut en 1531, à l'âge de quatre-vingt-dix ans, après s'être affirmé comme l'un des personnages les plus odieux de l'histoire de l'Amérique. Pierre Martyr rapporte l'épisode dont il est question ici dans le dixième livre de la troisième décade, mais il consacre bien d'autres livres à Pedrarias de Avila : le livre VII de la deuxième décade, les livres V et VI et X de la troisième, et le livre IX de la quatrième. Cf. P. Martyr, *op. cit.*, p. 191-192, 274-296, 331-332, 391-392.

28. Ab uno pomo ab arbore decerpto pomiferam intelligemus eam esse arborem. Ab uno pisce in fluuio capto piscium esse nutritorem fluuium dignoscemus. A modico igitur auro et ab uno lapillo, auri et lapillorum esse genitricem terram hanc assentiamur oportet. Quid etiam in portu Sanctae Marthae in regione Cariai repererint, transeunte classe integra, duce Petro Ariae, commilitones eius et e regiis magistratibus plerique, loco suo diximus. Pullulant, germinantur, coalescunt, maturescunt, legunturque cotidie opimiora praeteritis. Vilescit quicquid manu Saturni, Herculis et aliorum huiuscemodi heroum patefecit antiquitas. Si quid indefessus labor Hispanorum detegat, animaduertemus. Valeat Tua Sanctitas et crebro quid sentiat de his suae sedis apostolicae culturis mihi significet, quo animum subleuet ad laborem futurorum subeundum.

NOTES COMPLÉMENTAIRES

Textes préliminaires

1. L'édition de 1511 était dédiée au comte de Tendilla, protecteur de Pierre Martyr à la cour et instigateur de la publication. La dédicace, remplacée dès l'édition de 1516 puisque Martyr dédia alors l'œuvre à Charles Quint, était composée en ces termes :

Petrus Martyr Anglus Mediolanensis protonotarius apostolicus Regius consiliarius illustri Inacho Lopeç Mendocio Tendillae Comiti.

Bello paceque insignis comes, et prime a mauris eiectis Granatensis arcis praefecte, ac regni ipsius, ut hispane loquar, capitanee generalis, salue !

Distuli ad te mittere operum in mea officina tam libero quam irretito pede decussorum exemplaria quae per litteras te diu cupisse mihi significasti ut ea ceteris tuae bibliothecae uoluminibus quae habes innumera commisceres, non quia fas esse putem posse me a tuis mandatis referre pedem cum, te duce, me contulerim in Hispaniam, sisque litterarum et cultor et obseruator, sed quod sero reperi qui ea excriberet. Rari quippe docti scriptores in hac uestra curia. Ego namque ineptum figo caracterem et negligenter quae semel chartae commendaui mea dextra repingo et ingenio meo non mediocriter durum bis rem eamdem exarare. Nunc uero cum per uenustum et orthographum librarium colligere mea haec farcimenta licuit, ex litturatis archetypis educta habeto, cum suis quoque praefationibus ad quos illa destinaueram hactenus quorumue imperio alias prodierunt. Quod uero Antonio Nebrissensis Hispaniae speculo utriusque amico illa te commendaturum uti pressorum praelis subiiciat inquias nescio utrum malim. Nobis ista seruaremus cuperem, tum quia minoris fient si communia, tum etiam quia inepta incultaque. Magis namque si fallor carpemur a nuda textura quam laudabimur a uigiliis et ea describendi ne perirent sollicitudine : unde in laborem non modo irritum sed insanum euademus. Tu ergo qui habes in hac fabrica non infirmum cubiculum ex inacho de te, quando pro tuis regibus apud Innocentium Pontificem Maximum orator itala bella sedasti cum iuuenescerem, a me conscripto rei accurate matureque consulito nec te cura haec praecipitet, quod ambo iam senescamus immineatque nobis et operibus letheum discrimen. Satius namque est latere quam in compitis populari dente corrodi aut rhinoceroteo cornu terebrari. Vale.

3. La prise de Grenade, capitale du royaume musulman de Grenade, mit fin en 1492 à la Reconquista, entreprise dès le XIe siècle et achevée par les Rois Catholiques.

4. Dès le XIVe siècle étaient apparues entre les grandes villes italiennes des rivalités économiques, et les communes avaient dû faire place à des

seigneuries, le pouvoir passant à une seule famille et à sa clientèle. Au XVe siècle, la situation s'aggrava encore et aux seigneuries succéda le régime des «princes», véritables tyrans dont l'exemple le plus manifeste est celui des Médicis à Florence. Ce régime assura la puissance et la gloire à quelques grandes cités comme Milan, Florence, Naples et Venise mais eut des conséquences graves : à l'intérieur du pays l'accumulation des crimes et des violences fit naître un climat de terreur, entraîna la fuite des savants et arrêta les tentatives d'unification ; à l'extérieur l'Italie devint de par ses divisions une proie facile pour les puissances voisines, et allait leur rester soumise pendant les trois siècles suivants. Cf. Catherine Brice, *Histoire de l'Italie*, Paris, 1992, p. 157-207.

7. Léon X, qui fut pape de 1513 à 1521, était un homme éclairé et curieux. Conscient de l'importance des événements qui se déroulaient sur les terres du Nouveau Monde et désireux de ne pas voir celui-ci échapper à l'influence de l'église, il comprit immédiatement l'utilité et la valeur des écrits de Pierre Martyr et l'encouragea aussi longtemps qu'il vécut. Les deuxième, troisième et quatrième décades lui furent adressées, ainsi que la *Legatio Babylonica*.

9. C'est-à-dire le 30 septembre 1516.

10. Elio Antonio de Nebrija (1441-1522) est la figure dominante de l'humanisme espagnol à l'époque des Rois Catholiques. Né à Lebrija, près de Séville, il étudia à Salamanque et en Italie. De retour en Espagne, il obtint une chaire à Salamanque puis à Alcala grâce au Cardinal Cisneros qui lui confia la révision du texte latin de la Vulgate. Son action prit deux grandes directions : la réforme de l'enseignement du latin et l'établissement d'une grammaire castillane. Par son œuvre majeure, *Arte de la lengua castellana*, Nebrija ouvrit une nouvelle ère pour l'Europe : c'était la première fois qu'on tentait de fixer les règles d'une langue autre que les langues anciennes. En établissant les règles du castillan, il voulait faciliter l'union nationale et l'apprentissage du castillan par les peuples nouvellement conquis. Il rédigea aussi un dictionnaire espagnol-latin et latin-espagnol, le meilleur de son époque. C'est à la cour, où étaient réunis un grand nombre d'humanistes comme Lucio Marineo ou Pierre Martyr qu'il rencontra ce dernier et se lia avec lui. Il était ainsi tout désigné pour préparer l'édition de ses œuvres. José Garcia López, *Historia de la literatura española*, Barcelona, 1977 (19e édition), p. 135-136.

11. C'est une allusion à un vers de Martial : *uicturus genium debet habere liber*, VI, 60, 10. Cf. Martial, *Epigrammes*, traduction de H-J. Izaac, Paris, 1930, t. I, p. 195.

12. Le comte de Tendilla avait demandé à Martyr un exemplaire complet de ses œuvres : Martyr le lui avait envoyé avec un livre inédit, le livre X, qui était dédié au comte et servait d'épilogue à la première décade.

13. Cf. *supra*, note 5.

14. Dans l'édition de 1511, la préface de Nebrija se terminait par un sommaire de la *Legatio Babylonica* et de la première décade. Dès 1516, ce

sommaire était amputé par les éditeurs car il ne correspondait plus au contenu de l'œuvre, mais il me semble mériter d'être cité dans sa totalité.

Secundam sibi sedem in hoc uolumine decas oceanea occupabit. Haec decem constat libellis.

Primus quo auctore tractus oceani hactenus latentes reperti fuerint quidue terrae illae portendant aperiet.

Secundus per cannibalium insulas duo de uiginti nauigia cum Hispanis ultra mille rebusque et opificibus ad nouam urbem in abstrusis terris condendam facientibus transportabit.

Tertio Cubae latus ingens meridionale adeo protentum ut continens esse suspicati sint describetur.

Quarto quid ex Cuba redeuntes Hispani cum ipso Colono in insulam Hispaniolam ubi pedem figunt effecerint eorumque regressusque ad reges dicetur.

Quintus bella cum incolis iugum aegre ferentibus recitabit.

Sextus Pariam prouinciam ubi uniones reperti amplectetur.

Septimus Hispaniolae insulae dissidia Colonumque ductum cathenis uinctum in Hispaniam edocebit.

Octauus sex et nonaginta unionum libras afferet.

Nono tractus alii noui monstrabuntur.

Decimus superstitiones ritus et sacra praedicabit.

Heroo dehinc pectine duo poemata claudet quorum alteri Janus Inachus alteri nomen erit. Horum argumenta in cuiusque operis initio cernere fas erit.

In uoluminis calce uariorum numerorum uariarumque sententiarum epigrammata cernes ; ea, si sensus uerborum concentum desideras, in manu semper habeto.

Vale lector.

18. C'est ici une autre version d'un topos fréquent dans la littérature latine déjà utilisé dans l'avant-propos (*sed pace maiorum dictum uelim*) : les découvertes géographiques, scientifiques et technologiques poussent peu à peu les esprits à se libérer de la suprématie de l'antiquité et à reconnaître et affirmer la supériorité de leur époque, mais cette attitude reste assez nouvelle et audacieuse pour qu'on éprouve le besoin, sinon de s'en excuser réellement, du moins de la nuancer. On retrouve cette attitude dans le *De Orbe Nouo*, notamment par l'utilisation des *exempla* (*infra*, p. LXVI-LXVII).

Livre I

1. La Mer Occidentale désigne l'Océan Atlantique. Ce premier livre ayant été écrit en novembre 1493, les découvertes de Colomb se bornent alors à quelques îles, dont les plus importantes sont Haïti (Hispaniola) et Cuba (Juana).

2. Malgré les multiples hypothèses élaborées à propos de la naissance et même du nom de Christophe Colomb, la recherche la plus récente admet comme une quasi certitude qu'il est né en Ligurie, sans doute à

Gênes. Fernando Colomb, fils et historien de l'Amiral, écrit : « les uns le firent naître à Nervi, les autres à Cuguneo ou à Bugiasco, qui sont autant de bourgades voisines de Gênes. Ceux qui entendent l'honorer davantage le disent né à Savone ou à Gênes même ». Dans le majorat, qu'il institua en faveur de son fils le 23 avril 1497, et dont il ne reste qu'une copie, l'Amiral affirme en personne : *que siento yo nacido en Genoba, les bine a servir aqui, in Castilla* (« puisque, étant né à Gênes, je suis venu servir Leurs Altesses ici, en Castille... ») C'est aussi à Gênes, à la Casa San Giorgio, qu'il désira placer l'argent que lui rapportèrent ses services et qui devait, selon lui, être utilisé un jour pour la conquête de Jérusalem. Enfin, les hypothèses qui font de Colomb un Portugais, un Corse ou un Catalan sont désormais regardées comme de simples suppositions qu'aucune preuve ne vient étayer. On ne peut cependant passer sous silence la séduisante théorie de Salvador de Madariaga qui fait de Colomb un *converso*, c'est-à-dire un Juif converti à la religion catholique : en étudiant l'évolution du nom de Colomb, plusieurs fois modifié par l'Amiral lui-même, la manière dont celui-ci écrit le latin, les références à l'Ancien Testament dont il parsème ses écrits, sa signature, ses relations et bien d'autres éléments, Madariaga conclut que seule la judaïté de Colomb, dans le contexte de la persécution des Juifs en Espagne, permet d'expliquer la carrière, les choix et le destin de l'Amiral. Quoiqu'elle soit très contestée sur certains points, la thèse de Madariaga est encore retenue par certains spécialistes comme Alice Gould Quincy. Toujours est-il qu'aujourd'hui il reste impossible d'établir avec une absolue certitude les origines de Christophe Colomb. Marianne Mahn-Lot fait le point sur l'état de la recherche dans les premières pages de son ouvrage *Portrait historique de Christophe Colomb.* Cf. Cristóbal Colón, *Textos y documentos completos*, edición de Consuelo Varela, *Nuevas Cartas*, edición de Juan Gil Madrid, 1992, p. 356. Fernando Colomb, *Christophe Colomb raconté par son fils*, Paris, 1987, p. 10-13 ; J. Heers, *Christophe Colomb*, Paris, Hachette, 1981, ch. 1 et 2 ; S. de Madariaga, *Christophe Colomb*, Paris, 1980, ch. 2-5 ; Marianne Mahn-Lot, *Portrait historique de Christophe Colomb*, Paris, 1988 (1960[1]),p. 7-14 ; ; S. E. Morison, *Admiral of the Ocean Sea, a Life of Christopher Colombus*, Boston, 1942, ch. 2 ; Paolo Emilio Taviani *Christophe Colomb, Genèse de la grande découverte*, t. 1 et 2, Paris, 1980, t. 1, p. 9-30 et t. 2, p. 15-45.

3. Pierre Martyr arrange ici l'histoire de manière à embellir le rôle de la cour d'Espagne, dont il est le protégé. En effet Colomb attendit sept ans l'accord des Rois Catholiques. Arrivé en Espagne en 1484 ou 1485, après avoir passé sept ou huit ans au Portugal à tenter de persuader Jean II du bien-fondé de ses projets, Colomb dut d'abord patienter jusqu'à la fin de la *Reconquista*, projet prioritaire des Rois Catholiques, puis affronter des conseils d'experts, et seule l'insistance d'amis influents comme les ducs de Medina Sidonia et Medinaceli ou le banquier Luis de Santangel permit à son projet d'aboutir. Dans une lettre à Giovanni Borromeo, datée du 14 mai 1493, Pierre Martyr montre un peu plus de franchise. On peut

lire en effet : *qui a meis regibus ad hanc provinciam tria uix impetrauerat navigia* (O. E. 131) « qui avait obtenu à grand-peine de mes souverains trois navires pour tenter cette expédition. » ; J. Heers, *op. cit.*, ch. 6 ; P. E. Taviani, *op. cit.*, t. 1, ch. 33-40 et t. 2, ch. 33-40.

4. Ces îles avaient été décrites par Marco Polo, qui les avait découvertes, dans son livre *Le Devisement du monde* : ce livre était un des ouvrages les mieux connus de Christophe Colomb. Les îles proches de l'Inde étaient Cipango (le Japon), Java et Seilan (Ceylan). Mais Colomb, officiellement du moins, partait aussi à la recherche du continent indien, qu'il n'aurait de cesse de découvrir, et du Cathay, la Chine. Selon Michel Lequenne cependant, qui s'appuie sur les lectures de Colomb et sur ses annotations, Colomb ne se serait servi de l'Inde que comme prétexte, et serait en fait parti à la découverte d'un quatrième continent, qui abritait vraisemblablement, selon l'*imago Mundi* de Pierre d'Ailly, le paradis terrestre et dont l'existence pour l'Amiral ne faisait pas de doute. Cf. C. Colomb, *La découverte de l'Amérique*, traduction de S. Estorach et M. Lequenne, t. 3, Paris, 1991, p. 13 ; Marianne Mahn-Lot, *Portrait historique de Christophe Colomb*, Paris, 1988, p. 27-43 ; Marco Polo, *Le devisement du monde*, Paris, 1980 ; P. E. Taviani, *op. cit.*, t. 1, p. 198-204 et t. 2, p. 231-238.

5. L'idée d'atteindre les Indes par la route occidentale, c'est-à-dire par mer et non plus par la terre, comme l'avait fait Marco Polo, commençait à être étudiée sérieusement à l'époque de Colomb ; on verra plus loin quelles théories scientifiques avaient permis de concevoir un tel projet. D'une part la route terrestre était longue et dangereuse, tandis qu'un trajet maritime serait moins coûteux, plus sûr, et permettrait de fournir les denrées précieuses plus rapidement, plus fréquemment, et en plus grande quantité. D'autre part, on était désormais sûr de la rotondité de la Terre et les hommes de science soutenaient le projet : le géographe allemand Martin Behaïm, créateur du premier globe terrestre, incita Jean II à envoyer une flotte à la découverte de l'île des Sept Cités, île imaginaire de l'Atlantique ; Jérôme Munster, plus connu sous son nom latin de Hieronymus Monetarius, envoya à Colomb une lettre qui l'encourageait à entreprendre lui-même le voyage vers l'occident ; enfin, la lettre, attribuée à Toscanelli, que possédait Colomb, et que cite intégralement son fils, va également dans ce sens. A ce moment aussi se multiplièrent les témoignages de marins qui rapportaient avoir vu, très loin à l'ouest, des bois flottants ou même des terres inconnues. Peut-être enfin Colomb a-t-il recueilli le témoignage d'un «marin inconnu», qui aurait abordé accidentellement les rivages du Nouveau Monde et serait mort peu après son retour, ce qui l'aurait conforté dans son projet : c'est la thèse de J. Manzano qui s'appuie sur un passage problématique des *Capitulations de Santa Fe.* Ceci expliquerait qu'il ait finalement obtenu l'accord des Rois Catholiques. Cf. Fernando Colomb, *op. cit.*, p. 21-33 ; M. Mahn-Lot, *op. cit.*, p. 64-66 ; Juan Manzano, *Colón y su secreto : el predescubrimiento,* Madrid, 1989, p. 69-73 ; Paolo Emilio Taviani, *op. cit.*, t. 1, p. 167-185 et t. 2, p. 180-211.

6. Après avoir repris aux Maures le royaume de Grenade, les souverains espagnols voyaient dans l'évangélisation des terres nouvelles une seconde croisade qui s'offrait à eux, tout en espérant pouvoir consacrer les richesses que produiraient ces terres à renflouer le trésor royal, très amoindri par les années de *Reconquista*. Cf. S. de Madariaga, *op. cit.*, p. 207-209.

7. Aux épices, très convoitées, s'ajoutaient toutes les teintures, comme la pourpre, la noix de galle, la cochenille, l'indigo, et tous les bois tinctoriaux. Quant à l'or, c'était une obsession pour Colomb comme pour tous ses contemporains : l'or manquait terriblement dans l'Europe en plein développement économique de la fin du XVe siècle, malgré l'exploitation outrancière des richesses d'Afrique. Cf. J. Heers, *op. cit.*, ch. 4.

8. Ces trois navires furent accordés à Colomb par les Rois Catholiques dans un document appelé *Capitulations de Santa Fe*, signé le 17 avril 1492 et confirmé le 30 du même mois. Outre les titres d'amiral, de vice-roi et de gouverneur des terres qu'il découvrirait, Colomb obtint le pourcentage exorbitant pour l'époque de 10 % sur tous les biens produits par les terres nouvelles et, pour financer son expédition, la somme assez modeste de deux millions de maravédis. Le lieu choisi pour l'armement fut Palos, port de la Niebla : Colomb préférait ce port, proche des fiefs de son ami le duc de Medinaceli, à tout autre. De plus il en connaissait les armateurs, les Pinzon, ainsi que ceux du port voisin, les Niño de Moguer, tous pilotes aguerris, qu'il avait rencontrés lors de son arrivée en Espagne. Enfin, et surtout, les armateurs de Palos avaient été condamnés, pour piraterie ou contrebande, à une forte amende : les souverains espagnols purent donc exiger d'eux qu'ils fournissent gratuitement pour l'expédition deux caravelles armées ; les notables de Palos, quant à eux, durent fournir le ravitaillement au plus juste prix. Cf. J. Heers, *op. cit.*, p. 198-219 ; P. E. Taviani, *op. cit.*, t. 1, p. 233-246 et t. 2, p. 290-312 ; Jean Merrien, *Christophe Colomb*, Paris, 1986, p. 195-202 ; C. Colomb, *op. cit.*, t. 3, p. 60-70.

9. Les indications que nous possédons sur les vaisseaux attribués à Colomb sont imprécises et contradictoires, et les tentatives de reconstitution n'ont guère été heureuses jusqu'à présent. Une chose est sûre : l'un des navires était plus important que les deux autres ; mais les spécialistes s'opposent, notamment sur les tonnages, voire la conformation des bateaux.

Le vaisseau de transport dont parle Pierre Martyr est la Galega (la Galicienne) ou Maria-Galanta (Marie-Galante) : ce navire portait, comme la Pinta, la Niña, et tous les navires de l'époque, le nom d'une fille de joie. Colomb la rebaptisa respectueusement Santa Maria. C'était le navire-amiral, dont l'équipage était officiellement constitué de trente-neuf hommes et dont le capitaine était Colomb lui-même. On sait, par le journal de bord de Colomb, qu'il était moins rapide et moins maniable que les deux autres navires, et il s'échoua à Hispaniola (cf. rapport du 25 décembre 1492). Ce navire était une nef, seul navire, ou peu s'en faut, qu'utilisaient les Gênois pour la navigation hauturière. Cependant elle était particulièrement petite, entre cent et cent vingt tonneaux selon les diverses estimations. Cela s'explique assez facilement : d'une part par le coût de l'armement d'une grosse nef, de l'autre par la crainte, justifiée, de Colomb de rencontrer des hauts-fonds. Ces modestes dimensions expliquent que le texte des *Capitulations* parle de « trois caravelles » Cf. C. Colón, *op. cit.*, p. 177-178 ; J. Heers, *op. cit.*, p. 295-299 ; S. E. Morison, *op. cit.*, p. 118-124.

10. Ces deux navires sont la Pinta et la Niña, deux caravelles. Là encore, pour reprendre les termes de Morison : « personne ne sait à quoi ressemblent vraiment la Niña, la Pinta et la Santa Maria. » Il estime cependant que la Niña jaugeait soixante tonneaux et la Pinta entre cinquante et soixante tonneaux. Ce sont donc de petits navires, de forme ronde, avec chacun trois mâts. L'existence d'un pont reste incertaine. Pour des raisons techniques, Colomb préféra remplacer les traditionnelles voiles latines par des voiles carrées. La Pinta était commandée par Martin Alonso Pinzon et pilotée par Cristobal Sarmiento ; la Niña était sous le commandement de Juan Niño, de Moguer, et c'est son jeune frère, Peralonso Niño, qui tenait le gouvernail.

Les caravelles tenaient bien la mer et pouvaient affronter les pires climats ; leurs modestes dimensions faisaient qu'elles coûtaient peu à armer ; enfin elles permettaient de naviguer en faible profondeur et même de remonter les fleuves. Elles n'étaient pas le navire idéal mais possédaient les caractéristiques nécessaires à ce genre d'entreprise. Cf. J. Heers, *op. cit.*, p. 303-307 ; S. E. Morison, *op. cit.*, p. 113-117.

12. Là encore, les nombres avancés se contredisent. Il paraît difficile en tout cas que Colomb soit parti avec deux cent vingt hommes sur de si petits bâtiments. De plus l'Amiral signale, dans son journal de bord, le jour où la Santa Maria s'échoua, son intention de laisser sur l'île les trente-neuf hommes qui en constituaient l'équipage. Or, la Santa Maria étant le plus gros des navires, il est probable qu'elle possédait l'équipage le plus nombreux. S. E. Morison avance le nombre de quatre-vingt-dix hommes en tout. Alicia Gould Quincy a établi une liste de quatre vingt-sept noms qui est actuellement le document le plus précis que nous possédions sur la question : Colomb aurait donc embarqué avec une centaine d'hommes.

Il est possible que l'hésitation sur le nombre rejoigne un autre problème, soulevé par S. de Madariaga : le départ de Colomb, le 2 août 1492, coïncide avec l'expulsion définitive d'Espagne des Juifs non convertis. Il est possible que Colomb ait embarqué clandestinement des Juifs, qui auraient constitué l'essentiel des hommes laissés à Hispaniola. Cette théorie peut expliquer l'incertitude des chiffres ; mais il paraît impossible que deux cent vingt hommes aient pu embarquer sur les trois navires. Cf. C. Colomb, *op. cit.*, t. 1, p. 32 ; S. E. Morison, *op. cit.*, ch. 10 ; S. de Madariaga, *op. cit.*, p. 229-231 et 246-247 ; Alicia Gould Quincy, *Nueva lista documentada de los tripulantes de Colón en 1492, Boletin Real Academia de la Historia*, 1924, t. 85, p. 145-149 ; Bartolomé et Lucile Benassar, *1492, un monde nouveau ?*, Paris, 1991, p. 226-227.

13. Ce nom est l'ancienne appellation des Canaries. Les souverains espagnols mentionnés par Pierre Martyr un peu plus loin sont Juan II de Castille (1405-1454), fils du souverain Enrique III de Castille et père d'Isabelle la Catholique, et sa mère Doña Catalina de Lancaster (1373-1418), reine de Castille, qui assura la régence jusqu'à ce que son fils fût en âge de gouverner. Las Casas s'étend très longuement sur les Canaries, leur nom et leur identité (p. 81-90), leur histoire (p. 90-111), leur géographie et leur population (p. 111-118). Cf. B. de Las Casas, *op. cit.*, t. 1, p. 81-118 ; article *Canarias* in *Enciclopedia Nacional de la Cultura Española*, Madrid, 1963, t. 1, p. 984-987 ; articles *Canarias*, *Catalina* (de Lancaster) et *Juan II* in *Diccionario de Historia de España*, Madrid, 1952, t. 1, p. 515-516, 610-611, t. 2, p. 110.

14. 1200 milles font 1766 km, et 300 lieues, 1650 km. Notons que quand Pierre Martyr utilise les lieues, il se réfère systématiquement aux lieues marines (5,5 km), même pour les distances terrestres. 4 milles font 5,8 kilomètres environ.

15. Le 4 août, lendemain du jour où les navires quittèrent Palos, on s'aperçut que le gouvernail de la Pinta était cassé, ce qui fit naître des rumeurs de sabotage. Les transactions entreprises pour acheter un nouveau bateau et, finalement, la réparation de la Pinta firent que les Espagnols ne quittèrent Gomera que le 6 septembre. Cf. S. de Madariaga, *op. cit.*, p. 250-251 ; S. E. Morison, *op. cit.* , p. 160-164.

17. L'épisode ne figure pas dans l'édition de 1511. Le journal de bord, qui souligne jour après jour le moindre incident de navigation, ne mentionne aucune mutinerie et indique simplement, le 10 octobre, des plaintes et une certaine lassitude de la part des marins. Les témoignages recueillis lors d' un procès qui eut lieu en 1512 confirment que le danger a été moindre que dans les versions romancées de la traversée, celles de Fernando Colomb ou de Las Casas. Cf. C. Colón, *op. cit.*, p. 108 ; Bartolomé de Las Casas, *Historia de Las Indias*, Mexico, 1951, t. 1, p. 189-190 ; M. Mahn-Lot, *op. cit.*, p. 78-79 ; S. E. Morison, *op. cit.*, p. 215-221.

18. Les 10 et 11 octobre, les signes de la proximité d'une terre (branchages, oiseaux...) se multiplièrent. Le soir du 11 octobre, Colomb enjoignit à ses hommes de «faire bonne garde au château de proue et de bien guetter la terre». A deux heures du matin le matelot sévillan Rodrigo de Triana cria : « Terre, terre ! ». La première île aperçue par les Espagnols était Guanahani, l'actuelle île Watling, située dans l'archipel des Bahamas. Symboliquement, Colomb la baptisa San Salvador. Cf. C. Colón, *op. cit.*, p. 108-111 ; J. Heers, *op. cit.*, p. 236-238 ; M. Mahn-Lot, *op. cit.*, p. 80-81.

19. Española (« petite Espagne » ou « île espagnole ») est le nom donné par Colomb à l'île d'Haïti. Haïti était le nom indigène de l'île, qu'elle conservera finalement. Juana (Ioanna dans le texte de Pierre Martyr) est le nom qu'il donna à Cuba, qui elle aussi garderait en définitive le nom d'une de ses régions, Cuba ou Colba. Le nom choisi par Colomb était un hommage au prince héritier de Castille, Don Juan. Les quatre autres

îles mentionnées par Pierre Martyr sont successivement San Salvador (l'actuelle île Watling), Santa Maria de la Concepción (l'actuelle Rum Cay), Fernandina (Long Island) et Isabela (Crooked). Notons que c'est le nom latinisé par Pierre Martyr, Hispaniola, qui demeura. Cf. carte I

20. 180 lieues font 990 kilomètres environ ; 800 milles font 1177 kilomètres.

21. Ile mythique située dans des contrées aussi variées que l'Arabie, l'Inde ou l'Afrique Orientale, et citée dans la *Bible,* c'est le lieu où Salomon envoyait ses navires chercher de l'or (I, *Rois,* 9, 28 ; *ibid.*, 10, 14-25).

22. Antilia, ou île des Sept Cités, était la plus fascinante des îles mythiques dont foisonnait l'imaginaire des hommes de l'époque de Colomb. Selon les Portugais, cette île avait été peuplée d'habitants de leur pays partis à l'époque du roi Rodrigue sous la conduite de sept évêques, qui avaient fondé chacun une cité. On ajoutait qu'au temps de l'infant Pedro du Portugal, en 1447, des marins avaient abordé l'île et ramassé du sable mêlé d'une grande quantité d'or. Sans doute Pierre Martyr a-t-il par cette supposition donné aux Antilles leur appellation définitive. Cf. Jorge Magasich-Airola et J-M De Beer, *America Magica,* Paris, 1994, p. 177-185.

23. L'accident rapporté ici est un des événements étranges du premier voyage. Officiellement, le 25 décembre 1492, l'assoupissement du marin qui était de quart provoqua, près de l'actuel Cap-Haïtien, le naufrage de la Santa Maria, échouée sur un banc de corail. La perte du navire obligea Colomb à laisser sur l'île trente-neuf hommes, les marins du navire inutilisable, qui, pensait-il, s'établiraient et jetteraient les bases d'une réelle colonisation. Colomb donna au fort que l'on construisit sur place le nom de La Navidad (Nativité). Certains historiens pensent que la majorité des trente-neuf volontaires ne figurait pas sur le rôle d'équipage établi au départ : il pourrait donc s'agir des passagers clandestins juifs déjà mentionnés. Là encore, il est difficile de rétablir la réalité, mais cet événement semble avoir suffisamment intrigué Pierre Martyr pour que celui-ci ne le fasse pas figurer à sa place chronologique dans le récit, de sorte qu'il sera repris quelques lignes plus loin. Cf. C. Colón, *op. cit.*, p. 177-181.

24. Il y a ici une erreur, volontaire ou non, de la part de Pierre Martyr puisque la Pinta, sous les ordres de Martin Alonso Pinzon, avait quitté les autres navires depuis le 21 novembre. Seule restait donc la Niña. Cf. C. Colón, *op. cit.*, p. 140-141.

25. La nudité des insulaires et leur simplicité donnèrent longtemps l'impression que la société Taïno était une société des plus primitives. Les Taïnos ne connaissaient pas le fer et Martyr mentionne à plusieurs reprises qu'ils font usage de la pierre taillée (*infra,* p. 23, 129). Mais on sait désormais qu'il s'agissait d'un groupe très évolué, à la hiérarchie stricte. Le membre le plus important de la communauté était le cacique. On en comptait à peu près trois cents dans l'île, mais elle était en fait au pouvoir

de cinq ou six grands caciques qui contrôlaient l'ensemble de la vie à Hispaniola. Venaient ensuite les *behiques*, à mi-chemin entre sorciers et guérisseurs, puis les *nitaïnos*, aristocrates qui assistaient le cacique dans l'exercice du pouvoir. Au bas de l'échelle sociale on trouvait les *naborias*, serviteurs du cacique qui assuraient les travaux agricoles. Malgré des estimations très variables, on pense qu'il y avait sur Hispaniola entre trois et sept millions d'habitants, répartis dans des villages d'un millier de personnes. Cf. Irving Rouse, *The Taïnos : Rise and décline of the people who greeted Colombus*, New Haven, 1992, p. 138-172 ; K. Deagan, J-M Cruxent, *Columbus's outpost among the Taïnos*, New Heaven and London, 2002, p. 21-45 ; M. Devèze, *Antilles, Guyane, la mer des Caraïbes de 1492 à 1789*, Paris, 1977, p. 19-26 ; *L'Art Taïno*, publié sous la direction de J. Kerchache, Paris, 1994, p. 20-21.

26. Les termes « Caraïbe » (espagnol *Caribe*) et « Cannibale » viennent tous deux du mot arawak *Karib*. Les Karibs étaient comme les Arawaks originaires d'Amazonie, mais ils étaient plus agressifs que ceux-ci et les avaient peu à peu refoulés dans les Grandes Antilles, tandis qu'ils occupaient les Petites Antilles. *Karib*, qui devait signifier « hardi », était employé par les Caraïbes pour se désigner eux-mêmes ; dans la bouche des Arawaks cependant ce terme prenait une valeur péjorative et s'associait à l'idée de sauvagerie ; il s'opposait alors au terme *Taïno*, signifiant « homme bon et noble », par lequel les Arawaks des Grandes Antilles se désignaient eux-mêmes pour se différencier de leurs belliqueux voisins, qui possédaient en outre des rituels anthropophagiques. Le nom Cannibale, qui fut rapporté en Europe par Colomb, fut pour l'Amiral l'occasion d'une double méprise linguistique. Il crut d'abord, ayant entendu *caniba* à la place de *cariba*, que les Taïnos lui signalaient l'existence de cynocéphales, les hommes à tête de chien (*canis*) : or Colomb ne doutait pas de leur existence, puisque Pline, Saint Augustin et Isidore de Séville l'avaient signalée ; Pierre d'Ailly, dont l'*imago Mundi* était un des livres de chevet de Colomb, abondait aussi en ce sens. Plus tard, il crut reconnaître dans le mot *caniba* une mention du Grand Khan, souverain de Tartarie dont il connaissait l'existence par le récit de Marco Polo : il pensa alors qu'il était bien arrivé en Asie, et n'eut de cesse par la suite de trouver dans les Antilles les royaumes d'orient. Cf. C. Colón, *op. cit.*, p. 131, 158 ; Frank Lestringant, *Le Cannibale, Grandeur et Décadence*, Paris, 1994, p. 43-47 ; I. Rouse, *op. cit.*, p. 146 ; article *Arawaks et Karibs*, Encyclopedia Universalis, 1993, p. 773-775.

27. Ce livre propose le premier portrait, à double face, de l'indigène du Nouveau Monde par l'homme civilisé. C'est un portrait à la fois simplifié et stylisé. Les insulaires sont répartis en deux catégories facilement assimilables par les chrétiens : d'une part les « bons » sauvages, désormais sujets espagnols, qui possèdent d'ores et déjà toutes les qualités chrétiennes et apparaissent comme des hommes d'avant le péché, qu'il ne reste qu'à évangéliser… Ou à asservir, comme l'indique Colomb à plusieurs reprises ;

de l'autre les Cannibales, « méchants » sauvages agressifs et anthropophages, appelés à une grande fortune dans l'imaginaire européen. Notons que le tableau des fermes humaines relève du pur fantasme : tout d'abord les Espagnols n'étaient pas en mesure de comprendre un tel récit ; ensuite on sait que l'anthropophagie des Cannibales était purement rituelle, et avait pour fonction de permettre aux guerriers d'acquérir la force de leurs ennemis morts. Sur ce sujet comme sur la manière dont Martyr met en scène le mythe du cannibale, les analyses de Franck Lestringant sont particulièrement éclairantes. Cf. C. Colón, *op. cit.*, p. 158, 164, 194-197 ; F. Lestringant, *op. cit.*, p. 56-63 ; *L'Atelier du Cosmographe ou l'Image du monde à la Renaissance*, Paris, 1991, p. 94.

28. Le terme *ages*, latinisation de l'espagnol *aje*, désigne toutes sortes de tubercules proches des ignames. Martyr précise dans le neuvième livre de la troisième décade : *agium species innumerae sunt.* Cf. C. Colón, *op. cit.*, p. 131.

29. Il ne s'agit pas ici de la plante de la famille des liliacées, cultivée comme plante d'ornement, mais du manioc dont quelques variétés sont couramment désignées par le nom yucca. Les galettes obtenues avec le manioc pilé et pressé, appelées *cazabi* par les insulaires, étaient réservés aux caciques et aux *nitaïnos.* Elles constituent encore aujourd'hui un mets très répandu aux Antilles sous le nom de cassaves. Cf. C. Montbrun, *Les Petites Antilles avant Christophe Colomb,* Paris, Karthala, 1984, p. 84-85.

30. Une paume mesure sept centimètres environ ; le maïs, moulu et cuit, fournit aux insulaires la seconde sorte de pain qu'ils consomment, désigné par Pierre Martyr par les termes *paniceus panis.*

31. Cf. Pline l'ancien, *Histoire Naturelle,* X, 58, édition et traduction d'E. de Saint-Denis, Paris, 1961.

32. A l'époque de Colomb, tous les esprits éclairés admettent la rotondité de la Terre. Elle est donc une sphère, mais on ne s'accorde pas sur la distance que représente chaque degré de cette sphère, ni sur la place qu'y occupe l'Inde. En effet, si l'on divise la Terre en 360°d'arc, la distance entre l'Espagne et les Indes par l'ouest est de 360° moins la distance entre l'Espagne et les Indes par l'est. Eratosthène (IIIe, IIe siècle avant J.-C.) était tout près de la vérité : il donnait, sur un cercle de 252 000 stades (45 000 kms), 77 800 stades au continent eurasiatique, soit un tiers du cercle. Strabon, au Ier siècle avant J.-C, réduisait la dimension du continent eurasiatique au quart de la circonférence terrestre.

Colomb cependant ne suivit pas ces calculs : soit de bonne foi, soit pour obtenir l'accord des différents souverains qu'il rencontra, il présenta les résultats cités par Pierre d'Ailly dans l'*imago Mundi,* son livre de chevet, qui sont ceux de Marin de Tyr, astronome et mathématicien de la fin du Ier siècle. D'après Marin de Tyr, les terres connues occupaient sur le globe 225° ou 230° ; il ne restait donc à parcourir par mer que 130° ou 135°, ce qui paraissait plus aisé. De plus Colomb multipliait cette erreur par une autre : tout d'abord, pour le calcul de la valeur du degré, il se fia aux travaux, très exacts, d'un astronome arabe du IXe siècle, Alfraganus : celui-ci avait établi qu'un degré mesurait 56,6 milles ; mais il s'agissait de milles arabes, mesurant 1973 mètres environ, de sorte que le degré mesurait 111832 mètres, ce qui était très proche de la vérité puisque le degré mesure 111 111 mètres. Or Colomb, tout en gardant le nombre de 56 milles, les multiplia par des milles romains, qui ne mesurent que 1472 mètres. Il est impossible là encore de savoir si l'erreur fut sciemment commise ou non ; quoi qu'il en soit, la dimension de la Terre se trouvait ainsi singulièrement réduite, de même que celle du chemin à parcourir. Il retrancha ensuite à la distance ainsi calculée les terres découvertes depuis Marin de Tyr par Marco Polo, qui selon lui représentent au moins 30° ; il ne restait plus ainsi qu'à parcourir une centaine de degrés, soit environ 7400 kilomètres, pour parvenir aux Indes par mer. Par un hasard miraculeux, c'est à peu près la distance que Colomb eut à parcourir pour gagner les Antilles ; mais la remarque de Pierre Martyr, qui connaît apparemment les travaux d'Eratosthène, de Ptolémée et des autres savants de l'antiquité est tout à fait justifiée : la longueur du trajet de Colomb ne correspond pas à celle qu'il aurait dû parcourir pour arriver aux Indes. Cf. C. Colón, *op. cit.*, p. 90 ; P. E. Taviani, *op. cit.*, t. 1, p. 205-211et t. 2, p. 239-249 ; J. Heers, *op. cit.*, p. 154-162 ; S. de Madariaga, *op. cit.*, p. 94-100 et p. 124-129.

33. Aristote avait établi avec certitude que la Terre était ronde, et en avait même évalué les dimensions de manière presque exacte : comptant en stades (100 mètres environ) il pensait qu'un degré terrestre mesurait 1 111 stades, ce qui donnait à la terre une circonférence de 40 000 kilomètres actuels environ. C'est dans son traité *Du ciel* (II, 14, 298a) qu'il démontre la rotondité de la Terre et en tire ces conclusions, que Colomb connaissait : «Voilà pourquoi les gens qui soupçonnent que la région des Colonnes d'Hercule touche à celle des Indes et que de la sorte il n'y a qu'une seule mer, ne semblent pas nourrir des conceptions trop incroyables. » Colomb, à la suite de ce passage repris par Pierre d'Ailly, peut donc écrire en note dans son exemplaire de l'*imago Mundi* : «L'Inde est proche de l'Espagne. » Cf. Aristote, *Du ciel*, édition et traduction de Paul Moraux, Paris, 1965 ; C. Colón, *op. cit.*, p. 381.

34. Si les livres de Sénèque ne font pas partie des livres de Colomb qui nous sont parvenus, on sait qu'il connaissait son œuvre grâce à plusieurs annotations et au *Livre des prophéties*, ouvrage de compilation qu'il rédigea dans sa vieillesse et dans lequel il réunit tous les extraits d'œuvres qui lui semblaient annoncer sa découverte. Il cite notamment cet extrait de *Médée*, qui ne pouvait que le fasciner :

uenient annis
saecula seris quibus oceanus
uincula rerum laxet et ingens
pateat tellus Thetysque nouos

detegat orbes nec sit terris
ultima Thule. (374- 379)

« Plus tard, avec les années, des temps viendront où l'océan ouvrira les barrières de l'univers et la terre s'offrira dans son immensité ; Thétys dévoilera de nouveaux mondes et Thulé cessera d'être la plus éloignée des terres ».

Il est intéressant de constater que dans *Le Livre des Prophéties*, Colomb a remplacé «Thétis» par «Tiphys», nom du pilote des Argonautes auquel il semble s'être fortement identifié. Cf. Sénèque, *Médée*, édition et traduction de François-Régis Chaumartin, Paris, 1996 ; C. Colomb, *op. cit.*, t. 3, *Livre des prophéties*, p. 209 ; J. Heers, *op. cit.*, p. 129-162.

35. Le mastic est une matière résineuse produite par le lentisque pistachier, dont on faisait une gomme à mâcher très appréciée, des pommades médicinales et des supports de parfum. Mais en réalité il n'y en a pas à Hispaniola. On constate la même méprise pour l'aloès et pour le gingembre. Cf. C. Colón, *op. cit.*, p. 112, 114, 133.

36. *gossampinum*, *gossampium* ou *gossipium* sont les noms donnés à l'*eriodendron anfractuosum*, arbre de la famille des malvacées dont le fruit renferme une sorte de coton. Mais le commerce de ce coton de piètre qualité n'eut jamais lieu, pas plus que celui des épices. Cf. C. Colón, *op. cit.*, p. 111-112, 135.

37. Ce sont les Chinois, et Pierre Martyr fait allusion à l'industrie de la soie.

38. Il s'agit d'une sorte de piment, appelé *aji* par les insulaires, moins bon que le poivre.

39. On trouve dans ces lignes la confirmation du pressentiment de Pierre Martyr : pour lui, les terres découvertes peuvent être un nouveau continent.

40. Presque toutes les Grandes Antilles en 1492 étaient peuplées par les Arawaks, mais le peuple d'Hispaniola reste connu dans l'histoire sous le terme de Taïnos. Ce mot, dérivé du terme *nitaïno,* «homme noble et prudent», qui désignait les nobles d'Hispaniola, est celui par lequel les habitants d'Hispaniola se désignaient entre eux par opposition aux Caraïbes, qui les avaient refoulés dans les Grandes Antilles. Cf. Michel Devèze, *op. cit.,* p. 16-19.

41. A défaut des quantités d'or espérées, Colomb promit aux souverains des milliers de nouveaux chrétiens ; mais la réalité démentit aussi cette promesse. Cf. C. Colón, *op. cit.*, p. 231 ; J. Heers, *op. cit.*, ch. 15 ; M. Mahn-Lot, *op. cit.*, p. 106, 134-136.

42. Le succès de l'entreprise validait les titres promis par les *Capitulations de Santa Fe,* d'une très grande importance : tout d'abord la charge d'amiral impliquait l'annoblissement ; ensuite, elle était héréditaire ; enfin, l'Amiral exerçait un contrôle absolu sur la zone maritime à laquelle s'étendait son pouvoir, sur les transactions commerciales qui s'y déroulaient et sur l'ensemble de la flotte royale. Quant au titre de gouverneur et vice-roi,

accordé sans restriction géographique comme c'était le cas, il faisait dépendre de son possesseur toutes les magistratures politiques, judiciaires et fiscales et lui conférait tous les pouvoirs. Le danger que représentait un tel pouvoir aux mains d'un seul homme explique en partie le développement de l'inimitié de Ferdinand d'Aragon à l'égard de Colomb. Notons que Martyr ne fait référence qu'au titre d'Amiral (*Almirantus* ou *praefectus marinus*). Il ne fait jamais mention du titre de vice-roy. Cf. J. Heers, *op. cit.*, p. 198-202 ; S. E. Morison, *op. cit.*, p. 104-108 et 364-367.

43. Ce passage est tout à fait étrange : au moment où Christophe triomphait à la cour d'Espagne, Bartolomé n'était pas présent puisqu'il négociait à la cour de France pour obtenir des appuis pour l'entreprise de son frère. Pis encore, il n'avait appris ni le départ ni le retour de celui-ci, et ce ne furent pas les souverains qui décernèrent à Bartolomé Colomb le titre de gouverneur colonial (*adelantado*), mais son propre frère. Enfin cette nomination n'eut lieu qu'en 1494 alors que Martyr rédige le premier livre en 1493 : ce passage a donc sans doute été ajouté. Sur B. Colomb et sur la fonction d'adelantado, voir *infra*, livre III, note 73, livre IV, note 30.

44. Colomb partit cette fois avec une flotte importante dont Pierre Martyr dresse un inventaire très complet. L'Amiral était accompagné de son frère Diego, «homme vertueux, d'une simplicité sans malice et qui s'habillait comme un clerc» pour reprendre les termes de Las Casas. L'objectif religieux était cette fois bien spécifié : il fallait évangéliser les peuples païens en les traitant avec amour. A cet effet s'embarquaient le moine Bernardo Buyl qui appartenait à l'ordre des Minimes, trois franciscains «bourguignons» et un hiéronymite espagnol, Ramon Pané. Il faut mentionner enfin la présence du futur conquistador Hojeda et celle d'un médecin, le docteur Chanca, qui laissa un rapport sur ce voyage. Les nobles qui s'embarquaient avec Colomb pour faire rapidement fortune et posséder au retour puissance et richesse, loin de l'admirer comme l'affirme Pierre Martyr, allaient devenir rapidement la cause de nombreux soucis. Cf. S. E. Morison, *op. cit.*, p. 389-398.

Livre II

1. Medina del Campo est une cité de Vieille Castille, proche de Valladolid. C'est une des nombreuses cités où résida la cour des Rois Catholiques, toujours en déplacement.

2. L'Hispanie Ultérieure, province romaine située au sud-ouest de l'Espagne, comprenait la Bétique et la Lusitanie. Contrairement à ce qu'affirme Martyr, la Vieille Castille occupe le nord-ouest de l'Espagne et ne correspond pas à l'Hispanie ultérieure.

3. 590 kilomètres environ.

4. C'est-à-dire le 24 mars 1494. Pour la composition de ce livre, rédigé sans doute peu de temps après l'arrivée des navires, Martyr a eu recours à trois documents : une lettre de Colomb écrite à Isabela en janvier 94, ramenée par Antonio Torrès, le *Mémoire à Antonio Torrès* que l'Amiral lui avait confié et la *Lettre du docteur Chanca*, que je cite dans la traduction française donnée par Michel Lequenne. La lettre de Colomb n'a été découverte qu'en 1985 et figure dans l'édition de 1992 des textes et documents de Colomb due à Consuelo Varela et Juan Gil. Cf. C. Colón, *op. cit.*, p. 235-269 ; C. Colomb, *op. cit.*, t. 2, *Lettre du docteur Chanca sur le deuxième voyage*, p. 59-79.

5. Le commandant de la flotte était Antonio Torres, frère de la nourrice de l'infant Don Juan, chargé par Colomb d'une lettre pour les souverains qui nous est parvenue sous le nom de *Memorial a Antonio Torrès* (*Mémoire pour Antonio Torrès).* Il ramenait dans ses cales quelques balles de cinnamome, des perroquets, vingt-six insulaires, et de l'or pour une valeur de trente mille pièces. Cf. C. Colón, *op. cit.*, p. 254-259 ; J. Heers, *op.cit.*, p. 257.

6. C'est-à-dire le 14 avril 1494.

7. C'est-à-dire le 13 octobre 1494.

8. L'Aquilon est un vent du nord, aussi appelé Borée.

9. En inclinant sa route légèrement au sud-ouest, Colomb savait qu'il arriverait aux îles des Cannibales où il espérait trouver de l'or, puisqu'il avait confondu le nom des Cannibales avec celui du grand Khan, roi de Cathay (la Chine), l'un des pays de l'or décrits par Marco Polo. Il avait de plus prévu que ce nouveau chemin serait moins long que le précédent, ce qui fut confirmé. Cf. S.E. Morison, *op.cit.*, ch. 29.

10. C'est aujourd'hui la Dominique.

11. 4510 kilomètres environ.

12. Cette île est l'actuelle Marie-Galante.

13. 42 kilomètres environ.

14. Seuls trois des insulaires emmenés par Colomb en Espagne avaient survécu à un changement d'existence radical et étaient revenus avec l'Amiral. Parmi eux se trouvait Diego Colomb, fils adoptif de Christophe, baptisé du prénom du plus jeune frère de celui-ci.

15. Les Taïnos, comme les Caraïbes, possédaient deux types d'habitations : les cases communes ou carbets, que Pierre Martyr mentionne plus bas, et les cases dont il est question ici. Celles-ci étaient réservées aux repas des femmes et des enfants, et les hommes s'y retiraient pour dormir. Elles étaient faites d'un bois incorruptible et la couverture du toit, constituée de feuilles de latanier, de palmiste ou de cachibou, pouvait durer deux ans. On y trouvait parfois deux ou trois pièces, parfois une seule. Elles possédaient souvent un auvent. Cf. C.Montbrun, *Les Petites Antilles avant Christophe Colomb*, Paris, 1984, p. 105-110.

16. Cette phrase semble indiquer que Pierre Martyr n'a pas exactement saisi quel était l'agencement d'une case : les poutres intérieures et les poutres courtes sont les mêmes, et les hamacs sont tendus tout autour de l'espace central, le long de la paroi.

17. *Atrium* est ici à comprendre dans son sens de « salle commune » ou « salle de réunion » ; il désigne une grande hutte rectangulaire, de six mètres sur vingt-cinq, appelée carbet. Chez les Caraïbes, elle était la demeure du cacique et servait de salle de réunion et de réception. Les insulaires y vaquaient aux occupations quotidiennes tous ensemble. Cf. C. Montbrun, *op.cit.*, p. 110-115.

18. Pierre Martyr paraît s'être inspiré, pour écrire ce passage, de la *Lettre du docteur Chanca sur le deuxième voyage*, rédigée en février 1494. Lors du premier voyage Colomb, quoique refusant d'accorder foi aux récits d'anthropophagie, avait promis son aide contre les Caraïbes. Lors du second voyage, lorsqu'il se fut rendu compte que les nouvelles terres n'étaient pas à la hauteur de ses espérances, l'anthropophagie des Cannibales lui servit de prétexte pour organiser la déportation d'esclaves vers l'Espagne. Dans les caravelles ramenées par Antonio Torrès, il y avait vingt-six « indiens » ; l'année suivante, le même Antonio Torrès convoya quatre cents esclaves caraïbes qui furent vendus sur le marché de Séville. Puis les Caraïbes laissèrent la place à des prisonniers de guerre taïnos. Mais la désapprobation royale, sans doute renforcée par l'échec total de la transplantation des insulaires, se mua en une interdiction absolue en 1502. Cela n'empêcha cependant pas les petits trafics particuliers et, surtout, l'esclavage massif de la population sur place.

Colomb, partagé entre la tentation esclavagiste et un intérêt réel pour l'étude des peuples rencontrés, comme l'attestent de nombreux faits, symbolise le changement d'époque et de mentalité révélé par le caractère exceptionnel de la découverte de l'Amérique. Colomb paraît avoir voulu appliquer à l'Amérique un schéma ancien, celui de l'Afrique, alors que la situation extraordinaire nécessitait des comportements tout à fait nouveaux, comme peuvent l'avoir pressenti les souverains d'Espagne. Contrairement à l'Afrique, où progressivement s'était installé avec les chefs de tribus ou les marchands musulmans un véritable commerce d'esclaves, fondement, avec celui de l'or, des relations économiques entre l'Espagne (et le Portugal) et l'Afrique, la découverte inopinée du continent américain a empêché tout projet, et par là-même semble avoir détruit dans l'oeuf toute intention d'instaurer un trafic d'esclaves : ce fait est attesté par la très grande réserve des Rois Catholiques, qui ne s'étaient jamais opposés au commerce d'esclaves africains et avaient même décrété la mise en esclavage de tous les prisonniers maures, après la chute de Grenade. Cf. C. Colón, *op. cit.*, p. 254-259 ; C. Colomb, *op.cit.*, t. 2, *Lettre du docteur Chanca sur le deuxième voyage* ; F. Lestringant, *op. cit.*, p. 56-63 ; J. Heers, *op. cit.*, p. 389-401 et 413-421.

19. Le Tessin est un fleuve d'Italie du nord. L'adjectif possessif se comprend si l'on pense que Pierre Martyr et son correspondant Ascanio Sforza sont tous deux Italiens.

20. Le nom complet donné par Colomb est Santa Maria de Guadalupe. C'est aujourd'hui la Guadeloupe. Guadalupe est un lieu de pélerinage

très ancien situé en Espagne, dans une chaîne montagneuse d'Estramadure où s'élève un monastère hieronymite dédié à la Vierge de Guadalupe. La légende veut que Colomb, très croyant, ait promis d'y aller en pélerinage s'il échappait à la mort lors de la terrible tempête qui le surprit à son retour en Espagne en février 1493. Il accomplit ce vœu juste avant de s'embarquer pour le second voyage, et il promit aux moines de baptiser une des îles qu'il rencontrerait du nom du célèbre sanctuaire. Le terme Carucueria signifie « île aux belles eaux ». Cf. C. Colomb, *op. cit.*, t. 1, 14 février 1493 ; *Dictionnaire d'Histoire et de Géographie ecclésiastiques*, t. 22, p. 471-475.

21. Un groupe de marins partis en reconnaissance s'égara dans l'île et le reste de l'expédition passa six jours à le chercher. Cf. S. E. Morison, *op. cit.*, p. 406-407.

22. C'est-à-dire le 12 novembre 1493.

23. Il s'agit des trente-huit ou trente-neuf hommes laissés sur l'île après le naufrage de la Santa Maria, le 25 décembre 1492, sous la protection du cacique Guacanari. Colomb espérait que ces hommes auraient à son retour jeté les bases d'une colonisation espagnole et progressé dans la connaissance de l'île ainsi que dans l'exploitation de ses richesses (*supra*, p. 29).

24. Arrivé à la Dominique, Colomb se dirigea ensuite vers Hispaniola en traversant tout l'arc des Petites Antilles. Cf. carte II.

25. C'est une transcription fautive de Matinino, aujourd'hui la Martinique. Martyr confond ici les Amazones et la légende des femmes de Lemnos (et non Lesbos comme il l'écrit). La légende que rapporte Pierre Martyr à propos de cette île et que Colomb connaissait dès le premier voyage contribua à maintenir l'Amiral dans l'erreur, car les Amazones constituaient selon lui une preuve qu'il était en orient. Sur le mythe des Amazones et sa présence au Nouveau Monde, voir l'analyse de Frank Lestringant. Cf. C. Colón, *op. cit.*, p. 138-139 et *Carta a Luis de Santangel*, p. 224-225 ; F. Colomb, *op. cit.*, p. 97 ; F. Lestringant, *L'Atelier du Cosmographe ou l'Image du monde à la Renaissance*, Paris, 1991, p. 114-128.

26. La référence à l'antiquité valide la découverte récente en lui donnant une sorte de certificat d'authenticité.

27. C'est un vent du sud-ouest.

28. 59 kilomètres environ.

29. C'est aujourd'hui Montserrat. Le nom complet donné par Colomb était Santa Maria de Monserrate.

30. 1470 kilomètres ; les Cannibales sont en effet apparentés à un peuple d'Amérique latine, les Galibis, et ont suivi le chemin des îles pour venir s'installer dans les Petites Antilles sans autre moyen de transport que leurs canoës, ce qui montre leur talent de navigateurs. La mer des Caraïbes porte aujourd'hui leur nom. Cf. Michel Devèze, *op. cit*, p. 16-19. C. Montbrun, *op. cit.*, p. 41-56.

31. C'est aujourd'hui Redonda, petite île inhabitée voisine d'Antigua.

32. C'est aujourd'hui Nevis.

33. 221 kilomètres environ.

34. C'est aujourd'hui Antigua. Il y a une erreur dans les dimensions indiquées, puisque 150 milles font 221 kilomètres environ, alors qu'Antigua est une petite île dont la superficie n'est que de 280 kilomètres carrés.

35. 59 kilomètres environ.

36. Ce sont successivement Sint Eustatius, Saint Christopher (Saint Kitts) et Saba.

37. L'île d'Ay Ay, d'abord rebaptisée Santa Cruz par Colomb, porte aujourd'hui le nom de Sainte Croix.

38. Le mardi 6 novembre 1492, Colomb signala dans son journal de bord la présence de ces étranges chiens qui, spécifie-t-il, n'aboient pas. Il s'agit de chiens de chasse jaunes, élevés par les insulaires pour être mangés, qui se nourrissaient de poisson. Leur disparition s'expliquerait par le goût que les Espagnols prirent à cet aliment. Cf. C. Colón, *op. cit.*, p. 133 ; S. E. Morison, *op. cit.*, p. 255.

39. Cet épisode a été rapporté par Colomb et par le docteur Chanca. Le portrait des Caraïbes noircit toujours davantage. Esclavagistes, anthropophages, effrayants et cruels, assimilés à des animaux sauvages, les Cannibales paraissent dignes des chaînes qu'on leur réserve. Cf. C. Colón, *op. cit.*, p. 238-239 ; C. Colomb, *op. cit*, t. 2, *Lettre du docteur Chanca sur le deuxième voyage*, p. 63.

40. 743 kilomètres.

41. Il s'agit des Iles Vierges appelées par Colomb *Once mil Virgenes.* Il baptisa la plus grande Santa Ursula. Cf. C. Colón, *op. cit.*, p. 239.

42. Selon sa coutume, Pierre Martyr latinise le nom de Boriquen. Cette île est l'actuelle Puerto Rico ; Colomb la baptise San Juan Bautista, et ce nom restera celui de la capitale de l'île (San Juan).

46. Les insulaires emmenés par Colomb en Espagne durent affronter des changements radicaux de mode de vie, de climat et de nourriture, ainsi qu'un long voyage et, à l'arrivée, la curiosité des Européens et les fatigues de la vie de cour. Mais ils furent surtout victimes des maladies européennes, même bénignes, contre lesquelles ils n'avaient aucune immunité. Cf. C. Colón, *op. cit.*, p. 242.

47. La violence et la cupidité des trente-huit volontaires espagnols, livrés à eux-mêmes sur l'île après le départ de Colomb, les amenèrent vraisemblablement à s'entretuer et attirèrent sur les survivants la colère du cacique Caunaboa et d'autres caciques d'Hispaniola : les Européens s'étaient en effet constitué des harems et exploitaient le travail des insulaires. Le chef Caunaboa, seul ou avec d'autres caciques, détruisit le fort de Navidad, l'incendia et en massacra les habitants, laissant au cacique de la région, Guacanari, la délicate responsabilité de s'expliquer avec les Espagnols s'ils revenaient. Cf. S. E. Morison, *op. cit.*, p. 427.

48. C'est Guarionex, cacique de premier rang, qui apparaît souvent par la suite.

49. Ces masques d'or, en réalité des masques de métal rehaussés d'or, avaient déjà été mentionnés par Colomb lors du premier voyage. Ce présent a été spécialement choisi ici pour charmer les Européens et les apaiser. Quant au nombre de deux, il s'explique selon Madariaga par le fait que les insulaires s'attendaient à voir Pinzon de nouveau aux côtés de Colomb. Mais Pinzon était mort très peu de temps après le retour en Espagne, première victime européenne, à ce qu'on peut supposer, de la syphilis. Cf. C. Colón, *op. cit.*, p. 138-139, 242 ; S. de Madariaga, *op. cit.*, p. 341.

50. L'île d'Hispaniola était divisée en trois cents petites régions, commandées chacune par un cacique différent ; mais on peut en fait distinguer six régions principales, placées sous la responsabilité de grands caciques, cf. carte III, *infra* et M. Devèze, *op. cit.*, p. 25-26.

51. Latinus, Turnus et Mézence étaient les chefs qui, avant l'arrivée d'Enée, se partageaient le Latium. Latinus, roi des Latins, donna sa fille en mariage à Enée alors qu'il l'avait promise au roi des Rutules, Turnus. Celui-ci déclara la guerre à Latinus et à Enée et demanda l'alliance de Mézence, roi d'Etrurie. Tarchon était un roi Tyrrhénien, allié d'Enée. Presque toujours tiré de l'histoire romaine, l'*exemplum* donne crédit et valeur au fait contemporain. Notons cependant que l'épisode choisi par Pierre Martyr comporte en filigrane les deux éléments qui vont devenir la source d'une partie des problèmes à Hispaniola : la possession des femmes et celle des territoires, donc des richesses et du pouvoir. Cf. Virgile, *Enéide,* VIII-XII, édition et traduction de J. Perret, Paris, 1989.

52. Pour cet épisode, Pierre Martyr tire l'essentiel de sa documentation de la *Lettre du docteur Chanca sur le deuxième voyage.* L'acteur en est Melchior Maldonado, noble sévillan, ancien ambassadeur des Rois Catholiques auprès du Souverain Pontife et capitaine de l'une des dix-sept caravelles. Colomb donne une autre version de l'épisode. Cf. C. Colón, *op. cit.*, p. 245 ; C. Colomb, *op. cit.*, t. 2, p. 71-73 ; S. E. Morison, *op. cit.*, p. 396.

53. L'Amiral, comme tous les Européens, soupçonna sans doute Guacanari d'avoir participé au massacre de Navidad, ou au moins d'en avoir été complice par son inaction. Il préféra toutefois accorder sa confiance au cacique, fermer les yeux et le laisser libre ; Colomb agirait de nouveau ainsi à l'avenir, ce qui se révéla efficace en cette circonstance, puisque Guacanari fut le seul cacique à lui rester toujours fidèle ; mais pour Madariaga, sa tolérance envers les insulaires révèle une faiblesse impardonnable, annonciatrice de la pusillanimité dont il fera preuve envers les rebelles espagnols et insulaires. Cependant il rédigea presque immédiatement des consignes d'une sévérité exemplaire, tant à l'égard des insulaires qu'à celui des Espagnols : elles ont été officialisées par les *Instructions à Mosen Pedro Margarite.* Cf. C. Colón, *op. cit.*, *Instrucción a Mosen Pedro Margarite,* p. 269-273 ; S. de Madariaga, *op. cit.*, p.342-343 ; S. E. Morison, *op. cit.*, p. 427-428.

54. Si l'on compare ce livre au précédent ou au journal de bord du premier voyage, le comportement de Guacanari et de son peuple a déjà

changé du tout au tout : là où ils s'empressaient auprès des Espagnols, ils les fuient maintenant comme le fera bientôt Guacanari, comme l'ont fait les interprètes. Le docteur Chanca ne manque pas de le souligner. Cf. C. Colomb, *op. cit.*, t. 2, *Lettre du docteur Chanca sur le deuxième voyage*, p. 75.

55. Clélie est dans l'histoire romaine une otage de Porsenna, innocente victime de ce roi étrusque. Le parallèle est facile à comprendre puisque ces femmes sont d'innocentes otages des Espagnols. En s'évadant, Clélie illustrait le courage de tout son peuple mais elle commettait une faute puisqu'elle et ses compagnes constituaient un gage de la bonne foi des Romains. Cependant, devant le courage et la détermination de la jeune fille, Porsenna pardonna et même leva le siège. L'*exemplum* ici célèbre la bienveillance de Colomb en le plaçant sur le même plan que Porsenna. Conseille-t-il pour autant de renoncer à soumettre les insulaires, comme le fit Porsenna ? Cf. Tite-Live, *Histoire Romaine*, II, 13, édition et traduction de Gaston Baillet, Paris, 1975.

56. 4,5 kilomètres environ.

57. Ce détail semble obséder Pierre Martyr puisqu'il répète presque dans les mêmes termes, dans le premier livre de la deuxième décade : *centuriam Ancisus ducebat, dico centum pedites, etsi me non lateat constare centuriam ex CXXVIII militibus, ut decuriam ex XV.* Sans doute faut-il voir dans cette précision une certaine anxiété de Martyr au sujet de la façon dont ses lettres étaient accueillies à Rome : l'emploi des termes *decurla* et *centuria*, ici manifestement inadaptés à exprimer la réalité, révèle le désir de recourir à des termes du latin classique et non des néologismes ; mais Martyr refuse cependant d'être taxé d'ignorance, d'où la précision.

58. *Supra*, livre I, note 40.

59. 45 mètres.

60. Les Espagnols sont donc parvenus dans la province de Magua, dirigée par Guarionex.

61. Ces deux noms proviennent là encore directement du *Mémoire pour Antonio Torrès*, où ils sont cités ensemble à propos de cette mission. La figure d'Alonso de Hojeda est bien connue : navigateur et conquistador espagnol (1465-1515), il commanda un navire lors de la seconde expédition de Colomb et participa à la conquête d'Hispaniola ; en 1499, avec Vespucci et Juan de La Cosa il atteindra l'Amérique Latine, découvrira l'île de Curaçao et pénètrera dans le golfe de Macaraïbo qu'il appellera Venezuola, « petite Venise ». Ses expéditions suivantes seront des échecs. Quant à Ginés de Gorbalan, on sait qu'il commandait lui aussi un des navires du second voyage, mais son nom n'apparaît guère qu'au sujet de cette exploration où il secondait Hojeda. Cf. C. Colomb, *op. cit.*, t. 2, *Mémoire pour Antonio Torrès*, p. 84 ; S.E. Morison, *op. cit.*, p.430-433.

62. 243 grammes.

63. Colomb s'efforça d'éviter toute ruée sauvage vers l'or, quitte à devoir se montrer d'une sévérité exemplaire. Cette attitude lui valut de la part des colons une haine durable mais permit d'amasser d'importantes

quantités d'or et d'en faire parvenir la totalité en Espagne ou au moins à bord des navires.

64. Le repérage des phénomènes célestes qui accompagnent les changements de latitude est un moyen de préciser celle-ci car la hauteur du pôle au-dessus de l'horizon, qui varie en fonction de la position de l'observateur entre le nord et le sud, est égale à la latitude du lieu. On la mesure grâce à la dioptre par l'angle que forme l'axe du monde avec le plan horizontal. Cf. G. Aujac, *Strabon et la science de son temps,* Paris, 1966, p.161-163.

65. Le Chariot est l'actuelle Grande Ourse. Les Gardes sont deux étoiles de la Petite Ourse, la β, dite Kochab et la γ, dite Pherkad. Le déplacement de ces deux étoiles par rapport à l'étoile polaire, plus ou moins fixe, permet de calculer l'heure astronomique exacte et le fait qu'une étoile proche de la polaire se couche sous l'horizon indique le faible degré de latitude de ces régions. Peut-être y a t-il ici confusion entre *Poli arctici Custodes,* les Gardes, et *Custos,* le Bouvier : en effet pour que deux étoiles de la Petite Ourse disparaissent il faudrait être presque à la latitude de l'équateur : or Cuba et Haïti se trouvent situées entre 18° et 23° de latitude Nord. L'observation est par ailleurs en totale contradiction avec l'affirmation qui suit quelques lignes plus bas sur la place toujours élevée de l'étoile polaire. Cf. J. Heers, *op. cit.,* p.312-314 ; G. Aujac, *op.cit.,* p.125-129 et 161-163.

66. C'est l'équateur.

67. Les pôles sont, dans l'astronomie antique, les points fixes où l'axe du monde traverse la sphère céleste. Le pôle visible dans l'hémisphère nord est le pôle arctique, « point vide d'étoiles près duquel se trouvent trois petits astres avec lesquels le signe qu'on mettrait au pôle constitue à peu près un quadrilatère » d'après la définition d'Hipparque. La Petite Ourse, et en particulier l'étoile polaire, tourne étroitement autour du pôle et sert de repère pour les calculs. La distance au pôle permet de situer étoiles et constellations. Cf. G. Aujac, *op. cit.,* p.114-116.

68. C'est Isabela, unique cité de l'île, située sur la côte septentrionale. Cf. carte IV.

69. L'expression « fête des trois rois » désignant l'Epiphanie, l'épisode se situe donc en janvier.

70. Lors du second voyage plusieurs membres du clergé étaient à bord : Bernardo Buyl, le plus important, conseiller particulier de la reine pour les affaires spirituelles, moine appartenant à l'ordre des Minimes d'origine catalane ; un frère de la congrégation de Saint Jérôme, Ramon Pane ; enfin trois frères franciscains, qui portent avec eux un matériel liturgique complet. Las Casas ne mentionne pas d'autres prêtres ; peut-être Pierre Martyr a-t-il compté comme prêtres les laïques qui secondaient le frère Buyl et atteint ainsi le nombre de treize. Mais quoique pour les Rois Catholiques la mission de Colomb ait été aussi religieuse que politique et économique, l'évangélisation d'Hispaniola fut un échec total, et aucun

baptême ne fut enregistré pendant le séjour de frère Buyl à Hispaniola, soit entre décembre 1493 et octobre 1494 : Colomb était tout entier pris par la quête éperdue de l'or ainsi que les rivalités politiques, le frère Buyl, cupide et ambitieux, ne semblait pas s'être senti responsable d'une mission évangélisatrice et les exactions commises envers les insulaires par les différents partis avaient achevé de détourner des chrétiens et de leurs pratiques les habitants d'Hispaniola, dont Pierre Martyr, comme Colomb, avait pourtant signalé la bonne volonté lors du premier voyage. Cf. J. Merrien, *op.cit.*, p.212 ; J. Heers, *op. cit.*, ch. 15 ; M.Mahn- Lot, *Portrait historique de Christophe Colomb,* Paris, 1988, p.51.

71. Comme le prévoyaient les accords passés avec Juan de Fonseca, Colomb renvoya douze caravelles le 2 février 1494. Mais d'autres raisons incitaient l'Amiral à accomplir ce geste : il devait, d'une part, rassurer les souverains en envoyant l'or découvert, qui représentait une valeur de 30 000 ducats, et les épices sans valeur d'Hispaniola. Il envoyait d'autre part vingt-six insulaires dont quelques Cannibales et un certain nombre d'Espagnols, espérant ainsi réduire les dépenses occasionnées par ses colons et diminuer d'autant le nombre des mécontents et des malades. L'installation sur laquelle il comptait étant réduite à un tas de cendres, tout restait à faire et de nombreux hidalgos, qui avaient racheté leur place dans l'expédition à des artisans qualifiés selectionnés par l'Amiral, avaient découvert avec amertume qu'il allait leur falloir travailler, et qui plus est à des tâches indignes de leur rang. Enfin Colomb renvoya les douze navires aussi vite que possible afin de demander du ravitaillement et des médicaments, dont le *Mémoire pour Antonio Torrès* donne la liste. C.Colón, *op. cit.*, p. 258-259 ; S.E. Morison, *op. cit.*, p.433-436.

72. Ce sont les grains de maïs. Cf. livre I, note 30

73. C'est-à-dire le 29 avril 1494.

Livre III

1. A la demande du nonce Giovanni Ruffo, Martyr envoya un exemplaire de cette lettre, adressée originellement au cardinal Louis d'Aragon, au pape Jules II, qui avait déjà eu connaissance des deux lettres adressées à Ascanio Sforza. Comme ce pape mourut peu après, cet envoi resta unique ; ce décès explique aussi que les quelques lignes de dédicace au souverain Pontife aient disparu dès l'édition de 1516. Dans l'édition de 1511, le livre III commence ainsi :

Petri Martyris Angli Mediolanensis Protonotarii Regii Consiliarii ad Iulium Secundum Pontificem Maximum in decadis oceaneae librum tertium praefatio.

Ioannes Ruffus, Britonoriensis episcopus, qui apud Catholicum Regem Tuae Beatitudinis uices legatus gerit indefesso spiritu die noctuque Tuae Sanctitatis amplissimas uirtutes praedicans, inter ceteras litterarum cultoribus semper

Sanctitatem Tuam fauisse nouarumque editionum amatricem esse mihi, quem in amicitiam dignatus est admittere, saepenumero retulit. Suasitque ut Oceaneae Decadis meae libellos quos ipse manu habuit dispersos colligerem ad tuamque Sanctitatem exemplar eorum mitterem ut, si quando per otium liceat, Tua Sanctitas queat animum tanta mole negotiorum pressum noua lectione reficere. Quibus per Christophorum Colonum conciuem suum regiis auspiciis tam uasta littora incognita hactenus fuisse reperta conspiciet, ubi christiana religio quae Tuae Beatitudo humeris inhaeret iam creuit in immensum in diesque magis atque magis coalescet. Ascanii Mariae Sfortiae cardinalis Tuae Beatitudinis uicecancellarii quondam impulsu libellos primos duos conscripseram ; quo cadente decidit et mihi animus a scribendo donec me, Federici regis nomine, Ludouicus Aragonius, cardinalis Tuae Beatitudinis amantissimus, denuo excitauit. Ad quem epistulam, quae adest, conscripsi ut qui me ad scribendum agitarent noscerentur. Haec igitur, uti apud me iacebant, Tua Sanctitas sibi habeat. Quae de praeclare gestis suis et animi constantia per commentaria adhuc apud me latentia reliquis rebus memoratu dignis ; quae nostra tempestate in uniuerso acciderunt commixta si uiuere dabitur aliquando uidebit.

Ad Cardinalem iam petentem regis nomine ut scribam deueniamus.

2. Fils de Phœbus, Phaéton voulut conduire le char du Soleil à la place de son père, en dépit des avertissements de celui-ci. Incapable de maîtriser les coursiers, il s'approcha trop de la Terre, qu'il brûla, et perdit la vie dans cette aventure. Cf. Ovide, *Métamorphoses*, II, 1-339, édition et traduction de Georges Lafaye, Paris, 1928.

3. Frédéric III d'Aragon (1452-1504), roi de Naples, prince d'Altamura, succéda à son neveu Ferdinand II en 1496. Trahi par Ferdinand le Catholique à qui il avait demandé de l'aide pour repousser les Français et dépossédé de ses forteresses par Gonzalve de Cordoue, il se livra en 1501 à Louis XII qui lui donna une pension et le duché d'Anjou où il mourut en 1504. Article *Federico d'Aragona*, in *Dizionario Biografico degli Italiani*, Rome, 1995, t. 45, p. 668-682 ; articles *Ferdinand II* et *Frédéric d'Aragon* in *D. E. Quillet*, t. 4, Paris, 1990.

4. C'est le 1er novembre 1493, dans une lettre adressée à Ascanio Sforza mais qui n'appartient pas au *De Orbe Nouo*, que Martyr a employé pour la première fois l'expression *Orbis Nouus*. Notons que dans sa lettre sur le quatrième voyage rédigé en 1503 Colomb, lui, parle encore des Indes qu'il a découvertes.

5. Veuve de Ferdinand Premier et nièce de Ferdinand le Catholique, la reine de Naples, Juana, séjourna à la cour d'Espagne pour préparer le mariage de sa fille et ainsi les alliances futures du royaume de Naples, ignorant que Ferdinand le Catholique avait déjà signé un pacte secret avec Louis XII. Elle quitta l'Espagne après la cérémonie, en 1501, accompagnée par Louis d'Aragon.

6. A la date à laquelle écrit Pierre Martyr, Ascanio Sforza, victime de l'arrivée au pouvoir de Louis XII, ennemi juré des Sforza, est en prison. Il fut libéré par la suite mais mourut en 1505, peut-être empoisonné.

Cf. H. Mariéjol, *op.cit.*, p. 192 ; L. Collison-Morley, *Histoire des Sforza*, Paris, 1951, p. 201-221.

7. Capitale de l'ancien royaume musulman qui portait son nom, Grenade était une des villes préférées des Rois Catholiques depuis la fin de la *Reconquista*.

8. C'est-à-dire le 23 avril. Martyr reprend sa correspondance sur le Nouveau Monde en 1500.

9. Ce serait le 2 février 1494. Mais il y a là une erreur : en effet Colomb est arrivé à l'île d'Hispaniola le 28 novembre 1493. Cf. S.E. Morison, *op. cit.*, p. 424. Pour rédiger le livre III, Martyr s'est appuyé pour l'essentiel sur deux lettres de Colomb, retrouvées en 1985, qu'il suit très fidèlement : l'une écrite pendant l'été 94, qui lui sert pour la première partie du livre, l'autre datée du 26 février 1495, c'est-à-dire du retour de Cuba, qui narre l'exploration de cette île et dont Martyr tire la matière de sa deuxième partie. Cf. C. Colón, *op. cit.*, p. 273-315.

10. En réalité ce territoire est Cuba, où Colomb a déjà abordé en 1492.

11. Il y a ici une erreur de Martyr puisqu'Hispaniola est dans l'hémisphère Nord.

12. En fait Hispaniola est située entre 18° et 23° de latitude. On peut néanmoins admirer la relative exactitude des calculs de Colomb.

13. Cela ferait 1148 kilomètres ; en fait Haïti mesure environ six cents kilomètres de longueur. C'est Cuba qui mesure à peu près 1200 kilomètres.

14. Il y a en fait environ 60° de longitude entre Haïti et Cadix.

15. Cette cité est Isabela. Malgré la description qu'en fait Pierre Martyr d'après la *Lettre du docteur Chanca* et peut-être la relation de l'Amiral, le site en était mal choisi : il n'y avait pas de port et en hiver les bateaux étaient exposés aux terribles vents du nord ; le lieu était humide et insalubre et il n'y avait pas d'eau potable à moins d'un kilomètre et demi. Ce choix déplorable s'explique par la hâte de l'Amiral à s'installer après la sinistre découverte de Navidad et par la proximité de Cibao. Colomb espérait faire d'Isabela une cité coloniale, mais, épuisé, il tomba malade pendant la construction. C'est à cette époque qu'il envoya Hojeda et une douzaine d'hommes reconnaître Cibao et qu'il chargea Antonio Torrès de ramener en Espagne douze caravelles sur dix-sept. Cf. C. Colón, *op. cit.*, p. 287 ; F. Colomb, *op.cit.*, p.131-132 ; J. Heers, *op.cit.*, p. 554-558 ; S.E. Morison, *op.cit.*, p.430-434 ; K. Deagan, J-M Cruxent, *op. cit.*, p. 48-53.

16. Environ 88 kilomètres. Là commence le bassin du Rio Yaque. Cf. carte IV.

17. 18 kilomètres environ.

18. 9 kilomètres environ.

19. 29 kilomètres environ.

20. 90 mètres.

23. Colomb fut trompé par une ressemblance phonétique et crut d'abord que Cibao était Cipango, le Japon, alors que Cibao n'est qu'une région d'Hispaniola (cf. carte IV) dont le nom signifie « terre de la pierre »

et où les insulaires avaient signalé la présence d'or. Martyr utilise les deux noms pour désigner cette région. Cf. C. Colón, *op. cit.*, p. 288 ; J. Heers, *op. cit.*, ch. 13, p. 444-462 ; S. de Madariaga, *op. cit.*, p. 345.

24. Cf. carte IV.

25. L'expédition punitive organisée par Caunaboa contre le fort de Navidad a profondément modifié le regard des Espagnols sur les insulaires ; ceux-ci sont devenus des ennemis potentiels et n'ont plus rien des êtres inoffensifs du premier voyage.

26. C'est-à-dire le 14 mars 1494. Colomb, à peine remis, décida d'aller lui-même à la découverte de Cibao : les hommes qu'il y avait envoyés étaient revenus malades sans avoir accompli leur mission. Par ailleurs l'Amiral éprouvait un sentiment d'urgence : la peur d'une disgrâce après la destruction de Navidad le poussait à entreprendre au plus vite la quête de l'or, et Hojeda avait fait un rapport enthousiaste. En son absence Colomb devait laisser le pouvoir à quelqu'un et selon son habitude il choisit celui qui lui était lié par le sang : Don Diego Colomb, son frère cadet, vingt-cinq ans. Mais Diego était beaucoup trop jeune et dénué d'autorité naturelle pour tenir tête aux hommes qui lui étaient confiés. Pierre Martyr ne mentionne pas cette première passation de pouvoirs. Or elle avait déjà semé les germes de la discorde : les vivres avaient pourri faute d'être distribués, la maladie, la famine, et l'absence de l'Amiral avaient poussé les Espagnols à la révolte, ce qui avait contraint Colomb, à son retour, à prendre des mesures impopulaires. Cf. C. Colón, *op. cit.*, p. 287-290 ; S. de Madariaga, *op. cit.*, p. 333 et p. 347-349.

27. En fait il n'y a que deux plaines : la première se situe tout de suite après avoir quitté Isabela : c'est la vallée du Rio Bajabonico ; après l'avoir traversée la troupe de Colomb a dû franchir la Cordillera Setentrional avant de déboucher dans une plaine magnifique, baignée par le Rio Yaque, si vaste et si belle que Colomb la baptisa *Vega Real*, « plaine royale ». Ensuite, les Espagnols commencèrent l'ascension de la Cordillera Central, sur les flancs de laquelle fut fondé le fort de Santo Tomás. L'exploration n'alla pas plus loin. Cf. C. Colón, *op. cit.*, p. 288 ; S. E. Morison, *op. cit.*, p. 437-440.

28. 101 kilomètres environ.

29. Le fort de Santo Tomás (cf. carte IV) est aujourd'hui Fortaleza. Il se trouvait dans la Cordillera Central, sur les rives du Rio Janico. C'était à l'époque de Colomb le centre de l'industrie de l'or. L'Amiral donna à Pedro Margarit la mission d'achever ce fort et lui en confia le commandement. Cf. C. Colón, *op. cit.*, p. 288 ; S. E. Morison, *op. cit.*, p.441.

30. Une once pèse vingt-sept grammes.

31. Sans cesse, au cours des découvertes, les insulaires indiquent aux Espagnols la présence de l'or sur des territoires plus éloignés, peu désireux apparemment de les voir s'installer. Déjà là aussi leur attitude s'est modifiée.

32. C'est-à-dire entre 32 et 37 grammes.

33. Juan de Luxan est un personnage dont on sait peu de choses mais

qui semble avoir eu une certaine importance puisqu'il siégea au conseil d'Hispaniola pendant l'absence de Colomb, lorsque celui-ci alla reconnaître les côtes de Cuba. Cf. C. Colón, *op. cit.*, p. 284-285 ; B. de Las Casas, *op. cit.*, t. 1, p. 383.

34. Ce n'est pas de l'ébène mais un bois lui ressemblant, le gaïae.

35. Colomb serait donc revenu à Isabela le premier avril ; Colomb écrit qu'il est revenu le samedi saint. Fernando Colomb affirme que c'était le 29 mars. Cf. C. Colón, *op. cit.*, p. 290 ; F. Colomb, *op. cit.*, p.140.

36. Colomb a laissé le gouvernement d'Hispaniola à un conseil présidé par Diego Colomb et composé de frère Buyl, d'Alonso Sanchez de Carvajal et Juan de Luxan. Quant à Margarit, totalement responsable de la troupe qui est sous ses ordres, il a reçu de l'Amiral un titre qui lui donne, sur terre, autant de pouvoir qu'en a Colomb : celui de vice-roi et de capitaine général des Indes pour la durée du voyage à Cuba. Chef des lanciers de la reine, Pedro Margarit a jusqu'alors donné satisfaction à Colomb qui a souligné auprès des souverains l'excellence de ses services (cf. *Memorial a Antonio Torres*). L'Amiral lui a en outre confié l'édification et le commandement du fort Santo Tomás, puis une mission importante d'exploration de l'île assortie des titres signalés ci-dessus. Les instructions données en cette occasion à Margarit nous sont d'ailleurs parvenues et révèlent quelle autorité elles lui conféraient : ce sont les *Instructions à M. P. Margarit pour reconnaître les provinces d'Hispaniola.* Cf. S. E. Morison, *op. cit.*, p. 441-443 et p. 383-384 ; C. Colón, *op. cit.*, *Instrucción a M. P. Margarite*, p. 269-273 ; K. Deagan, J-M Cruxent, *op. cit.*, p. 58.

37. Le 24 avril 1494 Colomb part découvrir la côte Sud de Cuba, qu'il prend pour un continent, avec trois navires et une soixantaine d'hommes. Mais ses préparatifs de départ ne furent pas tant d'ordre maritime que d'ordre politique car la famine et le mécontentement régnaient. Pour endiguer la révolte Colomb fit emprisonner Bernal de Pisa, le *contador* (trésorier-payeur), agitateur notoire qui ne cessait de propager la discorde et avait prévu de s'emparer des navires et de rentrer en Espagne ; puis il envoya les hommes les plus agités à Santo Tomás sous la conduite de Hojeda, qui allait relever Margarit. Celui-ci reçut l'ordre de partir à son tour dans l'île pour en continuer l'exploration et de vivre sur le pays. Cf. C. Colón, *op. cit.*, p. 280 ; 292 ; K. Deagan, J.-M. Cruxent, *op. cit.*, p. 56-58. Cf. S. E. Morison, *op. cit.*, p. 443-444.

38. 103 kilomètres.

39. La rivalité entre les Portugais, spécialistes des navigations vers l'Orient, et les Espagnols fut l'une des cordes dont joua Colomb pour faire financer son expédition. En 1481 la bulle *Aeterni Regis* du pape Innocent VIII avait réservé à la couronne du Portugal la souveraineté « des terres au- delà des Iles Canaries, vers la Guinée », expression vague qui permit au roi Jean II du Portugal de réclamer les terres découvertes par Colomb lorsque celui-ci revint de son premier voyage. Ferdinand et Isabelle demandèrent l'intervention du pape. Or Alexandre VI Borgia, ami des

Rois Catholiques, venait de succéder à Innocent VIII : il promulgua la bulle *Inter Cetera* qui partageait le monde en deux par une ligne de pôle à pôle, à cent lieues (550 kms) à l'ouest des Açores et du Cap-Vert (38°O) : les terres situées à l'ouest de cette ligne reviendraient à l'Espagne, celles situées à l'est, au Portugal. Mais Jean II refusa de s'incliner et feignit d'assembler une flotte importante aux Açores. Peut-être la correspondance dite de Toscanelli fut-elle forgée dans cet intervalle à Lisbonne pour montrer que la couronne du Portugal avait été consultée bien avant l'Espagne sur le projet de la route occidentale, et que les Gênois avaient volé ce projet, comme le suggère A. Cioranescu. Finalement l'accord de Tordesillas, signé le 7 juin 1494, établit la ligne à 374 lieues (2050 Kms) du Cap-Vert, soit à 46°30' de longitude Ouest. Les Portugais entraient ainsi en possession du Brésil qui serait découvert en 1500. Michel Lequenne, dans le troisième tome de son édition des documents concernant l'Amiral, commente et traduit dans son intégralité le texte de la Bulle. Cf. *infra,* carte V ; C. Colomb, *op. cit.*, t. 3, p. 92-99 ; J. Heers, *op. cit.*, p. 512-515 ; M. Mahn-Lot, *op. cit.*, p. 109-110.

40. Toutes les éditions donnent *Alpha, Omega* sous la forme *Alpha, O,* de même que l'abrégé du journal du premier voyage. J'ai rectifié dans le texte ce nom en *Alpha, Omega* qui était le nom donné par l'Amiral. Les raisons de cette appellation indiquées par Pierre Martyr sont confirmées par Las Casas et par Fernando Colomb : Colomb pensait avoir atteint l'extrémité orientale du continent eurasien, le point qui correspondait au cap portugais São Vicente ; ce lieu marquait donc pour lui à la fois le début et la fin du continent. Il est cependant impossible de ne pas penser au texte de l'*Apocalypse* (1, 8 ; *ibid.*, 21, 6) dans lequel Dieu se définit comme « l'Alpha et l'Oméga ». Mais le nom pose alors problème : quelle signification Colomb lui aurait-il accordée ? Et surtout, comment expliquer que ni Colomb, ni son fils, ni Las Casas ne commentent en ce sens le nom Alpha Oméga alors qu'ils ne sont jamais avares d'explications lorsqu'ils peuvent établir quelque lien entre les terres nouvelles et la parole biblique ? Las Casas par exemple consacre quatre chapitres à démontrer pourquoi l'Amiral voit en Paria le lieu du paradis terrestre et on comprend mal pourquoi l'appellation Alpha Oméga ne s'accompagne d'aucun commentaire théologique. Cf. C. Colón, *op. cit.*, p. 290, 292. Cf. Las Casas, *op. cit.*, t. 2, p. 43-61.

41. Cf. livre I, note 33. Qu'il ait cherché l'Inde, la Chine, ou le paradis terrestre, Colomb partait cette fois-ci pour trouver un continent. Les îles découvertes n'avaient amené que des déceptions et le besoin de trouver une terre importante et riche devenait impérieux. La longueur des côtes de Cuba a contribué à maintenir l'Amiral dans l'erreur. Cf. C. Colón, *op. cit.*, p. 291-292.

42. Cf. carte II ; c'est aujourd'hui Port Saint Nicolas.

43. Cela fait 116 kilomètres ; la traversée la plus courte est de 80 kilomètres.

44. Colomb choisit de partir vers le sud non seulement parce qu'il ne connaissait pas encore ces rivages mais parce qu'il obéit à une théorie qui fait autorité à son époque : s'il y a quelque chose d'intéressant à découvrir, notamment des richesses naturelles, c'est au sud que cela se trouve. Cf. S. E. Morison, *op. cit.*, p. 447.

45. Les insulaires avaient signalé la Jamaïque à Colomb comme l'île contenant le plus d'or, et là encore Colomb fut induit en erreur par la ressemblance des noms : il associa la Jamaïque, dont le nom était prononcé « Jamèque », à Babèque, l'île couverte d'or, selon les insulaires, dont il avait entendu parler lors du premier voyage, et qui était en fait Hispaniola. Les dimensions indiquées sont inexactes car la Jamaïque est deux fois plus petite que la Sicile. Elle ne contient pas d'or, et les Jamaïcains restèrent toujours hostiles. Ces deux faits firent que la Jamaïque fut longtemps préservée de la colonisation espagnole. Colomb quitta cette île le 14 mai 1495. Cf. C. Colón, *op. cit.*, p. 295-296. Cf. S. E. Morison, *op. cit.*, p.451-453.

46. Croyant suivre les rivages du continent asiatique, Colomb s'imaginait qu'en continuant il contournerait la Chersonèse d'or, c'est-à-dire la presqu'île de Malacca, au sud-est de l'Asie, qui passait pour être riche en or. On sait qu'après, l'Amiral pensait traverser l'Océan Indien et qu'il hésitait entre contourner le cap de Bonne-Espérance pour rentrer en Espagne ou entrer dans la Mer Rouge et délivrer Jérusalem. Cf. C. Colón, *op. cit.*, p. 290-291. Cf. S. E. Morison, *op. cit*, p. 464.

47. Le globe terrestre était comme actuellement divisé en vingt-quatre heures, et cette division était connue depuis l'antiquité. Le problème était de savoir quelle valeur attribuer à une heure, puisque cela dépendait des dimensions de la circonférence terrestre. Colomb, qui avait opté pour la plus petite dimension et persistait à croire qu'il avait rejoint l'Asie, réduisait ainsi de moitié le monde et, l'amputant de l'Amérique et de l'Océan Pacifique, pensait qu'il lui restait deux heures à parcourir, c'est-à-dire 2220 kilomètres environ, pour rejoindre le point le plus lointain atteint par l'est. Cf. P. E. Taviani, *op. cit.*, t. 1, p. 205-211, t. 2, p. 200-211, 230-246.

48. 222 lieues font 1221 kilomètres ; 1300 milles font 2050 kms.

49. Selon Fernando Colomb l'Amiral donna un nom à soixante-onze îles dans les vingt premiers jours de mai. Cf. F. Colomb, *op. cit.*, p. 147.

50. Ce port, que Colomb baptisa *Puerto Grande*, est aujourd'hui Guantanamo Bay, la célèbre base navale des Etats-Unis. Cf. carte II ; S. E. Morison, *op. cit.*, p.448.

51. Il s'agit en fait de deux iguanes, du mot caraïbe *juana*, qui étaient considérés par les insulaires comme des mets de choix. Cf. C. Colón, *op. cit.*, p. 293-294.

52. Cf. Pline l'Ancien, *Histoire Naturelle*, VIII, 37, édition et traduction de A. Ernout, 1952.

53. Huit mètres environ. Certains spécimens de la race du gavial, que l'on trouve en Egypte, ou de celle du crocodile marin, localisée en Inde, dépassent en effet les sept mètres.

54. Cela ferait un peu plus de 2,30 mètres. En réalité les iguanes sont un peu plus petits et mesurent en moyenne 1,60 mètre. Pour Martyr la question est importante : si ces iguanes étaient des crocodiles, cela semblerait indiquer que Colomb n'est pas très loin de l'Egypte, sans doute en Asie.

55. Ce Diego Colomb, qu'il ne faut pas confondre avec son homonyme, le frère de l'Amiral resté à Hispaniola, est un habitant de Guanahani adopté par Colomb qui lui donna son nom, l'emmena en Espagne et le fit baptiser. Sa connaissance des deux langues et son attachement à l'Amiral en faisaient un accompagnateur indispensable. Cf. C. Colón, *op. cit.*, p. 293

56. C'est-à-dire le 15 mai 1494.

57. C'est l'archipel que Colomb appela *Jardin de la Reina*, le jardin de la reine, à cause de sa très grande beauté. Il s'étend sur 150 milles au large de la côte méridionale de Cuba, juste après l'actuel *Cabo del Cruz* (cap de la Croix), dans le golfe de Guacanayabo. Ce paysage aujourd'hui désolé était à l'époque de Colomb un lieu magnifique mais excessivement dangereux à cause des hauts-fonds. Cf. C. Colón, *op. cit.*, p. 237-298. Cf. S. E. Morison, *op. cit*, p. 454-458.

58. Ce poisson-ventouse est le rémora. Il possède sur la tête un disque adhésif qui lui permet d'agripper ses proies, et non une sorte de poche comme l'indique Pierre Martyr. Fernando Colomb rapporte aussi cette scène étonnante. Cf. C. Colón, *op. cit.*, p. 297-298. Cf. F. Colomb, *op. cit.*, p. 146 ; B. de Las Casas, *op. cit.*, t. 1, p. 387.

59. 56 kilomètres.

60. Ce phénomène observé par Colomb dans l'archipel qui s'étend au sud de la péninsule Zapata est dû au fond constitué de marne que les vagues font remonter à la surface. Quant aux hauts-fonds ils furent un danger permanent et expliquent l'état d'épuisement des hommes lors de cette expédition, notamment celui de Colomb dont les efforts d'attention et de veille durent être surhumains. Cf. S. E. Morison, *op. cit.*, p. 460.

61. 112 kilomètres environ. La montagne dont parle Martyr est la Sierra de Trinidad qui culmine à 3206 mètres.

62. L'ordre de *Santa Maria de la Merced* (Notre-Dame de la Merci) est un ordre aragonais fondé à Barcelone, sans doute en 1223, par Saint Pierre Nolasque et Saint Raymond de Pennafort. Cet ordre, qui suivait la règle de Saint Augustin, consacrait l'essentiel de son activité et de ses moyens au rachat des captifs. Ses membres ajoutaient aux trois vœux traditionnels (pauvreté, chasteté, obéissance) le don de sa vie ou de sa liberté pour libérer des captifs chrétiens que leur situation pouvait amener à apostasier. Etablis dans les ports, où se tenaient les marchés d'esclaves, les mercédaires développèrent leurs activités missionnaires à l'occasion de la découverte du Nouveau Monde, et l'un d'eux était chapelain de Colomb lors du second voyage. L'ordre existe toujours, et compte environ huit cents membres. On ne s'explique toujours pas la scène décrite dans ce passage

qui eut lieu près du port de pêche appelé Batabano, là où serait fondée plus tard l'actuelle San Cristobal de la Habana. Cf. Agnès Gerhards, *Dictionnaire Historique des Ordres Religieux*, Paris, 1998, p. 495. Cf. C. Colón, *op. cit.*, p. 301.

63. 56 kilomètres environ.

64. A ce moment de son périple, Colomb est sorti de la zone de Cuba où dominent la culture et la langue des Taïnos pour entrer dans celle des Ciboneys ou Guanahatabeys, peuple plus primitif que les Taïnos, originaire comme eux de la région de l'actuel Vénézuela, et refoulé là par ceux-ci : il est donc normal que Diego ne puisse comprendre les hommes rencontrés. Cf. C. Montbrun, *op. cit.*, p. 57 ; *L'Art Taïno* publié sous la direction de J. Kerchache, Paris, 1994, p. 12.

65. L'Auster et le Lybien sont des vents du sud, l'Africus un vent du sud-ouest.

66. Les navires étaient assurément en mauvais état, et Fernando Colomb rapporte qu'ils prenaient l'eau de toute part, ce qui n'a rien d'étonnant puisqu'ils heurtaient sans cesse des bancs de sable. De plus des orages quotidiens et l'humidité ambiante faisaient pourrir nourriture et équipements. Mais les hommes souffraient aussi : la ration quotidienne avait été réduite à une livre de biscuit moisi et à une petite mesure de vin ; on ne pouvait pas conserver les poissons et l'Amiral lui-même était épuisé par les veilles et désespéré. Notons que Pierre Martyr utilise ici pour la première fois le terme *aplustre*, qu'il orthographie mal et qui désigne un ornement de poupe et auquel il donne de manière erronée le sens de gréement, comme il le fait de nouveau dans le livre V. Cf. C. Colón, *op. cit.*, p. 304. Cf. F. Colomb, *op. cit.*, p. 144-152.

67. Le 13 juin, épuisé, Colomb céda aux vœux de l'équipage et décida de faire demi-tour : pour lui il n'y avait plus de doute possible : une île d'une telle longueur ne pouvait exister et il longeait donc le continent asiatique. Mais pour prévenir le reproche d'un abandon trop précoce qui pourrait lui être fait plus tard, Colomb exigea que tous les hommes de l'équipage contresignassent une déclaration sur l'honneur selon laquelle Cuba était un continent. Cet expédient avait déjà été utilisé par Barthelemy Diaz, six ans plus tôt, et Colomb en avait entendu parler. Cf. C. Colón, *op. cit.*, p. 304-305. Cf. S. E. Morison, *op. cit.*, p. 465-466.

68. Parvenu à la région de Bahia Cortès, pour lui la Chersonèse d'or, Colomb la nomma Evangelista et il baptisa du nom de San Juan Evangelista l'actuelle Ile des Pins, située juste en face (cf. carte II). A cet endroit Colomb n'était plus qu'à soixante-dix kilomètres environ de l'extrémité occidentale de Cuba. Cf. S. E. Morison, *op. cit.*, p. 465-469.

69. Cette scène eut lieu le 7 juillet, à l'embouchure du fleuve que Colomb baptisa El Rio de las Misas, le fleuve des messes ; c'est actuellement le rio San Juan, près de Trinidad. Il est difficile de commenter les paroles du vieillard, d'abord traduites par Diego Colomb, ensuite rapportées à Pierre Martyr, puis retranscrites par celui-ci, et qui ont pu être déformées

par ces esprits catholiques. Mais on peut au moins constater les bons rapports que Colomb entretenait avec les insulaires. Cf. C. Colón, *op. cit.*, p. 305-306. Cf. S. E. Morison, *op. cit.*, p. 471-473.

73. Bartolomé Colomb, envoyé par Christophe en Angleterre pour trouver un financement pour le premier voyage, avait été finalement éconduit et avait gagné la cour de France pour tenter de nouveau sa chance. C'est là qu'il avait appris en même temps le départ et le retour de son frère, mais il ne put revenir en Espagne avant le deuxième départ de celui-ci. Les Rois Catholiques l'annoblirent dès son arrivée à la cour et lui confièrent les trois navires de ravitaillement qui partirent après le retour des douze caravelles ramenées par Antonio Torrès. Bartolomé arriva à Hispaniola pendant que l'Amiral explorait la côte méridionale de Cuba. Selon tous les témoignages, dont celui de Las Casas, qui l'a bien connu, Bartolomé était très différent de son frère : c'était un homme plus proche du type du conquistador, et le premier, chronologiquement, d'entre eux. Loin de toujours temporiser ou d'essayer de préserver la paix à tout prix, il fut plutôt partisan des solutions brutales et directes, tant avec les Espagnols qu'avec les insulaires. Arrivé au moment où la situation commençait à se dégrader vraiment, c'est lui qui assura l'intérim durant la convalescence de l'Amiral et il le poussa ensuite à durcir son attitude et accentuer la répression. F. Colomb, *op. cit.*, p.155-156 ; S. de Madariaga, *op. cit.*, p. 327-333, 357-358 ; B. de Las Casas, *op. cit.*, t. 1, p. 402-403.

Livre IV

2. Venu à Hispaniola avec les prêtres emmenés au second voyage, le frère Bernardo Buyl ou Boyl était un Catalan, qui avait été d'abord bénédictin, puis vicaire général de l'ordre des Minimes, un ordre mendiant d'observance très stricte, fondé en Italie par Saint François de Paule (fin XVᵉ s.) et spécialement protégé par Ferdinand le Catholique. Mais Buyl se révéla très vite être un politique plus qu'un homme de religion : familier du roi, homme de confiance, il avait été chargé avant sa venue à Hispaniola de nombreuses missions diplomatiques fort délicates à l'étranger. C'est grâce à Ferdinand le Catholique qu'il obtint du pape Borgia Alexandre VI, en 1493, une bulle qui lui conféra tout pouvoir pour évangéliser les terres nouvellement découvertes. Cependant Bernardo Buyl ne s'est jamais employé à propager la foi : aucun baptême ne fut enregistré durant son séjour à Hispaniola. Pendant que l'Amiral explorait Cuba, Buyl, désigné pour aider Diego Colomb à gouverner, semble avoir profité de son pouvoir pour soutenir les mécontents et briguer le commandement de l'île. Le frère affirmait que Colomb était trop sévère envers les Espagnols, et il désirait organiser de manière systématique l'esclavage des insulaires. Les circonstances de son départ en compagnie de Margarit sont mystérieuses,

mais à son retour à la cour il se comporta en ennemi acharné de l'Amiral. Cf. *Dictionnaire d'Histoire et de Géographie ecclésiastiques*, t. 9, p. 523-526. Cf. K. Deagan, J.-M. Cruxent, *op. cit.*, p. 131-162

3. Lorsqu'il donna l'ordre à Margarit d'explorer Hispaniola en vivant sur le pays, Colomb rendait inévitables les violences en tout genre à l'encontre des insulaires, quoiqu'il ait recommandé à Margarit de les bien traiter. La situation devint explosive. Blessé dans son honneur et son autorité par les remontrances du conseil, Margarit revint à Isabela, s'empara des trois caravelles sur lesquelles venait d'arriver Bartolomé, et regagna l'Espagne avec le frère Buyl en octobre 1494. Cf. S. E. Morison, *op. cit.*, p. 483-484.

4. Colomb ne quitta Hispaniola qu'en mars 1496. Il avait cependant envoyé pour le défendre à la cour, dès février 1495, son frère Diego et Antonio Torres. Il préférait quant à lui rester sur l'île pour tenter de calmer les passions, achever la conquête et surtout mener à bien la tâche pour laquelle il était venu : amasser de l'or pour le royaume d'Espagne. Par ailleurs un ouragan qui détruisit la flotte en juin 1495 le contraignit à retarder encore son retour. Cf. S. E. Morison, *op. cit.*, ch. 35.

5. Un cacique appelé Guatigana tua dix Espagnols et incendia les cases où se trouvaient quarante malades pour venger son peuple des violences et des humiliations subies. On ne put le capturer, mais on déporta en février 1495 un grand nombre de ses hommes. Après avoir été pris pour des dieux, les Espagnols étaient devenus les victimes idéales de sacrifices à des divinités anciennes, derniers recours d'Hispaniola. Cf. F. Colomb, *op. cit.*, p. 157.

6. *Supra*, p. 67-71.

7. Les conflits révèlent la réalité politique de l'île : partagée entre des peuples constitués, elle possède une hiérarchie, des frontières, des droits à défendre, et paraît disposer du même personnel diplomatique que les nations européennes.

8. Caunaboa était le dernier grand cacique à arrêter dans la partie d'Hispaniola occupée par les Espagnols, et une proie toute particulière puisqu'il était le responsable présumé du massacre de Navidad. On peut voir dans cet épisode l'illustration des tentatives désespérées de certains caciques pour réaliser l'union contre les chrétiens ; mais celle-ci ne se fit jamais : Guacanari, par exemple, resta toujours fidèle aux Espagnols. D'autres préférèrent conclure des alliances désavantageuses qu'affronter des hommes si puissants. Beaucoup de caciques refusèrent en outre de s'allier avec d'autres qui étaient des ennemis personnels. Cf. C. Colón, *op. cit.*, p. 318. Cf. S. E. Morison, *op. cit.*, p.489-490.

9. Cette exploration de l'île dura de mai 1495 à mars 1496. Cf. C. Colón, *op. cit.*, p. 316-318. Cf. F. Colomb, *op. cit.*, ch. 59.

10. La dépopulation d'Hispaniola est un phénomène qui commença très tôt. En 1520, Pierre Martyr écrivait au pape Léon X : ... *Sed propediem colligere aurum in ea, licet auro sit praegnans, désinent, quia fossores deerunt.*

Ad exiguum miseri accolae deducti sunt numerum, opera quorum in auro legendo usi sunt. Absumpti ab initio bellis acribus, fame multo plures, quo anno iuceam radicem, qua panem nobilium conficiebant, eruerunt, et a maicio grano seminando, pane populari abstinuerunt, reliquos uariolarum, morbilli eis ignoti hactenus. Superiore anno millesimo quingentesimo decimo octauo, qui tamquam morbosas pecudes contagioso halitu eos inuaserunt, et una, ne mentiamur, auri cupiditas, in quo effodiendo et cibrando ac legendo miseros, post iactas sementes, ociosis ludis ac tripudiis et piscationi aut utiarum (sunt parui cuniculi) uenationi assuetos, inhumane nimis exagitarunt. Iam per regium uniuersum senatum sancitum est ut liberi reducantur in populos et agriculturae generationique indulgeant et inuigilent, serui autem aliunde empti ad id aurifodinarum opificium trahantur. De auri mortifera fame satis dictum, «bien qu'Hispaniola soit riche en or, on a presque renoncé à le chercher faute de mineurs. Les indigènes, en effet, au travail desquels on recourt pour l'extraction de ce métal, ont été réduits à un petit nombre. Des guerres sans pitié en ont fait, au début, périr un grand nombre. La famine en a enlevé davantage, surtout l'année où ils ont arraché les yucca, avec lesquels ils fabriquaient du pain pour les caciques, et n'ont plus semé de maïs, dont ils se servaient pour leur pain ordinaire. Les survivants ont été atteints par les germes de maladies qui jusqu'alors leur étaient inconnues, surtout par la petite vérole qui, l'année dernière, en 1518, fondit sur eux comme une épizootie sur les bestiaux. Ajoutons encore, pour être véridique, que la recherche de l'or fut pour eux une cause de dépopulation; ces gens étaient habitués, dès qu'ils avaient ensemencé leurs champs, à jouer, à danser, à pêcher ou à chasser des *utias*, c'est-à-dire de petits lapins : voici que sans pitié on les forçait à creuser la terre, à la passer au crible et à recueillir l'or. Aussi le conseil royal a-t-il décidé à l'unanimité de leur rendre leur liberté. Ils ne s'occuperont plus que d'agriculture et s'efforceront de repeupler la contrée. Des esclaves achetés dans d'autres pays seront consacrés au dur labeur des mines. En voilà assez sur cette sinistre maladie de l'or. » (Quatrième décade, X, traduction de P. Gaffarel).

On possède sur la dépopulation d'Hispaniola plusieurs évaluations numériques, extrêmement variables. Pierre Chaunu ou S. E. Morison représentent la tendance la plus modérée en reprenant les informations données par Las Casas : sur les trois millions d'insulaires qui habitaient l'île en 1492, un tiers aurait péri entre 1494 et 1496. Certains moururent de faim, comme Pierre Martyr l'explique ici, mais de nombreux autres furent victimes des violences perpétrées par les Espagnols, des déportations, du travail forcé et de suicides collectifs. Par ailleurs, l'alimentation de la population ne lui permit pas de faire face aux efforts exigés par les Espagnols ; enfin les enfants étaient sans doute allaités très tard, jusqu'à quatre ou cinq ans, ce qui constituait leur seule chance de survie : quand les femmes durent travailler elles cessèrent d'allaiter et la mortalité infantile devint terrible, tandis que le nombre de naissances s'effondrait. En 1508, toujours selon Las Casas, il restait 60 000 indigènes sur l'île, en 1512,

40 000, et en 1548 Oviedo n'était pas sûr qu'il en restât encore cinq cents. Si l'on peut se fier aux données postérieures à l'an 1500, puisque l'île était à cette époque assez bien administrée, entre autres par Las Casas lui-même, on peut en revanche s'interroger sur la justesse du nombre de départ, puisque Colomb ne semble pas s'être soucié d'un tel recensement.

En 1971, l'Américain Woodrow Borah a avancé de nouveaux chiffres qui sont les estimations maximales : selon lui, il y aurait eu à Hispaniola sept à huit millions d'hommes en 1492, trois millions en 1496, 65 800 en 1510, 15 600 en 1518, et deux cent cinquante en 1540. On peut observer que ces données correspondent à peu près à celles fournies par Las Casas si l'on excepte celles qui concernent la population en 1492 : mais comme nous l'avons déjà observé ci-dessus, il paraît difficile d'estimer le nombre d'habitants de l'île à cette période.

Dans les deux cas, l'ampleur des disparitions est impressionnante et se trouve confirmée par ce qui s'est produit dans le reste des Antilles et au Mexique, dont Hernán Cortés commença la conquête en 1519 : en soixante ans, selon toutes les estimations, 95% de la population autochtone disparurent. Au total, pour toute l'Amérique, on peut considérer que dans le siècle qui suivit l'arrivée de Colomb, soixante à cent millions d'indigènes ont péri. Les violences et l'esclavage ne peuvent suffire à expliquer une tragédie d'une telle ampleur, d'autant plus qu'il était dans l'intérêt des Espagnols de conserver la main-d'œuvre locale. Pour Emmanuel Leroy-Ladurie seule « la fournaise d'un holocauste microbien » peut fournir une explication : la variole, les grippes, la scarlatine furent fatales à un peuple totalement isolé et dépourvu d'immunité comme l'était la population amérindienne. La syphilis, présente à l'état endémique chez elle, causera des ravages immenses en Europe par un procédé identique. Cf. Pierre Martyr, *De Orbe Nouo*, Paris, 1907, p. 94 ; C. Colón, *op. cit.*, p. 318-320, 329 ; P. Chaunu, *Séville et l'Amérique, XVIe-XVIIe siècle*, Paris, 1977, p. 80-86 ; P. Chaunu, *L'Amérique et les Amériques, conquête et exploitation des nouveaux mondes*, Paris, 1964, p. 104-106 ; M. Devèze, *op. cit.*, p. 35-38.

11. *Supra*, p. 25.

12. Il n'y avait pas à Cibao la miraculeuse mine d'or annoncée; restait l'or des petites mines et celui des rivières. Mais s'il est certain qu'il y en avait beaucoup à l'arrivée des Espagnols en 1492, c'était le résultat de siècles d'accumulation. Après les razzias opérées par les chrétiens, l'or disparut en surface et l'on comprend mieux alors le drame humain que représenta l'instauration du tribut, même dans la région prétendument aurifère. Cf. C. Colón, *op. cit.*, p. 319-320 ; S. E. Morison, *op. cit.*, ch. 35 ; J. Heers, *op. cit.*, p. 444-462.

17. Ce bois de teinture écarlate était en fait la plus grande richesse d'Hispaniola : l'or existait, mais en assez petites quantités; les épices et l'aloès n'étaient que des chimères. En revanche le bois de braise, ou bois de brésil, existait en abondance et était d'une qualité remarquable. C'était le plus apprécié des bois tinctoriaux venus de l'Inde. Il devint l'objectif

principal des Portugais qui nommèrent le territoire du Brésil d'après ce bois, et dans une convention signée avec Colomb en juin 1497 les Rois Catholiques se réservèrent la totalité des métaux précieux et des bois de teinture. Cf. J. Heers, *op. cit.*, p. 437-439.

18. Les hommes de Margarit ne sont pas les seuls concernés par cette phrase : Pierre Martyr fait allusion à la rebellion menée par Roldán, qui cessa en 1498 de reconnaître le pouvoir de l'Adelantado, Bartolomé Colomb, et fit sécession avec une centaine d'hommes dans le Xaragua. Pierre Martyr traite cet épisode dans le livre V. Cf. S. E. Morison, *op. cit.*, p. 563-568.

19. Dès 1494 Colomb dut écraser une tentative de révolte menée par un certain Bernal de Pisa, le *contador*, c'est-à-dire le trésorier-payeur de l'"île, qui voulait rentrer en Espagne en s'emparant de cinq navires. Colomb le fit arrêter, mettre aux fers et ramener en Espagne, et ordonna la pendaison pour quelques-uns des révoltés. Mais chaque nouvelle absence fragilisant son autorité, il dut affronter des révoltes de plus en plus graves, celle de Margarit d'abord puis celle de Roldán, et un mécontentement général : il obligeait en effet les nobles espagnols à travailler et à obéir, ce qu'ils jugeaient indigne de leur condition, il empêchait tout détournement de l'or et, surtout, il était étranger et d'une noblesse toute récente. Les récriminations en provenance d'Hispaniola prirent une ampleur telle que les souverains, inquiets, envoyèrent sur l'île un juge-enquêteur, Juan Aguado, qui débarqua en octobre 1495. En l'absence de l'Amiral, parti poursuivre l'exploration des îles, Aguado se heurta à Bartolomé, recueillit de nombreux témoignages défavorables, et fit emprisonner des partisans des frères Colomb, ce qui marquait un tournant dans les relations entre l'Amiral et la cour et intensifiait la confusion à Hispaniola. Cette intervention précipita le retour de Christophe Colomb en Espagne.

Pierre Martyr, visiblement favorable à Colomb, ne signale pas l'intervention d'Aguado, qu'il ne peut avoir ignorée: il est difficile de savoir s'il veut ainsi déformer l'histoire au profit de Colomb ou à celui de la cour d'Espagne, ou simplement tirer un trait sur un épisode dont les conséquences ne furent pas importantes mais qui n'était un sujet de gloire ni pour Colomb lui-même, ni pour les souverains. Cf. B. de Las Casas, *op. cit.*, t. 1, p. 422-435, 449, 454 ; K. Deagan, J.-M. Cruxent, *op. cit.*, p. 63-65 ; M. Mahn-Lot, *op. cit.*, p. 110-113 et 125.

20. 259 kilogrammes environ.

21. Cette façon de présenter les faits confirme bien que l'Amiral, ou l'un de ses intimes, est au nombre des informateurs de Martyr, comme celui-ci l'avait annoncé dans le premier chapitre : cela seul peut expliquer la vision positive présentée ici des relations entre Colomb et les insulaires d'Hispaniola. En 1495 en effet les caciques n'ont plus aucune confiance en Colomb et ne se trouvent plus en sa présence que s'il les fait arrêter. De plus le tribut n'est pas du tout le prix auquel les insulaires achètent

la paix : il fut imposé par Colomb, à la manière féodale, aux nouveaux sujets espagnols de l'île qui devaient tous, dès quatorze ans, fournir tous les trois mois un grelot de faucon empli de poudre d'or ; les caciques devaient en outre livrer une calebasse pleine de poudre d'or tous les deux mois. Ceux qui n'avaient pas d'or étaient taxés de vingt-cinq livres de coton filé ou tissé par trimestre. Quand le tribut était payé, on pendait au cou du redevable une plaque de cuivre, et tout insulaire sans plaque pouvait être immédiatement exécuté.

Ce tribut était impossible à acquitter. L'Amiral, dans son obsession de rentabiliser l'expédition, n'en vit pas les conséquences. De mai 1495 à mars 1496 il parcourut l'île avec son frère pour collecter l'or. Ce tribut fut ensuite réduit de moitié, puis abandonné : en effet les Taïnos, dépourvus d'instruments, inadaptés à un travail intensif, moururent par milliers de désespoir, d'épuisement et de faim, car ils ne pouvaient même plus cultiver leurs champs, l'acquittement du tribut exigeant tout leur temps. C'est de cette période que date la première vague de dépopulation: rappelons qu'entre 1494 et 1496 la population de l'île diminua d'un tiers. Cf. C. Colón, *op. cit.*, p. 319-320, 322 ; S. E. Morison, *op. cit.*, p. 483-493 ; J. Heers, *op. cit.*, p. 462- 472.

22. Ce combat n'eut pas lieu contre le frère de Caunaboa mais contre son beau-frère, Behechio, cacique du Xaragua (cf. carte III). Malgré toute son habileté celui-ci ne put rien faire contre l'armée espagnole: tout d'abord les insulaires n'avaient que des arcs et des javelots à opposer aux armes à feu des Espagnols ; ils étaient nus et leurs adversaires cuirassés; mais surtout les Espagnols possédaient deux atouts redoutables : les chevaux, qui terrorisaient les indigènes et les piétinaient sans difficulté, et les chiens, dogues de Corse ou autres, qui étaient selon tous les témoignages animés d'une haine féroce contre les insulaires qu'ils égorgèrent par milliers. Fait prisonnier, Behechio parviendra plus tard à s'échapper, mais ce combat marque la fin de la «pacification» de l'île. On peut remarquer que les insulaires se révèlent désormais capables de former une armée disciplinée, courageuse et efficace, avec à leur tête des caciques en mesure d'égaler les plus grands stratèges. Cf. C. Colón, *op. cit.*, p. 317, 323-324 ; S. E. Morison, *op. cit.*, p. 487-493.

23. Là encore Pierre Martyr présente les faits sous un éclairage fantaisiste : les prisonniers de guerre étaient presque toujours déportés en Espagne et ceux qui survivaient aux atroces conditions du voyage étaient vendus comme esclaves. Cf. J. Heers, *op. cit.*, p.413-421.

24. C'est un vent du sud-est.

25. Les ouragans sont fréquents dans les Antilles et souvent d'une grande violence ; celui-ci, survenu en juin 1495, dut être particulièrement terrible car les insulaires comme les Espagnols y virent un châtiment céleste. La destruction de la flotte empêcha Colomb de regagner l'Espagne. L'Amiral ne leva l'ancre que le dix mars 1496 avec la première caravelle construite sur l'île, l'India, et l'unique rescapée, la Niña. Cf. S. E. Morison, *op. cit.*, p.490-491.

26. Il s'agit bien ici du frère du cacique. Tous deux revinrent sur le même navire que l'Amiral, en mars 1496. La traversée fut épouvantable : les passagers étaient deux cent vingt-cinq par navire alors que la Niña, lors du premier voyage, avait à bord vingt-cinq hommes. Parmi les passagers de chaque navire se trouvaient quelque trente insulaires. Les bateaux errèrent un mois dans les Antilles alors que les vivres étaient déjà insuffisants au départ ; on parla de dévorer les Cannibales, puis de les jeter à la mer. Le voyage ne s'acheva que le 11 juin 1496, trois mois exactement après le départ. Cf. S. E. Morison, *op. cit.*, ch. 42.

30. Le titre d'adelantado avait été créé par Don Alfonso III de Castille, apparaît dans les textes législatifs sous Fernando III et reçoit une définition officielle sous Alfonso X. Les adelantados étaient au départ des administrateurs provinciaux qui représentaient le roi et possédaient de très grands pouvoirs : les monarque espagnols espéraient ainsi pouvoir contrecarrer la toute-puissance des grands seigneurs dans leurs fiefs. Il y avait plusieurs classes d'adelantados et les plus importants d'entre eux possédaient des attributions militaires, politiques et judiciaires. A l'époque des rois catholiques, la charge était devenue honorifique et attachée à certaines familles. La découverte du Nouveau Monde entraîna une redéfinition du statut d'adelantado : l'adelantado, toujours nommé par le roi, devint un gouverneur des provinces des Indes Occidentales ; il conservait les attributions judiciaires (présider tous les procès, décréter les emprisonnements) et militaires (lever et commander les armées) et en acquérait de nouvelles, spécifiques à la conquête : décider des expéditions et entreprendre de nouvelles explorations, rédiger des ordonnances, fonder des villes, percevoir des tributs, diviser leur province en région, nommer les officiers et les fonctionnaires, convoquer les insulaires pour les envoyer aux mines ou aux champs, etc. La charge, très rémunératrice, était attribuée à vie et l'adelantado pouvait désigner son successeur. Tous les conquistadors (Cortés, Pizarro, Almagro, Balboa...) possédaient le titre d'adelantado. Peu à peu cependant la charge retrouva son caractère purement honorifique.

La première décade illustre parfaitement ce qu'était la fonction d'adelantado aux Indes Occidentales. Bartolomé Colomb constitue cependant une exception puisqu'il est le seul à n'avoir pas été nommé par le roi. En le faisant adelantado, son frère Christophe outrepassait ses pouvoirs de vice-roi, et les Rois Catholiques ne confirmèrent la nomination que deux ans plus tard, en 1497. Mais en l'absence de Christophe le titre d'adelantado donnait à Bartolomé les pleins pouvoirs, et celui-ci possédait une personnalité tout à fait capable de les exercer. Notons que Pierre Martyr adopte d'emblée le terme Adelantado : lorsqu'il le présente, il écrit : *fratrem etiam ipsius, Bartholomeum Colonum,* [...] *praefecturae insulae Hispaniolae titulo ornarunt. Hunc magistratum uulgo Adelantatum appellant* (*infra,* p. 29-31). Choisir d'utiliser le terme adelantado lui évite l'emploi du terme *praefectus,* déjà attribué à Christophe. Mais on trouve aussi une fois, pour désigner Bartolomé, le titre *gubernator* (*supra*, p. 109). Cf. C. Colón, *op. cit.*, *Nombramiento de Teniente de Gobermador a don Bartolomé Colón*, p. 331-333 ; F. Colomb, *op. cit.*, p. 155-156 ; article *adelantado*, in *Enciclopedia de la Cultura Española*, Madrid, 1963, t. 1, p. 62.

Livre V

1. Cette citadelle, construite près du site de la future Santo Domingo, en mars 1496, fut officiellement appelée San Cristóbal (cf. carte IV). Les ouvriers la surnommèrent *Torre Dorada*, « tour d'or », à cause de l'or qu'ils trouvèrent dans la terre en creusant les fondations. Cf. S. E. Morison, *op. cit.*, p. 562.

2. La famine dont il est fréquemment question dans ce chapitre avait deux causes principales : la grève de l'agriculture, décidée par les insulaires à la suite des mauvais traitements des Espagnols, par laquelle les habitants d'Hispaniola espéraient contraindre les Européens à partir, et l'impossibilité, faute de temps et de force, de continuer à pratiquer les cultures vivrières : en effet les insulaires, peu accoutumés à un travail astreignant mais menacés de mort, mirent toute leur énergie à collecter l'or. De nombreux habitants d'Hispaniola avaient déjà péri, et les Espagnols commençaient à leur tour à souffrir de la faim.

3. Il faut ajouter qu'en juillet 1496, trois mois donc après la construction de San Cristóbal, arriva d'Espagne une flotte de ravitaillement : ce fait peut lui aussi expliquer le retour de l'Adelantado. Cf. S. E. Morison, *op. cit.*, p.562-563.

4. 90 kilomètres environ.

5. A cette date, Isabela n'est pas officiellement abandonnée, mais il n'y reste que les malades et les ouvriers. Bartolomé et ses hommes se sont installés à Concepción, site plus sûr, plus sain et plus proche des mines d'or. Cf. carte IV et J. Heers, *op. cit.*, p. 547-566.

6. Vers le premier juillet.

7. Sous le commandement d'Alonso Niño, cette flotte apportait du ravitaillement, l'ordre officiel de transférer la ville du site d'Isabela à celui de la future Santo Domingo et quelques ordres de Colomb qui l'avait croisée dans le port de Cadix. On relève ici une invraisemblance : Colomb étant arrivé dans les premiers jours de juin 1496, date du départ de la flotte de ravitaillement, il n'a pu défendre son projet devant la cour, alors installée à Burgos, avant l'appareillage des trois navires. Cf. S. E. Morison, *op. cit.*, p. 562-563.

8. Colomb écrivait en fait que le commerce d'esclaves pouvait continuer à condition que les déportés soient de véritables prisonniers de guerre. Cf. S. E. Morison, *op. cit.*, p. 563.

9. Contrairement au site d'Isabela, choisi sous le coup d'une pressante

nécessité, celui de Santo Domingo avait toutes les qualités requises pour l'établissement d'une ville : il était pourvu d'un port abrité et d'un accès facile à l'océan, la terre y était fertile et un grand fleuve poissonneux et salubre y coulait. Cette ville est l'actuel grand port de Saint-Domingue. La description des lieux faite à Pierre Martyr, sans doute par Colomb, vise à faire oublier le triste destin des deux premières tentatives de fondation d'une ville mais aussi, moins directement, à marquer la volonté des colons d'oublier les échecs et de repartir sur de nouvelles bases, comme l'indique l'évocation paradisiaque d'une nature généreuse, réminiscence des premiers temps sur l'île. Cf. carte IV et S. E. Morison, *op. cit.*, p. 495.

10. C'est la péninsule de Xaragua (cf. carte III), dont le cacique était Behechio.

11. 30 lieues terrestres font 120 kilomètres ; 90 milles font 132 kilomètres environ.

12. Cf., carte IV.

13. *Supra*, p. 41.

14. 126 kilomètres environ.

15. L'importance des tributs exigés et les moyens mis en œuvre pour les obtenir démentent cette apparente bonté. Les informations prises par Bartolomé Colomb indiquent mieux encore à quel point l'exploitation des terres et des habitants est devenue systématique et organisée en vue du meilleur rendement possible.

16. Ce sont les rives du lac Enriquillo (cf., carte IV).

17. Pierre Martyr utilise ici pour la seconde fois de façon incorrecte le terme *aplustre* pour désigner le gréement d'un navire.

18. Les femmes arawaks et caraïbes commencent à porter un pagne à l'âge du mariage, qui correspond à celui de la puberté. Après la naissance de leur premier enfant, elles portent une sorte de jupe. Les Espagnols ont dû amalgamer les deux vêtements, retenant surtout l' opposition entre les femmes mariées et les vierges qui sont nues. Cf. M. Devèze, *op. cit*, p. 22.

19. Pierre Martyr évoque ici pour la première fois la beauté des femmes de l'île, élément de discorde qui semble avoir été ignoré du seul Colomb soit parce qu'il a voulu dissimuler une importante source de problèmes, soit par fidélité à des vœux religieux. Les hommes solitaires venus d'Espagne ne tardèrent pas à trouver une consolation aux difficultés dans la compagnie de ces femmes jeunes, belles et peu farouches. Mais très vite les choses s'envenimèrent : le massacre de Navidad avait déjà eu pour cause le désir des Espagnols de se constituer des harems sans tenir compte des liens conjugaux de celles qu'ils choisissaient. Rapts et viols devinrent aussi courants que les autres abus commis à l'encontre des insulaires. Cf. J. Heers, *op. cit.*, ch. 14.

20. *Supra*, p. 39.

21. C'est la première observation de Pierre Martyr sur la mortalité des Espagnols. Ils meurent en moins grand nombre que les insulaires, mais ne supportent ni le climat ni la nourriture des îles et sont victimes

d'un certain nombre de maladies dont la syphilis, appelée alors *las bubas,* et les fièvres tropicales favorisées par la malnutrition. Morison estime qu'en 1498 cent soixante Espagnols étaient atteints de la syphilis, soit un quart du nombre total des colons. Cf. S. G. Morison, *op. cit.*, p. 503-506.

22. Les denrées arrivées en juillet 1496 étaient depuis longtemps épuisées. Or l'Amiral rencontrait à la cour toutes sortes d'obstacles à l'organisation d'une nouvelle expédition. Il demandait huit navires, dont deux partiraient directement pour Hispaniola avec l'approvisionnement tandis qu'il entamerait avec les six autres une exploration des terres situées au sud d'Hispaniola, mais les délais s'additionnèrent : l'expédition des Indes Occidentales avait désormais mauvaise presse en Espagne ; les Rois Catholiques s'occupaient de mettre fin à l'invasion française en Italie avant de conforter leurs alliances par des mariages. Tout cela nécessita la réquisition de tous les navires jusqu'en avril 1497. Après cette date les souverains donnèrent des ordres et promirent presque trois millions de maravédis, mais les caisses du Trésor Royal étaient vides. Le recrutement des équipages s'avéra si difficile qu'on ouvrit les portes des prisons à ceux qui acceptaient de s'embarquer. Pour finir Juan de Fonseca, peu favorable à cette expédition, multiplia les retards. Colomb ne reprit donc la mer qu'en mai 1498 et écrivit à son frère qu'il n'avait « jamais éprouvé tant d'angoisses, d'obstacles et de fatigues. » Le *Mémoire aux Rois catholiques sur le peuplement des Indes,* adressé aux Rois Catholiques et que nous possédons, montre que Colomb reste très conscient de la situation sur l'île et propose une fois de plus des solutions pour tenter d'y remédier. (C. Colón, *op. cit, Memorial a los Reyes sobre la poblacion de las Indias,* p. 462-466 ; S. E. Morison, *op. cit.*, ch. 37)

23. Cf. carte IV ; 36 milles font environ 53 kilomètres, 24 milles, 35 kilomètres, 20 milles, 29 kilomètres.

24. Une fois encore, l'information de Pierre Martyr semble incomplète : d'après Morison cette révolte n'est pas née d'un mouvement propre des insulaires mais à l'instigation de Roldán, que Colomb avait nommé *alcade mayor* de l'île, ce qui lui conférait le pouvoir judiciaire suprême sur l'île. Il avait fait défection dès le moment où Bartolomé était revenu du territoire de Behechio. Il avait facilement rallié les mécontents insulaires et espagnols en promettant tout à tout le monde. Assiégé par Bartolomé lors de l'arrivée du détachement avancé de la flotte de l'Amiral, il battit en retraite dans le royaume de Behechio en apprenant la confirmation des pouvoirs des frères Colomb. Bartolomé se tourna alors contre les alliés de Roldán au nombre desquels se trouvait Guarionex, retiré dans la péninsule de Samana (ou Xamana). Cette expédition punitive se solda par l'incendie de nombreux villages, la capture de Guarionex et la soumission de la région. Cf. S. E. Morison, *op. cit.*, p. 563-564.

25. Il est difficile de croire que Guarionex ait réellement tenu ce discours ou un autre discours de ce genre, à moins qu'il ne l'ait fait par hypocrisie pour ne pas aggraver encore la situation de son peuple ; il est

tout aussi difficile de croire à la réaction de ses hommes et à la bienveillance des Espagnols : mais peut-être Pierre Martyr est-il victime de ses sources.

26. La réalité était plus complexe : la « pacification » n'était qu'apparente et momentanée, comme le montra la suite des événements.

27. Nous sommes donc en juillet 1497.

28. Sœur de Behechio, veuve de Caunaboa, Anaccaona (ou Anacaona) est un des rares personnages féminins du *De Orbe Nouo.* Certains, comme Madariaga, rapportent qu'elle fut, par goût ou par intérêt, la maîtresse de Bartolomé Colomb, ce que le récit de Pierre Martyr peut suggérer. Elle apparaît en tout cas comme une femme extrêmement habile et séduisante. Pierre Martyr insiste beaucoup sur ce séjour qui apporte dans le récit d'une période difficile une note de gaieté. Cf. S. de Madariaga, *op.cit.*, p. 393-394.

29. 9 kilomètres environ.

30. Juan Bautista Elisio, né à Naples, était un médecin et un savant, spécialiste de littérature orientale ; à la cour d'Espagne il était protégé du cardinal Louis d'Aragon et médecin du roi Ferdinand. On lui doit un traité sur la manière de soigner la syphilis, *De curatione morbi gallici contra barbaros et uulgares empiricos,* un livre sur les bains d'Isachia, *Balnea Aenariarum* (1553), et un traité plus général sur les bains, *Breue compendium de balneis totius Campaniae* (1556). Toutes ces œuvres ont été publiées à Venise. Cf. article *Elisio, in Enciclopedia universal illustrada europeo-americana,* Madrid, t. 19.

31. Il n'y a pas d'ébène à Haïti, mais des bois qui lui ressemblent, notamment un bois foncé appelé gaïac dont sont faits presque tous les objets taïnos qui nous sont parvenus.

32. C'est aujourd'hui l'île de la Gonave (cf. carte IV).

33. L'exposition consacrée à l'art taïno qui eut lieu à Paris, au Petit Palais, entre février et juin 1994 a été l'occasion de partager l'admiration de Pierre Martyr à l'égard de ces objets d'une très grande beauté. Notons cependant qu'il ne s'agit pas seulement d'objets destinés à l'usage quotidien, comme l'écrit Pierre Martyr : leur décoration révèle qu'ils figurent des *zémis,* c'est-à-dire des êtres qui sont à la fois des divinités et des esprits ; or les objets sculptés à l'effigie des *zémis* sont des objets de culte, destinés à servir lors du rite de la *cohoba,* que Pierre Martyr évoque au livre IX. Cf. *supra,* p. 211-213 ; *L'art Taïno,* sous la direction de Jacques Kerchache, Paris, 1994.

34. Francesco Jimenèz Roldán (1462-1502) était un noble espagnol, dont les origines sont bien différentes de celles qu'évoque Pierre Martyr, et que Colomb, au moment de regagner l'Espagne, avait nommé *alcade mayor,* c'est-à-dire responsable de la justice sur l'île d'Hispaniola. Roldán devait exercer le pouvoir en collaboration avec Bartolomé, mais très vite il refusa de se soumettre aux ordres de cet étranger. Il fit donc sécession, regroupant autour de lui soixante-dix Espagnols et de nombreux insulaires. La longue absence de Colomb, qu'on croyait mort, et l'importance de ses propres troupes encouragèrent Roldán dans sa rébellion.

Pierre Martyr place la révolte de Roldán après un second séjour de l'Adelantado auprès de Behechio ; selon Morison il n'y eut qu'un séjour, au retour duquel Bartolomé découvrit la sédition. Cf. C. Colón, *op. cit.*, p. 420-424 ; F. Colomb, *op. cit.*, p.184-190 ; S. E. Morison, *op. cit.*, p. 563-564.

35. Pour Pierre Martyr, Guarionex est donc une victime de Roldán et non un de ses alliés. L'épisode de l'expédition punitive menée par l'Adelantado contre lui prend donc une autre signification et serait sans rapport avec le rebelle. Fernando Colomb argumente lui aussi dans ce sens. Cf. F. Colomb, *op. cit.*, p. 184-190.

36. 55 kilomètres environ. En fait le Ciguay est un massif montagneux situé à l'est de l'île et non à l'ouest, et il est plus éloigné d'Isabela que ne l'indique Pierre Martyr. Cf. carte III.

37. On trouve là encore, dans les informations rapportées par Pierre Martyr et dans la manière dont celui-ci considère les insulaires, un signe très net de l'évolution des rapports entre conquérants et insulaires. En effet, au début de l'œuvre les insulaires étaient partagés très nettement entre les bons, les Arawaks, habitants d'Hispaniola, et les méchants, les Caraïbes. Peu à peu, dans l'esprit des Européens, les deux catégories vont se confondre. Pierre Martyr a d'abord étendu aux Taïnos la métaphore du lion réservée auparavant aux Cannibales ; ici des Arawaks d'Hispaniola deviennent, d'après la rumeur, des descendants des Caraïbes, anthropophages comme ces derniers, ce qui excuse ou justifie tout comportement des Espagnols envers eux.

38. 17 kilomètres environ.

39. La Niña et l'India quittèrent l'Espagne les premières sous le commandement de Pedro Fernandez Coroñel en janvier 1498 ; elles amenaient le ravitaillement et, selon Morison, la confirmation des droits politiques des frères Colomb, ce qui arrêta les agressions directes de Roldán. Les six autres navires ne furent prêts qu'en mai 1498. Parvenu aux Canaries, Colomb divisa la flotte en deux: il garda avec lui trois navires et en envoya trois à Hispaniola par la route directe. Cf. S. E. Morison, *op. cit.*, p. 511-513.

40. Les trois caravelles dépassèrent sans le voir le site de Santo Domingo et arrivèrent au Xaragua, précisément là où Roldán avait établi ses quartiers. Ignorant la situation de ce dernier, les capitaines l'invitèrent à bord et laissèrent descendre leurs hommes. Roldán sut profiter de cette erreur pour attirer ceux-ci dans son camp, ce qui lui fut d'autant plus facile que les prisonniers enrôlés par Colomb se souciaient bien peu de légalité. L'armée de Roldán se trouva ainsi considérablement agrandie. Les capitaines, Antonio Colomb, Alfonso de Carvajal et Pedro de Haraña, durent reprendre la mer avec une dizaine d'hommes et n'arrivèrent à Hispaniola qu'après Christophe Colomb lui-même. Notons que les termes utilisés par Pierre Martyr pour résumer les promesses de Roldán sont presque identiques à ceux qu'on trouve dans une lettre de l'Amiral relatant

cet épisode. Cf. C. Colón, *op. cit.*, p. 420 ; F. Colomb, *op. cit.*, p. 184-195 ; S. E. Morison, *op. cit.*, p. 564-566.

41. En 1498, l'expédition des Indes Occidentales était à ce point discréditée que Colomb en était venu à craindre que le projet ne fût entièrement abandonné, à moins qu'il ne fît quelque découverte particulièrement magnifique en or, perles et autres richesses. Obéissant à la thèse de son époque selon laquelle les terres méridionales renfermaient plus de matières précieuses que les autres, l'Amiral gagna d'abord les Canaries, puis l'île de São Tiago au large de la Sierra Leone ; parvenu à cette latitude, à laquelle les Portugais avaient commencé l'exploitation de l'or africain, il mit le cap à l'ouest et atteignit Trinidad. Cf. S. E. Morison, *op. cit.*, p. 515-528.

Livre VI

1. C'est-à-dire le 30 mai.

2. Dans la *Lettre aux Rois Catholiques sur le troisième voyage*, dont Pierre Martyr a tiré la presque totalité de ce chapitre, Colomb écrit plus précisément qu'il est parti de la ville de San Lucar de Barrameda, située à l'embouchure du Guadalquivir, le 30 mai 1498 avec six navires. Cf. C. Colón, *op. cit.*, p. 366-384.

3. Sur les huit navires accordés par la couronne, Colomb en avait déjà envoyé deux, à Hispaniola, la Niña et l'India, chargées de ravitaillement.

4. C'est Colomb lui-même qui fournit cette explication dans sa lettre. Par ailleurs cette route était la seule possible puisque Colomb désirait descendre jusqu'à la latitude de la Sierra Leone avant d'obliquer droit vers l'ouest: il voulait en effet vérifier le pressentiment de Jean II, roi du Portugal, qui croyait à l'existence d'un continent vaste et inconnu au sud d'Hispaniola. Il voulait aussi vérifier enfin l'intuition de Pierre d'Ailly selon lequel, pour des raisons de symétrie, il devait y avoir sur le globe quatre continents : deux au nord, deux au sud. L'Europe et l'Afrique formant le premier couple nord-sud, l'Asie constituait l'élément nord du second : il restait à découvrir, au sud, le quatrième continent que Pierre d'Ailly assimilait au paradis terrestre. Les commentaires de l'*imago Mundi* faits par Colomb et présentés par Michel Lequenne éclairent singulièrement le projet de l'Amiral. Cf. C. Colón, *op. cit.*, p. 89-90 ; Tzvetan Todorov, *La conquête de l'Amérique*, Paris, 1991, p. 34-35.

5. 1060 kilomètres environ.

6. *Supra*, livre II, note 64.

7. Colomb aborda en effet tout d'abord à Madère, où il avait habité et où sa popularité était grande. Dans sa lettre, il écrit qu'il trouva la population de ces îles si malade qu'il leva l'ancre le 27 juin. Son fils précise qu'il fut à

cette époque victime d'une grave attaque de goutte et qu'une fièvre terrible s'empara de lui : en fait l'Amiral effectua tout le voyage dans un état de santé déplorable. Il n'avait en effet pas eu le loisir de soigner l'arthrite contractée à Cuba et les soucis ne faisaient qu'ajouter à ses souffrances. C'est des Canaries qu'il envoya trois navires à Hispaniola par la route directe. Ces trois navires manquèrent Santo Domingo et arrivèrent au camp du rebelle Roldán. Colomb gardait sous son commandement deux caravelles conçues spécialement pour la découverte, jaugeant soixante-dix tonneaux, surnommées El Correo et La Vaqueños, et un navire appelé par l'Amiral la Não et ressemblant à la Santa Maria du premier voyage. Cf. S. E Morison, *op. cit.*, p. 511-513 et p. 517-521 ; F. Colomb, *op. cit.*, p. 172-173.

8. L'Ethiopie Intérieure (*Aethiopia Interior*), ainsi nommée par Ptolémée, correspond à l'Afrique Centrale et s'étend de l'Océan Atlantique à l'Océan Indien.

9. 706 kilomètres.

10. Le Zéphyr est un vent d'ouest, l'Africus du sud-ouest et l'Auster du sud.

11. Ce passage reprend presque mot pour mot la lettre de Colomb. La flotte était tombée dans la Zone des Calmes ou Pot au Noir. Cf. S. E. Morison, *op. cit.*, p. 522-525.

12. Colomb se trouve donc tout près de l'équateur.

13. C'est un vent du sud-ouest.

14. Colomb arrive donc de l'autre côté de l'équateur, ce qui explique l'observation qui suit sur la configuration astrale.

15. Il y a là une erreur de Pierre Martyr : la découverte de Trinidad eut lieu le 31 juillet, soit la veille des calendes d'août.

16. Pour Colomb, cette découverte était un miracle : il avait placé ce voyage sous le signe de la Sainte Trinité, et la première terre aperçue en portait l'emblème ! Il appela donc cette terre Trinidad (Trinité), nom qu'elle porte encore aujourd'hui, et aborda en un lieu qu'il appela Cabo de la Galea (Cap de la Galère), aujourd'hui Galeota Point (*infra*, carte VI). Cf. C. Colón, *op. cit.*, p. 366-370 ; F. Colomb, *op. cit.*, ch. 65 ; S. E. Morison, *op. cit.*, p. 528-529 ; T. Todorov, *op. cit.*, p.24-47.

17. 28 kilomètres environ.

18. Punta del Arenal (pointe de la sablière) est l'actuel Icacos Point. Colomb avait auparavant fait une escale de deux jours à Punta de la Playa, aujourd'hui Erin Point. Pierre Martyr ne donne qu'une idée approximative et parfois fausse de l'itinéraire suivi. Cf. carte VI et S. E. Morison, *op. cit.*, ch. 38, 39, 40.

19. Pierre Martyr précisera plus loin quelles observations techniques ont motivé cette opinion. Colomb lui-même dans sa lettre s'exprime longuement sur sa théorie: « le monde n'est pas rond de la manière qu'on le décrit, mais de la forme d'une poire qui serait toute très ronde, sauf à l'endroit où se trouve la queue qui est le point le plus élevé; ou bien encore, comme une balle très ronde sur laquelle serait posé comme un téton de

femme, et que la partie de ce mamelon fût la plus élevée et la plus voisine du ciel, et située sur la ligne équinoxiale en cette mer Océane, à la fin de l'orient ». Il ajoute plus loin : « on est ici au point le plus haut du monde ». En opposition avec la théorie d'Aristote, selon lequel le pôle est le point de la Terre où celle-ci est le plus près du ciel, cette constatation va dans le sens des suppositions mystiques de Colomb puisque l'Eden est traditionnellement représenté comme un lieu élevé. Cf. C. Colón, *op. cit.*, p. 376-379.

20. Pierre Martyr s'appuie ici encore sur un passage de la lettre de Colomb. Cette constatation vient démentir les suppositions de tous les savants de l'antiquité, dont les théories étaient encore en vigueur à l'époque de Colomb. Aristote, Poseidonios et Strabon s'accordaient sur la sphéricité de la Terre, et admettaient tous trois deux autres points : d'une part la division du globe en zones climatiques, d'autre part une symétrie de ces zones autour de l'équateur. Aux deux extrémités du globe ils situaient les pôles, zones glaciales car éloignées de la course du soleil et donc inhabitées ; ensuite venaient dans l'un et l'autre hémisphère une zone tempérée, habitée dans l'hémisphère nord et supposée habitée dans l'hémisphère sud; enfin de part et d'autre de l'équateur se situait la zone torride, peu habitée en raison de sa grande chaleur. A chacune de ces zones correspondaient des caractéristiques physiques et même morales diverses, exposées par exemple par Vitruve au début du livre VI du *De Architectura*, dont la plus manifeste était la couleur de la peau : du pôle à l'équateur, elle fonçait de plus en plus et passait progressivement du blanc au noir, tandis que les cheveux, blonds dans les régions septentrionales, brunissaient au fur et à mesure que l'on approchait de l'équateur. Les hommes découverts à une latitude proche de l'équateur auraient dû posséder les mêmes caractéristiques que ceux vivant sous les mêmes latitudes en Afrique. Leur différence, ainsi que celle de la température, amenait à réviser la théorie des climats en vigueur jusqu'alors, ce qu'ébauche Pierre Martyr, dont les capacités de déduction ne sont cette fois encore pas entravées par l'autorité et l'ancienneté des thèses qu'il réfute. Cf. C. Colón, *op. cit.*, p. 377-378 ; Vitruve, *Zehn Bücher über Architektur*, ed., trad. et notes du Dr Curt Fensterbusch, Darmstadt, 1976, p. 262-270 ; G. Aujac, *op. cit.*, p. 151-154.

21. Il semble qu'ici le terme *cauea* désigne le château de poupe et non pas la hune comme précédemment ; c'est en tout cas ainsi que Christophe et Fernando Colomb rapportent l'épisode. Cf. C. Colón, *op. cit.*, p. 371 ; F. Colomb, *op. cit.*, ch. 65.

22. Cet incident, daté du 4 août, figure dans la lettre de Colomb. Il peut s'agir d'un mascaret ou des suites d'un phénomène volcanique. Colomb croit entrer dans l'embouchure d'un fleuve alors qu'il passe entre Trinidad et la terre ferme. Cf. C. Colomb, *op. cit.*, t. 2, *Lettre aux Rois Catholiques sur le troisième voyage*, p. 136 ; S. E. Morison, *op. cit.*, p. 536-537.

23. 11 kilomètres environ.

24. *Boca del Dragón* (la bouche du Dragon) est le nom donné par Colomb au passage septentrional entre Trinidad et la terre à cause des dangers qu'il recèle ; le passage méridional, dont il est question ici, fut baptisé par Colomb *Boca del Sierpe* (la bouche du Serpent) et toutes les embouchures de l'Orénoque y parviennent. Pierre Martyr confond ici les deux puisque Colomb est arrivé par le sud de Trinidad, c'est-à-dire par la Bouche du Serpent, la plus dangereuse. Cf. carte VI et S. E. Morison, *op. cit.*, p. 534-538.

25. L'île de Margarita, située au nord hors du golfe de Paria, ne fut découverte par Colomb que lorsqu'il eut repris la route des Antilles. Il s'agit ici de *El Delfin* (l'île du Dauphin) ou *El Caracol* (l'île de l'Escargot), respectivement aujourd'hui Huevos et Chacachacare, situées au large de la péninsule de Paria. Cf. carte VI ; S. E. Morison, *op. cit.*, p. 538-539.

26. Il s'agit du golfe de Paria, baptisé par Colomb *Golfo de las Perlas*, atteint le 11 août 1498. Cf. S. E. Morison, *op. cit.*, p. 549.

27. 153 kilomètres environ.

28. Ce sont des sapajous.

29. Le signe divin des trois montagnes, la beauté du pays et la luxuriante richesse de la nature, la situation géographique de la nouvelle terre correspondant à la fois au pressentiment de Pierre d'Ailly et aux indications bibliques (le paradis terrestre est en effet traditionnellement situé à l'Est et Colomb, persuadé d'avoir rejoint l'extrémité orientale du continent européen, appellera la région découverte « fin de l'Orient »), la beauté des habitants, la présence conjuguée d'eau douce et d'eau salée, tout contribue à accentuer le mysticisme de Colomb qui mêle toujours géographie terrestre et géographie biblique. Il décrit avec enthousiasme sa découverte dans sa lettre et conclut : « ce sont là de très grands indices du paradis terrestre (...) et les signes sont très sûrs d'eux mêmes. » Ces signes sûrs sont la douceur de l'air, l'élévation de la Terre, qui accrédite le mythe du déluge, et la présence de grands fleuves puisqu'il est dit dans la Bible que le Gange, le Nil, le Tigre et l'Euphrate naissent dans l'Eden. Mais Colomb savait aussi observer et la taille des fleuves lui avait permis de supposer qu'il était en présence d'un continent immense : c'est plutôt à ce type de découverte importante que fait allusion Pierre Martyr. Cf. C. Colón, *op. cit.*, p. 379-381 ; T. Todorov, *op. cit.*, p. 26-27. Las Casas, *op. cit.*, t. 2, p. 41-61.

30. Quoiqu'il y ait des perles en cette région, elles sont cependant beaucoup moins nombreuses que dans les immenses gisements d'huîtres perlières situés sur les îles de Coche, Cubagua et Margarita, actuellement appelées Antilles Vénézueliennes, et sur la côte qui leur fait face. La rencontre rapportée ici peut avoir eu lieu après que Colomb fut sorti du golfe, près de Margarita. Cf. Michel Pouyllau, *Le Vénézuela*, Paris, 1992, p. 15-16.

31. Las Casas montre l'Amiral très fatigué, souffrant des yeux et inquiet du sort d'Hispaniola. Colomb a par ailleurs allégué, pour expliquer ce départ

soudain, l'état du chargement et la difficulté à manœuvrer dans ces parages difficiles. De plus, ces régions n'étaient pas exceptionnellement riches en perles. Cependant tous les historiens s'interrogent sur le caractère paradoxal de la décision de Colomb : à peine a-t-il touché le continent, puis la côte des perles, qu'il s'est éloigné. Il est possible, comme le suppose l'historien J. Manzano, que l'Amiral ait su où il arrivait ? Ayant déjà touché le continent et la côte des perles lors du second voyage, sans avoir fait part de sa découverte à quiconque de manière officielle, il aurait simplement voulu, en 1498, retrouver l'endroit et en déterminer les coordonnées exactes. Il avait aussi l'intention, comme il le signale dans sa lettre, d'envoyer son frère Bartolomé achever la découverte dès qu'il arriverait à Hispaniola, projet que les circonstances l'empêchèrent de mettre à exécution. Quoi qu'il en soit, ce départ hâtif laissa à Hojeda et à Niño, qui vinrent l'année suivante, le bénéfice d'un long travail. Cf. B. de Las Casas, *op. cit.*, t. 2, p. 61-63 ; M. Mahn-Lot, *op. cit.*, p. 137-138 ; J. Manzano, *op. cit.*, p. 533-548.

32. Colomb avait en effet atteint le continent sans s'en rendre compte et abordé les côtes de l'actuel Vénézuela. Mais la priorité de cette découverte fut contestée par Amerigo Vespucci qui assura être parti en 1497 avec quatre navires espagnols, avoir touché les côtes de l'actuel Honduras puis celles de la terre qu'il baptisa Venezuola, « petite Venise », et être rentré en Espagne en octobre 1498 après avoir longé le Mexique, la Louisiane et la Floride. Mais ce voyage est tellement entouré de mystères et de contradictions qu'on ne peut certifier qu'il ait vraiment eu lieu. Le commentaire laconique et l'absence du nom de Vespucci peuvent indiquer quelques réticences de Pierre Martyr. Mais s'il pense plutôt à des avantages matériels, on peut supposer que celui auquel il fait allusion est Alonso Niño qui, grâce à la carte de Colomb, fit l'année suivante une magnifique récolte de perles. Cf. C. Colomb, *op. cit.*, t. 2, note 52.

33. Après avoir traversé le golfe de Paria, Colomb suivit vers l'Ouest la péninsule du même nom : la profondeur de l'eau diminuait et comme il avait compris qu'il ne se trouvait pas dans l'estuaire d'un fleuve, désespérant de trouver une sortie par l'ouest, il fit demi-tour et ressortit finalement du golfe par la Bouche du Dragon. Cf. carte VI ; C. Colón, *op. cit.*, p. 374-375 ; S. E. Morison, *op. cit.*, ch. 39.

34. 340 kilomètres environ. Il y a ici une erreur importante puisque Colomb à ce moment est dans le golfe de Paria alors que la côte appelée côte des Perles, où se situent bien les territoires de Cumana, Curiana, et Manacapana se trouve hors du golfe, en face de l'île de Margarita (cf. carte VI). Colomb n'atteignit jamais ces territoires puisqu'il prit la route du Nord, vers Hispaniola, sans même dépasser Margarita.

37. 330 kilomètres environ.

38. Trente coudées font environ 13,5 mètres. Il peut s'agir du Fleuve de Paria ou Garapieh, dans le Golfe des Perles.

37. 28 lieues représentent environ 154 kilomètres. Mais dans la région explorée par Colomb à ce moment il n'y a aucun fleuve de cette

importance : l'embouchure du Rio Grande mesure au plus 10 kilomètres de largeur. On peut donc conclure à une confusion ou une exagération, d'autant plus que Colomb ne signale pas ce fait. Cf. A. Gheerbrant, *op. cit.*, p. 12.

38. Colomb ne signale pas ce phénomène. Il est possible qu'il y ait eu là encore confusion de la part de Pierre Martyr car Colomb revient à ce moment de sa lettre sur sa traversée de l'Atlantique et parle d'une mer couverte d'herbe qu'il a dû traverser. A moins que ce phénomène ne se soit produit dans la mer des Caraïbes, sur le chemin du retour. Cf. C. Colón, *op. cit.*, p. 375.

40. Pierre Martyr s'interroge ici sur un passage de la lettre de Colomb dans lequel l'Amiral affirme que l'étoile polaire est à 5° à la nuit tombante, 10° à minuit et 15° au matin. Pour l'Amiral cette observation renforçait sa théorie selon laquelle la Terre n'est pas ronde mais a la forme d'une poire et s'élève précisément à Paria. Mais si le raisonnement de Colomb est logiquement imparable, il n'est pas valable car ses mesures, prises avec le cadran, sont très inexactes. Cf. C. Colón, *op. cit.*, p. 375-376 ; S. E. Morison, *op. cit.*, p. 556-559 ; J. Heers, *op. cit.*, p. 307-312.

46. C'est-à-dire le 30 août 1498.

Livre VII

2. Au moment où Colomb revient à Hispaniola, à la fin du mois d'août 1498, son frère Bartolomé a déjà vaincu Guarionex et les habitants de Samana, ce qui va être l'objet de ce livre. Mais Roldán vient d'entraîner avec lui les trois caravelles juste arrivées d'Espagne sous les ordres de Carvajal ainsi que la plupart des marins qui étaient à bord. Il marche avec ses troupes renforcées vers l'intérieur de l'île pour atteindre le fortin de Concepción, situé au cœur de la Vega, dont il veut s'emparer. Les échanges avec Colomb se firent longtemps par lettres et durèrent un an. Cf. J. Heers, *op. cit.*, p. 618-621.

3. Les échanges de lettres entre Colomb, Roldán et la cour d'Espagne eurent bien lieu, ce qui provoqua, ajouté à d'autres plaintes, l'envoi à Hispaniola de Bobadilla. Mais sur l'île la situation était très différente de celle que décrit Pierre Martyr et s'enlisait dans les atermoiements parlementaires. L'Amiral dut céder aux très lourdes exigences de Roldán en septembre 1499 : il lui accorda un pardon total, lui rendit sa charge d'*alcade mayor* et lui fit don, ainsi qu'à ses hommes, de vastes territoires sur l'île. Dès cette date, Roldán fut l'allié de Colomb et l'aida à réprimer de nouvelles rébellions. Cf. C. Colón, *op. cit.*, p. 412-414, 419-424 ; J. Heers, *op. cit.*, p. 618-621 ; S. E. Morison, *op. cit.*, p. 567-568.

4. Il est impossible de faire la part des choses tant la situation était complexe, les témoignages contradictoires et Hispaniola éloignée de la

cour. Toujours est-il qu'après l'abandon d'Isabela la situation n'avait cessé de se dégrader ; affaiblie par les haines et les rivalités, l'action des deux frères s'enlisa vite : jugements arbitraires, répressions et rébellions se succédèrent de manière continue. L'attitude contradictoire et changeante de Colomb envers les insulaires comme envers les Espagnols rebelles est le signe de son désarroi face au gouvernement d'une colonie, tâche pour laquelle il n'était apparemment pas compétent et à laquelle il n'était pas préparé. Rien cependant ne vient justifier la plupart des accusations portées par Roldán, notamment celles qui mettent en cause la loyauté de l'Amiral envers les souverains. Cf. C. Colón, *op. cit.*, p. 226-227, 462-465 ; J. Heers, *op. cit.*, ch. 16 ; S. E. Morison, *op. cit.*, ch. 41.

5. Le problème de la rentabilisation de l'entreprise des Indes Occidentales existait toujours, et ce d'autant plus que Colomb comprenait, à cette époque, que son administration était un échec total. En outre il n'était plus accompagné de fidèles serviteurs de la cour mais d'aventuriers rebelles et prêts à tout. Cependant l'entreprise commençait à s'avérer fructueuse grâce à son opiniâtreté, et l'accusation de Roldán peut être lue comme un argument en faveur de l'Amiral : en effet il eût connu moins de problèmes à Hispaniola s'il avait permis à chacun de travailler à son enrichissement personnel, comme le fit Bobadilla dès son arrivée. Cf. C. Colón, *op. cit.*, *Carta a doña Juana de la Torre, ama del Principe Don Juan* (*Lettre à la nourrice du prince Don Juan*), p. 430-438.

6. Rappelons que l'entreprise de Indes Occidentales avait si mauvaise presse lors du second retour de Colomb en 1496 qu'il avait fallu ouvrir les portes des prisons pour trouver des volontaires pour le troisième voyage : tous pouvaient ainsi bénéficier de l'amnistie excepté les malfaiteurs condamnés pour hérésie, lèse-majesté, trahison, sodomie, contrefaçon, incendie et homicide volontaire. L'éloignement de l'Espagne et de ses tribunaux ne pouvait que pousser des individus sans scrupules à laisser libre cours à leur volonté. Les lettres de Colomb témoignent bien des problèmes qu'il a dû affronter. Cf. C. Colón, *op. cit.*, p. 409-412 ; S. E. Morison, *op. cit.*, p. 510.

7. Les édiles étaient dans la Rome antique les magistrats chargés de l'administration municipale et notamment de l'organisation des jeux publics. L'importante responsabilité financière qui leur incombait entrainait souvent de leur part une certaine ostentation.

8. De plus en plus Pierre Martyr prend position : la situation qu'il décrit ici, sans doute vraie, lui permet de ne pas incriminer l'Amiral, mais on n'est pas loin du ton des écrits de Las Casas. Cf. Bartolomé de Las Casas, *Très Brève relation de la destruction des Indes Occidentales,* traduction de F. Gonzalez Battle, Paris, 1980, p. 50-56, 61-63, 66-67.

9. Ciguana (Ciguay) est la région située au nord-est de l'île que prolonge celle que les insulaires appelaient Samana ou Xamana (cf. cartes III et IV). Guarionex, après avoir rallié les troupes de Behechio et celles de Roldán, s'était réfugié avec eux sur ce territoire dont les habitants

s'étaient dressés contre les Espagnols dès 1493. Il semble qu'il y ait ici une erreur de chronologie : tous les historiens s'accordent en effet sur le fait que Bartolomé avait soumis Guarionex avant le retour de l'Amiral : il ne restait plus à celui-ci qu'à régler le problème posé par Roldán. Quoique confus, le récit de Fernando Colomb va aussi dans ce sens. Dans le récit de Pierre Martyr cet épisode est donc légèrement postposé : nous en examinerons plus loin les raisons. Cf. F. Colomb, *op.cit.*, ch. 69, 70, 71; S. E. Morison, *op. cit.*, p. 563-564.

10. Cf. Virgile, *Enéide*, IV, 146, édition et traduction de J. Perret, Paris, 1989.

11. La teinture noire provient du fruit du genipa; la rouge de l'urucu. Cf. C. Colón, *op. cit.*, p. 176 ; F. Huxley, *op. cit.*, p.74.

12. Cf. Virgile, *op.cit.*, VI, 548-637.

13. Cf. Virgile, *op. cit.*, XII, 578

14. 18 kilomètres environ.

15. L'Adelantado, plus fin stratège que son frère selon tous les historiens et moins velléitaire que lui, tente de diviser pour régner et espère ainsi accroître encore les différends entre les insulaires. L'absence de Christophe et l'affirmation de Bartolomé ont beaucoup contribué à clarifier la situation et les rapports entre indigènes et Espagnols, comme l'indique l'extrême sévérité des châtiments envisagés. Cf. J. Heers, *op. cit.*, p. 401-421.

16. Au contraire des Européens, chez lesquels se succèdent délations et exécutions sommaires, les insulaires affichent un réel respect de leurs semblables, même dans l'exercice du pouvoir.

18. On trouve les mêmes termes dans la *Lettre à la nourrice*, mais il s'agit peut-être là encore d'une confusion de Pierre Martyr car Colomb emploie cette formule simplificatrice pour traduire l'écrasement de la révolte menée par Adrian de Mugica. Or dans ce livre, sans qu'il soit possible de discerner si le fait est intentionnel ou non, le récit du conflit avec les insulaires occulte totalement la rébellion de Roldán et celle de Mugica, dont le nom n'est même pas mentionné. Martyr paraît avoir regroupé en hâte sans les vérifier ni les ordonner ou les compléter toutes les informations en sa possession, ce qui expliquerait aussi les erreurs de chronologie de ce livre. Se détachant progressivement d'Hispaniola et de l'Amiral, il ne reparlera plus de celui-ci qu'au quatrième chapitre de la troisième décade : faut-il y voir le reflet de l'intérêt de ses contemporains, qui, prenant conscience de l'importance des découvertes, sont plus tournés vers la suite de celles-ci que vers cette île et ses conflits ? Cf. C. Colón, *op. cit.*, p. 432.

19. Ce généreux pardon de l'Amiral ne tient déjà plus tant de l'histoire que du mythe : outre les contradictions déjà mentionnées, cette scène s'est déjà rencontrée sous la plume de Pierre Martyr, qui y ajoute ici une réapparition miraculeuse de l'Amiral, absent de tout le récit et intervenant soudain comme quelque *deus ex machina* pour tout ordonner et pacifier. Cette apparition est d'autant plus étonnante que l'Amiral ne retrouva

Hispaniola que dans les derniers jours d'août 1498, alors que la guerre menée par l'Adelantado contre les insulaires était terminée et que Maïobanex était prisonnier depuis déjà quatre ou cinq mois. Madariaga, reprenant le récit de ces faits, les attribue à Bartolomé, tout comme Morison. L'erreur de Martyr contribue à intensifier la répartition des rôles : Bartolomé combat et capture, Christophe pardonne et soulage. Certes la hâte de Pierre Martyr, qui ne s'est pas soucié de vérifier les dates est ici manifeste. Il est certain par ailleurs que la confusion de la situation, la multiplicité des rapports et le décalage chronologique permanent peuvent avoir causé cette erreur. Mais cela ne suffit pas à expliquer cet embellissement de la figure de l'Amiral : faut-il y voir une sympathie personnelle de l'auteur ? Le désir de prendre la défense d'un individu cerné par les ennemis ? Le souci de ne pas ternir l'image de l'Espagne en son représentant ? Ou la tranformation inconsciente d'un être exceptionnel en une figure mythique ? Cf. C. Colón, *op. cit.*, p. 419-424 ; S. de Madariaga, *op. cit.*, p. 394-399 ; S. E. Morison, *op. cit.*, p. 562.

20. Sur le sort de Maïobanex, l'histoire ne sait rien de plus. Quant à Guarionex, il devait être ramené en Espagne sur le navire de Bobadilla : il périt avec lui dans l'ouragan qui détruisit la flotte de Bobadilla au moment où celui-ci quittait l'île pour regagner l'Espagne, en juillet 1503. Cf. M. Mahn-Lot, *Portrait historique de Christophe Colomb,* Paris, 1988, p. 176.

21. Les plaintes transmises aux souverains étaient en effet aussi nombreuses que diverses : à la cour les ennemis de l'Amiral exploitaient le mécontentement des colons revenus d'Hispaniola ou les récriminations en provenance de l'île. Parmi les plus acharnés figuraient le frère Buyl et un autre homme d'église, le cardinal Jimenez de Cisneros. En ce qui concerne les colons il faut ajouter aux doléances de Roldán celles que n'a sans doute pas manqué d'envoyer Adrian de Mugica : cet homme, ancien lieutenant de Roldán pendant sa sécession, continua la rébellion après le ralliement de celui-ci et, si l'on en croit Fernando Colomb, fomenta un complot contre son ancien commandant. L'Amiral donne une version légèrement différente des événements dans la *Lettre à la nourrice.* Quoi qu'il en fût, le complot découvert, Adrian de Mugica fut puni avec une sévérité extrême sans avoir même pu se confesser. Cf. F. Colomb, *op. cit.,* ch. 76 ; Cf. C. Colón, *op. cit.*, p. 431.

22. Les plaintes en provenance d'Hispaniola et l'absence de revenus laissaient deviner aux Rois Catholiques que l'administration des frères Colomb avait surtout abouti à semer le désordre sur l'île. De plus le roi Ferdinand ne s'intéressait qu'à sa politique européenne et la reine Isabelle, déçue par le petit nombre de conversions et la tournure prise par les événements, était malade. Ils décidèrent donc d'envoyer sur place un représentant chargé de prendre des mesures : ce fut Francisco de Bobadilla, chevalier commandeur de l'ordre militaire de Calatrava, membre de la Maison du Roi, connu comme un homme rigoureux et intègre. Il avait le droit de rendre toute justice, de régler les conflits, de confisquer les

biens, et d'exiger une obéissance parfaite de tous, y compris de Colomb. Après sa nomination les souverains attendirent encore un an pour l'envoyer, car ils savaient que son arrivée à Hispaniola constituerait un désaveu de la politique de Colomb. Celui-ci en effet ressentit très durement l'arrivée de Bobadilla et y vit une injustice flagrante, comme le montre la *Lettre à la nourrice.* Cf. C. Colón, *op. cit.*, p. 430-437 ; article *Bobadilla* in *Diccionario de Historia de España*, Madrid, 1952, t. 1, p. 430-431.

24. Les frères Colomb comparurent devant les souverains à Grenade le 17 octobre 1500. Ils avaient à affronter beaucoup d'ennemis, et des plus puissants. La xénophobie montante en Europe contre les Italiens ajoutait à leurs problèmes. Et les pouvoirs et les bénéfices de l'Amiral paraissaient bien excessifs désormais : on commençait en effet à envoyer d'autres navigateurs vers l'Amérique du Sud, brisant ainsi ce qui avait été accordé à l'Amiral comme un monopole. Finalement, le 14 mars 1502, les rois absolvent Colomb de toute faute, le confirment dans ses charges et ses fonctions tout en lui demandant de ne pas les exercer pour le moment et organisent le quatrième voyage dont la préparation sera confiée à Francisco de Porras. Cf. F. Colomb, *op. cit.*, ch. 77-79 ; J. Heers, *op. cit.*, p. 615-627; S. E. Morison, *op. cit.*, ch. 42.

Livre VIII

1. Pierre Martyr désigne par cette métaphore le passage qui commence à cause de sa situation par rapport au reste du récit : les livres VIII, IX et X forment en effet une digression par rapport à la narration des aventures de Colomb. Cela s'explique notamment par le fait que d'autres navigateurs étaient partis pour le Nouveau Monde au moment où Pierre Martyr écrit, c'est-à-dire vers 1500. Ajoutons que cette digression deviendra l'œuvre elle-même puisque Pierre Martyr ne reviendra à son sujet de départ, Christophe Colomb, que pour un livre, le quatrième de la troisième décade.

2. Dès 1495 en effet le roi d'Espagne avait autorisé les expéditions vers les terres nouvelles : c'était là une façon d'influencer les capitaux privés à financer des entreprises dont la couronne tirerait aussi un profit. Mais selon les *Capitulations de Santa Fe,* aucun de ces voyages n'aurait dû être entrepris sans l'autorisation de Colomb. Celui-ci, jaloux de ses privilèges, avait protesté contre cette autorisation qui fut retirée deux ans plus tard. Mais même alors, avec le consentement tacite de Ferdinand, des marins partirent pour compléter les explorations de l'Amiral ou en tirer profit, et les mieux placés pour ce faire étaient les anciens capitaines ou accompagnateurs de celui-ci : Vicente Pinzon, Juan de la Cosa, Alonso Niño ou Alonso de Hojeda, accompagné d'Amerigo Vespucci. Imprudence de Colomb ou forfaiture de Juan de Fonseca, les capitaines de toutes les expéditions partirent avec la carte établie par Colomb lors de son troisième

voyage. Il est possible, comme le soutient J. Manzano, que cette attitude du roi ait été la réponse à la manière dont Colomb aurait gardé le secret sur sa découverte de la côte des perles en 1494, secret qu'auraient dévoilé ses accompagnateurs désormais devenus découvreurs, Juan de la Cosa ou Peralonso Niño. Cf. M. Mahn-Lot, *op. cit.*, p. 137-138 ; J. Manzano, *Colón descubrio America del Sur en 1494*, Caracas, 1972 ; S. E. Morison, *op. cit.*, p. 568-569.

3. Un cinquième des richesses découvertes était la part habituelle qui revenait à la couronne. Colomb avait obtenu de garder un dixième de ses découvertes en or, épices et perles et un huitième des bénéfices pour tout bateau qu'il contribuerait à armer. Cf M. Mahn-Lot, *op. cit.*, p. 63.

4. Pedro Alonso Niño, surnommé Peralonso, appartenait à la famille des Niño de Moguer, devenus les amis de Colomb lorsque celui-ci avait intentionnellement choisi de s'installer sur la Niebla. C'est Juan Niño qui avait fourni la Pinta, et Peralonso Niño, son frère cadet, alors âgé de vingt-quatre ans s'était embarqué sous les ordres de Colomb dès le premier voyage comme pilote de la Santa Maria. Il devint l'un des hommes de confiance de l'Amiral et ne cessa plus ensuite de silloner l'Océan d'une rive à l'autre. Accompagnateur du second voyage, il aurait participé à la reconnaissance de la côte des perles et partit pour une expédition personnelle un mois après Hojeda, soit en juin 1499 ; il revint en avril 1500 avec une fabuleuse récolte de perles et mourut peu après. Cf. Paul Gaffarel, *Histoire de la découverte de l'Amérique*, t. 2, Paris, 1892, p. 222-225 ; Washington Irving, *Voyages and discoveries of the companions of Colombus*, New York, 1956, p. 22-27.

5. D'après la version officielle, Peralonso Niño étant trop pauvre pour acheter et armer un navire, il bénéficia de l'aide de Luis Guerra, qui exigea en échange que son frère Cristobal fût capitaine de la caravelle. Celle-ci emportait trente-trois hommes et jaugeait cinquante tonneaux. Mais il est possible de voir ici une allusion à des aides prélevées illicitement et secrètement sur le trésor royal par le roi lui-même, au mépris des accords conclus avec Colomb. Cf. W. Irving, *op. cit.*, p. 22-23.

6. 50 lieues font 275 kilomètres. Le contrôle sur toute la « mer océane » était compris dans le titre d'Amiral de la Mer Océane accordé à Colomb par les *Capitulations de Santa Fe.*

7. Parvenu à la Boca del Dragón, comme l'indique une anecdote à la fin de ce chapitre, Niño a gagné la région de Cumana qui porte ce nom aujourd'hui encore. Il a donc commencé son exploration près de Margarita, soit à trois cents kilomètres de la Boca del Dragón et au beau milieu des pêcheries de perles. Cf. carte VII.

8. *Supra*, p. 147-149.

9. 4,5 kilomètres environ.

10. 405 grammes.

11. Une anecdote rapportée plus loin par Pierre Martyr indique que ces peuples sont victimes des Caraïbes ; ce sont des Arawaks, le peuple

dont sont originaires les Taïnos, mais qui n'ont pas atteint le stade d'évolution de ceux-ci. Par exemple, n'étant pas navigateurs, ils n'ont pas eu à perfectionner leurs embarcations comme les Taïnos et leurs cases sont plus grossières. Cf. C. Montbrun, *op. cit.*, p. 41-51 ; *L'Art Taïno*, p. 12-17.

12. Ces termes, qui rappellent les idylliques débuts de l'implantation espagnole à Hispaniola ou l'accueil des habitants de Cuba, soulignent la bonté naturelle des populations primitives, encore préservées. Le contraste avec la méfiance de Niño et la situation d'Hispaniola à la même époque est brutal si l'on pense par exemple aux livres V et VII. On peut remarquer que l'harmonie humaine s'accompagne dans ce chapitre d'une vision maternelle et édénique de la nature, comme aux premiers temps de la découverte d'Hispaniola.

14. Cette plante peut être du tabac, utilisé comme tabac à chiquer, ou des feuilles de coca.

15. La manière dont les indigènes protègent leurs parties sexuelles rappelle plus celle des tribus amazoniennes encore existantes de nos jours que celle des habitants d'Hispaniola. Francis Huxley explique clairement cette coutume : « En fait la feuille de vigne, pour un homme, c'est son prépuce qui, une fois étiré en hauteur, cache complètement le gland: somme toute la nudité ne lui paraît obscène qu'à partir du moment où son gland est à découvert... Un indien en costume traditionnel, c'est-à-dire vêtu d'une cordelette retenant l'extrémité de son prépuce, ne se préoccuperait guère d'avoir l'air nu ». Cf. F. Huxley, *Aimables Sauvages*, Paris, 1960, p. 158-159.

16. 4500 kilomètres.

17. Comme Cumana, Curiana et Manacapana, Cauchieta est une région située sur la côte des perles (cf. carte VII).

18. Ce serait le premier novembre 1500. Il y a ici une erreur sur l'année car c'est en 1499 que Niño explora cette côte.

19. On peut remarquer ici la différence de comportement et d'esprit entre Colomb, venu pour explorer et ne renonçant que lorsque les conditions matérielles l'y ont obligé, repartant en outre sans avoir exploité le bénéfice de sa découverte, et Niño intéressé par les seules richesses et revenant sur ses pas à la première difficulté, heureux apparemment de bénéficier plus longtemps de l'hospitalité et de la générosité des indigènes.

20. Pour Pierre Martyr, les Cannibales sont venus sur ces rivages pour chasser l'homme. Il ne faut cependant pas oublier que le peuple Caraïbe, dont une partie a émigré dans les Petites Antilles, est originaire de la région de l'actuel Vénézuela comme les autres peuples des Antilles, les Arawaks et les Ciboneys. Cf. C. Montbrun, *op. cit.*, p. 41-51 ; *L'Art Taïno*, p. 12-17.

21. Nous trouvons là un des deux rites funéraires en usage dans cette partie du monde: le défunt peut être enterré sous la case ou sous une hutte construite à cet effet, comme chez les Caraïbes, ou brûlé, comme c'était le cas parmi les tribus de la forêt amazonienne, quoique sous

l'influence des coutumes européennes ce mode ait été progressivement remplacé par l'autre. Cf. C. Montbrun, *op. cit.*, p. 129-131.

22. C'est-à-dire le 6 février.

23. 20,7 kilogrammes environ.

24. Le ducat contient 3,48 grammes d'or et vaut 375 maravédis.

25. Ce phénomène s'explique assez facilement si l'on tient compte des courants et surtout des vents : Colomb avait compris que pour éviter la lutte contre les alizés du nord-est il fallait, pour regagner l'Europe, atteindre la zone des vents variables d'ouest, c'est-à-dire revenir d'abord au nord des Caraïbes. Niño ne connaissait apparemment pas cette stratégie.

26. Niño regagna l'Espagne en avril 1500. Son emprisonnement n'est pas sans rappeler celui de Colomb au retour du troisième voyage, et le rapprochement montre quelle ampleur pouvaient prendre les conflits d'intérêt dans l'entreprise des Indes Occidentales. Cette captivité fut d'ailleurs de courte durée, comme l'indique la fin du chapitre, ce qui paraîtrait confirmer l'hypothèse du procès d'intérêt : on relâcha Niño et Cristobal Guerra faute de preuves, mais leur part de perles fut vendue le 2 août 1501 et le bénéfice de la vente réparti entre les marins de l'expédition, qui avaient peut-être calomnié leurs capitaines dans ce but. Cf. P. Gaffarel, *op. cit*, p. 224-225.

Livre IX

1. Vicente Yañez Pinzon appartenait à l'illustre famille des Pinzon de Palos, tous marins et armateurs, réputés pour leur talent de navigateurs ; âgé d'une trentaine d'années en 1492, il avait fait partie du premier voyage de Colomb en tant que capitaine de la Niña. Ils n'avait pas participé aux autres voyages et entreprenait en 1500 sa première expédition personnelle sur les côtes américaines. Cf. S. E. Morison, *op. cit.*, p. 136-139.

2. Arias Perez Pinzon était le fils de Martin Alonso Pinzon, donc le neveu de Vicente Yañez. D'après Morison, ce serait un cousin des Pinzon, Diego Pinzon, qui accompagna Vicente Yañez lors de ce voyage et non Arias. Paul Gaffarel et Washington Irving rapportent que Vicente était accompagné des deux fils de Martin Alonso, Arias Perez et Diego Fernandez, qui ne serait donc pas un cousin de Vicente mais son second neveu. Cf. Washington Irving, *op. cit.*, p. 29 ; Paul Gaffarel, *op. cit.*, p. 225 ; S. E. Morison, *op. cit.*, p. 136-139.

3. Là encore, les informations de Martyr semblent inexactes : si Vicente Yañez participa bien au premier voyage comme capitaine de la Niña, Arias ne figure pas sur les listes d'enrôlement. On y trouve en revanche Martin Alonso Pinzon, capitaine de la Pinta, son jeune frère Francisco Martin Pinzon, maître d'équipage à bord du même navire, et Diego Pinzon, simple marin à bord de la Pinta. Cela semble confirmer que Pierre Martyr a

confondu deux membres de la famille des Pinzon, Diego et Arias, et n'en a retenu qu'un. Cf. S. E. Morison, *op. cit.*, p. 136-139 ; Bartolomé et Lucile Bennassar, *1492, un monde nouveau ?*, p. 226-227.

4. C'est-à-dire aux environs du premier décembre 1499.

5. 108 kilomètres environ. Cette distance est supérieure à la réalité.

6. 96 kilomètres environ. Cette distance est supérieure d'une vingtaine de kilomètres à la distance réelle.

7. Dans une très longue analyse, Las Casas étudie les différents archipels de l'Atlantique pour savoir à quelles îles mythiques ils correspondent. Il s'appuie surtout sur des textes modernes dont il cite les passages qui lui semblent pertinents. Les auteurs auxquels Martyr fait allusion ici et qui voient dans les îles du Cap-Vert les Hespérides et les Gorgodes (ou Gorgades) Méduséennes peuvent être, pour les anciens, Hygin (*Fabulae*) Pomponius Mela (*Chorographia*) ou Solin (*Polyhistor*), et pour les modernes Boccace (*De Maribus*) et Aeneas Sylvius Piccolomini le futur pape Pie II (*Historia Rerum Vbique Gestarum*).

8. C'est-à-dire le 13 janvier 1500.

9. L'Africus est un vent du sud-ouest, l'Auster un vent du sud et le Zéphyr un vent d'ouest

10. 1650 kilomètres environ.

11. Ce phénomène indique que la flotte est entrée dans l'hémisphère sud. Dans l'hémisphère nord, la situation par rapport à l'étoile polaire, toujours visible, permet de repérer en quel lieu de la terre on se trouve et de calculer la latitude.

12. 1320 kilomètres environ.

13. C'est l'équateur. Pierre Martyr fait ici allusion à Géminos d'une part, pour qui la zone située entre les tropiques n'était habitée que sur la moitié de son étendue, le reste, autour de l'équateur, étant désert à cause de la chaleur excessive, et d'autre part à Eratosthène, Poseidonios et Polybe, suivis par Pline et Avicenne: ceux-ci en effet avaient remarqué que le déplacement du soleil sur l'écliptique est rapide au moment de l'équinoxe, quand le soleil est au zénith de l'équateur, alors qu'il semble s'arrêter quarante jours au moment des solstices, quand il est au zénith pour les habitants des tropiques; par ailleurs ils savaient que le mouvement du soleil est plus rapide quand le soleil parcourt l'équateur céleste que quand il décrit le tropique. Ils avaient conclu de cette double observation sur la course du soleil que la zone équatoriale devait être plus tempérée, donc plus habitable, que celle des tropiques. Cf. G. Aujac, *op. cit.*, ch. 2, p. 116-117; ch. 3, p. 149-154.

14. Le pôle antarctique est l'un des deux points de la sphère céleste où passe l'axe du monde. Comme son nom l'indique, il est situé aux antipodes célestes du pôle arctique. Point affecté d'un mouvement extrêmement réduit, il est entouré d'un cercle antarctique sur lequel se situent les étoiles et constellations toujours visibles dans l'hémisphère sud, qui ne se lèvent ni ne se couchent mais qu'on peut voir tourner toute la nuit autour du pôle. Les observations rapportées ici sont exactes : le pôle

antarctique apparaît comme un point vide d'étoiles autour duquel tournent l'oiseau de paradis, le paon, et l'hydre. Cf. G Aujac, *op. cit.*, p. 114-116.

15. Cette observation est juste puisque les étoiles sont plus brillantes et plus nombreuses dans l'hémisphère sud, notamment dans la Voie Lactée.

16. Cf. Térence, *L'Andrienne* 194, traduction de J. Marouzeau, Paris, 1942.

17. C'est-à-dire le 26 janvier.

18. Cette terre était l'extrémité orientale du continent, actuellement Cabo São Agustin, appelée Cabo de la Consolación par Pinzon, sans doute déconcerté lors de la traversée par la tempête et le nouveau paysage stellaire. Vicente Pinzon espérait en fait contourner par le Sud ce qu'il croyait être le continent indien. Mais entraîné par les courants vers le nord-ouest il longea ainsi jusqu'à Trinidad toute la côte septentrionale de l'Amérique Latine et là mit le cap sur Hispaniola. Cf. carte VII.

19. La brasse est une mesure équivalant à 1,60 mètre environ, ce qui donne ici une profondeur approximative de 25,5 mètres.

20. La Pannonie correspond à la partie occidentale de l'actuelle Hongrie.

22. 220 kilomètres environ.

23. Il s'agit sans doute de la baie où se trouve actuellement la ville de São Luis et où se jettent plusieurs grands fleuves, comme le Munim, le Mearim, le Pindave et l'Itapecuru.

24. Ce nombre semble considérable si l'on pense à la petite taille des caravelles et l'on ne voit pas pour quelles raisons les Espagnols emmèneraient tant d'Indigènes.

25. Cette observation indique que la flotte a de nouveau franchi l'équateur. La région de Mariatambal est donc celle de l'embouchure de l'Amazone, mais Mariatambal, Paricora et Camomore ne sont toujours pas situées avec exactitude. Cf. carte VII.

26. *Supra*, p. 137-153.

27. Cf. carte VII.

28. 1650 kilomètres environ. Cette indication est assez exacte.

29. 165 kilomètres environ. Cette mesure est exacte si l'on ne tient compte que de l'Amazone elle-même. Si l'on prend en compte le Rio Para, un de ses bras qui contourne l'île Marajo, l'embouchure atteint 350 kilomètres de largeur.

30. Là encore, Pierre Martyr fait erreur : Colomb avait reconnu l'embouchure de l'Orénoque, située bien plus loin au nord-ouest.

31. Si Pierre Martyr utilise bien comme d'habitude la livre octonciale, ce chargement était de sept quintaux environ. Gaffarel donne le nombre de trente-cinq quintaux. Cf. P. Gaffarel, *op. cit.*, p. 228.

32. L'Aquilon est un vent du nord.

33. Ces îles sont celles qui se trouvent dans l'estuaire de l'Amazone.

34. Il n'y a pas de cannelle ailleurs qu'en Asie. La plante prise pour la cannelle est sans doute la girofle, car il est possible de les confondre lorsqu'elles ne sont pas à maturité.

35. Ces arbres peuvent être des cèdres, des acajous ou bien d'autres espèces de la forêt équatoriale dont le tronc possède la plupart du temps une circonférence supérieure à quatre mètres.

36. Il s'agit d'un marsupial, sans doute d'un opossum. Cf. Felix Rodriguez de la Fuente, *La Faune*, t. 8, *L'Amérique du sud*, Paris, 1973, p. 68-73.

37. 3300 kilomètres environ.

38. Le Cathay est la Chine.

39. Cette tempête surprit la flotte de Pinzon après son passage par Hispaniola, près d'une des îles des Bahamas. Cf. P. Gaffarel, *op. cit.*, p. 228-229.

40. C'est-à-dire le 30 septembre 1500. Ce retour fut doublement assombri par la perte, dans la tempête, de nombreux marins ainsi que par la déception de n'avoir rien trouvé, à part le bois, qui eût une quelconque valeur. Les créanciers de Vicente Pinzon profitèrent de son départ pour Grenade, où il devait rendre compte de son voyage aux souverains, pour confisquer ses caravelles et sa cargaison. Il obtint cependant l'autorisation de vendre lui-même trente-cinq quintaux de bois de brésil et put ainsi rentrer dans ses frais. Cf. P. Gaffarel, *op. cit.*, p. 228.

41. Il s'agit encore d'une erreur ; le gingembre ne pousse que sur le continent asiatique.

42. *Supra*, livre V, note 30.

43. Ce remède est vraisemblablement une résine d'arbres d'Extrême-Orient, qui blanchit lorsqu'on la fait chauffer.

44. Lucien est un écrivain grec du IIe siècle de notre ère, né à Samosate en Syrie vers 125. *Histoire Vraie*, ou *Histoire Véritable*, raconte un voyage imaginaire dont le protagoniste rencontre toutes sortes d'êtres fabuleux. Cf. Lucien, *Histoire Véritable*, in *Romans grecs et latins*, traduction de Pierre Grimal, Paris, 1958.

45. *Supra*, p. 25.

46. Ramon Pané, arrivé à Hispaniola lors du deuxième voyage, était un ermite de l'ordre des hiéronymites. L'histoire le montre comme un fidèle serviteur de l'église et, au contraire de frère Buyl, uniquement préoccupé de religion. Il est surtout connu pour avoir collecté de nombreuses informations sur les rites et croyances des insulaires d'Hispaniola réunies sous le titre *Relation de l'histoire ancienne des Indiens.* Pierre Martyr s'est servi des rapports de Ramon Pané pour composer cette partie du chapitre, et nombreux sont les passages qu'il a intégralement recopiés, ou qu'il a simplifiés et ordonnés. Cf. F. Ramon Pané, *Relation de l'histoire ancienne des Indiens*, traduction de A. Ughetto, Paris, 1992.

47. Le Zème (ou *Zemi*) possède plusieurs fonctions : il est à la fois figurine de représentation, divinité intermédiaire entre les hommes et la divinité suprême, esprit, revenant, et une sorte de divinité protectrice personnelle, proche du génie romain, attachée aux plus importants des insulaires. Sur leur aspect, voilà ce qu'écrit O. Zerries : « la religion taïno

était centrée sur d'innombrables statues et objets sacrés, désignés par le nom collectif *Zemi*. Par *Zemi*, les Taïnos entendaient aussi bien des statues de pierre ou de bois que des idoles de coton et autres tissus renfermant des ossements humains, ou encore des crânes préparés, des masques et des amulettes frontales, tout ce qui sert à se parer, et enfin des peintures rupestres ou les dessins en creux dans des cavernes ou à l'air libre. La plupart des *Zemi* était des caricatures d'êtres humains, et leurs organes génitaux, mâles ou femelles, étaient souvent fortement soulignés. Plusieurs étaient considérés comme abritant l'âme d'un ancêtre, d'autres représentaient des dieux de la nature. Un petit nombre d'entre eux avait la forme d'oiseaux, de quadrupèdes, ou même de plantes. Quelques Zèmes étaient géométriques, par exemple des statues de pierre à trois pointes, des anneaux de pierre ovales et d'autres objets de la même matière, dont on ignore le sens. » Les Zèmes sont donc à la fois l'esprit, ou la divinité, et sa représentation concrète. Les représentations des Zèmes sont, selon leur nature, enterrées dans les champs ou sous les maisons, posées sur les toits, enfermées dans les temples ou associées aux objets de culte, qui tous sont à l'effigie des Zèmes. On prêtait aux Zèmes des comportements humains, amicaux ou inamicaux envers les hommes selon les cas. Les Zèmes anthropomorphes sont toujours représentés avec des orbites creuses, les côtes apparentes, la colonne vertébrale saillante, le corps décharné pour rappeler leurs liens avec la mort. L'exposition consacrée à l'art taïno qui a eu lieu à Paris, au Petit Palais, en 1994 a présenté de nombreuses représentations de Zèmes de toute sorte. On peut en voir les photographies dans le catalogue de l'exposition. Nous avons un exemplaire unique des zèmes de coton décrits par Pierre Martyr ; il est conservé à l'université de Turin. Cf. F. Ramon Pané, *op. cit.*, ch. 19 à 24 ; W. Krickberg, H. Trimborn, W. Müller, O. Zerries, *Les Religions Amérindiennes*, Paris, 1962, p. 427-428 ; *L'art taïno*, p. 158-221.

48. On retrouve la foi en deux divinités supérieures, un dieu tout-puissant et une déesse mère, dans la religion aztèque et dans celle de nombreux peuples d'Amérique du Sud. Notons que l'Être suprême des Taïnos, Yucahu Bagua Maorocoti, n'est jamais représenté. Cf. F. Bernardino de Sahagún, *Histoire générale des choses de la Nouvelle Espagne*, Paris, 1981, p. 41, 79 ; W. Krickberg, H. Trimborn, W. Müller, O. Zerries, *op. cit.*, p. 349-350 et 353-356.

49. Le guanin est un or impur, mêlé d'argent et de cuivre. Les *guanines* sont les disques de guanin dont se parent caciques et *behiques*. Cf. F. Ramon Pané, *op. cit.*, p. 22-25.

50. Les Myrmidons étaient un peuple de Phthiotide, en Thessalie. Selon une tradition, ils étaient à l'origine des fourmis de l'île d'Elide transformés par Zeus en hommes à la demande d'Eaque. Une partie des Myrmidons suivit Pélée, le fils d'Eaque, en Thessalie et ils furent des combattants intrépides à la guerre de Troie sous les ordres d'Achille, fils de Pélée. Cf. Ovide, *Métamorphoses*, VII, 523, édition et traduction de Georges Lafaye, Paris, 1929.

51. Pierre Martyr ne précise pas ici si les « plus savants des insulaires » sont les caciques ou les *behiques* (*boiti)* qui sont l'équivalent des chamans. Cependant, le fait que les textes sacrés ne soient enseignés qu'aux fils des princes permet de supposer qu'il s'agit des caciques.

52. Ces noms sont ceux de sanctuaires troglodytiques : celui de Poséidon à Corinthe, de la nymphe Cyra à Cyrène, en Afrique du Nord, et de Dionysos à Nysa, sur l'Hélicon.

53. Ce fruit est la goyave. Cf. F. Ramon Pané, *op. cit.,* p. 37-38.

54. Ceci explique le fait que les rites des insulaires, comme le signale Pierre Martyr à la fin du chapitre, aient pu disparaître en deux générations.

55. Le terme *boitius* est le produit de la latinisation des termes *bohuti* ou *buhuitihu,* deux mots taïnos pour désigner l'équivalent des chamans de l'Amérique amazonienne, à la fois prêtres, intercesseurs auprès des esprits, guérisseurs et sorciers. Ces hommes sont aussi désignés, selon les auteurs, par les termes *behique* ou *bohique.* Le français privilégie le terme *behique,* pour sa ressemblance avec «cacique». Ramon Pané consacre plusieurs chapitres aux *behiques* que Martyr reprend ici intégralement. Cf. F. Ramon Pané, *op. cit.,* p. 39 à 51 ; F. Huxley, *op. cit.,* ch. 15 ; A. Métraux, *Religions et magies indiennes d'Amérique du Sud,* Paris, 1960, ch. 3, 4 et 7.

56. Pierre Martyr indique quelques lignes plus bas que cette plante s'appelle *chohobba,* terme ordinairement orthographié *cohoba.* Il s'agit en fait d'un mélange de tabac, qui poussait naturellement à Hispaniola, et de plusieurs autres plantes, à vertus hallucinogènes, notamment l'ipomée. Cf. F. Ramon Pané, *op. cit.,* p. 42 et 48 ; F. Huxley, *op.cit.,* ch. 15, p. 219-220 ; *L'art taïno,* p. 105, 142-146.

57. On retrouve cette cérémonie, appelée *cohoba,* très exactement décrite dans les livres de Métraux et de Huxley : cela indique que ces rites se pratiquent aussi, même de nos jours, dans plusieurs tribus d'Amérique équatoriale. Nous avons conservé certains objets taïnos liés au rituel de la *cohoba* : spatules vomitives, *duhos* sur lesquels s'asseyait le *behique,* plats, inhalateurs, tous à l'effigie des Zèmes. Cf. A. Métraux, *op. cit.,* p. 94-96, p. 112 ; F. Huxley, *op. cit.,* p. 220-221.

58. Cette croyance prémonitoire, reprise quelques lignes plus bas, fut commune à de nombreux peuples d'Amérique Centrale et Latine. Les trois anecdotes concernant des Zèmes individuels sont issues du livre de Ramon Pané. Cf. F. Ramon Pané, *op. cit.,* ch. 25, p. 57-61.

59. Cela confère un éclairage tout à fait nouveau à la prétendue lâcheté des insulaires d'Hispaniola face aux Cannibales. Cf. livre I et C. Colomb, *op. cit.,* t. 1, 26 novembre, p. 117.

Livre X

1. Cette lettre est donc écrite en 1510, soit dix ans après les livres III à IX et dix-sept ans après le livre I. Ceci permet de comprendre l'évolution du point de vue qui se dessine dans cette lettre et qui ira en s'affirmant par la suite. Cela explique aussi le changement de destinataire : le comte de Tendilla était l'homme qui avait poussé Martyr à venir en Espagne. Par ailleurs il semble avoir dès 1510 envisagé de publier les lettres de Pierre Martyr, puisque c'est dans ce but qu'il lui demande un exemplaire complet, et il préparera une seconde édition complète en 1516. En revanche, on peut constater que l'envie d'écrire retrouvée par Pierre Martyr en 1500 s'était éteinte rapidement, et il faut une circonstance fortuite pour qu'il décide de rédiger un épilogue à la première décade et de reprendre son récit. Cette fois-ci, il ne s'interrompra plus. Enfin le passage *ubi tu prorex* ne peut se comprendre que si on le rattache à la phrase précédente, contrairement aux éditions de 1516 et 1530, *prorex* désignant le comte de Tendilla et non Louis d'Aragon. Mais même ainsi le texte paraît lacunaire.

2. C'est la seconde partie du livre IX. Ceci explique l'étrange composition du livre IX, constitué à la fois du récit du voyage de Vicente Pinzon et du résumé du livre de Ramon Pane sur les croyances taïnos ; or la seconde partie était prévue à l'origine pour être un livre indépendant, le dixième de la décade, comme l'avait annoncé Pierre Martyr (*supra*, p. 191).

3. Les voyages de Colomb avaient donné un véritable souffle à l'esprit de découverte des Européens, notamment la troisième expédition puisqu'elle laissait pressentir l'existence d'un immense continent. Aussi put-on assister, immédiatement après, aux tentatives de nombreux marins qui complétèrent les explorations de l'Amiral. En 1499 Hojeda explora, en compagnie d'Amerigo Vespucci, les rivages du Vénézuela, l'île de Curaçao et une partie des côtes du Yucatan. En 1499, Vicente Pinzon parcourut toute la côte septentrionale du continent sud-américain. L'année suivante, Diego de Lepe explora une partie des côtes du Brésil tandis que Rodrigo de Bastidas reconnaissait le golfe d'Uraba et le Darien jusqu'à l'isthme de Panama. Juan de la Cosa parcourut le reste de la côte du Panama jusqu'au cap Saint Blaise, réalisant ainsi le trait d'union entre le trajet de Bastidas et celui effectué en 1502 par Colomb, qui avait suivi la côte septentrionale d'Amérique Centrale depuis le Honduras jusqu'à ce lieu avant d'obliquer au nord pour regagner les Antilles. Enfin, en 1501, Vespucci, parti à la recherche du passage vers l'Asie, longea les rivages brésiliens et la quasi-totalité de la côte orientale d'Amérique du Sud puisqu'il dépassa le tropique du Capricorne et ne revint sur ses pas que lorsqu'il fut parvenu aux confins de la Terre de Feu, à un point situé à 50° Sud environ. A cette date les Espagnols avaient donc reconnu les rivages

du continent américain du Honduras à la Terre de Feu. Une pause dans les explorations fit que les connaissances ne progressèrent guère entre cette époque et 1510. Il fallut attendre Balboa en 1510 et Magellan en 1520 pour qu'elles reprennent, à la fois vers l'intérieur du pays, vers le continent nord-Américain et vers l'Asie. Cf. P. Chaunu, *l'Amérique et les Amériques*, Paris, 1964, p. 75-85.

4. C'est une erreur : il n'y a pas d'encens en Amérique du Sud.

5. Les habitants d'Amérique Centrale sont en effet plus belliqueux que les Taïnos d'Hispaniola, comme le confirme le récit du dernier voyage de Christophe Colomb.

6. Il n'y a pas de lions ni de tigres à Paria mais des ocelots, des jaguarondis et des jaguars ; les crocodiles sont bien des crocodiles ou des caïmans.

7. Cette affirmation peut refléter la manière dont les Européens voient désormais les terres conquises, qui paraissent en 1510 plus dangereuses qu'hospitalières.

8. Il s'agit du Brésil.

9. Ce paragraphe est à mettre en regard avec les propos rapportés par Pierre Martyr sur la fertilité d'Hispaniola dans les premiers temps de la découverte (*supra*, p. 67). En 1510, la vérité est apparue: la pluralité des témoignages et des années d'exploitation de l'île permettent de corriger les impressions premières ou les discours déformants tenus par Colomb à des fins promotionnelles. Mais le constat de Pierre Martyr peut se lire différemment : d'une part comme l'aveu de l'échec économique des Espagnols, qui ont tenté de plier la nature de l'île à leur volonté en important leurs cultures, fatalement inadaptées ; de l'autre comme un reflet de l'échec humain que fut la conquête d'Hispaniola : en 1510 en effet bien peu d'insulaires demeurent en vie. De même, la vision de Pierre Martyr s'est modifiée : lui qui prêtait à l'île les traits du paradis terrestre ou de l'âge d'or n'en signale plus désormais que les aspects décevants ou dangereux.

10. Il s'agit de Puerto Rico.

11. Ce bilan tardif confirme les réserves émises dès les premiers livres par Pierre Martyr.

12. Ce passage révèle une évolution certaine par rapport au dernier livre consacré à l'île, le livre VII : les populations, du moins ce qu'il en reste, sont désormais parfaitement soumises et la quête de l'or totalement planifiée et organisée. Le principe de l'*encomienda*, mis en place en 1501, qui consista à partager l'île en de grandes propriétés attribuées aux capitaines avec les richesses et les populations qui s'y trouvaient, a révélé son efficacité : même s'ils doivent donner à la couronne un cinquième de leurs revenus, les Espagnols sont motivés par l'acquisition d'une fortune personnelle et travaillent à rentabiliser au mieux leur territoire, par tous les moyens à leur portée, le plus courant étant la mise en esclavage des insulaires dont ils sont les maîtres. On est loin de la tentative ratée du

tribut et des révoltes menées par les grands caciques, tous exécutés à la date à laquelle Pierre Martyr écrit cette lettre. Cf. B. de Las Casas, *op. cit.*, t. 2, p. 86-90, t. 3, p. 113-114 ; P. Chaunu, *l'Amérique et les Amériques,* Paris, 1964, p. 100-101.

13. Cette phrase doit être rapprochée des nombreuses mentions de la nudité des Taïnos faites par Pierre Martyr dans les premiers chapitres (*supra,* p. 21, 71, 89). On peut certes y voir le symbole de la soumission des insulaires, si totale qu'ils ont délaissé leurs coutumes pour adopter celles de leurs vainqueurs ; mais cette évolution a aussi une portée symbolique : avec la nudité disparaît tout le mythe du jardin d'Eden, et comme Adam et Eve les Taïnos doivent maintenant travailler pour survivre dans un univers hostile où la communication avec la nature et les Dieux n'existe plus.

14. Martyr transcrit de manière erronée le terme *naborias,* qui désigne parmi les Taïnos d'Hispaniola les membres de la classe sociale la plus basse, les travailleurs, qui sont au service des caciques. Dans la pratique de l'*encomienda,* les *naborias* comme le cacique devenaient la propriété du colon à qui ils étaient attribués, et ils travaillaient alors pour lui.

15. Les Rois Catholiques ont toujours manifesté une grande réserve à l'égard de la mise en esclavage des habitants du Nouveau Monde. Le contexte pourtant ne laissait rien attendre de tel : le commerce des esclaves, accepté comme une nécessité économique depuis l'antiquité, n'avait pas cessé au moyen-âge et persistait au XVIe dans toute l'Afrique. Par ailleurs les théories d'Aristote étaient toujours admises par la plupart des Européens : on continuait à penser que certaines races étaient de valeur inférieure aux autres et qu'elles étaient donc faites pour être commandées, tandis que d'autres, supérieures, étaient destinées au commandement. Cette théorie justifiait l'esclavage des Africains et aurait dû entraîner celui des indigènes découverts par Colomb.

L'Amiral lui-même a naturellement pensé, dès le premier voyage, à mettre en esclavage les insulaires. Le journal de bord en témoigne ainsi que le *Mémoire pour Antonio Torrès* rédigé lors du deuxième voyage. Or ni les souverains Espagnols, ni leur successeur, Charles Quint, ne semblent l'avoir envisagé : d'une part parce que le Vatican, qui reconnaît dès fin 1492 l'autorité de l'Espagne sur les terres nouvelles, invite avant toute autre chose à convertir à la foi catholique les indigènes pacifiques, et les Rois Catholiques obéirent immédiatement à cette consigne. D'autre part, les habitants des Indes Occidentales étaient sujets espagnols, et il ne pouvait être question pour les souverains de les réduire en esclavage. Mais cette modération des souverains n'eut pas d'effet sur les colons, trop éloignés de leur autorité. Les hommes n'avaient aucun scrupule à maltraiter et asservir des êtres plus faibles ; Colomb quant à lui, déçu par les richesses réelles d'Hispaniola et toujours soucieux de la rentabilisation de son entreprise, n'entendait pas renoncer à l'exploitation de la richesse humaine. Et pour tous, les relations s'étaient dégradées avec les indigènes au point qu'ils considéraient ces derniers comme des ennemis ; or l'esclavage était le sort traditionnellement réservé aux prisonniers de guerre. Aussi Colomb ordonna-t-il, de son propre chef, l'envoi en Espagne de cinq cents prisonniers de guerre, ou prétendus tels, entassés, hommes femmes et enfants, à fond de cale. Ceci choqua extrêmement la reine Isabelle. Elle réunit une commission de théologiens et de scientifiques, les écouta, fit libérer les esclaves et exigea leur retour aux îles. Mais cela ne modifia guère la tragique réalité, que la découverte de l'Amérique de Sud sembla intensifier. De plus l'instauration en 1500 de la *Casa de Contratación*, organisme destiné à gérer les ressources de la conquête, et du système de l'*encomienda* allait tout aggraver. En effet la *Casa de Contratación* avait pour dessein d'enrichir l'Espagne rapidement et dans les plus grandes proportions possibles. Quant à l'*encomienda*, outil privilégié de cet enrichissement, elle consistait à attribuer aux capitaines espagnols des lots de terre, souvent très importants, avec population, cours d'eau, sous-sol, villages, et à conférer au propriétaire le pouvoir sur les populations qui travaillaient pour lui et lui payaient tribut. Un cinquième des profits revenait aux rois. On devine les abus qui furent commis malgré les recommandations des souverains.

En 1504 la reine Isabelle mourut tandis que des hommes de plus en plus nombreux et déterminés gagnaient, pour y faire fortune, les Indes Occidentales. En 1512 un jeune Dominicain nommé Cordoba ouvrit l'affrontement après avoir prononcé à Saint Domingue un sermon très violent, dénonçant la cruauté des colons et leur refusant l'absolution. Rentré en Espagne peu de temps après, il parvint à convaincre le roi Ferdinand d'établir de nouvelles lois, les Lois de Burgos, qui n'eurent pas plus d'effet que les précédentes. Il en alla de même pour la bulle papale *Sublimis Deus*, promulguée en 1537, ou pour les Lois Nouvelles édictées par Charles Quint en 1542, tandis que paradoxalement, dès 1512, le *Requirimiento*, manière légale de prendre possession d'un peuple ou d'un territoire, au nom du roi d'Espagne, par la simple lecture d'un texte en espagnol, avait ouvert la voie à tous les abus de pouvoir. Cependant des voix s'élevèrent de plus en plus nombreuses, dont celle de Bartolomé de Las Casas, pour dénoncer les atrocités commises au nom de la couronne espagnole et de Dieu. Une véritable légende noire se répandit en Europe, faisant de l'Espagne une nation de tortionnaires avides, sans foi et sans conscience. Aussi en 1550, cédant à des scrupules personnels grandissants et à la pression extérieure, Charles Quint décréta l'arrêt de la conquête et demanda l'ouverture de la controverse de Valladolid. Il aura fallu cette confrontation entre les idées du philosophe Sepulveda et celles de Las Casas pour que l'on reconnût que les habitants du Nouveau Monde avaient une âme et étaient les prochains des Européens. Mais pour ne pas perdre les immenses revenus que promettait le Nouveau Monde l'abandon de l'esclavage des «Indiens» fut immédiatement suivi de la déportation de milliers d'Africains. Cf. B. de Las Casas, *op. cit.*, t. 2, p. 86-90, 367-374,

559-561, t. 3, p. 303-306 ; P. Chaunu, *l'Amérique et les Amériques,* Paris, 1964, p. 87-88, 100-103 ; id., *Conquête et exploitation des Nouveaux Mondes,* Paris, 1991, p. 386-396.

16. Ce moyen d'aliéner les populations ne pouvait que réussir. Christophe Colomb avait montré la voie en adoptant, dès son premier voyage, un jeune Taïno qu'il baptisa Diego Colomb. Celui-ci lui servit par la suite d'interprète auprès des insulaires et lui resta toujours fidèle (*supra,* p. 77-85). On peut percevoir, dans la précision *si praecipue patres interierint,* une certaine ironie de la part de Pierre Martyr.

17. 45 kilomètres environ.

18. 135 kilomètres environ.

19. 13 kilogrammes environ.

20. 152 kilogrammes environ.

21. Ce naufrage eut lieu le 30 juin 1502, au moment où Colomb, en route pour son quatrième voyage, arrivait à Santo Domingo (*infra,* troisième décade, livre IV, note 11).

22. Le castillan d'or pesait 46 grammes.

23. 66 tonnes environ. Ce nombre paraît démesuré.

24. S'il semble certain que le dévouement de Colomb aux intérêts de la couronne espagnole fut sans faille, ses successeurs n'ont pas eu les mêmes scrupules, comme Pierre Martyr l'a déjà suggéré au livre VIII (*infra,* p. 177). Le principe de l'*encomienda* a généré autant de profits qu'il a entraîné d'abus, et un cinquième des revenus parut bientôt un impôt exorbitant que beaucoup tentèrent de diminuer illégalement. Ce passage, qui apparaît comme une digression, confirme l'existence de la fraude et du système mis en place pour la réprimer. Isabelle la Catholique avait réformé le Conseil royal dès son arrivée au pouvoir : les membres titulaires étaient onze, et eux seuls votaient. Le président était un évêque, les conseillers comprenaient sept *lettrados* et trois chevaliers. Ils étaient choisis par les monarques et n'appartenaient à aucune faction. Le conseil avait des attributions sans limites, dans tous les domaines, et les décisions étaient prises à la majorité des deux tiers. Très efficace et annonciateur des États modernes, ce conseil évolua ensuite en conseils spécialisés. Palacios Rubios y était le spécialiste des Indes Occidentales. Cf. J. Dumont, *L'« incomparable » Isabelle la Catholique,* Paris, 1992, p. 65-66.

25. La pureté de sang, concept spécifiquement espagnol, signifiait qu'on ne possédait pas d'ancêtres juifs. A un moment où les Rois Catholiques contraignaient les Juifs du royaume d'Espagne à se convertir ou à quitter le pays, la pureté de sang était devenue une condition incontournable pour l'obtention d'un certain nombre de fonctions et d'honneurs. Elle était inscrite dans les statuts d'un assez grand nombre de confréries, d'ordres religieux et militaires, d'associations. C'était par exemple le cas de certains *colegios mayores,* sortes de grandes écoles qui fournissaient l'essentiel du recrutement des grands organismes d'Etat. Ainsi la pureté de sang devint-elle peu à peu plutôt un outil de sélection

sociale aux mains des vieux chrétiens qu'un moyen de discrimination religieuse. Peu à peu au cours du XVIe siècle la pureté de sang, que n'imposa jamais la couronne et à laquelle l'inquisition n'était pas favorable, perdit de son importance. Cf. H. Mechoulan, *La pureté de sang*, Paris, 1980 ; J. Perez, *L'Espagne de Philippe II*, Paris, 1999, p. 147-157.

26. Pierre Martyr refuse-t-il d'apprécier l'étendue de la découverte et d'en définir la nature géographique tant qu'il n'a pas d'informations plus précises ? Ou faut-il y voir l'aveu d'une désapprobation, voire d'une condamnation de la manière dont la découverte s'effectue ? Quoi qu'il en soit, Pierre Martyr finira par livrer son opinion sur l'un et l'autre sujet. On le voit en effet se lancer dans une longue étude de la géographie des terres découvertes dans le livre IV de la troisième décade, et il évoquera pour Léon X le génocide des insulaires d'Hispaniola dans le livre X de la quatrième décade (*supra*, p. 255-261).

27. Ce voyage, le quatrième de Colomb, est l'objet du livre IV de la troisième décade.

28. 715 kilomètres environ.

29. Vicente Pinzon s'était vu confier par le roi d'Espagne une mission en 1505 : en compagnie d'Amerigo Vespucci, il devait doubler la pointe australe du nouveau continent pour découvrir enfin le chemin des Indes par l'ouest. Mais le projet fut finalement abandonné, car le voyage devait avoir lieu dans la zone accordée aux Portugais par le Pape. Pinzon partit explorer la côte orientale du continent sud-américain en 1508.

30. Il s'agit de Juan Diaz de Solis, originaire de Lebrija, qui accompagna Vicente Pinzon et Amerigo Vespucci dans leur expédition vers l'Amérique du Sud en 1508-1509. Il fut tué par des indigènes. Cf. P. Gaffarel, *op. cit.*, p.163-184.

Troisième décade – Livre IV

1. Les deuxième, troisième et quatrième décades furent adressées au pape Léon X ; la troisième décade fut rédigée en 1515, soit treize ans après les événements rapportés et neuf ans après la mort de l'Amiral.

2. Le Veragua est un fleuve de l'actuel Panama qui s'appelle ainsi aujourd'hui encore. Il a donné son nom à toute la région située entre l'actuelle Péninsule de Valiente et la ville de Colón, mais ce nom n'est plus en usage de nos jours. Notons que Pierre Martyr, à cause de la particularité de l'espagnol qui assimile en prononciation B et V, écrit toujours Beragua. Martyr a annoncé la découverte du Veragua par Colomb dans le livre II de la deuxième décade. Cf. P. Martyr d'Anghiera, *op. cit.*, p. 152.

3. En fait Pierre Martyr s'attache aux détails de la navigation plus qu'aux nombreuses difficultés que rencontra l'Amiral lors de ce voyage, qui fut

le plus terrible de tous et qu'il accomplit, malade et usé, à l'âge de cinquante et un ans. Il a laissé un témoignage pathétique de cette expédition, la *Lettre Rarissime*. Cf. C. Colón, *op. cit.*, *Relación del Cuarto viaje*, p. 485-503.

4. C'est-à-dire le 10 mai 1502.

5. En 1501, les affaires de Colomb à la cour allaient de nouveau assez bien pour qu'il pût recommencer à envisager d'autres voyages : il avait en effet le projet de chercher dans les terres nouvellement découvertes un détroit qui lui permettrait de déboucher dans des mers inconnues et de poursuivre ainsi l'exploration du monde. Par ailleurs les souverains n'entendaient pas le laisser de nouveau exercer ses fonctions de vice-roi à Hispaniola, dont Ovando venait d'être nommé gouverneur, et ils se montrèrent donc favorables au financement d'un quatrième voyage. Deux membres de sa famille accompagnaient l'Amiral : son fils cadet, Fernando, qui tint le journal de bord à la place de son père et son frère Bartolomé. Cf. C. Colón, *op. cit.*, *Memorial a Diego Colón antes de emprender el cuarto viaje*, p. 475-478 ; S. de Madariaga, *op. cit.*, ch. 29, p. 460-463.

6. Ces navires, qui rappellent ceux de la première expédition, étaient quatre caravelles. La plus importante était la Capitaña, qui jaugeait soixante-dix tonneaux. Le Santiago de Palos surnommé la Bermuda et la Gallega devaient jauger soixante tonneaux environ et le plus petit des quatre navires, la Vizcaina, cinquante tonneaux. Cf. S. E. Morison, *op. cit.*, p. 584-586.

7. Fernando Colomb affirme qu'il y avait cent quarante hommes engagés dans cette expédition, ce que confirme la liste d'enrôlement. Un quart des hommes ne revint pas de ce voyage. Cf. F. Colomb, *op. cit.*, p. 218 ; S. E. Morison, *op. cit.*, p. 586.

8. C'est Colomb lui-même qui donne ces indications. Il toucha la Martinique le 15 juin 1502, puis la Dominique le 18 et il entra dans le port de Santo Domingo, capitale d'Hispaniola, le 29 juin. Cf. C. Colón, *op. cit.*, p. 485 ; F. Colomb, *op. cit.*, p. 218 ; S. E. Morison, *op. cit.*, p.588-589.

9. Colomb écrit avoir bénéficié d'un temps idéal jusqu'à la Dominique. Cf. C. Colón, *op. cit.*, p. 485.

10. 6600 kilomètres environ.

11. Bien que les Rois Catholiques aient restitué à Colomb tous ses privilèges, ils lui avaient formellement interdit d'aborder à Hispaniola. L'Amiral cependant voulait confier des lettres à la flotte en partance pour l'Espagne, une flotte immense d'une trentaine de navires qui ramenait en Castille Bobadilla, Roldán, Guarionex et tout l'or accumulé par Colomb et confisqué par Bobadilla, dont la valeur s'élevait à 200 000 castillans ; il désirait aussi remplacer le Santiago, un mauvais voilier ; mais surtout l'Amiral désirait s'abriter avant la forte tempête qu'il pressentait. Il fit transmettre ses souhaits à Ovando, gouverneur de l'île, et l'avertit du danger. Ovando traita requête et avertissements avec le même mépris et Colomb dut rapidement gagner un lieu protégé plus loin sur la côte.

L'ouragan, qui se déchaîna le 30 juin, fut terrible : il détruisit totalement la flotte de Bobadilla à l'exception de quatre navires qui furent cependant très endommagés. Par une ironie du sort en laquelle Fernando Colomb vit une sorte de justice divine, le bateau sur lequel se trouvait la part de Colomb fut le moins malmené et le seul capable de regagner l'Espagne. Quant à la flottille de Colomb elle fut emportée jusqu'à Cuba, aux Jardins de la Reine. C'est là que les marins se livrèrent aux réparations nécessaires avant de se diriger droit au Sud, vers l'actuel Honduras. Il est curieux que Pierre Martyr n'exploite pas un épisode aussi riche en effets dramatiques, à moins que cela n'indique que seul l'intéresse désormais le détail des explorations. Cf. F. Colomb, *op. cit.*, p. 220-221; S. E. Morison, *op. cit.*, p. 590-593.

12. L'île où se passe cette scène est l'actuelle île de Guanaja (ou Bonacca), située sur la côte Nord du Honduras, à trente milles du Cap Honduras environ (cf. carte VIII). Colomb aborda sur cette île le 27 juillet. Le terme *diaphono* est une transcription fautive du grec διαφανής. Cf. S. E. Morison, *op. cit.*, p. 596.

13. 15 kilomètres environ.

14. Il y a ici confusion : Quiriquetana est la terre ferme située entre l'actuelle ville d'Almirante et la péninsule de Valiente. Or à ce point du récit Colomb aborde la terre située en face de l'île de Guanaja, qui est Maia. Il ne touchera Quiriquetana que beaucoup plus tard. Ciamba est le nom du Cambodge dans l'œuvre de Marco Polo. Colomb nomma l'ensemble de cette côte *Costa de las Orejas*, côte des Oreilles (cf. carte VIII) car il y rencontra d'abord des indiens anthropophages Jicaque, peints et tatoués, dont les oreilles étaient percées de trous « assez gros pour y passer un oeuf de poule ». Cf. carte VIII et F. Colomb, *op. cit.*, p. 225-226 ; S. E. Morison, *op. cit.*, p. 597.

15. Maia est le nom, indiqué par les indigènes, d'un des territoires de l'actuel Honduras (cf. carte VIII). Le terme Taia n'est cité nulle part : il est possible qu'il y ait eu confusion avec le terme Paya. Cf. F. Colomb, *op. cit.*, p. 224.

16. S'il y a bien des animaux proches des cerfs sur ces terres, il n'y a ni lions ni tigres : Colomb n'a pu voir que des ocelots, des jaguars ou des jaguarondis. Cf. Felix Rodriguez de la Fuente, *La Faune, t.8, L'Amérique du Sud*, Paris, 1973.

17. *Supra*, livre VII, note 10.

18. Colomb désirait retrouver le Vénézuela et poursuivre sa quête au-delà en quête d'un éventuel passage vers l'Orient. Un document présenté en annexe figure le trajet que Colomb croyait effectuer. Cf. p. 369 et F. Colomb, *op. cit.*, p. 224.

19. C'est-à-dire le 20 août 1502. Colomb commence alors à longer le littoral qu'il baptisa *Costa de las Orejas*, côte des Oreilles, comprise entre le Rio Romano et le Cap *Gracias á Dios.* Toute cette région s'appelle *Gracias á Dios.*

20. 120 kilomètres. C'est le fleuve Patuca ou le fleuve Coco. Cf. carte VIII.

21. Sur la *Costa de las Orejas* avaient commencé les plus grandes difficultés. Colomb écrit : « je naviguai vers la terre ferme où m'assaillirent le vent et un terrible courant contraire. Je les affrontai soixante jours, au bout desquels je n'avais pu gagner plus de soixante-dix lieues (...) les trombes et les éclairs se succédaient tant que cela semblait la fin du monde (...) Les navires s'étaient ouverts, les voiles déchirées, les ancres, les agrès et les câbles perdus avec les barques et beaucoup de l'approvisionnement. Bien d'autres tempêtes se sont vues, mais aucune qui ait duré autant et avec tant d'horreur » Cf. C. Colón, *op. cit.*, p. 486 ; F. Colomb, *op. cit.*, p. 226-227 ; S. E. Morison, *op. cit.*, p. 597-601.

22. 385 kilomètres environ. Ce chapitre est extrêmement elliptique puisque l'aboutissement de cette première partie du trajet, le cap *Gracias á Dios* (cf. carte VIII), n'est même pas indiqué. La flottille doubla ce cap le 14 septembre. A partir de ce cap la côte s'infléchissait au sud, de sorte que le vent redevint favorable à la progression. Cf. F. Colomb, *op. cit.*, p. 227; S. E. Morison, *op. cit.*, p. 201.

23. 44 kilomètres.

24. Ces fleuves peuvent être l'Aguan, le Tinto et le Patuca.

25. Les crocodiles sont toujours pour Colomb la preuve qu'il se trouve près de l'Orient. Une carte établie par Bartolomé représente sa conception du monde. Cf. p. 370.

26. La flottille a alors doublé le cap *Gracias á Dios* et longe la côte de l'actuel Nicaragua. Ces îles se nomment aujourd'hui Tyra Cays. Cf. carte VIII.

27. 72 kilomètres.

28. Il y a ici une erreur : Colomb jouit désormais de vents et de courants favorables, comme le prouvent les distances parcourues. Le désordre et les omissions de la narration dans la *Lettre Rarissime* peuvent expliquer les méprises de ce genre.

29. Le nom donné par Colomb est Limones. Ces îles s'appellent aujourd'hui Pearl Cays. Cf. carte VIII.

30. 48 kilomètres ; on peut remarquer le rythme désormais rapide de la navigation.

31. 12 kilomètres. C'est probablement Bluefields Lagoon. La flotte y jeta l'ancre le 16 septembre, deux jours après avoir atteint le cap *Gracias á Dios*. Cf. carte VIII et S. E. Morison, *op. cit.*, p. 601-602.

32. Don Diego de Nicuesa était le gouverneur du Veragua en 1510. Après l'échec de sa tentative d'installation il prétendit s'imposer comme gouverneur de la région du Darien, où Balboa venait de s'installer à grand renfort de sang versé, et faire main basse sur l'or de la région. Lorsqu'il arriva à Santa Maria del Darien, en mars 1511, Balboa refusa de le laisser descendre à terre et l'obligea à reprendre la mer. Nicuesa et ses hommes disparurent alors qu'ils tentaient de regagner Hispaniola. Cf. Pierre Martyr, *op. cit.*, p.135-168.

33. *Supra*, note 28.

34. Cette région marque le début du Costa Rica. Le cap auquel il est fait allusion est le site de San Juan del Norte (Greytown). Cf. carte VIII.

35. En fait Cariai n'est pas un port appartenant à la région de Quicuri mais le nom de la région voisine et d'un port qui s'y trouve, l'actuel Puerto Limón (Costa Rica), où la flottille arriva le 25 septembre. Elle jeta l'ancre près de la petite île appelée *La Huerta* (« le jardin ») par l'Amiral, Quirivi par les indigènes et Uva actuellement (cf. carte VIII). Cf. S. E. Morison, *op. cit.*, p. 602-604.

36. Ce sont des palétuviers.

37. Cf. Pline l'Ancien, *Histoire Naturelle*, livre XII, édition et traduction de A.Ernout, Paris, 1949, p. 25-26. Pline parle d'une sorte de figuier qui pousse sur les bords d'un affluent de l'Indus et qui donne naissance à de nouveaux arbres en enfonçant dans la terre ses racines qui rejaillissent plus loin.

38. Il s'agit vraisemblablement d'un singe-araignée ou d'un alouate, le *simia seniculus* de Linné.

39. C'est un pécari. C. Colón, *op. cit.*, p. 495.

40. 110 kilomètres.

41. 55 kilomètres. Cette baie est aujourd'hui celle d'Almirante. Colomb appela l'entrée *Boca del Dragón*, la prenant pour l'isthme tant désiré, et il nomma la baie Carambaru, Cerabaro ou Zorobaro selon les textes : ces noms ne désignaient à l'origine que l'île située à l'entrée de la baie, aujourd'hui appelée Colón. Celle-ci est l'une des quatre îles signalées par Pierre Martyr. La terre ferme s'appelait en ces parages Quiriquetana. Colomb arriva en ces lieux le 5 octobre. Cf. carte IX et S. E. Morison, *op. cit.*, p. 605.

42. En effet il ne s'agit pas d'or pur, comme les Espagnols n'ont pas tardé à s'en rendre compte, mais de guanin, un alliage d'or, d'argent et de cuivre.

43. Quittant la baie d'Almirante, Colomb en découvrit le 6 octobre 1502 une seconde, immédiatement contiguë à la première, appelée Quiriquetana comme l'ensemble du territoire ou Alburema, aujourd'hui Chiriqui Lagoon. C'est là qu'il entendit parler de la province de Ciguare, à neuf jours de marche à l'intérieur du pays, qui prit la figure de l'Eldorado. Les noms de villages cités seraient ceux de bourgs de cette région. C'est là aussi qu'il comprit qu'il se trouvait sur un isthme de terre, et il cessa dès lors de rechercher un passage. Cf. carte IX et C. Colón, *op. cit.*, p. 487 ; S. E. Morison, *op. cit.*, p. 606-608.

44. *Supra*, note 16.

45. Colomb quitta Chiriqui Lagoon le 17 octobre. Il entrait dans le golfe des Mosquitos, où n'existait aucun port. Par ailleurs les conditions de navigation devinrent de nouveau difficiles et la flotte n'atteignit le Veragua qu'à la fin du mois de décembre. Cf. carte IX et F. Colomb, *op. cit.*, p. 227 ; S. E. Morison, *op. cit.*, p. 607.

46. 100 kilomètres. Colomb arriva à l'embouchure de la rivière appelée Guaiga, aujourd'hui Rio Chiriqui. Là commençait la province aurifère appelée Veragua par les indigènes. Faute de dates et de lieux identifiables donnés par Colomb ou son fils, cette partie de l'expédition reste la plus difficile à reconstituer. Le Veragua devint ensuite propriété des descendants de l'Amiral. Cf. carte IX et S. E. Morison, *op. cit.,* p. 609.

47. Les noms d'Ebetere et Embigar n'apparaissent dans aucun récit, ni sur aucune carte.

48. Cubigar paraît en réalité avoir été le nom d'un lieu et non d'un fleuve. Colomb l'atteignit à la fin du mois d'octobre. Alors qu'il le quittait avec l'intention de revenir en arrière et de se consacrer à la recherche de l'or dans les villages du Veragua, une violente tempête se déchaîna et emporta la flotte vers l'ouest ; celle-ci passa au large du promontoire du Peñon et parvint à se réfugier le 2 novembre, dans une anse que Colomb nomma Puerto Bello et où ils restèrent une semaine. Cf. carte IX et S. E. Morison, *op. cit.,* p. 612-613.

49. 275 kilomètres.

50. 17 kilomètres.

51. 33 kilomètres. Cf. carte IX.

52. Cf. carte IX.

53. Il s'agit des indiens Cuna Cuna. Les Espagnols semblent avoir entretenu avec eux des rapports assez conflictuels. Cf. S. E. Morison, *op. cit.,* p. 616.

54. Il s'agit de l'ananas.

55. Ce n'est pas tout à fait exact : profitant d'une accalmie l'Amiral quitta Puerto Bello le 9 novembre et parcourut encore une vingtaine de milles vers l'est ; il atteignit tout d'abord une anse où il dut s'abriter une première fois, « pendant quatorze jours » écrit-il, qu'il baptisa Puerto de Bastimentos, port du Ravitaillement. Il tenta ensuite de reprendre la mer et gagna un point qu'il nomma *Retrete,* port de la Retraite, où il dut rester quinze jours. Et à la première tentative de sortie le vent reprit la flottille et la ramena treize milles en arrière: Colomb retrouva le port du Ravitaillement et décida de regagner Puerto Bello. Mais le lendemain, le 6 décembre, commença une terrible période de tempêtes qui pendant un mois ballotta les caravelles sur les flots déchaînés entre Puerto Bello et le promontoire du Peñon, sans qu'il leur fût possible de s'abriter. La flotille échappa même par miracle à une trombe. Enfin, le 17 décembre la flotte au complet put gagner un abri près du promontoire du Peñon, que le vent les empêcha de quitter avant le 3 janvier 1503. Précisons qu'à Puerto Bello Colomb était arrivé au-delà du point atteint, dans l'autre sens, par Bastidas quelques mois plus tôt : il était donc sûr qu'il n'y avait pas de détroit et n'avait plus qu'à s'occuper de l'or du Veragua. Cf. carte IX et C. Colón, *op. cit.,* p. 489-490 ; S. E. Morison, *op. cit.,* p. 614-620.

56. Il s'agit de tarets, mollusques à corps vermiforme et à coquille

très réduite qui creusent des galeries dans les bois immergés. Cf. S. E. Morison, *op. cit.*, p. 634.

57. Pierre Martyr ne manque jamais de faire allusion à l'Egypte, pays où il a accompli une mission diplomatique en 1501.

58. 44 centimètres environ.

59. Le fleuve Hiebra fut rebaptisé Rio Belén (Bethléem) par Colomb car il s'installa à l'embouchure de celui-ci le 6 janvier, jour de l'Epiphanie. On pense qu'il s'agit du fleuve qui s'appelle toujours ainsi. L'embouchure de ce fleuve était fermée par une barre que les Espagnols purent franchir le 6 janvier ; mais les eaux baissèrent dès le lendemain et quoiqu'ils vissent de jour en jour croître les dégâts causés par les tarets, il leur fut impossible de regagner la mer avant le mois de février. La Gallega, qui resta là jusqu'en avril, était alors si rongée de vers qu'il fallut l'abandonner. Cf. C. Colón, *op. cit.*, p. 490-491 ; F. Colomb, *op. cit.*, p. 228.

60. Les débuts de l'établissement furent difficiles : à cette époque, l'Amiral était plus souffrant que jamais et les difficultés récentes avaient aggravé ses maux. Il délégua donc les explorations à son frère. Mais la mission signalée ici, et mentionnée par Colomb dans sa lettre, n'eut lieu que le 6 février. Auparavant Bartolomé n'opéra qu'une série de reconnaissances, les pluies ainsi que les crues empêchant d'entreprendre quoi que ce fût. Cf. C. Colón, *op. cit.*, p. 490 ; F. Colomb, *op. cit.*, p. 229.

61. Le 6 février Bartolomé put enfin franchir la barre, le niveau des eaux ayant remonté, avec trois des caravelles et soixante-dix hommes. Il longea la côte jusqu'au fleuve Veragua et trouva, grâce aux indications du cacique Quibia, plusieurs terres riches en or où Christophe décida de fonder une cité qu'il laisserait sous les ordres de son frère. Cf. F. Colomb, *op. cit.*, p. 228-229 ; S. E. Morison, *op.cit.*, p. 624-625.

62. C'est-à-dire le 8 février 1503.

63. Il peut s'agir de l'actuel Rio Culovebora.

64. 40 centimètres environ.

65. La nouvelle cité fut baptisée Santa Maria de Belén. Elle était située sur la rive ouest de la rivière Belén. On y construisit quelques cases et une sorte d'entrepôt. Mais quand la pluie cessa les eaux du fleuve se mirent à baisser si vite que les navires espagnols se trouvèrent de nouveau prisonniers de la barre pour de longues semaines. Cf. F. Colomb, *op. cit.*, p. 231.

66. Une fois de plus, le récit de Pierre Martyr omet de nombreux événements, alors que Colomb et son fils y consacrent l'un de nombreuses lignes, l'autre de nombreuses pages. Pour mettre fin à la menace de guerre, puisque les peuples des environs arrivaient en force pour soutenir Quibia, Colomb fit enlever celui-ci, qui s'échappa aussitôt Le 6 avril, alors que les eaux avaient suffisamment monté pour permettre le passage des navires, l'Amiral en fit sortir trois pendant que Bartolomé et une vingtaine d'hommes surveillaient la cité : aussitôt les Guaymis donnèrent l'assaut. Le siège dura quatre ou cinq jours. Les équipages des trois navires ancrés

au large n'avaient aucune nouvelle de ce qui se passait à terre, ni chaloupes à envoyer à la côte puisque toutes avaient été perdues au cours des tempêtes. Enfin, au cours d'un sauvetage périlleux dont nous possédons plusieurs versions et dont l'artisan fut Diego Mendez, les assiégés, au nombre desquels figurait toujours Bartolomé, purent regagner les caravelles à bord d'un canoë. C'est à ce moment que Colomb, en proie à des souffrances et à une fièvre de plus en plus fortes, assure avoir reçu un message de Dieu, qu'il consigne dans sa lettre. Les navires quittèrent le Veragua le 16 avril 1503. Tout cet épisode est raconté de manière précise dans le testament de Diego Mendez. Cf. C. Colón, *op. cit.*, p. 492 ; F. Colomb, *op. cit.*, p. 233-237 ; S. E. Morison, *op. cit.*, p. 628-631.

67. Pierre Martyr ne parle guère du voyage de retour, qui fut lui aussi extrêmement pénible : les navires étaient pourris et les hommes, accablés par la faim, la fatigue et l'humidité, durent pomper jour et nuit pour ne pas aller par le fond. Le 23 avril les Espagnols durent abandonner à Puerto Bello un second bateau, la Vizcaina. Le premier mai, à 125 milles de Puerto Bello, en un lieu que Colomb nomma Marmoreo, aujourd'hui Punta de Mosquito (cf. carte IX), Colomb, poussé par l'équipage, décida de tenter la traversée. Lui-même aurait voulu continuer encore sur 200 ou 300 milles car il pensait, avec raison, arriver directement et plus rapidement à Hispaniola. Le 12 mai les navires arrivèrent à Cuba. Le 20 ils prirent la direction de la Jamaïque, espérant atteindre ensuite Hispaniola. Mais le 23 mai il y avait de l'eau jusque sur le pont de la Capitaña et les navires échouèrent en un lieu appelé Puerto Santo Gloria, aujourd'hui Saint Ann's bay, à la Jamaïque. Cf. C. Colón, *op. cit.*, p. 493 ; F. Colomb, *op. cit.*, p.238 ; S. E. Morison, *op. cit.*, ch. 47.

68. C'est à la Jamaïque que Colomb écrivit à l'en croire la *Lettre Rarissime*, adressée aux Rois Catholiques et datée du 7 juillet 1503, c'est-à-dire de quelques jours après son arrivée. Dans l'impossibilité de l'envoyer, Colomb dit l'avoir confiée à Diego Mendez lorsque celui-ci partit pour Hispaniola ; mais certains détails et de nombreuses incohérences du récit font supposer aux historiens que la *Lettre Rarissime* que nous possédons n'est pas intégralement celle que Colomb écrivit à la Jamaïque. Cette lettre pourrait avoir été dictée en plusieurs fois, à plusieurs moments du voyage, à Fernando ; elle pourrait aussi ne pas être la lettre confiée à Diego Mendez mais un document plus tardif, rédigé ou corrigé à Santo Domingo ou en Espagne, voire un montage de plusieurs lettres. Mais quelle que soit la véritable nature de ce document son intérêt demeure indéniable, jusque dans ses contradictions. Cf. C. Colón, *op. cit.*, p. 494 ; M.Mahn-Lot, *Portrait historique de Christophe Colomb*, Paris, 1988, p. 181.

69. Les Espagnols restèrent à la Jamaïque du 25 juin 1503 au 30 juin 1504.

70. Achéménide était l'un des compagnons d'Ulysse oublié en Sicile, terre des Cyclopes, où il a dû survivre dans des conditions très difficiles. Retrouvé et recueilli par Enée, à qui il conta son histoire et qu'il mit en

garde contre les dangers que faisait encourir le voisinage des Cyclopes, il apparaît dans le troisième chant de l'*Enéide.* Enée l'emmena avec lui. Cf. Virgile, *Enéide* III, 614 sqq, édition et traduction de Jacques Perret, Paris, 1989.

71. La Jamaïque n'était pas encore colonisée par les Espagnols. Les compagnons de Colomb réussirent à traîner sur la plage les deux caravelles qui constituèrent une habitation, mais les indigènes demeuraient une préoccupation pour l'Amiral : c'étaient des Taïnos, donc à priori des êtres pacifiques, mais Colomb savait par expérience qu'un Taïno désespéré par les excès des Espagnols était capable de tout. Aussi défendit-il aux Espagnols de quitter la plage.

72. Le problème de la faim ne se posa pas au début. Mais dans les premiers mois de 1504, les insulaires se montrèrent de moins en moins empressés à apporter de la nourriture, jusqu'à cesser tout à fait. Colomb eut alors recours à une ruse qui est restée célèbre : ayant pu prévoir la date d'une éclipse totale de lune, il feignit de l'avoir ordonnée pour punir les insulaires de leur manque de zèle ; ceux-ci, terrifiés, promirent d'aider à nouveau les Espagnols, très affaiblis néanmoins faute d'une alimentation suffisante et adaptée. Cf. F. Colomb, *op. cit.,* p. 245-247 ; S. E. Morison, *op. cit.,* ch. 48.

73. L'installation précaire, l'hiver, la faim, la maladie, l'assignation à résidence et le désespoir semèrent parmi les Espagnols les germes d'une sédition. Profitant du mécontentement général et de la maladie de l'Amiral, cloué dans ce qui lui servait de chambre par l'arthrite, les frères Porras déclenchèrent l'insurrection en assurant que c'était par la volonté de Colomb que tous restaient là ; après une vaine tentative de fuite en canoë ils regagnèrent les alentours de Saint Ann's bay et vécurent avec leurs partisans sur le pays. A l'arrivée des secours les frères Porras furent emprisonnés et les autres demandèrent le pardon de l'Amiral. Cf. F. Colomb, *op. cit.,* p. 237-238, 251-254 ; S. E. Morison, *op. cit.,* p. 652-657.

74. Diego Mendez avait déjà fait preuve d'intelligence, de dévouement et de courage au Veragua. Ici les faits sont amputés et simplifiés. En juillet 1503 deux volontaires se présentèrent pour tenter de gagner Hispaniola en canoë. La traversée, déjà longue (195 kilomètres jusqu'à Hispaniola, et 350 de plus jusqu'à Santo Domingo), était rendue plus dangereuse encore par l'agitation des flots, et les canoës étaient peu sûrs en cas de tempête. Le projet était ainsi conçu : Diego Mendez et l'autre volontaire, un gênois nommé Bartolomé Fieschi, partiraient chacun sur un canoë, accompagnés de six Espagnols et douze insulaires; Fieschi reviendrait ensuite annoncer le succès de la traversée tandis que Mendez poursuivrait jusqu'à Hispaniola. La traversée s'effectua en soixante-douze heures vers le 20 juillet. Cf. F. Colomb, *op. cit.,* p. 240-241 ; S. E. Morison, *op. cit.,* p. 647-650.

75. 220 kilomètres environ.

76. En réalité le voyage fut si dur que plusieurs insulaires moururent et Bartolomé Fieschi ne put trouver personne pour revenir avec lui à la

Jamaïque tant Espagnols et insulaires étaient terrorisés. Les deux hommes décidèrent donc de gagner Santo Domingo, d'abord par mer, puis par terre. Cf. F. Colomb, *op. cit.*, ch. 89 ; S. E. Morison, *op. cit.*, p. 647-648.

77. Là encore, les choses ne furent pas si simples. Mendez et Fieschi rencontrèrent Ovando, en campagne contre les insulaires, début août 1503. Mais le gouverneur, assez satisfait de constater la situation où se trouvait Colomb, multiplia les retards. Enfin, le 25 juin 1504, un navire en mauvais état que Diego Mendez dut acheter et qui manqua chavirer au retour vint chercher les survivants : ils avaient passé un an et cinq jours à la Jamaïque. Cf. C. Colón, *op. cit.*, *cartas a Nicola Ovando,* p. 504-506 ; F. Colomb, *op. cit.*, ch. 87, 89 et 91; S. E. Morison, *op. cit.*, p. 644-658.

78. Dès qu'il avait été certain que le bateau de secours était parti, Diego Mendez était rentré en Espagne porter des lettres de Colomb aux souverains et à des proches. Mais malgré son dévouement il mourut dans la misère. Colomb, son frère et son fils regagnèrent l'Espagne le 7 novembre 1504. Il restait un an et demi à vivre à l'Amiral, désormais un vieil homme, malade et souffrant. L'Amiral cependant était riche, ses amis de toujours lui étaient restés fidèles et malgré la mort de la reine Isabelle en novembre 1504, sa situation à la cour demeura la même. Mais les derniers mois de la vie de Colomb furent consacrés à un combat sans résultat que poursuivirent Bartolomé puis les descendants de l'Amiral : la restitution intégrale de ses titres et privilèges. Diego Colomb toutefois fut finalement autorisé à exercer la charge héréditaire de gouverneur d'Hispaniola, en 1508, deux ans après la mort de l'Amiral survenue le 20 mai 1506. La dépouille de celui-ci est toujours à Saint Domingue. Cf. C. Colón, *op. cit.*, *Memorial de agravios,* p. 465-471 ; *Cartas a Diego Colón,* p. 511-513, 516-517.

79. 200 kilomètres.

80. Pierre Martyr écrit ce chapitre en 1515 ; à cette date les Espagnols ont beaucoup progressé dans leur exploration de l'Amérique du Sud, mais ils n'ont encore reconnu que les îles et une partie des côtes, si l'on excepte la vallée de l'Atrato, explorée par Balboa. En 1498, Colomb avait exploré une partie des côtes de l'actuel Vénézuela. En 1499, Hojeda et Vespucci explorent à leur tour les rivages du Vénézuela, notamment la côte des Perles. En 1500-1501, peu avant que Colomb ne vînt par l'autre côté, explorant les côtes du Honduras, du Nicaragua et du Costa Rica, Bastidas avait longé les côtes d'Amérique centrale du Vénézuela au Panama. On peut donc considérer que la côte septentrionale d'Amérique centrale fut entièrement connue quand en 1508 Pinzon et Solis eurent exploré la côte du Yucatan tandis que de nombreux découvreurs se dispersaient dans le Golfe du Mexique. En 1500 un Portugais, P. Alvares Cabral, découvrit le Brésil, et Vicente Pinzon reconnut toute la côte septentrionale de l'Amérique Latine jusqu'à Trinidad. En 1512, Ponce de Leon découvrit la Floride. En 1513 Balboa traversa l'isthme de Panama et découvrit le Pacifique. Cf. M. Mahn- Lot, *La conquête de l'Amérique espagnole,* Paris, 1974,

p.74-76 et *La découverte de l'Amérique*, Paris, 1970, ch. 4 ; P. Chaunu, *Histoire de l'Amérique Latine*, Paris, 1961, p. 12-15.

81. Il s'agit de la Cordillère, qui couvre de ses contreforts tout l'isthme central américain.

82. A cette époque Balboa a réussi à traverser à pied l'isthme de Panama à la hauteur du Rio Darien et il a découvert, de l'autre côté de la Cordillère, la «mer Australe», c'est-à-dire l'Océan Pacifique : Pierre Martyr, qui a longuement raconté les aventures de Balboa, connaît donc l'existence de cette mer (Troisième décade, livres I-III et quatrième décade, livre IX). Cf. Pierre Martyr, *op. cit.*, p. 221-254, 390-392.

83. Uraba est le nom donné ici à la région du golfe d'Uraba, qui porte ce nom aujourd'hui encore et se trouve au fond du golfe de Darien ; c'est là que se jette l'Atrato, appelé Dabaïba chez Pierre Martyr.

84. Cela ferait 75 000 mètres environ: il y a ici une erreur. Le plus haut sommet de cette région, l'actuel Costa Rica, est le mont Chirripo, qui culmine à 3819 mètres.

85. C'est l'Océan Pacifique. Colomb avait pressenti l'existence du Pacifique et la possibilité d'y accéder: mais c'est un passage marin qu'il cherchait, jusqu'à ce que la jonction de son exploration à celle menée par Bastidas lui eût fait comprendre que le passage d'un océan à l'autre ne pourrait se faire, dans ces parages en tout cas, que par voie de terre. C'est Magellan qui trouva un détroit en 1520, des milliers de kilomètres plus bas.

86. C'est l'ancien nom d'une région d'Europe centrale, correspondant à l'ouest de l'actuelle Hongrie et à la Croatie.

87. La Sarmatie était située au nord de la mer Noire, de la Baltique à la mer Caspienne, la Scythie était constituée des steppes situées au nord de la mer Noire.

88. Les Monts Riphées était le nom attribué à une chaîne de montagnes que l'on plaçait au nord de la Sarmatie et où l'on faisait habiter les légendaires Hyperboréens.

89. Le cap Malée est un cap situé à l'extrémité sud-est du Péloponnèse, très difficile à doubler et infesté de pirates dans l'antiquité.

90. Le Palus Méotide, *Maeotis Palus*, est l'actuelle mer d'Azov.

91. L'idée est juste; mais il manque à Pierre Martyr la connaissance de l'Amérique du Nord pour avoir une idée exacte de la géographie du nouveau continent : faute de cela il rattache l'Amérique du Sud aux terres septentrionales qu'il connaît, qui ne peuvent être qu'européennes ou nord-asiatiques. Un des documents présentés en annexe illustre cette conception du monde. Cf. p. 371

92. Il s'agit de Vasco Nuñez de Balboa, qui le 25 septembre 1513 réussit à franchir d'est en ouest l'isthme de Panama à la hauteur du Rio Darien avec cent vingt-six hommes.

93. Le Marañon désigne ici l'Amazone.

94. Le Dabaïba est l'Atrato, quoique sa puissance évoque plutôt celle d'un fleuve voisin, le Rio Magdalena.

95. Entre 48 et 60 mètres.

96. 5,4 kilomètres.

97. 82 kilomètres.

98. Il s'agit vraisemblablement des mangroves, qui bordent les côtes occidentale et septentrionale de la Colombie à la sortie de l'isthme de Panama. Celles de la côte septentrionale sont situées précisément autour du golfe d'Uraba.

99. Les animaux baptisés «dragons» par Pierre Martyr sont vraisemblablement les représentants d'une des très nombreuses races d'iguanes vivant dans cette partie du monde, par exemple l'iguane commun. Cf. Felix Rodriguez de la Fuente, *op.cit.*

100. Santa Marta (Sainte Marthe) est un port qui porte ce nom aujourd'hui encore ; il est situé sur la côte de la Colombie. Pierre Martyr consacre un livre à décrire la conquête des parages de ce port (Troisième décade, V). Cf. Pierre Martyr, *op. cit.*, p. 276-284.

101. Andreas Morales apparaît de manière plus détaillée dans la troisième décade. Pilote du roi Ferdinand, cartographe, habitué des traversées de l'Atlantique et de la navigation dans la mer des Caraïbes, il avait été chargé de reconnaître certaines côtes d'Amérique du sud, puis de compléter l'exploration d'Hispaniola. Il vint à la cour d'Espagne où Pierre Martyr le rencontra et écrivit avec son aide les livres VII, VIII, et IX de la troisième décade, consacrés à Hispaniola. Cf. P. Martyr, *op. cit.*, p. 296-329.

102. Il s'agit de l'index.

INDEX DES NOMS PROPRES

INDEX DES TOPONYMES

INDEX DES TERMES ÉTRANGERS

Les termes étrangers présents dans le texte du *De Orbe Nouo* sont majoritairement des mots utilisés par les Taïnos d'Hispaniola ou par les habitants des côtes d'Amérique du Sud. J'ai signalé les quelques termes espagnols ou italiens latinisés par Pierre Martyr. Compte-tenu du caractère très spécifique de ces termes, j'ai conservé la forme qu'ils possèdent dans le texte.

CARTES

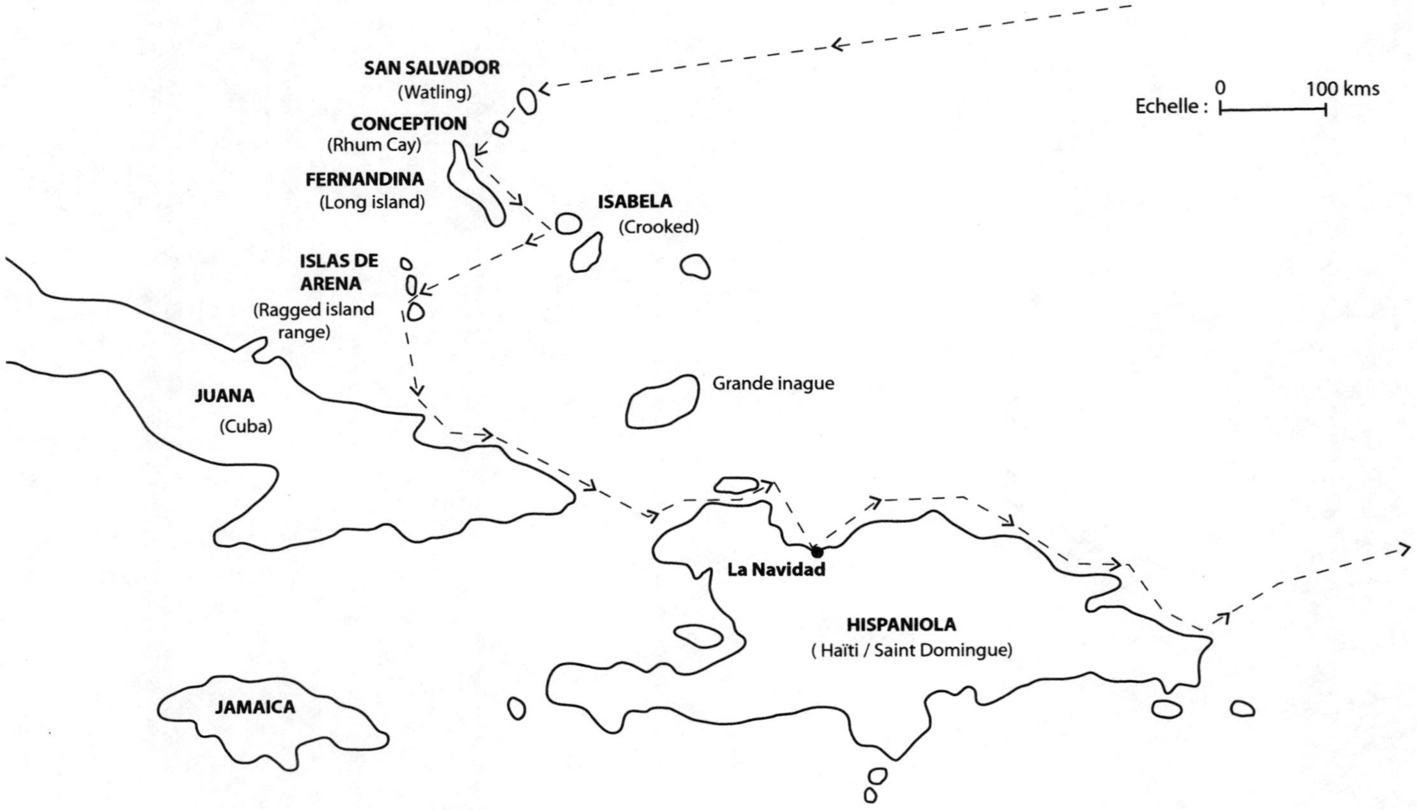

Carte I
Le premier voyage de Christophe Colomb

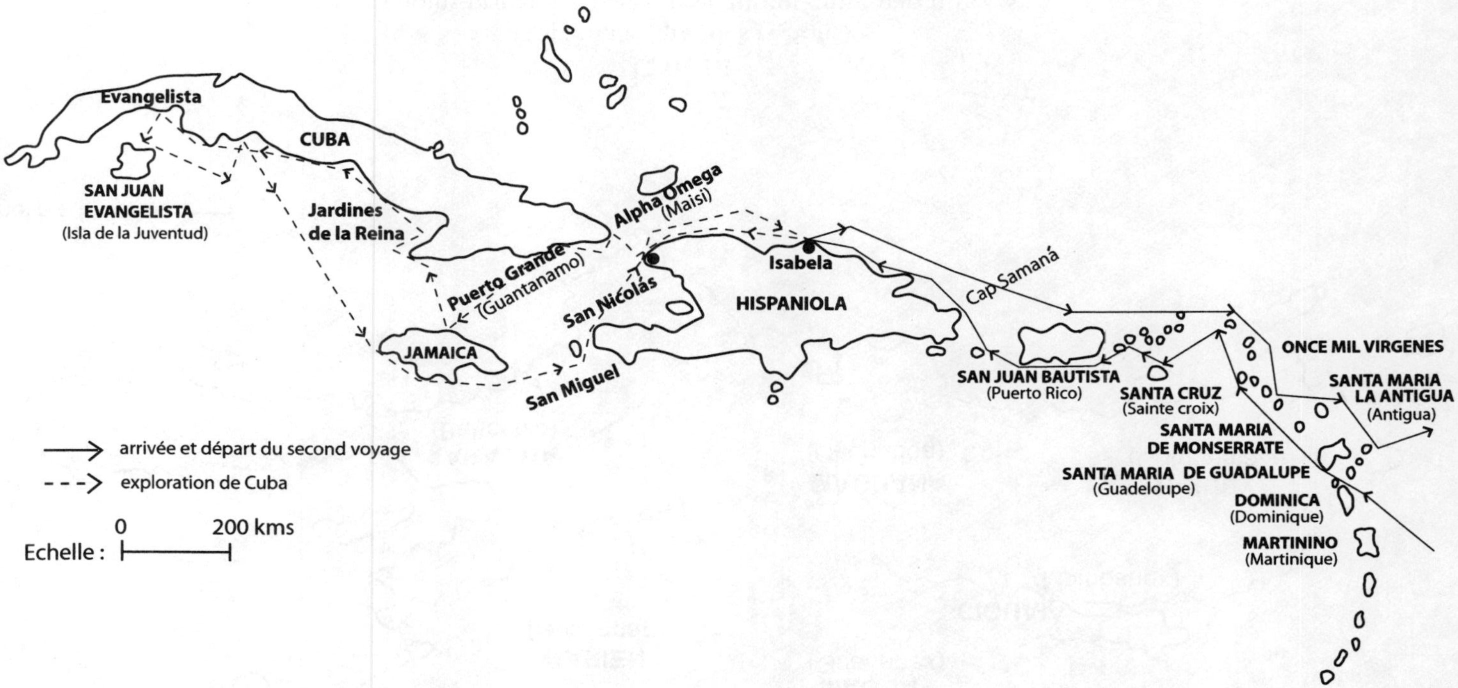

Carte II
Le deuxième voyage de Christophe Colomb et l'exploration de Cuba

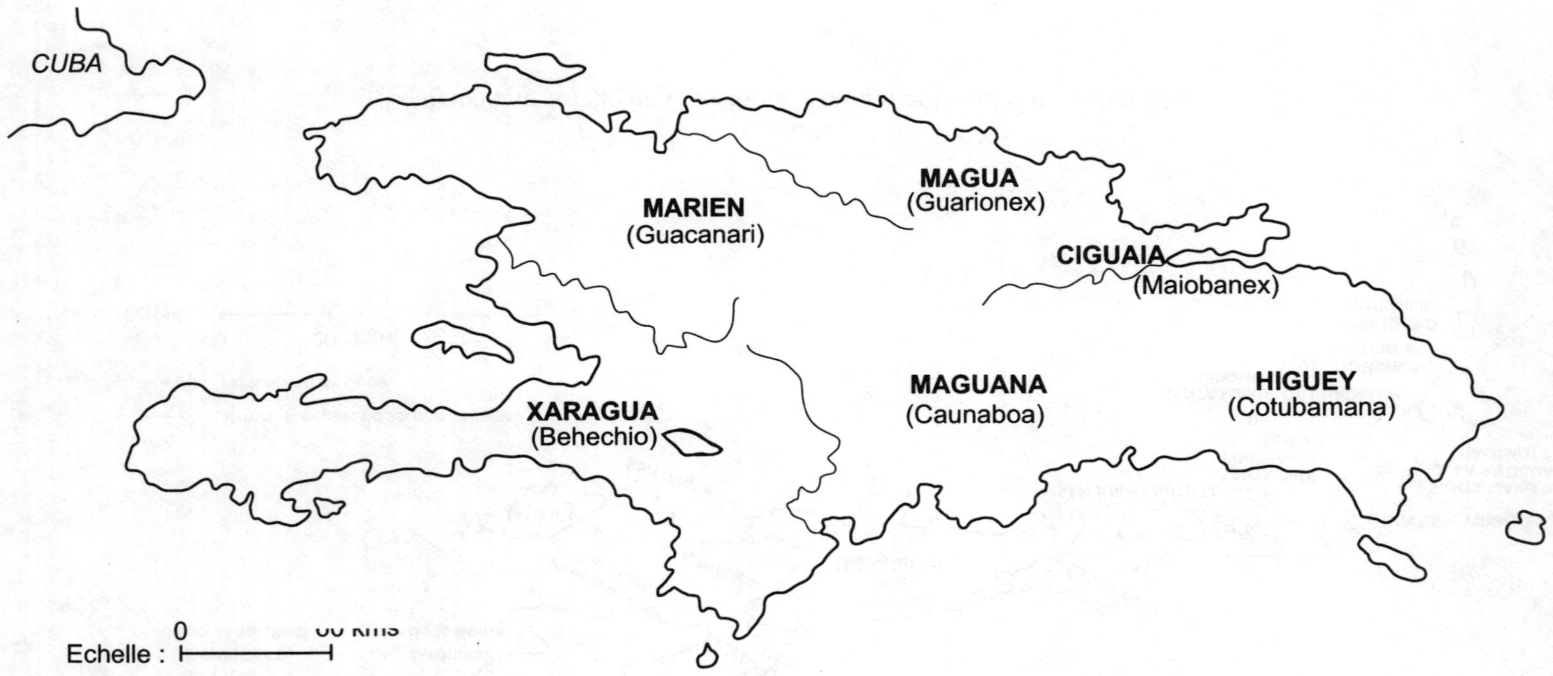

Carte III
Hispaniola (grandes régions)
Les noms principaux caciques figurent entre parenthèses

Carte IV
Hispaniola

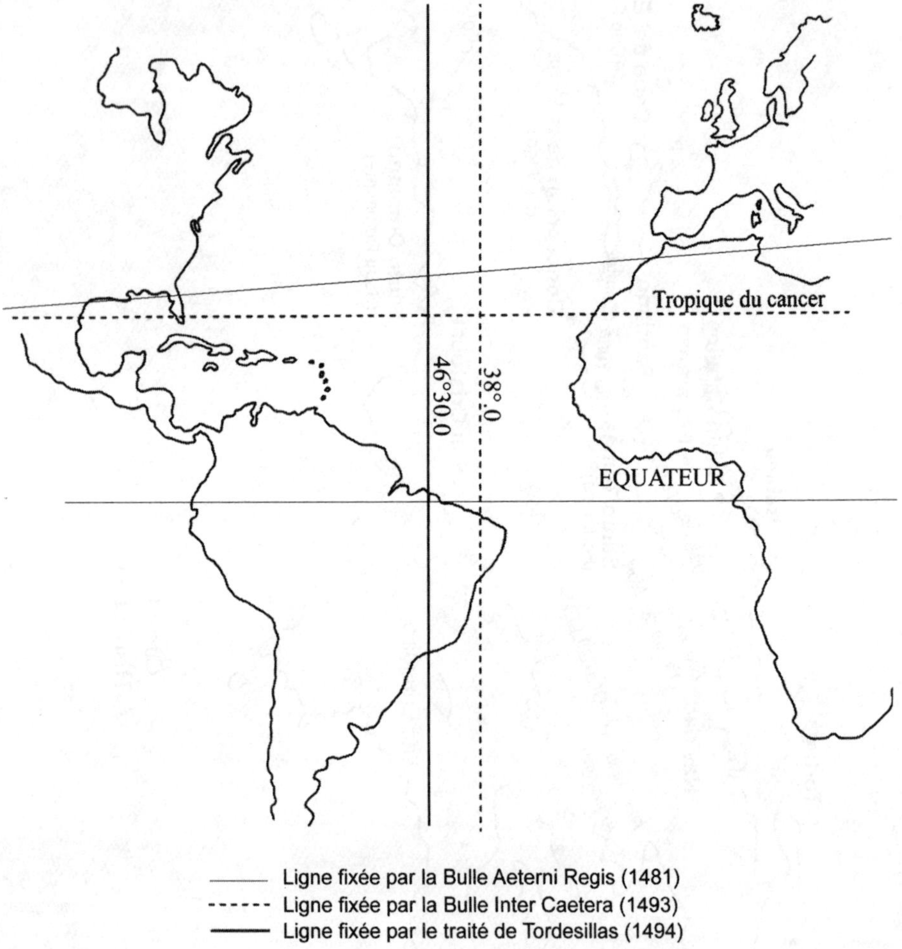

Carte V
Le partage du monde entre l'Espagne et le portugal
par le Traité de Tordesillas

Carte VI
Le troisième voyage de Christophe Colomb

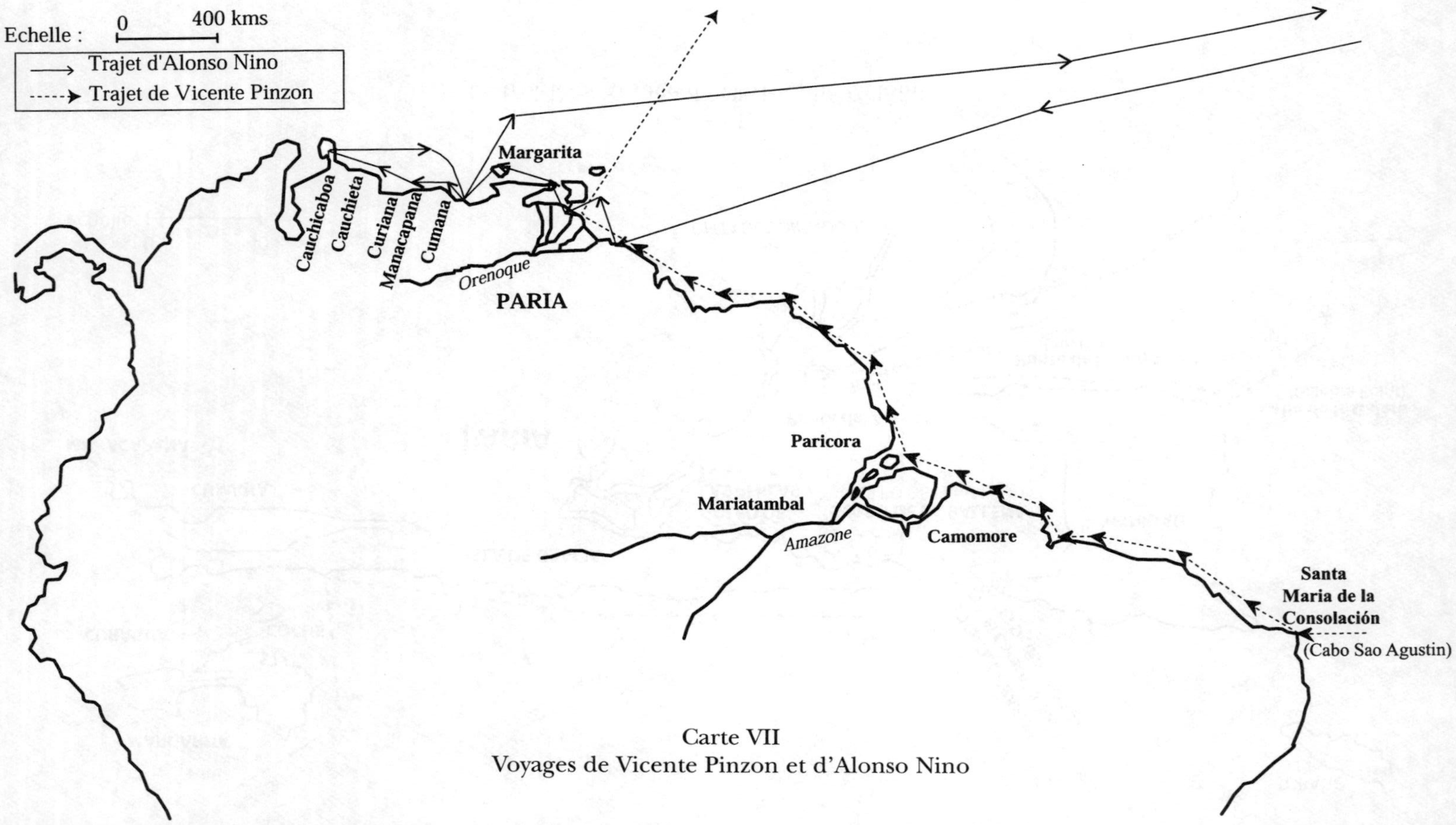

Carte VII
Voyages de Vicente Pinzon et d'Alonso Nino

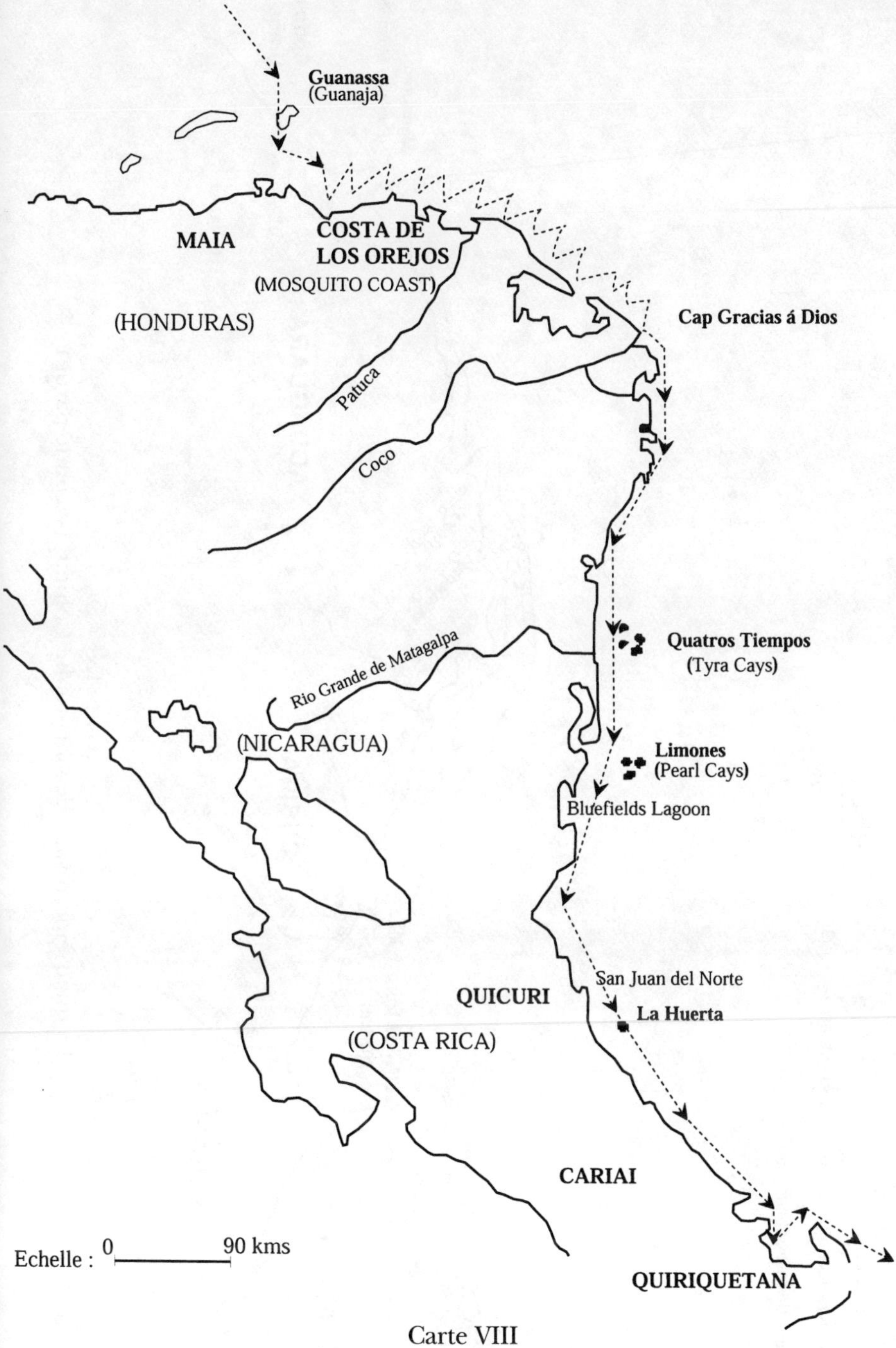

Carte VIII
Le quatrième voyage de Christophe Colomb (première partie)

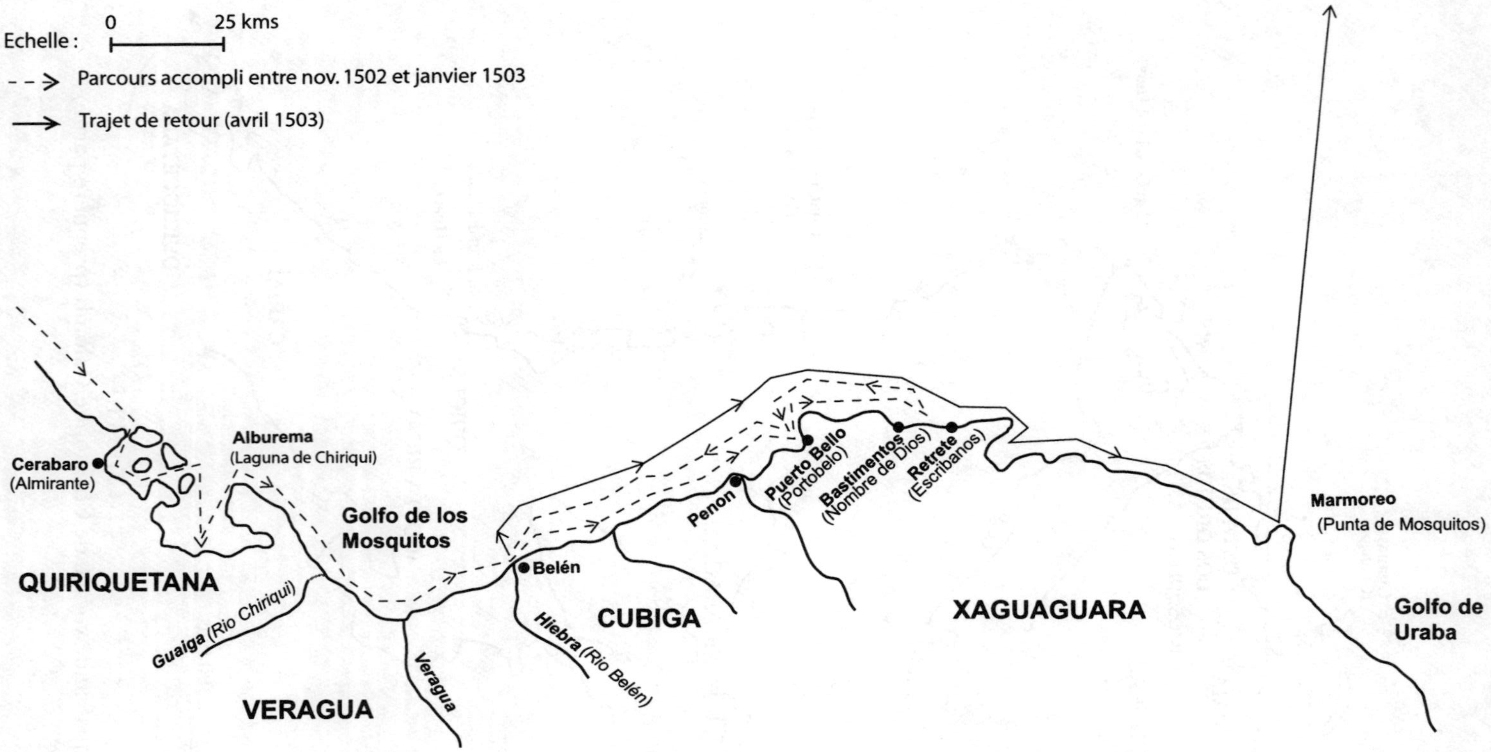

Carte IX
Le quatrième voyage de Christophe Colomb (seconde partie)

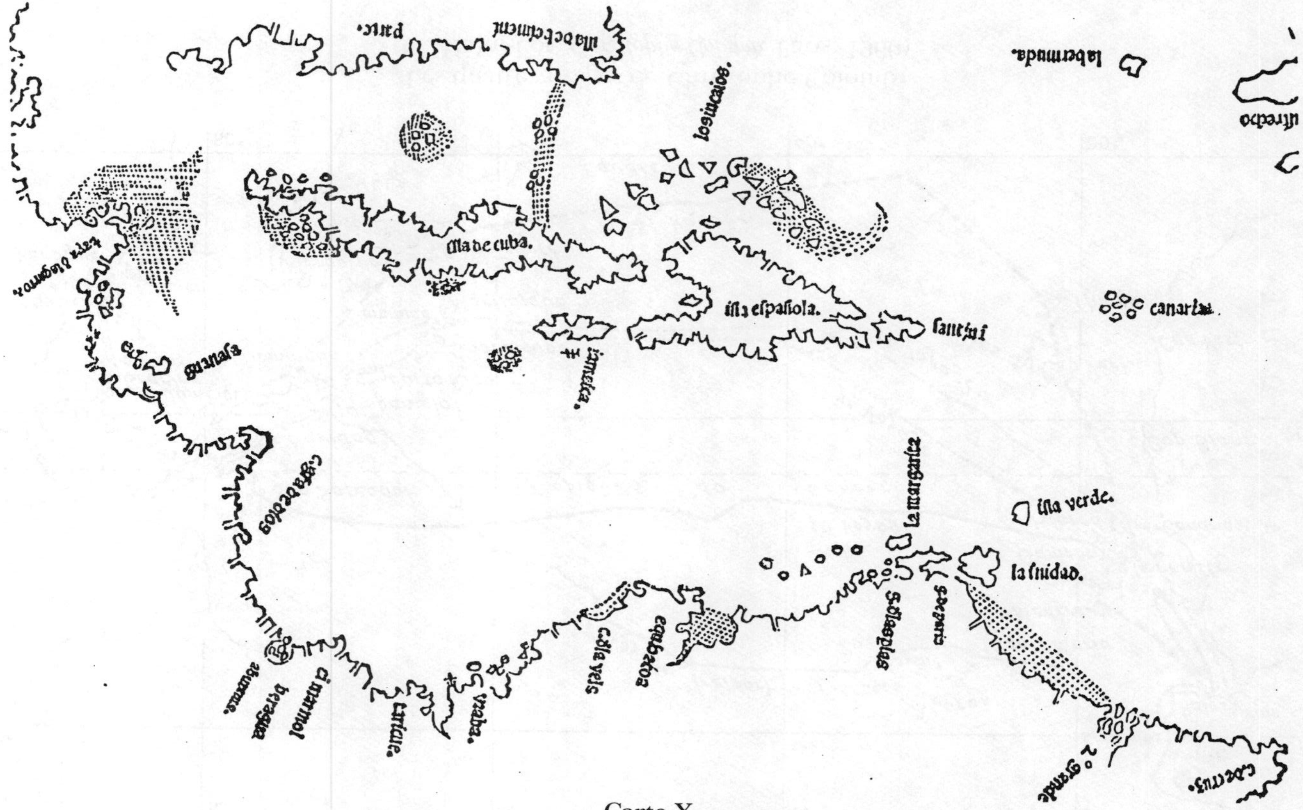

Carte X
Carte des Indes orientales d'après l'édition des *Opera*, Séville 1511.

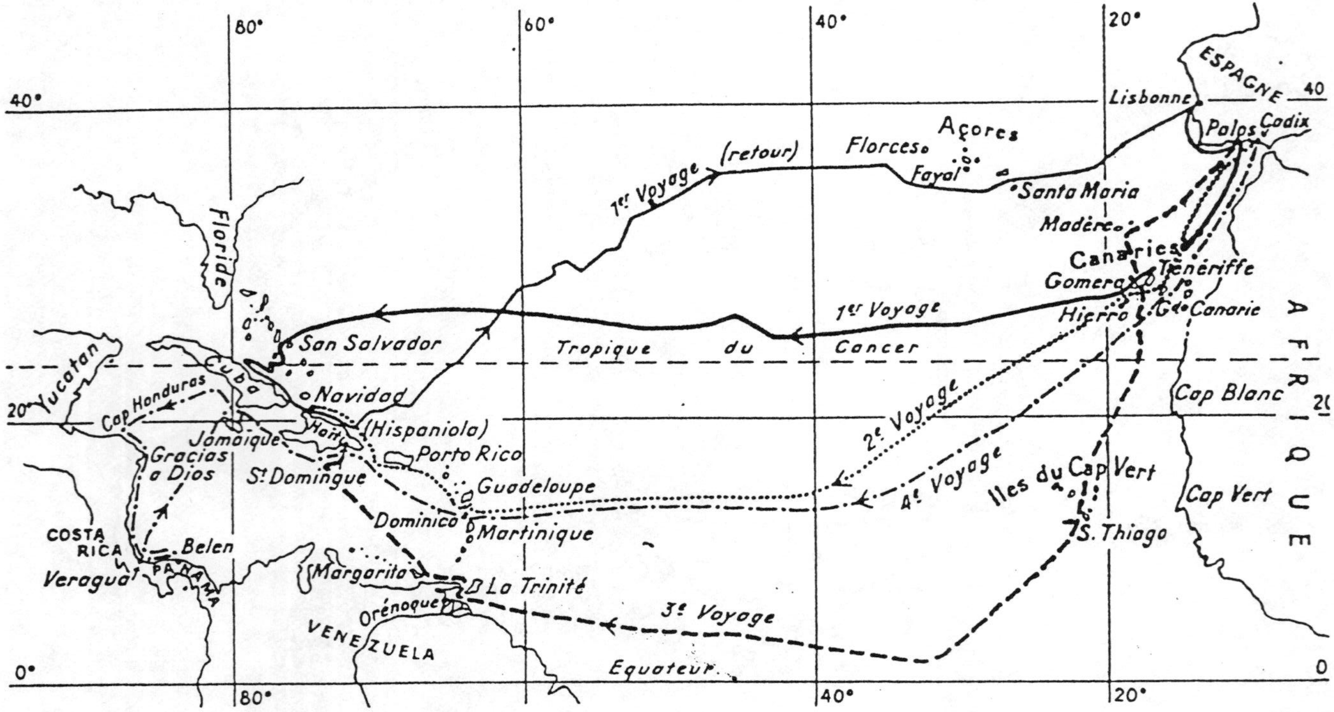

Les quatre voyages de Christophe Colomb
(M. Mahn-Lot, *Christophe Colomb*, Paris, 1960)

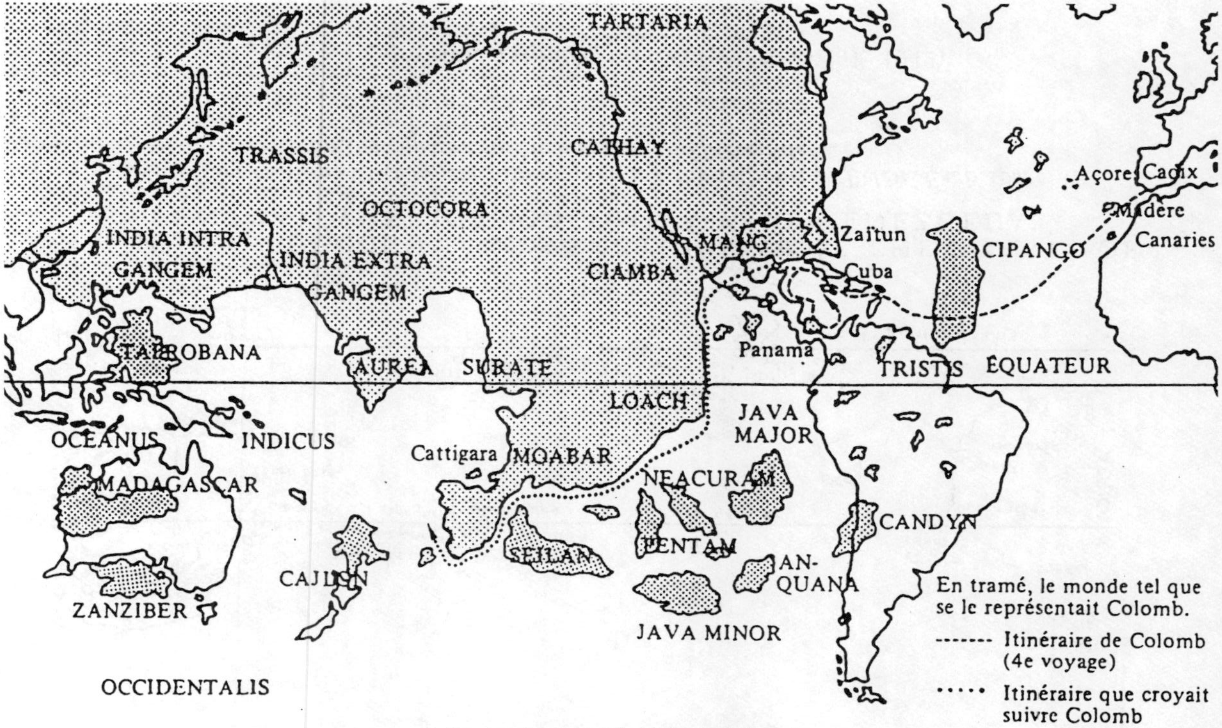

Carte du monde selon Colomb
(M. Mahn-Lot, *Christophe Colomb*, Paris, 1960)

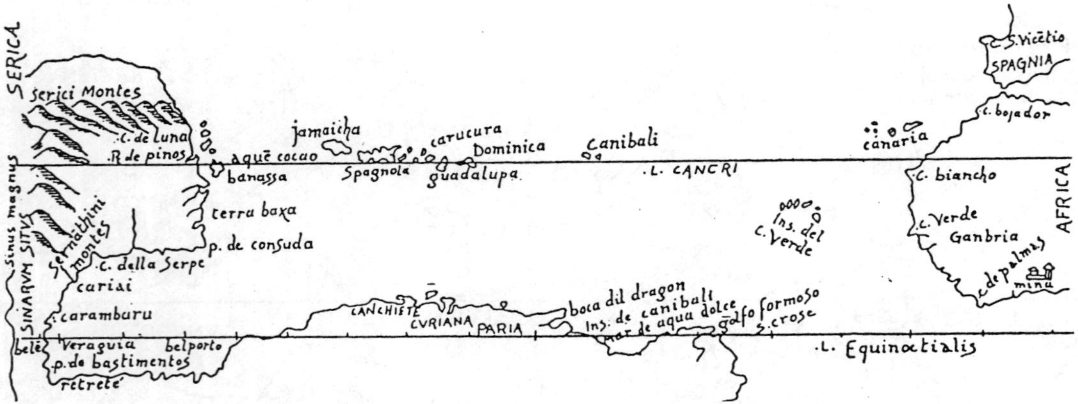

BARTHOLOMEW COLUMBUS'S SKETCH MAP OF THE COASTS OF CENTRAL AMERICA, COLOMBIA AND VENEZUELA

Note "Serici Montes" (Chinese Mountains) and the Isthmus at Belén. Each space on the equator equals one hour or fifteen degrees

(S. E. Morison, *Admiral of the ocean sea*, New-York, 1942)

Globe doré, antérieur à 1528 (reproduction simplifiée)
(Vittorino Magalhaes Godhiño,
Les découvertes, XVIe-XVIIIe : une révolution des mentalités, Paris, 1990)

TABLE DES MATIÈRES

COLLECTION
« LES CLASSIQUES DE L'HUMANISME »

dirigée par Pierre Laurens et Alain Michel

LÉON BATTISTA ALBERTI

Poèmes (*Rime*), par G. Gorni et M. Sabbatini.

GUILLAUME BUDÉ

L'étude des lettres. Principes pour sa juste et bonne institution (*De studio literarum recte et commode instituendo*), par M.-M. de la Garanderie.

Le passage de l'hellénisme au christianisme (*De transitu Hellenismi ad christianismum*), par M.-M. de la Garanderie et D. Penham.

Philologie (*De Philologia*), par M.-M. de la Garanderie.

DANTE ALIGHIERI

Le Banquet (*Il convivio*), par Ph. Guiberteau (traduction seule).

MARSILE FICIN

Théologie platonicienne de l'immortalité des âmes (*Theologia platonica de immortalitate animarum*), tomes I, II et III, par R. Marcel.

Commentaire sur Le Banquet de Platon (*Commentarium in Convivium Platonis de amore*), par P. Laurens.

ALBERTINO MUSSATO

Écérinide, Épîtres métriques sur la poésie, Songe (*Ecerinis, Epistolae, Somnium*), par J.-F. Chevalier.

PÉTRARQUE

Lettres familières (*Rerum familiarium libri*), t. I et II (livres I-III et IV-VII), par U. Dotti et A. Longpré.

Lettres de la vieillesse (*Seniles*), t. I et II (livres I-III, IV-VII), par U. Dotti, E. Nota, F. Fabre, A. de Rosny, *et al.*

Ange Politien

Silves (*Silvae*), par P. Galand-Hallyn.

Le Pogge

Les Ruines de Rome (*De varietate fortunae,* Livre I), par J.-Y. Boriaud et Ph. Coarelli.

– À paraître prochainement –

Léon Battista Alberti

Petite grammaire (*La grammatichetta*), par G. Patota et L. Valence.

Propos de table (*Intercenales*), par C. Laurens et R. Cardini.

Flavio Biondo

Rome restaurée (*Roma instaurata*), par A. Raffarin-Dupuis.

Girolamo Mercuriale

La gymnastique (*De arte gymnastica*), par J. M. Agasse.

Agostino Nifò

De la beauté (*De pulchro*), par L. Boulègue.

De l'amour (*De amore*), par L. Boulègue.

Pétrarque

Lettres familières (*Rerum familiarium libri*), t. III à VII (livres VIII-XXIV), par U. Dotti et A. Longpré.

Lettres de la vieillesse (*Seniles*), t. III à VI (livres VIII-XVIII), par U. Dotti, E. Nota *et al.*

L'Afrique (*Africa*), Chants I-V, par P. Laurens.

La vie solitaire (*De vita solitaria*), par M. Angeli.

Le Chansonnier (*Canzoniere*), par J. Y. Masson.

Les Triomphes (*Trionfi*), par J. Y. Masson.

Ce volume,
le dix-septième de la collection
« Les Classiques de l'Humanisme »
publié aux Éditions Les Belles Lettres
a été achevé d'imprimer
en fevrier 2003
dans les ateliers de Normandie Roto Impression s.a.s.
61250 Lonrai.

N° d'éditeur : 5108
N° d'imprimeur : 03-0567
Dépôt légal : mars 2003
Imprimé en France